SUN YAT-SEN

DU MÊME AUTEUR

La Bourgeoisie chinoise et la révolution de 1911, La Haye-Paris, Mouton, 1968.

« *Sauvons la Patrie* ». *Le Nationalisme chinois et le mouvement du 4 mai 1919*, Paris, Publications orientalistes de France, 1980 (en collaboration avec Tchang Fou-jouei).

L'Âge d'or de la bourgeoisie chinoise, 1911-1937, Paris, Flammarion, 1986.

La République populaire de Chine de 1949 à nos jours, Paris, A. Colin (1re éd. 1987), rééd. 1989.

La Chine au XXe siècle, Paris, Fayard, 1989 et 1990, 2 vol. Ouvrage collectif dirigé en collaboration avec Lucien Bianco et Jürgen Domes.

Marie-Claire Bergère

SUN YAT-SEN

Le Grand Livre du Mois

ISBN : 978-2-286-08127-0

INTRODUCTION

Sur la place Tian'anmen, en octobre 1979, le portrait de Sun Yat-sen remplaçait celui de Mao Zedong au côté des grands ancêtres : Marx, Engels et Lénine. Cette substitution annonçait le début d'une ère nouvelle, celle des réformes et de l'ouverture. Quel meilleur patronage, en effet, Deng Xiaoping aurait-il pu trouver à sa politique des Quatre Modernisations ? Sun Yatsen (1866-1925) n'avait-il pas été en son temps l'ardent défenseur d'une modernisation conçue sur le modèle de l'Occident et réalisée avec son aide ? Les historiens chinois furent donc invités à se pencher sur la vie, la pensée et l'œuvre du fondateur de la République chinoise (1912) et à faire surgir du passé une légitimité nouvelle, propre à consacrer le pouvoir et le projet de Deng Xiaoping.

Les régimes communistes nous ont de longue date habitués à cette réécriture du passé en fonction des contraintes et des objectifs du présent. En Chine, cette conception politicienne de l'histoire s'impose avec d'autant plus de force qu'elle rejoint une longue tradition qui associe étroitement la mémoire et l'interprétation du passé à l'idéologie dominante et à la pratique gouvernementale. Au temps de l'empire, en effet, les historiens sont des fonctionnaires chargés de préserver et de classer les documents officiels et d'établir la version correcte des événements. Leur souci est essentiellement moral et didactique. Il ne s'agit pas de faire revivre une époque ou une personnalité, mais de mettre en valeur certaines péripéties, certaines conduites qui illustrent et renforcent l'orthodoxie confucéenne. Ce qui ne relève pas du stéréotype est éliminé. L'histoire des individus n'échappe point à cette approche fonctionnelle : les caractères, les sentiments, les divers aspects d'une personnalité sont laissés de côté. Seuls sont considérés comme dignes d'attention les comportements sociaux exemplaires qui s'inscrivent dans les divers réseaux définis par la morale confucéenne, essentiellement famille et bureaucratie. La dimension individuelle de l'histoire — c'est-à-dire sa dimension tragique ou épique — est ainsi délibérément ignorée.

En ce domaine, le régime nationaliste s'est montré un tout aussi digne héritier de l'empire que le communisme. L'un et l'autre ont traité Sun Yat-sen comme un symbole ; ils en ont fait l'incarnation d'un mouvement révolutionnaire conçu de façon monolithique pour mieux le faire coïncider avec un *leadership* exclusif et d'une pensée nationaliste et socialiste, le Triple Démisme, figée dans sa formulation la plus tardive, celle qui en a été donnée en 1924, et dont on a gommé les hésitations, les contradictions et les limitations. L'un et l'autre ont utilisé le savoir historique comme fondement de légitimité politique et ont revendiqué le patronage de Sun Yat-sen pour consacrer les régimes nés de la révolution : à Taiwan, on voue un véritable culte au « père de la nation » (*Guofu*) ; à Pékin — où le marxisme-léninisme constitue toujours la référence idéologique fondamentale —, l'hommage rendu au « pionnier de la révolution » permet d'affirmer la continuité avec le passé national.

Quand, en 1979, le gouvernement de Pékin appelle à une relance des études sur Sun Yat-sen, il ne cherche donc pas à encourager un quelconque retour à l'objectivité historique, mais à opérer un rajustement du dogme, propre à servir la nouvelle politique réformatrice. Si le processus entraîne la mise en valeur de divers aspects, jusqu'alors occultés, de la pensée et de l'œuvre de Sun Yat-sen, il n'en répond pas moins à une démarche aussi sélective, aussi politique dans son principe que celles pratiquées antérieurement. Aussi cet *aggiornamento* des études sunistes, en dépit de ses retombées positives, et en particulier de la publication de très nombreux matériaux, n'a guère retenu l'attention des historiens occidentaux et ne les a pas réconciliés avec le personnage de Sun.

Au nom d'une autre conception de l'histoire, fondée sur la

quête de la vérité — si insaisissable soit-elle —, la plupart des historiens européens et américains, en effet, n'ont cessé de remettre en question à la fois la personnalité et le rôle de Sun, soulignant les faiblesses de l'homme, les incohérences du penseur, les échecs du chef révolutionnaire. Pour mieux détruire le mythe, ils l'ont attaqué à coup de monographies, d'une précision impeccable, opposant leur démarche pragmatique et scientifique à la vision globale de leurs collègues chinois.

L'historiographie de Sun Yat-sen apparaît ainsi comme un terrain privilégié d'affrontement entre deux modes de production de l'histoire et comme une source inépuisable d'incompréhension réciproque entre spécialistes chinois et occidentaux. L'étude de Sun Yat-sen a été dévoyée à la fois par la création du mythe et l'effort de démythification. Face aux constructions éminemment politiques des historiens chinois, les Occidentaux se sont cantonnés dans un positivisme qui se donnait comme justification (et comme limite) la démolition du culte héroïque. Le dialogue apparaissant sans issue, l'historiographie occidentale s'est finalement détournée de Sun Yat-sen. La relance des études sunistes, effectuée en Chine à partir de 1979, n'a donc pas trouvé d'écho en Occident où, chez les jeunes historiens, le rejet du culte de Sun tend désormais à se transformer en rejet de toutes les analyses que ce culte a véhiculées : influence de l'Occident dans la quête modernisatrice, rôle de la Chine côtière dans l'éveil nationaliste. A l'omniprésence de Sun Yat-sen dans l'historiographie chinoise répond son effacement presque total dans l'historiographie occidentale.

Le temps ne serait-il pas venu de mettre fin à un tel paradoxe ? Entre les stéréotypes des histoires officielles chinoises et la vision éclatée des monographies occidentales ne pourrait-on trouver place pour une analyse sans passion, conduisant à une évaluation globale de ce que furent la vie et l'œuvre de Sun Yat-sen ? Le présent ouvrage représente une tentative en ce sens. Après avoir consacré diverses études aux aspects économiques et sociaux de la première modernisation chinoise (celle du début de ce siècle), il nous a paru naturel de nous tourner vers celui qui en est généralement considéré comme le promoteur, le théoricien, l'incarnation.

Cantonais, élevé à Hawaii et à Hong Kong, Sun Yat-sen est le pur produit de la Chine maritime, celle des provinces côtières et des communautés d'outre-mer, ouverte aux influences étrangères. Ses voyages, ses rencontres, l'éducation reçue dans les écoles missionnaires ont initié le jeune paysan au monde moderne et ont fait naître en lui le désir de donner à la Chine un rang et un rôle dignes d'elle dans ce monde.

D'abord allié aux sociétés secrètes et organisateur de rébellions paysannes, il réussit à se faire accepter par l'intelligentsia naissante et à devenir le chef d'un parti révolutionnaire, nationaliste et républicain, la Ligue jurée, qui prépare la chute de l'empire. Après la révolution de 1911, Sun Yat-sen est l'éphémère président d'une République qui ne tarde pas à sombrer dans la dictature, puis dans l'anarchie. Porté par une foi tenace dans le destin national et dans sa propre mission, Sun Yat-sen s'efforce alors d'organiser à Canton une base qui lui permette de rallier les forces de progrès et d'arracher le pouvoir aux généraux de Pékin. En 1924, l'hostilité des puissances occidentales le pousse à accepter l'alliance de la Russie soviétique et à s'inspirer de son exemple pour réorganiser son parti, le Guomindang, et pour renouveler la formulation de sa doctrine, le Triple Démisme.

A partir de ces données, les thuriféraires ont bâti un destin exceptionnel : celui d'un dirigeant charismatique, théoricien et homme d'action, animé d'un ardent patriotisme et conscient des enjeux de la modernisation, mais empêché de mettre en œuvre son programme par les défaillances de son entourage (selon la version nationaliste) et par l'arriération du contexte socio-économique (selon la version marxiste-léniniste).

Le simple récit des événements renvoie à un personnage bien différent. Et c'est d'abord ce récit que nous avons voulu présenter. En nous appuyant sur les deux ouvrages fondamentaux parus (assez) récemment en Occident — ceux de Harold Z. Schiffrin et de Martin Wilbur — et en nous laissant porter par la chronologie, nous avons tenté de reconstituer le déroulement d'une carrière qui a fait d'un aventurier des mers du Sud (première partie) le père fondateur du régime républicain (deuxième partie) et, finalement, le chef d'un grand mouvement nationaliste révolutionnaire (troisième partie).

Tous les biographes sont confrontés au problème du contexte dans lequel évolue leur sujet. S'agissant d'un dirigeant politique ou d'un chef militaire, la difficulté consiste à établir un juste rapport entre l'homme et l'histoire à laquelle il a été mêlé. Suétone a enseigné à l'Occident l'art de distinguer entre biographie impériale et histoire impériale, entre vie publique et vie privée, entre l'individu et le héros. Mais, en Chine, où la biographie relève encore souvent de l'hagiographie (ou de la démonologie), le problème consiste d'abord pour l'historien à identifier le véritable rôle historique de son personnage.

Le Sun Yat-sen que fait surgir le récit événementiel est un politicien brouillon, opportuniste, aux idées généreuses mais confuses, intéressé au premier chef par la conquête et les jeux du pouvoir. Ce Sun Yat-sen là n'a guère pesé sur le cours de l'histoire. Son opposition est demeurée le plus souvent impuissante et dans les brèves périodes où il a détenu des fonctions dirigeantes (en tant que président de la République au début de 1912 ou comme chef de divers gouvernements provisoires, à Canton, entre 1917 et 1924) le pouvoir de décision lui échappe. Ce n'est pas non plus un théoricien. Sa doctrine, le Triple Démisme, n'a ni l'originalité ni la rigueur intellectuelle du marxisme ou des grands textes politiques de la Réforme chinoise : ceux d'un Kang You-wei ou d'un Liang Qichao. Sun Yat-sen, de toute évidence, n'est pas un de ces protagonistes de l'histoire, un de ces acteurs majeurs dont l'intervention change le cours des événements et celui des pensées. Son destin ne s'égale pas à celui de son contemporain, Lénine, dont il rêvait d'être l'émule.

Si du culte on fait ainsi table rase, que reste-t-il de Sun Yat-sen ? Rien ou presque, répondent beaucoup de ses critiques, satisfaits ou fatigués d'avoir mis à bas l'idole.

Ils se trompent. Le vrai Sun Yat-sen, non point l'image glacée que nous présentent ses thuriféraires mais l'homme que nous décrivent ses aventures et ses discours, ses succès et ses échecs, est un héros du monde contemporain : un homme de communication, une sorte de génie médiatique, né pour les *jets*, le Fax et la télévision, même s'il dut se contenter des paquebots, du télégraphe et de la presse. Il n'a pas imprimé sa marque à l'histoire de son temps. La Chine du premier XXe siècle n'est pas « la Chine de Sun Yat-sen », comme on dit encore de la France du second XVIIe siècle qu'elle est « la France de Louis XIV ». Mais Sun a été lui-même façonné par le contexte historique dans lequel il a vécu et qu'il en est venu à incarner : celui d'une Chine abordant à la modernité.

Les problèmes du changement, de l'imitation du modèle occidental, du rejet ou de l'adaptation de la tradition, généralement saisis de façon discursive à travers le débat intellectuel et la réflexion des lettrés, nous sont ici donnés à vivre à travers le destin d'un homme qui d'instinct appréhende les aspirations de son temps, en comprend la force, les cristallise en programmes. C'est ainsi qu'il fait de l'hostilité antidynastique le cheval de bataille de l'opposition à la fin de l'empire et que, non sans un certain retard, il mise dans les années 1920 sur le nationalisme anti-impérialiste, contribuant dans les deux cas au succès de la mobilisation — sinon du projet — révolutionnaire.

Ses dons d'intuition lui font saisir d'emblée des évolutions fondamentales qui commencent à peine à s'amorcer. Il pressent le danger que la technocratie pourra faire courir à la démocratie, souligne le rôle des infrastructures (transport, énergie) dans la modernisation économique, conçoit un nouveau style de rapports diplomatiques et de relations économiques internationales, fondés sur une coopération qui dépasse ou intègre les vieux affrontements. Ces « utopies », tant raillées par les contemporains, apparaissent maintenant comme autant de prophéties.

Cette acuité de perception est favorisée par la position excentrée que Sun Yat-sen occupe à la périphérie de sa propre société. Il est né à l'extrémité méridionale de la province côtière la plus éloignée de Pékin, le Guangdong. Il a grandi outre-mer, à Hawaii, a poursuivi ses études à Hong Kong et jusqu'en 1912 — il a alors quarante-six ans — il réside hors de Chine, entrecoupant ses séjours au Japon et en Asie du Sud-Est par des voyages aux États-Unis et en Europe.

Où qu'il aille, cependant, il retrouve des communautés de marchands chinois émigrés, des groupes d'étudiants en quête de formation, des intellectuels exilés. Sa patrie est ce que de nos jours on désigne sous le terme vague de « Grande Chine ». C'est ce réseau d'implantations chinoises liées entre elles et avec la mère patrie par de multiples solidarités — claniques, religieuses, dialectales, économiques ; c'est cette communauté qui, en dehors de toute base territoriale ou nationale, perpétue la fidélité à une certaine culture confucéenne tout en poursuivant sa conversion à la modernité. Les éternels périples de Sun Yat-sen, ses itinéraires d'un bout à l'autre de l'hémisphère suivent les mailles de ce vaste réseau dont l'exploration lui permet de découvrir le monde sans rompre avec la civilisation chinoise. Dans le regard qu'il jette sur la politique et la société de son pays, Sun Yat-sen met tout le recul critique — mais non le détachement — d'un observateur cosmopolite. Il juge la Chine de l'extérieur, mais l'aime comme un de ses fils.

Sun Yat-sen est un *globe-trotter* avec une cause. La mission qu'il s'est donnée ou que le Ciel lui a assignée — pour ce chrétien égotiste, cela ne fait guère de différence —, c'est de sauver son pays. Au service de cette ambition, il met sa vie, ses forces et les talents dont la nature et son éducation l'ont doté : non point tant ceux du théoricien, de l'organisateur, du général (encore qu'il ait assumé tous ces rôles) que ceux de l'homme de communication.

Son extrême mobilité géographique entretient chez lui une non moins grande versatilité d'esprit et de tempérament. Il franchit aussi facilement les frontières culturelles que les frontières géographiques, s'adapte à tous les milieux, à tous les interlocuteurs. On a voulu voir dans cette flexibilité, dans cette plasticité une marque d'inconsistance ou parfois même de duplicité. Mais Sun Yat-sen, dont la seule force a souvent été la force de persuasion, sait que pour convaincre il faut savoir parler la langue de l'interlocuteur. Il est capable d'opérer dans les cercles missionnaires comme dans les loges des sociétés secrètes, dans les guildes marchandes comme dans les cénacles étudiants, aussi actif à Tokyo, Londres et San Francisco qu'à Hong Kong, Hanoi ou Singapour.

Il prend ses idées là où il les trouve et les diffuse là où il se trouve, plaidant sans relâche auprès des publics les plus variés. Toujours à la recherche de partenaires et d'alliés, il tente sa chance auprès des *condottieri* chinois et des banquiers américains, des militaires français et des bureaucrates japonais. Ces multiples démarches, ces contacts erratiques et aléatoires font naître un sentiment de confusion et parfois le soupçon de compromis. Sun Yat-sen a puisé ses idées les plus originales auprès de penseurs considérés en Occident comme de second ou troisième ordre (Henry George, Maurice William) et il a recruté ses amis parmi des aventuriers, des affairistes, des marginaux, des idéalistes et des extrémistes rejetés par leur propre société.

Mais n'est-ce pas là le lot commun de ceux qui, œuvrant aux frontières de deux ou plusieurs cultures, réussissent à les faire communiquer ? Ce n'est point parmi les élites du savoir ou du pouvoir que se recrutent ces « passeurs culturels » dont Sun Yat-sen représente le modèle accompli, mais au contraire parmi les semi-exclus, les autodidactes portés par leur foi et leur générosité, familiers de plusieurs cultures et n'en maîtrisant aucune. Sun Yat-sen connaît moins bien les Classiques que le premier mandarin venu, mais il sait rendre sympathique la cause de la Réforme chinoise (en terme de publicité, on dirait : « vendre la Chine ») à l'opinion anglaise, lors de son séjour à Londres, en 1896-1897. Ses vues sur le nationalisme, la démocratie et le socialisme sont moins pénétrantes que celles de maints intellectuels chinois de son temps, mais c'est à travers elles que les habitants de Canton, de Shanghai et de Pékin se familiarisent avec les idéologies et les institutions occidentales.

Suivre l'itinéraire de Sun Yat-sen, c'est reconstituer l'histoire de ces passages, le long de multiples réseaux d'amitiés et d'influence, soigneusement entretenus. C'est aborder le processus de la modernisation en se détournant de la voie royale de l'histoire intellectuelle et politique pour emprunter la porte de derrière : celle des rencontres peu prestigieuses dont se tisse la communication interculturelle.

Comment ce siècle qui s'achève sous le signe de la mondialisation (culturelle, économique), du *zapping* et de la confusion ne reconnaîtrait-il pas en Sun Yat-sen un de ses enfants ? Et la Chine moderne, un de ses fondateurs ? Longtemps considéré en Chine même comme un pionnier malheureux, un utopiste frustré, Sun Yat-sen faisait figure d'homme de transition qui avait occupé la scène le temps d'un interlude, le temps qu'arrive le véritable héros, à la main de fer et au dogme assuré, Mao Zedong. A ce dernier revenait le mérite d'avoir rendu à la Chine sa souveraineté nationale, sa stabilité institutionnelle et d'avoir lancé la modernisation économique. Nonobstant la fièvre avec laquelle a été célébré le centenaire de Mao Zedong (1893-1976), il se pourrait bien que dans les années à venir les perspectives se modifient et que, avec le triomphe annoncé de la « Grande Chine » au XXIe siècle, le communisme à son tour n'apparaisse plus que comme une phase transitoire de la révolution et de la modernisation prophétisées par Sun Yat-sen.

Système de transcription

Le système généralement utilisé dans cet ouvrage pour transcrire les noms chinois est le système *pinyin* mis en vigueur par Pékin. Nous avons cependant conservé l'usage traditionnel lorsque celui-ci est bien établi et écrivons Sun Yat-sen (au lieu de Sun Yixian), Chiang Kai-shek (au lieu de Jiang Jieshi), Pékin (au lieu de Beijing), Nankin (au lieu de Nanjing), Canton (au lieu de Guangzhou).

En outre, nous avons choisi de maintenir la prononciation cantonaise ou la forme occidentalisée des noms de quelques notables : Ho Kai (au lieu de He Qi), Sun Fo (au lieu de Sun Ke), Charlie Soong (au lieu de Song Jiashu).

Les auteurs chinois mentionnés dans les notes et la bibliographie sont transcrits en *pinyin*, sauf lorsque les auteurs ont eu eux-mêmes recours à une autre méthode de transcription. Dans ce cas, la forme choisie par l'auteur a été maintenue.

Les divers noms de Sun Yat-sen

Comme tous les chinois, Sun Yat-sen a porté des prénoms divers : le *ming* (nom personnel) reçu à sa naissance : Sun Wen ; puis le *zi* (nom social) attribué à l'entrée dans la vie adulte : Sun Dixiang ; plusieurs *hao* (noms littéraires) adoptés par la suite : Sun Rixin, Sun Yixian, Sun Zhongshan... En outre, le fugitif, le banni a souvent usé de pseudonymes pour se protéger. Au Japon, il est Nakayama ou Hayashi.

Parmi toutes ces appellations, deux ou trois se sont imposées. Ce ne sont pas les mêmes en Chine et en Occident. L'Occident connaît Sun Yat-sen (prononciation cantonaise du *hao* Sun Yixian). En Chine, l'usage est plus diversifié. A côté de Sun Yixian, les appellations les plus courantes sont Sun Wen et Sun Zhongshan. A la différence des autres prénoms, Zhongshan est souvent employé seul, sans le nom de famille. Zhongshan littéralement signifie « montagne centrale » et symbolise la position éminente de Sun « surplombant la République chinoise ».

Unités monétaires

Le taël est la monnaie de compte traditionnelle chinoise. Elle correspond à un poids d'argent, variable selon les localités et les secteurs d'activité, d'environ 37-38 grammes, et représente 3,40 francs en 1911, 7,11 francs en 1918 et 17,79 francs en 1920.

Le dollar est une pièce d'argent importée (dollar mexicain) ou frappée en Chine (dollar Yuan Shikai) dont le format, le poids et le titre sont variables. Sa valeur, exprimée en taël, fluctue en fonction du marché autour de 0,70.

Le terme « dollar », employé sans spécification, renvoie à ce dollar chinois. Lorsqu'il est fait mention d'autres monnaies, les termes « dollar américain », « dollar de Hong Kong », « dollar de Singapour » sont utilisés.

Abréviations

O.C. : Sun Yat-sen, *Sun Zhongshan quanji* (Œuvres complètes de Sun Yat-sen), Pékin, Zhonghua shuju, 1981-1986, 11 vol.

IC : IIIe Internationale (communiste).

CEC : Comité exécutif central du Guomindang.

PREMIÈRE PARTIE

L'aventurier des mers du Sud
(1866-1905)

Avant sa quarantième année, Sun Yat-sen n'est qu'un homme sans importance, un marginal, un de ces aventuriers des ports ouverts vivant à la frontière entre Orient et Occident, cherchant à bâtir une fortune, une carrière, ou un destin sur leur agilité à se mouvoir entre des langues, des mœurs, des croyances différentes.

Fils de paysans, il est d'emblée exclu de la société chinoise, celle des élites lettrées et terriennes. Cantonais, c'est tout naturellement qu'il prend le chemin de l'émigration. Grâce à la protection d'un frère aîné déjà installé à Hawaii, l'exil lui sera moins dur qu'à bien d'autres. L'adolescent n'est pas mis au travail, mais à l'école. Dans les établissements protestants où il étudie pendant plus de dix ans, il acquiert une demi-culture, un idéal d'activisme social et un remarquable réseau de relations.

Son éducation religieuse fait naître en lui un sens profond, inébranlable de sa vocation qui consistera non pas à secourir les âmes mais à sauver son pays. En tant que Chinois d'outremer, familier du monde contemporain, Sun Yat-sen est bien placé pour mesurer la gravité de la crise que traverse une Chine en proie aux convoitises des puissances étrangères. Mais l'acculturation dont il a payé son initiation à la modernité le prive de tout crédit dans une société livrée au pouvoir des lettrés. Enfant des côtes et du grand large, d'une Chine ouverte aux influences cosmopolites et aux changements, Sun Yat-sen n'a pas sa place dans l'empire confucéen, bureaucratique, replié sur la masse continentale (chapitre premier).

Sun prend pour cible le système qui le rejette. Il dénonce l'arriération de l'économie, les préjugés des mandarins, la cruauté des institutions. De tous ces maux, il rend responsable la dynastie étrangère, les barbares mandchous qui règnent sur la Chine. Mais cette traditionnelle démarche antidynastique s'enveloppe d'un discours occidentalisant, prônant le nationalisme et la démocratie.

L'opposition de Sun s'ancre aux marges de la Chine officielle : dans les communautés d'outre-mer, dans les cercles de marchands et de compradores, dans les loges de sociétés secrètes, dans les cénacles de chrétiens convertis. Elle éclate à la frange méridionale de l'empire, dans la province du Guangdong où le jeune révolutionnaire complote contre les magistrats et tente de soulever les paysans. Épisodes sans lendemain, sans importance sinon pour Sun : de marginal, il devient rebelle, criminel. Il était émigré; le voici banni.

L'enlèvement dont il est victime à Londres, où la légation chinoise le séquestre, en fait le héros d'un fait divers retentissant. Il en profite pour se construire en Occident une réputation de patriote et de progressiste libéral persécuté (chapitre II). Cette renommée lui permet de s'introduire dans les cercles panasiatiques japonais qui l'aident à lancer de nouvelles et vaines insurrections au Guangdong. En 1900, Sun Yat-sen n'est toujours dans son pays qu'un hors-la-loi ignoré ou méprisé (chapitre III).

C'est vers cette époque que son destin bascule, en même temps que celui de la Chine. L'expédition internationale contre les Boxeurs porte alors à son paroxysme la pression étrangère et menace la survie même de la Chine en tant que nation. Toutes les structures — idéologiques, institutionnelles, sociales — sont ébranlées. La modernisation s'impose comme la seule voie de salut. La Chine des ports ouverts et des communautés d'outremer, jusqu'alors méprisée pour son acculturation, devient un modèle et ses valeurs particulières — nationalisme, occidentalisme, modernité — commencent à s'imposer à une nouvelle génération d'intellectuels.

Sun Yat-sen rallie à lui les fils des lettrés et des mandarins qui l'ont rejeté. En 1905, il fonde à Tokyo la Ligue jurée et devient à trente-neuf ans le dirigeant révolutionnaire qu'auparavant il a simplement prétendu être (chapitre IV).

Plus encore que la persévérance d'un homme, ce succès consacre la montée en puissance de la Chine maritime et cosmopolite face au vieil empire rural et bureaucratique.

CHAPITRE PREMIER

Les années de formation
(1866-1894)

Né dans une famille paysanne d'aisance très modeste, élevé à Hawaii par un frère aîné dont la boutique prospérait, formé dans les collèges de Hawaii et de Hong Kong, Sun Yat-sen n'est pas un intellectuel. Il ne se rattache pas plus à la tradition des lettrés chinois, nourris d'une longue étude des Classiques, qu'à la culture occidentale dont ni Hawaii ni Hong Kong ne représentaient à la fin du XIXe siècle les plus beaux fleurons ! Ce n'est pas non plus un ignorant. Entre deux mondes intellectuels, il a essayé de se frayer une voie. Il parle l'anglais, il écrit le chinois, il a lu, s'est initié à la médecine occidentale. Sa véritable formation, il la doit non aux spéculations de l'esprit mais à l'observation des réalités de son temps.

La Chine traverse alors une grave crise, conséquence de l'ouverture forcée aux étrangers et du déclin dynastique. Mais dans les ports ouverts, une nouvelle société et une nouvelle culture sont en train d'émerger, marquées par l'essor du commerce extérieur, la présence prédominante des étrangers, le souci commun d'enrichissement accéléré et le triomphe du pragmatisme. Cette civilisation de la côte se prolonge dans les communautés chinoises de la périphérie (Hong Kong, Macao) et de l'outre-mer, et s'oppose à la tradition rurale, bureaucratique, confucéenne des provinces intérieures. Canton, Hawaii, Hong Kong, Macao, où Sun réside pendant ses années de formation, comptent parmi les principaux centres

Les provinces chinoises à la fin de l'empire

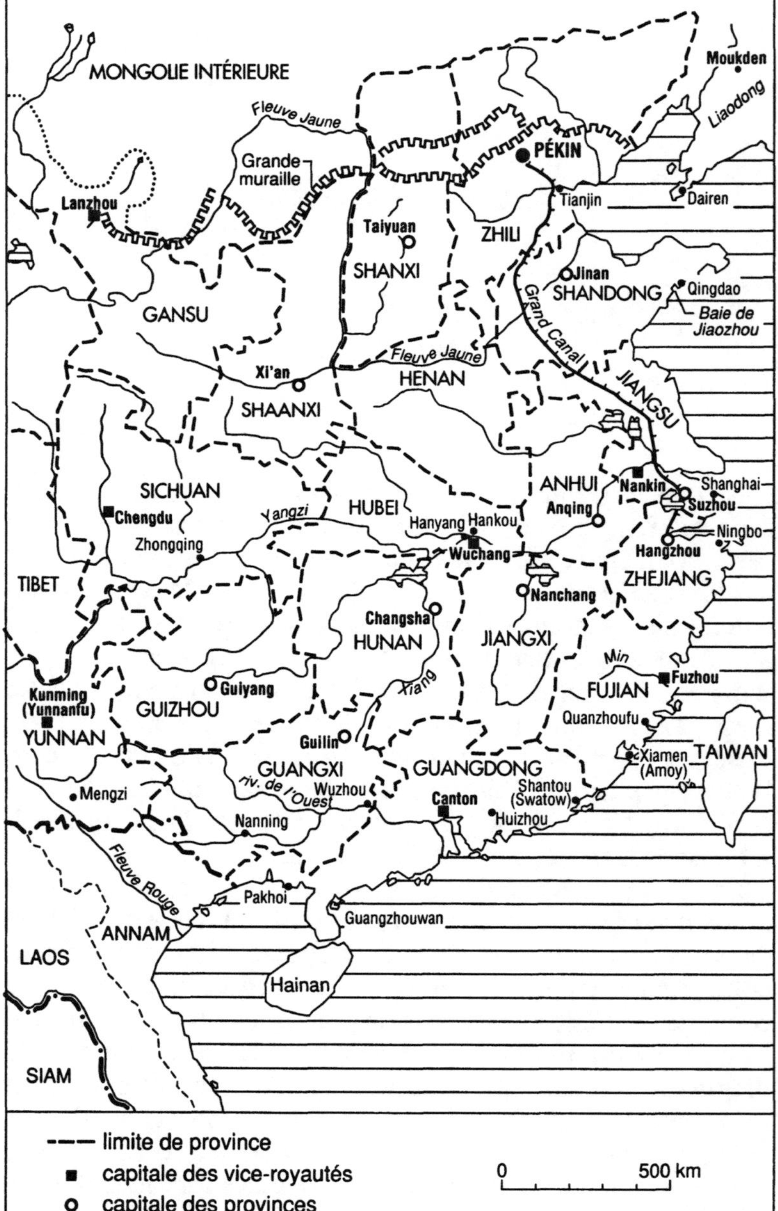

de cette civilisation. Sun lui-même en apparaît comme le pur produit.

L'histoire de sa jeunesse est donc bien moins celle des écoles qu'il a fréquentées, des livres qu'il a lus, des idées qu'il a apprivoisées, que celle des rencontres qu'il a faites, des amitiés qu'il a nouées, des liens qu'il a établis. Leur multiplicité témoigne de l'extraordinaire convivialité de Sun Yat-sen. Il pénètre alors dans toute une série de cercles sociaux dont la fidélité lui restera acquise tout au long de sa carrière: cercle familial naturellement, communautés villageoise et provinciale, communauté émigrée de Hawaii, réseau des Chinois convertis au christianisme et, à travers lui, groupe des missionnaires, protecteurs et conseillers étrangers, élite chinoise des ports ouverts, sans oublier les loges des sociétés secrètes.

Sun Yat-sen orchestre avec une incomparable maîtrise ces réseaux complexes de relations, qui parfois s'imbriquent et parfois s'opposent. Mais de par sa naissance et son éducation, le monde des lettrés, des mandarins, de la gentry[1] lui demeure fermé. Or c'est le seul qui compte en Chine pour un homme aspirant à jouer un rôle public. La fin de non-recevoir à laquelle se heurte Sun Yat-sen, en 1894, auprès d'un des plus puissants mandarins impériaux, Li Hongzhang (1823-1901), alors gouverneur général du Zhili[2], illustre cette exclusion et engage, ou confirme, le jeune Cantonais dans la voie d'une opposition marginale, c'est-à-dire, en puissance, originale et radicale.

1. Sous le terme de gentry, on désigne la classe dominante de la société chinoise traditionnelle, composée d'une part de titulaires des examens impériaux, généralement issus des familles de propriétaires terriens et exerçant ou non des fonctions publiques, et d'autre part de grands marchands ayant acheté quelque titre officiel. A la fin du XIXe siècle, la fusion entre l'aile lettrée et l'aile marchande de la gentry achève de s'accomplir, renforçant la solidarité et la cohésion des élites traditionnelles.

2. Le Zhili est le nom ancien de la province où se trouve située la capitale, Pékin. Après la révolution de 1911, cette province prendra le nom de Hebei.

La Chine en crise : ouverture forcée, déclin dynastique et malaise social

L'ouverture forcée

A partir du milieu du XIXe siècle, le capitalisme conquérant de l'Occident impose à la Chine l'ouverture de son marché au commerce mondial et l'intégration de son empire à l'ordre international conçu et organisé par les puissances européennes. Ces puissances s'attaquent au système traditionnel chinois qui limitait l'interaction entre les peuples afin de mieux prévenir les conflits, de mieux préserver la paix et la suprématie de l'empire. Les immenses progrès technologiques qu'ils ont accomplis dans le domaine des transports, de l'armement, de la production industrielle donnent aux Occidentaux les moyens d'imposer à la Chine cette ouverture qu'ils réclament et qu'elle refuse.

Commencée avec la première guerre de l'Opium en 1839, l'ouverture se poursuit pendant toute la seconde moitié du XIXe siècle pour ne s'achever qu'avec l'expédition internationale dirigée contre les Boxeurs en 1900-1901. Bien des causes contribuent à expliquer la lenteur du processus : du côté occidental, la modestie des technologies mises en œuvre dans les débuts, le caractère limité des ambitions (il ne s'agit pas de conquérir la Chine, mais de l'obliger à commercer avec les puissances européennes et à reconnaître leur existence), les rivalités des puissances ; du côté chinois, l'ouverture est freinée par l'extrême cohérence en même temps que la surprenante flexibilité du système traditionnel. Celui-ci va survivre pendant plusieurs décennies au coup fatal qui lui a été porté lors des guerres de l'Opium.

Les traités et conventions qui mettent fin à ces guerres (à Nankin en 1842, à Tianjin en 1858 et à Pékin en 1860-1861) confèrent en effet aux étrangers un ensemble de droits et de privilèges qui pendant près d'un siècle servira de cadre légal à leur pénétration en Chine. Un certain nombre de cités leur sont ouvertes, où ils reçoivent le droit de résider, d'acquérir des biens immobiliers, de faire du commerce. Dans ces ports ouverts, les étrangers bénéficient du droit d'exterritorialité et ne relèvent que de la juridiction de leur consul respectif. Les échanges commerciaux sont libérés : les traités bannissent du côté chinois toute forme d'organisation officielle et monopolistique et établissent un droit de douane uniforme et modéré (5 % *ad valorem*) sur les importations. En outre, les marchandises étrangères sont dispensées du paiement des droits d'octroi intérieur *(lijin)* contre versement à l'entrée du territoire chinois d'une modeste taxe de transit. Enfin, les traités permettent aux missionnaires de poursuivre leurs activités religieuses et sociales, d'abord dans les ports ouverts et, bientôt, dans tout le pays.

Dans la pratique, les privilèges accordés par les traités reçoivent une interprétation toujours plus large : c'est ainsi que les concessions — au début simples zones de résidence des étrangers dans les ports ouverts — ont bientôt le droit de s'autogouverner et se transforment en véritables enclaves étrangères. Au regard du droit international, ces privilèges représentent une grave atteinte à la souveraineté de l'empire chinois, privé de sa juridiction sur une partie de la population résidente et empêché de gouverner certaines portions de son territoire et de fixer librement ses tarifs douaniers.

Le déclin dynastique

Les progrès de la pénétration étrangère mettent en lumière la faiblesse du pouvoir impérial. Celui-ci s'incarne dans une dynastie d'origine mandchoue, c'est-à-dire étrangère aux yeux des Chinois, encore que complètement sinisée du point de vue culturel. Cette dynastie ne produit pas au XIXe siècle de grands empereurs comparables à ceux qui avaient fait la gloire de la Chine au siècle précédent. Elle doit faire face à des difficultés multiples. Après la splendide croissance économique du XVIe au XVIIIe siècle, la stagnation s'installe et les crises se multiplient à partir des années 1820. Ces crises sont liées à la déflation et à la contraction commerciale qui atteignent les régions les plus développées de l'Est et du Sud, ainsi qu'au déséquilibre entre le nombre d'hommes (porté vers 1850 à 450 millions par l'exceptionnel essor démographique des siècles antérieurs) et une production agricole qui, une fois achevés le peuplement et la colonisation des régions méridionales et occidentales, et en l'absence de révolution technologique, semble ne plus pouvoir se développer. Les émotions populaires témoignent de ces difficultés et, l'intervention étrangère aidant, elles finissent par se transformer en de vastes rébellions, dont la plus grave, le mouvement des Taiping, embrase le sud et l'est de la Chine de 1851 à 1864. La dynastie semble sur le point de tomber. Elle se ressaisit cependant, grâce d'abord à l'énergie et à la loyauté de quelques hauts fonctionnaires et chefs militaires chinois décidés à sauver la culture et l'ordre politique confucéens. Grâce aussi à l'aide des Occidentaux, qui préfèrent un pouvoir stable, quoique affaibli, à des rebelles incontrôlables.

Ce sursis accordé par l'histoire aux Mandchous coïncide avec l'ère Tongzhi (1862-1875). Dans la conception cyclique de l'historiographie chinoise traditionnelle, ce règne apparaît comme une période de restauration *(zhongxing)*, interrompant provisoirement le déclin dynastique. Les dirigeants de l'ère Tongzhi rétablissent donc l'ordre et procèdent à la reconstruction des régions dévastées et dépeuplées par les rébellions et par leur répression. Mais ils ne lancent pas de programme de réforme et de modernisation comparable à celui de l'ère Meiji au Japon.

Ce retard à relever le défi occidental naît en bonne part du retard mis à l'identifier. Les guerres de l'Opium, qui ont obligé la Chine à s'ouvrir au commerce et aux relations diplomatiques avec l'Occident, ont laissé intacte la confiance des mandarins dans la supériorité de l'idéologie confucéenne et de l'organisation sociopolitique qui en découle : les Occidentaux ne leur apparaissent que comme une autre espèce de barbares. Leur conception sinocentrique de l'ordre mondial les conduit à considérer que si l'on ne peut repousser ces envahisseurs, il faut les tolérer aux marges de l'empire et, tout en leur laissant la faculté de gérer leurs propres affaires, les admettre à participer en second rang aux activités économiques et administratives de l'État, les amenant ainsi à accéder à la civilisation, par définition chinoise. En bref, le système des traités, qui aux yeux des étrangers est une « charte de privilèges », peut passer aux yeux de mandarins mal informés des réalités du monde pour « une série de mesures limitatives [1] ».

Certains mandarins s'inquiètent cependant de mieux connaî-

---

1. John K. FAIRBANK, « The Early Treaty System in the Chinese World Order », *in* John K. FAIRBANK (éd.), *The Chinese World Order*, Cambridge, Mass., Harvard University Pres., 2e éd., 1970, p. 261.

tre l'Occident ; non qu'ils lui concèdent une quelconque supériorité intellectuelle ou culturelle, mais ils ont dû constater sa supériorité militaire. Les progrès de ce qu'on pourrait appeler l'occidentalisme chinois sont fort lents. Lancé en 1870, un programme d'envoi d'étudiants aux États-Unis est interrompu dès 1875. Les rapports et mémoires rédigés dans les années 1880 et au début des années 1890 par les premiers représentants diplomatiques chinois en Europe témoignent de l'ignorance et des perplexités de ces observateurs privilégiés. L'opinion publique — c'est-à-dire celle des lettrés et fonctionnaires impériaux — demeure hostile à l'ouverture et réprouve les contacts sino-occidentaux. L'effort d'adaptation institutionnelle qui accompagne l'établissement de relations régulières avec l'Occident reste très limité. Créé en 1861, le Bureau d'administration générale des affaires concernant divers pays (Zongli yamen) est considéré comme un ministère des Affaires étrangères par les Occidentaux, mais il ne représente qu'une pièce rapportée et marginale dans le système administratif chinois...

Certains grands dirigeants régionaux, vice-rois [1] ou gouverneurs de provinces, tirent cependant des conclusions plus pertinentes de ces premières confrontations avec l'Occident et à partir de 1860 engagent une politique de modernisation, connue sous le nom de mouvement des Affaires occidentales (Yangwu yundong). Ils sont tout aussi bons confucéens que les mandarins de la Cour, aussi persuadés qu'eux de la supériorité de la culture chinoise, mais ils ont conscience de la faiblesse des armées impériales et apprécient l'efficacité de l'armement moderne. S'ils veulent emprunter ses techniques à l'Occident, c'est afin de mieux protéger l'ordre établi. La politique de modernisation qu'ils lancent commence donc par l'importation de technologies militaires.

Ce qui distingue cette première modernisation chinoise, essentiellement conservatrice, et explique en partie son échec, c'est la dispersion des initiatives et la discontinuité des efforts. Aucune concertation ne vient gouverner l'implantation des arsenaux ou des chantiers, et le départ d'un vice-roi vers d'autres provinces ou son affectation à d'autres positions compromettent le développement des industries qu'il vient de créer. Après

1. Les vice-rois avaient en général sous leur autorité deux ou plusieurs provinces.

une décennie d'efforts, le bilan est décevant. Sous l'influence de Li Hongzhang, le mouvement de modernisation s'élargit à partir des années 1870 aux industries minières, sidérurgiques, textiles et aux transports modernes. L'idée est qu'on ne peut renforcer la puissance militaire du pays *(qiang)* sans en même temps développer sa richesse *(fu)*, c'est-à-dire sans mettre en place l'infrastructure indispensable à un essor de l'économie moderne. La défaite subie en 1885 face à la France met en lumière les faibles résultats du programme ainsi rénové, mais n'amène pas de changement d'orientation ni de méthode. Au-delà de l'imperfection de la stratégie mise en œuvre, sans doute faut-il rechercher les raisons de l'échec dans la conception instrumentale qui guide la modernisation et que résume la célèbre formule : savoir occidental pour la pratique, savoir chinois comme fondement *(xixue wei yong, zhongxue wei ti)*. Adopter des techniques étrangères sans rien changer aux valeurs de la tradition confucéenne, telle était l'ambition des dirigeants du mouvement des Affaires occidentales.

Cette demi-adhésion à la modernité ne pouvait suffire à inspirer une politique de véritable changement. En définitive, l'impact du mouvement des Affaires occidentales sur l'économie et la société chinoises demeure donc limité. Son résultat essentiel est sans doute de renforcer le pouvoir des grands gouverneurs provinciaux, qui contrôlent l'embryon de production moderne, et d'accroître leur autonomie face au gouvernement central. Ainsi après plusieurs décennies d'ouverture, la Chine n'a guère changé. Les apparences du pouvoir ont été restaurées. A Pékin, après la mort de l'empereur Tongzhi [1], le gouvernement reste dominé par les princes mandchous conservateurs de son entourage, et de plus en plus par sa mère, l'impératrice douairière Cixi, qui après avoir exercé la régence au nom de son fils, règne sous le nom de son neveu pendant l'ère Guangxu (1875-1908). La présence étrangère demeure localisée dans le sud et l'est du pays, de Canton à Shanghai, et c'est une présence essentiellement commerciale. Aux yeux de la bureaucratie impériale, l'illusion de la grandeur survit à sa réalité. Plus étonnant, la puissance de la Chine continue à inspirer un certain respect aux Occidentaux, témoins et en partie cause de son déclin.

---

1. Pour simplifier, ici et dans la suite du texte, nous attribuons à l'empereur le nom de l'ère pendant laquelle il a régné.

Le malaise social

La société est en fait bien loin d'avoir retrouvé sa stabilité. L'inquiétude et le malaise s'expriment en particulier dans de nombreux incidents antimissionnaires qui jalonnent les années 1860 à 1890. La foule xénophobe et superstitieuse, qui tue les missionnaires, pille et détruit les églises et les orphelinats est encouragée par la gentry. Chez celle-ci, le sentiment d'humiliation raciale se conjugue au rejet d'une doctrine jugée hétérodoxe et susceptible de miner l'ordre établi, ainsi qu'à la jalousie d'élites locales concurrencées dans leurs prérogatives par les missionnaires agissant sous la protection des puissances étrangères. Le pouvoir impérial cependant n'ose faire fond ni sur la xénophobie populaire ni sur les réactions culturalistes ou patriotiques de la gentry. La politique de modernisation, dans laquelle l'ont engagé quelques hauts mandarins, le contraint à une certaine coopération avec les puissances, et la disproportion des forces militaires ne lui laisse guère d'autre choix. Le courant populaire antichrétien et anti-étranger va donc le plus souvent grossir les rangs des sociétés secrètes, opposées à l'ordre établi et à la dynastie régnante. Quant aux élites locales, elles tendent à s'organiser en dehors du cadre et du contrôle bureaucratiques, afin de protéger leurs intérêts et, de plus en plus, ceux du pays. Mais nulle part la séparation entre le pouvoir impérial et la société ne se creuse aussi profondément que dans les ports ouverts.

L'émergence d'une civilisation de la côte

Le système des traités assure aux étrangers un rôle privilégié dans l'essor commercial des régions côtières. Le secteur moderne, qui commence à se former alors dans les ports, naît de leurs initiatives et demeure en grande partie sous leur contrôle. Les marchands chinois sont largement associés à ce processus. Les métropoles côtières en pleine expansion leur offrent de nombreuses occasions d'enrichissement. Les mieux préparés à saisir ces occasions sont les compradores, assurant les transactions des entreprises étangères avec le public chinois. Dans la seconde moitié du XIXe siècle, ils forment un groupe respecté et riche, dans lequel les Cantonais jouent un rôle prééminent. De la collaboration de ces marchands avec les étrangers naît une occidentalisation dictée par les circonstances immédiates. Les compradores s'installent dans les maisons construites et meublées à l'européenne, qui leur sont fournies par leurs employeurs. Ils abandonnent la longue robe de soie bleue pour la jaquette et le pantalon chaque fois que cet habit, symbole de statut extraterritorial, peut servir leur prestige ou leurs intérêts. Pour communiquer avec leurs partenaires étrangers, ils ont recours au *pidgin* qui intègre dans une phrase construite à la chinoise un vocabulaire anglo-indien ou portugais. Et s'ils se convertissent parfois au christianisme, c'est en général pour consolider leur position dans leur milieu professionnel.

La culture hybride qui résulte d'une occidentalisation aussi superficielle n'en constitue pas moins un point de départ pour la modernisation de la société chinoise des ports ouverts, qui est la première, par exemple, à dénoncer le bandage des pieds des petites filles ou à créer des établissements d'éducation moderne. L'imitation des pratiques occidentales joue un rôle moteur dans l'adoption de ces nouvelles valeurs sociales. Le modernisme est assimilé à l'occidentalisme. Et une certaine acculturation est le prix dont les élites chinoises des ports ouverts paient leur réussite économique.

Les ports ouverts sont aussi le berceau du nationalisme chinois moderne. La philosophie politique de l'empire considérait les Occidentaux comme d'autres barbares et les tolérait, en attendant de pouvoir soit les rejeter soit les pacifier et les assimiler. Mais les résidents chinois des ports ouverts, du fait de leurs contacts multiples avec les étrangers, se sont très vite aperçus que ceux-ci, tout aussi bien que les mandarins, pratiquaient une confusion systématique entre leurs valeurs idiosyncratiques et les valeurs universelles, « entre le *meum* et le *verum* » (Joseph Levenson), ce qui, nonobstant les compromis et les partages de pouvoir effectués par le gouvernement impérial, excluait toute possibilité de ralliement idéologique et d'alignement culturel des nouveaux barbares et invalidait la stratégie — comme la conception — du sinocentrisme. Les Chinois de la côte sont les premiers à comprendre que le défi occidental doit être relevé dans les termes mêmes où il a été posé : développement économique, progrès social et politique. Leur nationalisme précoce et vigoureux va de pair avec leur relative aliénation culturelle et leur subordination économique.

A la différence de la xénophobie, qui domine les mouvements antichrétiens et anti-étrangers de l'intérieur, l'idéologie moderniste et nationaliste qui commence à s'affirmer dans les ports ouverts ne représente pas un rejet de l'Occident : elle naît au contraire d'une tentative de coopération avec celui-ci — considéré à la fois comme un modèle et comme une menace — et d'une démarche pragmatique fondée sur le compromis et la revendication.

En fait, la Chine ne manque pas d'observateurs éclairés capables de mesurer d'emblée les implications de la pénétration occidentale et de suggérer les réformes susceptibles de parer le danger en assurant le développement national. Ce sont des compradores, des journalistes, des anciens élèves des institutions étrangères. Mais à la différence de ce qui se passe alors dans des pays colonisés tels que l'Algérie ou l'Inde, où les élites locales renforcent leur prestige et leur pouvoir en collaborant avec les Français ou les Anglais, leurs contacts mêmes avec les étrangers déconsidèrent ces premiers théoriciens chinois de la modernisation aux yeux de la classe dominante, celle des mandarins. Les idées de ces pionniers ne peuvent trouver de légitimation et par conséquent d'application que si elles sont reprises en compte par quelque prestigieux fonctionnaire intégré à la hiérarchie traditionnelle. C'est ainsi qu'un certain nombre d'experts sont recrutés à titre de conseillers privés par Li Hongzhang pour promouvoir le mouvement des Affaires occidentales. Quand ils ne bénéficient pas de tels patronages, les modernisateurs de la côte sont tenus à l'écart et sont dépourvus d'influence sur la conduite des affaires d'État.

Limitée à une portion très étroite du territoire chinois — la bande côtière qui va de Tianjin à Shanghai, Canton et Hong Kong —, isolée par rapport à la tradition culturelle et politique dominante, la civilisation de la côte n'en connaît pas moins dans la seconde moitié du XIXe siècle une vigueur remarquable. Elle perpétue la tradition d'une Chine maritime, d'une Chine de pirates, de marchands et d'aventuriers qui, dès le XVIe et le XVIIe siècles, ont servi d'intermédiaires entre l'empire confucéen et les étrangers — Portugais, Japonais, Hollandais — se pressant sur ses côtes. Mais tenue en méfiance par le pouvoir impérial qui n'arrive pas à bien la contrôler, cette civilisation n'a jusqu'alors connu que des épanouissements éphémères, coïncidant avec des reculs temporaires de l'autorité de Pékin. Elle n'a jamais réussi à s'émanciper assez longtemps de la tutelle bureaucratique pour se donner des structures politiques solides, se constituer en force autonome capable d'influencer l'idéologie et la pratique du pouvoir impérial. Or dans la seconde moitié du XIXe siècle, l'établissement de colonies et de concessions étrangères en territoire chinois crée des îlots de sécurité relative, où les compradores, les pionniers et les aventuriers peuvent échapper au contrôle et à la répression de la bureaucratie impériale. C'est dans ce « refuge des concessions » qu'au contact des étrangers une Chine cosmopolite et entreprenante prend enfin son essor.

A cette Chine des ports ouverts et de la périphérie immédiate, à cette civilisation de la côte, se rattache la Chine d'outre-mer. L'émigration des Chinois vers les pays d'Asie du Sud-Est, vers l'Australie et le Pacifique (connus en Chine sous le nom de Pays des mers du Sud, Nanyang) est un phénomène ancien. Mais la constitution au XIXe siècle d'empires coloniaux européens a créé dans ces régions de nouvelles perspectives d'emploi et d'enrichissement dont profitent les émigrés chinois, environ 7,6 millions à la fin du siècle. Tous ne font pas fortune, mais beaucoup réussissent à se tailler un rôle important dans la vie économique de leur pays d'accueil, en jouant les intermédiaires entre colonisateurs et populations locales. Tenus à l'écart par le gouvernement impérial, qui les soupçonne de favoriser le retour de l'ancienne dynastie des Ming, les émigrés n'en conservent pas moins des liens familiaux et religieux avec leurs provinces d'origine, essentiellement celles du Sud et du Sud-Est. Avec le développement des ports ouverts, ces liens se resserrent.

Le va-et-vient des hommes, l'importance attachée au profit matériel, la vigueur d'un nationalisme stimulé par une confrontation permanente avec le monde non chinois s'ajoutent aux traditionnelles solidarités claniques et familiales pour créer une véritable symbiose entre la Chine côtière et les éléments géographiquement et politiquement épars de la diaspora chinoise. C'est dans cette Chine de la côte, de la mer et de l'outre-mer, cette « Chine bleue » de l'ouverture, que les réformistes et les démocrates de 1989 opposent à la « Chine jaune » du lœss continental et de la tradition confucéenne[1], que se forme et grandit Sun Yat-sen.

L'ENFANCE ET LA JEUNESSE DE SUN YAT-SEN (1866-1894)

Cuiheng, le village dans lequel Sun Yat-sen naît en novembre 1866, est situé dans le delta de la rivière des Perles. Le port de Macao n'est qu'à une quarantaine de kilomètres vers le sud, séparé du village par des collines rougeâtres qui n'ont sans doute pas été toujours aussi dénudées qu'elles ne l'apparaissent de nos jours, car elles ont donné au district son nom de Xiangshan (Montagnes parfumées).

Dans cette campagne tropicale, les fonds alluviaux sont consacrés à la riziculture, mais on doit se contenter de récoltes de légumes et de patates sur les bordures caillouteuses et les sols latéritiques des collines qui barrent l'horizon. La vie se déroule au rythme des travaux agricoles ancestraux. Les buffles gris aux mouvements doux tirent l'araire, s'immergent dans l'eau des fossés ou paissent le long des étroites levées de terre, qui séparent les champs inondés, sous la conduite de quelque enfant coiffé d'un chapeau à large bord. Entre les collines serpentent des rivières aux eaux étonnamment claires et au bord desquelles s'activent les pêcheurs, montés parfois sur des esquifs de branches. Cette Chine du Sud — celle de tous nos stéréotypes — est cependant bien dure aux paysans qui l'habitent. La plupart y vivent dans une grande pauvreté. C'est le cas de la famille de Sun Yat-sen. « Je suis un coolie et le fils d'un coolie. Je suis né avec les pauvres[2] », dira-t-il lui-même. Par coolie, il faut entendre ici au sens large tous ceux qui gagnent leur vie à la sueur de leur front par un « travail amer » *(kuli)*.

Son père, Sun Dacheng, ne possède pas assez de terre pour vivre et doit compléter ses ressources par diverses activités : tour à tour tailleur à Macao, journalier, colporteur. Sa mère

1. *Cf. Heshang*, série télévisée de SU Xiaokang et WANG Luxiang projetée en 1988 en Chine et dont le scénario a été publié.

2. Interview de Sun Yat-sen au *New York Herald*, 10 septembre 1922, cité par Lyon SHARMAN, *Sun Yat-sen. His Life and its Meaning*, Stanford, Stanford University Press, rééd. 1968, p. 4.

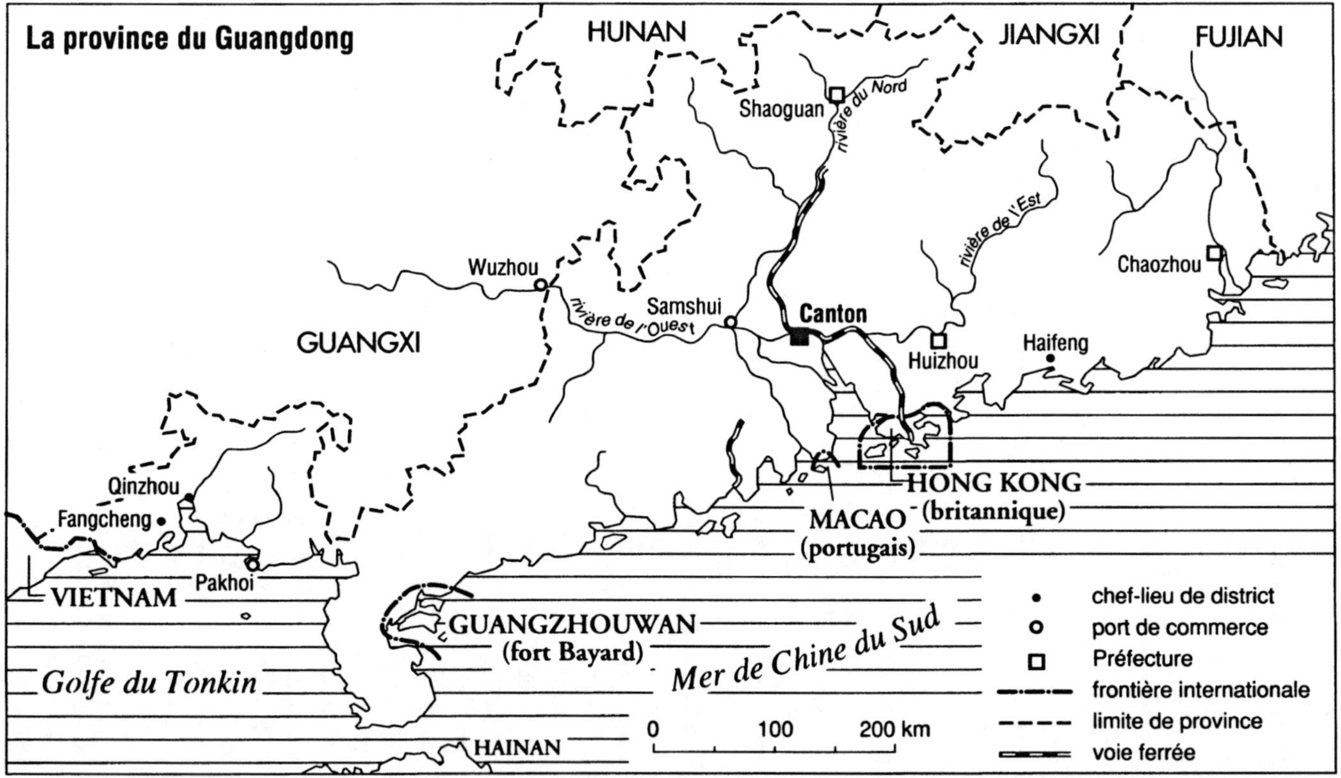
La province du Guangdong
HUNAN
JIANGXI
FUJIAN
Shaoguan
rivière du Nord
Wuzhou
Samshui
rivière de l'Ouest
Canton
rivière de l'Est
Chaozhou
Huizhou
Haifeng
GUANGXI
Qinzhou
Fangcheng
Pakhoi
VIETNAM
HONG KONG
(britannique)
MACAO
(portugais)
GUANGZHOUWAN
(fort Bayard)
Golfe du Tonkin
Mer de Chine du Sud
HAINAN
0
100
200 km
chef-lieu de district
port de commerce
Préfecture
frontière internationale
limite de province
voie ferrée

est une paysanne vigoureuse en dépit de ses pieds bandés : en 1879, elle voyagera à Honolulu pour rendre visite à son fils aîné, Sun Mei. Celui-ci, de quinze ans plus âgé que Sun, a quitté le village en 1871 pour aller chercher fortune aux îles Hawaii. Son père n'ignore pas les dangers qui guettent le jeune émigrant : il a autrefois perdu deux frères, partis travailler dans les mines d'or de Californie. Mais pauvreté fait loi, et le jeune homme, en outre, se montre fort turbulent. Sun Yat-sen a aussi une sœur : bien des années plus tard, il lui semblera encore entendre les cris de douleur de la fillette dont on commençait à bander les pieds pour en casser les os.

Sun Yat-sen passe à Cuiheng ses treize premières années. On en connaît peu de chose. On l'imagine partageant la vie des enfants du village, aidant son père aux travaux des champs. Et l'on sait que, de temps à autre, il fréquente l'école élémentaire, organisée et financée par quelques familles locales. Là, les enfants, sous la férule du maître, s'initient à la lecture en apprenant par cœur — à haute voix, tous ensemble, mais pas au même rythme — le manuel des Classiques en trois caractères [1].

L'enfance paysanne de Sun s'achève avec le retour triomphal au village de son frère aîné qui, fortune faite, vient en 1878 rendre visite à ses parents et épouser la jeune fille qu'ils lui ont choisie. C'est à ce moment-là que se décide le départ de Sun. L'année suivante, sa mère l'accompagnera jusqu'à Honolulu. Au passage, les voyageurs font étape à Hong Kong : « J'admirais les navires et l'immense étendue de la mer, et mon désir d'apprendre l'Occident et d'explorer le vaste monde se trouva accru [2]. »

Les îles Hawaii où débarque Sun Yat-sen sont ouvertes depuis un demi-siècle déjà aux influences commerciales et religieuses de l'Occident. Outre le bois de santal, leurs principales ressources sont le riz et la canne à sucre, dont la production connaît un grand essor depuis la signature, en 1876, d'un traité de réciprocité avec les États-Unis. Les immeubles modernes de Hono-

---

1. *Les Classiques en trois caractères* (*Sanzijing*) était un manuel de lecture destiné aux débutants.

2. Cité d'après NG LUN Ngai-ha, *Historical Traces of Sun Yat-sen's Activities in Hong Kong, Macao and Overseas*, The Chinese University of Hong Kong, 1986, p. 7.

lulu abritent banques et compagnies de commerce. Son port s'anime du va-et-vient des vaisseaux étrangers. Les campagnes se couvrent de plantations. La monarchie locale accompagne les changements, mais l'influence des États-Unis se fait de plus en plus pesante. Sun découvre un monde nouveau, en voie de modernisation et marqué par l'Occident. Comme beaucoup d'émigrants, il aurait pu vivre en marge de ce monde, participant et contribuant à sa richesse et à son dynamisme, sans quitter l'environnement de la communauté chinoise.

Mais son frère aîné Sun Mei décide que l'adolescent doit d'abord compléter son éducation. Comme il n'existe pas d'établissement d'enseignement chinois dans l'île, il inscrit Sun Yat-sen à l'école Iolani, patronnée par l'évêque anglican Willis, fréquentée surtout par des Hawaïens et des métis, et dont l'enseignement est exclusivement dispensé en anglais. Sun Yat-sen, qui est pensionnaire, va donc suivre trois années de scolarité dans cette école missionnaire britannique. Il étudie l'anglais et obtient même un second prix de grammaire à la distribution des prix de juillet 1882. L'assistance aux prières quotidiennes et à l'office dominical est obligatoire, et Sun s'initie aux rites, aux cantiques et à la lecture de la Bible. Il apprend à identifier christianisme et progrès. Il prend ses distances par rapport au culte des dieux domestiques, pratiqué dans la maison de son frère, et songe à se faire baptiser.

A partir de l'automne 1882, Sun continue son initiation au savoir occidental, et en particulier aux rudiments de la médecine et du droit, avec les enfants des missionnaires, au collège Oahu, tenu par les congrégationnalistes américains. En même temps se confirme son attirance pour le christianisme. Mais Sun Mei, irrité par le projet de conversion, qu'il considère comme une véritable trahison des ancêtres et un rejet de l'identité chinoise, met fin aux études de son frère cadet et le renvoie à Cuiheng en 1883.

Que peut offrir à l'adolescent le village, avec son horizon fermé, ses cultes populaires, ses pratiques superstitieuses ? A la lumière de ses nouvelles connaissances et convictions, Sun n'y trouve que des sujets d'indignation ou de raillerie. Et bien vite il y crée le scandale en s'attaquant au temple local avec l'aide de son ami Lu Haodong, lui aussi originaire du district de Xiangshan, mais élevé à Shanghai. Les jeunes iconoclastes mutilent les statues de bois des divinités protectrices, en se prenant peut-être pour les héritiers des révoltés Taiping, dont le souvenir est encore bien vivant dans la mémoire des Cantonais. Les villageois, indignés, concluent que les étrangers ont empoisonné l'esprit de Sun Yat-sen. Il ne reste plus au jeune homme qu'à reprendre le large, avec le soulagement que l'on peut imaginer. Bien que très irritée à son égard, sa famille ne l'abandonne pas, puisqu'elle continue de financer ses études dont il reprend le cours à Hong Kong.

Au printemps 1884, Sun entre à la Government Central School (devenue depuis Queen's College), une école secondaire qui accueille les enfants des classes moyennes de toutes les nationalités et dans laquelle le *curriculum* anglais est complété par un enseignement du chinois. Les deux ans et demi que Sun passe à la Government Central School sont marqués par des développements importants dans sa vie personnelle et familiale : son baptême dans la religion chrétienne, son premier mariage, une dramatique confrontation avec Sun Mei et, sur le plan de la vie publique, par l'humiliation profondément ressentie de la défaite chinoise face à la France en 1885[1].

C'est un missionnaire congrégationnaliste américain, le Dr Charles Hager, récemment arrivé à Hong Kong, qui baptise Sun Yat-sen — et, en même temps que lui, le compagnon de ses escapades villageoises, Lu Haodong. Une véritable amitié semble avoir lié le jeune pasteur à son prosélyte, dont il vante le zèle religieux et qui très vite l'accompagne dans ses tournées d'évangélisation. Ils vont même jusqu'à Cuiheng, où la famille de Sun leur offre l'hospitalité pendant plusieurs jours. Grâce à la réussite du frère aîné, la maison familiale est devenue l'une des plus confortables du village. Après les incidents de l'année précédente, il faut du courage à Sun pour affirmer ainsi publiquement sa foi. Une photographie prise à l'époque nous montre le jeune homme alors âgé d'environ dix-huit ans,

1. En 1884, la Chine abandonne la politique de conciliation et de compromis qu'elle a pratiquée depuis la fin des guerres de l'Opium. Elle tente alors de s'opposer par la force à l'expansion française dans le Tonkin. En dépit des succès remportés sur mer par l'amiral Courbet, la France n'obtient qu'une demi-victoire. En 1885, pourtant, la Chine, par le traité de Tianjin, renonce à tout droit sur le Viêt-nam, devenu protectorat français. Cette guerre a provoqué de nombreux incidents anti-étrangers dans la Chine du Sud.

vêtu de la robe chinoise à col montant et coiffé du calot traditionnel. Le visage grave, le regard étonnamment direct lui donnent l'air non pas d'un provocateur mais d'un être de conviction. Il se plie avec docilité au mariage que, conformément aux usages, ses parents lui ont préparé avec une fille de marchands, Lu Muzhen (1867-1952). Restée au village, dans la maison de ses beaux-parents, la jeune femme portera et élèvera les enfants de Sun, mais ne partagera guère la vie de son mari, très vite reparti étudier et voyager. Dans la Chine traditionnelle, le mariage se fonde non sur l'amour romantique mais sur le sentiment de la piété filiale et l'obligation de maintenir la lignée ancestrale.

Sun Mei, cependant, ne désarme pas. Informé de la conversion de son cadet, il le convoque à Hawaii, avec l'intention de le remettre sur le droit chemin… en lui coupant les vivres. Mais Sun Yat-sen n'est pas seul dans cette épreuve. Il a sur place l'appui de ses coreligionnaires, en particulier du révérend Frank Damon, de la dénomination congrégationnaliste, à laquelle Sun Yat-sen est lui-même affilié. Grâce à leur aide, il parvient à réunir la somme nécessaire pour revenir à Hong Kong au printemps 1886. La colère de Sun Mei ne tardera d'ailleurs pas à s'apaiser et les envois d'argent à reprendre. Mais l'expédition de plusieurs mois à Hawaii a mis une fin prématurée aux études secondaires de Sun Yat-sen qui quitte la Government Central School sans diplôme.

L'éventail des formations et des carrières qui s'ouvrent alors à lui est fort réduit. Ses origines paysannes lui interdisent l'accès des institutions modernes de Chine et en particulier des académies navales de Jiangnan (Shanghai) ou de Fuzhou. Et le rêve, un temps caressé, de devenir officier de marine s'évanouit. Ses amis missionnaires, le Dr Hager qui l'a baptisé, le révérend Damon qui l'a sauvé de la colère fraternelle, semblent avoir entrevu pour Sun Yat-sen un brillant avenir de prédicateur. Le jeune homme lui-même les a sans doute entretenus dans cette idée, ou dans cette illusion, puisque les fonds demandés aux chrétiens de Hawaii devaient lui permettre de revenir à Hong Kong… pour faire des études de théologie ! Mais il n'existe à Hong Kong aucun séminaire. C'est donc vers les études médicales que s'oriente Sun Yat-sen, apparemment sans vocation précise, mais avec l'ardent désir d'approfondir sa connaissance des sciences occidentales. Une lettre d'introduction du Dr Hager aide Sun à se faire recevoir par le Dr John Kerr, des Missions étrangères de l'Église presbytérienne (américaine), fondateur et responsable de l'École médicale de l'hôpital de Canton. Sun y est rejoint par son vieux camarade de village, Lu Haodong, et noue des liens d'amitié avec un autre de ses condisciples, Zheng Shiliang, le fils d'un riche marchand de Shanghai, lui aussi baptisé et très lié aux sociétés secrètes du Guangdong oriental, région d'origine de sa famille. Les trois amis semblent avoir souvent débattu entre eux du destin de la Chine, sans en arriver encore à des conclusions précises.

L'année suivante, Sun quitte Canton et s'installe à Hong Kong où il s'enrôle au Collège de médecine pour les Chinois, dépendant de la London Missionary Society. Le collège vient de s'ouvrir sous le patronage d'un des plus éminents représentants de l'élite chinoise anglicisée de Hong Kong, Ho Kai (He Qi, 1859-1914). La direction en revient bien vite à un remarquable médecin anglais, le Dr James Cantlie. Sun Yat-sen est le premier étudiant à s'inscrire, en octobre 1887. Cinq ans plus tard, en 1892, il sera également parmi les premiers diplômés. Entre-temps, il aura non seulement acquis les bases de la science et de la pratique médicales, mais sérieusement approfondi sa culture tant occidentale que chinoise, et élargi son réseau de relations, tout en continuant à réfléchir et à discuter sur la nécessaire modernisation de son pays. Ses interlocuteurs et ses confidents sont alors Chen Shaobai (1869-1934), un chrétien de Canton, fort versé dans les Classiques chinois, frère juré de Sun Yat-sen qu'il rejoint au Collège de médecine ; Yang Heling (1867-1931), fils d'une riche famille de Cuiheng, qui fait des affaires à Hong Kong, et, amené par Yang, un employé d'origine cantonaise, You Lie, qui s'est initié à l'activité des sociétés secrètes lors d'un séjour à Shanghai. Souvent, les jeunes gens se réunissent dans la boutique de Yang pour poursuivre leurs débats passionnés que leur entourage ne prend guère au sérieux. « Nos discussions n'en finissaient pas. Nous parlions de la révolution, nous chérissions la révolution, nous étudions la révolution. [...] On nous avait surnommés "les Quatre Grands Bandits" [1]. »

1. « Youzhi jingcheng » (L'ambition réalisée), *O.C.*, t. I, p. 229. Il s'agit en fait de l'*Autobiographie (Zizhuan)* de Sun Yat-Sen, incluse dans la première partie du *Plan de reconstruction nationale (Jianguo fanglüe)*. Cette première partie est intitulée de façon variable « Philosophie de Sun Wen », « Plan de Reconstruction psychologique » ou « Mémoires d'un révolutionnaire chinois ».

L'*Autobiographie* est parfois appelée « L'ambition réalisée » (« Youzhi jingcheng »). C'est ce dernier titre qui a été retenu par les éditeurs des *Œuvres*

Un vaste réseau d'amitiés et de relations

Le bilan de cette formation est contrasté. Il est difficile d'apprécier le degré de la qualification professionnelle médicale acquise par Sun. Le diplôme du Collège de médecine n'est pas reconnu par les autorités anglaises de Hong Kong ni par les autorités portugaises de Macao. Et durant la brève période où il exerce à Macao puis à Canton, Sun pratique une médecine mi-européenne, mi-traditionnelle. Son professeur, le Dr James Cantlie, a cependant une haute idée des capacités de son étudiant favori et, par la suite, il l'encouragera vivement à compléter sa formation en Angleterre. Mais Sun n'envisage pas de devenir un de ces pionniers chinois de la science et de la technique occidentale dont l'action a joué un rôle si important dans la modernisation de la Chine côtière à la fin du XIXe siècle et au début du XXe siècle. La relative obscurité d'une telle carrière, l'efficacité ponctuelle, limitée, graduelle de la compétence professionnelle ne peuvent satisfaire l'ardente ambition que le jeune homme nourrit pour lui-même et pour son pays.

Le bénéfice le plus net qu'il tire de sa formation, c'est la constitution d'un réseau complexe et solide de relations sociales que très vite il va mettre au service de ses intérêts et de sa cause. Plus que les livres qu'il lit, les hommes qu'il rencontre orientent ses réflexions. Les réseaux d'influence sur lesquels il appuiera son action sont aussi ceux qui l'ont aidé à modeler sa pensée. Si le charme et la souplesse de sa personnalité et, en particulier, sa capacité de changer de discours selon ses interlocuteurs aident Sun à maîtriser les divergences et les contradictions de son entourage ou plutôt de ses entourages, sur le plan intellectuel, la synthèse entre les diverses influences qu'il subit est plus difficile à élaborer. A l'issue de sa formation, son patriotisme et son opposition à la politique impériale sont clairement affirmés, mais ne suffisent pas à définir une pensée politique qui demeure très hésitante.

Le premier cercle que Sun s'emploie à contrôler est celui de sa famille. La solidarité familiale appartient certes à la tradition chinoise, mais elle aboutit généralement à subordonner

---

complètes de Sun Yat-sen, réalisées en 1981 par l'Académie des sciences sociales de Chine et l'université Zhongshan de Canton. C'est donc celui que nous utilisons dans nos références.

l'individu et ses ambitions aux intérêts du groupe, tels que définis par les plus âgés : père, frère aîné. Or, dans le cas de Sun Yat-sen, ce rapport s'inverse et, après quelques difficultés, c'est la famille qui est mise au service du jeune homme. Après la crise de 1883, le retour au village et la mutilation des statues du temple, le père de Sun Yat-sen accepte de le renvoyer poursuivre ses études à Hong Kong. La conversion officielle de Sun en 1884 est finalement admise par son frère aîné, pourtant très conservateur et hostile au christianisme. Désormais, Sun Mei ne cessera de financer avec régularité et générosité les activités de son cadet : non seulement ses études mais aussi sa première organisation politique, dont il se fera l'efficace propagandiste au sein de la communauté chinoise de Hawaii. Sun Mei prendra également en charge les responsabilités familiales de son frère. A partir de 1895, il fera venir auprès de lui, à l'île Maoui, sa mère devenue veuve ainsi que l'épouse de Sun Yat-sen et ses enfants dont il assurera l'entretien. Bien avant d'avoir atteint une quelconque notoriété, Sun Yat-sen aura la possibilité, grâce à l'appui des siens, de vivre sans soucis matériels et de se consacrer entièrement à son projet politique. Son histoire à cet égard est particulièrement atypique et tranche sur le stéréotype culturel et social, si caractéristique de la Chine moderne, du jeune homme sacrifiant ses aspirations et son talent par piété filiale et discipline familiale.

L'autre réseau traditionnel que Sun Yat-sen réussit à maîtriser à son bénéfice est celui des solidarités régionalistes qui unissent les originaires d'un même village, d'un même district, d'une même province.

Parmi les amitiés nouées au village, celle de Lu Haodong, belle figure de patriote désintéressé, n'accompagne pas longtemps Sun Yat-sen dans sa carrière puisque le jeune homme meurt, exécuté après l'échec de la première tentative de soulèvement révolutionnaire de Sun à Canton en 1895. Yang Heling, dont la boutique à Hong Kong sert de lieu de réunion aux « Quatre Grands Bandits » en 1887, ne semble pas avoir joué un rôle important dans le développement ultérieur des activités de Sun. Mais sa fidélité lui reste acquise. Efficacité du système traditionnel des relations personnelles *(guanxi)* ? Charisme du futur dirigeant révolutionnaire ? Tout contact noué par Sun semble pouvoir être réactivé par lui des années plus tard, au moment où le besoin s'en fait sentir. C'est ainsi qu'un cousin de Yang, établi à Taiwan, aidera les partisans de Sun à faire de l'agitation dans l'île après l'annexion de celle-ci par les Japonais en 1895.

Du village au district, le cercle des solidarités régionales s'élargit singulièrement. Xiangshan, en effet, dès la première moitié du XIXe siècle, a fourni de nombreux compradores dont beaucoup ont mené par la suite de belles carrières d'entrepreneurs et de modernisateurs à Hong Kong, Canton ou Shanghai. De Xiangshan sont aussi partis de gros contingents d'émigrants. Énumérer le nom des notables originaires de Xiangshan, c'est réciter le gotha de la Chine pionnière, de Shanghai à Canton, à Hong Kong et jusque dans les lointaines communautés d'outre-mer. Dans une société régie par des règles coutumières, et en particulier dans la société mouvante et géographiquement dispersée de la Chine périphérique et extérieure, il est d'un intérêt vital de pouvoir identifier son interlocuteur, de connaître sa famille et ses répondants, de savoir le cas échéant où le retrouver. Sun fera donc souvent référence à Xiangshan, soit pour s'introduire auprès de personnages importants tels le grand compradore Zheng Guanying, conseiller du vice-roi Li Hongzhang, soit pour rallier l'adhésion de partisans. Il est remarquable, par exemple, qu'environ la moitié des membres de sa première organisation révolutionnaire, créée en 1894-1895, aient été originaires de ce district.

Les solidarités régionales inévitablement se diluent au niveau de la province. N'oublions pas que le Guangdong compte vers la fin du XIXe siècle environ 30 millions d'habitants ! Mais ces solidarités n'en demeurent pas moins vivantes. Elles fournissent à Sun Yat-sen le cadre spontané, naturel de ses activités. Pendant les premières décennies de sa carrière, l'immense majorité des Chinois qu'il rencontre, qu'il recrute, avec lesquels il collabore sont des Cantonais. Le moment venu, en 1904-1905, Sun saura dépasser ce régionalisme qui, de point d'appui, risquait de devenir un obstacle à sa carrière et à son projet politique. Mais même après qu'il se sera engagé dans un destin national, il continuera d'accorder un rôle particulier dans sa pensée et sa stratégie politique au Guangdong et aux Cantonais.

La popularité dont Sun Yat-sen jouira dans beaucoup de communautés chinoises d'outre-mer et l'appui qu'il trouvera auprès d'elles tiennent aussi en bonne part à des origines cantonaises qu'il partage avec de nombreux émigrés ou *huaqiao*. Elle se fondera en outre sur ses liens personnels et familiaux avec les Chinois de Hawaii ; ceux-ci lui donneront des introductions pour leurs cousins et connaissances que la mobilité à l'intérieur de la diaspora a conduits vers d'autres régions des Nanyang ou en Amérique.

Le réseau des missions protestantes, qu'animent les prédicateurs anglais et américains et autour duquel gravitent les Chinois convertis, joue un rôle essentiel non seulement dans la formation de Sun mais aussi dans le déroulement de la première partie de sa carrière. Ses plus anciens contacts avec les missionnaires remontent à son entrée à l'école Iolani en 1879. D'un établissement à l'autre, de Hawaii à Canton et à Hong Kong, il demeure leur élève jusqu'à sa sortie du Collège de médecine de Hong Kong en 1892, soit pendant plus de treize ans.

Les missions protestantes à partir de 1880 ont réorienté leurs activités, du prosélytisme religieux vers une action sociale plus large englobant l'éducation. Elles jouent un rôle essentiel dans la diffusion en Chine des premières connaissances concernant l'histoire, la géographie, les sciences et les techniques occidentales. Elles essaient aussi de faire comprendre au public chinois — élèves des écoles religieuses, experts de la Chine côtière, ou mandarins et lettrés à l'esprit ouvert — que la civilisation occidentale n'est pas seulement pourvoyeuse de techniques mais aussi de valeurs, que son succès réside à la fois dans sa supériorité scientifique et dans sa capacité de mobiliser la force vive des populations en vue de l'action collective, d'organiser la participation politique dans le respect d'institutions démocratiques et des libertés individuelles.

Les protestants, de par leur enseignement et leurs publications, et à travers les personnalités éminentes de missionnaires tels que Thimothy Richard ou Young Allen[1], sont étroitement associés à l'éveil de la Chine moderne, de ses premières aspirations réformatrices et nationalistes. Parmi toutes les figures de missionnaires qui traversent la jeunesse de Sun

1. Le missionnaire gallois, Thimothy RICHARD (1845-1919), est arrivé en Chine en 1870. En relation étroite avec de nombreux hauts dignitaires de Pékin, il s'efforce aussi de répandre les idées de réforme au moyen des brochures et des livres publiés par la Society for the Diffusion of Christian and General Knowledge (*Guangxuehui*). A partir de 1889, la société publie également une revue influente, *The Globe Magazine* (*Wanguo gongbao*), dont Young Allen est le rédacteur en chef.

Yat-sen — du Dr Charles Hager qui lui donne le baptême en 1884 au révérend américain Frank Damon qui l'aide à affronter la colère de son frère et au vieux Dr John Kerr qui l'accueille à l'École médicale de l'hôpital de Canton en 1886 —, la plus marquante semble bien avoir été celle du Dr James Cantlie dont Sun a été un étudiant favori au Collège de médecine de Hong Kong, de 1887 à 1892.

D'origine écossaise, James Cantlie est né en 1851 dans une famille d'agriculteurs très modestes et qui peine à élever ses onze enfants. Il a reçu sa formation littéraire et philosophique à l'université d'Aberdeen, en Écosse, et a étudié plus tard la médecine à Londres. Homme de vaste et solide culture, c'est aussi un tempérament généreux, impétueux même et qui ne craint pas d'aller à contre-courant des idées reçues. Il a de son métier de médecin une conception ouverte qui le pousse à un inlassable activisme social. A Hong Kong, il s'intéresse personnellement à Sun Yat-sen, lui apprend, outre la médecine, le cricket, l'emmène visiter les villages de lépreux (dans le cadre d'une enquête médicale qui recevra un prix) et l'aide à pratiquer certaines opérations chirurgicales délicates à Macao, où Sun, au sortir du Collège de médecine, s'installe comme praticien pour une brève période. James Cantlie jouera à diverses reprises un rôle très important dans la vie et la carrière de Sun Yat-sen.

Dès ses débuts, Sun sait pleinement utiliser les ressources de ces réseaux d'amitiés missionnaires. C'est ainsi qu'à l'automne 1886 il obtient du Dr Charles Hager une lettre d'introduction pour le Dr John Kerr, afin de faciliter son inscription à l'École de médecine de l'hôpital de Canton et d'obtenir une remise sur les frais de scolarité. Les recommandations de missionnaires introduiront Sun Yat-sen dans les milieux de journalistes et de diplomates des ports ouverts et, plus tard, dans les cercles politiques européens et américains.

Gravitant autour des missionnaires, les Chinois convertis au christianisme forment un milieu solidaire dans lequel Sun Yat-sen trouve de nombreux appuis. La plupart de ses amis de jeunesse, de ses compagnons d'étude, de ses interlocuteurs dans ses premières discussions politiques sont des Chinois convertis. C'est le cas de Lu Haodong, son complice dans la mutilation des statues du temple villageois, qui se fait baptiser en 1894 en même temps que Sun. Zheng Shiliang, le camarade de Sun à l'École médicale de l'hôpital de Canton, est lui aussi un chrétien. Son père était un riche marchand cantonais de Shanghai et lui-même a été éduqué dans une école missionnaire allemande de Canton. Il sera étroitement associé aux débuts politiques de Sun. On peut encore citer Chen Shaobai qui sera pendant une dizaine d'années le lieutenant de Sun. Ce chrétien cantonais est un excellent connaisseur du style classique et un ancien élève du Canton Christian College, principal établissement d'enseignement missionnaire de la Chine du Sud, créé en 1888 par la Mission presbytérienne américaine. C'est à l'enseignement de pasteurs chinois — et en particulier à celui de Qu Fengzhi, son professeur particulier à Hong Kong — que Sun doit d'avoir quelque connaissance des Classiques chinois. Ce réseau des chrétiens cantonais sera très utile par la suite à Sun, dans ses entreprises privées — le financement de la Pharmacie de l'Orient et de l'Occident que Sun établit en 1893 à Canton est en partie assuré par le gendre de Qu Fengzhi — comme dans ses activités politiques — les premiers soulèvements révolutionnaires organisés par Sun dans le Guangdong en 1895 et en 1900 reposent sur la complicité active des pasteurs et des chrétiens locaux.

Enfin, Sun Yat-sen gagne l'accès au cercle des notables chinois anglicisés de Hong Kong, parmi lesquels Ho Kai, fondateur du Collège de médecine et qui ne dédaigne pas d'y assurer lui-même certains enseignements. Cette personnalité remarquable influence la pensée du jeune Sun et lui permet d'établir de très nombreux contacts avec l'*establishment* chinois et anglais de la Colonie. Ho Kai est un pionnier de la deuxième génération. Son père, émigré en Malaisie, s'était converti au christianisme. Protégé par la London Missionary Society, il avait commencé une carrière de prédicateur, puis s'était lancé avec succès dans les affaires. Homme cultivé, il a fait donner à son fils, Ho Kai, une très bonne éducation sino-britannique à la Government Central School (celle-là même que devait fréquenter Sun Yat-sen en 1884-1886), puis dans les facultés de médecine et de droit d'Aberdeen. Rentré à Hong Kong en 1882, Ho Kai devient l'un des principaux représentants de la communauté chinoise auprès des autorités britanniques de la Colonie, en tant que membre du Conseil législatif et de toutes les commissions officielles. Il prend aussi l'initiative de nombreuses fondations, en particulier celle de l'Alice Memorial Hospital (ainsi nommé en souvenir de son épouse anglaise), dont il confie la gestion à la London Missionary Society et à laquelle, en 1887, il associe le Collège de médecine. C'est cet établissement, on le sait, que Sun fréquente de 1887 à 1892. Ho Kai, qui rêve de moderniser la Chine selon le modèle occidental, joue un rôle essentiel dans les débuts politiques de Sun Yat-sen, lui inspirant certaines idées, lui suggérant certaines stratégies, usant de son influence pour lui obtenir des appuis dans les milieux journalistiques et politiques britanniques de la Colonie.

Sun Yat-sen ne semble pas avoir eu beaucoup de contacts directs dans sa jeunesse avec les sociétés secrètes, dont il mobilisera à maintes reprises les hommes de main — déclassés ou voyous stipendiés — pour ses soulèvements révolutionnaires. Certes, il connaît la tradition de loyauté à la dynastie Ming et d'opposition à l'envahisseur mandchou qui, depuis deux siècles, survit dans les Triades en Chine méridionale [1]. Honnis par le pouvoir impérial et sa bureaucratie, désertés par les mandarins et les lettrés, ces groupes loyalistes se sont le plus souvent transformés en fraternités, en sociétés d'entraide accueillant misérables et marginaux. La force et la violence sont leur moyen d'action. Le secret, leur protection. Et la révolte des Taiping, dans les années 1850-1860, s'est nourrie de leur hostilité à l'égard de la société établie. Or la tradition des Taiping est restée vivante dans les campagnes cantonaises. Lors de son enfance villagoise, Sun Yat-sen a dû y être initié. Son ami Lu Haodong lui a aussi parlé des dirigeants Taiping qui, après une conversion superficielle au christianisme, avaient fait de la « destruction des idoles » et de la lutte contre les superstitions les fondements de leur dogme. Dans l'esprit des deux amis, l'attaque contre le temple de Cuiheng s'inscrivait peut-être dans le sillage de la rébellion populaire surgie trois décen-

1. Les Triades représentent la principale organisation des sociétés secrètes dans le Sud. Leurs loges, à la différence des sectes du Nord adonnées aux superstitions religieuses, s'occupent beaucoup de politique : elles se réclament de la dynastie Ming renversée au XVIIe siècle et s'opposent à la dynastie régnante des Mandchous. Ces sociétés secrètes qui recrutent parmi les paysans pauvres, les déclassés et les marginaux constituent une véritable contre-société. Beaucoup de lettrés et de notables, cependant, collaborent discrètement avec elles afin de contrôler et éventuellement d'utiliser à leur profit la force des masses populaires qu'elles rassemblent.

nies plus tôt. Sun lui-même était surnommé Hong Xiuquan par ses amis de Hong Kong, prompts à railler son admiration pour le chef des Taiping. Un autre de ses amis de jeunesse, Zheng Shiliang, un haut dignitaire des Triades, a aussi attiré l'attention de Sun sur le potentiel subversif des sociétés secrètes. Jusqu'en 1894, cependant, Sun Yat-sen, sans les ignorer, ne semble pas être entré en relation avec elles.

Tous ces groupes et réseaux sociaux, présentés ici séparément, s'imbriquent ou s'opposent de façon complexe. Les identifications ou les recoupements sont nombreux entre les réseaux familiaux, cantonais, émigrés ; entre le cercle des élites modernisées des ports ouverts, le milieu des missionnaires et des convertis et les diplomates, journalistes ou hommes d'affaires étrangers. Mais il existe aussi de multiples divergences et oppositions : entre le milieu familial et celui des chrétiens chinois — qu'on se rappelle l'hostilité de Sun Mei au baptême de son frère cadet ; entre les sociétés secrètes perpétuant les plus grossières superstitions et les élites chinoises modernisées des ports ouverts ou de Hong Kong rêvant d'introduire dans leur pays les progrès scientifiques et les institutions sociales et politiques de l'Occident ; ou bien entre les sociétés secrètes xénophobes et les missionnaires étrangers contre lesquels elles multiplient les attaques à main armée.

On ne peut qu'admirer l'aisance avec laquelle Sun Yat-sen évolue dans ces divers milieux, les soumettant à ses propres objectifs, sans se laisser lier à aucun d'entre eux. Cette maîtrise apparaît exceptionnelle, même dans une société fondée sur le recours systématique aux relations interpersonnelles. Elle ne cessera de s'affirmer tout au long de sa carrière.

Il est un point cependant sur lequel se rejoignent tous les cercles sociaux familiers à Sun Yat-sen : c'est leur marginalité par rapport aux courants dominants de la société chinoise de son époque. La paysannerie dont est issue la famille de Sun est méprisée par les lettrés et les mandarins, et le rejeton d'un villageois ne peut guère prétendre jouer un rôle public quelconque. Les communautés d'outre-mer, soupçonnées de sentiments loyalistes à l'égard de l'ancienne dynastie des Ming, éloignées géographiquement et supposées être contaminées par les sociétés étrangères où elles ont dû s'insérer, sont tenues à l'écart par le pouvoir impérial et son administration. Les missionnaires chrétiens sont haïs et redoutés, tout comme les convertis sont méprisés, à la fois par le peuple et par la gentry. Les élites modernisées des ports ouverts ne peuvent pas faire reconnaître ni valider leurs mérites par les classes dominantes traditionnelles. Leurs diplômes étrangers sont considérés comme sans valeur et on leur reproche leurs idées nouvelles, leur acculturation, leur ignorance des Classiques. Leurs contacts mêmes avec les Occidentaux les retranchent du grand courant de la civilisation chinoise (aux yeux des lettrés et des mandarins). Ils entrent dans la catégorie peu recommandable des compradores, marchands, aventuriers, gens sans aveu. Quant aux sociétés secrètes, elles apparaissent comme le refuge des marginaux, et leurs pratiques, qui se développent à l'écart de l'idéologie et de l'ordre établis, attirent la même réprobation que, dans nos sociétés, celles de la mafia.

Si Sun Yat-sen a donc fermement pris pied dans la société qui l'entoure, s'il a su y faire reconnaître ses talents et y nouer de nombreuses relations d'amitié et de protection, il n'en demeure pas moins qu'aux yeux des classes dominantes de cette société il porte le stigmate de l'exclusion. L'intégration sociale si bien réussie par Sun Yat-sen n'a donc qu'une portée limitée et ne lui ouvre pas la voie de la réussite, qu'une tradition jalousement maintenue réserve au lauréat des examens mandarinaux, porteur et agent de l'idéologie confucéenne. Fêté par les élites des ports ouverts, il ne peut être que méprisé et rejeté par celles de la bureaucratie impériale, celles qui dans les dernières décennies du XIXe siècle détiennent encore le pouvoir et s'arrogent le monopole non seulement de son exercice mais aussi de son éventuelle réforme.

Sun Yat-sen n'a laissé aucun texte remontant à ses années d'études qui puisse éclairer l'évolution de sa pensée politique à cette époque. Les témoignages de ses contemporains sont contradictoires. Aussi toute une polémique s'est-elle développée parmi les historiens pour savoir si Sun Yat-sen était alors un réformiste ou déjà un révolutionnaire [1].

En fait, comme nous l'avons déjà souligné, Sun Yat-sen n'est pas homme à attacher beaucoup d'importance aux idées pour elles-mêmes. La cohérence intellectuelle et les soucis de théo-

1. CHEN Xiqi et LUO Xianglin optent pour la seconde interprétation, Harold SCHIFFRIN, que nous suivrons ici, pour la première.

risation ne le préoccupent guère. Soumis à des influences fort contradictoires, il semble s'être prêté aux unes et aux autres sans s'embarrasser de problèmes conceptuels ni de spéculations. Tout son environnement géographique, social, politique le conduit à percevoir et à ressentir le déclin dans lequel s'enfonce la Chine. Il dira plus tard, lors d'une allocution prononcée à l'université de Hong Kong en 1923 [1], que la bonne administration de la Colonie faisait ressortir à ses yeux de jeune étudiant la corruption et l'arriération du Guangdong où il revenait régulièrement passer ses vacances. Même en tenant compte de la tendance qu'a toujours manifestée Sun Yat-sen à flatter son auditoire (dans ce cas, les représentants de l'*establishment* colonial), on peut penser que la comparaison a dû effectivement frapper le jeune patriote. On sait aussi — par la suite, il y a fait maintes allusions — qu'il a très douloureusement ressenti l'humiliante défaite de la Chine devant la France lors de la guerre de 1884-1885. Selon son *Autobiographie* (rédigée en 1918), c'est même à cette époque que remonterait sa décision de renverser une dynastie incapable de protéger la Chine [2]. Si cette affirmation, formulée quarante ans plus tard, est sujette à caution, il n'en demeure pas moins vraisemblable que la défaite a dû rendre plus impérieuse et urgente aux yeux de Sun Yat-sen la nécessité de changer la situation chinoise.

Sur la nature et l'orientation de ce changement, Sun Yat-sen ne semble pas avoir eu de doctrine fixe. Faut-il, comme le prônent les Triades, lutter contre la dynastie mandchoue au nom du loyalisme envers les empereurs Ming (renversés au début du XVIIe siècle ?). Certains amis de Sun, dont Zheng Shiliang, lui représentent l'énorme force de déstabilisation que peuvent exercer ces loges secrètes et leurs adhérents déjà organisés, solidaires, entraînés à l'action violente et clandestine. Faut-il, au contraire, aider cette dynastie à réformer et à moderniser la Chine en adoptant les techniques et les institutions occidentales ? Dans un article publié en février 1887 dans le *China Mail* et que Sun Yat-sen a bien dû lire, le notable hongkongais Ho Kai plaide pour une réforme beaucoup plus fondamentale que celle entre-

1. « Zai Xianggang daxuede yanshuo » (Discours prononcé à l'université de Hong Kong), 19 février 1923, *O.C.*, t. VII, pp. 115-117.
2. « Youzhi jingcheng » (L'ambition réalisée), *Jianguo fanglüe* (Plan de reconstruction nationale), *O.C.*, t. VI, p. 228.

prise sous l'égide du mouvement des Affaires occidentales [1]. Il ne suffit pas d'importer des armements et de mettre des « verrous » à la porte de la Chine, il faut d'abord changer les institutions, recruter des fonctionnaires compétents et initiés au monde moderne, réformer l'éducation. La raison du déclin de la Chine, en effet, n'est pas tant sa faiblesse militaire que l'inadaptation et la décadence de ses mœurs, de sa société, de son organisation politique.

Et puis, à l'école des missionnaires, Sun Yat-sen a appris l'histoire de l'Europe et des États-Unis. Il rêve de Washington et de Napoléon et peut-être déjà d'une république chinoise. Ce n'est pas un débat intellectuel qui va le conduire à faire ou à confirmer son choix parmi toutes ces options, mais bien une nouvelle expérience sociale. L'échec qu'il essuie auprès du grand mandarin impérial Li Hongzhang, auquel il va proposer ses idées et ses services en 1894, fait de l'exclu un révolté prêt à s'engager dans la voie antidynastique et anti-impériale.

La tentation réformiste de Sun Yat-sen et son essai d'intégration sociale et politique : la pétition à Li Hongzhang (1894)

Si les experts de la côte, ceux qui, grâce à leurs études, leurs voyages, leurs contacts personnels, se sont initiés au monde occidental, n'ont aucune chance de faire une carrière dans la bureaucratie mandarinale, certains d'entre eux n'en gravitent pas moins à ses marges. Les mandarins ont en effet l'habitude d'engager un certain nombre de conseillers, dépourvus de titre officiel, pour les aider à assurer leurs tâches administratives et politiques. En particulier, dans la seconde moitié du XIXe siècle, certains vice-rois acquis à l'idée d'une modernisation partielle de la Chine recrutent à titre personnel des experts chargés de les éclairer et de les assister. Dans le sillage de ces grands mandarins, de véritables *brain trusts* se constituent, composés de compradores, de traducteurs, de journalistes. Leur accès direct aux hautes personnalités qu'ils servent rehausse le prestige social de ces experts dont l'influence s'exerce non seulement dans le

1. Lettre signée Sinensis, *China Mail*, 16 février 1887.

cadre des ports ouverts mais de façon indirecte au sein de l'organisation sociopolitique traditionnelle.

Dans l'entourage du vice-roi Li Hongzhang, on retrouve ainsi quelques-uns des plus grands penseurs et entrepreneurs de la Chine moderne. Certains occupent des positions subalternes, par exemple Yan Fu (1853-1921), qui s'affirmera après 1895 comme l'un des principaux philosophes politiques de son temps. Éduqué à l'école moderne dépendant de l'arsenal de Fuzhou, il a voyagé en Europe et séjourné deux ans en Angleterre. À son retour en Chine, il n'a pu faire carrière dans l'administration et s'est engagé au service de Li Hongzhang. Le grand comprador Zheng Guanying (1842-1923) est aussi un protégé du vice-roi, qui lui a confié le soin d'établir à Shanghai une filature de coton moderne de statut mixte (*guandu shangban* : supervisée par les fonctionnaires, gérée par les marchands), tout comme un autre comprador, Tang Tingshu (1832-1892), employé de la compagnie britannique Jardine & Matheson, a été chargé par Li de gérer la Compagnie de navigation des marchands chinois. Un journaliste, Wang Tao (1828-1898), ancien assistant du sinologue anglais James Legge qu'il a aidé à traduire les Classiques et qu'il a accompagné dans ses voyages en Europe, fait partie de ce petit groupe : les articles qu'il fait paraître à Hong Kong puis à Shanghai sont attentivement suivis. Quelques-uns de ces experts appartiennent d'ailleurs à de grandes familles marchandes et lettrées : tel Ma Jianzhong (1844-1900), rejeton d'une dynastie d'armateurs shanghaiens de tradition catholique et premier Chinois à obtenir en France le diplôme du baccalauréat, dont Li Hongzhang a fait son secrétaire personnel ; ou encore Xue Fucheng (1839-1894) qui, titulaire d'une licence incomplète, se met au service de Li Hongzhang, avant d'être envoyé comme représentant diplomatique à Londres et à Paris au début des années 1890.

Ces hommes sont les véritables penseurs du mouvement des Affaires occidentales, auquel le vice-roi Li Hongzhang prête son autorité. Leur réflexion déborde largement le cadre du mouvement lui-même, soumis à de multiples contraintes politiques et administratives. Dès 1875, le compradore Zheng Guanying appelle au libre développement du commerce et de l'industrie, dénonçant les effets néfastes des interventions bureaucratiques dans l'économie. En 1879, Xue Fucheng plaide pour le développement d'un capitalisme national, seule barrière efficace contre l'impérialisme occidental.

Après la défaite chinoise devant la France en 1884-1885 et la parution en février 1887 de l'article de Ho Kai dans le *China Mail*, l'idée s'impose parmi ces experts qu'une réforme politique doit venir s'ajouter à la modernisation de la production. Les arguments formulés par Ho Kai sont repris et développés par Zheng Guanying, dont l'*Avertissement à un âge apparemment prospère (Shengshi wei yuan)*, publié en 1893, exerce une profonde influence. Les réformistes s'acccordent à dénoncer l'absolutisme, à réclamer une forme de gouvernement représentatif. Ils cherchent leur modèle en Grande-Bretagne, en Allemagne, au Japon (qui, en 1889, a adopté une nouvelle Constitution). Partisans du progrès, ils insistent sur la nécessité de développer l'éducation, mais ils ne sont pas des radicaux : loin d'eux les idées de liberté, d'égalité, de démocratie. La participation politique qu'ils recommandent se limite à une petite élite de la richesse et de l'instruction. Ils demeurent fidèles à la doctrine confucéenne, même s'ils rejettent l'ordre politico-social qui lui est lié. Désireux de repousser l'agression impérialiste, ils n'en sont pas moins prêts à accepter l'aide étrangère pour développer l'économie chinoise et mettre en place les nouvelles institutions.

Au tournant des années 1880-1890, ces idées réformistes circulent dans les grands ports ouverts ainsi qu'à Pékin où les cercles de fonctionnaires, renouant avec la tradition séculaire des « propositions désintéressées » *(Qingyi)* — c'est-à-dire d'un débat politique mené à l'intérieur même de la bureaucratie —, n'hésitent pas à exprimer des opinions critiques à l'égard de la politique gouvernementale. Le régime d'autocratie impériale n'a jamais favorisé le développement d'une opposition publique, ni l'expression d'une opinion indépendante. Le courant des « propositions désintéressées » est toujours resté sporadique. Son apparition a coïncidé en général avec des conjonctures de crise profonde, propres à inquiéter les lettrés et fonctionnaires, et avec l'affaiblissement ou les incertitudes du gouvernement impérial et de la haute administration. Telle est précisément la situation en Chine dans la seconde moitié du XIXe siècle, après les guerres d'ouverture et la révolte des Taiping.

Pendant la décennie 1880-1890, le mouvement de discussion et de critique prend une ampleur inhabituelle. Il s'étend hors de la capitale vers les provinces et mobilise un nombre croissant non seulement de fonctionnaires mais aussi de notables extérieurs à la bureaucratie : riches marchands, propriétaires terriens, lettrés non pourvus de postes officiels. Ces élites locales, habituées à agir dans le cadre des intérêts communautaires *(gong shi)* et à prendre en charge les œuvres philanthropiques, les travaux publics, l'assistance sociale ou les milices d'autodéfense, sont amenées à étendre leurs préoccupations aux problèmes d'intérêt national : lutte contre l'impérialisme, contre le népotisme, la corruption et le favoritisme pratiqués à la Cour impériale, nécessité d'associer le «peuple», c'est-à-dire sa fraction éclairée, aux grands projets politiques du régime. Cette politisation de l'élite locale, surtout sensible dans les provinces côtières — Jiangsu, Zhejiang, Guangdong —, est stimulée par la presse des ports ouverts et en particulier par *Le Journal de Shanghai*, *Shenbao*. Ainsi les frustrations des lettrés et fonctionnaires se combinent aux ambitions croissantes des élites locales et aux nouvelles influences venues de la côte pour constituer une opinion publique dont les revendications sont celles d'un réformisme modéré.

C'est dans ce courant réformiste que Sun Yat-sen tente de s'insérer au début des années 1890. Il effectue plusieurs démarches auprès de divers personnages officiels afin de faire reconnaître ses compétences de spécialiste formé à la science étrangère et afin d'entrer dans le circuit des mandarins experts qui animent le mouvement des Affaires occidentales. Mais il n'est pas facile à un fils de paysan formé dans les écoles missionnaires d'outre-mer et pourvu d'un diplôme sans valeur au regard des Chinois de retenir l'attention des fonctionnaires impériaux ou des notables locaux. La première tentative de Sun remonte à 1890. Il adresse alors une lettre à un licencié *(juren)* [1], ancien ambassadeur au Japon et aux États-Unis et intendant des douanes de Tianjin sous Li Hongzhang. C'est sans doute grâce à la communauté de leur origine géographique que Sun peut entrer en relation avec ce haut personnage. Sa démarche étant restée sans résultat, il prend contact avec l'un des principaux inspirateurs et chefs de file du mouvement des Affaires occidentales, le compradore Zheng Guanying, lui aussi protégé de

1. Les licenciés *(juren)*, lauréats des examens provinciaux, occupent dans la hiérarchie des lettrés une place intermédiaire entre les bacheliers *(shengyuan)*, qui ont passé les examens des préfectures, et les docteurs *(jinshi)*, admis aux examens organisés au palais impérial à Pékin.

Li Hongzhang et originaire de Xiangshan. Et certains auteurs pensent retrouver trace de la contribution de Sun Yat-sen dans le célèbre pamphlet de Zheng, *Avertissement à un âge apparemment prospère*. Mais, en 1894, Sun Yat-sen décide de s'adresser à Li Hongzhang lui-même.

Délaissant pour toujours la pratique médicale, il se lance alors dans une carrière de politicien professionnel, en préparant une longue pétition qu'il décide d'aller lui-même présenter au vice-roi. Accompagné de son ami d'enfance Lu Haodong, il se met en route pour Tianjin, faisant étape à Shanghai, où il prend contact avec le journaliste réformateur Wang Tao. Mais en dépit des lettres d'introduction que Sun a obtenues à Shanghai, Li Hongzhang ne lui accorde pas l'entrevue espérée. La parution en septembre-octobre de sa pétition dans *The Globe Magazine (Wanguo gongbao)*, publication missionnaire de Shanghai très populaire dans les cercles réformistes, n'est qu'une piètre consolation [1]. A la fin de 1894, Sun Yat-sen quitte la Chine pour Hawaii où va s'ouvrir le début de sa carrière révolutionnaire.

Les historiens ont beaucoup glosé sur le voyage de Sun Yat-sen à Tianjin et sur sa pétition à Li Hongzhang. Ce texte reprend les thèmes généraux de la littérature et de la presse réformistes, ceux que Ho Kai ou Zheng Guanying ont déjà développés : la puissance des nations étrangères réside non seulement dans la « solidité de leurs vaisseaux et la force de leurs canons » mais aussi dans le libre commerce, dans l'utilisation des compétences humaines et dans l'exploitation des ressources naturelles. Sun insiste plus particulièrement sur l'importance de l'éducation qui permet de recruter des hommes de talent et sur celle des progrès agronomiques. Sun est à l'évidence très familier du projet réformiste. Lui est-il alors sincèrement acquis ? Lui-même fait remonter son engagement révolutionnaire à la guerre franco-chinoise de 1884-1885. Aussi a-t-il cherché à occulter cet épisode. Dans son *Autobiographie*, il ne mentionne ni sa pétition ni Li Hongzhang, et attribue son voyage dans le Nord à son désir d'évaluer de ses propres yeux la force du régime mandchou. Un certain nombre d'historiens ont accepté l'idée que le voyage de Sun ait pu avoir des motifs révolutionnaires cachés. D'autres au contraire ont souligné la

1. « Shang Li Hongzhang shu » (Pétition à Li Hongzhang), *O.C.*, t. I, pp. 8-18.

communauté de pensée entre Sun et les réformistes telle qu'elle ressort du texte même de la pétition.

Sans doute la clé de l'énigme se trouve-t-elle moins dans l'histoire des idées que dans des considérations d'ordre social, beaucoup plus immédiates. Il semble bien en effet que la démarche de Sun soit essentiellement motivée par le désir du jeune homme d'entrer dans ce monde des mandarins et des notables dont sa naissance et sa formation semblent *a priori* l'exclure. Il sait bien qu'il ne peut pas composer des essais en huit parties *(bagu)* comme doit être capable de le faire tout lettré, candidat aux examens impériaux. Mais dans sa pétition à Li Hongzhang, il fait valoir ses compétences dans les domaines des Affaires occidentales : « J'ai passé les examens anglais de médecine à Hong Kong [...]. J'ai dans ma jeunesse fait l'expérience des études d'outre-mer. Les langues de l'Occident, sa littérature, sa science politique, ses coutumes, ses mathématiques, sa géographie, sa physique et sa chimie, j'ai eu l'occasion d'étudier tout cela [1]. »

C'est là un *curriculum vitae* en règle pour une demande d'emploi, catégorie experts et conseillers. Malheureusement pour Sun, Li Hongzhang n'accorde sa confiance qu'à des experts issus de bonne famille et dont les études à l'étranger n'ont le plus souvent servi que de complément à une formation classique. La position médiocre faite à Yan Fu avant 1895 montre bien que Li Hongzhang n'est pas prêt à accorder sa confiance et son patronage à des produits de l'éducation étrangère, privés de tout répondant social.

Au terme de sa formation, il apparaît à Sun que les portes de la bonne société chinoise, et donc les voies de l'influence et du pouvoir, lui restent closes. Dès lors, les thèmes réformistes, qui auraient dû lui servir de passeport auprès des mandarins et des notables, perdent leur intérêt à ses yeux. Et il se jette dans l'opposition violente, qu'il transformera au fil des années en action et doctrine révolutionnaires.

1. « Shang Li Hongzhang shu », p. 8.

CHAPITRE II

La création symbolique d'un chef révolutionnaire (1894-1897)

La défaite de la Chine dans le conflit qui l'oppose au Japon en 1894-1895 ouvre une des périodes les plus sombres de son histoire. Elle révèle au monde les faiblesses de l'empire et incite les puissances européennes à se lancer dans une course effrénée aux zones d'influence et aux concessions. La Chine ne doit alors la préservation de son intégrité qu'au souci des puissances de maintenir entre elles l'équilibre des forces et des ambitions.

La menace d'une partition du pays provoque deux sursauts de résistance de nature fort différente : d'une part, une tentative de réforme occidentalisante menée par des lettrés avec l'appui de l'empereur Guangxu ; d'autre part, un mouvement de rébellion populaire xénophobe, soutenu d'abord par certaines autorités et élites locales puis par la Cour impériale, et combattu par l'intervention conjointe des puissances. Tous ces événements qui mettent en jeu le destin national se déroulent dans le nord du pays. Au cours du conflit sino-japonais, seule la flotte Beiyang (flotte du Nord) est engagée dans les combats navals. Cette régionalisation de l'effort de guerre, qui reflète celle de la modernisation, est même l'une des principales causes de la défaite.

Par la suite, le mouvement des Réformes a son centre à Pékin et gravite autour de la personne de l'empereur Guangxu qui patronne la tentative des Cent Jours, en 1898. L'insurrection des Boxeurs se développe au Shandong et au Zhili. En 1900, lorsque la Cour choisit de s'allier ouvertement aux Boxeurs et déclare la guerre aux puissances, les gouverneurs des provinces du Yangzi et du Sud se dissocient de l'initiative, refusant de livrer les régions dont ils ont la charge aux troubles de la rébellion et aux prévisibles représailles étrangères. Intégrisme au Nord, pragmatisme au Sud : cette opposition à la fois géographique et culturelle ne cessera de rejouer au cours des crises que traversera la Chine au XXe siècle.

Homme du Sud, exclu de par sa naissance et sa formation du réseau interprovincial des lettrés et des mandarins, Sun Yatsen ne participe à aucun de ces événements. Il les suit de loin : de Hong Kong et du Guangdong en 1895, de Hawaii, des États-Unis, de Londres où il voyage en 1896 et 1897, du Japon où il réside à partir de l'été 1897 et presque sans interruption jusqu'en 1900.

Écarté de la scène où se joue le destin de la Chine, Sun va donc tenter de ramener à lui le cours de l'histoire. En 1894, la création d'un petit groupe de partisans affiche le programme et les ambitions d'une véritable organisation politique. L'attaque à main armée contre Canton, qu'il organise en 1895 avec l'aide des sociétés secrètes, ressemble à celles qui font périodiquement trembler les notables et les magistrats dans leurs cités murées, mais se transforme par la magie du verbe en une insurrection révolutionnaire. Un an plus tard, l'enlèvement de Sun à la légation chinoise de Londres devient un événement médiatique. Avec un véritable génie des relations publiques et une confiance innée dans son propre destin, Sun l'utilise pour créer de lui-même « une image héroïque », celle d'un patriote œuvrant au salut et à l'organisation de son pays, celle d'un dirigeant national... qu'il est encore bien loin d'être.

LA CRISE NATIONALE

Lorsque le 1er août 1894 éclate la guerre sino-japonaise, l'empire chinois fait encore illusion. Sa faiblesse ne s'est que partiellement inscrite dans les faits. Les signes de la crise économique et politique sont nombreux, mais le régime impérial a vaincu les grandes rébellions des années 1860-1870 ; il a réussi à maintenir l'autonomie de son administration et les apparences de son pouvoir face à l'intrusion occidentale. L'urgence d'un changement — et plus particulièrement d'un changement institutionnel — ne s'impose qu'à une petite fraction de la bureaucratie et de la société lettrée.

Les étrangers partagent cette illusion chinoise d'une puissance impériale toujours vivante, prenant appui sur la vaste masse continentale et l'immense population ; ou peut-être se plaisent-ils simplement à entretenir cette illusion pour mieux assurer l'équilibre de leurs forces en Asie orientale. Toujours est-il qu'en 1894 leurs observateurs, tout comme les mandarins, s'attendent à une victoire de la Chine sur le Japon.

La rapide et complète défaite des forces chinoises est sanctionnée par le traité de Shimonoseki (17 avril 1895) qui impose au gouvernement impérial une lourde indemnité, la cession de divers territoires (dont l'île de Taiwan) et accorde aux Japonais — et par le jeu de la clause de la nation la plus favorisée à tous les étrangers — le droit d'établir des entreprises industrielles dans les ports ouverts. Conséquence directe de l'expansion européenne, le conflit sino-japonais amène une rupture complète des anciens équilibres en Asie orientale et bouleverse la hiérarchie des rapports, jusqu'alors fondée sur la reconnaissance de la supériorité culturelle chinoise. La victoire ouvre au Japon l'accès au rang de grande puissance. Traité sur un pied d'égalité par ses partenaires européens et américain, le Japon pratiquera désormais en Chine une politique d'exploitation et d'agression analogue à la leur, mais rendue plus redoutable encore par la proximité géographique et culturelle.

Le traité de Shimonoseki donne le signal d'une accélération sans précédent de la pénétration étrangère en Chine. Toutes les puissances européennes sont parties prenantes au « partage du melon » *(guafen)*, c'est-à-dire au dépècement du pays, et le Japon est à leurs côtés. Au cours de la « bataille des concessions », les puissances essaient de satisfaire leurs ambitions respectives, tout en les rendant mutuellement compatibles. Les nouveaux privilèges, qu'elles réclament et obtiennent, portent sur la construction des voies ferrées, à laquelle le gouvernement impérial a dans le passé refusé son autorisation. Par l'établissement de ces voies, les puissances espèrent être mieux à même d'exploiter un marché qui s'est jusqu'ici refusé à elles ; elles espèrent aussi développer leur pénétration à l'intérieur du pays et y créer des zones d'influence économique et politique. Aussi la cession de territoires à bail accompagne-t-elle celle des voies ferrées. A la différence des anciennes concessions des ports ouverts, sur lesquelles le gouvernement chinois a toujours gardé un droit au moins théorique de souveraineté, les territoires à bail représentent de véritables enclaves étrangères, l'État concessionnaire y disposant de tous les droits régaliens (de justice, de police, de défense). En 1897-1898, plusieurs zones d'influence se dessinent : allemande dans le Shandong, russe dans le Liaodong au sud de la Mandchourie, française dans les provinces méridionales du Guangdong, du Guangxi et du Yunnan. Tard venue dans la bataille, la Grande-Bretagne a fait reconnaître ses intérêts économiques spéciaux dans les provinces du bas Yangzi.

Cette nouvelle vague de pénétration impérialiste stimule le patriotisme et le zèle réformateur de certains lettrés. Leur chef de file est Kang Youwei (1858-1927), un Cantonais de grande culture qui, dans une étude iconoclaste parue en 1891, *Confucius, réformateur (Kongzi gaizhi kao)*, a essayé de rénover la tradition pour l'adapter aux nécessités des temps modernes, identifiant (ou inventant) l'idée de progrès dans l'héritage classique. Tout en demeurant fidèle aux valeurs fondamentales du confucianisme qu'il a réinterprété pour en faire le fondement de la réforme, Kang Youwei réclame des changements institutionnels inspirés par les expériences occidentales et japonaise et l'établissement en Chine d'un régime constitutionnel propre à assurer la participation du peuple au pouvoir. Ces idées sont diffusées par la presse, alors en plein essor, et par les sociétés d'études qui se multiplient dans les provinces. Elles font de nombreux adeptes chez les élites provinciales et chez les lettrés. Parmi les disciples de Kang Youwei, le plus brillant est un autre Cantonais, essayiste de grand talent, Liang Qichao (1873-1929).

En 1895, Kang fait directement appel à l'empereur Guangxu auquel il adresse plusieurs mémoires et dont il finit par attirer l'attention et obtenir la protection durant l'été 1898. Les propositions de Kang Youwei se transforment alors en édits. Pendant les Cent Jours, du 11 juin au 21 septembre, il en paraît plus d'une centaine, réorganisant le système d'éducation, réformant l'administration, l'armée, la marine, la police, le code pénal, le service postal, encourageant le développement des chemins de fer, des mines, du commerce, de l'industrie. Mais cette bourrasque réformatrice ne souffle que sur le papier. Les hauts mandarins, menacés par tous ces bouleversements, se rallient à l'impératrice douairière Cixi qui, par un coup d'État militaire, écarte l'empereur, se déclare régente et annule tous les récents édits. Plusieurs des réformateurs sont exécutés, Kang Youwei et Liang Qichao s'enfuient au Japon.

Le fiasco réformiste et la restauration du pouvoir conservateur coïncident avec le soulèvement anti-étrangers des Boxeurs, qui trouble les provinces du Nord. Dans les campagnes, où les contacts avec les Occidentaux sont limités, l'hostilité à l'égard des étrangers se tourne contre les missionnaires chrétiens et leurs convertis. Ce sont eux que les paysans rendent responsables de tout ce qui ne va pas dans leur monde de misère. Le mécontentement populaire alimente l'activité des sociétés secrètes et, en particulier, celle des Boxeurs (Yihequan). Antidynastiques à l'origine, ces Boxeurs se sont faits anti-étrangers ; certains d'entre eux sont même allés jusqu'à remplacer leur ancien mot d'ordre : « Détruisez les Mandchous, restaurez les Ming » par un nouveau programme : « Soutenez les Mandchous, exterminez les étrangers. » Il faut avoir une solide foi dans les lois objectives de l'histoire pour apercevoir les tenants d'un protonationalisme moderne dans ces fanatiques qui s'adonnent aux incantations et aux pratiques magiques pour mieux se rendre invulnérables aux balles de fusil.

L'extension rapide de leurs activités au Shandong puis au Zhili s'explique par la protection et la complicité dont les Boxeurs bénéficient auprès de certaines élites locales et de hauts fonctionnaires provinciaux qui cherchent à en faire les instruments d'une politique de préservation culturelle et de conservatisme social. En juin 1900, l'entourage mandchou de l'impératrice fait sienne cette stratégie, en soutenant ouvertement les Boxeurs qui ont mis le siège devant le quartier des légations étrangères de Pékin et en déclarant la guerre aux puissances. Mais les gouverneurs des provinces centrales et méridionales, conscients du caractère suicidaire de cette politique, s'en dissocient officiellement, affirmant qu'il s'agit là non d'une guerre anti-étrangère mais d'une rébellion interne. Cette fiction permet aux puissances d'épargner la dynastie après la victoire de leur expédition militaire conjointe, mais elle n'évite pas à la Chine l'humiliant protocole de 1901, ni le versement d'une énorme indemnité de 450 millions de taels.

La survie de l'empire vient alors de l'intérêt que les puissances trouvent à l'existence d'un régime qui, sans faire obstacle à leurs ambitions, leur permet de les harmoniser. Le refus de la dynastie mandchoue de coopérer avec le mouvement réformiste ainsi que sa responsabilité directe dans la catastrophe des Boxeurs et dans la dégradation consécutive du statut international de la Chine entraînent une désaffection croissante de la population et des lettrés chinois à son égard. Greffée sur le rapport antinomique fondamental impérialisme/nationalisme, l'hostilité antimandchoue, qui était demeurée sporadique depuis le XVIIe siècle, renaît avec une vigueur nouvelle au tournant des années 1890-1900.

Bien connu à cause de la manipulation politique qu'en ont fait l'impératrice Cixi et son entourage, le soulèvement des Boxeurs ne représente qu'une expression entre beaucoup d'autres du profond malaise qui a saisi les campagnes et de l'insécurité qui y règne. Aux calamités naturelles récurrentes, dont les effets ne cessent de s'aggraver en raison du manque d'entretien des équipements hydrauliques et de la dégradation de l'environnement écologique, s'ajoutent les malheurs de la guerre. Des centaines de milliers de soldats ont été requis pour aller se battre contre les Japonais en Mandchourie. Démobilisés sans solde après le traité de Shimonoseki, ils forment des bandes errantes, pillant et rançonnant villes et villages sur leur chemin de retour. Des rumeurs d'invasion étrangère imminente se répandent çà et là, provoquant « paniques » et fuites de population. Les attaques contre les missions et les missionnaires se conjuguent aux émeutes de la faim, aux rébellions contre le fisc et la corvée pour entretenir un climat continuel de violence. Il n'est pas rare de voir des troupes de plusieurs milliers de hors-la-loi s'attaquer à des villes que leurs murailles et leurs milices ne suffisent pas toujours à protéger. Dans ce contexte de troubles généralisés, les sociétés secrètes reprennent une importance qu'elles semblaient avoir perdue après la répression de l'insurrection du Lotus blanc dans le Nord (en 1804) et des Taiping dans le centre et le Sud (en 1864).

Refuge de tous les laissés-pour-compte de la société chinoise — du paysan ruiné au lettré raté, sans oublier les vagabonds ou les simples bandits —, ces sociétés ont pour but immédiat la survie de leurs membres. Sociétés mafieuses, régies par un code d'honneur interne, elles représentent plus une soupape de sûreté qu'une menace pour l'ordre confucéen dans lequel en définitive elles s'inscrivent. Créditées de certaines aspirations romantiques à la justice et à l'égalité, elles apparaissent le plus souvent comme de simples organisations criminelles. Dans la mesure où elles sont porteuses de valeurs, celles-ci semblent étrangement archaïques. Quels remèdes la loyauté à la dynastie Ming ou la xénophobie fanatique et le rejet de tout apport occidental peuvent-ils apporter aux maux de la Chine et quelle réponse à ses besoins en cette extrême fin du XIXe siècle ? Profondément enracinées dans la paysannerie, les sociétés secrètes n'en possèdent pas moins un très grand pouvoir de déstabilisation. Leur capacité d'entretenir les troubles et leur orientation antimandchoue risquent de devenir dangereuses pour la dynastie au cas où celle-ci perdrait l'appui des élites locales qui jusqu'ici lui ont été loyales par fidélité à la culture et à l'ordre confucéens qu'elle incarne.

Or l'attitude de ces élites est en train de changer. A partir de 1895, leur activisme social se développe rapidement et prend une tournure de plus en plus politique. Dans les provinces, les membres de la gentry, les fonctionnaires en retraite, les riches marchands, les lettrés sans affectation officielle, qui de tout temps se sont préoccupés de gérer les affaires de la sphère communautaire *(gongshi)*, commencent à délaisser les traditionnelles œuvres philanthropiques pour créer des organisations commerciales et industrielles, des écoles modernes, des associations contre le bandage des pieds, des sociétés de discussion et d'étude. Ce faisant, elles pensent contribuer au progrès de la Chine. De plus en plus, les initiatives locales s'intègrent à des perspectives nationales.

De par leur formation, leur appartenance à des réseaux interprovinciaux de lettrés ou de grands marchands, ces élites, en effet, sont amenées à s'impliquer dans les affaires politiques du pays. Les malheurs du temps stimulent cette mobilisation. Les élites s'associent — par l'intermédiaire de sociétés de discussion — à la tentative réformiste des Cent Jours. Leurs rangs se grossissent d'anciens hauts fonctionnaires découragés par l'échec des réformes et les humiliantes défaites subies face aux étrangers et qui, désespérant de jamais pouvoir engager le changement à travers l'appareil bureaucratique central, préfèrent abandonner toute carrière officielle pour se consacrer à la réflexion et au débat politique ainsi qu'à des réformes ponctuelles. Ces élites réclament que la population (c'est-à-dire elles-mêmes) soit associée au pouvoir, non pour le contrôler certes, mais pour le guider sur la voie des transformations nécessaires. Elles en veulent à la Cour impériale de demeurer fermée à leurs suggestions et de se confiner à une politique et à un style de gouvernement impropres à résoudre la crise intérieure et extérieure. Et comme après 1898 les principaux conseillers de l'impératrice Cixi sont mandchous et que dans la vague de réaction consécutive à l'échec des Cent Jours un certain nombre de fonctionnaires provinciaux chinois sont remplacés par des Mandchous jugés plus fiables, l'opposition politique tend à revêtir une connotation raciale.

La vieille hostilité se réveille. Le réformisme qui, en 1895-1898, a poussé les élites à offrir leur coopération au gouvernement, est en train de faire place à une opposition plus ou moins avouée. La légitimité du pouvoir impérial n'est pas attaquée, mais la politique gouvernementale, telle qu'elle s'affirme entre 1898 et 1901, est critiquée et l'autorité mise en place par le coup d'État de Cixi contestée. L'activisme social des élites se transforme en engagement politique et leurs frustrations nourrissent une aliénation croissante à l'égard du pouvoir. Leurs revendications se font plus radicales et rejoignent en de nombreux points celles des notables des ports ouverts, avec lesquels d'ailleurs les élites provinciales entretiennent beaucoup de liens. La défaite militaire, l'échec des réformes et la catastrophe des Boxeurs ont étendu à l'ensemble des classes privilégiées des dispositions d'esprit qui, une ou deux décennies auparavant, n'étaient encore que celles d'une petite minorité vivant au contact des étrangers.

Les groupes radicaux qui apparaissent au Hunan, à Shanghai et dans le Guangdong après 1898 annoncent l'essor d'une opposition antigouvernementale et antidynastique à l'aube du XXe siècle. Les théoriciens de cette ère nouvelle s'appellent Yan Fu, Tan Sitong (1865-1898), Liang Qichao. Les uns et les autres, écrivains de grand talent, issus du courant réformiste, ont pris leurs distances à l'égard du confucianisme et propagent des concepts nouveaux : désir de progrès, organisation rationnelle de l'État, droit de l'individu, égalité entre les nations. Le temps semble approcher d'un passage à l'action révolutionnaire.

Dans tous ces événements, dans toutes ces évolutions, Sun Yat-sen n'a joué aucun rôle. Exclu de la classe des lettrés mandarins qui ne l'admet même pas au rôle de conseiller, étranger aux courants qui mobilisent les notables locaux, incapable de prendre part aux joutes philosophiques et philologiques dans lesquelles s'affrontent les penseurs politiques de l'époque (fins connaisseurs des textes classiques, ceux-ci s'appuient sur leur interprétation critique pour introduire et légitimer les idées nouvelles), Sun Yat-sen se tourne vers des formes d'action directe. L'argent lui vient des Chinois d'outre-mer ; les hommes, des sociétés secrètes.

Sun ne s'embarrasse pas des contradictions où l'accule une stratégie qui, au service d'un projet moderniste radical inspiré de l'Occident, mobilise des sociétés secrètes antidynastiques certes, mais également anti-étrangères et attardées dans des pratiques archaïques. Il ne renonce pas pour autant à obtenir cette reconnaissance des lettrés en l'absence de laquelle il ne lui est pas possible de transformer son activité d'opposant marginal en destin national. Incapable de renverser les formidables barrières sociales et intellectuelles auxquelles il se heurte, Sun Yat-sen commence à les contourner en obtenant en Europe et au Japon, grâce à ses nombreux réseaux relationnels et au prix de multiples oscillations idéologiques, cette consécration que lui refuse l'élite réformiste et radicale chinoise. Consécration toute symbolique, mais qui, un peu plus tard, sera l'un de ses principaux atouts dans l'établissement de son autorité au sein de l'opposition.

LES DÉBUTS D'UN CONSPIRATEUR PROFESSIONNEL

Après son voyage à Tianjin et sa démarche manquée auprès du vice-roi Li Hongzhang, Sun Yat-sen renonce à ses activités médicales pour devenir un agitateur professionnel. En novembre 1894, il fonde à Hawaii sa première organisation, Renaissance chinoise (Xingzhonghui), qui essaime à Hong Kong en 1895. Groupe de conspirateurs liés par des origines sociales et géographiques communes et par un mécontentement partagé à l'égard de l'ordre établi, Renaissance chinoise se préoccupe moins de politique et de perspectives à long terme que d'action immédiate. Trouver l'argent et les hommes qui permettent un soulèvement à Canton : tel est son objectif. Sun Yat-sen révèle ici pour la première fois sa remarquable capacité de mobiliser tous les réseaux de relations qu'il s'est construits et d'orchestrer leur intervention au service de sa stratégie de complot. Mais l'organisation même du soulèvement demeure bien imparfaite : querelles internes, manque de coordination entre les conspirateurs, trahisons de comparses, tout concourt à l'échec. Le soulèvement est réprimé en octobre 1895 avant même d'avoir eu le temps d'éclater.

Création de Renaissance chinoise

Quel contraste entre le voyage que Sun, porteur de son mémoire à Li Hongzhang, entreprend vers Shanghai et Tianjin au début de 1894 et son retour quelques mois plus tard vers le sud ! La déception essuyée à Tianjin assombrit l'humeur de Sun et de son compagnon, Lu Haodong. Et l'agitation suscitée dans les provinces par le conflit sino-japonais, qui éclate au mois d'août, alimente leur pessimisme. Ne faisant qu'une étape à Hong Kong, Sun Yat-sen s'embarque pour Hawaii vers la fin de l'été. C'est là que le 24 novembre il fonde Renaissance chinoise.

La charte de l'organisation, qui ne dépasse pas trente lignes, a été préparée par Sun Yat-sen lui-même. Le préambule souligne le danger que court la Chine menacée par les ambitions étrangères, par la faiblesse et l'incompétence du gouvernement mandchou, et invite les hommes de cœur à « faire revivre » le pays. Ce texte, très bref, constitue un simple appel patriotique : nulle mention n'y est faite d'un éventuel renversement de la dynastie, ni de l'établissement d'un régime républicain. Peut-être ces points étaient-ils explicités dans le serment secret que devaient prêter les adhérents de la nouvelle association. On en ignore la formule ; on sait seulement que ce serment se prêtait la main sur la Bible, étrange adaptation du rituel des sociétés secrètes au milieu christianisé des Chinois d'outre-mer !

Ce premier noyau organisationnel que Sun, avec l'aide de son frère aîné, constitue alors à Hawaii est très embryonnaire. Les adhérents de Renaissance chinoise, une vingtaine à l'origine, sont des émigrés liés à Sun ou à sa famille par des solidarités particulières : Cantonais originaires du district de Xiangshan, relations d'affaires de Sun Mei, anciens condisciples de Sun Yat-sen. Ce sont des marchands, des employés, des interprètes, des artisans. A quels motifs obéissent ces émigrés, en général considérés comme politiquement passifs ? Sans doute sont-ils mus par leur patriotisme, leur amitié envers les Sun, leur idéalisme chrétien pour certains d'entre eux, l'espoir de bonnes affaires pour d'autres (la charte de Renaissance chinoise prévoit la possibilité d'investissements sous forme d'actions remboursables après le succès de l'entreprise). D'autres encore ont pu être influencés par le développement de la situation à Hawaii même où une Constitution républicaine venait d'être adoptée en juin 1894.

La mobilisation politique de ce petit groupe d'émigrés — si sommaire qu'en demeure l'expression — revêt une importance particulière dans la carrière de Sun : non seulement parce qu'elle constitue le point de départ de cette carrière et son premier succès, mais parce qu'elle met en lumière l'importance des réseaux relationnels si caractéristiques de sa stratégie ; elle marque, par ailleurs, l'entrée dans le champ de la politique chinoise du petit peuple de l'émigration qui jusqu'alors en avait été exclu et dont le rôle ira croissant dans les premières années du XXe siècle.

C'est avec la fondation de sa branche de Hong Kong que Renaissance chinoise prend son importance et sa signification historique. Établie le 18 février 1895, cette branche hongkongaise rassemble les vieux compagnons de Sun, ses anciens condisciples Lu Haodong, Chen Shaobai, Zheng Shiliang. Elle absorbe aussi un autre groupe, la Société littéraire pour le développement de la bienveillance (Furen Wenshe), dont le nom tout confucéen cache des orientations antidynastiques et révolutionnaires. La fusion de cette société avec Renaissance chinoise nous donne le premier exemple de cette tactique de captation que pratiquera Sun Yat-sen, toujours prêt à accueillir favorablement la collaboration d'organisations concurrentes, à condition que soit reconnue sa suprématie personnelle.

La création de la Société littéraire pour le développement de la bienveillance remonte à 1892. Ses seize membres se recrutent surtout parmi les employés chinois des compagnies anglaises de navigation : ils ont fréquenté des écoles missionnaires locales ; quelques-uns sont chrétiens. Leur chef est Yang Quyun (1861-1901). Plus âgé de sept ans que Sun Yat-sen, il est né à Hong Kong d'une famille de Fujian qui s'était un temps établie en Malaisie. Après un apprentissage au Hong Kong Naval Dockyard, il entreprend l'étude de l'anglais, enseigne dans un collège local, entre à la Compagnie de navigation des marchands chinois, puis obtient un poste de responsabilité dans une société britannique. A ses côtés, Xie Zuantai (Tse Tsan Tai), qui a alors vingt-cinq ans. C'est un Cantonais, né en Australie où sa famille avait émigré et où il a été baptisé dans la religion chrétienne. Revenu à Hong Kong à l'âge de quinze ans, il a achevé sa formation à la Government Central School, jadis fréquentée par Sun, puis est entré à l'administration coloniale au service des Travaux publics.

Les membres de la Société littéraire pour le développement de la bienveillance ont donc des origines familiales et des expériences sociales et professionnelles très proches de celles de Sun Yat-sen et de ses amis. Tous sont étrangers au monde des lettrés et des mandarins. Aucun n'a reçu d'éducation traditionnelle chinoise : leur formation s'est faite au gré de leurs voyages, des écoles étrangères qu'ils ont fréquentées et d'expériences professionnelles menées elles aussi au contact d'étrangers. Beaucoup d'entre eux, comme Sun, ont des liens avec les communautés émigrées. Leur engagement politique est né du constat qu'ils ont pu dresser eux-mêmes de l'arriération chinoise par comparaison avec la prospérité matérielle et l'efficacité administrative de la Colonie. Bien des raisons poussent donc Sun Yat-sen et Yang Quyun à unir leurs efforts.

Quels arguments Sun emploie-t-il pour convaincre Yang de rejoindre Renaissance chinoise ? On ne sait. Mais Sun aura bien du mal à s'imposer face à Yang dont les ambitions et la confiance en soi valent les siennes. La désignation du président de la nouvelle organisation est différée jusqu'au 10 octobre. Ce jour-là, l'affrontement entre les deux hommes et leurs partisans risque de tourner au meurtre. Le compromis, qui donne la présidence à Yang Quyun et la direction sur place du soulèvement de Canton à Sun Yat-sen, ne fait pas disparaître les soupçons ni la méfiance réciproques entre les deux dirigeants, dont chacun ressent l'ambition de l'autre comme une usurpation de son autorité et de sa légitimité.

A l'occasion de l'établissement de Renaissance chinoise à

Hong Kong, la charte de l'organisation est révisée et le préambule est développé et rendu plus explicite. Les orientations générales, patriotiques, réformatrices et modernisatrices sont maintenues, mais la critique de la dynastie et de la bureaucratie se précise ; l'idée d'un nécessaire effort national associant le peuple aux classes dirigeantes ainsi que l'invitation faite aux étrangers de rejoindre l'organisation et de proposer leurs modèles introduisent quelques touches radicales dans un texte par ailleurs conventionnel.

Ce texte était-il complété par le serment secret « de renverser la dynastie mandchoue, de restaurer la Chine et d'établir un régime républicain », comme l'ont affirmé plus tard certains témoins et à leur suite des historiens tels que Feng Ziyou ou Chen Xiqi ? Pas plus que pour l'organisation de Hawaii, il n'existe pour celle de Hong Kong de preuve documentaire confirmant l'existence et surtout le contenu de ce serment. Témoins et historiens ont pu être tentés rétrospectivement de faire remonter aux origines une forme d'engagement, attestée dans la suite, mais dont on ignore à quel moment elle a été introduite. En fait, si les convictions antidynastiques et républicaines de Sun Yat-sen, de Yang Quyun et de leur entourage immédiat semblent établies, on ignore si elles étaient partagées par les 153 membres (y compris ceux recrutés à Hawaii, alors au nombre de 112) que compte Renaissance chinoise à l'automne 1895.

En tout cas, certains des sympathisants de Renaissance chinoise, et non des moindres, affichent un programme fort différent. Au-delà des cercles d'employés, qui forment l'essentiel de ses recrues hongkongaises, Renaissance chinoise, en effet, est soutenue par quelques grands notables de la Colonie, qui lui donnent des fonds et deviennent ses porte-parole dans la presse locale de langue anglaise, cherchant à lui rallier la sympathie des autorités britanniques sur place et à Londres.

Ho Kai, personnalité réformiste à laquelle Sun est lié depuis ses années d'études au Collège de médecine, est le plus en vue de ces notables. Mais Renaissance chinoise peut aussi compter sur l'appui de Huang Yongshang, rejeton d'une grande famille chinoise anglicisée de Hong Kong, venue à l'origine du district de Xiangshan. Le père de Huang Yongshang avait été en 1846 l'un des tout premiers Chinois à partir suivre des études aux États-Unis. A son retour, il avait siégé au Conseil législatif de la Colonie et était devenu un de ces Chinois du roi *(King's Chinese)* dont l'acculturation n'étouffait pas forcément le patriotisme. Son fils adhère dès le début à Renaissance chinoise et, pour aider à la préparation du soulèvement de Canton, il vend un de ses immeubles pour une somme de 8 000 dollars (de Hong Kong). Sa famille étant apparentée à celle de Ho Kai, c'est peut-être par l'intermédiaire de ce dernier que Huang Yongshang est entré en relation avec Sun Yat-sen. La plupart des historiens considèrent cependant que Huang Yongshang est plus proche de Yang Quyun. Ce dernier, déjà bien introduit dans les milieux d'affaires, se chargera pendant toute la période de rassembler des fonds auprès des notables chinois de la Colonie.

Ho Kai, lui, va jouer le rôle d'« éminence grise [1] » auprès de Sun, de Yang et de leurs amis. Sans adhérer officiellement à Renaissance chinoise, il assiste aux réunions et fait bénéficier l'organisation des bons rapports qu'il entretient avec la presse locale de langue anglaise, en particulier avec le *China Mail* où, en 1887, il a publié son retentissant article sur la réforme. Dès mars 1895, Thomas A. Reid, ami de Ho Kai et rédacteur en chef du journal, fait paraître une série d'articles présentant Renaissance chinoise sous le nom de Parti de la Réforme (Reform Party) et détaillant son programme.

A en croire le *China Mail*, ce programme reflète très directement les idées de Ho Kai, auquel est d'ailleurs attribué, dans l'article du 23 mai 1895, un plan de réforme constitutionnelle. Après le renversement de la dynastie mandchoue, on n'établira pas un régime républicain mais une monarchie constitutionnelle. La bureaucratie sera réorganisée et son recrutement passera par des examens à caractère technique et non plus littéraire. Les salaires des fonctionnaires seront augmentés pour lutter contre la corruption. On entreprendra des réformes judiciaires ; l'éducation moderne, la tolérance religieuse, le développement économique seront encouragés. Des conseils locaux seront élus directement par le peuple et une assemblée nationale au suffrage indirect. De nouveaux ports seront ouverts au commerce étranger et la perception des impôts sera confiée à une administration sino-étrangère, conçue sur le modèle du service des Douanes maritimes.

---

1. Harold Z. SCHIFFRIN, *Sun Yat-sen and the Origins of the Chinese Revolution*, Berkeley, University of California Press, 1968, p. 70.

On semble ici bien loin des options révolutionnaires, nationalistes et républicaines attribuées à Renaissance chinoise. Les historiens chinois ont essayé, autant que faire se pouvait, de justifier ces contradictions en invoquant la nécessité de cacher aux autorités de la Colonie le caractère radical de Renaissance chinoise, qui aurait pu les alerter... Sans doute est-il plus simple — et à nos yeux plus conforme à la réalité — d'admettre que les spéculations intellectuelles et le long terme politique passent après les impératifs de l'action immédiate. L'objectif de Sun Yat-sen et de ses compagnons est de réussir à s'emparer de la ville de Canton. Pour cela, ils vont adopter une stratégie complexe qui vise à conjuguer l'appui de forces aussi disparates que l'*establishment* anglo-chinois de Hong Kong, les sociétés secrètes du Guangdong, la gentry et les notables de Canton. Renaissance chinoise, par l'intermédiaire de divers dirigeants, tient à chaque partie concernée le langage propre à la convaincre. Rien d'étonnant que ces divers discours ne coïncident point entre eux.

Le programme réformiste mis en avant dans le *China Mail* n'est en fait qu'un des aspects de la collaboration qui s'établit alors entre les élites chinoises de Hong Kong et les entrepreneurs et administrateurs de la Colonie. Ces derniers sont désireux de voir s'ouvrir plus largement le marché chinois et n'hésiteraient pas, le cas échéant, à faire appel à la force. Mais ils se heurtent sur ce point au veto du gouvernement de Londres, qui n'entend pas s'impliquer dans les affaires intérieures chinoises et craint les complications et les responsabilités qu'engendrerait une intervention armée.

L'opposition entre les ambitions expansionnistes des résidents locaux et les prudences de la métropole renaît sans cesse dans la politique extrême-orientale de la Grande-Bretagne, comme d'ailleurs dans celle de la France, au tournant du XIXe et du XXe siècle. L'aide, que sollicite le *China Mail* en faveur de Renaissance chinoise, n'est aux yeux de Thomas A. Reid et des Britanniques de Hong Kong qu'un substitut à l'ouverture forcée dont ils rêvent, mais que l'opposition de Londres rend impossible. Le soutien d'une rébellion prête à coopérer étroitement avec les étrangers n'est pour eux qu'une autre voie vers le même but : une plus grande ouverture du pays à leurs entreprises. Pour les nationalistes que sont aussi les réformistes chinois, il ne s'agit là que d'une étape préliminaire. La restauration de la souveraineté chinoise passe par une réforme intérieure jugée prioritaire. Une fois acquise la modernisation — grâce à l'exemple et à l'aide des Occidentaux —, la Chine retrouverait sa place légitime dans le concert des nations.

Malgré les plaidoyers du *China Mail*, qui conjure la Grande-Bretagne de ne pas renouveler l'erreur commise en n'aidant pas les Taiping, la diplomatie britannique reste fidèle à sa ligne générale de soutien à la dynastie. Selon les analyses du vice-consul de Canton : « Il n'existe aucun signe que ce soit d'une révolution au sens occidental du terme, c'est-à-dire d'un changement de gouvernement à l'initiative des classes supérieures ou moyennes. Les prophéties hardies d'un journal de Hong Kong concernant un tel soulèvement ne sont que des rêves[1]. »

Malgré la caution d'honorabilité que leur fournit Ho Kai et celle fort peu désintéressée de la presse britannique locale, Sun Yat-sen et ses compagnons, au regard de la diplomatie internationale, demeurent de simples aventuriers.

Le soulèvement manqué de Canton (1895)

Les relations que Renaissance chinoise, par l'intermédiaire de Zheng Shiliang, entretient avec les sociétés secrètes des Triades et le rôle qu'elle leur réserve dans le soulèvement de Canton nous ramènent en effet aux formes traditionnelles et endémiques de subversion.

En cet été 1895, le Guangdong, comme les autres provinces chinoises, est très agité. En juin et juillet, une rébellion de 2000 à 3000 hommes, membres des sociétés secrètes ou habitants des « vertes forêts » *(lülin)*, c'est-à-dire simples brigands, a éclaté dans les préfectures orientales. En septembre et au début d'octobre, de nouveaux troubles se sont produits. Ainsi le soulèvement projeté par Renaissance chinoise à Canton pour le 26 octobre prend-il la suite d'une série de rébellions dont, aux yeux des autorités, il ne se distingue pas.

Grâce à l'argent réuni par Yang Quyun à Hong Kong, Renaissance chinoise doit recruter 3000 mercenaires dans les districts côtiers du Guangdong. Le rassemblement des forces s'effectuera à Hong Kong et à Kowloon, d'où les mercenaires gagne-

1. Dépêche du consul O'Conor, du 16 avril 1895, citée par SCHIFFRIN, *Sun Yat-sen*, pp. 80-81.

ront Canton par bateau, apportant avec eux armes et munitions. Lors du débarquement, le commando se divisera en quatre colonnes chargées d'attaquer divers bureaux civils et militaires. Son action sera appuyée par d'autres colonnes convergeant sur Canton le long des affluents de la rivière des Perles, sous la conduite de Liang Grand-Fusil, célèbre chef de bandits. Dans la ville même, l'explosion de plusieurs bombes ajoutera à la confusion et facilitera l'action des rebelles.

Comme souvent, en cas de coup de main prévu sur une ville, les rebelles essaient de s'assurer des complicités à l'intérieur de la place parmi les responsables locaux. C'est là la tâche dévolue à Sun Yat-sen qui a gardé à Canton des contacts remontant à l'époque où il y pratiquait la médecine. Pour couvrir ses activités, Sun Yat-sen profite d'une autorisation officielle qu'on croit lui avoir été accordée par les bureaux de Li Hongzhang, lors de son voyage à Tianjin l'année précédente, et établit à Canton, au début d'octobre 1895, une Société de recherche agronomique. Semblable aux associations d'études que la gentry réformiste multiplie alors dans toutes les provinces, cette société se propose de promouvoir l'éducation populaire et les progrès agricoles. Dans la charte qu'il rédige, Sun Yat-sen se présente comme un modernisateur éclairé : « Dans ma jeunesse, j'ai voyagé à l'étranger et j'ai étudié les méthodes de gouvernement et la civilisation de l'Occident ; j'ai beaucoup lu et j'ai fait une étude approfondie de la science moderne, en consacrant une attention particulière à l'agriculture et à la botanique [1]. »

La société reçoit un accueil favorable parmi les fonctionnaires, les notables dont plusieurs dizaines lui accordent leur patronage. Tous cependant ne sont pas dupes des buts avoués de Sun Yat-sen. Comme la plupart des rébellions traditionnelles, celle-ci compte son personnage de lettré dévoyé, ambitieux et rêvant de profiter des troubles pour fonder à son profit une nouvelle dynastie impériale. Car tel est bien le rêve de Liu Xuexun, titulaire du plus haut grade des examens mandarinaux : celui de docteur du palais impérial *(jinshi)*, et organisateur d'une loterie qui accepte les paris, non point sur les résul-

1. « Ni chuangli nongxuehui shu » (Manifeste sur la création de la Société de recherche agronomique), *O.C.*, t. I, pp. 24-26 ; cité ici d'après SCHIFFRIN, *Sun Yat-sen*, p. 63.

tats des courses de chevaux, mais sur ceux des examens officiels. Liu Xuexun est fort riche. Comment ce monarchiste entre-t-il en contact avec Sun ? Est-il l'un de ses anciens patients ? Ou bien une commune origine du district de Xiangshan suffit-elle à rapprocher les deux hommes ? On ne sait. Pas plus qu'on ne sait pourquoi Sun accepte de mettre un tel homme dans sa confidence. Mais on peut imaginer que les fonds très importants de la loterie que gère Liu ont dû faire rêver l'agitateur politique toujours en quête d'argent pour financer ses activités.

Fondée alors même que les préparatifs de l'insurrection sont déjà avancés, la Société de Recherche agronomique semble bien n'être destinée qu'à camoufler la véritable nature de l'entreprise de Sun Yat-sen. Cependant, la charte de cette société s'inscrit dans le droit fil des textes réformistes rédigés antérieurement par Sun, et les relations que celui-ci établit avec Liu Xuexun seront durables et resurgiront à divers tournants de sa carrière. En dehors de l'utilité immédiate qu'elle peut avoir pour les conspirateurs, la Société de Recherche agronomique signale chez Sun la permanence de ses aspirations à se voir reconnu par la gentry et des notables.

Mais Sun Yat-sen prend son principal appui sur un réseau de relations autrement solide et mieux contrôlé, celui des Chinois convertis. Il choisit comme quartier général une librairie spécialisée dans la littérature religieuse et qui abrite une chapelle presbytérienne dans son arrière-salle. Il en fait le siège de sa Société de Recherche agronomique en même temps qu'une cache d'armes. Le propriétaire de la librairie, Zuo Doushan, ainsi que son gérant, le pasteur Wang Zhifu, adhèrent à Renaissance chinoise.

Cette participation chrétienne à l'insurrection s'explique évidemment par les relations et les amitiés qu'entretient Sun dans un milieu qui lui est familier et vis-à-vis duquel il a toujours pris soin de présenter ses aspirations comme l'expression d'un idéal religieux. Peut-être aussi espère-t-il renforcer sa sécurité et celle de ses compagnons en se mettant sous la protection des missions dont on sait qu'elles s'efforcent d'assurer l'immunité de leurs ouailles, au besoin en déclenchant des interventions diplomatiques. De façon plus générale, cette participation chrétienne met en lumière le rôle joué par les missionnaires dans la diffusion des modèles occidentaux auprès des couches les moins favorisées de la population chinoise. Pour le petit peuple, celui qui ne voyage pas à l'étranger, qui n'a pas accès à la littérature des lettrés, les missions locales offrent l'unique moyen de connaissance de l'Occident, et le christianisme représente l'aspect religieux de leur adhésion aux idéologies, aux institutions, aux méthodes de gouvernement de cet Occident.

La dispersion géographique, la variété des alliances sociales et politiques qui président à la préparation du complot impliquent une organisation sans faille, une coordination impeccable entre les divers responsables et un secret étroitement gardé par tous. Dans la réalité, il en va tout autrement. Le 26 octobre au matin, alors que les hommes de Sun se sont déjà rassemblés sur les quais de Canton pour accueillir le bateau en provenance de Hong Kong, prendre livraison des armes et joindre leurs forces à celles des mercenaires ayant transité par la Colonie, Yang Quyun télégraphie que l'envoi du « chargement » a dû être retardé de vingt-quatre heures. Sun Yat-sen décide alors par prudence d'ajourner l'opération et débande ses mercenaires. Mais le télégramme qu'il envoie à Hong Kong parvient trop tard à Yang. Les hommes, au nombre d'environ 400, et les armes ont été embarqués par le *S.S. Powan* le 27 octobre au soir. Les autorités britanniques, informées trop tard pour empêcher l'opération, ont averti le gouvernement de Canton. La chasse aux conspirateurs s'ouvre dans la ville, cependant qu'à l'aube du 28 octobre le *S.S. Powan* est accueilli par les troupes de la garnison sous le commandement du magistrat de la préfecture.

Cet acte manqué, le contraste si vif entre la solennité des déclarations, l'ampleur des préparatifs et l'absence complète d'action pourraient porter à sourire. On pense à une révolution d'opérette : considérés comme irresponsables, la plupart des mercenaires sont renvoyés dans leur village, et seuls une demi-douzaine de conspirateurs tombent aux mains des autorités. Mais parmi eux il y a Lu Haodong, l'ami d'enfance de Sun, le chasseur d'idoles villageoises. Soumis à la torture, il refuse de livrer le nom de ses complices et meurt en proclamant sa foi : « Si les Mandchous ne sont pas détruits, les Chinois ne peuvent revivre [...] et bien que l'on puisse me tuer, moi, individu isolé, on ne pourra tuer tous ceux qui se lèveront et me suivront [1]. »

1. Texte chinois dans ZOU Lu, *Zhongguo Guomindang shigao* (Projet d'histoire du Parti nationaliste chinois), pp. 659-660, cité ici d'après SCHIFFRIN, *Sun Yat-sen*, p. 88.

Sun Yat-sen, lui, a réussi à gagner Macao en chaise à porteurs, et de là Hong Kong. Mais sa tête est mise à prix par les autorités de Canton. Après six mois d'intense activité, Renaissance chinoise se retrouve sans fonds, sans armes, désertée par ses adhérents du Guangdong. L'organisation n'existe plus que par son état-major. Mais celui-ci est plus divisé que jamais — Sun Yat-sen rejetant sur Yang Quyun la responsabilité de l'échec — et ne tarde pas à se disperser. Ses membres abandonnent Hong Kong pour éviter de tomber sous le coup d'une extradition réclamée par les autorités de Canton. Pendant les cinq années suivantes, Renaissance chinoise n'existera plus en tant qu'organisation.

Le complot manqué de Canton n'est que le premier d'une liste qui jusqu'en 1911 en compte onze, tous également manqués. Si nous nous sommes attardés à en décrire les péripéties, c'est qu'en 1895 on trouve rassemblés les éléments de la stratégie constamment employée ensuite par Sun Yat-sen : utilisation d'une base extérieure échappant à l'autorité impériale, appel à des troupes mercenaires financées grâce aux dons de quelques riches patriotes, recherche systématique d'une aide étrangère pour l'obtention de laquelle Sun n'hésite pas à proposer des concessions importantes. Les échecs répétitifs de Sun marquent les limites, déjà visibles en 1895, d'une stratégie volontariste, faisant peu de cas du travail d'organisation et visant à obtenir des résultats immédiats, remplaçant la propagande par l'achat de mercenaires et confiant à des bandits sortis de leurs vertes forêts l'application d'un programme modernisateur et occidentaliste conçu dans les ports ouverts.

NAISSANCE D'UN CHEF RÉVOLUTIONNAIRE

Lorsqu'il s'embarque le 30 octobre pour le Japon afin d'échapper à une mesure d'extradition imminente, Sun Yat-sen s'engage dans un exil qui durera seize ans. Seize années pendant lesquelles il sera banni de Hong Kong et ne pourra retourner en Chine (mis à part une très brève incursion au Guangxi en 1907 à l'occasion d'une insurrection). C'est donc à l'étranger où il voyage — visitant le Japon, Hawaii, les États-Unis et la Grande-Bretagne entre 1895 et 1897 — que Sun Yat-sen poursuit, ou plutôt construit, son destin de chef révolutionnaire et que le criminel pourchassé par la police impériale devient un héros luttant pour le salut de sa patrie. L'acharnement même de cette police contribue à faire de Sun, *a posteriori*, le principal dirigeant du complot de Canton et de Renaissance chinoise, alors que Yang Quyun a fui vers l'Asie du Sud-Est et l'Afrique du Sud où il se fait quelque peu oublier jusqu'à son retour en Extrême-Orient en 1898.

Mais le rôle essentiel dans la métamorphose de Sun Yat-sen revient à ses amis et protecteurs britanniques. Dans le miroir qu'ils lui tendent, l'aventurier cantonais devient un penseur révolutionnaire, un stratège aux vastes desseins. Trop heureux d'endosser cette nouvelle personnalité, Sun Yat-sen s'emploie à en parfaire les traits et, dans une certaine mesure, à y conformer sa conduite. Les lectures et les discussions qu'il a à Londres élargissent son horizon intellectuel et enrichissent sa culture politique. Il ne lui reste désormais — ce sera le plus difficile — qu'à faire accepter cette image à ses compatriotes.

La première étape de cette métamorphose, cependant, se déroule non point à Londres, mais au Japon. Le 12 novembre, en débarquant à Kobé en compagnie de Zheng Shiliang et de Chen Shaobai, Sun apprend en effet par la presse japonaise que le soulèvement de Canton était une « révolution » *(geming)*. Pour lui, ce n'était jusqu'ici qu'une rébellion *(zaofan)*, un mouvement de protestation populaire. Dirigées contre les mandarins corrompus ou les propriétaires fonciers abusifs, les rébellions de la tradition sont des affaires locales, menées parfois par des héros au grand cœur — lettrés en rupture de ban ou justiciers à la Robin des Bois —, mais toujours considérées avec mépris et répugnance, comme simples séditions, par les représentants de la morale et de l'ordre confucéens. Le terme de « révolution », jusque-là soigneusement évité par Sun, désigne dans le vocabulaire politique chinois la fin du cycle dynastique : l'époque où l'empereur, ayant perdu le mandat du ciel, est renversé par l'insurrection populaire et remplacé par un nouveau chef que sa compétence et sa vertu désignent comme le détenteur de la légitimité céleste, comme le fondateur d'une nouvelle dynastie. Participant à l'accomplissement de l'histoire selon Confucius, les insurrections populaires qui accompagnent les changements dynastiques sont considérées comme légitimes par les lettrés.

Sun Yat-sen, hésitant qu'il était, entre réformer ou abattre le régime impérial, n'avait jamais songé que la crise chinoise pût être résolue par un changement de dynastie. Le terme de « révolution » ne lui semblait donc pas propre à qualifier son entreprise. Ce qu'il découvre dans la presse japonaise, c'est l'emploi du terme « révolution » au sens moderne d'action violente, débouchant sur un bouleversement institutionnel et social. Saisissant l'occasion de concilier le prestige et la légitimité de l'ancien concept avec le radicalisme de son contenu idéologique rénové, Sun Yat-sen opte pour ce terme : son parti sera désormais le parti révolutionnaire *(gemingdang)*.

Lui-même profite de son passage au Japon pour modifier son apparence. Il coupe sa natte, cesse de raser le devant de son crâne, laisse pousser sa moustache, troque la longue robe chinoise pour le costume pantalon européen. Et voilà notre respectable Chinois transformé en gentleman japonais de l'ère Meiji. Mesure de précaution, comme l'indiquent les chroniqueurs ? Pourchassé jusqu'à l'étranger par les agents impériaux, Sun espère sans doute leur échapper plus facilement, ainsi métamorphosé. Mais ce changement de *look* revêt aussi une valeur hautement symbolique. Le port de la natte n'était pas, en effet, une coutume d'origine chinoise : il avait été imposé par les conquérants mandchous au XVIIe siècle et peut être considéré comme un signe d'asservissement. Couper cette natte représente donc un acte d'émancipation, une rupture sans retour, une déclaration de guerre antimandchoue. Quant à l'adoption du costume européen, ne proclame-t-elle pas les convictions modernisantes et occidentalistes de Sun Yat-sen ? On ne saurait sous-estimer l'importance de l'apparence et des vêtements dans ces temps de transition et de confusion. En ce domaine, en effet, les préférences relèvent moins de la fantaisie personnelle que d'un choix de civilisation.

Sun Yat-sen ne s'attarde guère au Japon. Il fait quelques efforts pour ranimer les contacts pris avec la communauté cantonaise de Yokohama lors d'une escale dans le voyage qui l'avait ramené de Hawaii vers Hong Kong, moins d'un an plus tôt. Il crée une branche locale de Renaissance chinoise, forte de 13 membres. Mais le fugitif criminel inspire une certaine crainte aux bons marchands qui ont reçu avec sympathie le jeune rebelle. Abandonnant Chen Shaobai à Tokyo et renvoyant à Hong Kong Zheng Shiliang (dont le nom n'a apparemment pas été découvert par la police impériale), Sun Yat-sen prend le chemin de Hawaii.

De janvier à juin 1896, il profite de l'asile que lui offre son frère, au foyer duquel il retrouve sa mère, devenue veuve, son fils Sun Fo (Sun Ke), né en 1891, et une fille née en 1895. Après le complot manqué de Canton, les membres de la famille encore établis à Cuiheng ont en effet dû fuir le village. On sait qu'en Chine le principe de responsabilité collective conduit le bras de la justice. Et à défaut d'arrêter Sun Yat-sen, la police impériale aurait fort bien pu s'emparer de sa parentèle. Encore une fois, admirons ici le sens confucéen que Sun Mei a de ses obligations familiales, grâce auquel son frère cadet se trouve libéré de toute responsabilité morale aussi bien que financière à l'égard des siens.

La séquestration de Londres (1896)

L'échec de Canton a quelque peu refroidi l'ardeur des adhérents de Renaissance chinoise à Hawaii. Sun espère avoir meilleur succès auprès des communautés chinoises des États-Unis. Mais les trois mois d'été qu'il passe à voyager de San Francisco à New York, toujours surveillé et suivi par les agents impériaux, n'aboutissent pas à grands résultats. Se rendant alors à l'invitation de son ancien professeur, le Dr Cantlie, Sun Yat-sen arrive à Londres le 30 septembre 1896.

Durant les dix premiers jours de son séjour, il partage son temps entre le tourisme et ses visites aux Cantlie. Chacun de ses déplacements est soigneusement noté par le détective privé que la légation chinoise a chargé de sa filature. Le ministre Gong Zhaoyuan, en effet, a l'intention de s'emparer de Sun, avec l'aide du secrétaire britannique de la légation, Sir Halliday Macartney (1833-1906). Apparenté au chef de la première mission diplomatique britannique arrivée à Pékin en 1793, Macartney est un *old China hand* : il s'est battu contre les Taiping et, grâce à la protection de Li Hongzhang, il est entré à l'arsenal (moderne) de Nankin, avant d'être nommé secrétaire et interprète de la légation chinoise qui s'ouvre à Londres en 1877. Fidèle aux mandarins qui l'emploient, Macartney s'est toujours efforcé de concilier ses obligations professionnelles avec les principes d'un gentleman britannique. L'opération Sun Yat-sen dont l'a chargé le ministre Gong va le mettre à rude épreuve. L'objectif est de saisir le fugitif et de le renvoyer clandestinement en Chine afin qu'il y subisse son châtiment.

Dès avant l'arrivée de Sun, en effet, le Foreign Office, en réponse à une question de la légation, a fait savoir qu'il rejetterait toute demande d'extradition. Par ailleurs, dix-neuf ans se sont écoulés depuis l'ouverture de la légation et la connaissance des usages diplomatiques ayant quelque peu progressé, les envoyés chinois n'envisagent plus de faire faire justice dans la cuisine : en 1877, Macartney avait eu bien du mal à persuader le ministre d'alors, irrité par le crime d'un serviteur, qu'une telle exécution ne serait pas couverte par l'immunité diplomatique. En revanche, enlèvement, séquestration, déportation forcée semblent aux mandarins de la légation autant de moyens légitimes de faire triompher la justice impériale.

Le 11 octobre, Sun Yat-sen disparaît : il est enfermé à la légation sans aucune possibilité de communiquer avec l'extérieur. Comment en est-il arrivé là ? On l'ignore et l'événement a donné et donne toujours lieu aux interprétations les plus contradictoires. D'après le témoignage de Sun Yat-sen, recueilli immédiatement après sa libération, il aurait été enlevé, ou plutôt il aurait été attiré par ruse jusqu'à l'entrée de la légation qu'il n'aurait pas identifée et dans laquelle il aurait été poussé au cours d'une bousculade, avant d'être maîtrisé à l'intérieur du bâtiment. Selon les diplomates chinois, Sun Yat-sen serait venu lui-même de son plein gré à la légation pour y recueillir des renseignements. Alertés par ses discours, les employés l'auraient arrêté à sa seconde visite. Enfin, il existe une version plus tardive, fondée sur la tradition orale des proches compagnons de Sun Yat-sen auxquels celui-ci aurait confié qu'il se serait bien rendu de son plein gré et en toute connaissance de cause à la légation, par esprit de défi et ardeur révolutionnaire : il n'aurait soutenu la thèse de l'enlèvement que pour rendre plus condamnable l'attitude de la légation.

Chacune de ces versions a ses tenants [1], chacune comporte

1. SCHIFFRIN tient pour la version d'après laquelle Sun Yat-sen serait entré de son plein gré dans la légation. SCHIFFRIN suit l'interprétation donnée de l'épisode, dès 1930, par LUO Jialun. D'autres historiens tel WU Xiangxiang affirment au contraire qu'il y a bien eu enlèvement *(kidnapping)*, conformément aux déclarations faites par Sun Yat-sen à l'époque du drame. C'est aussi le point de vue du dernier en date des spécialistes à

des invraisemblances de taille : comment Sun Yat-sen n'aurait-il pas identifié la légation chinoise, proche du domicile des Cantlie, devant laquelle il avait eu l'occasion de passer à plusieurs reprises et que ses hôtes britanniques lui avaient vivement recommandé d'éviter ? Comment imaginer que Sun Yat-sen, qui fuit depuis des mois devant les espions impériaux et dont la tête est mise à prix, aurait pris le risque d'aller se jeter dans la gueule du loup ? L'ardeur patriotique ainsi conçue ne serait-elle pas d'une naïveté confinant à la stupidité ? On en saurait plus si les détectives privés chargés de la filature de Sun avaient correctement effectué leur travail. Mais, inclémence du temps ou défaillance humaine, les anges gardiens de Sun ont perdu sa trace en ce fatal dimanche du 11 octobre 1895.

Cependant que ses geôliers s'emploient à organiser son transfert clandestin vers la Chine, Sun Yat-sen, par crainte du poison, refuse les plats que lui prépare le cuisinier du ministre, vit de pain et de lait et essaie d'alerter ses amis : le Dr James Cantlie et le Dr Patrick Manson. Mais sa porte est gardée, les fenêtres de sa chambre ont été clouées et tous les messages confiés au majordome de la légation, George Cole, qui veille sur lui... sont remis à Macartney. Au bout d'une semaine d'efforts cependant, Sun Yat-sen réussit à convaincre Cole de l'aider, en faisant appel à ses sentiments de classe, dira le majordome, auquel le prisonnier se serait présenté comme le chef d'un parti socialiste chinois. Plus tard, Sun prétendra que c'est aux chrétiens d'Arménie, persécutés par les Turcs, qu'il s'était comparé pour s'attirer la compassion de Cole : dans l'Angleterre victorienne, la pitié chrétienne était sans doute plus prisée que la solidarité prolétarienne, et Sun recherchait la compassion et la sympathie du public. Peut-être l'argument décisif se trouve-t-il dans les deux mille livres sterling remises à Cole par Sun Yat-sen et la promesse de lui en payer mille de plus par la suite...

Au bout d'une longue semaine, la nouvelle de la séquestra-

---

avoir enquêté sur cet épisode, John Y. WONG, qui nie toute manipulation personnelle de Sun Yat-sen évoquant un enlèvement pour se donner le beau rôle (*cf.* John Y. WONG, *The Origins of an Heroic Image, Sun Yat-sen in London, 1896-1897*, Hong Kong, Oxford University Press, 1986, pp. 19, 172-173). Non convaincue par les arguments de WONG, nous préférons nous en tenir à l'interprétation de SCHIFFRIN et considérer que la thèse de l'enlèvement résulte d'une manipulation faite par le principal intéressé.

tion de Sun parvient au Dr Cantlie auquel le majordome lui-même apporte un mot rédigé de la main de Sun : « J'ai été enlevé et enfermé à la légation chinoise dimanche et serai envoyé en secret d'Angleterre en Chine pour y être mis à mort. Je vous en prie, venez vite à mon secours. [...] Ô malheur, à moi ! [1] »

Une image héroïque

En cinq jours, le Dr Cantlie, aidé de son collègue et ami le Dr Manson, organise une magistrale opération de mobilisation bureaucratique et médiatique. Pourtant, les dimanches anglais ne sont pas propices à la prise de décisions politiques. Les premières démarches de Cantlie à Scotland Yard et au Foreign Office se heurtent à l'absence de responsables et à l'indifférence des subalternes de garde. En désespoir de cause, Cantlie se rend au *Times* remettre un article que les responsables du journal décident de garder dans leurs tiroirs en attendant les réactions officielles. Celles-ci se précisent dès le lundi : la légation chinoise est mise sous surveillance, les bateaux en partance pour la Chine sont contrôlés. Et le Foreign Office prend contact avec Macartney pour qu'il persuade le ministre Gong de relâcher son prisonnier. Si Gong n'obtempère pas, Londres demandera son rappel pour violation du privilège diplomatique.

La réaction gouvernementale se fait d'autant plus vigoureuse qu'elle est maintenant portée par l'indignation de l'opinion. Le 22 octobre, en effet, le *Globe*, rompant l'expectative observée par le *Times*, fait paraître dans une édition spéciale une longue interview de Cantlie. Le 23 octobre au matin, l'histoire de l'enlèvement de Sun est reprise par tous les journaux. Ce ne sont plus seulement des policiers qui entourent la légation, mais la foule des journalistes, des photographes, des badauds. A l'intérieur, les représentants de Scotland Yard, du Foreign Office et le Dr Cantlie joignent leurs efforts pour obtenir la libération immédiate de Sun. En fin d'après-midi, celui-ci quitte la légation et se réfugie chez ses amis Cantlie afin d'échapper à la meute des reporters.

Retraite très provisoire. Devenu en cinq jours une « cause

1. Cité d'après SCHIFFRIN, *Sun Yat-sen*, p. 119.

célèbre », Sun cherche à utiliser au mieux l'occasion inespérée qui lui est offerte de se projeter sur la scène publique, d'asseoir sa réputation, de fixer les traits de son personnage. Il écrit aux journaux et donne des conférences de presse, accorde de multiples interviews et obtient tous les suffrages. Ce n'est pas le conspirateur oriental décrit par la légation, mais un patriote respectable. Il a « de beaux traits », parle l'anglais « remarquablement bien », observent les journalistes de Londres. « C'est un homme remarquable qui a des vues éclairées... », « une vivacité d'expression, une franchise de visage que l'on rencontre rarement chez les Chinois », renchérit le *China Mail* de Hong Kong. A la demande de H.A. Giles, sinologue et professeur à l'université de Cambridge, qui prépare un dictionnaire biographique chinois, et avec l'aide d'un ami anglophone, sans doute le Dr Cantlie lui-même, Sun retrace le récit de ses aventures dans un bref ouvrage autobiographique intitulé *Kidnapped in London*. Publié en Angleterre au début de l'année 1897, le livre est en vente dès le mois de mai à Shanghai et jouera un rôle important dans la diffusion en Extrême-Orient de « l'image héroïque » créée à Londres.

Après sa libération, Sun Yat-sen prolonge son séjour à Londres pendant huit mois, jusqu'au début de juillet 1897, et met à profit son temps d'exil pour approfondir ses connaissances et élargir ses contacts et sa culture. Il s'intègre sans mal à une certaine vie mondaine londonienne, est reçu régulièrement à la table du Dr Cantlie qui lui ouvre aussi sa bibliothèque. Il accompagne le docteur et sa femme à l'office dominical de Saint-Martin-in-the-Fields, évolue avec aisance dans ce milieu de bourgeois victoriens cultivés que leurs convictions religieuses comme leurs lointains voyages portent à s'intéresser à la marche du monde.

Nul doute que Sun Yat-sen ait beaucoup appris à écouter certaines conversations, telle celle qui se déroule chez les Bruce, famille amie des Cantlie, lors d'un dîner organisé le 25 octobre pour fêter un certain M. Weay, de retour d'Afrique du Sud. Celui-ci conte à son auditoire les guerres de Sir Cecil Rhodes et de la British South Africa Company pour s'annexer les riches territoires des souverains locaux, la chute de Bulawayo en 1893, le raid du Dr Jameson au Transvaal en 1895. Une dizaine d'années plus tard, en 1906, Sun Yat-sen, en abordant les problèmes du nationalisme, s'étendra longuement sur le cas de l'Afrique du Sud... En dehors du cercle immédiat des Cantlie, Sun noue également un certain nombre d'amitiés. Rowland J. Mulkern, un nationaliste irlandais, militaire de carrière et membre du parti de la Restauration, a exprimé à Sun sympathie et admiration à la suite de son enlèvement : parfois, il lui sert de garde du corps dans ses déplacements autour de Londres ; en 1900, il participera à la deuxième insurrection organisée par Sun à Huizhou.

Selon les témoignages du détective privé (qui, à la demande de la légation, continue sa filature) comme du Dr Cantlie, Sun Yat-sen passe la plus grande partie de son temps à la bibliothèque du British Museum, « lisant des ouvrages sur tous les sujets relatifs à la politique, la diplomatie, le droit, les affaires militaires et navales [1] ». Là, il fait un certain nombre de rencontres : celles, par exemple, d'une demi-douzaine d'exilés politiques russes dont l'un, Felix Volkovsky (1846-1914), devient son ami. Rédacteur d'un mensuel intitulé *Free Russia*, Volkovsky compte à son actif sept ans de forteresse à Saint-Pétersbourg et onze ans d'exil en Sibérie. Leçon d'endurance pour un Sun Yat-sen plein d'impatience et d'optimisme historiques. Interrogé sur le point de savoir dans combien de temps il espère voir triompher la révolution en Chine, Sun croit sage de modérer son ardeur et répond : trente ans. Ses amis russes comptent que chez eux il faudra cent ans ! En attendant, ils traduisent l'ouvrage de Sun Yat-sen *Kidnapped in London*, dont la version russe paraît en 1897.

Au British Museum, Sun Yat-sen va parfois converser avec Robert K. Douglas, ancien membre du service consulaire en Chine, devenu conservateur du département des manuscrits et imprimés orientaux et professeur au King's College de Londres. C'est dans le bureau de Douglas qu'en mars 1897 Sun rencontre un botaniste japonais, Minataka Kumagusu, employé alors à des travaux de vacations. Interrogé par Sun sur ses ambitions dans la vie, Minataka lui aurait répondu : « Je souhaite que nous, les Asiatiques, chassions les Occidentaux d'Asie une fois pour toutes [2]. » C'est donc à Londres que remonte le pre-

---

1. Témoignage du Dr Cantlie, cité ici d'après SCHIFFRIN, *Sun Yat-sen*, pp. 134-135.
2. Lettre de Minataka Kumagusu, citée ici d'après WONG, *The Origins of an Heroic Image*, pp. 280-281.

mier contact avec le panasiatisme japonais, dans lequel Sun Yat-sen trouvera par la suite une source d'inspiration et une aide précieuse pour son action.

Cette période d'épanouissement intellectuel coïncide-t-elle, comme l'affirme *a posteriori* Sun Yat-sen dans son *Autobiographie*, avec une première élaboration de la doctrine du Triple Démisme ?

> « Après avoir échappé au danger à Londres, je suis demeuré en Europe pour examiner les formes de la vie politique et y rencontrer les principaux dirigeants. [...] Ce que je vis et entendis me fit une profonde impression. Je compris que les nations européennes, bien qu'elles aient su devenir riches *(fuqiang)* [...] n'étaient pas capables d'assurer pleinement le bonheur de leurs peuples [...]. Je voulus alors créer d'un seul effort un plan éternel qui résoudrait simultanément les problèmes du socialisme, du nationalisme et de la démocratie. Le Triple Démisme que j'ai défendu est né de cette idée [1]. »

Si marquantes qu'aient été les expériences sociales et intellectuelles de Sun Yat-sen à Londres, et à supposer qu'elles aient semé dans son esprit les germes de sa future doctrine, en 1896-1897 cette doctrine semble encore bien loin d'avoir pris forme. A s'en tenir aux textes qu'il publie, Sun Yat-sen n'a pas encore abandonné l'inspiration réformiste qui a guidé certaines de ses démarches antérieures : présentation du mémoire à Li Hongzhang, recours au patronage de Ho Kai. Le premier de ces textes [2], intitulé « China's Present and Future. The Reform Party Plea for British Benevolent Neutrality », paraît dans la *Fortnightly Review*, le 1er mars 1897.

Pour ne pas effaroucher l'opinion publique, dont il est devenu le héros, Sun Yat-sen se fait rassurant, au prix de quelques distorsions des faits : « Avant de me lancer dans les études médicales, je me suis pendant mes jeunes années étroitement mêlé aux membres de la classe bureaucratique chinoise... J'ai eu ainsi

1. « Youzhi jingcheng » (L'ambition réalisée), *Jianguo fanglüe* (Plan de reconstruction nationale), *O.C.*, t. VI, pp. 232-233.

2. Découvert par l'historien SCHIFFRIN, dans les années 1960, ce texte ne figurait dans aucun recueil des *Œuvres* de Sun Yat-sen. Il a été intégré (dans sa version chinoise) dans l'édition des *Œuvres complètes* de Sun Yat-sen, réalisée en 1981 par l'Académie des sciences sociales de Chine et l'université Zhongshan de Canton (*cf. O.C.*, t. I, pp. 87-108).

toutes les possibilités et toutes les raisons de m'intéresser aux sujets que j'aborde maintenant [1]. »

Sun poursuit en dénonçant la corruption et l'incompétence de la dynastie mandchoue, l'inefficacité de la modernisation technologique prônée par Li Hongzhang. Il appelle à l'établissement d'un bon gouvernement, mis en place par les Chinois eux-mêmes, avec dans une première phase le conseil et l'aide des Européens. On croit entendre ici l'écho des programmes élaborés par Ho Kai en 1887 et en 1895. Sun se donne comme le représentant d'un Parti de la Réforme, sur lequel il ne s'explique pas, mais dont il laisse entendre qu'il rallie de nombreux suffrages, y compris ceux des lettrés. Il suffit donc que les puissances, et en particulier la Grande-Bretagne, observent une « neutralité bienveillante » pour que le gouvernement mandchou s'écroule.

Le second texte, lui aussi découvert récemment [2], s'intitule « Judicial Reform in China ». Il a été publié à Londres en juillet 1897. Sun y dresse un sombre tableau des pratiques judiciaires chinoises, décrit les cruelles tortures, la corruption. Sun a eu l'occasion, lors de ses interviews avec les journalistes, de mesurer l'horreur que ces pratiques éveillent dans le public britannique. Il se rappelle l'incrédulité de ses auditeurs lorsqu'il évoquait le danger auquel il avait échappé d'être assassiné dans la légation et que son cadavre momifié fût envoyé à Pékin... afin d'y être « exécuté ». Un pays civilisé ne saurait être solidaire de telles barbaries. « Les lois chinoises appliquées avec l'accord et l'appui de l'Angleterre sont une tache sur la Création et une disgrâce pour toute l'humanité [3]. » Que Londres cesse donc son appui au gouvernement impérial et le Parti de la Réforme pourra introduire un système judiciaire de style européen en Chine.

Ses articles, qui noircissent, autant que faire se peut, le régime impérial et qui présentent Sun Yat-sen comme un réformateur modéré, éclairé, désireux de s'inspirer du modèle occidental et soutenu par une large partie de la population chinoise, y compris les élites lettrées, visent à convaincre l'*establishment*

1. Cité d'après SCHIFFRIN, *Sun Yat-sen*, p. 130.

2. C'est l'historien japonais NAKAMURA Tadashi qui en a signalé l'existence en 1982 (*cf.* WONG, *The Origins of an Heroic Image*, p. 224).

3. Cité d'après WONG, *op. cit.*, p. 233.

britannique. Si Sun Yat-sen n'espère pas à proprement parler une aide — du moins dans l'immédiat —, il voudrait pouvoir compter sur une reconnaissance tacite, une « neutralité bienveillante ». Sun Yat-sen cherche à utiliser le capital médiatique que lui a valu son enlèvement et à en faire un atout diplomatique et politique.

Mais le gouvernement britannique, qui a vivement réagi à la violation des droits de l'homme et des lois internationales commise sur son territoire par la légation chinoise, n'en est pas pour autant prêt à changer sa ligne politique générale en Asie orientale. Il ne lève même pas la mesure de bannissement prise à l'encontre de Sun Yat-sen par les autorités de Hong Kong en mars 1896. L'optimisme, la naïveté et peut-être la vanité de Sun Yat-sen l'ont porté à surestimer la signification de la mobilisation en sa faveur lors de sa séquestration qui, écrit-il à un ami, « a secoué tout le pays, agité l'Europe et toutes les nations du monde [1] ». Une fois retombée la vague médiatique, il se retrouve, comme devant, un exilé en fuite, riche seulement de quelques lectures et de quelques relations supplémentaires, et surtout d'une magnifique image que lui ont forgée la presse et l'opinion anglaises.

Cette image, qu'il n'a pu monnayer en Europe, Sun Yat-sen va essayer d'en tirer profit en Orient. Cet homme, qui ne fait rien comme les autres, va inverser le jeu de miroirs auquel se résument si souvent les rapports entre la Chine et l'étranger. Au lieu de créer, comme les mandarins impériaux ou leurs successeurs, une image de la réalité chinoise dépourvue de fondement concret et exclusivement destinée à l'exportation, il va retourner le dispositif et s'armer du mythe fabriqué à Londres avec sa coopération pour apprivoiser la réalité chinoise et s'imposer à la tête d'une opposition sur laquelle, pour l'instant, il n'a pas de prise.

1. « Zhi Qu Fengzhi han » (Lettre à Qu Fengzhi), *O.C.*, t. I, p. 46.

CHAPITRE III

La création symbolique d'un mouvement révolutionnaire
(1897-1900)

A partir d'août 1897, Sun Yat-sen s'installe au Japon où il réside constamment jusqu'en juin 1900. Ses contacts avec le Japon s'étaient jusque-là limités à quelques brèves visites à la communauté cantonaise de Yokohama. Désormais, Sun s'ouvre à la société japonaise elle-même. Il change de nom, devient le Dr Nakayama, multiplie ses démarches auprès des différents cercles politiques, noue quelques profondes amitiés personnelles. Les modernisateurs Meiji exercent alors sur lui une influence capitale. Auprès d'eux, Sun trouve à la fois de quoi alimenter sa réflexion théorique et une aide concrète pour ses entreprises de subversion.

Malgré leur entrée en scène relativement tardive, les amis et conseillers japonais de Sun Yat-sen jouent dans sa carrière un rôle aussi important, sinon plus, que les missionnaires anglo-saxons auprès desquels il s'est formé. Son amitié pour certains d'entre eux, tel Miyazaki Torazô (Tôten, 1870-1922), revêt un caractère particulier de spontanéité et de chaleur. La proximité raciale et culturelle lève l'hypothèque religieuse et délivre Sun de cette ostentation chrétienne sur laquelle reposent ses relations avec l'*establishment* colonial de Hong Kong ou les milieux londoniens éclairés gravitant autour des Cantlie. La communauté des problèmes auxquels doivent faire face la Chine et le Japon, menacés par l'Occident, fournit un terrain d'entente moins glissant qu'une coopération sino-britannique offusquante pour la sensibilité nationaliste chinoise en éveil.

Le rapprochement entre Sun Yat-sen et les Japonais se poursuit d'autant plus rapidement qu'il est souhaité de l'un et l'autre côté. A l'espoir de l'exilé de trouver des appuis politiques et financiers répond en effet le désir de ses partenaires d'organiser la solidarité panasiatique pour chasser les Occidentaux. Et la quête des Japonais pour trouver un héros qui pourrait « régénérer la Chine[1] » les conduit à un Sun Yat-sen tout auréolé de la célébrité que lui a conférée sa séquestration londonienne. Cette quête les conduit aussi aux réformistes, Kang Youwei et Liang Qichao, qui trouvent refuge au Japon après l'échec des Cent Jours en novembre 1898.

Le Japon devient donc le lieu de cette rencontre, si longtemps souhaitée par Sun Yat-sen, avec les lettrés qui dirigent et incarnent l'opposition des élites. Désireux de voir s'unifier les efforts de tous les opposants chinois, leurs conseillers et amis japonais se font les auxiliaires du rapprochement. L'échec de celui-ci est dû à d'irréconciliables conflits de personnalités plus que d'idéologie. Le charisme et la célébrité londonienne de Sun Yat-sen ne pèsent pas lourd face au prestige de Kang Youwei qui fait figure de sage lettré et de conseiller du prince. La stratégie familière à Sun Yat-sen d'alliance ou d'entrisme afin de capter à son profit la force et l'influence de ses concurrents se révèle inopérante face à un homme comme Kang Youwei, doté d'un *ego* non moins formidable que celui de Sun.

La confrontation qui, à partir de 1900, succède au rapprochement avec les réformistes permet à Sun de préciser chemin faisant certains points de son projet politique. Son nationalisme antimandchou se confirme en même temps que ses aspirations républicaines : ce sont autant d'options propres à établir une symétrie entre le puissant courant réformiste et le maigre filet révolutionnaire, à faire de Sun le rival de Kang et donc à lui conférer une stature symbolique équivalente. Car il semble bien que pour Sun, comme plus tard pour Mao Zedong, la vertu première d'un dogme ou d'une idéologie... soit son utilité.

Sun Yat-sen, en dépit de l'aide reçue des Japonais, demeure

1. Marius B. JANSEN, *The Japanese and Sun Yat-sen*, Cambridge, Mass., Harvard University Press, 1954, p. 59.

donc isolé. La succession des intrigues auxquelles il s'affaire, des Philippines, en 1898, à Hong Kong et Singapour avec, pour finir, le soulèvement manqué de Huizhou (Waichow), dans le Guangdong oriental, en octobre 1900, représente à bien des égards un retour à la case départ. Mobilisation des sociétés secrètes, tractations avec les autorités coloniales de Hong Kong et les mandarins du Guangdong, appel aux réseaux chrétiens : le destin de Sun Yat-sen tourne en rond. La réalité se refuse à rejoindre la fiction. Et le mouvement révolutionnaire continue à n'exister qu'en la personne de celui qui s'est intitulé son chef et dans son entourage immédiat.

L'ENTRÉE EN SCÈNE DES JAPONAIS (1897)

Dès le printemps 1897, Sun Yat-sen, au cours de ses conversations à Londres avec son ami Minataka Kumagusu, a commencé à découvrir la force du courant panasiatique. Au cours de l'automne qui suit son arrivée au Japon, Sun entre en relation avec certains des principaux animateurs de ce courant. Cette prise de contact a été préparée par les amis de Sun, par Chen Shaobai en particulier, et par le pasteur Qu Fengzhi à Hong Kong.

L'idylle qui, au tournant du siècle, marque les relations de Sun avec ses mentors japonais a été jugée de façons très diverses. Informés par la politique d'agression nipponne dans les décennies postérieures, beaucoup d'observateurs ou d'historiens y ont vu une manipulation machiavélique des Japonais cherchant à entretenir l'instabilité en Chine afin de mieux assurer la grandeur de leur propre pays. Dans une telle perspective, le rôle de Sun Yat-sen pourrait apparaître comme celui d'un auxiliaire de l'impérialisme japonais ou d'un aventurier conduit par une ambition purement personnelle [1]. Les recherches de l'historien américain Marius Jansen et celles des sinologues japonais permettent d'adopter une vue plus nuancée, de préciser le contexte qui a favorisé l'établissement des relations entre nationalistes japonais et chinois, d'analyser le style

1. *Cf.* par exemple le jugement très critique porté par R. AUXION DE RUFFÉ dans son ouvrage *Chine et Chinois d'aujourdhui*, Paris, 1926.

commun de réflexion, de vie et d'action qui, pour certains d'entre eux, a transformé ces relations en amitié.

A partir du moment où à la fin du XIXe siècle le gouvernement de Tokyo commence à intervenir activement en Chine, sa politique est marquée par de multiples contradictions. Après sa victoire de 1895 et alors que la bataille des concessions bat son plein, que le soulèvement des Boxeurs s'étend et que se profile la menace d'un démembrement de la Chine, le Japon aspire à jouer son rôle parmi les puissances et à prendre sa part du butin. En conséquence, il participe à l'expédition alliée de 1900 contre les Boxeurs. Mais en même temps il redoute une éventuelle partition et le slogan : « Préservation de la Chine » *(Shina Hôzen)* devient alors beaucoup plus populaire au Japon que celui de la « Porte ouverte [1] » formulée par les Anglo-Américains.

Cette politique tortueuse, et qui le deviendra bien davantage par la suite, n'est pas — ou pas uniquement — affaire de duplicité. Elle répond à l'environnement intellectuel et politique extrêmement diversifié de l'époque, en dépit du caractère autoritaire du régime. Au moment même où le Japon s'affirme comme grande puissance et partie prenante aux conquêtes impérialistes, un fort contre-courant se dessine, en effet, qui met l'accent sur la tradition japonaise ou plus largement asiatique et, en réponse au thème du « péril jaune » si à la mode en Occident, appelle à la lutte contre l'homme blanc. Ce panasiatisme, dont les décideurs politiques se tiennent ostensiblement à l'écart, se développe en toute liberté à la périphérie des milieux officiels mais en liaison discrète avec eux. Quelques grands personnages et chefs de parti lui donnent leur soutien. La politique gouvernementale oscille en fonction des forces respectives de ces groupes de pression.

Le panasiatisme fait en effet l'objet d'interprétations variées, et ses partisans se recrutent aussi bien à droite, chez les nationalistes, expansionnistes et ultraconservateurs, qu'à gauche, chez les libéraux, partisans de la réforme constitutionnelle et des

---

1. Résumée dans une note de 1899, que présente le secrétaire d'État américain John Hay, cette doctrine insiste sur l'égalité des chances commerciales parmi les étrangers présents en Chine : les puissances qui ont obtenu des zones d'influence ne devront pas y établir de conditions préférentielles en faveur de leurs entrepreneurs nationaux.

droits de l'homme, ou chez les radicaux, luttant pour la paysannerie opprimée. A l'origine, il y a une conscience aiguë de l'identité culturelle du Japon et des liens qui dans ce domaine l'unissent à la Chine. Sous le patronage du prince Konoe Atsumaro, président de la Chambre des pairs, s'est développé un mouvement d'étude de la langue et de la civilisation chinoises, qui aboutit en 1898 à la création de la Société de la culture commune de l'Asie orientale (Tôa Dôbunkai). Cette société se donne pour objectifs d'aider à la préservation et à la réforme de la Chine et de renforcer le rôle du Japon à l'échelle régionale. En fait, grâce aux divers instituts qu'elle ouvrira en Chine et aux multiples enquêtes qu'elle y fera mener, la société jouera le rôle d'agence de renseignements autant que d'organisme de recherches. Autour d'elle graviteront tous les spécialistes des affaires chinoises, chercheurs, espions et aventuriers confondus.

Mais à partir de la fidélité culturelle ainsi proclamée, les options divergent. Les sociétés patriotiques, refuges des anciens samouraïs frustrés par la réforme Meiji, s'érigent en gardiennes du prestige national et des valeurs orientales qu'elles veulent maintenir par une politique extérieure agressive. Leur chef de file est Tôyama Mitsuru (1855-1944), de Fukuoka, dans l'île de Kyûshû, au sud de l'archipel nippon. Né dans une famille de samouraïs, Tôyama s'est enrichi en participant à l'exploitation des mines de charbon locales, mais il n'a jamais occupé de poste officiel. En revanche, il a largement financé sur sa fortune personnelle les activités des groupuscules ultranationalistes se réclamant du panasiatisme : celles en particulier de la Société du Dragon noir (Kokuryûkai), fondée en 1901 par Uchida Ryôhei (1874-1937), qui deviendra par la suite l'un des principaux animateurs du mouvement fasciste. Le programme de cette société appelle à l'extension du territoire japonais jusqu'au fleuve Amour, en Sibérie.

Le thème du panasiatisme est également repris par les libéraux de l'ère Meiji, favorables à une modernisation économique et institutionnelle conçue sur le modèle occidental, mais désireux de débarrasser le Japon et l'Asie orientale de la présence européenne et américaine. A la tête de cette gauche libérale nationaliste, Ôkuma Shigenobu qui, s'appuyant sur une nouvelle classe d'entrepreneurs urbains, dirige le Parti progressiste et cumule les fonctions de Premier ministre et de ministre des Affaires étrangères de 1896 à 1898. Ôkuma pense que le Japon, ayant été le premier à réussir sa modernisation, a l'obligation morale de protéger la Chine contre les agressions occidentales et de l'aider à réformer ses institutions. La Chine ne devrait pas tarder à s'éveiller : qu'un « héros » se dresse et le patriotisme revivra, la Chine retrouvera son rang parmi les puissances. Formulée en 1898, cette « doctrine d'Ôkuma » invoque la dette culturelle contractée par le Japon à l'égard de la Chine. C'est maintenant l'heure pour le Japon de témoigner sa gratitude en tenant l'Occident à distance et en aidant le « héros chinois » à sauver son pays. Dans le sillage d'Ôkuma, Inukai Ki (1855-1932), journaliste et homme d'État libéral, entretiendra des relations étroites avec Sun Yat-sen.

La coopération entre l'exilé cantonais et les hauts fonctionnaires et politiciens de tendance panasiatique passe évidemment par des intermédiaires. Des hommes aussi en vue qu'Ôkuma ou Inukai ne peuvent s'impliquer directement dans des activités subversives : conspirations, rébellions, sur lesquelles néanmoins ils comptent pour faire évoluer favorablement la situation en Chine. Les intermédiaires qu'ils recrutent sont des aventuriers, d'anciens samouraïs, privés de leur statut et parfois de leurs ressources par la révolution Meiji. Sans position officielle ni fortune personnelle, ils travaillent pour ceux qui les emploient : le gouvernement, les partis, les sociétés patriotiques. Mais ils ont aussi conscience de se dévouer à un idéal. Ces mercenaires au grand cœur ou, comme ils se désignent eux-mêmes, ces hommes au noble projet *(shishi)* mettent au service du panasiatisme et de Renaissance chinoise la loyauté, la générosité, le dévouement hérités de l'ancien code d'honneur féodal. Parmi eux se détache la belle figure de Miyazaki Torazô, dont le sincère idéalisme a toujours fait l'unanimité et qui devint le plus proche conseiller de Sun Yat-sen.

Bien des traits de caractère communs, bien des circonstances familiales ou sociales analogues expliquent la naissance de la sympathie entre les deux hommes. Né en 1870, Miyazaki a reçu sa première éducation dans une école privée libérale où ses professeurs le nourrissent de l'histoire des révolutions française et anglaise. Adolescent, il connaît une crise morale et religieuse, se convertit au christianisme, entraînant avec lui ses deux frères aînés, apprend l'anglais et évolue parmi les missionnaires baptistes puis congrégationnalistes. Ses frères et lui appellent de leurs vœux la régénération de la Chine pour la plus grande gloire de la race jaune et réfléchissent à la manière d'alléger la misère paysanne qui s'étale sous leurs yeux, dans la demeure familiale où les fermiers viennent faire leurs doléances. Une nouvelle crise de conscience s'achève par une rupture complète avec le christianisme. Miyazaki Torazô s'embarque alors pour une série d'expéditions aventureuses en Chine et au Siam, avec pour objectif d'être utile, de servir et de trouver un but à sa vie. Ce but, c'est Inukai qui en 1896 va le lui donner, en lui confiant des fonds du ministère des Affaires étrangères, avec mission de se rendre en Chine pour y développer des contacts parmi les opposants et les rebelles et de découvrir le « héros » capable de sauver son pays. Comme Sun Yat-sen, Miyazaki est le produit d'une société en transition. Il s'est frotté au christianisme, à l'Occident dont il a adopté certains modèles, tout en cherchant à rejeter sa présence. Son patriotisme est aussi passionné que celui de Sun.

Miyazaki n'est pas seul chargé de la quête du « héros ». A ses côtés travaille Hirayama Shû (1870-1940) qui, jouissant lui aussi de la confiance d'Inukai Ki, sera en outre souvent appelé à coopérer avec Uchida Ryôhei et les hommes de Tôyama Mitsuru. Étrange alliance que celle de ces libéraux idéalistes avec les ultraconservateurs de Fukuoka ! Mais ici encore les idées semblent jouer un rôle moindre que les sentiments et les ressentiments, les relations interpersonnelles et les statuts sociaux, comme si toute opposition au gouvernement Meiji ne pouvait se formuler qu'à travers une revendication nationaliste — facilement chauvine et expansionniste —, comme si tous ces anciens samouraïs frustrés cherchaient dans l'idéal ou l'aventure panasiatiques un remède à leur nostalgie.

Si les compagnons de Miyazaki ne partagent pas toujours la pureté politique de celui-ci, tous ont en commun avec lui, comme avec Sun, un certain style de vie, à la marge de la société. Ce sont des conspirateurs professionnels pour lesquels l'aventure est non seulement une manière de vivre et de gagner sa vie, mais une morale qui semble se suffire à elle-même. Ce ne sont pas de vulgaires agents, mais des hommes de cœur dont certains s'attacheront sincèrement au « héros » qu'ils sont chargés d'inventer.

La rencontre entre Miyazaki et Sun Yat-sen est préparée par Chen Shaobai auquel l'agent japonais, conduit par des amis communs, rend visite à Yokohama avant de s'embarquer pour la Chine du Sud où l'attend déjà Hirayama Shû. Chen Shaobai lui parle de Renaissance chinoise et de Sun Yat-sen, et lui montre un exemplaire du pamphlet *Kidnapped in London*, qu'il vient de recevoir. Favorablement impressionné par la personnalité de Sun, telle qu'elle se dégage de cette œuvre d'autoglorification, Miyazaki poursuit sa mission et arrive à Hong Kong. Les contacts qu'a déjà pris Hirayama, en particulier avec les sociétés secrètes, se sont révélés décevants. Les souvenirs de la guerre sino-japonaise sont encore brûlants. Les bouches demeurent closes. Les deux agents japonais se tournent alors vers Renaissance chinoise, utilisant les adresses données par Chen Shaobai. Ils trouvent bon accueil auprès du pasteur Qu Fengzhi qui les reçoit dans son église après l'office dominical, se montre intéressé par leurs offres d'aide et les informe du prochain retour de Sun à Yokohama. A cette nouvelle, Miyazaki et Hirayama regagnent le Japon.

C'est au domicile de Chen Shaobai — et en l'absence de celui-ci, parti animer... la résistance antijaponaise dans l'île de Taiwan, récemment annexée — qu'a lieu la première rencontre entre Miyazaki et Sun Yat-sen. Au cour de ce tête-à-tête décisif, Sun conquiert à jamais son interlocuteur : conquête méritoire, car Sun ne parle pas le japonais et Miyazaki maîtrise mal l'anglais et encore plus mal le chinois ! Les deux hommes conversent donc par écrit, à l'aide des caractères également utilisés pour transcrire leur langue maternelle respective.

Les déclarations de Sun, telles que rapportées dans les Mémoires de Miyazaki, développent les thèmes de la lutte antimandchoue, du renversement du régime impérial et de l'établissement d'un système républicain s'appuyant sur les traditions d'autonomie locale. S'adaptant, comme il sait si bien le faire, à la personnalité de son interlocuteur, Sun Yat-sen évoque « le héros qui se dressera », au service duquel il propose modestement de se mettre. Oubliant son récent enthousiasme pour une Grande-Bretagne respectueuse de la loi et du droit, il dénonce en termes violents l'impérialisme occidental : « Le vaste territoire de mon pays et son énorme population sont comme de la viande dans une écuelle, que dévorent les tigres voraces [1]. » Il achève

1. ETÔ Shinkichi et Marius B. JANSEN (éd. et trad.), *My Thirty-Three Years' Dream. The Autobiography of Miyazaki Tôten*, Princeton, Princeton University Press, 1982, p. 136.

en demandant de l'aide afin de mener à bien une révolution qui doit « sauver quatre cents millions de Chinois, laver les insultes faites à la race jaune d'Asie orientale et rétablir la voie de la sagesse *(rendao)* ».

Une dose d'anti-impérialisme, une autre de panasiatisme, beaucoup d'enthousiasme, d'optimisme et de force de conviction : Sun Yat-sen a réussi son examen de passage, Miyazaki a trouvé son héros. Il ne perd pas de temps pour le présenter à Hirayama, puis à Inukai : « A la place d'un rapport, je vous ai apporté un exemple vivant[1]. » L'un et l'autre confirment son choix et partagent son impression favorable.

Désormais pris en charge par Inukai, Sun Yat-sen est installé à Tokyo en compagnie de Miyazaki et Hirayama auxquels il est censé servir de professeur de langue chinoise. Pendant l'hiver 1897-1898, il est présenté à de nombreuses personnalités politiques, des nationalistes comme Tôyama Mitsuru qui deviennent également ses protecteurs, à des parlementaires et à Ôkuma Shigenobu lui-même. Ce dernier cependant se montre plus réservé : ses préférences vont aux réformistes et à Kang Youwei, alors en plein succès. Quand après le coup d'État de l'impératrice Cixi, en septembre 1898, Kang cherche refuge à Tokyo, les Japonais se font les intermédiaires d'une tentative de rapprochement entre lui et Sun Yat-sen. Leur objectif est de renforcer les forces d'opposition chinoises en les unifiant afin d'en faire un puissant instrument de régénération nationale, qu'ils pourraient eux-mêmes contrôler. Cette politique japonaise donne à Sun Yat-sen une autre chance d'établir des contacts avec les milieux d'opposition lettrés, qui l'ont jusqu'ici systématiquement ignoré.

PREMIÈRE RENCONTRE ENTRE SUN ET LES RÉFORMISTES (1898-1899) : L'IMPOSSIBLE CAPTATION D'HÉRITAGE

La médiation japonaise ne naît pas seulement d'un calcul politique ; elle répond aussi au désir de concilier les sympathies qui lient les partenaires nippons à des interlocuteurs chinois différents. Si Sun Yat-sen a été immédiatement accueilli et reconnu

1. Cité par JANSEN, *The Japanese and Sun Yat-sen*, p. 67.

par les aventuriers et hommes de terrain, comme Miyazaki, les principaux patrons du courant panasiatique se sentent davantage attirés par Kang Youwei. Les réformistes chinois, il est vrai, ne cachent pas leur admiration pour la révolution Meiji, invoquée à maintes reprises comme exemple à suivre pendant les Cent Jours de 1898. Le slogan : «Connaître la honte de n'être pas japonais» a souvent été repris dans les écoles ouvertes aux idées nouvelles.

L'attachement des réformistes chinois à Confucius et aux Classiques et leur fidélité à une monarchie rénovée sont plus sympathiques aux réformateurs Meiji que le républicanisme flou de Sun Yat-sen. Le thème de l'identité culturelle développé par les sinologues japonais et la Société de la Culture commune d'Asie orientale touche davantage les lettrés chinois que les anciens élèves des missionnaires chrétiens. L'accueil favorable que les réformistes réservent à l'un des premiers pamphlets panasiatiques, le *Daitô Gappô ron* (la *Fédération du Grand Orient*), publié au Japon en 1893 et traduit quelques années plus tard en chinois, témoigne de leur adhésion au grand thème de la solidarité asiatique face à l'invasion des Blancs et de leur acceptation du *leadership* japonais dans la nécessaire résistance à l'étranger comme dans la non moins nécessaire réforme intérieure. Si, comme il est clair, les réformistes chinois sont conscients des menaces d'expansion impérialiste japonaise, sous-jacentes à ce panasiatisme, en 1897-1898 ils ont choisi de les ignorer, face au danger, jugé plus pressant, d'un partage de la Chine à l'initiative des Russes et des Allemands.

Rien d'étonnant donc à ce que les hauts responsables japonais aient considéré d'un œil favorable la tentative des Cent Jours et qu'après son échec, en septembre 1898, ils aient offert leur aide aux chefs réformistes. Liang Qichao, réfugié au consulat japonais de Tianjin, est emmené à Tokyo à bord d'une canonnière nipponne. Miyazaki Torazô est chargé de prendre contact avec Kang Youwei, en fuite à Hong Kong, pour l'inviter également au Japon. Arrivé à Tokyo, en novembre 1898, Kang Youwei jouit de la considération d'un chef de gouvernement en exil. Il est reçu par les plus hautes personnalités : Ôkuma Shigenobu, le prince Konoe Atsumaro, Inukai Ki. A la sympathie profonde qui lie Sun et Miyazaki répond ainsi l'amitié durable qui s'établit alors entre Ôkuma et Kang. Le jeu des affinités sociales et intellectuelles est sans doute aussi important ici que celui des options idéologiques.

Tout en versant des fonds à Sun et à Kang, les Japonais essaient d'obtenir un rapprochement entre les deux hommes et une fusion entre leurs groupes, d'où, espèrent-ils, sortirait un puissant parti d'opposition. Si ce projet est bien accueilli par Sun, toujours en quête de reconnaissance sociale et d'alliances avantageuses, il ne suscite que méfiance chez Kang ; celui-ci considère le dirigeant révolutionnaire comme un « illettré, un bandit » et ne lui pardonne pas d'avoir humilié la Chine en obtenant sa liberté des Anglais lors de sa séquestration londonienne de 1896. A Canton déjà, au début des années 1890, les démarches d'un Sun, alors acquis aux idées réformistes, pour se faire recevoir de l'illustre lettré, étaient restées sans effet : le fossé social et culturel était trop profond. Sun n'a guère plus de succès à Tokyo, en novembre 1898, lorsqu'il veut saluer Kang, débarqué de la veille, et se heurte à un refus.

Tout sépare Sun et Kang qui se perçoivent réciproquement comme « illettré » et « confucéen pourri [1] ». Pour Kang, Sun Yat-sen est un rebelle sans dignité, acquis aux conceptions matérialistes de l'Occident. Pour Sun, la légitimation de la réforme par une réinterprétation de Confucius et des Classiques, à laquelle Kang a consacré tant d'efforts, est un exercice scolastique dépourvu d'intérêt. Et le sentiment jaloux que l'un et l'autre nourrissent de leur autorité contribue encore à creuser le fossé dû à leurs différences d'origine sociale et de formation intellectuelle.

Contrairement à ses mentors japonais, Kang Youwei n'accepte pas l'idée que la réalisation de son projet politique puisse passer par la collaboration d'hommes comme Sun Yat-sen ou Miyazaki Torazô qu'il considère comme de simples aventuriers. Bien qu'investi de la confiance d'Ôkuma et d'Inukai, Miyazaki ne réussit pas non plus à se faire accepter de Kang. A Hong Kong par exemple, à l'automne 1898, alors qu'il est sur le chemin de l'exil, Kang a préféré négocier son départ pour le Japon avec le consul nippon local plutôt qu'avec Miyazaki qui lui avait été dépêché à cet effet. Cet élitisme intransigeant, cette hauteur incommode, tout autant que les protestations de Pékin

1. D'après le témoignage d'un conseiller japonais, cité par JANSEN, *The Japanese and Sun Yat-sen*, p. 80.

contre l'asile accordé aux lettrés proscrits, conduisent finalement les Japonais à abandonner leur soutien à Kang Youwei. Celui-ci quitte donc Tokyo à l'été 1899 pour aller au Canada fonder le Parti de Protection de l'empereur (Baohuanghui). Son départ entrouvre la voie d'une coopération entre son principal lieutenant, Liang Qichao, et Sun Yat-sen.

Lettré cantonais et disciple de Kang Youwei, Liang Qichao a jusqu'ici vécu dans l'ombre de son maître. C'est un journaliste, un publiciste, un éducateur plus qu'un politicien. Libéré de la tutelle de Kang, Liang Qichao va se rapprocher de Sun et de son groupe, adopter certaines de leurs idées, amorcer des actions ponctuelles de coopération et reprendre les négociations en vue d'une unification des oppositions.

L'école supérieure qu'en 1899 Liang crée et anime à Tokyo non seulement accueille les anciens élèves que le maître avait commencé à former à Changsha — groupe de radicaux émigrés, oscillant entre réformisme et révolution —, mais elle s'ouvre aussi aux jeunes Cantonais de la communauté de Yokohama. Liang perpétue ainsi les efforts de coopération déployés dès 1897 par les réformistes et les révolutionnaires pour doter les Chinois de Yokohama d'un enseignement moderne, dispensé dans un établissement financé par Sun et baptisé par Kang Youwei d'un nom très confucéen, École de la Grande Harmonie (Datong xuexiao).

En même temps, les thèses que défend Liang dans le journal créé dès son arrivée au Japon, le *Journal de la pure doctrine (Qingyibao)*, se font de plus en plus hostiles à la dynastie mandchoue. Liang signe un certain nombre de publications avec Sun Yat-sen et envisage de prendre en second, après Sun lui-même, la tête d'un mouvement d'opposition unifiée contre la dynastie. Liang a-t-il vraiment été sur le point de changer de camp ? Kang Youwei, en tout cas, l'a craint : fin 1899, il lui intime l'ordre de rallier Hawaii et les États-Unis et de rejoindre le Parti de Protection de l'empereur. Liang choisit la soumission et s'exécute, non sans s'être muni avant son départ d'une lettre d'introduction rédigée par Sun Yat-sen à l'attention de son frère, Sun Mei, auquel il est demandé de faciliter le travail politique de Liang à Hawaii.

Ainsi, en dépit du patronage japonais, Sun Yat-sen n'a toujours pas réussi à se rapprocher de l'opposition lettrée. Kang Youwei l'a de nouveau rejeté et Liang Qichao, après une esquisse de collaboration, l'a trahi. Faute de pouvoir s'emparer du capital de prestige et de notoriété des réformistes, Sun est donc amené à reprendre son ancienne stratégie de soulèvement armé local, assorti d'appels de fonds aux communautés émigrées et de la mobilisation des sociétés secrètes. Mais avec la création du Parti de Protection de l'empereur par les réformistes en exil, eux aussi à la recherche de fonds, Sun se heurte désormais à une redoutable concurrence : dans de nombreuses communautés, en effet, le prestige de Kang Youwei, ancien conseiller de l'empereur, risque de l'emporter sur le sien. Sun n'est plus seul non plus à rechercher l'appui des sociétés secrètes : d'autres groupes d'opposition, y compris certains réformistes, ont pris conscience du rôle que pourraient jouer ces bandes armées dotées d'une organisation propre et habituées aux coups de main.

Face à ses rivaux de l'opposition, Sun Yat-sen bénéficie cependant d'un nouvel atout fort précieux : l'aide en argent et en hommes que les Japonais sont maintenant décidés à lui fournir, l'ayant reconnu comme le plus apte et le plus disposé à servir leurs grands desseins panasiatiques.

Retour à la case départ

C'est dans un champ d'action géographiquement élargi et rendu plus complexe par l'intervention des agents japonais, l'activisme des exilés réformistes et la mobilisation des sociétés secrètes que s'inscrivent les initiatives de Sun Yat-sen à ce tournant de siècle. Ses opérations, jusque-là limitées à un triangle Hawaii-Japon-Hong Kong/Guangdong, s'étendent alors aux Philippines (en 1898-1899), à Singapour et à Taiwan, ainsi que de façon plus sporadique vers la vallée du Yangzi.

Désireux de ne laisser échapper aucune des possibilités de manœuvre qui lui sont offertes par la catastrophe des Boxeurs, Sun Yat-sen pratique une stratégie multilatérale. Il courtise les grands mandarins des provinces centrales et méridionales, hostiles à l'alliance entre la Cour impériale et les Boxeurs et tentés par une politique séparatiste, négocie avec les puissances étrangères dont il est prêt à payer la protection de multiples concessions territoriales et politiques, mobilise les sociétés secrètes qu'il considère comme l'instrument de la prise de pouvoir, réactive Renaissance chinoise et la base révolutionnaire de Hong Kong. Entreprises multiples et divergentes, à l'image d'années extrêmement troublées au cours desquelles l'ordre ancien achève de s'écrouler non seulement en Chine mais dans toute l'Asie orientale devenue l'objet des convoitises européennes et américaines.

L'intense activité de Sun Yat-sen pendant cette période est rendue possible par l'aide qu'il reçoit des Japonais : cependant que quelques grands patrons politiques fournissent l'argent, une dizaine de conseillers aventuriers, dont le fidèle Miyazaki, assistent Sun dans ses négociations avec les hauts mandarins séparatistes, les sociétés secrètes, les réformistes tentés par les rébellions armées ; ils l'aident à trouver et à transporter des armes, à faire passer ses messages. L'axe révolutionnaire sino-japonais, précédemment mis en place au nom de la solidarité panasiatique, fonctionne donc au bénéfice de Sun jusqu'à ce qu'en octobre 1900 cet axe soit délibérément brisé par les responsables de Tokyo, finalement convaincus que l'expansionnisme nippon serait mieux servi par d'autres voies.

Intrigues en Chine du Sud... et au sud de la Chine

C'est aux Philippines qu'en 1898-1899 les panasiatiques japonais et les révolutionnaires chinois rodent leur stratégie au service de la guérilla anti-américaine d'Emilio Aguinaldo. En lutte contre la domination espagnole, les indépendantistes philippins ont obtenu l'appui des États-Unis au printemps 1898. Mais quand ces derniers décident de substituer leur domination à celle des anciens colonisateurs, Aguinaldo se tourne vers les panasiatistes japonais dont il réclame l'assistance au cours d'une rencontre avec Miyazaki à Hong Kong. Il envoie également un émissaire à Sun Yat-sen, alors au Japon. C'est l'intervention chaleureuse de celui-ci qui emporte la décision. Sun est chargé par Inukai de négocier l'achat et le transport des armes expédiées quelques mois plus tard et précédées d'une demi-douzaine de « conseillers militaires » japonais (dont Miyazaki). Une tempête et un naufrage mettent fin à cette entreprise, dont l'objectif ultime était apparemment de transformer les Philippines, après leur libération et le départ des Américains, en base révolutionnaire antimandchoue. Toutes les épopées commencent par l'utopie ; celle-ci ne dépassa point ce stade initial.

Après cette échappée vers le rêve, Sun Yat-sen revient aux réalités chinoises. A défaut d'une base philippine, il va travailler à ranimer l'activité révolutionnaire de Hong Kong, qui s'était beaucoup ralentie depuis l'échec et la répression du premier soulèvement de Canton en 1895.

A la fin de 1895, les principaux dirigeants de Renaissance chinoise ont déserté Hong Kong où leur sécurité n'était plus assurée. Frappé d'une mesure de bannissement le 4 mars 1896, Sun Yat-sen réside le plus souvent au Japon. Yang Quyun voyage en Asie du Sud-Est et en Afrique du Sud jusqu'au printemps 1898, où il rejoint Sun à Tokyo. Toute activité n'a cependant pas disparu. D'anciens partisans de Sun sont restés sur place, en particulier You Lie qui s'occupe à recruter et à endoctriner des membres des Triades. Sun maintient le contact avec des anciens partisans par l'intermédiaire d'amis japonais, de Miyazaki en particulier. A partir de 1899, l'activité est relancée avec, d'une part, la création du journal *Le Quotidien de Chine (Zhongguo ribao)* et, d'autre part, une grande campagne de mobilisation des sociétés secrètes.

Impressionné par la force de l'opinion publique, comme il a pu en faire l'expérience lors de son séjour à Londres en 1896, désireux aussi de concurrencer les réformistes sur leur terrain d'élection : la propagande et la presse, Sun Yat-sen en 1899 confie à Chen Shaobai le soin de créer à Hong Kong un quotidien qui servirait de porte-parole à Renaissance chinoise. Chen Shaobai, on s'en souvient, est l'un des rares intellectuels de l'entourage de Sun. L'argent vient du Japon et l'entreprise bénéficie au départ du précieux soutien du grand notable réformiste hongkongais Ho Kai et, plus tard, de celui de Li Jitang, fils d'un riche marchand de la Colonie qui, en 1900, adhère à Renaissance chinoise. Malgré de nombreuses crises financières, le journal pourra ainsi continuer sa publication jusqu'en 1913, faisant preuve d'une longévité tout à fait exceptionnelle parmi les organes d'opposition de l'époque. Son influence, cependant, s'exercera beaucoup plus sur le public de Canton et du Guangdong que sur celui de Hong Kong.

En 1899-1900, la crise des Boxeurs rend les autorités de Hong Kong plus tolérantes à l'égard de l'opposition dynastique et

Le Quotidien de Chine en profite pour multiplier les attaques non seulement contre les Mandchous mais contre le Parti de la Protection de l'empereur, animé par Kang Youwei et les réformistes. Autour du conflit de personnalités commencent à se préciser les divergences idéologiques. Mais le pragmatisme de Sun et son impatience historique le conduisent toujours à privilégier l'action directe.

En même temps qu'il travaille à réactiver la base révolutionnaire de Hong Kong, il renoue et élargit ses contacts avec les sociétés secrètes. Celles-ci sont en pleine effervescence. Avant même que le soulèvement des Boxeurs n'éclate dans le Nord, les Triades des provinces méridionales ont suscité de multiples insurrections paysannes, en particulier dans le Guangxi, pauvre et accablé d'impôts, où en 1897-1898 plusieurs milliers de rebelles se sont dressés sous la conduite de Li Liting. Le vieux compagnon de Sun, Zheng Shiliang, qui déjà en 1895 avait servi d'intermédiaire entre Renaissance chinoise et les Triades, se remet en campagne. Chen Shaobai, de son côté, invite à Hong Kong l'un des principaux dirigeants des Triades cantonaises : c'est lui qui préside la cérémonie d'initiation au cours de laquelle Chen Shaobai reçoit le titre honorifique d'Éventail blanc (équivalent de celui de conseiller militaire). Cette fois-ci, cependant, contacts et négociations ne se limitent plus aux Triades du Guangdong et du Guangxi. Pour la première fois, les agents de Sun s'aventurent vers le nord et entrent en relation avec la Société des Frères aînés (Gelaohui), active et puissante dans tout le bassin du Yangzi, en particulier dans les provinces du Hunan et du Hubei. Pour étendre ainsi son réseau, Sun Yat-sen s'appuie sur ses conseillers et compagnons japonais d'une part, sur un réformiste hunanais, de tendance radicale, Pi Yongnian, rencontré à Tokyo, d'autre part.

Hirayama Shû, ami et compagnon d'aventures de Miyazaki et de Sun lui-même, a été le premier à entrer en contact avec la Société des Frères aînés en 1898. L'année suivante, il est relayé par Pi Yongnian au Hunan et au Hubei. Dans sa mission, Pi Yongnian est accompagné par une jeune recrue cantonaise de Renaissance chinoise, Shi Jianru. Figure émouvante du mouvement révolutionnaire naissant, Shi Jianru périra tragiquement quelques mois plus tard, à l'âge de vingt et un ans. Signe des temps nouveaux, Shi Jianru n'est pas un fils de paysan ou de marchand. Il appartient à une riche famille de lettrés et son grand-père était titulaire des plus hauts grades mandarinaux. Il a commencé par étudier les Classiques avant d'entrer en 1898, à l'âge de dix-neuf ans, au Canton Christian College. Dans un parcours parallèle à celui des fondateurs de Renaissance chinoise, il se convertit alors à la révolution en même temps qu'au christianisme. Mais c'est par l'intermédiaire d'agents japonais, en particulier du représentant à Canton de la Société de la Culture commune d'Asie orientale, puis de Miyazaki lui-même, que Shi Jianru est introduit auprès de Chen Shaobai et des membres hongkongais de Renaissance chinoise.

L'activité des agents de Sun aboutit au rassemblement des chefs des Triades et de la Société des Frères aînés à Hong Kong à la fin de 1899. C'est la première fois que ces sociétés secrètes prennent contact entre elles. Au cours de négociations conduites par Chen Shaobai, elles acceptent de former alliance avec Renaissance chinoise et de reconnaître l'autorité de Sun Yat-sen. Avec le ralliement des Frères aînés, Sun espère s'assurer des bases d'opération en dehors du Guangdong et donner ainsi à son mouvement un caractère plus national. Il profite également du surcroît de prestige que lui vaut la reconnaissance des sociétés secrètes pour s'imposer officiellement à la tête de Renaissance chinoise dont Yang Quyun était resté le président en titre (mais de moins en moins en fait) depuis 1895.

En dépit de cet avantage politique à court terme, les espoirs que Sun a mis dans le regroupement et l'unification des sociétés secrètes ne tarderont guère à être déçus. L'alliance conclue est des plus lâches et ses termes sont fort ambigus. L'entrisme pratiqué par Renaissance chinoise s'est développé sur la base des relations personnelles de quelques agents — Chen Shaobai, Pi Yongnian — et grâce à la promesse de subsides. Le ralliement à Sun n'implique aucunement l'adoption par les sociétés secrètes d'un programme révolutionnaire et républicain. Celles-ci restent fidèles à leur tradition antimandchoue et à leurs rites ancestraux.

L'alliance, baptisée Association pour la Renaissance des Han (Xinghanhui), est scellée par des libations de vin et de sang de pigeon. En signe de rejet de l'autorité impériale, un nouveau sceau est gravé et apporté à Tokyo par Miyazaki et Chen Shaobai pour être remis à Sun Yat-sen. Entre ceux qui veulent renverser une dynastie considérée comme usurpatrice et celui qui rêve d'établir la république, l'entente ne peut être que circonstancielle. Chacun espère se servir de l'autre, qui pour recevoir de l'argent et des armes, qui pour recruter des hommes de main. Les subsides promis par Sun Yat-sen tardant à venir, la Société des Frères aînés transfère son allégeance aux réformistes et au Parti de Protection de l'empereur, dès le printemps 1900. La défection de la Société des Frères aînés et la retraite de Pi Yongnian qui, découragé, se réfugie dans un couvent bouddhiste refermeront pour Sun l'accès au Yangzi et le rejetteront vers sa province du Guangdong.

Les désordres entraînés dans toute la Chine par la catastrophe des Boxeurs ne favorisent pas seulement la mobilisation des sociétés secrètes ; ils suscitent aussi des réactions régionalistes et autonomistes chez les grands gouverneurs généraux du Centre et du Sud, désireux de préserver leurs provinces à la fois des troubles populaires et de l'inévitable répression étrangère. On sait que ces gouverneurs généraux, se dissociant de la politique d'alliance avec les Boxeurs adoptée par la Cour impériale, ne reconnaissent pas la déclaration de guerre lancée par Pékin le 21 juin 1900 contre les puissances étrangères. Ils préfèrent au contraire s'entendre avec ces puissances et signer avec elles le pacte de défense mutuelle du Sud-Est, assurant ainsi le maintien du *statu quo* dans leurs territoires. Certains d'entre eux, cependant, ont peut-être caressé le projet d'aller plus loin et de profiter des embarras de Pékin pour établir un pouvoir séparé. Tel semble avoir été le cas de Li Hongzhang qui, en semi-disgrâce, est devenu gouverneur général du Guangdong et du Guangxi en novembre 1899. Les autorités de Hong Kong et le gouvernement britannique ne peuvent rester indifférents à un tel projet. Sun Yat-sen non plus. Et l'été 1900 voit se dérouler une extraordinaire série de négociations entre Canton, Hong Kong et Londres dont l'enjeu n'est rien moins que la sécession de la Chine méridionale.

On sait tout le parti que Sun Yat-sen tire d'un réseau de relations qu'il a l'art d'entretenir et de mettre à son service comme à celui de sa cause. L'homme qui lui sert d'intermédiaire avec Li Hongzhang n'est autre que Liu Xuexun, lettré cantonais, amateur de loterie, déjà rencontré lors du soulèvement de Canton en 1895 et qui, entre-temps, est devenu l'un des principaux collaborateurs du gouverneur général Li Hongzhang.

A son appel, Sun s'embarque donc le 8 juin 1900, accompagné de ses conseillers japonais. Arrivés à Hong Kong, ceux-ci se substituent à Sun (empêché de débarquer par la mesure de bannissement qui le frappe) et ouvrent les négociations avec Liu Xuexun. Il apparaît très vite, cependant, que Li Hongzhang, sollicité par la Cour impériale de regagner Pékin pour aider à résoudre la crise des Boxeurs, a abandonné son projet séparatiste pour se préparer à un destin national. En dépit de la vive insistance de Sir Robert Blake, gouverneur de Hong Kong, qui voit dans une entente Li-Sun le meilleur moyen de protéger le Guangdong ainsi que la Colonie et les intérêts britanniques contre d'éventuels troubles populaires, Li Hongzhang ne revient pas sur sa décision et s'embarque pour Shanghai le 17 juillet 1900.

Cet épisode sans lendemain, comme beaucoup des épisodes dont se tisse la vie de Sun, met en lumière l'extrême versatilité de la stratégie du dirigeant capable de mener de front des négociations avec les bandits, les chefs des sociétés secrètes et les hauts mandarins impériaux, représentants de la gentry confucéenne. Il marque aussi l'apparition d'un thème, dont l'importance ne cessera de croître avec le déroulement de la carrière de Sun : celui de la base autonome cantonaise, laboratoire d'une révolution destinée par la suite à s'étendre au reste de la Chine.

L'échec des négociations avec Li Hongzhang ne décourage pas Sun Yat-sen. Ce dernier relance, seul cette fois-ci, l'idée d'une république de Chine du Sud qu'il songe à établir dans le sillage d'une intervention armée britannique : les troubles des Boxeurs et l'expédition internationale des puissances autorisent alors toutes les hypothèses. Sun veut rallier le gouverneur de Hong Kong, Sir Robert Blake, à son projet. Ho Kai, encore une fois et ce sera la dernière, lui sert d'intermédiaire et dresse un plan. Le Règlement pour un gouvernement pacifique reprend les thèmes habituels du notable réformiste : fédéralisme, autonomie locale, rôle de conseillers concédé aux diplomates des grandes puissances, ouverture complète de la Chine aux intérêts économiques étrangers. Blake semble approuver ce plan. Mais Londres se fait une autre idée de la défense des intérêts britanniques en Chine et met fin à toutes ces spéculations.

Les négociations entre le gouverneur et le banni ne sont qu'un maillon dans la longue chaîne de contacts entretenus par le mouvement révolutionnaire né en Chine du Sud et les autorités coloniales. Elles mettent une fois de plus en lumière les divergences qui opposent les fonctionnaires coloniaux sur place à leurs supérieurs hiérarchiques du Colonial Office et surtout du Foreign Office à Londres. En Chine, non seulement l'impérialisme parle plusieurs langues, mais, qu'il s'agisse de l'anglais ou comme nous le verrons plus tard du français, il parle à plusieurs voix. Quant aux différences déjà apparues en 1895 entre le discours de Ho Kai et les projets de Sun Yat-sen, elles n'ont fait que s'approfondir dans le contexte d'un nationalisme devenu beaucoup plus général et radical en 1899. Quelles que soient les concessions que Sun Yat-sen serait prêt à accorder aux étrangers, au nom du pragmatisme et des intérêts immédiats de sa cause — concessions qui, on l'a vu et on le reverra, peuvent aller fort loin jusques et y compris la cession de certains droits souverains ou de certaines portions de territoire national —, le dirigeant révolutionnaire garde une haute idée de son pays. On ne l'imagine pas souscrivant jamais à la déclaration désespérée faite par Ho Kai en 1899 : « Nous préférons voir la Chine divisée tout de suite et un bon système de gouvernement imposé par les puissances qui la diviseront. La mort de la nation vaut mieux que son déshonneur, sa corruption et sa dégénérescence [1]. » Ho Kai, il est vrai, comme les grands notables anglicisés de Hong Kong, était habité par une double loyauté : à l'égard de la Chine et à l'égard de la Grande-Bretagne. Sun Yat-sen, lui, n'aimait que la Chine et se contentait de traiter avec la Grande-Bretagne. A partir de 1900, les voies de Ho Kai et de Sun se séparent définitivement.

Après l'échec de toutes ses démarches, Sun Yat-sen ne compte plus guère que sur ses propres forces, c'est-à-dire sur celles de sociétés secrètes locales, les Triades, financées et armées grâce aux subsides levés à l'étranger et encadrés par des membres de Renaissance chinoise. A l'automne 1900, il revient donc à son ancienne stratégie et lance un nouveau soulèvement à Huizhou dans le Guangdong oriental.

---

1. Cité d'après Edwards J.M. RHOADS, *China's Republican Revolution, the Case of Kwangtung, 1895-1913*, Cambridge, Mass., Harvard University Press, 1975, p. 42.

Le soulèvement de Huizhou (octobre 1900) : les Triades et le mouvement révolutionnaire

Comme le soulèvement manqué de Canton en 1895, celui de Huizhou, cinq ans plus tard, fait appel à l'aide des Triades. Mais en 1900 le rôle de ces sociétés apparaît à la fois plus important et plus autonome. Il ne s'agit plus seulement pour Renaissance chinoise de louer, moyennant finances, les services de quelques centaines d'hommes de main, mais de profiter d'une véritable insurrection paysanne déclenchée par les sociétés secrètes pour s'attaquer aux autorités préfectorales de Huizhou et provinciales de Canton. Pour la première fois se trouve donc posé un problème essentiel qui dominera l'histoire de la pensée et du mouvement révolutionnaires chinois jusqu'au renversement final de la dynastie en 1911 : celui des rapports entre sociétés secrètes et parti révolutionnaire.

Selon les lieux et les périodes, ces rapports ont évolué : intégration stratégique du potentiel insurrectionnel des sociétés secrètes au projet de subversion du régime, ralliement idéologique d'une opposition traditionnelle qui drape sa vieille haine des Mandchous dans les couleurs républicaines, ou concessions des dirigeants révolutionnaires qui, pour s'assurer de puissants alliés, acceptent de se plier aux rituels archaïques des sociétés et de reprendre leurs appels à la restauration de l'ordre ancien. Ces options, dont certaines contradictoires, ont souvent été poursuivies simultanément. A cet égard, l'expérience de Huizhou est particulièrement significative.

L'existence des sociétés secrètes ne retient généralement l'attention des observateurs qu'au moment où éclatent ces vastes rébellions paysannes dont la violence ponctue l'histoire dynastique chinoise. Mais leurs activités forment la trame de la vie quotidienne de toute une partie de la société chinoise. En principe ouvertes à tous, les sociétés recrutent non seulement parmi les déclassés — vagabonds, soldats licenciés — mais aussi parmi les artisans, les marchands et les contrebandiers, aux activités parallèles et souvent complémentaires. Les notables locaux eux-mêmes ne dédaignent pas d'y adhérer : officiers, petits lettrés, propriétaires terriens cherchent ainsi à renforcer leur influence et à assurer leur protection. En dehors des structures de l'administration gouvernementale se constituent donc des noyaux de

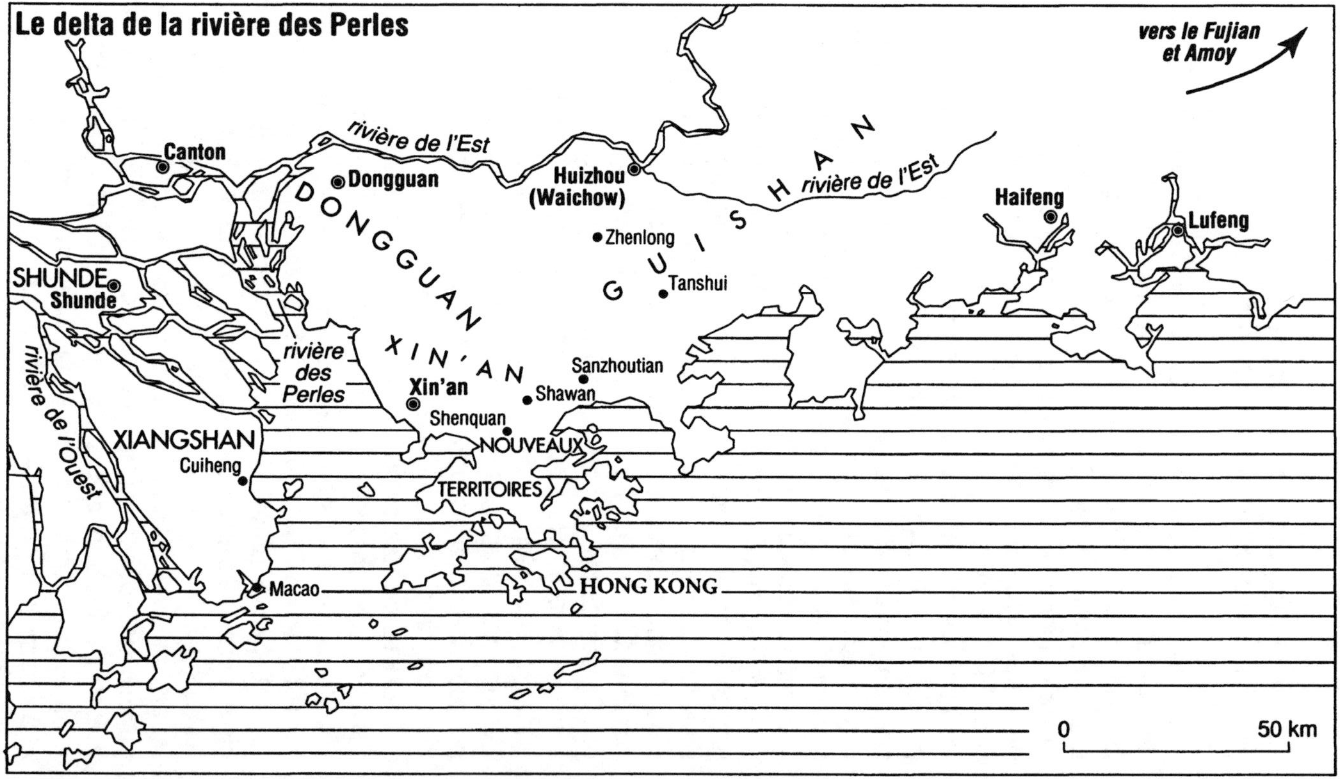
Le delta de la rivière des Perles
vers le Fujian et Amoy
Canton
rivière de l'Est
Dongguan
Huizhou (Waichow)
rivière de l'Est
Haifeng
Lufeng
DONGGUAN
GUISHAN
Zhenlong
Tanshui
SHUNDE
Shunde
XIN'AN
Sanzhoutian
rivière des Perles
Xin'an
Shawan
Shenquan
rivière de l'Ouest
XIANGSHAN
NOUVEAUX TERRITOIRES
Cuiheng
Macao
HONG KONG
0
50 km

pouvoir informel dont le réseau recoupe celui des bourgs et des marchés. Entre les villages livrés aux violences sporadiques des clans et des milices et les métropoles régionales et provinciales où, face aux fonctionnaires impériaux, se constitue l'opposition des lettrés et des notables, les petits et moyens centres commerciaux, lieux d'échange échappant à l'emprise directe de l'administration impériale, représentent les principaux points d'appui des sociétés secrètes.

Riche de sa production et de son commerce du sel, le Guangdong oriental est depuis le XVIIIe siècle une région d'élection des Triades qui s'activent dans la contrebande et entretiennent une turbulence sociale récurrente. Les insurrections sont spontanées, nombreuses, dispersées, liées au réseau, lui-même fort lâche, des loges et organisations mafieuses. Parfois, comme en 1854 lors de l'insurrection des Turbans rouges, le mouvement prend de l'ampleur. La rébellion qui éclate dans un bourg entraîne celle des bourgs voisins. Et quand la contagion s'étend, les forces rebelles convergent vers des centres urbains plus importants, jusqu'à menacer éventuellement la capitale provinciale, Canton, comme ce fut le cas en 1854. Les forces gouvernementales réussissent à écraser l'émeute mais non à faire disparaître le réseau. En cas de répression, en effet, les forces rebelles se dispersent, les insurgés regagnent leur bourg ou leur village, s'absorbent de nouveau dans les activités d'échange et de production d'un monde infrabureaucratique régi par des rapports de forces autonomes et échappant aux interventions directes du pouvoir d'État.

Dans le Guangdong oriental, l'histoire des Triades épouse étroitement celle du commerce et de la contrebande du sel. A partir de la seconde moitié du XIXe siècle, les activités mafieuses s'intensifient avec les efforts du gouvernement impérial pour appliquer plus strictement le monopole de la gabelle et, en réponse, la résistance des marchands et des contrebandiers s'exacerbe. La ville de Tanshui, principal centre du commerce du sel et siège de l'office de la gabelle, est aussi le point de départ de multiples rébellions. Celles-ci trouvent dans la région un terrain d'autant plus favorable que la population locale, les Hakkas — colons Han installés plus tardivement que les autres — sont souvent l'objet de traitements discriminatoires.

Au tournant du siècle, le déclin du système impérial et les revers extérieurs stimulent la turbulence de ces forces populaires. Si l'insurrection des Boxeurs est entrée dans l'histoire, bien d'autres mouvements traversent les campagnes chinoises : par exemple, la province du Guizhou, ou bien celle du Guangxi où plusieurs milliers de rebelles se dressent en 1898. Le Guangdong est lui aussi fort agité. Si Renaissance chinoise se tourne vers les Triades du Guangdong oriental et choisit Huizhou comme centre du soulèvement qu'elles préparent, c'est sans doute à cause des multiples connivences qu'entretient dans la région, qui est celle de ses ancêtres, Zheng Shiliang, vieux compagnon de Sun Yat-sen et son principal intermédiaire dans ses relations avec les sociétés secrètes. Zheng Shiliang est donc chargé d'alerter les Triades, de rassembler leurs chefs et leurs troupes qui seront « la force principale » du soulèvement, et de se tenir prêt à l'action. Selon le schéma classique de mobilisation populaire par les sociétés secrètes, le mouvement d'insurrection doit partir de quelques bourgs du district de Guishan pour ensuite converger sur Huizhou et plus tard sur Canton.

A cette époque, Renaissance chinoise compte vingt-trois adhérents, appartenant aux Triades. Il s'agit généralement de chefs de loges, gens relativement éduqués : petits notables locaux (pharmaciens) ou émigrés ayant fait carrière outre-mer, comme Huang Fu à Bornéo. On a vu que les rapprochements entre les Triades et le groupe de Sun Yat-sen étaient généralement conditionnés par la distribution de subsides. Mais ces considérations financières n'excluent pas — au niveau de certains chefs de loges du moins — tout projet politique. Une hostilité commune au confucianisme d'une part, à la dynastie mandchoue de l'autre, a contribué au rapprochement.

Sun Yat-sen ne se prononce pas sur le confucianisme avant 1924, date à laquelle il en fera l'éloge, rendant hommage à son rôle dans la formation de la culture nationale. Mais son initiation aux valeurs chrétiennes et à la civilisation occidentale ainsi que son rejet par les élites dominantes ne le disposent pas favorablement à l'égard des relations de subordination sociale, enseignées par le confucianisme (du fils à l'égard du père, du sujet à l'égard du prince...). Or cette hostilité à l'ordre social confucéen s'est perpétuée en Chine à la fois chez certains lettrés qui exaltent le personnage du chevalier errant, redresseur de torts, et dans le petit peuple pour lequel le justicier prend les traits du bandit au grand cœur, réplique orientale de notre Robin des Bois. Cet anticonfucianisme, plus psychologique que savant, a pu servir de terrain d'entente entre les insurgés populaires, les petits lettrés qui les encadrent et les marginaux républicains ou leurs conseillers japonais issus de la classe des samouraïs dont le code d'honneur rejoint sur bien des points celui des justiciers de la tradition chinoise.

Mais c'est surtout l'hostilité à la dynastie mandchoue qui rapproche les sociétés secrètes et Sun Yat-sen. Certes, il y a bien des différences entre la variété populaire de l'antimandchouisme et sa variété républicaine. D'un côté, une tradition orale qui appelle à l'écrasement des envahisseurs étrangers et à la restauration de l'ancienne dynastie des Ming ; de l'autre, une analyse systématique du tort fait à la Chine et au Chinois par le règne de cette dynastie parasite. D'un côté, le recours au symbole : les insurgés des sociétés secrètes veulent remettre en usage les coiffures (sans tresse), les robes et les titres officiels en usage aux XVIe et XVIIe siècles ; de l'autre, l'appel à la mobilisation nationale au nom de la souveraineté populaire.

Dans l'ardeur de la lutte commune, il semble bien que les divers courants antimandchous se soient interpénétrés. Dans une déclaration publiée par la presse de Hong Kong pendant le soulèvement de Huizhou, les chefs des insurgés proclament : « Nous ne sommes pas des Boxeurs, nous sommes de grands politiciens des sociétés secrètes [...] désireux de chasser le gouvernement mandchou et d'établir un gouvernement de souveraineté populaire », réalisant ainsi « les espoirs inaccomplis depuis trois cents ans ». Mélangeant les slogans habituels à des mots d'ordre empruntés à Renaissance chinoise, ils appellent à la souveraineté populaire, au développement du commerce international de la Chine, à la neutralité des puissances[1].

De leur côté, Sun Yat-sen et son groupe font de nombreux emprunts aux sociétés secrètes, qu'il s'agisse du rituel ou des techniques de conspiration telles que le recours à des mots de passe, à des signes de ralliement, à des serments d'allégeance... On peut évidemment se demander si de la part de Sun et de

1. Cité d'après Lilian BOROKH, « Les débuts du mouvement républicain de Sun Yat-sen et les sociétés secrètes », *in* Jean CHESNEAUX (éd.), *Mouvements populaires et Sociétés secrètes en Chine aux XIXe et XXe siècles*, Paris, Maspéro, 1970, p. 356.

ses compagnons il ne s'agissait pas là d'emprunts purement tactiques, destinés à consolider leurs liens avec les sociétés secrètes dont ils voulaient mettre la force de combat au service de leur cause. La cérémonie d'initiation de Chen Shaobai qui, à Hong Kong en 1899, se fait conférer le titre honorifique d'Éventail blanc, revêt des formes très simplifiées presque désinvoltes : point d'effusion de sang du néophyte, point de libations de vin mélangé à ce sang...

On ne peut donc pas conclure avec précision ni certitude sur le rôle réservé aux sociétés secrètes dans cette étrange alliance qui les jette aux côtés des républicains. Si, dès 1897, dans les articles qu'il rédige à Londres, Sun évoque « les forces cachées à l'œuvre en Chine », « le fort courant de mécontentement populaire » qui peut donner naissance à un soulèvement de masse, s'il accepte avec beaucoup plus d'équanimité que certains membres de son entourage les mœurs frustres et l'odeur corporelle pénétrante des compagnons de lutte qu'il s'est donnés, dès 1905 il critiquera l'incapacité des sociétés secrètes de cesser leurs querelles, d'unifier leur action. Plus tard, en 1919 et à nouveau en 1924, il refusera que soit incluse, dans l'historiographie officielle de la République ou du Guomindang, l'histoire des sociétés secrètes restées « très despotiques, avec des différences hiérarchiques très marquées » et chez lesquelles on ne trouve pas « trace du principe républicain ou de l'idée de souveraineté populaire [1] ».

En attendant, il a besoin de leur aide et il compte sur leurs hommes. L'histoire du soulèvement de Huizhou semble bien indiquer que pour Sun il ne s'agit là que d'une force d'appoint. Même s'il intègre les sociétés secrètes à sa stratégie, Sun Yat-sen compte surtout sur l'aide militaire japonaise et le soutien financier des communautés chinoises d'outre-mer. Parmi bien d'autres raisons, ces choix stratégiques de Sun ont contribué à l'échec de Huizhou.

L'échec du soulèvement

Selon le projet primitif, le soulèvement des sociétés secrètes du Guangdong oriental, qui a pour objectif l'investissement de

1. Lettre de Sun Yat-sen à Cai Yuanpei et Zhang Xiangwen, citée d'après Lilian Borokh, « Les débuts du mouvement républicain de Sun Yat-sen et les sociétés secrètes », p. 358.

Huizhou, devait être coordonné avec une attaque contre les administrations provinciales dans la ville même de Canton, où la direction des opérations a été confiée à un des membres fondateurs de Renaissance chinoise qui est aussi un important chef de loges à Hawaii. Dès 1895, il a rejoint Sun Yat-sen pour participer au premier soulèvement de Canton. Il est assisté de Shi Jianru, ce jeune transfuge de la gentry cantonaise évoqué ci-dessus, qui apporte à l'entreprise la sincérité de ses convictions et un ardent esprit de sacrifice. Comme en 1895, les conspirateurs s'appuient sur les réseaux des chrétiens convertis gravitant autour d'institutions d'enseignement missionnaires telles que le Canton Christian College (où ont été formés Chen Shaobai et Shi Jianru). Prêtres et pasteurs chinois, étudiants convertis se mêlent aux conspirateurs, parmi lesquels on retrouve aussi le libraire Zuo Doushan dont le magasin avait servi de cache d'armes et de lieu de réunion en 1895. Suivant les estimations de l'historiographe officiel Feng Ziyou, les conspirateurs impliqués dans les projets subversifs de Huizhou et de Canton se seraient recrutés pour 30 % parmi les convertis et pour 70 % parmi les Triades.

Cette coopération des chrétiens et des Triades sous l'égide de Renaissance chinoise va contre l'idée reçue d'une hostilité radicale des sociétés secrètes aux missions étrangères et à leurs convertis, telle qu'elle s'exprime à la même époque dans le soulèvement des Boxeurs, par exemple, et au cours de multiples insurrections locales. Une telle alliance, cependant, n'est pas si surprenante. Les convertis peuvent aussi apparaître aux yeux de leurs compatriotes comme les adeptes d'une secte hétérodoxe, marginaux parmi d'autres marginaux. L'hostilité des sociétés secrètes à l'égard des missions était souvent attisée par les lettrés xénophobes, soucieux de défendre leurs privilèges tout autant que leur identité culturelle. Dans le Guangdong, largement ouvert aux influences extérieures, imprégné de la tradition millénariste des Taiping, Triades et chrétiens ne semblent pas avoir eu de difficultés à se rejoindre dans leur attaque contre l'ordre établi.

Pendant l'été 1900, Sun Yat-sen, on l'a vu, a quitté le Japon pour chercher les soutiens nécessaires au soulèvement. Ses voyages l'ont conduit successivement à Hong Kong (où il n'a pas débarqué), au Viêt-nam, à Singapour et à Shanghai. Mais ses démarches se sont heurtées à des fins de non-recevoir de la part des autorités étrangères, des mandarins chinois à tendance autonomiste, comme des réformistes. Dans les communautés émigrées — en particulier à Singapour —, les demandes de fonds de Sun Yat-sen ont souvent été prévenues par celles de Kang Youwei et de son Parti de Protection de l'empereur.

Mais lorsque Sun Yat-sen retourne à Nagasaki, de nouvelles perspectives semblent s'ouvrir du côté des Japonais. Ceux-ci, qui cherchent à étendre leur influence en Chine, à la faveur des troubles, envisagent en effet de prendre pied à Amoy (Xiamen), capitale de la province côtière du Fujian, face à l'île de Taiwan, devenue colonie nipponne depuis le traité de Shimonoseki, en 1895. Soucieux de ménager les autres puissances, les Japonais préfèrent mener cette entreprise par personne interposée. Au début d'octobre, le gouverneur de Taiwan, Gotô Shimpei, propose donc à Sun Yat-sen des fonds et des conseillers militaires pour s'emparer d'Amoy. Sun se rend alors à Taiwan et révise son projet de soulèvement du Guangdong oriental, substituant Amoy à Huizhou comme objectif des rebelles.

Ce choix stratégique révèle clairement les priorités d'un dirigeant qui fait davantage confiance à l'aide étrangère qu'à la mobilisation populaire. L'attaque contre Huizhou, en effet, aurait représenté l'aboutissement normal d'une insurrection rurale, progressant selon des réseaux de connivences, bien établis et calqués sur les réseaux d'échanges locaux entre marchés, bourgs et villes secondaires. Dérouter les Triades vers Amoy et le Fujian, c'est non seulement les obliger à une longue marche de plus de trois cents kilomètres à travers un relief tourmenté, mais c'est aussi les couper de leurs relais sociaux et transformer une insurrection populaire en une expédition de hors-la-loi, laissant à l'intervention étrangère le rôle décisif. Le soulèvement de Huizhou voit se succéder les deux stratégies. La révolte en effet éclate spontanément le 6 octobre et se déroule selon le plan initialement prévu, jusqu'à la réception des nouvelles directives de Sun, quelques jours plus tard [1].

Au début, le soulèvement des Triades offre tous les caractères d'une insurrection rurale classique. Sous la direction de Zheng Shiliang, quelques centaines d'hommes se regroupent

1. RHOADS, *China's Republican Revolution*, p. 289.

dans le petit bourg de Sanzhoutian (district de Guishan), situé à quelques kilomètres de la mer et qui sert de repaire aux pirates et aux contrebandiers. Sur le terrain, ces hommes n'obéissent qu'à leurs propres chefs et la présence de Renaissance chinoise se résume essentiellement à celle de Zheng Shiliang qui transmet ses directives par l'intermédiaire des chefs de loges. La coordination et la discipline sont assurées par les « sandales de paille » *(cao jie)*, messagers relevant des diverses loges. Dans un mouvement de mobilisation ascendante, l'insurrection s'étend rapidement du petit bourg de Sanzhoutian vers les centres voisins. Les troupes gouvernementales sont mises en déroute à Shawan et les insurgés arrivent jusqu'à Zhenlong, à vingt kilomètres au sud de Huizhou. Dans tous les villages et les bourgs qu'ils traversent ou qu'ils investissent, ils reçoivent un accueil chaleureux. Apparemment bien disciplinés, évitant de s'attaquer aux missions, ils rallient à eux des centaines d'habitants : en dix jours, leurs effectifs se gonflent jusqu'à dix mille hommes [1]. Il ne leur reste plus qu'à faire la jonction avec leurs « frères » des Triades locales, qui les attendent dans les faubourgs de Huizhou et plus à l'ouest afin de converger sur Canton.

C'est alors, le 17 octobre, que, au reçu des nouvelles directives de Sun, les hommes de Zheng Shiliang infléchissent leur chemin vers Amoy. Sur ce parcours, long et peu familier, ils sont harcelés par les troupes gouvernementales. Ils s'épuisent et se découragent. Tout espoir finit de s'évanouir lorsque le 23 octobre arrive la nouvelle que les Japonais, craignant la réaction russe, ont finalement renoncé à prendre pied à Amoy et ont annulé l'aide promise. Zheng Shiliang et les principaux chefs des Triades n'ont plus qu'à s'enfuir à Hong Kong, cependant que leurs hommes regagnent les villages et les bourgs.

Cette insurrection rurale, de type tout à fait traditionnel, a donc tenu en échec les troupes armées gouvernementales pendant dix-sept jours. Elle a recueilli l'adhésion active d'une grande partie de la population. Aurait-elle pu élargir ses succès et menacer les autorités provinciales ? Cela est douteux. Les forces gouvernementales pouvaient, avec le temps, mobiliser des effectifs plus nombreux et disposer d'un armement supé-

1. RHOADS, *China's Republican Revolution*, p. 43.

rieur. Il n'en demeure pas moins que l'élan du soulèvement populaire a été délibérément cassé par Sun Yat-sen, au nom d'une stratégie fondée sur l'intervention étrangère : en l'occurrence celle du Japon. Pourquoi Sun Yat-sen a-t-il lâché la proie pour l'ombre ? Peut-être en considération de ses vastes desseins que ne pouvaient accomplir des victoires partielles, localisées. Peut-être par manque de confiance dans des forces sociales — celles d'une société paysanne et plus largement rurale — qu'il n'avait aucun moyen de contrôler directement.

En *post-scriptum* à cet échec s'inscrit l'épilogue tragique de Canton. Désireux d'aider l'insurrection paysanne en créant des troubles dans la capitale provinciale, le jeune Shi Jianru organise un attentat contre le gouverneur du Guangdong. Le 28 octobre, l'engin explose, mais le gouverneur n'est pas atteint. Au cours de la répression policière qui s'ensuit, Shi Jianru est arrêté. Il sera décapité le 9 novembre après avoir fait preuve du même courage que son prédécesseur sur la voie du sacrifice : Lu Haodong.

Dans leur refuge de Hong Kong, les chefs de Renaissance chinoise échappent à la justice de l'empire mais non aux agents secrets de sa police. Yang Quyun est abattu dans sa salle de classe et Zheng Shiliang meurt subitement à la suite d'un repas : d'une crise cardiaque, proclame le rapport officiel ; d'un empoisonnement, pensent tous ses amis.

Sun Yat-sen a regagné le Japon. En cette fin d'année 1900, il se retrouve seul et impuissant : rejeté et concurrencé par les réformistes, ignoré par les autorités britanniques, trahi par ses protecteurs japonais, privé de ses meilleurs lieutenants. Mais — et c'est l'un des traits fondamentaux de son caractère — aucun échec ne décourage Sun. Cette extraordinaire persévérance s'alimente-t-elle à la force de la volonté de l'homme d'action ou aux chimères du visionnaire ? Chaque revers relance un nouveau projet. En 1900, l'échec de Huizhou engendre une nouvelle stratégie. Sans renoncer à ses tentatives de subversions et d'infiltrations sporadiques à partir de Hong Kong ou de bases frontalières, Sun Yat-sen comprend les limites d'une telle politique qui multiplie les actions sans lendemain, le rejette toujours davantage parmi les aventuriers et les gens sans aveu et le met dans la dépendance à peu près totale d'une aide étrangère lente à venir. Sun Yat-sen sait déjà qu'en Chine toute légitimité, même la légitimité révolutionnaire, passe par le concours d'une partie au moins des intellectuels. Jusqu'ici, il a échoué à l'obtenir.

Dans les premières années du siècle, la rapide radicalisation de la vie politique chinoise et l'engagement nationaliste de la jeunesse étudiante vont enfin fournir à Sun Yat-sen l'occasion historique tellement attendue. Plus besoin désormais pour le dirigeant de Renaissance chinoise de se proclamer réformiste pour se faire accepter et reconnaître : c'est en tant que révolutionnaire qu'il va rallier à lui une jeunesse impatiente d'agir et les intellectuels capables de jeter les bases théoriques d'une doctrine et d'un parti.

CHAPITRE IV

L'éveil du nationalisme chinois et la fondation de la Ligue jurée (1905)

Dans les années 1900 s'amorce en Chine une série de profondes mutations sociales qui constituent la première phase d'un processus révolutionnaire appelé à se poursuivre jusqu'en 1949. L'ampleur de ces mutations qui suscitent l'apparition de nouveaux groupes sociaux et bouleversent les rapports de la société — ou du moins de ses élites — avec le pouvoir a conduit les historiens à minimiser par comparaison l'importance de la révolution de 1911 ramenée à un simple changement de décor politique et, en conséquence, à minimiser également l'influence du mouvement révolutionnaire qui la précède.

Ce n'est plus seulement le rôle de Sun Yat-sen qui est alors contesté, mais la place même de son parti dans l'histoire d'une transformation qu'il accompagne sans la conduire. « Cette révolution dépasse tous ses dirigeants. [...] Le mouvement révolutionnaire trouve son importance moins dans l'influence qu'il a pu exercer sur les événements de 1900-1913 que dans la tradition révolutionnaire qu'il a alors créée [1]. » Ce révisionnisme exprime le rejet, à peu près unanime chez les historiens occi-

1. Michael GASSTER, « The Republican Revolutionary Movement », *in* Denis TWITCHETT et John K. FAIRBANK (éd.), *The Cambridge History of China*, vol. XI, *Late Ch'ing*, t. II, Cambridge University Press, 1980, chap. IX, p. 463.

dentaux, des schémas d'interprétation, empruntés aux révolutions européennes et américaine, qui ont voulu faire de 1911 le 1789 chinois et de Sun Yat-sen quelque nouveau Washington ou Bonaparte.

Oublions donc 1789 et revenons à la Chine de 1900. Après la catastrophe des Boxeurs, le consensus s'est enfin réalisé parmi les dirigeants et les élites sur la nécessité de préserver — ou de reconquérir — la souveraineté nationale et de moderniser le système institutionnel tout autant que l'appareil productif. Nationalisme et modernisation sont désormais des objectifs largement acceptés, mais diversement interprétés. Reprenant à son compte les idées des réformistes qu'il a fait exécuter ou qu'il a écartés, le pouvoir impérial se lance dans une Nouvelle Politique (Xinzheng) de transformation autoritaire de la société et du système économique et politique. Il se pose en architecte de la modernisation, en défenseur de la nation.

Cette initiative gouvernementale, dont la sincérité et l'efficacité demeurent controversées, a des conséquences majeures. Elle précipite les évolutions auxquelles elle est censée répondre, accentue la politisation des élites locales, accélère l'apparition de nouveaux groupes sociaux — intelligentsia, bourgeoisie d'affaires. Bien des raisons vont concourir à l'avortement, quelques années plus tard, de ce Meiji chinois : son caractère tardif, la violence des forces centrifuges, la faiblesse financière du gouvernement central, enfin et surtout la montée du sentiment antimandchou. Celui-ci s'était maintenu, à l'état latent, au sein des sociétés secrètes et de certains cercles lettrés du Sud, sans jamais avoir fait obstacle au pouvoir de la dynastie sinisée des Qing qui règne sur la Chine depuis le XVIIe siècle. Dans les premières années du XXe siècle, ce sentiment se réveille et se généralise, en particulier chez les lettrés jusque-là demeurés fidèles à la dynastie par loyauté confucéenne. L'opposition antimandchoue s'exprime alors de façon ouverte et violente dans la presse, les pamphlets, la littérature politique.

Par un étrange dévoiement historique, la tradition antimandchoue ainsi revitalisée sert à véhiculer les sentiments nationalistes nés en réaction à l'agression occidentale. Loin d'être acceptée comme guide et initiatrice de la politique de modernisation et de résistance anti-impérialiste, la dynastie sinisée des Mandchous est substituée aux puissances occidentales comme principal ennemi de la nation chinoise.

L'identification du nationalisme à la tradition antimandchoue ne pouvait que condamner à l'échec la Nouvelle Politique de l'empire réformateur. Mais cette identification n'a été ni immédiate ni générale. Certains des critiques les plus irréductibles de l'impérialisme occidental, comme l'un des fondateurs de la pensée politique moderne en Chine, Liang Qichao, l'ont toujours refusée. Elle a fini par s'imposer à la majorité des élites chinoises à partir du moment où, vers 1908, la réforme apparaît condamnée par le changement de souverain, le manque d'argent et la résistance des bureaucraties locales. Auparavant, les réactions ont été plus diverses, et les élites ont souvent accepté de collaborer à la Nouvelle Politique impulsée par le centre.

En revanche, au sein de la nouvelle intelligentsia et des cercles qui gravitent autour d'elle, l'équivalence entre nationalisme et sentiment antimandchou s'impose de façon précoce, dès 1903. C'est cette évolution qui permet à Sun Yat-sen, ennemi déclaré de la dynastie depuis une dizaine d'années, d'opérer à son profit la relative unification du mouvement révolutionnaire avec la création de la Ligue jurée (Tongmenghui) en 1905.

Le choix effectué par les intellectuels chinois de l'antimandchouisme comme idéologie dominante de l'opposition offre à Sun l'occasion tant attendue de s'affirmer comme dirigeant d'envergure nationale. Mais de ce même choix découlent en grande partie les ambiguïtés de la pensée et de l'action révolutionnaires ainsi que les faux succès de 1911-1912. Malgré la constante identification opérée par l'historiographie chinoise entre Sun Yat-sen et la révolution, la question se pose de savoir si l'exploitation du sentiment antimandchou, qui a favorisé la carrière de l'un, n'a pas fourvoyé — ou du moins dévoyé — le premier essor de l'autre.

La Nouvelle Politique de l'empire réformateur

Les bouleversements qui affectent la société chinoise dans les premières années du siècle doivent beaucoup plus à l'initiative d'un pouvoir impérial tardivement réformateur qu'à la propagande et aux tentatives de soulèvements révolutionnaires de Sun Yat-sen. Mais la Nouvelle Politique mise en œuvre par la Cour renforce un activisme social aux orientations politiques d'abord hésitantes et nourrit une opposition multiforme dont une partie se regroupe autour de Sun Yat-sen.

L'édit impérial du 29 janvier 1901 dénonce les maux de la Chine dans des termes qui paraissent empruntés aux réformistes de 1898, préconise l'adoption de modèles étrangers et annonce un programme général de réformes. Dans les années qui suivent, les mesures d'exécution se succèdent à un rythme rapide. La plupart d'entre elles portent la marque du modèle japonais dont elles s'inspirent. Le domaine de l'éducation est l'un des plus profondément affectés. Les académies traditionnelles doivent laisser place à des écoles modernes, organisées sous l'autorité d'un ministère de l'Éducation, et dont les programmes incluent les sciences occidentales. Dès 1902, les étudiants sont encouragés à aller poursuivre leur formation à l'étranger, en particulier au Japon. En 1905, la suppression des examens mandarinaux, qui depuis treize siècles associaient étroitement l'activité intellectuelle (conçue comme l'étude des Classiques) et le service de l'État, change radicalement le statut du lettré dans la société et favorise l'essor d'une intelligentsia moderne.

La réforme de l'armée se développe parallèlement à celle de l'éducation : suppression des examens mandarinaux de recrutement, création d'académies militaires provinciales, formation de jeunes officiers au Japon. La Nouvelle Armée (Xinjun), dont la création est décidée en 1903, doit être dotée d'une organisation et d'un équipement de type occidental et placée sous le contrôle centralisé d'un ministère des Armées. Ces diverses mesures, qu'accompagne l'éveil du nationalisme, contribuent à rehausser le prestige traditionnellement très faible de l'institution militaire. Désormais, le recrutement des officiers peut s'étendre aux fils des notables. Les jeunes officiers de la Nouvelle Armée ont la même origine sociale, ont reçu la même formation à l'étranger, partagent le même idéal politique que les membres de l'intelligentsia naissante. Le fossé culturel qui traditionnellement sépare lettrés et militaires tend ainsi à se combler.

La création en 1903 d'un ministère du Commerce, aux compétences extrêmement étendues, témoigne aussi de la volonté du gouvernement central de prendre la direction de la modernisation économique, d'en définir les objectifs, d'en tracer les voies. Pour se donner les moyens de sa politique, le gouvernement impérial lance également une réforme administrative destinée à préciser et à renforcer le rôle des ministères centraux, une réforme judiciaire s'appuyant sur la rédaction de nouveaux codes civil, commercial, criminel. Il songe à unifier la monnaie, les poids et mesures, à centraliser l'administration fiscale. En 1906, enfin, la Cour impériale annonce sa décision d'adopter, à terme, un gouvernement constitutionnel.

Ce qui distingue cette Nouvelle Politique des tentatives antérieures de modernisation, c'est son caractère étatiste et centralisateur. On sait que la révolution Meiji ou l'expérience bismarckienne, dont cette révolution s'inspira, ne s'accomplirent qu'à travers la création d'un gouvernement fort. Le choix de la Cour impériale en faveur d'une réforme autoritaire, impulsée et contrôlée par le haut, n'a donc rien d'original. Mais c'est un choix tardif, opéré à une époque où le gouvernement de Pékin est très affaibli financièrement et où son autorité a du mal à s'exercer dans les provinces, dès lors qu'il s'agit de changer le *statu quo*. Malgré le soutien que lui apportent certains grands gouverneurs généraux, la réforme se heurte à la résistance feutrée, mais efficace, d'une bureaucratie locale menacée dans ses prérogatives. Pour contourner cette résistance, le gouvernement impérial essaie de s'appuyer directement sur les forces sociales les plus impliquées dans le processus de modernisation et les plus intéressées à son succès. Il cherche à créer dans les provinces les relais nécessaires à son action, en tentant de rallier les anciennes élites et en encourageant la montée de groupes sociaux nouveaux. L'État, qui jusqu'ici a surtout dialogué avec sa propre bureaucratie, éprouve donc la nécessité de s'ouvrir plus largement sur la société.

Cet interventionnisme précipite les évolutions déjà amorcées depuis plusieurs décennies. Nous avons noté le glissement progressif, opéré par les élites locales, de la gestion des œuvres philanthropiques et éducatives traditionnelles vers l'entreprise moderne et vers les projets d'envergure nationale concernant la défense, le développement, la fiscalité. La politisation de la sphère des intérêts communautaires *(gongshi)* s'accélère avec l'introduction des nouvelles institutions mises en place par la réforme. Les écoles modernes, les sociétés d'agriculture, les chambres de commerce créées par décrets impériaux se rattachent moins à la structure bureaucratique officielle qu'à la sphère des activités autonomes gérées par les élites locales. Les nouvelles institutions élargissent le domaine et les moyens d'action de ces élites, ainsi directement associées aux objectifs nationaux de la modernisation.

Des sociétés philanthropiques aux chambres de commerce, des académies traditionnelles aux écoles modernes, les mêmes dirigeants se retrouvent. La transformation du cadre institutionnel n'amène pas de renouvellement dans la classe des gestionnaires locaux, même si certains intellectuels, dotés d'une éducation moderne, se joignent désormais à eux. Les interférences se multiplient donc entre préoccupations locales et nationales et, sous l'influence d'une ferveur nationaliste partagée par l'ensemble des élites, la sphère des intérêts communautaires devient le lieu privilégié d'une mobilisation politique de la société [1].

A ses débuts, c'est-à-dire pendant la période 1901-1905, cette mobilisation ne s'est pas faite systématiquement contre la dynastie impériale dont les objectifs proclamés sont généralement acceptés, même si certaines mesures, comme la suppression

---

1. Les relations entre la sphère des intérêts communautaires et le domaine de la bureaucratie étatique représentent une question controversée. De nombreux historiens de la Chine moderne considèrent que l'essor de la sphère des intérêts communautaires dans la seconde moitié du XIXe siècle a coïncidé avec le dépérissement de l'appareil bureaucratique et que les institutions établies par les élites locales ont comblé le vide créé par le déclin ou le retrait des structures étatiques. La période de la Nouvelle Politique (1901-1911) est au contraire marquée par une expansion simultanée des initiatives des élites locales et du rôle de l'État. Une telle constatation tendrait donc à nous ramener à l'analyse que Jürgen HABERMAS donne de l'évolution européenne au XVIIIe siècle, caractérisée par l'expansion simultanée de la sphère des intérêts communautaires et de l'appareil d'État. L'empire réformateur, cependant, n'a pas pu faire appliquer la plupart des réformes qu'il a décrétées. La Nouvelle Politique révèle des ambitions interventionnistes plus qu'elle ne les réalise. A cet égard, c'est sans doute l'analyse de Philippe ARIÈS qui pourrait se révéler la plus pertinente pour éclairer l'évolution chinoise. Pour Ariès, en effet, la « sphère publique » prend son essor en Europe, à l'aube des temps modernes, à une époque où l'État revendique une juridiction toujours plus large, sans avoir les moyens institutionnels de l'exercer. *Cf.* Philippe ARIÈS, « Introduction » *in* Philippe ARIÈS et Georges DUBY (éd.), *Histoire de la vie privée*, vol. III, *Passions de la Renaissance*.

Sur les débats et les problèmes soulevés par l'application au cas chinois des analyses de Jürgen HABERMAS sur la sphère publique, *cf.* William T. ROWE, « The Public Sphere in Modern China », *Modern China*, vol. XVI, n° 3 (juillet 1990), pp. 309-329.

des examens mandarinaux, soulèvent des résistances passagères. Mais il est clair aussi que les gestionnaires locaux, agissant dans le sens voulu par Pékin, n'en refusent pas moins tout contrôle ou même toute cooptation par le gouvernement central. Partisans d'une politique de modernisation, ils veulent mener celle-ci sur la base d'une concertation avec le pouvoir et non en obéissance à ses ordres. Ainsi la réforme met-elle en jeu la structure du système politique et les rapports entre l'État et la société, ou du moins les élites sociales parmi lesquelles se recrutent alors les activistes. C'est de la désaffection et de l'hostilité grandissante de ces élites à l'égard du pouvoir central, dénoncé comme pouvoir mandchou, que sortira la révolution de 1911.

L'extrême rapidité d'une évolution qui, en un peu plus d'une décennie, porte les élites traditionnelles d'un activisme social apolitique à un défi lancé contre le gouvernement impérial s'explique en grande partie par l'influence de nouveaux groupes sociaux. Ces groupes prennent leur essor avec la politique des réformes, mais ils demeurent généralement des ennemis en puissance du régime établi et exercent une influence déterminante sur l'opinion publique.

La bourgeoisie d'affaires naît, dans les ports ouverts, de la fusion d'éléments divers : négociants engagés dans les opérations du commerce extérieur, banquiers, industriels, compradores, sans oublier les marchands d'outre-mer qui investissent en Chine, soit spontanément soit à la demande du pouvoir impérial désireux de mettre à profit leurs richesses et leur savoir-faire. A partir de 1904, cette nouvelle bourgeoisie se rassemble dans les chambres de commerce qui viennent d'être créées par le gouvernement. Elle se distingue de l'ancienne classe marchande par son ouverture sur le monde contemporain, son aptitude à innover et à s'enrichir en innovant, sa capacité de mettre la tradition au service d'objectifs inédits. Dans les ports ouverts, cependant, son initiation au monde moderne se poursuit souvent dans la dépendance et l'humiliation. Le nationalisme de la bourgeoisie naissante s'exprime dès 1905 avec l'organisation du premier grand boycottage anti-étranger, dirigé contre les États-Unis et contre leur politique discriminatoire d'immigration. Mais le ressentiment à l'égard des étrangers ne demande qu'à se transformer en hostilité contre un pouvoir jugé incapable de défendre les intérêts économiques et généraux du pays.

Les officiers des armées modernes et les étudiants des nouvelles écoles forment des groupes très minoritaires : les effectifs des nouvelles écoles (tous degrés compris) sont évalués à 100000 en 1905, et le nombre des officiers en formation ne dépasse pas 1500 en 1906; celui des aspirants, 3500. Leur importance vient du rôle qu'ils vont jouer, les uns et les autres, dans l'introduction en Chine d'idées nouvelles autour desquelles vont se cristalliser des oppositions multiformes. Officiers et étudiants sont souvent des fils de notables locaux, qui échappent à leur classe d'origine, la gentry, par la nature de leurs activités et de leurs préoccupations, tout en conservant avec elle de multiples liens de solidarité : combien de jeunes opposants menacés par la police impériale n'ont-ils pas été sauvés par l'intervention de leur famille! Les officiers sont souvent d'anciens étudiants qui «ont jeté la plume pour prendre l'épée», dans le désir de mieux servir leur pays. La réforme de l'armée facilite leur choix. L'opinion publique les encourage. Chargés de la défense du pays, ils se sentent investis de responsabilités particulières. Mais comme ils sont généralement placés sous le commandement d'anciens cadres, âgés et corrompus, qui ne partagent pas leurs préoccupations, ils se trouvent frustrés aussi bien dans l'exercice de leur profession que dans leurs aspirations patriotiques.

Ce sentiment de frustration est aussi celui de nombreux étudiants. Le gouvernement s'est bien soucié de faire place dans l'administration à ceux qui ont étudié à l'étranger : des examens spéciaux ont été organisés pour leur conférer les équivalences et les titres nécessaires. Mais, avec le gonflement des effectifs, le processus d'intégration de ces jeunes gens à la société traditionnelle devient plus difficile. La formation qu'ils ont reçue les a souvent éloignés des valeurs confucéennes, les a dégagés du réseau d'obligations qui pesaient sur les anciens lettrés. Chez beaucoup, le sens des responsabilités s'est ainsi émoussé. Chez les meilleurs, il s'exerce en fonction non plus des réalités chinoises mais d'un avenir national imaginé sous les couleurs les plus brillantes, donnant ainsi naissance au radicalisme révolutionnaire.

Naissance du radicalisme révolutionnaire

Le radicalisme révolutionnaire, qui mobilise une fraction importante de l'intelligentsia moderne et qui servira de lien entre l'opposition des élites locales et celle des rebelles professionnels, trouve sa principale source dans les milieux émigrés de Tokyo.

Les étudiants chinois du Japon

L'afflux des étudiants chinois au Japon au début du siècle (ils sont 500 en 1902, 13 000 en 1906) est l'une des conséquences de la Nouvelle Politique qui encourage la formation des élites modernes à l'étranger. Cet afflux répond, par ailleurs, à l'admiration que suscitent chez les jeunes Chinois le patriotisme, l'esprit de cohésion nationale, les succès politiques et diplomatiques de leurs voisins. La plupart des candidats au départ bénéficient de bourses, généralement accordées par les autorités provinciales, parfois par le gouvernement central. Certains aussi vont étudier aux frais de leur famille.

Arrivés à Tokyo, ils sont pris en charge par les associations de leur province d'origine, dont les plus actives sont celles des provinces du Centre-Sud, Hunan, Jiangsu, Zhejiang, Guangdong. Ces associations fournissent à leurs membres un soutien moral et psychologique. Elles servent aussi de cadre à leurs premiers engagements politiques. Les revues éphémères qu'elles publient — *Le Cercle des Étudiants du Hubei (Hubei xueshengjie)*, *La Vague du Zhejiang (Zhejiang chao)*, *Le Jiangsu (Jiangsu)*, *Le Nouveau Hunan (Xin Hunan)*, etc. — expriment, à travers la solidarité provinciale, les débuts d'une prise de conscience nationale. « L'amour de la patrie doit commencer avec l'amour de la province », proclame *Le Cercle des Étudiants du Hubei* dans son premier numéro.

Le maître à penser de ces jeunes gens est Liang Qichao. Dans *La Revue du peuple nouveau (Xinmin congbao)* qu'il vient de créer, Liang ne se contente plus de l'interprétation radicale de la tradition donnée par Kang Youwei. Débordant largement les thèmes réformistes de 1898, il s'ouvre à des préoccupations nouvelles, s'intéresse à l'histoire et à la philosophie occidentales, devient un admirateur de Darwin et de Descartes. Il appelle les Chinois à se libérer de leur passé et compare la Chine au « navire quittant la rive ». Il dénonce le déclin des institutions chinoises, la misère du peuple, la corruption des fonctionnaires et, par-dessus tout, la politique agressive des puissances. Journaliste et essayiste intarissable, son style clair, brillant, passionné plaît aux étudiants. Ceux-ci dans leurs publications font écho aux principaux thèmes développés par *La Revue du peuple nouveau* et reprennent les attaques de Liang Qichao contre l'impérialisme, y compris l'impérialisme économique.

En 1903, il suffit d'un incident diplomatique — le refus de la Russie d'évacuer sans contrepartie la Mandchourie méridionale occupée pendant la crise des Boxeurs — pour que le radicalisme étudiant se cristallise. Dans le quartier universitaire de Kanda, à Tokyo, le foyer des étudiants chinois sert de lieu de rencontre à tous les jeunes patriotes. Les affiliations provinciales se fondent dans l'aspiration nationale. Les forces se joignent afin de créer le Corps de volontaires pour résister à la Russie. Cette crise offre l'occasion d'un premier rôle public à des dirigeants étudiants, parmi lesquels Huang Xing (1874-1916), qui deviendra l'un des principaux chefs du mouvement révolutionnaire allié et, plus tard, rival de Sun Yat-sen.

Les autorités chinoises, qui ont résolu par leurs propres moyens la crise diplomatique, s'inquiètent du développement de cette agitation étudiante. A leur demande, le gouvernement japonais fait dissoudre le Corps de volontaires... immédiatement remplacé par une Association d'Éducation du peuple en armes, qui déclare vouloir promouvoir le patriotisme et la formation militaire des citoyens, mais se tourne en fait vers la violence et le terrorisme.

La période 1903-1905 est en effet caractérisée par une double évolution du radicalisme étudiant : d'une part, le passage à l'action directe en Chine même où les anciens militants de Tokyo vont repartir animer de multiples groupes révolutionnaires ; d'autre part, la transformation du nationalisme anti-impérialiste en nationalisme antimandchou. Cette concomitance suggère que, confrontés aux exigences de l'action révolutionnaire, les jeunes intellectuels n'ont eu d'autre choix que celui opéré par Sun Yat-sen quelques années auparavant, c'est-à-dire la conclusion d'alliances avec les sociétés secrètes sur la base d'un programme commun antimandchou.

L'histoire des groupes révolutionnaires vérifie en partie cette interprétation. Elle témoigne des efforts accomplis pour mobiliser la force de frappe des sociétés secrètes. Comme celui de Sun Yat-sen, le nationalisme antimandchou des étudiants découle d'une stratégie de mobilisation appliquée à une société traditionnelle. Cet argument d'opportunité, cependant, n'est pas entièrement satisfaisant, car la période 1903-1905 voit la publication de nombreux pamphlets antimandchous remarquables, les uns par leur simple véhémence, les autres — et en particulier ceux de Zhang Binglin — par les dimensions théoriques qu'ils essaient de conférer au sentiment antidynastique : le nationalisme antimandchou ne fait désormais plus seulement figure de recours (ou de détour) historique ; il entre dans l'histoire de la pensée de la Chine moderne.

La floraison des groupes révolutionnaires en Chine et le développement de l'axe Tokyo-Shanghai

Cette floraison, qui est liée au retour d'étudiants chinois du Japon, se traduit par la création d'environ une douzaine d'associations dont la plupart n'auront qu'une existence éphémère d'une année ou deux. Concentrés dans la région du Yangzi, ces groupes révolutionnaires s'établissent dans les grandes villes, plus particulièrement à Shanghai où la présence de concessions étrangères permet de déjouer plus facilement la surveillance de la police impériale et où la liaison se fait entre les jeunes radicaux formés à l'étranger et les étudiants et intellectuels locaux.

Bien que ces groupes maintiennent des contacts entre eux, ils ne réussissent guère à coordonner leurs activités, limitées en général au cadre provincial. Il s'agit d'entreprises violentes mais le plus souvent avortées : projets d'assassinats politiques, de soulèvements armés. La répression policière est efficace et ces jeunes radicaux, nonobstant leur ardeur, ne sont pas des hommes de terrain. C'est pourquoi ils cherchent des alliés du côté des sociétés secrètes, mais sans grand succès. Certains groupes cependant prennent plus d'importance, comme la Société pour le Renouveau de la Chine (Huaxinghui), fondée au Hunan en décembre 1903 par Huang Xing, ou bien la Société de la Restauration (Guangfuhui), créée à Shanghai en 1904.

La Société pour le Renouveau de la Chine recrute ses premiers adhérents parmi les étudiants rentrés de Tokyo. Pour étendre son influence dans le peuple, elle établit des organisations relais chargées de nouer des contacts avec la Société des Frères aînés et avec les militaires. On espère qu'ainsi seront évités les malentendus qui pourraient naître d'une rencontre directe entre les jeunes intellectuels et les masses ignorantes ! La Société pour le Renouveau de la Chine remporte un relatif succès auprès des cadets de l'Académie militaire de Wuchang, capitale de la province du Hubei. Elle n'a d'autre programme que le renversement de la dynastie, d'autre stratégie qu'un soulèvement armé prévu à Changsha (Hunan) à l'automne 1904, et dont l'avortement contraint Huang Xing à se réfugier à Shanghai, puis à s'exiler au Japon.

Shanghai, cependant, forte de ses nombreuses institutions d'éducation modernes, antérieures pour la plupart à la Nouvelle Politique, n'a pas attendu le retour des étudiants de Tokyo pour se constituer en foyer de radicalisme. En 1902 se fonde l'Association chinoise d'Éducation moderne (Zhongguo jiaoyuhui) dont les animateurs sont Cai Yuanpei (1867-1940), grand lettré traditionnel, profondément déçu par l'échec réformiste de 1898, et Zhang Binglin (1869-1936), qui s'affirmera bientôt comme le maître à penser de la première génération révolutionnaire chinoise. L'association a pour objectif déclaré de traduire des manuels d'enseignement japonais. En fait, c'est une organisation subversive qui soutient les grèves étudiantes et patronne une École patriotique (Aiguo xueshe) destinée à former des militants révolutionnaires. Ses méthodes d'action s'inspirent parfois de celles adoptées par les étudiants de Tokyo, avec lesquels l'association est en contact : envoi de télégrammes de protestation, formation de corps de volontaires. Dans l'ensemble, cependant, priorité est donnée à l'écrit et à la propagande.

Engendré par le va-et-vient des idées et des hommes, cet axe Tokyo-Shanghai trouve une expression politique plus concrète avec la fondation, en 1904, à Shanghai, de la Société de la Restauration. Ses responsables, d'anciens étudiants chinois du Japon, cherchent à intensifier la mobilisation révolutionnaire dans la région du bas Yangzi. L'avortement du soulèvement projeté à Changsha par Huang Xing (auquel la Société de la Restauration s'était associée) met fin aux activités shanghaiennes du groupe. Mais la société survit jusqu'en 1912 au Zhejiang où elle fonde des écoles, infiltre les sociétés secrètes, organise des attentats et collabore de façon intermittente avec Sun Yat-sen.

Toute cette agitation n'aboutit donc pas à des résultats bien concrets. Elle n'en jette pas moins les bases d'un mouvement révolutionnaire qui, à partir de Wuhan [1], rayonne dans tout le bassin du Yangzi. Les groupuscules de 1903-1904 ouvrent la voie aux multiples sociétés, clubs, associations qui déclencheront les insurrections victorieuses de l'automne 1911. Dans les deux cas s'imposent la même stratégie diversifiée, le même éparpillement géographique et social d'organisations spécifiques, poursuivant des actions autonomes et unies seulement par leur objectif commun.

Les groupuscules de 1903-1904 jouent également un rôle important dans l'affaiblissement, à terme, du pouvoir impérial, en favorisant le passage des gestionnaires locaux à l'opposition politique et dynastique. Le basculement opéré par ces gestionnaires, d'une collaboration ambiguë à la Nouvelle Politique vers une opposition déterminée au gouvernement central, reflète en effet l'évolution d'une opinion publique de plus en plus réceptive à la propagande révolutionnaire dont les intellectuels radicaux ont fait leur arme principale.

L'âge d'or des pamphlétaires

Contrairement aux mouvements de rébellion conduits précédemment par Sun Yat-sen, la floraison des groupes radicaux s'accompagne de la production d'une abondante littérature politique. La critique de la dynastie devient vite un des thèmes essentiels de cette littérature. L'opposition antimandchoue, jusque-là domaine réservé des sociétés secrètes et de certains cercles de lettrés tournés vers le passé, tend alors à se constituer en doctrine politique. Les étudiants commencent par associer l'hostilité contre l'impérialisme (cause principale de leur première mobilisation) à la critique d'une dynastie impuissante à protéger le pays de l'impérialisme. Mais bien vite la logique d'une telle démarche est submergée par la montée d'une haine simplement raciale.

Souvent rédigés par de très jeunes gens, les pamphlets antimandchous les plus célèbres sont des écrits lyriques qui font

1. On désigne sous ce nom la conurbation qui regroupe sur le moyen Yangzi Wuchang, la capitale provinciale de Hubei, Hanyang, la cité industrielle et Hankou, le grand port fluvial, ouvert au commerce international.

avant tout appel à la passion. L'antimandchouisme, cependant, trouve son théoricien avec un lettré de grand talent, Zhang Binglin. Et un certain nombre d'« affaires », dont la plus connue est celle du *Subao (Le Journal du Jiangsu)* en 1903, vont donner un retentissement national et même international aux œuvres de ces publicistes, en particulier à celles de Zou Rong et de Zhang Binglin, surnommés par leurs contemporains les « Mazzini de la Chine ».

Après le mouvement de Résistance à la Russie de 1903, la presse étudiante de Tokyo, dont nous avons évoqué plus haut les titres provinciaux, affiche des ambitions nationales. C'est ainsi que *Le Cercle des Étudiants du Hubei* devient *La Voix de la Chine (Han sheng)*. Cette presse fait alors une part croissante aux problèmes de l'impérialisme, rejetant de plus en plus ouvertement sur la dynastie mandchoue la responsabilité de la faiblesse chinoise. Ces thèmes sont aussi ceux que l'on retrouve dans la centaine de publications révolutionnaires, souvent très éphémères, paraissant à Shanghai entre 1904 et 1905. Deux pamphlétaires célèbres, Chen Tianhua et Zou Rong, vont faire évoluer ce nationalisme en réorientant contre la dynastie l'hostilité dirigée jusque-là contre les Occidentaux.

Originaire du Hunan, Chen Tianhua (1875-1905) prend une part active au mouvement de Résistance contre la Russie. A la fin de l'année, il retourne en Chine participer avec Huang Xing à la création de la Société pour le Renouveau. C'est alors qu'il publie deux textes, immédiatement couronnés d'un grand succès, *Réveil brutal (Meng huitou)* et *Tocsin pour alerter notre époque (Jingshi zhong)*. Le ton en est véhément, la logique claire. Obsédé par la menace que font peser les étrangers sur la « race jaune » (assimilée ici à la Chine), Chen Tianhua appelle ses compatriotes à la résistance : « Un chien acculé contre un mur se retournera toujours pour mordre. Et nous autres, 400 millions de Chinois, nous ne vaudrions pas un chien ? [...] Tuez ! Tuez ! Tuez ! Levez-vous en masse. Tuez les démons étrangers. [...] Si les Mandchous aident les étrangers à nous massacrer, alors tuez d'abord tous les Mandchous [1]. »

1. *Jingshi zhong* (Tocsin pour alerter notre époque), cité ici d'après Ernest YOUNG, « Ch'en T'ien-hua (1875-1905) : A Chinese Nationalist », *Papers on China*, vol. XIII, Center for East Asian Studies, Harvard University, Cambridge, Mass., 1959, pp. 120-121.

Deux ans plus tard, à Tokyo, en décembre 1905, Chen Tianhua se suicidera au cours d'un conflit opposant les étudiants chinois aux autorités japonaises, afin de sauver l'honneur de ses compatriotes accusés par la presse locale d'être « changeants et dépourvus de volonté ».

Plus enflammé encore apparaît le style de Zou Rong (1885-1905), un jeune étudiant chinois qui en 1903, après un bref passage à Tokyo, fait paraître à Shanghai *L'Armée révolutionnaire (Gemingjun)*. L'auteur n'y dénonce pas seulement la faiblesse des Mandchous face à l'agression étrangère, mais aussi et surtout leur politique discriminatoire à l'égard des Chinois, et leur corruption intrinsèque. Il se dresse contre les « barbares », les « voleurs », traite l'impératrice douairière Cixi de prostituée, interpelle l'empereur par son nom personnel (ce qui constitue un crime de lèse-majesté). Il exalte les révolutions d'Occident qui ont « éliminé la barbarie et établi la civilisation ». C'est le cri du cœur d'un garçon de dix-huit ans, élevé dans sa province et qui vient tout juste de rencontrer le monde moderne à Shanghai et à Tokyo. N'y cherchons pas d'analyses pénétrantes. Admirons seulement l'enthousiasme juvénile, l'ouverture au changement, la passion pour les idées nouvelles, le style clair et vigoureux, proche de la langue parlée. Et laissons-nous porter par ses incantations : « Révolution ! Révolution ! Si nous réussissons, nous vivrons. Sinon nous mourrons [1]... » Exclamation tristement prophétique, puisque, deux ans plus tard, Zou Rong meurt dans la prison de Shanghai où son pamphlet lui a valu d'être enfermé.

La jeunesse de ces deux pamphlétaires, la générosité de leurs élans, la tragédie de leur destinée ont fait d'eux des figures emblématiques de la révolution chinoise à ses débuts. Mais s'ils jouent un rôle essentiel dans la montée du sentiment antimandchou, c'est à un véritable lettré qu'il revient de faire la théorie de l'antimandchouisme et de transformer l'opposition dynastique en idéologie.

1. TSOU Jung (ZOU Rong), *The Revolutionary Army. A Chinese Nationalist Tract of 1903*, introduction, traduction et notes de John Lust, Paris-La Haye, Mouton, 1968, p. 60.

La théorisation de l'antimandchouisme

Zhang Binglin (1869-1936) est un grand lettré, né au sein d'une famille riche et cultivée du Zhejiang, dans laquelle s'est conservée la tradition des loyalistes Ming. Pendant sept ans, le jeune homme s'est formé dans une célèbre académie de Hangzhou où il acquiert une solide connaissance des Classiques confucéens et s'intéresse également aux courants de pensée anciens *(zhuzi)* qui se sont épanouis en Chine avant la fondation de l'empire, du VIe au IIIe siècle avant J.-C. Il s'ouvre à certaines influences occidentales et s'initie aux aspects les plus hautement métaphysiques du bouddhisme, tels que les a développés l'école du Mahayana. La crise nationale qui éclate en 1895 incite Zhang Binglin à abandonner sa carrière de chercheur et d'érudit pour embrasser le parti de la réforme et le journalisme. Après l'échec des Cent Jours, en 1898, il cherche refuge à Taiwan, puis au Japon où il rencontre Sun Yatsen, mais collabore avec Liang Qichao.

La catastrophe des Boxeurs détermine le passage de Zhang Binglin à l'opposition antidynastique. Dans l'édition révisée, en 1902, de son recueil d'essais *Avis urgent (Qiushu)* et dans sa *Réponse à Kang Youwei au sujet de la révolution (Bo Kang Youwei lun gemingshu)*, Zhang accuse les Mandchous d'avoir précipité le déclin de la Chine : non seulement ils n'ont pas défendu le pays contre les agresseurs occidentaux, mais encore ils ont travaillé constamment depuis plus de deux siècles à obscurcir la conscience culturelle et historique des Chinois.

La théorie de Zhang Binglin sur la révolution (ou restauration) nationale *(minzu guangfu*[1]*)* s'appuie pour une part sur les vues du philosophe Wang Fuzhi (1619-1692), un loyaliste Ming très en vogue dans les années 1890. Protestant contre l'établissement de la dynastie barbare des Mandchous, Wang Fuzhi a donné de la Chine une définition essentiellement ethnique,

1. Le terme *minzu* est un néologisme japonais qui entre dans le vocabulaire politique chinois au lendemain du mouvement réformiste de 1898. Le terme est ambigu, se référant à la nation mais avec une forte connotation raciale ou ethnique. Chez ZHANG Binglin, il désigne la nation au sens de groupe humain dont l'identité collective se fonde à la fois sur les liens du sang, l'histoire et les coutumes.

fondée sur l'existence d'une communauté raciale, issue du mythique Empereur jaune. Zhang Binglin reprend ce concept de race. Mais, sous l'influence des sciences sociales occidentales et en particulier de Herbert Spencer et d'Auguste Comte, il lui confère une signification plus large : non seulement biologique, mais aussi — et surtout — culturelle. Il souligne l'importance du processus historique dans la formation de la nation. A ses yeux, l'histoire est l'âme même d'une nation : en falsifiant et en occultant le passé, le régime mandchou a privé les Chinois de leur mémoire collective et donc de leur conscience nationale. Pour renverser cette oppression, il faut retrouver les sources de la culture chinoise en revitalisant l'historiographie (ce sera l'objet du Mouvement pour la Préservation de l'essence nationale, qui se développera à partir de 1905) et, sur un plan politique plus immédiat, il faut chasser la dynastie mandchoue.

En dépit de l'accent mis sur les facteurs culturels, Zhang Binglin méprise aussi les Mandchous comme une race barbare, inférieure. « La culture », en effet, « a ses origines ethniques ». En Chine, elle trouve sa source dans le peuple Han. Et loin de s'être assimilés aux Han, d'avoir adopté leur civilisation, les Mandchous n'ont cessé de pratiquer à leur égard une politique discriminatoire : « Ils n'ont pas épousé la Chine, ils l'ont violée. »

Si Zhang Binglin est le grand théoricien du nationalisme anti-mandchou, il n'en est pas pour autant un révolutionnaire en chambre. En avril 1902, à Tokyo, il participe à l'organisation d'une réunion au cours de laquelle doit être célébrée la mémoire du dernier empereur Ming : « Nous nous rassemblerons en larmes pour commémorer la chute de la Chine », écrit Zhang dans son adresse inaugurale, assimilant ainsi la chute de la dynastie et celle de la nation. L'année suivante, il se trouve directement impliqué dans l'affaire du *Subao*. Celle-ci éclate à Shanghai où le journal, publié dans la Concession internationale, est devenu l'organe des radicaux. Zhang Binglin est l'un de ses principaux collaborateurs et en profite pour multiplier les diatribes contre le gouvernement impérial et faire connaître le pamphlet de Zou Rong, *L'Armée révolutionnaire*. Par-delà les différences de génération et de formation, les deux hommes communient dans la même ferveur patriotique anti-mandchoue, et Zhang Binglin a accepté de préfacer l'œuvre de son cadet. Soutenus par leur foi politique, ils affronteront ensemble l'épreuve de la prison.

Les autorités chinoises, en effet, réclament les fauteurs de troubles. Le conseil municipal de la Concession internationale refuse de les extrader, donnant ainsi au statut extraterritorial de la concession une interprétation très abusive, violemment contestée par les fonctionnaires impériaux. Jugés par la cour mixte (sous autorité étrangère), les deux polémistes s'en tirent avec des peines d'emprisonnement de deux et trois ans.

La notoriété de Zhang Binglin, la jeunesse et le martyre de Zou Rong (qui meurt dans sa prison en avril 1905), le long débat de procédure qui oppose l'administration de la Concession internationale aux fonctionnaires impériaux, les enjeux politiques et diplomatiques de ce débat, tout concourt au retentissement de l'affaire aussi bien dans les provinces chinoises qu'à Shanghai ou à Tokyo et dans les cercles de résidents étrangers. Les radicaux ne pouvaient espérer meilleure publicité pour leur propagande antimandchoue. Le pamphlet de Zou Rong est traduit dans la presse étrangère ; il est publié à Tokyo et à Hong Kong et, d'après le témoignage de Feng Ziyou, son tirage aurait atteint plus d'un million d'exemplaires. Lorsqu'il quitte sa prison, en juin 1906, Zhang Binglin est acclamé comme un héros par la foule qui attend sa sortie. Par la vaste diffusion qu'elle assure aux idées radicales, par la gloire dont elle auréole Zou Rong et Zhang Binglin, l'affaire du *Subao* apparaît comme l'un des événements fondateurs du mouvement révolutionnaire. L'historiographie communiste chinoise, après l'avoir longtemps occultée ou minimisée, semble lui rendre maintenant sa véritable importance. Celle-ci tient, en particulier, au rôle que joue cet épisode dans l'identification par les fonctionnaires impériaux comme par l'opinion publique d'un courant révolutionnaire distinct du mouvement réformiste.

Cependant, la répression, à laquelle l'affaire du *Subao* ouvre la voie, gêne le développement des activités radicales à Shanghai et dans les provinces du Yangzi. Au début de 1905, après l'échec du projet de soulèvement à Changsha, alors que Huang Xing est en fuite et Zhang Binglin en prison, les chances du projet révolutionnaire semblent d'autant plus compromises que l'empire réformateur fait preuve d'une certaine vigueur et que sa Nouvelle Politique est en train d'acquérir de la crédibilité.

Liang Qichao lui-même, qui à bien des égards peut être

considéré comme l'inventeur du radicalisme étudiant, rejette les méthodes violentes et la lutte antimandchoue qu'il a prônées avec tant de succès dans *La Revue du peuple nouveau*. Effrayé par le tour qu'a pris l'agitation étudiante à Tokyo, retenu par les liens qui l'attachent à son maître Kang Youwei et convaincu surtout que tout désordre intérieur ne pourrait qu'offrir aux puissances étrangères de nouvelles occasions d'ingérence et d'agression, Liang Qichao se rallie au projet de monarchie constitutionnelle et de transformation progressive. Quelques années plus tard, il acceptera même de collaborer avec l'empire réformateur.

Cet exemple a dû faire réfléchir bien des radicaux, parmi lesquels Chen Tianhua, dont les vigoureux pamphlets ont soulevé l'ardeur étudiante en 1903-1904, et qui est bien près de suivre Liang sur la voie du ralliement en 1905. Réfugié à Tokyo en janvier, il projette, en effet, de se rendre à Pékin pour soumettre aux autorités impériales une pétition qu'il vient de rédiger. Chen y donne priorité à la lutte anti-impérialiste sur l'opposition antidynastique : on pardonnera aux Mandchous leur appartenance à une race étrangère, s'ils se montrent bons « patriotes ». L'apostasie de Chen Tianhua est évitée de justesse, grâce à l'intervention de Huang Xing et d'autres radicaux hunanais. Il n'en demeure pas moins que les échecs multiples, les frustrations nées de l'impatience, de l'inorganisation et des divisions découragent les étudiants radicaux. Beaucoup n'aperçoivent plus d'autre issue que celle de l'héroïsme et du sacrifice individuels ; la morale politique traditionnelle, qui confère au martyre le pouvoir de discréditer les autorités et de mobiliser les consciences contre elles, fraie la voie aux influences nihilistes puis anarchistes. A partir de 1903-1904, le terrorisme individuel devient pour certains étudiants radicaux l'arme par excellence d'une « révolution conçue comme l'âge des assassinats [1] ».

Pour ceux qui rejettent ces moyens extrêmes, la solution va venir du rapprochement avec Sun Yat-sen qui, à l'écart des agitations de Tokyo et de Shanghai, a travaillé à confirmer son image d'homme de terrain, capable de captiver les esprits, de mobiliser les ressources, d'organiser l'action.

---

1. Cité par Yves CHEVRIER, « Des réponses à la révolution », *in* Marie-Claire BERGÈRE, *et alii* (éd.), *La Chine au XXe siècle*, vol. 1, *D'une révolution à l'autre 1895-1949*, Paris, Fayard, 1989, chap. III, p. 112.

SUN YAT-SEN À LA RECHERCHE D'AIDES EXTÉRIEURES (1903-1905)

Sun Yat-sen apparaît très peu mêlé aux événements qui enfièvrent les cercles patriotiques de Tokyo et des provinces du Yangzi en ce début de siècle. De 1900 à 1902, il vit à Yokohama parmi les marchands chinois, loin de l'agitation étudiante de la capitale. A partir de 1903, il voyage à l'étranger, à l'exception d'un bref retour au Japon de juin à septembre 1903. Au moment de la grande mobilisation contre les empiétements russes, Sun Yat-sen est à Hanoi, où il réside de décembre 1902 à mai 1903. Pendant que se déroule l'affaire du *Subao*, il séjourne à Hawaii (de septembre 1903 à mars 1904). Il passe la fin de l'année 1904 aux États-Unis, d'où il se rend en Europe au début de l'année suivante. C'est seulement en juillet 1905 qu'il regagne le Japon.

Cet éloignement s'explique par les préjugés que les intellectuels continuent de nourrir à l'égard de Sun, tout comme par la méfiance qu'eux-mêmes lui inspirent. D'après le témoignage de Zhang Binglin, « les étudiants chinois du Japon le considéraient [Sun] comme un hors-la-loi sans culture, de caractère difficile, et ils ne le fréquentaient guère [1] ». En Europe, en 1905, certains des étudiants qu'il tente de mobiliser le dénoncent à la légation chinoise de Paris. Ils veulent bien faire la révolution, mais sans avoir la honte de s'allier aux Triades et à la Société des Frères aînés, car, disent-ils, « sommes-nous des étudiants ou des bandits [2] ? ». Quant à Sun Yat-sen, cette trahison ne peut que confirmer la défiance qu'a fait naître en lui, quelques années plus tôt, la volte-face de Liang Qichao.

On connaît peu de chose sur les activités de Sun Yat-sen à Yokohama de 1900 à 1902. Partage-t-il le découragement que l'échec de Huizhou inspire à son vieux camarade, Miyazaki Torazô ? Celui-ci, pour un temps, s'adonne à la boisson, se fait baladin, parcourt le Japon en chantant des poèmes... et rédige ses Mémoires, intitulés *Un rêve de trente-trois ans (Sanjû-sannen*

1. Cité d'après HSÜEH Chün-tu, *Huang Hsing and the Chinese Revolution*, Stanford, Stanford University Press, 1961, p. 35.
2. Cité par SCHIFFRIN, *Sun Yat-sen*, p. 353.

no yume). A la fin de 1902, Sun Yat-sen se lance de nouveau dans l'action. Sa stratégie n'a pas changé. Dédaignant les nouvelles forces qui s'affirment avec la naissance du radicalisme intellectuel et la multiplication des groupuscules révolutionnaires, il met toujours ses espoirs dans la mobilisation des communautés chinoises d'outre-mer, l'aide des puissances étrangères, l'appui des sociétés secrètes. Son objectif semble être de reconstruire cette fragile coalition qui lui a permis de lancer le soulèvement de Huizhou, afin de préparer d'autres insurrections aux frontières méridionales de la Chine.

Mais sur le terrain de l'opposition politique, Sun Yat-sen a désormais de nombreux concurrents. Dans les provinces du Yangzi, les groupuscules radicaux multiplient leurs contacts avec les sociétés secrètes locales, faisant obstacle à la liaison que Sun avait essayé d'établir avec elles au début de 1900. Parmi les communautés émigrées, où se recrutent les principaux bailleurs de fonds, Sun Yat-sen se heurte à l'influence des réformistes et à la popularité de Kang Youwei et de son Parti de la Protection de l'empereur. En revanche, la recherche de soutiens auprès des gouvernements étrangers, que Sun continue de solliciter, apparaît comme une démarche originale et atypique dans une période dominée, aussi bien chez les réformistes que chez les radicaux, par une intense mobilisation anti-impérialiste.

La « French connection »

Les six mois que Sun Yat-sen passe à Hanoi, de décembre 1902 à mai 1903, jettent les bases d'une coopération avec certains éléments des milieux politiques, diplomatiques et militaires français, qui s'épanouira à partir de 1905 et surtout de 1907. Sun a déjà recherché et, dans une certaine mesure, obtenu l'aide de puissances telles que la Grande-Bretagne et le Japon. Pourquoi à partir de 1902 se tourne-t-il vers la France ?

Cette nouvelle orientation tient d'abord aux changements de la politique japonaise elle-même qui cesse d'accorder priorité à la révolution chinoise. Depuis 1895, en effet, le statut international du Japon s'est transformé. Le Japon est désormais une grande puissance, partie prenante au jeu diplomatique international. Son alliance avec la Grande-Bretagne en 1902 lui confère un prestige et une respectabilité qui seront encore rehaussés par sa victoire sur la Russie en 1905.

Dans ces conditions, la collaboration, même indirecte, avec des aventuriers comme Sun Yat-sen ne semble plus aussi souhaitable. Les dirigeants Meiji préfèrent soutenir l'empire réformateur qui les prend ouvertement comme modèles. A partir de 1901, ils envoient des conseillers au gouvernement de Pékin et obtiennent de ce gouvernement de nombreuses concessions. De plus en plus, leurs intérêts coïncident avec la préservation de l'ordre établi en Chine. Les aventuriers patriotes, qui quelques années plus tôt rêvaient de révolution chinoise pour mieux promouvoir le panasiatisme et l'expansion japonaise, se soucient désormais d'arrêter les progrès de la Russie en Mandchourie et en Chine du Nord. Créée en 1901, la Société du Dragon noir, désignée d'après le nom chinois du fleuve Amour, met l'accent sur le renouveau culturel de l'Asie et pousse à la guerre contre la Russie. Avec l'accord de certains chefs militaires, les aventuriers japonais songent maintenant à développer l'agitation dans la région d'Irkoutsk et du lac Baïkal, afin d'entraver le fonctionnement du Transsibérien et d'affaiblir ses capacités logistiques. Sun Yat-sen a cessé d'être le héros, le champion qu'il importe d'aider. Et si ses amis les plus proches, tel Miyazaki Torazô, lui restent fidèles, ils ne peuvent plus guère lui assurer l'aide des milieux officiels.

Dans la stratégie de Sun Yat-sen, la France est donc appelée à prendre le relais d'un soutien japonais déclinant. Le choix de Sun répond sans aucun doute à l'ambition alors clairement exprimée par la France d'étendre son influence vers les provinces chinoises méridionales (Guangdong, Guangxi, Yunnan) afin de mieux protéger ses possessions tonkinoises. A une époque où l'opinion chinoise se mobilise contre l'établissement d'une sphère d'influence française dans le Sud, Sun Yat-sen songe au contraire à mettre à profit ces appétits impérialistes pour obtenir l'aide dont il a besoin.

C'est donc lui qui, en juin 1900, a pris l'initiative de solliciter une audience de Jules Harmond, ministre de France à Tokyo. D'après le rapport de l'ambassadeur, Sun Yat-sen aurait demandé des armes et des conseillers militaires, proposant en échange d'accorder d'importantes concessions à la France dans les provinces méridionales qui seraient soustraites à l'autorité impériale. Cette démarche s'inscrit dans une série de manœuvres extrêmement complexes poursuivies par Sun à cette époque où culmine la crise des Boxeurs. D'une part, en liaison avec le gouverneur général de Hong Kong, Sir Robert Blake, Sun travaille à obtenir la défection du vice-roi des deux Guang (Guangdong, Guangxi), Li Hongzhang, qu'il encourage à établir un gouvernement sécessionniste. Or, d'autre part, il songe à bénéficier d'une éventuelle invasion étrangère (dans ce cas, française) de ces mêmes provinces. Ces deux stratégies sont menées de front pendant les voyages que Sun effectue en été à Hong Kong et en Asie du Sud-Est. Lorsqu'il arrive à Saigon le 21 juin 1900, Sun est porteur d'une lettre de l'ambassadeur Harmond, adressée au gouverneur général de l'Indochine, Paul Doumer.

Les divergences franco-françaises et les premiers échecs de Sun (1900-1903)

Gouverneur général de l'Indochine depuis 1897, Paul Doumer a derrière lui une carrière d'homme politique, de député et de ministre des Finances. Dès sa prise de fonctions, il s'est exprimé comme un homme d'action, décidé à consolider et étendre la présence française en Extrême-Orient. Il profite des dispositions, devenues plus favorables, de l'opinion publique et du Parlement français à l'égard de l'entreprise coloniale. Lui-même d'ailleurs prend soin d'entretenir ces bonnes dispositions, en faisant agir ses relations politiques, en organisant des campagnes de presse et des groupes de pression tels que le Comité de l'Asie française, créé en 1901 sous la présidence de l'ancien ministre des Colonies, Eugène Étienne. Dans son rapport programme du 22 mars 1897, Paul Doumer insiste sur l'inachèvement de la pacification au Tonkin, la faiblesse du gouvernement général, la mauvaise organisation administrative des territoires indochinois. Dans les années qui suivent, il s'emploie à remédier à ces défaillances et se donne les moyens de son action en créant un budget général de l'Indochine, alimenté par les ressources propres de la colonie.

Une de ses principales préoccupations est la défense du territoire. Il veut pouvoir tenir en respect les ambitions japonaises qui « menacent toutes les nations ayant des intérêts en Asie et particulièrement la France », écrit-il dans son rapport de mars 1897. Il veut aussi être prêt à « tirer parti des crises redoutables et peut-être des dislocations » qui ne peuvent manquer de naître en Chine. Il seconde donc avec ardeur la politique du dépècement de la Chine en 1898 et la création d'une sphère d'influence française dans les provinces méridionales, fondée sur la concession du territoire à bail de Guangzhouwan, au Guangdong occidental, et de la voie ferrée Tonkin-Yunnan.

Les provinces chinoises bordières du Tonkin, pauvres et montagneuses, flanquent et protègent utilement les possessions françaises. Elles offrent aussi une zone d'expansion possible en cas d'effondrement ultérieur de l'empire chinois. La politique du gouvernement français est alors de s'en tenir à une expansion économique, en conservant de bonnes relations avec l'administration impériale chinoise. Doumer, lui, voudrait aller plus loin et plus vite, et songe à une conquête militaire du Yunnan, « géographiquement lié à notre Indochine », dit-il. En mai-juin 1900, il croit le moment arrivé de passer à l'action, lorsque le consulat général de France à Kunming (Yunnan-fu) est assiégé par des bandes xénophobes qu'excitent les mandarins locaux. Pour Doumer, il s'agit là d'un autre siège des légations. A Paris, une partie de la presse s'emploie à enflammer l'opinion et Auguste François, le consul assiégé de Kunming, fait la une de *L'Illustration*. Le gouverneur général de l'Indochine masse des troupes à la frontière entre Tonkin et Yunnan. Mais ni le ministère des Colonies, ni le ministère des Affaires étrangères n'approuvent les projets de Paul Doumer. Défense lui est donc signifiée de faire entrer ses troupes en territoire chinois. Et à Kunming, Auguste François a pour consigne d'éviter toute provocation afin de ne pas faire naître de prétexte à l'intervention.

Les démarches de Sun Yat-sen pour rencontrer Doumer tombent donc on ne peut plus mal. Alertés par un télégramme de Harmond, le ministère des Affaires étrangères et le ministère des Colonies, hostiles à tout soutien donné à la subversion en Chine du Sud, ont mis en garde Doumer qui n'accorde pas l'entretien désiré. Sun rencontre pourtant un haut fonctionnaire du gouvernement général auquel il expose ses plans : à long terme le renversement des Mandchous, dans l'immédiat la formation d'un gouvernement sudiste indépendant. Mais il ne reçoit aucune promesse d'appui.

Le gouverneur général, cependant, ne renonce pas à ses projets expansionnistes au Yunnan. Lors de l'inauguration de la voie ferrée Hanoi-Langson, en juillet 1900, il s'en prend au ministre des Affaires étrangères, Théophile Delcassé, qui lui met des bâtons dans les roues. Et il confie à Auguste François, présent à la cérémonie : « Si je n'ai pas sous peu la satisfaction que j'exige, je pars pour Paris, et j'emporte ma cravache [1] ! »

L'année suivante, le conflit se durcit entre le gouverneur général qui, disent ses adversaires, multiplie les incidents à la frontière, et les autorités de Paris, bien décidées à maintenir un *statu quo* jugé favorable aux intérêts nationaux et à poursuivre la pénétration vers la Chine méridionale par des voies exclusivement économiques. Le consul de Kunming, qui est retourné dans son poste, est la victime de ces contradictions politiques. Chacune des provocations frontalières, qu'il traite de « stupidités doumériennes », rend sa situation plus périlleuse et excite la xénophobie de la population. Avec l'aide des mandarins locaux, qui voient dans le consul leur meilleure « garantie contre les menaces indochinoises [2] », Auguste François s'emploie donc à calmer le jeu. Persuadé que le projet de Doumer est chimérique, il dénonce une agression « contre une province qui nous brûlera les doigts », raille les appétits de ceux qui à Paris, dans leurs pantoufles, rêvent d'un eldorado yunnanais là où lui-même, au cours de ses nombreux raids, n'a rencontré que des rochers et des singes.

Mais Doumer de son côté s'active : « Sa presse crie bataille, ses agents s'agitent [3]. » Et le gouverneur général reprend contact avec Sun Yat-sen qu'il invite à venir visiter l'exposition coloniale ouverte à Hanoi en novembre 1902 et auquel il laisse espérer que cette fois-ci il sera reçu. Sun Yat-sen s'embarque donc le 13 décembre 1902 et, après avoir peut-être fait une escale discrète à Shanghai pour y obtenir son visa, il arrive à Hanoi quelques semaines plus tard... trop tard pour rencontrer Paul Doumer qui vient d'être rappelé en France !

Sun Yat-sen ne s'en installe pas moins pour six mois au Tonkin, pendant lesquels il noue des contacts avec l'entourage du nouveau gouverneur général, Paul Beau. Mais le successeur de Doumer est un diplomate, ancien ministre de France à

1. Auguste FRANÇOIS, *Le Mandarin blanc*, Paris, Calmann-Lévy, 1990, p. 279.
2. *Ibid.*, p. 292.
3. *Ibid.*, p. 293.

Pékin. Ses vues reflètent fidèlement celles du gouvernement français. A Kunming, Auguste François peut respirer. Quant à Sun Yat-sen, que le gouverneur général fait recevoir par son secrétaire, il n'est toujours pas entendu. Ses demandes d'aide, ses projets de république fédérale en Chine du Sud, ses promesses de concessions à la France ne retiennent pas l'attention des autorités coloniales qui se préoccupent seulement de mettre le dirigeant révolutionnaire sous surveillance et de renforcer les contrôles sur les transports d'armes vers la frontière chinoise.

Pris dans les oscillations et les contradictions de la politique coloniale française, Sun Yat-sen se heurte donc pour la deuxième fois à une fin de non-recevoir. Mais les jalons posés en 1900 et en 1903 vont lui permettre de reprendre le dialogue avec les autorités françaises — et cette fois-ci plus fructueusement — lors de son passage à Paris au printemps 1905.

La visite de Sun Yat-sen à Paris au printemps 1905 et la mission de Boucabeille

Quand il arrive à Paris en février 1905, Sun Yat-sen réactive son réseau de relations et a des entrevues avec des fonctionnaires du ministère des Affaires étrangères, dont sans doute Raphaël Réau. Celui-ci avait été employé au consulat de Hong Kong. Il connaissait la situation trouble de la Chine méridionale et, en mars 1903, il avait déjà rencontré Sun et avait été intéressé par ses projets. Deux *memoranda* conservés aux archives du Quai d'Orsay consignent les échanges de vues du printemps 1905 [1]. Les textes ne sont pas signés, mais une note manuscrite ajoutée dans la marge inférieure précise qu'ils ont été rédigés par Réau. Dans ces entrevues, Sun Yat-sen développe ses thèmes familiers. La France devrait remplacer le Japon comme principal soutien du mouvement révolutionnaire chinois ayant pour objectif l'établissement d'« une république fédérative des provinces du Sud ». En échange d'une aide militaire et financière, Sun se dit prêt à faciliter l'entrée française en Chine méridionale, en mobilisant ses partisans et les chefs de sociétés secrètes.

1. *Archives du ministère des Affaires étrangères*, Chine, Direction politique, Série A, carton 27, dossier 1, entretiens avec Sun Yat-sen du 9 février et 18 mai 1905.

Ainsi, dit-il, « dans les provinces du Guangxi et du Yunnan les populations sont franchement hostiles aux Français. Il nous serait facile [...] de transformer rapidement cet esprit d'hostilité en sympathie effective, pour le plus grand bénéfice de votre politique et de vos diverses entreprises commerciales et industrielles » (*memorandum* du 9 février). Dans les termes mêmes du rapport, le « célèbre agitateur » dispose d'une « puissance énorme » dans ces provinces ; « il semble avoir concerté les plans les plus minutieux ». Lui et son mouvement « représentent des facteurs importants de la question chinoise ».

Les analyses de Raphaël Réau sont favorablement accueillies par certains hauts responsables : Philippe Berthelot, secrétaire du Quai d'Orsay, et Paul Doumer, que Sun a sans doute personnellement rencontrés. On connaît les visées du parti colonial. En outre, en 1905, la guerre russo-japonaise fait naître des tensions entre la France et le Japon et il est naturel qu'un projet qui tend à substituer l'influence française à celle des Japonais en Chine méridionale retienne l'attention au ministère des Affaires étrangères comme à celui de la Guerre.

Le résultat de ces tractations est la création en mai 1905 du Service des renseignements de Chine, chargé entre autres tâches de rassembler des informations sur l'évolution de la situation en Chine méridionale, sur l'activité des Japonais dans cette région et sur les mesures militaires à prendre au Tonkin. Le Service des renseignements dont la direction est confiée au capitaine Boucabeille a son siège à la légation de Pékin. Mais il ne relève pas de la représentation diplomatique qu'il faut éviter de compromettre. En pratique, le service est donc autonome et adresse ses rapports directement au ministère de la Guerre que dirige alors Eugène Étienne, l'un des principaux chefs du parti colonial. Cette opération de renseignements, qui durera jusqu'en octobre 1906, ouvre la voie à une coopération étroite entre un petit groupe d'officiers français, d'une part, Sun Yatsen et son entourage cantonais, de l'autre. Elle donne à Sun l'occasion de monter une étonnante campagne de propagande destinée à le faire apparaître comme l'inspirateur direct des troubles qui agitent les provinces centrales et méridionales, comme l'autorité suprême reconnue par les rebelles de tous poils, en bref comme un partenaire de poids, digne de recevoir l'appui logistique et diplomatique du gouvernement français.

En route pour la Chine, le capitaine Boucabeille s'arrête à

Hanoi où il rencontre le gouverneur général par intérim, Broni, sans doute déjà impliqué dans les contacts avec Sun Yat-sen en 1902. Il s'assure en même temps de la coopération du commandant des forces armées d'Indochine. Bien que le Service des renseignements soit officiellement établi à Pékin, ses activités seront en fait gérées et contrôlées par Hanoi. L'entrevue de Boucabeille avec Sun Yat-sen a lieu le 11 octobre 1905, à bord du paquebot *Caledonia*, dans le port de Shanghai. Qu'ont dit les deux hommes au cours d'une conversation qui ne dura pas moins de huit heures ? Les sources françaises et chinoises divergent. D'après le témoignage de Boucabeille, celui-ci aurait exprimé l'opinion personnelle que le gouvernement français se tenait prêt à soutenir le parti de Sun s'il s'avérait que ce parti représentait une organisation puissante et efficace. Il aurait donc demandé à Sun de l'aider, lui et ses adjoints, d'aller vérifier sur place l'importance de la mobilisation révolutionnaire et d'évaluer ses chances de succès. Les sources chinoises attribuent à Boucabeille des déclarations plus catégoriques et un engagement plus ferme. L'officier français se serait présenté comme un envoyé du ministre de la Guerre et aurait affirmé que le gouvernement de Paris était prêt à fournir une aide immédiate à Sun si la situation était mûre.

Quoi qu'il en soit, l'accord conclu entre Sun Yat-sen et Boucabeille va permettre à ce dernier d'organiser plusieurs missions de renseignements, exécutées de l'hiver 1905 à l'été 1906 par les capitaines Claudel, Vaudescal et Ozil. Pour guider les officiers français et organiser leurs entrevues avec les rebelles locaux, Sun Yat-sen place à leurs côtés des hommes de confiance. Huang Xing fait également profiter les enquêteurs étrangers de son réseau de relations parmi les sociétés secrètes et les officiers de la Nouvelle Armée. Boucabeille et ses collaborateurs, à l'exception de Vaudescal, épousent rapidement la cause de la révolution chinoise qu'ils assimilent à celle de la révolution française et dans laquelle ils voient « une bonne manière de sauver le pays [1] ».

---

1. L'histoire de la mission Boucabeille peut être reconstituée grâce aux neuf longs rapports mensuels que le capitaine envoya au ministère de la Guerre, de décembre 1905 à octobre 1906. Ces rapports sont conservés aux *Archives du Service historique de l'armée*, État-major de l'armée, Chine, Service des renseignements, carton 7N1676.

Avec un enthousiasme non dépourvu de naïveté, ces jeunes officiers transposent à une Chine, dont ils découvrent la misère, l'idéal de progrès républicain qui semble être le leur. Leurs rapports donnent de Sun Yat-sen et de son action des appréciations très favorables. « Sun est un homme extrêmement intelligent, il a l'appui des étudiants et celui des sociétés secrètes, [il] a établi son autorité suprême sur tous les éléments rebelles. » Boucabeille voit la situation à travers les yeux de Sun et se montre plein d'optimisme. Mais il se heurte à l'hostilité radicale de Edmond Bapst, ministre de France à Pékin, qui rejette ses rapports et refuse d'avoir quelque contact que ce soit avec celui qu'il juge être au mieux un amateur, au pire un aventurier, opinion partagée par la plupart des diplomates français.

Aussi, lorsque, à l'automne 1906, le gouvernement impérial, faisant état de correspondances et de photographies saisies par sa police, proteste contre les activités subversives des officiers en Chine méridionale, les autorités françaises désavouent Boucabeille. Celui-ci est rappelé à Paris et, le 16 octobre, le Service des renseignements est supprimé. La brutalité de cet épilogue s'explique aussi, sans aucun doute, par les changements politiques survenus à Paris même où se prépare la chute du cabinet Sarrien, qui se produit le 19 octobre. Cette chute entraîne le départ du ministre de la Guerre, Eugène Étienne, principal protecteur de Boucabeille. Pour le cabinet Clemenceau qui se forme alors, la priorité va aux problèmes européens et franco-allemands, non à l'expansion en Asie.

L'échec de la mission Boucabeille et le changement de cabinet condamnent les espoirs que Sun Yat-sen a mis dans un soutien français. Pour apaiser les autorités impériales et restaurer sa crédibilité à leurs yeux, la diplomatie française se fait même hostile à l'égard de Sun Yat-sen et ne cesse de prêcher la prudence au gouvernement général d'Indochine. Boucabeille a-t-il été manipulé par certaines personnalités politiques françaises désireuses d'explorer une nouvelle stratégie d'expansion en Asie ? Ou bien a-t-il essayé, à titre personnel, d'exploiter les divisions du système politico-bureaucratique dans lequel il travaillait pour réaliser son propre idéal et collaborer avec les révolutionnaires chinois ? L'affaire Boucabeille relève-t-elle d'un double jeu officiel ou ne représente-t-elle qu'un exemple d'aventurisme politique ? En l'état actuel de la documentation, il est difficile de trancher. Et d'ailleurs ces divers aspects ont très bien pu se conjuguer.

Pressé par le besoin d'argent et de soutien diplomatique, Sun Yat-sen a donc collaboré avec les forces colonialistes les plus déterminées du monde politique français. Étrange alliance d'un révolutionnaire du tiers monde avec les impérialistes expansionnistes de la vieille Europe ! Le recours aux communautés chinoises émigrées paraît beaucoup plus naturel. Mais de ce côté aussi les démarches de Sun se heurtent à de nombreux obstacles.

A la conquête et à la reconquête des réseaux chinois d'outre-mer

Nous avons déjà signalé l'importance du rôle joué par les communautés chinoises d'outre-mer dans la carrière de Sun Yat-sen à ses débuts et, de façon plus générale, dans la prise de conscience nationaliste et les prémices de la mobilisation révolutionnaire. Cependant, ni leur situation économique (souvent difficile), ni leur formation intellectuelle (généralement sommaire) ne prédisposaient ces émigrés à l'engagement politique. Leur intervention dans la vie publique de la Chine moderne et contemporaine reste d'ailleurs fort limitée, sauf précisément pendant la douzaine d'années précédant la révolution de 1911.

La précocité de leur exposition au monde moderne, les solidarités régionales et familiales qui unissent beaucoup de ces émigrés à Sun Yat-sen et à son entourage cantonais ne suffisent pas à expliquer l'ampleur que prend alors la mobilisation des communautés d'outre-mer. Celle-ci résulte des efforts déployés par toute l'opposition chinoise en exil. Jamais, en effet, au XXe siècle, autant d'intellectuels n'ont été amenés, par choix ou par contrainte, à vivre hors de Chine. Naturellement, ils se tournent vers leurs compatriotes, installés depuis longtemps dans ces pays étrangers, qu'eux-mêmes ne connaissent guère, pour en obtenir les fonds nécessaires à leurs activités de propagande ou de subversion, pour en obtenir aussi des introductions auprès des autorités politiques étrangères susceptibles de soutenir leur action.

L'appui de ces communautés représente donc un enjeu très important pour les divers courants de l'opposition. Et Sun Yat-sen, qui a été le premier à rechercher cet appui, doit désormais affronter la concurrence de Kang Youwei et du parti réformiste. Or c'est une concurrence redoutable car Kang Youwei jouit dans ces communautés du prestige du lettré, conseiller du prince. Son passage au pouvoir, pendant les Cent Jours de 1898, lui a attiré la considération due à un ancien (et peut-être futur) Premier ministre. La cause réformiste peut en outre compter sur l'immense talent de Liang Qichao. Enfin, le patriotisme des riches marchands, qui dominent les communautés émigrées, favorise généralement une transformation pacifique plutôt que des bouleversements révolutionnaires.

La rivalité entre Sun Yat-sen et Kang Youwei va prendre des formes de plus en plus violentes, dans un champ géographique de plus en plus vaste. A ses débuts, Sun Yat-sen ne s'est intéressé qu'aux communautés de Hawaii et du Japon. A partir de 1900, entraîné par les défis que lui lance Kang Youwei, il travaille à étendre progressivement son domaine d'action aux États-Unis, à Singapour et à l'Indochine française.

Les méthodes de mobilisation employées par Sun et Kang sont les mêmes : elles leur sont imposées par les structures sociales des communautés émigrées, qui reproduisent, en milieu étranger, l'organisation traditionnelle chinoise. Pour se rallier l'opinion, les propagandistes de l'opposition d'une part s'adressent aux notables qui président les guildes professionnelles, les associations régionalistes, les institutions d'éducation et, d'autre part, courtisent les sociétés secrètes, puissantes parmi les ouvriers, les manœuvres, les commis qui forment le gros de l'émigration.

Lorsque, après avoir quitté le Tonkin, Sun Yat-sen arrive à Yokohama, en juin 1903, il ne retrouve plus qu'une dizaine de partisans restés fidèles. Les autres sont passés sous influence réformiste. Même le président de la cellule locale de Renaissance chinoise à Yokohama, le libraire Feng Jingru, qui depuis 1895 n'a cessé de soutenir Sun, finance désormais les publications de Liang Qichao ! Pour trouver l'argent indispensable à ses grands projets, Sun Yat-sen s'embarque donc, le 26 septembre 1903, pour Hawaii où il n'est pas retourné depuis 1896 et où vit toujours sa famille. Mais Liang Qichao, lors de sa visite du printemps 1900, y a complètement retourné l'opinion en faveur des réformistes. Sun Mei, le frère aîné de Sun Yat-sen, préside une cellule du Parti de Protection de l'empereur ! Liang Qichao a fait un usage bien perfide des lettres de recommandation que lui avait confiées Sun. Il a aussi fait jouer sa propre origine cantonaise, son prestige et son éloquence. Ses discours « ont chauffé à blanc » l'enthousiasme des anciens partisans de Sun. Liang n'a pas hésité non plus à emprunter à son rival ses idées stratégiques, préconisant par exemple une insurrection armée au Guangdong... pour sauver l'empereur Guangxu et la réforme. Il est même allé plus loin que Sun, en adhérant aux Triades locales, pour mieux s'introduire dans la communauté chinoise. C'est là un pas que Sun n'a encore jamais franchi, bien qu'il ait utilisé ces Triades pour promouvoir sa cause.

Pour reconquérir ses partisans, Sun s'appuie sur le seul réseau que Liang, apparemment, ne lui a pas disputé : celui des Chinois convertis. Ce sont des pasteurs chinois qui organisent les multiples réunions politiques au cours desquelles Sun Yat-sen, portant la contradiction à Liang, préconise le renversement des Mandchous et la fondation d'une république. Ainsi Sun Yat-sen n'hésite-t-il pas à relever le défi de son adversaire en se portant sur le terrain même où s'affirme l'excellence de celui-ci : l'éloquence et la propagande. Réponse du berger à la bergère qui, quelques années plus tôt, lui avait emprunté les idées d'un recours aux soulèvements armés et de la coopération avec les sociétés secrètes. Hawaii voit donc à l'automne 1903 les débuts d'orateur politique de Sun Yat-sen qui, d'après le témoignage d'un journaliste occidental, « ponctuant ses phrases de gestes vigoureux », transporte son auditoire [1].

Encouragé par ces premiers succès, Sun développe son offensive vers le domaine — nouveau pour lui — de la presse. Pour répondre aux attaques d'un journal réformiste local, il s'empare d'une gazette de style traditionnel qu'il transforme en organe révolutionnaire. Lui-même y publie le 29 décembre 1903 un long article intitulé « Réfutation des journaux du Parti de Protection de l'empereur » (« Bo baohuan bao »), dans lequel il fait de l'antimandchouisme le critère de tout patriotisme, et répudie l'idée d'une transformation politique de la Chine par étapes. En opposant, pour mieux les identifier, courant réformiste et courant révolutionnaire, Sun cherche à invalider la stratégie de Liang Qichao. Celui-ci, après 1898, a voulu mettre la

1. Il s'agit du reporter du *Pacific Commercial Adviser* (Honolulu), cité par SHARMAN, *Sun Yat-sen*, pp. 77-78.

violence au service de la cause constitutionnelle et a profité de la confusion ainsi créée pour prendre la tête de l'opposition radicale. Mais, plaide Sun, dans une « Lettre ouverte à mes compatriotes » : « Il est faux de dire que la protection de l'empereur est un autre nom pour désigner la poursuite de la révolution. En toute chose, il doit y avoir coïncidence entre les réalités et les mots. Liang est un homme qui a deux discours, comme un rat qui regarde des deux côtés... [1] »

La violence de l'attaque ne reflète pas seulement celle du débat d'idées. Elle traduit chez Sun le désir de se débarrasser d'un rival qui, depuis quelques années, s'est affirmé comme le chef de file des radicaux et qui rallie aussi bien les suffrages des intellectuels que ceux de nombreuses communautés émigrées et sociétés secrètes.

Mais, comme nous l'avons vu, Liang Qichao, en 1903, a déjà commencé à faire machine arrière et renoncé à l'emploi de la violence. Cette volte-face, qui est en fait une quasi-abdication, permet à Sun de revendiquer l'identification exclusive du courant révolutionnaire à sa propre personne et joue un rôle plus déterminant que la polémique engagée dans la presse de Hawaii. Celle-ci cependant n'est pas sans effet. Sun Yat-sen regagne la confiance de ses anciens partisans (y compris celle de son frère). Il réussit à lever des fonds en plaçant des « bons patriotiques » de 10 dollars... rachetables 100 dollars après la révolution.

Ces succès l'encouragent à tourner son attention vers les communautés chinoises d'Amérique du Nord, auprès desquelles Kang Youwei s'est beaucoup activé depuis que, en juillet 1899, il a fondé le Parti de Protection de l'empereur au Canada. Pour faciliter sa tâche, Sun Yat-sen adhère aux Triades dont les loges hawaïennes entretiennent beaucoup de contacts aux États-Unis. Inspirée sans doute par celle de Liang Qichao, cette démarche inaugure des rapports nouveaux entre Sun Yat-sen et les sociétés secrètes. Jusqu'ici, Sun a utilisé ces sociétés comme les instruments — ou au mieux les partenaires — de ses actions militaires, laissant à ses subordonnés le soin d'établir les contacts nécessaires. Désormais, il leur reconnaît une existence autonome et, en pratiquant ce que de nos jours on appellerait l'entrisme, il cherche à mettre leurs organisations au service

1. Cité par SCHIFFRIN, *Sun Yat-sen*, p. 321.

de ses buts politiques. Muni de lettres de recommandation des loges locales pour les Triades de San Francisco, Sun s'embarque donc le 31 mars 1904 à destination des États-Unis.

Il remporte un premier succès en réussissant à mettre le pied sur le sol américain. Les récentes lois d'exclusion rendent en effet difficile l'entrée du pays aux citoyens chinois. Sun Yat-sen a bien pris la précaution de se munir de faux documents établissant qu'il est né à Hawaii et lui conférant ainsi le privilège de la citoyenneté américaine. Mais à son arrivée à San Francisco, le 6 avril 1904, il est reconnu et dénoncé par des employés des Douanes, des Chinois membres du Parti de Protection de l'empereur. L'intervention d'un pasteur chinois et du chef des Triades locales aide Sun Yat-sen à se tirer de ce mauvais pas. La coopération entre convertis et sociétés secrètes, sur laquelle Sun Yat-sen s'est tellement appuyé dans ses premières tentatives d'insurrection au Guangdong, joue de nouveau ici en sa faveur.

Ce succès est sans grand lendemain. Le séjour de Sun à San Francisco, tout comme la tournée que, à partir de juin 1904, il entreprend à travers une dizaine de grandes villes américaines ne lui apportent guère de satisfaction. Pourtant, instruit par sa précédente expérience à Hawaii, Sun Yat-sen a recours à la force de la propagande. Il fait imprimer et distribuer dix mille exemplaires du pamphlet antimandchou de Zou Rong, *L'Armée révolutionnaire*. En outre, il s'empare de l'organe publié par les Triades de San Francisco, *Le Quotidien de la Grande Harmonie (Datong ribao)*, pour en confier la rédaction à l'un de ses propres disciples qu'il fait venir du Japon.

S'aidant toujours du réseau des convertis, Sun organise un grand meeting dans une église presbytérienne de San Francisco, au cours duquel il expose son projet politique, essaie de placer ses « bons patriotiques » et de recruter de nouveaux adhérents. Devant le faible résultat de ses efforts, Sun change de tactique. Renonçant à implanter Renaissance chinoise dans ce milieu peu favorable, il songe à utiliser les Triades comme une organisation de façade, un relais lui permettant de récolter des fonds et de développer son influence. Pour renforcer le contrôle de la loge de San Francisco (favorable à Sun) sur le réseau des loges américaines (de tendance généralement réformiste) et amener celles-ci à lui verser les fonds jusqu'ici fournis à Kang Youwei et Liang Qichao, Sun Yat-sen rédige une nouvelle charte des Triades. Il y redéfinit leurs objectifs en y incluant ceux de Renaissance chinoise, tels que décrits par le fameux serment secret (renversement de la dynastie, restauration de la Chine, établissement de la république), auxquels il ajoute une proposition qu'il a déjà mentionnée plusieurs fois depuis l'été 1903 mais qu'il explicitera plus tard seulement : l'égalisation des droits sur la terre *(pingjun diquan)*. Les membres des loges devront s'engager à coopérer avec ceux qui respectent ces objectifs, à lutter contre les autres, c'est-à-dire contre les réformistes, qualifiés de « traîtres aux Han ».

Ces thèses, que Sun Yat-sen expose lors de sa tournée, ne soulèvent guère d'enthousiasme, pas plus que son projet de centralisation des Triades sous la direction de la loge de San Francisco : les loges locales continuent à se comporter en cellules autonomes, obéissant à leurs propres intérêts ou impulsions.

Lorsqu'arrive l'hiver 1904 Sun Yat-sen est à New York, « soucieux et anxieux », dit le Dr Hager, son ancien mentor de Hong Kong, qu'il retrouve alors. Cela ne l'empêche pas de lancer une offensive en direction de l'opinion et du gouvernement américains avec la publication de *La Vraie Solution de la question chinoise*, pamphlet rédigé en anglais par Sun lui-même. De même que dans les articles publiés à Londres en 1897 après sa séquestration, Sun Yat-sen se fait rassurant. Il met une sourdine aux thèmes anti-impérialistes, dénonce les Mandchous comme les véritables responsables de la crise chinoise et appelle les États-Unis à soutenir une révolution conçue sur le modèle américain. Comme toujours chez Sun Yat-sen le ton change en fonction de l'auditoire : violent et anti-étranger quand il s'adresse aux Triades, modéré et plein de considération quand il s'adresse aux citoyens américains. En dépit de ces précautions, le pamphlet n'a pas d'écho parmi le public auquel il est destiné.

Le bilan apparent de ces deux ans de voyages, d'entrevues, de conférences, de prises de contact est donc décevant, si l'on excepte la reprise d'influence et de contrôle sur les communautés chinoises de Hawaii. Pourtant, pendant cette période, Sun a continué à se faire connaître — sinon toujours reconnaître — de communautés émigrées de plus en plus nombreuses et diversifiées. A sa démarche habituelle, fondée sur les réseaux relationnels et amicaux, il a ajouté les ressources de la propagande de masse. A cet égard, la concurrence de Liang Qichao lui a été bénéfique, car elle l'a obligé à étendre son répertoire stratégique. Les journaux qu'il patronne constituent un réseau de presse encore fragile, mais relativement intégré, dont les points d'appui sont Hong Kong, où paraît *Le Quotidien de la Chine*, Hawaii, qui publie *Le Nouveau Journal d'Honolulu (Tanshan xinbao)*, San Francisco avec *Le Journal de la Grande Harmonie* et enfin Singapour où le vieux compagnon de Sun, You Lie, fait paraître de 1903 à 1905 *Le Quotidien pour se rapprocher du Sud (Thoe Lam Jih Pao*; en madarin *Tunan ribao)*. Ces quatre journaux défendent le même programme antimandchou et républicain, attaquent les réformistes, se communiquent leurs articles, se prêtent de l'argent et échangent leurs rédacteurs. Ils permettent à Sun Yat-sen d'affirmer sa présence politique en dehors de tout contact personnel.

En dépit des circonstances parfois adverses, Sun Yat-sen a donc poursuivi la mission qu'il s'est assignée. Il a multiplié ses contacts avec les diplomates et les fonctionnaires étrangers, avec les notables et les loges des communautés émigrées. Aucun dirigeant potentiel de l'opposition n'a une expérience aussi diversifiée, à l'exception de Liang Qichao. Mais celui-ci, dès 1903, a abdiqué le rôle, qui *de facto* était le sien, de guide du radicalisme intellectuel. Sun Yat-sen demeure donc le représentant le plus autorisé d'une opposition antimandchoue qu'il n'a cessé de promouvoir comme seule expression légitime du nationalisme moderne, parce qu'il a compris que seule cette opposition pouvait fédérer toutes les forces de subversion à l'œuvre en Chine et hors de Chine. Encore faut-il qu'il se fasse accepter des intellectuels radicaux, en surmontant la double barrière de la méfiance qu'il nourrit à leur égard et du mépris que lui-même leur inspire.

LE RAPPROCHEMENT DE SUN YAT-SEN AVEC LES MILIEUX INTELLECTUELS ET LA FONDATION DE LA LIGUE JURÉE (1905)

La fondation de la Ligue jurée à Tokyo, en août 1905, marque un tournant très important dans la carrière de Sun Yat-sen comme dans l'histoire de la révolution chinoise. Désormais,

Sun Yat-sen devient ce qu'il prétend être depuis de longues années : le dirigeant d'un mouvement révolutionnaire d'envergure nationale, dans lequel sont impliqués les groupes sociaux les plus divers. Cette consécration, Sun l'obtient de son rapprochement avec l'intelligentsia émigrée. La reconnaissance qu'il a cherchée en vain à obtenir de la classe des lettrés lui vient, non sans lenteur et difficultés, des étudiants radicaux issus de cette classe.

Un rapprochement difficile

Toute une série de circonstances va permettre de surmonter les pesanteurs sociologiques qui jusqu'ici ont fait obstacle à la rencontre entre l'aventurier cantonais et les groupuscules révolutionnaires de Tokyo. Du côté des étudiants, l'échec des tentatives de soulèvement, poursuivies en ordre dispersé dans les provinces du Yangzi en 1903-1904, fait sentir avec force le besoin d'une action unifiée. La présence à Tokyo des principaux activistes, qui ont fui la Chine et sa police après l'avortement de leurs projets subversifs, invite à la concertation. Dès leur arrivée au Japon, au début de 1905, le chef de la Société pour le Renouveau de la Chine, Huang Xing, et son adjoint, Song Jiaoren (1882-1913), songent à fonder une organisation unitaire. Mais pourquoi, lorsqu'il s'agit de lui désigner un responsable, le choix des jeunes radicaux se porte-t-il sur Sun Yat-sen que la plupart méprisent ? En effet, pour ces représentants d'un système traditionnel très marginalement réformé, l'éducation étrangère de Sun revient à une absence d'éducation. En fait, il semble bien que leur choix soit un choix par défaut.

Le ralliement désormais explicite de Liang Qichao au réformisme et à la dynastie a privé les étudiants de leur inspirateur. Si Sun Yat-sen est invité à s'installer dans la place ainsi laissée vacante, c'est peut-être au bénéfice de l'âge : la plupart des activistes n'ont guère plus de vingt ans, leur aîné Huang Xing n'en a que trente et un, alors que Sun Yat-sen approche de la quarantaine et qu'il est le plus ancien dans la carrière révolutionnaire. La publication, en 1902, de l'ouvrage de Miyazaki Torazô *Un rêve de trente-trois ans*, traduit en chinois dès 1903, a contribué à éclairer d'un jour flatteur l'action passée de Sun Yat-sen. Enfin, le dirigeant cantonais peut se vanter d'une expérience des divers milieux sociaux et surtout de contacts internationaux qui font défaut à des jeunes gens habitués à se côtoyer et dont l'univers se borne le plus souvent à leur province d'origine, Shanghai et Tokyo.

Que des intellectuels reconnaissent l'autorité d'un dirigeant issu de la classe paysanne n'en reste pas moins un fait insolite dans le contexte culturel et politique chinois de l'époque. Et comme nous le verrons plus loin, il est clair que Sun Yat-sen, en tant qu'idéologue et théoricien de la révolution, n'inspire toujours pas confiance à ses nouveaux partisans. Sans doute attendent-ils de lui une direction essentiellement pragmatique, capable de les protéger de l'intervention étrangère tellement redoutée et de satisfaire leur impatience historique en déclenchant au plus vite l'insurrection victorieuse. Mais cela même n'est pas sûr. En Chine, comme ailleurs, il arrive que le président en titre ne soit pas le principal dirigeant et qu'on lui demande simplement de conférer crédibilité et prestige à une organisation, par la vertu de sa simple présence ou de son seul nom. Si l'on en croit le témoignage de Song Jiaoren, l'un des principaux activistes étudiants et cofondateurs de la Ligue jurée, le rôle que certains intellectuels radicaux destinent à Sun Yat-sen est essentiellement symbolique : il doit attirer sur lui l'attention des autorités et du public, cependant que l'action véritable se poursuivra ailleurs.

« La révolution, disent-ils, c'est d'abord la conspiration. Nous devons chercher la chose réelle et pas seulement le nom [...]. Nous devons attendre l'arrivée de Sun Yat-sen [à Tokyo], le laisser servir de porte-étendard à l'organisation et nous-mêmes retourner en Chine guetter l'occasion du soulèvement [1]. »

Le changement d'analyse et d'attitude de Sun Yat-sen lui-même facilite également sa reconnaissance par les intellectuels radicaux. Les premiers efforts de Sun pour se rapprocher des intellectuels avaient visé les élites dominantes, lettrés et mandarins, et s'étaient déployés dans une perspective réformiste. Mais Li Hongzhang aussi bien que Kang Youwei ont refusé toute coopération, amenant ainsi Sun à confirmer son choix d'une stratégie révolutionnaire. Or, à ses yeux, une telle stra-

1. LIEW Kit-siong, *Struggle for Democracy. Sung Chiao-jen and the 1911 Chinese Revolution*, Berkeley et Los Angeles, University of California Press, 1971, p. 43.

tégie n'implique pas la participation des intellectuels. Persuadé que la Chine est à la veille d'une grande insurrection populaire semblable à celle des Taiping, Sun Yat-sen se soucie de trouver des fonds et des troupes. Les étudiants ne peuvent lui fournir ni les uns ni les autres et ils lui apparaissent peu aptes à conduire l'action sur le terrain. Enfin, la volte-face de Liang Qichao en 1900 l'a sans doute renforcé dans le sentiment que les intellectuels ne sont pas fiables.

A partir de 1902-1903, cependant, il semble que les idées de Sun se mettent à évoluer, peut-être parce qu'il commence alors à utiliser systématiquement la force de la propagande, de la presse, de l'écrit. L'évolution est lente, ponctuée de contacts sporadiques avec quelques personnalités ou groupes activistes. Au printemps 1902, Sun Yat-sen est invité par Zhang Binglin à participer à la cérémonie prévue pour commémorer la chute de la dynastie Ming. A l'été 1903, pendant les quelques mois qu'il passe au Japon entre son retour d'Hanoi (en juin) et son départ pour Hawaii (en septembre), Sun Yat-sen organise à Aoyama une académie militaire secrète, destinée à recevoir les étudiants chinois exclus des institutions japonaises.

Si Sun épouse alors les préoccupations nationalistes et guerrières des étudiants de Tokyo, c'est sans doute pour mieux les enrôler parmi ses partisans. Les cadets d'Aoyama doivent prêter le serment de fidélité auquel sont astreints les membres de Renaissance chinoise, complété par un article réclamant l'égalisation des droits sur la terre *(pingjun diquan)*, qui apparaît ici pour la première fois, sans aucune définition ni élaboration. Le fait que la quinzaine de cadets enrôlés sont presque tous cantonais marque les limites du rapprochement ainsi tenté par Sun Yat-sen, qui ne dépasse pas les bornes de la solidarité provinciale. L'Académie militaire d'Aoyama ne durera d'ailleurs que quatre mois.

Plus intéressante est la tentative que fait Sun, pendant ce même été 1903, pour s'affirmer comme idéologue et théoricien aux yeux des jeunes radicaux et identifier sa cause à la leur. C'est en effet dans un de leurs journaux, *Le Jiangsu (Jiangsu)* qu'il choisit de publier un essai intitulé « Sur la préservation ou le démembrement de la Chine » (« Zhina baoquan fenge helun [1] »). Sun Yat-sen y adopte le vocabulaire nationa-

1. « Zhina boaquan fenge helun » (Sur la préservation ou le démembrement de la Chine), 21 septembre 1923, *O.C.*, t. I, pp. 218-224.

liste mis à la mode par Liang Qichao parmi les étudiants. Il y développe le thème de l'incapacité de la dynastie mandchoue de protéger — et bien moins encore de réformer — la Chine. Surtout, il se présente comme un expert des relations internationales et, tout en dénonçant l'impérialisme, il affirme qu'il existe dans les opinions publiques étrangères certains secteurs favorables à la Chine qui, correctement manipulés, pourraient prévenir l'intervention militaire étrangère contre une éventuelle révolution chinoise. Si Sun Yat-sen a écrit cet article pour se rallier les étudiants, il n'en attend pas grand résultat, puisqu'il quitte le Japon à destination de Hawaii avant sa publication, en novembre 1903. La collecte des fonds auprès des communautés d'outre-mer lui apparaît comme une tâche plus urgente et plus prometteuse que le recrutement parmi les cercles intellectuels.

Sans doute a-t-il fallu l'échec essuyé en 1904 auprès des communautés chinoises des États-Unis pour que Sun Yat-sen considère plus favorablement la collaboration avec les jeunes radicaux. De façon significative, celle-ci commence à se nouer non pas à Tokyo mais en Europe, où Sun se rend au printemps 1905. C'est de l'extérieur que Sun va conquérir la citadelle de l'émigration intellectuelle.

Les étudiants chinois de Bruxelles, Berlin, Paris sont beaucoup moins nombreux que ceux de Tokyo : une centaine tout au plus. Les plus actifs d'entre eux viennent du Hubei. La rencontre avec Sun s'organise grâce à la médiation d'un de leurs compatriotes, Liu Chengyu, qui s'est déjà fait remarquer à Tokyo par son radicalisme antimandchou en 1902-1903 et qui, à la demande de Sun, a pris la direction du nouvel organe révolutionnaire de San Francisco : *Le Journal de la Grande Harmonie*. Les discussions se déroulent d'abord à Bruxelles, puis à Berlin. Les points de vue ont du mal à se rapprocher. Alors que Sun présente les sociétés secrètes comme les seules forces fiables de la révolution, les étudiants du Hubei insistent sur l'importance des intellectuels et de l'armée. Après trois jours de débats, Sun accepte de se rallier au point de vue de ses interlocuteurs, concédant à ces jeunes élites le rôle privilégié qu'elles revendiquent.

Cette unification des points de vue permet à Sun de jeter les bases d'une nouvelle organisation révolutionnaire qui, plus tard, après la fondation de la Ligue jurée à Tokyo, prendra le nom de Bureau européen de la Ligue jurée. Pour la première fois, on voit donc se rejoindre, sous le signe de l'antimandchouisme et sous la direction de Sun, des courants d'opposition issus de milieux fort divers : sociétés secrètes, éléments modernisés des ports ouverts, cercles intellectuels. Sun organise la cinquantaine de membres qu'il a réussi à recruter selon les techniques habituelles des sociétés secrètes : serment et rites ésotériques. Mais à peine a-t-il formé son organisation que déjà il est trahi et dénoncé à la légation chinoise de Paris. La réaction très modérée du ministre, Sun Baoqi, montre-t-elle le chemin parcouru par l'opinion publique, y compris celle des mandarins, depuis l'épisode de la séquestration londonienne en 1896 ? S'explique-t-elle par les contacts que Sun Yat-sen est alors en train de prendre avec les milieux politiques français ? Cette trahison, qui ne menace pas la sécurité de Sun, n'en nourrit pas moins son amertume et ses doutes sur la capacité des intellectuels de faire la révolution. A peine formée, la nouvelle organisation doit être épurée, en suite de quoi elle ne compte plus guère qu'une quinzaine de membres.

L'intermède européen revêt une importance à la fois pratique et symbolique. Ce sont les étudiants chinois d'Europe qui alertent les cercles radicaux du Hunan-Hubei à Tokyo, ainsi que leurs animateurs, Huang Xing et Song Jiaoren, leur recommandant de prendre contact avec Sun Yat-sen dès son retour. Et c'est à Bruxelles et Berlin que Sun réussit pour la première fois à vaincre les préjugés sociaux et le provincialisme qui ont jusqu'ici borné son action et à faire reconnaître son autorité par des intellectuels radicaux.

La fondation de la Ligue jurée

Après ces longs préludes, il suffit d'un mois à Sun Yat-sen, rentré au Japon le 19 juillet, et aux intellectuels de Tokyo pour trouver un langage commun et unifier leurs organisations. La Ligue jurée est officiellement fondée le 20 août 1905. Une très active médiation japonaise explique en partie la rapidité de ce dénouement. Les conseillers japonais, qui en 1900 ont en vain essayé de rapprocher réformistes et révolutionnaires, réussissent en 1905 à faire fusionner les courants d'opposition antimandchoue. C'est Miyazaki Torazô qui organise la première rencontre entre Sun Yat-sen et les principaux activistes étudiants. Le plus souvent, les réunions ont lieu au domicile de quelque sympathisant japonais. Miyazaki et plusieurs autres conseilleurs assistent et sans doute participent à toutes les tractations préliminaires. Parmi les soixante-dix membres fondateurs de la Ligue jurée, les trois seuls étrangers sont des Japonais, dont naturellement Miyazaki.

Sun Yat-sen, dès son retour, a toute une série d'entrevues avec les principaux activistes : Huang Xing, Song Jiaoren, Chen Tianhua... Celle du 28 juillet se déroule dans les bureaux de la revue *La Chine du XXe siècle (Ershi shiji zhi Zhina)*, organe de la Société pour le Renouveau de la Chine, en présence des principaux membres de la société et de Miyazaki. Sun Yat-sen y parle de l'union nécessaire, du rôle des intellectuels dans la révolution, de la force d'action des sociétés secrètes. Le 29 juillet, les membres de la Société pour le Renouveau de la Chine débattent des modalités de la fusion envisagée : amalgame, fédération ? Certains s'opposent à toute union. Finalement, chacun est laissé libre de son choix et presque tous rejoindront la Ligue jurée. Il ne semble pas que des délibérations analogues aient eu lieu au sein du parti de Sun, Renaissance chinoise, dont les structures organisationnelles sont alors en plein déclin.

La décision de fonder un nouveau parti sous la direction de Sun est prise le 30 juillet lors d'une réunion élargie à soixante-dix personnes, qui se tient au siège de la société japonaise ultranationaliste du Dragon noir. Le nom choisi pour le nouveau parti, Ligue jurée, évoque la terminologie des sociétés secrètes, tout comme les modalités d'organisation — serment, mots de passe — s'inspirent de leurs habitudes conspiratrices. La reconnaissance de Sun Yat-sen par les intellectuels est consacrée lors d'un grand meeting que préside Song Jiaoren, au restaurant Fuji, le 13 août. Plus de sept cents étudiants se pressent dans la salle et jusque dans la rue pour écouter Sun. C'est la première fois que celui-ci prend la parole en public à Tokyo et son discours soulève d'immenses ovations.

Comme toujours, Sun sait dire à son auditoire ce que celui-ci a envie d'entendre. Répudiant toute idée d'évolution progressive, il flatte le nationalisme impatient de cette jeunesse en promettant à la Chine un progrès « artificiel », c'est-à-dire accéléré, qui lui permettra de réaliser en vingt ans, ou même en quinze, les progrès que le Japon a mis trente ans à accomplir. La Chine peut atteindre directement à la forme la plus perfectionnée de l'organisation politique, que représente le régime républicain. Sun reprend une analogie qui lui est familière : celle de la locomotive. Il ne viendrait à l'idée de personne de moderniser les transports chinois en important des machines de modèles périmés. Pourquoi donc choisir, comme les réformistes, un régime de monarchie constitutionnelle qui n'a représenté qu'une étape transitoire dans l'évolution politique du monde occidental ? Cette conception volontariste du progrès fait évidemment la part belle aux élites. Et le rôle décisif réservé aux « hommes déterminés » ne peut que séduire les enfants des anciennes classes dirigeantes. Nationalisme et optimisme : le message passe bien et les étudiants qui méprisaient l'« aventurier inculte » lui réservent un triomphe.

Le 20 août, la Ligue jurée est officiellement fondée lors d'une réunion qui se tient au domicile d'un parlementaire japonais. Trois cents personnes écoutent Sun lire la charte du nouveau parti et jurent fidélité aux Trois Principes — renversement des Mandchous, restauration de la Chine, adoption d'un régime républicain —, complétés par la clause concernant l'égalisation des droits sur la terre. On procède à l'élection d'un comité directeur de trente membres, chargé de gérer trois départements — exécutif (le seul qui fonctionnera véritablement), législatif et judiciaire —, ainsi qu'à l'élection du président, Sun Yat-sen, et du vice-président, Huang Xing. Tokyo est choisie comme siège central du nouveau parti dont le réseau doit s'étendre en Chine sous la direction de cinq bureaux régionaux (dont deux seulement, ceux du Sud et du Centre, seront créés) et auxquels s'ajouteront, outre-mer, les quatre bureaux d'Europe, d'Asie du Sud-Est, des États-Unis et de Hawaii. Le groupe du Hunan-Hubei apporte en dot son journal, *La Chine au XXe siècle*, bientôt réorganisé sous le titre de *Journal du peuple (Minbao)*. « Ainsi la Ligue jurée cherche-t-elle à se donner tous les attributs d'un parti politique moderne : une structure hiérarchique, un programme, un organe de propagande, un plan d'action[1]. »

Mais la Ligue jurée est loin d'être un parti politique moderne et la victoire remportée par Sun trouvera vite ses limites dans la nature même d'une organisation qu'il présidera sans vrai-

1. SCHIFFRIN, *Sun Yat-sen*, p. 362.

ment la contrôler, qui ne s'identifiera pas à lui, pas plus qu'il ne s'identifiera à elle.

Fragilité institutionnelle et faiblesse idéologique de la Ligue jurée

Dès sa fondation, en effet, la Ligue jurée présente certains caractères qui ne tarderont pas à se transformer en handicaps. La médiation japonaise qui joue le rôle d'un véritable forceps intervient à une époque où les autorités de Tokyo, et les aventuriers dont elles se servent, n'accordent plus à la révolution chinoise qu'une médiocre priorité. Sans que soit mise en doute la sincérité personnelle de Miyazaki, il semble paradoxal d'avoir choisi, pour déclarer la fondation officielle de la ligue, les locaux de la Société du Dragon noir. Étranges fonts baptismaux pour la nouvelle organisation révolutionnaire que le siège de ce groupuscule ultranationaliste et réactionnaire dont sortiront de nombreux militants fascistes des années 1930 ! Sun Yat-sen fait toujours confiance à son entourage japonais. Mais les étudiants exaspérés par les discriminations dont ils sont l'objet à Tokyo même, inquiets devant la montée du chauvinisme nippon, sont prêts à se détourner d'une coopération qui d'ailleurs leur est offerte avec des réticences grandissantes. Et l'on voit déjà pointer la contradiction qui par la suite ne cessera de s'aiguiser entre les sympathies demeurées intactes de Sun Yat-sen pour les Japonais et un nationalisme révolutionnaire privilégiant la lutte contre les empiétements et l'impérialisme nippons.

D'autres taches de naissance contribuent à rendre fragiles à la fois la cohésion de la Ligue jurée et le contrôle que Sun peut exercer sur elle. La ligue se présente en effet comme une fédération assez lâche de trois principaux courants — Renaissance chinoise, la Société pour le Renouveau de la Chine — auxquels viendra bientôt se joindre la Société de la Restauration. Parmi ces divers courants constitutifs, Renaissance chinoise n'est pas le plus important. Sur les 70 membres fondateurs de la Ligue jurée (ceux qui ont assisté à la séance du 30 juillet), 10 seulement appartiennent à l'entourage direct de Sun (dont 3 Japonais). Et sur les 30 membres du comité directeur, 2 seulement ont appartenu à Renaissance chinoise. La rupture avec l'ancien parti est encore plus profonde si l'on considère le recrutement géographique et social de la Ligue jurée. Sur les 963 membres inscrits en 1906, 863 sont des intellectuels, des étudiants résidant à Tokyo, originaires des diverses provinces chinoises. Les Cantonais, qui formaient la presque totalité des membres de Renaissance chinoise (271 sur 286 adhérents identifiés), ne représentent plus qu'une minorité de 112 membres. Sun Yat-sen ne pourra donc plus, au même degré qu'auparavant, s'appuyer sur les solidarités provinciales pour imposer son autorité. Pas plus qu'il ne pourra imposer ses anciens lieutenants à ce parti d'intellectuels. Le temps est bien passé des Quatre Grands Bandits de Hong Kong ! Aucun de ses compagnons de la première heure ne se retrouve aux côtés de Sun Yat-sen dans la Ligue jurée.

Il faudra donc que le président compose avec la clientèle du nouveau parti, des intellectuels spontanément plus proches des personnalités issues de leur propre milieu, tels Song Jiaoren ou Huang Xing. Ce dernier, cofondateur et vice-président de la Ligue jurée, a d'emblée toute l'envergure d'un rival. Il faudra aussi que Sun Yat-sen s'accommode des forces centrifuges et autonomistes à l'œuvre au sein de la ligue, celles en particulier de la Société de la Restauration qui, en dépit de son ralliement formel, poursuit son activité particulière dans la province du Zhejiang.

La grande force de Sun Yat-sen, a-t-on dit, est sa contribution idéologique à la Ligue jurée. Il aurait apporté la doctrine, celle du Triple Démisme, ou des Trois Principes du Peuple, rendant possible l'unification, au moins formelle, des divers courants. En fait, bien que les articles essentiels des Trois Principes du peuple — nationalisme, démocratie, progrès social — soient énoncés dans la charte constitutive du parti, ils ne sont guère élaborés. Leur contenu demeure vague. L'adjonction au programme primitif antimandchou et républicain de l'égalisation des droits sur la terre a soulevé certaines objections mais, au fond, peu de discussions. D'après le témoignage de Song Jiaoren, les étudiants rassemblés en août 1905 pour écouter Sun ne s'intéressent ni à la démocratie ni au progrès social. Ils ne se mobilisent que pour le renversement des Mandchous, mot d'ordre dont on a déjà souligné le caractère ambigu. A la fragilité institutionnelle de la nouvelle Ligue jurée répond sa faiblesse idéologique.

Telle quelle, cependant, la ligue représente un instrument très précieux pour Sun. Elle lui permet de légitimer ses prétentions, de donner enfin vie à l'image construite jusqu'ici avec des mots. Oui, il est désormais un dirigeant national, un politicien crédible et respectable que les élites intellectuelles ont reconnu pour leur chef. En outre, il va rencontrer au sein de la ligue non seulement des rivaux, mais des collaborateurs dont il saura utiliser les talents de théoriciens, de polémistes et parfois de stratèges bien supérieurs aux siens.

Avec la fondation de la Ligue jurée, Sun Yat-sen bénéficie donc d'une dynamique unitaire qui s'est développée pour une large part en dehors de lui, mettant en jeu des forces qu'il ne contrôlait pas. Son génie est d'avoir été là au moment voulu, d'avoir prononcé les paroles propres à accélérer cette dynamique et à l'orienter à son profit. La fondation de la Ligue jurée ne bouleverse pas la stratégie de Sun Yat-sen, qui demeurera invariablement fondée sur l'aide étrangère, les contributions d'outre-mer et les insurrections des sociétés secrètes. Mais elle donne à Sun des cartes maîtresses dans la mise en œuvre de cette stratégie.

DEUXIÈME PARTIE

Le père fondateur ?
(1905-1920)

Ces quinze années, de 1905 à 1920, sont pour Sun Yat-sen celles de la maturité : celles d'une quarantaine et d'une cinquantaine débutante pleines d'activités, d'entreprises, de succès et d'échecs. Cette période capitale pour l'histoire de Chine, puisqu'elle voit le renversement de l'empire millénaire et l'institution d'un régime républicain de type occidental, coïncide aussi avec l'apogée de la carrière politique de Sun, élu en janvier 1912 président de la nouvelle République. La révolution que Sun a appelée de ses vœux est-elle le fruit de ses efforts ? Sun Yat-sen est-il le véritable « Père de la nation » et de la République dans laquelle s'incarne cette nation, comme le proclame le titre officiel de *Guofu* qui lui a été décerné après sa mort ?

Sun Yat-sen a joué un rôle décisif dans la fondation de la Ligue jurée, en 1905, à Tokyo. Il dote le nouveau parti d'une idéologie, le Triple Démisme, autour de laquelle se cristallisent les courants antimandchous. Cette institutionnalisation de l'opposition autour de la personne et de la pensée de Sun s'opère avec la participation active de la jeune intelligentsia émigrée à Tokyo. Pour Sun Yat-sen, c'est un immense succès. Le rebelle en fuite est devenu un chef politique en exil (chapitre V).

Mais ce succès ne change pas le tempérament de Sun ni sa stratégie révolutionnaire. Sun Yat-sen n'est pas et ne sera jamais un homme d'appareil. Se prévalant volontiers du titre de président de la Ligue jurée, Sun abandonne rapidement le parti qu'il vient de créer à un destin chaotique pour se lancer dans une série d'insurrections manquées, aux marges méridionales de l'empire. Sa vie n'est toujours qu'une longue errance, celle d'un conspirateur, celle d'un commis voyageur de la révolution, à la recherche d'aide et d'argent pour financer sa stratégie insurrectionnelle (chapitre VI).

Pour Sun, comme pour la Ligue jurée, la révolution qui éclate à Wuchang, le 10 octobre 1911, n'est qu'un rendez-vous manqué avec l'histoire. Ni le parti ni son président ne jouent de rôle dans le déclenchement des événements qui vont entraîner la chute de l'empire. Pourtant, l'un et l'autre vont réussir assez vite à reprendre un certain contrôle de ces événements et à se faire coopter par les rebelles. C'est ainsi que Sun devient le président d'une République provisoire, à l'autorité chancelante. Il ne reste en fonction que six semaines. Puis il se détourne du combat politique pour cultiver l'utopie et s'absorber dans de grandioses projets d'expansion industrielle.

Éphémère triomphe du discours sur la réalité — celle d'une Chine arriérée, dominée par ses élites traditionnelles —, la révolution de 1911 conduit bien vite à la dictature militaire de Yuan Shikai. A travers l'échec de la révolution se dessine celui de Sun Yat-sen, incapable non seulement de maîtriser, mais même d'accompagner le changement qu'il a tant souhaité (chapitre VII).

En 1913, Sun Yat-sen est de nouveau exilé au Japon. C'est un réfugié, sans plus aucun crédit ni prestige. Isolé mais toujours ambitieux, il devient l'objet de maintes manipulations. Lorsqu'en 1916 la mort de Yuan Shikai lui permet de se réinstaller en Chine, il se lance dans la mêlée des seigneurs de la guerre, tente d'établir son pouvoir dans le Guangdong et doit finalement se réfugier à Shanghai. Cette longue traversée du désert apparaît à bien des égards comme la fin sans gloire d'une carrière brisée.

La Jeune Chine qui monte et reprend à son compte les problèmes non résolus par la génération précédente — souveraineté nationale, participation politique, développement économique — ignore Sun Yat-sen. De nouveaux hommes, de nouvelles idées s'imposent. Si Sun Yat-sen avait disparu dès 1920, il est vraisemblable que son nom serait aujourd'hui bien oublié (chapitre VIII).

CHAPITRE V

Sun et la Ligue jurée

Bien que le nom de Sun soit étroitement associé à celui de la Ligue jurée, l'histoire du parti et celle de son président ne se confondent pas. Habitué à une pratique personnelle du pouvoir, Sun ne saurait accepter de voir celui-ci reposer sur une institution et, éventuellement, être limité par les statuts dont cette institution s'est dotée. Il ne cherche pas à faire de la Ligue l'instrument de sa politique, mais continue à fonder son autorité sur les réseaux d'amis, de partisans, de relations qu'il étend et entretient systématiquement.

Cette attitude ne révèle pas seulement la conception personnelle que Sun se fait de l'exercice du pouvoir ; elle s'explique aussi par les difficultés que rencontre l'opposition à s'organiser dans des institutions représentatives, obéissant à une hiérarchie et à des règles volontairement consenties. En dépit des statuts qu'elle s'est donnés, la Ligue demeure gouvernée par les rivalités entre factions provinciales et par les conflits de personnalités. Au sein de ce parti divisé, et bientôt affaibli par de multiples scissions, Sun n'exerce qu'une autorité contestée. Son pouvoir est ailleurs : dans sa capacité de mobiliser directement les ressources nécessaires à l'action révolutionnaire.

L'histoire de Sun Yat-sen entre 1905 et 1911 est donc encore et toujours celle de ses errances en pays étrangers, à la recherche de fonds pour financer les multiples insurrections qu'il lance en Chine méridionale. En effet, pas plus qu'elle ne change le style de direction de Sun, l'existence de la Ligue n'infléchit sa stratégie.

En appelant Sun Yat-sen à présider leur parti, les étudiants de Tokyo ont espéré utiliser son expérience et ses relations. Ils se sont vite aperçus qu'au jeu de la manipulation ils avaient affaire à plus fort qu'eux. Loin de s'identifier au parti, Sun Yat-sen cherche à identifier le parti à lui-même. « Comment pourrait-il y avoir une Ligue sans moi ? », répond-il à ses critiques. Dans ses démarches, Sun Yat-sen invoque beaucoup le nom de la Ligue jurée. Mais c'est pour s'en servir plus que pour la servir. A ses yeux, une institution n'a pas d'existence en dehors de celui qui l'incarne, en l'occurrence lui. Il a donc utilisé la Ligue pour accroître son prestige et sa crédibilité, améliorer ce que de nos jours on appellerait son image et renforcer sa position en Chine et hors de Chine. Grâce à la réflexion menée par les intellectuels du parti, il a pu se poser en théoricien des Trois Principes du peuple, ou Triple Démisme, et faire passer la conspiration armée du répertoire du banditisme à celui de la stratégie révolutionnaire. La Ligue a aussi fourni à Sun Yat-sen une belle carte de visite, celle de président *(zongli)*, grâce à laquelle le commis voyageur de la révolution a pu se présenter comme le fondé de pouvoir de la future République.

Si les rapports de Sun Yat-sen avec la Ligue jurée ont retenu toute l'attention des historiens (celle des thuriféraires occupés à construire le culte, comme celle des révisionnistes ardents à le démolir), le rôle joué par le mouvement révolutionnaire que l'un et l'autre ont animé est encore mal élucidé ; il le demeurera tant que n'aura pas été analysée la nature de la révolution de 1911 elle-même. La minutie des études consacrées à Sun Yat-sen et à la Ligue jurée contraste en effet avec l'ignorance qui entoure l'évolution réelle de la société et des institutions chinoises en ce début de siècle. Et l'historien ne peut s'empêcher de penser au héros de Virgile — un Virgile revu et corrigé par les frères Perrault[1] — qui, descendu aux Enfers, y rencontrait l'ombre d'un cocher, lavant l'ombre d'un char, avec l'ombre d'une éponge. L'historien se demande si lui aussi ne s'est pas fourvoyé au royaume des illusions, en s'attachant à ces « quelques hommes souvent en conflit les uns

1. Dans une parodie du chant VI de l'*Énéide*.

avec les autres, agissant au sein d'une organisation plutôt faible et divisée qui ne représente qu'un groupe révolutionnaire parmi beaucoup d'autres, lesquels pris tous ensemble n'ont peut-être pas joué un rôle bien important dans une révolution qui n'a sans doute pas changé grand-chose [1] ».

Quelle que soit la réponse que les études à venir apporteront à ces questions, l'histoire de Sun Yat-sen, de ses collaborateurs et de ses rivaux de la Ligue jurée demeure celle d'hommes intelligents et généreux aux prises avec les problèmes de leur temps qui, près d'un siècle plus tard, sont toujours ceux du nôtre : essor du nationalisme, transferts culturels, contraintes de la modernisation, aspirations utopiques. Si, aux yeux de l'historien, il n'est pas indifférent de savoir que leur action a été, ou non, couronnée de succès, aux yeux du moraliste, du philosophe ou du simple curieux qui veillent en tout historien, l'échec ou la réussite importent moins que la tentative elle-même, la réflexion et les espoirs qu'elle a fait naître.

SUN YAT-SEN, DIRIGEANT CONTESTÉ D'UN PARTI DIVISÉ

La Ligue jurée s'est créée par le rassemblement d'organisations provinciales préexistantes. C'est une espèce de fédération au sein de laquelle la loyauté des adhérents va non point aux dirigeants centraux, mais aux chefs de file des divers groupes régionaux. Cette structure favorise un factionalisme qu'alimentent, par ailleurs, les divergences idéologiques et politiques.

Régionalisme et factions au sein de la Ligue jurée

La Ligue ne recrute pas ses membres directement sur la base d'adhésions individuelles mais, indirectement, par l'affiliation de groupes provinciaux qui forment les cellules organiques du parti. L'unité de la Ligue tout comme l'autorité de son président dépendent donc d'abord de la coopération de ces groupes

1. Michael GASSTER, *Chinese Intellectuals and the Revolution of 1911. The Birth of Modern Chinese Radicalism*, Seattle et Londres, University of Washington Press, 1969, p. 229.

et de la fidélité de leurs chefs. Trois groupes principaux constituent la Ligue : celui des provinciaux du Hunan et du Hubei, dirigé par Huang Xing et Song Jiaoren ; celui des provinciaux du Zhejiang-Anhui que représentent le lettré Zhang Binglin et le chef de société secrète Tao Chengzhang ; celui enfin des Cantonais autour de Sun Yat-sen.

Les plus nombreux sont les Hunanais, confortés par le soutien de leurs voisins du Hubei. Ensemble, ils représentent 263 membres sur les 863 que compte la Ligue en 1905-1906. Originaires de provinces intérieures qui sont restées coupées de tout contact étranger jusqu'à la fin du XIXe siècle, ces militants manifestent un nationalisme ombrageux, une grande méfiance à l'égard des Occidentaux, un attachement encore vif à la tradition, et entretiennent des liens étroits avec les élites de la gentry dont ils sont issus pour la plupart.

Leur chef de file, Huang Xing, a trente et un ans. Venu d'une famille modeste mais instruite, il a commencé des études classiques et acquis le diplôme mandarinal de bachelier *(xiucai)* dans son Hunan natal. Il a poursuivi sa formation à Wuchang, capitale de la province voisine du Hubei, où à la fin des années 1890 il a suivi l'enseignement dispensé dans une académie semimoderne. En 1902, il a été sélectionné par le gouvernement provincial du Hubei pour aller perfectionner ses connaissances au Japon. Au prestige de l'homme de lettres accompli, conjuguant les connaissances modernes et une solide culture classique, Huang Xing joint la réputation d'homme d'action que lui ont valu la création de la Société pour le Renouveau de la Chine en 1903 et la préparation du complot avorté de Changsha. A ses côtés, Song Jiaoren, de huit ans son cadet, a un profil assez analogue. Fils de petit propriétaire, il a commencé lui aussi par suivre des études classiques et passer l'examen de bachelier avant d'entrer, au début de 1903, dans l'École des études civiles de Wuchang *(Wuchang wenputong zhongxuetang)*, créée dans le cadre de la réforme de l'enseignement. Saisi alors par la fièvre révolutionnaire, il a participé à la création de la Société pour le Renouveau de la Chine et à la préparation du complot de Changsha avant de s'enfuir au Japon où, au début de 1905, il a fondé le journal *La Chine au XXe siècle*.

Le groupe du Zhejiang-Anhui, rassemblé dans la Société de la Restauration, a rejoint la Ligue en 1906 seulement. Ses orientations nationalistes et anti-étrangères témoignent de l'influence de ses deux principaux dirigeants, l'un et l'autre originaires du Zhejiang. Le lettré Zhang Binglin, dont nous avons vu le rôle dans la diffusion de l'antimandchouisme à partir de 1902-1903, est convaincu de la supériorité de la culture chinoise et de la faible utilité du progrès matériel. Il imprime à son groupe un caractère curieusement traditionaliste au sein de la Ligue jurée. Tao Chengzhang (1877-1911), très lié aux sociétés secrètes du Zhejiang, est issu d'une famille de petits notables lettrés. Comme la plupart des étudiants chinois de Tokyo, il a reçu une bonne formation classique avant d'aborder, assez superficiellement, des études modernes. Très bon organisateur, il semble avoir été peu influencé par les idées occidentales, et son conservatisme social et culturel rejoint celui de Zhang Binglin avec lequel il collabore étroitement au sein de la Ligue.

Les groupes du Hunan-Hubei et du Zhejiang-Anhui ont en commun leur appartenance au bassin du Yangzi, leur attachement encore vif à la tradition, leur collaboration au projet avorté de soulèvement à Changsha en 1904. Ils sont géographiquement et culturellement plus proches l'un de l'autre que du troisième groupe, celui des provinciaux du Guangdong.

Le groupe des Cantonais (au nombre de 112 en 1905-1906) constitue la base de pouvoir de Sun Yat-sen au sein de la Ligue. Ses membres sont aussi pour la plupart des étudiants, souvent boursiers de leur gouvernement provincial. Nés vers 1880, ils ont encore reçu une éducation classique et, comme leurs condisciples du Hubei ou du Hunan, ils ont conquis les diplômes mandarinaux de bachelier ou de licencié *(juren)*. Mais venus d'une province depuis longtemps ouverte au monde et aux relations internationales, ou parfois nés à l'étranger, au sein des communautés émigrées, ils se distinguent par leur cosmopolitisme, leur intérêt pour l'Occident, leur désir de coopérer avec lui. A la différence des premiers disciples de Sun Yat-sen, membres de Renaissance chinoise, les révolutionnaires cantonais de la seconde génération n'appartiennent pas au milieu méprisé (par l'opinion chinoise) des ports ouverts, mais à des familles de notables lettrés ou de marchands. Aux côtés de Sun Yat-sen, certains deviendront des politiciens et des révolutionnaires professionnels : Hu Hanmin (1879-1936), par exemple, titulaire d'une licence mandarinale et envoyé par le gouvernement provincial poursuivre ses études de droit à Tokyo, ou bien son condisciple Wang Jingwei (1883-1944), bachelier de l'ancien régime qui obtient à Tokyo un diplôme de l'Institut d'administration et de droit public (Hôsei daigaku) ; ou encore Feng Ziyou (1881-1958), dont le père, libraire à Yokohama, s'est rallié à Sun dès 1895. D'autres, leur diplôme obtenu, retournent faire carrière au Guangdong où, grâce au système d'équivalence établi par l'empire réformateur, ils entrent dans l'administration tout en poursuivant clandestinement et à temps partiel leurs activités révolutionnaires. Tel est le cas de Zhu Zhixin (1885-1920) ou de Chen Jiongming (1878-1933).

Dans ce vivier d'intellectuels cantonais, Sun Yat-sen recrute une série de collaborateurs compétents et loyaux qui vont lui apporter une aide très précieuse, en particulier dans le domaine de la propagande. De 1905 à 1907, Hu Hanmin, Wang Jingwei et Zhu Zhixin comptent parmi les polémistes les plus brillants et les plus prolifiques du *Journal du peuple* et jouent un rôle essentiel dans la création de l'idéologie du Triple Démisme, cependant que, à Hong Kong, Feng Ziyou anime seul ou presque *Le Quotidien de Chine*. Les liens de famille renforcent encore la cohésion de ce groupe cantonais qui compte en son sein des frères et des cousins (tels que Hu Hanmin et Hu Yisheng), des gendres et des beaux-pères (tels que Feng Ziyou ou Lin Yutang, grand marchand de Hong Kong dont les contributions renflouent périodiquement *Le Quotidien de Chine*).

Au-delà de ces solidarités géographiques, sociales, culturelles et familiales, le factionalisme provincial recouvre des enjeux idéologiques et stratégiques fondamentaux. Les divers groupes ont des positions divergentes sur l'attitude à adopter à l'égard de la tradition (plus respectée par les révolutionnaires du Yangzi que par ceux du Guangdong), comme sur la conduite à tenir à l'égard des étrangers : alors que les Cantonais sont prêts à solliciter leur aide financière, politique et même militaire, les autres groupes de la Ligue se montrent plus réticents.

Le problème se pose avec une particulière acuité en ce qui concerne les Japonais dont les révolutionnaires de Tokyo ont tendance à se méfier, mais auxquels Sun Yat-sen est personnellement lié de longue date. Le mot d'ordre « même culture, même race » *(dôbun, dôshu)*, que Sun Yat-sen et Hu Hanmin empruntent aux courants panasiatiques nippons, n'est approuvé ni par les dirigeants du Zhejiang ni par ceux du Hunan. A l'été 1907, Zhang Binglin est élu président de l'Alliance des nations opprimées de l'Asie orientale (Dongya wangguo tongmenhui), qui rassemble à Tokyo des émigrés indiens, birmans, vietnamiens, philippins, coréens, mais qui exclut les Japonais considérés comme impérialistes. Song Jiaoren dénonce avec force et l'impérialisme nippon et l'argumentation panasiatique sous laquelle il se cache : « Certaine puissance se sert des affinités géographiques et raciales pour avaler la Chine et jour après jour cherche l'occasion de nous tromper [...]. L'ennemi numéro un de notre pays dans le passé, le présent et l'avenir, c'est le Japon », écrit-il dans son journal *Le Peuple debout (Minlibao)*, en février 1911.

Le factionalisme régional joue aussi à l'occasion des conflits soulevés par la stratégie de prise du pouvoir. Si tous les révolutionnaires sont d'accord pour recourir à la conspiration armée, ceux du Yangzi, à la très remarquable exception de Huang Xing, refusent la priorité que les Cantonais veulent donner aux théâtres d'opérations méridionaux, et considèrent que des soulèvements éclatant moins loin du centre géographique et politique de l'empire auraient des conséquences plus décisives pour le renversement de la dynastie mandchoue.

Les débats idéologiques et politiques de la Ligue se coulent donc dans les structures traditionnelles des solidarités primaires. La persistance de celles-ci au sein de la Ligue jurée rend quelque peu illusoire l'institutionalisation proclamée du mouvement révolutionnaire. Dans les luttes qui ne tardent pas à déchirer le parti, les alignements s'opèrent en fonction de ces solidarités, jamais mentionnées dans les discours (car elles vont de soi), mais sous-jacentes à toutes les options.

Premiers conflits et premières scissions (1907-1909)

En février 1907, un premier conflit éclate entre Sun Yat-sen et le vice-président de la Ligue, Huang Xing, en désaccord sur le modèle du drapeau qui doit servir d'emblème au parti révolutionnaire. Sun Yat-sen s'en tient au drapeau dessiné jadis par son ami d'enfance Lu Haodong : un soleil blanc sur un fond bleu. Huang Xing préférerait inscrire sur le drapeau un caractère chinois symbolisant la politique d'égalisation des terres. Sur un sujet aussi futile, la violence de l'affrontement surprend. Elle dévoile le choc de deux personnalités. D'après le témoignage de Song Jiaoren, proche de Huang Xing, ce dernier est alors en proie à une grande amertume, car « Sun Yat-sen ne s'est jamais montré sincère, ouvert, modeste, ni franc à l'égard des autres [...]. Son style de gestion est quasi dictatorial, d'une intransigeance insupportable [1] ».

Au mois de mars, ces problèmes, qui sont les vrais problèmes, apparaissent en plein jour à l'occasion d'un conflit beaucoup plus grave, né des circonstances entourant le départ de Sun Yat-sen. Cédant à la pression du gouvernement mandchou, les autorités japonaises décident d'expulser Sun Yat-sen. Pour adoucir cette mesure, elles l'assortissent de regrets diplomatiques et du versement d'une grosse somme d'argent. Les autres dirigeants, irrités de n'avoir été ni consultés ni informés, considèrent l'argent japonais comme un pot-de-vin donné à Sun pour le faire partir sans esclandre. Ils dénoncent l'arrogance de Sun, mettent en doute son honnêteté. Le plus indigné est Zhang Binglin : il décroche le portrait de Sun ornant les bureaux du *Journal du peuple* et parle de chasser Sun de la présidence du parti.

Le tumulte renaît au mois de juin à propos d'un contrat d'achat d'armes arrangé par Sun Yat-sen, en vue d'un soulèvement révolutionnaire au Guangdong. Les dirigeants restés à Tokyo s'inquiètent de voir Sun persévérer dans sa stratégie des soulèvements méridionaux, qu'eux-mêmes réprouvent, et l'accusent d'avoir fait acheter des armes de modèle périmé. Les Cantonais s'interposent. Mais leur médiation échoue auprès de Sun qui, dans cette crise — comme dans les précédentes —, refuse toute conciliation et accuse à son tour Zhang Binglin d'avoir révélé les secrets militaires du parti en envoyant un message télégraphique non codé pour arrêter l'achat des armes.

Désormais, les relations entre Sun et les dirigeants de Tokyo ne cessent de se dégrader. En octobre, Sun Yat-sen confie personnellement à son ami Miyazaki Torazô le soin de le représenter à Tokyo pour les arrangements financiers et les achats d'armes et exclut formellement les autres dirigeants de la Ligue de tout secret militaire.

Par la suite, le conflit se cristallise autour du *Journal du peuple*. Depuis que la circulation du journal a été interdite en Chine, son financement devient de plus en plus incertain. Sa parution est menacée et les autorités japonaises finissent par pren-

1. LIEW, *Struggle for Democracy*, p .71.

dre une mesure d'interdiction en octobre 1908. Or, à aucun moment, Sun Yat-sen n'intervient pour aider à résoudre les difficultés financières pas plus qu'il ne soutient Zhang Binglin au cours du procès qui lui est intenté en tant que rédacteur en chef. Pis encore ! En 1909, Sun Yat-sen tente une véritable opération de détournement en s'emparant du titre du *Journal du peuple* pour faire paraître un nouvel organe dont la rédaction est confiée au fidèle Wang Jingwei. Le « faux » *Journal du peuple (wei Minbao)* arrête sa publication après deux numéros. Mais, entre-temps, les relations entre Sun et le groupe de Tokyo en sont arrivées au point de rupture.

Sun, en effet, a cessé de s'intéresser au *Journal du peuple* depuis qu'il ne le contrôle plus, c'est-à-dire depuis son départ de Tokyo en mars 1907 et celui à peine plus tardif de ses fidèles cantonais, Hu Hanmin et Wang Jingwei, qui avaient pris une grande part à la fabrication des premiers numéros. Dès lors, *Le Journal du peuple* passe sous la direction exclusive de Zhang Binglin et Sun reporte ses espoirs (et ses fonds) sur *Le Quotidien de la renaissance (Zhongxing ribao)* qui commence à paraître à Singapour. Pendant l'hiver 1907, Tao Chengzhang, dépêché par Zhang Binglin, se rend à Singapour pour demander à Sun 3 000 dollars pour *Le Journal du peuple*. Non seulement il n'obtient pas satisfaction, mais il se voit interdire toute démarche personnelle pour lever les fonds nécessaires auprès des communautés d'outre-mer. Passant outre à l'interdiction, Tao Chengzhang continue sa tournée en Asie du Sud-Est ; il en profite pour dénoncer Sun auprès des bailleurs de fonds dont certains, les non-Cantonais, lui prêtent une oreille complaisante.

Sun riposte en traitant Tao Chengzhang d'agent de Kang Youwei et, disent certaines sources, en lançant des assassins à ses trousses. La guerre des mots atteint son paroxysme avec les imprécations que lance Zhang Binglin contre « le jeune voyou » *(shaonian wulai)* dont il attaque les mœurs, la vie luxueuse et les abus de confiance : Sun ne promet-il pas à ses bailleurs de fonds de leur abandonner des concessions minières et ferroviaires ainsi que des monopoles commerciaux, disposant ainsi, à titre personnel, des ressources de la future république ?

Exacerbé par les attaques politiques et les injures personnelles, le conflit aboutit à la rupture ouverte. En novembre 1909, alors que Zhang Binglin fulmine contre le faux *Journal du peuple*, accuse Sun Yat-sen d'avoir saboté le vrai et demande aux Chinois d'outre-mer de ne plus verser de fonds au dirigeant cantonais, une lettre ouverte de Tao Chengzhang circule dans toute l'Asie du Sud-Est, qui dénonce le style personnel et dictatorial du président et réclame une fois encore son expulsion. L'objectif de Zhang Binglin et de Tao Chengzhang est de détruire l'image si soigneusement construite par Sun et de ruiner son crédit et celui de son entourage cantonais auprès des communautés d'outre-mer. Ils y réussissent en partie, mais la Ligue jurée, déjà bien affaiblie, achève de sombrer dans cette tourmente.

Sun Yat-sen sans la Ligue

Sun n'a jamais fondé son pouvoir sur la Ligue en tant qu'institution. Pour se faire reconnaître et obéir, il se fie aux contacts personnels qu'il a le don d'établir et aux réseaux internationaux d'information qu'il ne cesse d'activer. Bien avant d'avoir été expulsé du Japon, il a choisi d'établir sa base de pouvoir en Asie du Sud-Est, près des bailleurs de fonds potentiels et des théâtres d'opérations éventuels.

En avril 1906, c'est en sa présence qu'est fondé à Singapour le Bureau de la Ligue pour l'Asie du Sud-Est. A l'été suivant, les sections locales de la Ligue jurée se multiplient dans la péninsule malaise à la suite des visites de Sun, qui partout privilégie le face-à-face. Pour Sun, le quartier général de la Ligue se trouve non pas à Tokyo mais dans l'endroit où lui-même réside : à Hanoi, de mars 1907 à janvier 1908 ; à Singapour, dans les années suivantes ; à Penang, à partir de juillet 1910. Comme Sun ne s'arrête jamais longtemps dans un même endroit, il se fait relayer par les Cantonais de son entourage auxquels il fait confiance et qui sont directement responsables devant lui.

Pendant ses multiples déplacements, Sun Yat-sen conserve avec ses partisans des contacts réguliers dont témoigne l'abondance des lettres recueillies dans ses *Œuvres complètes*. Il est ainsi informé de l'évolution de la situation dans les diverses parties du monde. Il a même consigné dans un répertoire de 26 pages un code secret à utiliser pour télégraphier les messages urgents et il a distribué des exemplaires de ce répertoire à ses principaux lieutenants ! Homme de contact et de communication, Sun Yat-sen donne une interprétation remarquablement moderne de la traditionnelle priorité accordée en Chine aux relations personnelles. A cet égard, comme à bien d'autres, il est un précurseur. On rêve de la personnalité médiatique qu'il serait devenu s'il avait vécu à l'ère de la télévision !

Jusqu'aux grands conflits de 1909, la Ligue, dont Sun n'a jamais tiré la substance de son pouvoir, lui a cependant fourni une référence, une carte de visite honorable. Par la suite, Sun agit comme si la Ligue n'existait plus, ce qui à toutes fins utiles est d'ailleurs bien le cas. A San Francisco, qu'il visite au début de 1910, il demande aux nouveaux disciples qu'il a recrutés de jurer fidélité, non pas à la Ligue, mais au Parti révolutionnaire de Chine (Zhonghua gemingdang). La présence de Sun à la cérémonie de prestation du serment souligne le caractère personnel de l'allégeance promise.

Toutes ces initiatives, contraires aux statuts de la Ligue, sont prises sans consultation des dirigeants de Tokyo. D'ailleurs, en juin 1910, au cours d'une brève rencontre, qui se déroule clandestinement à Yokohama (car Sun est toujours banni du Japon), Sun déclare à ces dirigeants : « La Ligue a cessé d'exister depuis longtemps. Ceux qui s'en sentent la force peuvent créer leurs propres organisations indépendantes [1]. » C'est bien là ce à quoi lui-même travaille. De retour à Singapour, en juillet, il constate qu'à la suite de la campagne de Tao Chengzhang beaucoup d'anciens membres de la Ligue jurée se détournent de lui. Il décide alors de transférer le Bureau de la Ligue jurée pour l'Asie du Sud-Est à Penang, qui devient son nouveau quartier général, et de procéder au réenregistrement des membres du parti. L'objectif est de créer une organisation unie autour de la personne même de Sun Yat-sen.

Les autres dirigeants n'ont pas attendu le défi que leur a lancé Sun à Yokohama pour créer ou revitaliser leurs propres organisations. En 1907, les révolutionnaires originaires du Yangzi, hostiles à la stratégie méridionale de Sun, ont créé la Société du Progrès commun (Gongjinhui) qui, tout en reconnaissant l'autorité suprême de la Ligue, poursuit une action autonome et souvent concurrente. Tel est aussi le cas de la Société de la Restauration, une des organisations constitutives de la Ligue jurée qui, à partir de 1908, reprend une activité propre, sous l'impulsion de Tao Chengzhang. Aucune de ces organisations, cependant, n'égale le prestige de la Ligue, en particulier auprès

1. Cité par LIEW, *Struggle for Democracy*, p. 80.

des bailleurs de fonds d'outre-mer. C'est la raison pour laquelle, en 1910, les dirigeants de Tokyo prennent l'initiative de relancer la Ligue jurée, dans le but de la mettre au service de leur propre stratégie.

La Ligue sans Sun

Les principaux artisans de la renaissance de la Ligue sont des dirigeants provinciaux du moyen et du bas Yangzi, regroupés autour de Song Jiaoren. Le parti renaît sous la forme d'un Bureau de la Ligue jurée pour la Chine centrale, qui s'établit à Shanghai en 1911. On se rappelle que les statuts de la Ligue prévoyaient la création en Chine de bureaux régionaux dont seul celui du Sud avait vu le jour. L'objectif du Bureau pour la Chine centrale est de coordonner l'activité des groupes révolutionnaires qui se sont multipliés dans le bassin du Yangzi.

Bien que formellement la création de ce bureau soit conforme aux statuts de la Ligue, elle représente en fait une nouvelle déclaration de guerre à Sun Yat-sen et à son entourage cantonais, qui ne tardent pas à faire connaître leur réprobation par la voix de Hu Hanmin. La réponse qu'ils s'attirent ne laisse aucun doute sur les sentiments du groupe de Tokyo :

> « Le quartier général de la Ligue est à Tokyo. Mais son président n'a cessé de vagabonder au sud [dans les pays d'Asie du Sud-Est] et à l'est [en Amérique et en Europe], sans adresse fixe, et n'a jamais consacré à la Ligue la moindre attention. Quel genre de président est-ce donc là ? La vie du bureau de Tokyo repose entièrement sur les contributions de nos collègues sur place, qui n'ont jamais eu recours aux vantardises et aux tromperies pour lever de l'argent. Mais vous, au nom de la Ligue, vous avez obtenu des sommes énormes des Chinois d'outre-mer [1]... »

De toute évidence, la référence à la Ligue continue de faire s'ouvrir la bourse des émigrés. Et c'est pour orienter vers eux le pactole que les dirigeants de Tokyo cherchent à revitaliser le parti, tout en le soustrayant à l'autorité de Sun.

La déclaration qui accompagne l'inauguration officielle du Bureau, en juillet 1911, critique les faiblesses passées de la Ligue : manque de cohésion, défaillances de la direction, aux-

1. Cité par Liew, *Struggle for Democracy*, p. 93.

quelles Song Jiaoren et ses camarades se proposent de remédier. En fait, ils veulent faire du Bureau pour la Chine centrale l'organisme directeur de la Ligue et substituer à l'autorité du président, Sun Yat-sen, celle d'un comité exécutif central de cinq membres, soumis à réélection annuelle. Cette direction collective, précise la déclaration, est destinée à redresser « les tendances à la partialité et à empêcher la montée de la tyrannie [1] ».

La déclaration met en lumière les divergences idéologiques entre la Ligue et le Bureau pour la Chine centrale. Si ce dernier inclut bien dans son programme le renversement des Mandchous et l'établissement d'un régime républicain, il ne mentionne pas le troisième principe, celui du bien-être du peuple, défini à l'époque par Sun Yat-sen comme l'égalisation des droits sur la terre. Désireux de créer un front d'opposition aussi large que possible, les dirigeants du Bureau pour la Chine centrale ne veulent sans doute pas s'aliéner des notables qui sont presque toujours des propriétaires fonciers. Dans le journal très influent *Le Peuple debout* qu'il dirige à Shanghai, à partir d'octobre 1910, Song Jiaoren s'efforce au contraire de rallier l'opposition constitutionnaliste. Abandonnant le dénigrement systématique de la race mandchoue et les attaques contre Liang Qichao, Song Jiaoren met l'accent sur la menace d'intervention étrangère et plaide pour un républicanisme modéré. Il maintient qu'une révolution est nécessaire, mais qu'elle doit éviter les déchirements inutiles.

C'est à cette préoccupation que répond la « stratégie zonale » qu'il avance alors. Parmi les trois zones où peut éclater le soulèvement révolutionnaire (zone proche de la capitale, zone centrale du Yangzi, zone méridionale du Guangdong et des provinces voisines), Song Jiaoren privilégie la zone centrale. Un soulèvement dans la zone de la capitale serait décisif et permettrait une prise de pouvoir rapide, mais il est difficile à organiser et ses chances de succès sont faibles, car cette région se situe au cœur même de l'appareil du pouvoir impérial. A l'inverse, la zone méridionale, beaucoup moins bien contrôlée par cet appareil, offre de meilleures chances aux soulèvements révolutionnaires, mais une prise de pouvoir dans une région si éloignée ne pourrait amener, par elle-même, la chute du

1. Cité par LIEW, *Struggle for Democracy*, pp. 96-97.

régime mandchou. (Notons que, pour sa part, Sun Yat-sen se serait contenté d'une sécession, dans une première étape du moins.) Ainsi, Song Jiaoren retient comme théâtre d'opérations privilégié la zone centrale, c'est-à-dire le bassin du Yangzi où les révolutionnaires jouissent d'une relative liberté de mouvement et qui, moins éloignée de la capitale et bien reliée à elle, permettrait à une insurrection victorieuse de s'étendre rapidement vers le nord.

Trop souvent présentée comme le parti de Sun Yat-sen, la Ligue jurée apparaît donc comme une fédération fort lâche de groupes révolutionnaires, dont certains sont devenus au fil des ans franchement hostiles au dirigeant cantonais. Sun Yat-sen a su pourtant tirer profit de l'existence de la Ligue, en particulier de la coopération des intellectuels qu'elle lui a assurée dans les élans unitaires du début. L'idéologie révolutionnaire du Triple Démisme, que ces intellectuels ont alors créée, s'est élaborée sous l'influence de Sun Yat-sen et est demeurée attachée à son nom.

La création d'une idéologie révolutionnaire : les Trois Principes du peuple ou Triple Démisme

La première expression de cette idéologie révolutionnaire se trouve dans le Manifeste de la Ligue jurée, qui date de la création du parti, et qui, révisé à l'automne 1906 par Sun Yat-sen, avec l'aide de Huang Xing et Zhang Binglin, prend le nom de Programme révolutionnaire de la Ligue jurée (Zhongguo Tongmenghui geming fanglüe). Les grandes orientations du Manifeste sont développées par *Le Journal du peuple*. Rédigés par des auteurs divers, les articles font apparaître des vues personnelles, parfois contradictoires. Ils n'en constituent pas moins un corps de doctrine, le Triple Démisme, considéré comme l'expression de la pensée politique de Sun Yat-sen.

Sun Yat-sen lui-même ne prend pourtant que très peu part à la rédaction de ces textes. Il se contente d'inspirer certaines idées... et laisse la plume à la pléiade d'intellectuels qui l'entourent, dans les années 1905-1907. L'élaboration de la doctrine est en effet fort rapide. Chaque nouveau numéro du *Journal du peuple* apporte sa moisson d'articles. Ce remarquable effort de théorisation n'est pas un phénomène isolé : il s'intègre à l'épanouissement d'un premier âge d'or de la pensée politique chinoise moderne et coïncide avec l'essor des courants constitutionnalistes, anarchistes et socialistes.

Tous les problèmes qui préoccupent alors l'intelligentsia chinoise sont abordés par les rédacteurs du *Journal du peuple* : confrontation entre tradition et modernité, culture et nationalisme, rapports entre pouvoir et société... Les textes reflètent les brillantes facultés intellectuelles de leurs auteurs, leur solide culture classique, leur appréhension déjà plus précise de la pensée occidentale. On admire le sens juridique de Wang Jingwei, de Song Jiaoren ou de Hu Hanmin, l'érudition de Zhang Binglin.

Leurs spéculations, cependant, obéissent à un projet politique précis, qui est celui de Sun Yat-sen. Il s'agit de tracer une frontière, d'élever une barrière idéologique infranchissable entre les révolutionnaires ralliés à Sun et leurs formidables rivaux réformistes, conduits par Liang Qichao. Les articles du *Journal du peuple* sont autant de coups portés à un ennemi qu'on poursuit par tous les moyens, y compris les affrontements physiques au cours des meetings. La polémique est d'autant plus violente que les positions sont proches, en particulier sur des problèmes tels que la défense des intérêts nationaux, la nécessité d'une participation populaire au pouvoir... Cette préoccupation polémique domine *Le Journal du peuple* à ses débuts, c'est-à-dire à l'époque où l'influence de Sun y est prépondérante, de l'automne 1905 à l'automne 1907. Elle provoque des infléchissements de la pensée révolutionnaire, plus attentive parfois à inventer des différences pour marquer son originalité qu'à conduire une réflexion fondée sur l'observation des réalités contemporaines.

De l'anti-impérialisme à la mobilisation populaire, les analyses de Liang Qichao, le penseur politique chinois le plus pénétrant de ce début de siècle, couvrent en effet un vaste domaine, bien proche de celui où évoluent les révolutionnaires de la Ligue jurée. Pour éviter de mettre leurs pas dans ceux de l'adversaire et de camper sur le terrain qu'il a déjà occupé, les fidèles de Sun sont amenés à certaines contorsions intellectuelles : remplacement de l'anti-impérialisme par le racisme antimandchou comme fondement du nationalisme moderne, assimilation exclusive de la démocratie à un système de forme républicaine...

La plupart des problèmes abordés sont analysés en fonction des rapports hostiles entre la Ligue jurée et Liang Qichao. Lorsque vers la fin de la décennie s'efface l'influence de Sun Yat-sen sur la Ligue, le programme de ce qui reste alors de celle-ci se rapproche beaucoup des propositions de Liang Qichao, comme on peut le constater sous la plume de Song Jiaoren dans les articles du *Peuple debout* en 1910-1911.

A l'initiative de Sun Yat-sen, le fossé est ainsi creusé de façon délibérée et pour des raisons politiciennes entre les réformistes et les révolutionnaires. Mais, sur le plan des idées, la fracture ne joue que très imparfaitement entre ceux qu'on voudrait faire passer pour des faux progressistes et ceux qui s'intitulent eux-mêmes les seuls patriotes et les vrais démocrates. En fait, sur bien des points — et particulièrement en ce qui concerne les rapports avec les étrangers —, la pensée de la Ligue jurée, inspirée par Sun, apparaît plus timorée que celle de Liang Qichao.

Quelque insatisfaisant que demeure pour l'historien des idées l'effort de théorisation accompli par la Ligue jurée, il n'en revêt pas moins une grande importance politique. Il va fournir à l'action de Sun Yat-sen cette armature idéologique qui, jusqu'alors, lui a fait défaut. Inversement, grâce à Sun Yat-sen, à son inlassable activité, à son charisme, à ses multiples réseaux relationnels, le Triple Démisme échappe d'emblée au ghetto des cercles intellectuels pour devenir, au fil des années et de ses propres mutations, la doctrine phare dont les tenants égaleront l'importance du marxisme ou du libéralisme.

Le Journal du peuple, *laboratoire et tribune du Triple Démisme*

Le premier numéro du journal paraît le 26 novembre 1905. Les autorités japonaises suspendent la publication après le numéro 24, daté du 10 octobre 1908. Pendant ces années, deux équipes de rédacteurs se succèdent. La première, responsable des numéros 1 à 5, rassemble des intellectuels cantonais comme Feng Ziyou, Hu Hanmin, Wang Jingwei, ainsi que des provinciaux du Yangzi tels que Chen Tianhua (qui avant son suicide, en décembre 1905, signe sous des noms divers dix-sept articles du premier numéro) et Song Jiaoren. A l'automne 1905, au moment où sont rédigés le Manifeste de la Ligue jurée et divers articles programmes, les journalistes sont en contact quotidien avec Sun Yat-sen. Celui-ci dicte certains textes et inspire la plupart des autres. Son influence se traduit, en particulier, par le caractère violent et systématique des attaques lancées contre Liang Qichao et le Parti de Protection de l'empereur.

Lorsque, en juin 1906, Zhang Binglin sort de la prison shanghaienne dans laquelle il a été enfermé à la suite de l'affaire du *Subao*, quatre émissaires de Sun Yat-sen l'attendent pour le conduire à Tokyo, où les étudiants l'accueillent en héros et où, à partir de novembre, il prend la direction du *Journal du peuple*. Zhang Binglin met son talent littéraire au service de la guerre des plumes et, dans la polémique qui oppose la Ligue jurée à Liang Qichao et à sa *Revue du peuple nouveau*, il embrasse fermement le camp de la Ligue. Ses camarades le surnomment le « révolutionnaire érudit ». Son ambition est en effet de donner un tour plus élevé au débat. Il travaille à renforcer les fondements théoriques du Triple Démisme par les nombreux commentaires qu'il fait paraître dans *Le Journal du peuple* (dont il signe deux articles sur trois entre novembre 1906 et octobre 1908).

A ses débuts, la collaboration de Zhang Binglin favorise le succès du journal dont le tirage atteint 7 000 exemplaires, diffusés en Chine comme dans les communautés d'outre-mer. A partir du printemps 1907, cependant, les difficultés matérielles se multiplient. L'interdiction du journal en Chine diminue ses rentrées de fonds. Et Zhang Binglin ne peut plus compter sur les subsides de Sun Yat-sen qui, après son départ de Tokyo, se désintéresse du journal.

Ce n'est pas par simple coïncidence que la ligne du journal commence alors à s'infléchir. Zhang Binglin donne de plus en plus libre cours à ses préoccupations morales et philosophiques. Pour relever la Chine de sa décadence, il veut cultiver une vertu révolutionnaire fondée sur certains principes bouddhistes et promouvoir un nationalisme d'essence culturelle *(guocui)* inspiré par la tradition chinoise. Il laisse de plus en plus percer son antipathie pour l'Occident et son scepticisme à l'égard du progrès matériel. Ces orientations nouvelles ainsi conjuguées à l'éloignement de Sun Yat-sen et au déclin organisationnel de la Ligue jurée font que, dans sa dernière période, *Le Journal du peuple* apparaît de plus en plus comme l'organe — « le trône », raille Sun — de Zhang Binglin lui-même. C'est donc vers les premiers numéros du journal qu'il convient de se tourner pour analyser le Triple Démisme.

Nationalisme (minzuzhuyi) *et antimandchouisme*

Le Manifeste de la Ligue représente l'une des premières affirmations du nationalisme chinois moderne dans lequel l'individu s'identifie à une unité politique transcendant les particularismes de clan ou de province. La naissance de la conscience nationale n'élimine pas les loyautés provinciales qui se traduisent par l'organisation de groupements politiques séparés, poursuivant leurs actions particulières. Ces loyautés au contraire demeurent fort vigoureuses, et au sein même de la Ligue jurée, comme nous l'avons vu. Mais elles confluent dans le mouvement pour l'unité nationale.

Cette dialectique entre forces centrifuges et affirmation de l'unité chinoise n'est pas un phénomène nouveau. De tout temps, les lettrés ont conjugué leur appartenance à une société provinciale, à laquelle les rattachent le dialecte, les solidarités familiales et économiques, avec leur participation à une culture confucéenne pensée dans le cadre de l'univers (*tianxia*, littéralement «ce qui est sous le ciel»). Mais le couple provincialisme/cosmopolitisme confucéen a été déséquilibré à partir de la seconde moitié du XIXe siècle par la découverte progressive de la spécificité et donc des limites du confucianisme, désormais perçu comme phénomène historique et régional, et par l'émergence, tout aussi progressive, du concept de nation *(guomin)*.

Ce concept a du mal à s'imposer. D'une part, le nationalisme naissant doit résister au danger de subversion par un provincialisme qui, dans le contexte du déclin des valeurs confucéennes, apparaît souvent aux élites comme un refuge et le lieu privilégié de l'action, de la réforme et du progrès. D'autre part, le concept de nation impose un cadre bien restrictif à la pensée de lettrés, habitués à raisonner en termes universels. Opter pour la nation, c'est à la fois s'élever au-dessus des solidarités provinciales et renoncer aux satisfactions intellectuelles d'un universalisme confucéen rendu caduc par l'évolution du monde moderne. Parcours difficile, entrepris sous la pression de la confrontation avec l'Occident et de l'agression étrangère. Le courant nationaliste qui se développe à partir de la seconde moitié du XIXe siècle s'alimente à des sources diverses : traditionnel sentiment de supériorité culturelle, xénophobie des sociétés secrètes, emprunts aux penseurs occidentaux. La violente réaction anti-impérialiste qui suit la crise des Boxeurs accélère l'évolution. Mais, dès 1903, celle-ci s'infléchit et l'on voit surgir l'antimandchouisme qui, sous l'influence de Sun Yat-sen et de la Ligue jurée, va devenir le pivot du nouveau nationalisme chinois.

D'emblée, le Manifeste de la Ligue affirme la nécessité d'une révolution nationale *(guomin geming)*, prise en charge par tous les membres de la nation *(yiguo zhi ren)* et qui s'accomplira en deux étapes : l'expulsion des Mandchous et la restauration de la souveraineté chinoise. Les Mandchous, ces barbares de l'Est venus d'au-delà de la Grande Muraille, ont conquis la Chine et asservi les Chinois qui sont « demeurés pendant deux cent soixante ans un peuple sans nation » *(wangguo zhi min)*. Quand on les aura chassés, on pourra « restaurer la souveraineté chinoise » *(guangfu Zhonghua)*. En effet, « la Chine est la Chine des Chinois. Son gouvernement doit revenir aux Chinois ». Le Manifeste appelle donc au rétablissement d'un État national *(minzu guojia)*.

Dans tous ces développements, rien qui concerne la présence occidentale : le conquérant, l'oppresseur, c'est le Mandchou. Ce passage du nationalisme à l'antimandchouisme et cette assimilation exclusive de l'un à l'autre pourraient apparaître comme une résurgence archaïque, un retour à l'idéologie rebelle des sociétés secrètes s'il ne s'accompagnait d'une réflexion approfondie sur des concepts tels que la race, l'État, la nation. On songe en particulier à l'article de Wang Jingwei intitulé « Une nation de citoyens » (« Minzude guomin »), paru dans les numéros 1 et 2 du *Journal du peuple*, ainsi qu'à d'autres écrits signés Hu Hanmin, Chen Tianhua, Zhu Zhixin, Zhang Binglin... Ces auteurs abandonnent l'argumentation primitive qui avait été en 1903 celle de Zou Rong et qui rejetait sur les Mandchous la responsabilité de la non-résistance à l'agression étrangère, faisant ainsi de l'antimandchouisme une autre expression de l'anti-impérialisme. Les trois principaux chefs d'accusation désormais retenus contre les Mandchous sont l'oppression qu'ils ont fait peser sur les Chinois, leur appartenance à une race inférieure, leur incapacité de conduire le changement et d'assurer le progrès.

Le thème de l'oppression est sans doute celui qui est le plus largement repris par la littérature révolutionnaire. On reproche aux Mandchous d'avoir privé les Chinois de leur propre identité en les obligeant à adopter des coutumes telles que le port de la natte, de les avoir isolés du monde extérieur afin de mieux les dominer, de les avoir chassés de la haute administration, d'avoir pratiqué à leur égard une politique discriminatoire portant atteinte à leurs droits civiques et à leurs propriétés privées : en bref, ils ont conquis la Chine par la violence et ils ont régné sur elle comme des tyrans. Selon les auditoires auxquels elle s'adresse, l'argumentation se nuance. Dans *La Vraie Solution de la question chinoise*, rédigée en anglais à la fin de 1904 par Sun Yat-sen qui résidait alors à New York, les Mandchous sont accusés d'avoir privé les Chinois du progrès matériel et du droit à l'égalité et de ne pas s'être conduits... comme des démocrates occidentaux. Wang Jingwei, lui, illustre son réquisitoire d'une grande abondance d'exemples historiques. Mais, en général, l'argument de l'oppression masque à peine la haine raciale avec laquelle il tend à se confondre.

Pour beaucoup de révolutionnaires, et parmi les plus éminents, l'essence de l'antimandchouisme, en effet, c'est tout simplement le mépris et la haine de l'autre, du barbare. Chen Tianhua se contente d'invoquer l'autorité des Classiques, en l'occurrence celle du *Zuo Zhuan*, pour justifier le bien-fondé de cette haine : « S'il n'appartient pas à notre race, son esprit ne peut être que différent [1]. » Le gouvernement mandchou ne peut qu'être mauvais, renchérit Hu Hanmin, parce que « ce n'est pas un gouvernement chinois, mais le gouvernement d'une tribu étrangère [...]. Ses défauts sont enracinés dans la nature de cette race et ne peuvent être ni éliminés ni corrigés [2] ».

Zhang Binglin a été l'un des premiers à tenter la rationalisation de ce racisme par référence à l'ethnologie, la sociologie, l'histoire de l'Europe et de l'Asie. Dans ses essais *Mots urgents*,

---

1. CHEN Tianhua, « Lun Zhongguo yi gaichuang minzhu zhengti » (La Chine doit changer et adopter un régime républicain), *Minbao*, 8 décembre 1905, n° 1, p. 49. Le *Zuo Zhuan* (traditions de Zuo) est une chronique de l'époque des Zhou (XIe-VIIIe siècles) recueillie sans doute aux Ve et IVe siècles avant notre ère.

2. HAN Min (HU Hanmin), « *Minbao* zhi liu dazhuyi » (Les six grands principes du *Journal du peuple*), *Minbao*, 18 avril 1905, n° 3, p. 8.

de 1903, et plus tard dans sa *Déclaration antimandchoue (Tao Manzhou ji)*. Zhang rejette l'idée qu'une dynastie étrangère puisse jamais acquérir une quelconque légitimité en se sinisant. Selon lui, « toute culture a son origine ethnique ». La race ne se définit pas selon des données biologiques, mais en termes de conscience. Entre les Chinois et les Barbares, le fossé est le même qu'entre hommes et bêtes *(shou)*. Ce qui distingue les Chinois, c'est la possession d'une culture. La restauration *(guangfu)* de la Chine repose donc sur son retour à une identité nationale fondée sur sa culture historique, spécifique, unique, indissolublement liée à la présence de la race Han. Ce culturalisme, ce « nationalisme ethnocentrique[1] » pousseront par la suite Zhang Binglin à évoluer vers des positions de plus en plus conservatrices.

Dans son article déjà cité, « Une nation de citoyens », Wang Jingwei aborde le problème de la race sous un angle politico-juridique et en vient à élaborer le concept d'État-nation. Il définit la nation *(minzu)* comme « un groupe humain stable possédant des caractéristiques communes ». Il la distingue de la nation *(guomin)*, conçue comme la communauté des citoyens dépendant d'un État *(guojia)*, et pose le problème de la coïncidence entre la nation au sens ethnologique du terme *(minzu)* et l'État. Si cette coïncidence existe, elle installe le règne spontané de la liberté et de l'égalité entre gens de même race, animés de sentiments fraternels. Mais en Chine, la minorité arriérée des conquérants mandchous est aussi éloignée des Chinois que « le ciel de la terre », ce qui ne laisse d'autre perspective aux vaincus que celle de l'assimilation forcée.

L'argument raciste aide à fonder la nécessité absolue de la révolution, en écartant toute possibilité de réforme par un gouvernement qui en tant que mandchou est mauvais de nature et ne peut que le demeurer. Alors qu'en 1905 la Cour impériale envoie une mission d'enquête parlementaire en Europe et qu'en septembre 1906 elle annonce sa décision d'adopter une Constitution, la Ligue jurée rassemble ses forces pour lutter... contre la concurrence et ne s'embarrasse pas de raison-

1. Charlotte FURTH, « The Sage as Rebel : The Inner World of Chang Ping-lin », *in* Charlotte FURTH (éd.), *The Limits of Change. Essays on Conservative Alternatives in Republican China*, Cambridge, Mass., Harvard University Press, 1976, p. 117.

nements trop compliqués. Comme le déclare Zhu Zhixin : «La frontière séparant les races est ce qui explique l'incapacité des Mandchous à adopter une Constitution[1].» Wang Jingwei recourt à une argumentation plus complexe. Il montre que la tentative constitutionnelle masque simplement un effort pour garder le pouvoir et que la politique centralisatrice dont elle s'accompagne vise en fait à limiter l'influence des hauts fonctionnaires provinciaux chinois et à renforcer le contrôle exercé par la Cour mandchoue : «La Constitution est l'appât, la centralisation le hameçon.» En fait, Wang Jingwei cherche à démontrer que même si le gouvernement mandchou reprend à son compte les objectifs des révolutionnaires, il ne pourra jamais les atteindre, parce qu'il est impossible «que poussent des cornes à un cheval ou qu'un bélier produise du lait[2]».

Né du ressentiment provoqué par l'agression étrangère, l'antimandchouisme s'est ainsi transformé au fil des années en instrument de lutte contre Liang Qichao, les réformistes et la politique réformatrice de gouvernement impérial. Cet avatar du nationalisme a laissé perplexes bien des historiens, y compris ceux de la République populaire de Chine. Bien que personne ne conteste la place centrale occupée par l'antimandchouisme dans la pensée révolutionnaire chinoise avant 1911, la plupart préfèrent considérer qu'il s'agit là d'un choix stratégique plutôt que d'une option véritablement idéologique. Afin de rallier des masses populaires chinoises profondément hostiles à la dynastie (comme en témoigne la virulence des sociétés secrètes), les révolutionnaires auraient choisi l'antimandchouisme pour en faire le thème fédérateur de l'opposition. En réalité, il s'agirait moins d'idéologie que de propagande.

Cet argument d'opportunité a sa valeur : les premiers succès de la révolution de 1911 ont été remportés au nom de la lutte contre les Mandchous. Mais sur le plan idéologique comme sur le plan de l'évolution politique à plus long terme, l'accent mis sur l'antimandchouisme entraînera confusions et défaillances.

---

1. ZHU Zhixin, «Lun Manzhou sui yu lixian er bu neng» (Bien que les Mandchous veuillent établir une Constitution, ils en sont incapables, *Minbao*, 26 novembre 1905, n° 1, pp. 36-38. Traduction partielle dans GASSTER, *Chinese Intellectuals and the Revolution of 1911*, p. 86.

2. Cité par GASSTER, *Chinese Intellectuals and the Revolution of 1911*, p. 91.

A bien des égards, en effet, le choix des Mandchous comme principale cible du mouvement révolutionnaire semble être une conduite d'« évitement ». Il permet de substituer à un impérialisme étranger hors d'atteinte une proie déjà bien affaiblie, la dynastie impériale. Comme Liang Qichao ne cesse de le répéter et comme l'histoire le montrera, la chute de la dynastie ne peut résoudre aucun des problèmes qui se posent alors à la Chine. Mais le projet antimandchou répond aux passions, facilite la mobilisation, permet d'abattre les rivaux et autorise l'espoir de succès rapides.

L'acharnement antimandchou autorise également les révolutionnaires à ne pas aborder des questions aussi douloureuses que la pertinence de la tradition et le rôle de l'héritage culturel dans la construction d'une nation moderne. Il leur permet d'éviter le dilemme entre culturalisme et nationalisme, commun à bien des pays du tiers monde. L'examen de ces questions sera laissé à la génération suivante, celle des intellectuels du 4-Mai 1919. Au début de ce siècle, les révolutionnaires se contentent d'attribuer aux Mandchous la responsabilité de tous les maux de leur pays.

Pourtant, certaines analyses (celles d'un Wang Jingwei par exemple) témoignent des progrès accomplis dans l'appréhension du monde moderne et dans l'élaboration des concepts d'État, de nation, d'identité collective. L'antimandchouisme, auquel sous l'influence de Sun la Ligue jurée donne priorité, ne contribue en rien à la formation d'une théorie du nationalisme. Au contraire. Mais il coïncide avec le sentiment populaire et facilite la mobilisation patriotique. Le pragmatisme, le sens politique — d'aucuns diraient la démagogie de Sun Yatsen — permettent de faire passer un message qui autrement risquait de rester simple objet de débat dans les cénacles intellectuels.

Stratégie efficace dans la mesure où la révolution de 1911 naîtra de la conjonction de toutes les oppositions antimandchoues. Stratégie suicidaire dans la mesure où le message ainsi diffusé s'est vidé de son contenu et où la réflexion ainsi dévoyée n'a pas préparé l'avenir, en s'abstenant de prendre en compte les problèmes fondamentaux : rapport avec un Occident à la fois exemplaire et menaçant, attitude à l'égard d'un héritage culturel dont la richesse représente un privilège et un handicap. L'assimilation du nationalisme à l'antimandchouisme contient en germe les premières victoires de la révolution tout comme les échecs qui leur succèdent immédiatement.

Le principe de la démocratie (minquanzhuyi)

Pour les révolutionnaires de la Ligue jurée, ce principe trouve son application exclusive dans le régime républicain. En ce début de siècle, où n'existent que de très rares Républiques (en France, aux États-Unis, en Suisse), un tel choix peut surprendre. Nous avons déjà vu que chez Sun Yat-sen il répond au désir d'adopter la forme d'organisation politique jugée la plus moderne et donc la plus performante. L'analogie souvent reprise par Sun entre le régime républicain et les modèles les plus perfectionnés de locomotives met bien en lumière une approche essentiellement nationaliste du changement constitutionnel (au sens le plus large du terme), qui est celle de la plupart des révolutionnaires de la Ligue jurée. La réorganisation des rapports entre l'État et la société, la participation des masses à la vie politique, l'importance accordée à la loi, la redistribution des pouvoirs au sein du gouvernement, le statut de la propriété ont pour finalités essentielles une cohésion sociale et un renforcement du pouvoir étatique, propres à assurer la puissance et la grandeur de la Chine. Dans la perspective sociale darwinienne, qui s'impose explicitement ou non à la plupart des rédacteurs du *Journal du peuple*, le nationalisme est conçu comme la principale force de mobilisation populaire, et la démocratie républicaine comme l'instrument le plus efficace de la reconstruction chinoise.

A cet égard, et en dépit de la violente polémique qui l'oppose à Liang Qichao, Sun Yat-sen paraît fort proche de son rival. Bien que l'un ait choisi la voie de la réforme graduelle et l'autre celle de la rupture révolutionnaire, tous deux attendent du changement politique et institutionnel une modernisation reposant sur l'action d'un État transformé dans ses structures et entretenant des rapports nouveaux avec la société.

Cette finalité modernisatrice apparaît clairement dans la vision utopique de la République chinoise que donne Chen Tianhua dans un roman inachevé, *Le Lion rugissant (Shizihou)*, publié en feuilleton par *Le Journal du peuple*. Chen aperçoit « une grande ville, de larges rues pavées de pierres blanches, d'une propreté immaculée, bordées d'immeubles à sept étages, [...]

des tramways, [...] au-dessus un pont d'acier, emprunté par les piétons, en sous-sol le métro». Il imagine que «même Londres ou Paris n'étaient pas comme cela... On célébrait le cinquantième anniversaire de la restauration chinoise *(guangfu)*. Un *Almanach de la République* indiquait que ce paradis possédait 300 000 écoles, 60 millions d'étudiants, filles et garçons, une armée active de 2 millions d'hommes [...], 700 cuirassés, plusieurs dizaines de sous-marins et d'avions, 300 000 lis de chemin de fer[1]».

La République est ici décrite en termes purement matériels; elle symbolise le triomphe du progrès technique et la transformation de la Chine en une grande puissance moderne. Les révolutionnaires, cependant, ne s'arrêtent pas à cette vision. Aiguillonnés par les critiques et les objections de Kang Youwei et de Liang Qichao, ils cherchent des justifications théoriques à l'option révolutionnaire et républicaine.

Pour étayer leur argumentation, ils font appel aussi bien aux penseurs occidentaux qu'aux Classiques chinois, en recherchant surtout, tant chez les uns que chez les autres, les éléments propres à renforcer leur conception étatique du changement. Pour Chen Tianhua comme pour Wang Jingwei, le principe de la démocratie réside dans le peuple dont la loyauté doit aller non pas au souverain ou à la dynastie, mais à l'État. L'idée que la nation appartient au peuple se diffuse sous l'influence de Jean-Jacques Rousseau, dont les œuvres ont été traduites en japonais et sur lequel Liang Qichao a fait paraître un essai en 1902. Zhang Binglin reconnaît sa dette à l'égard de Rousseau qu'il appelle «le père des droits de l'homme et de la liberté[2]». Quant à Chen Tianhua, tout en admirant l'apport du philosophe français à la pensée politique moderne, il souligne que déjà le *Shijing* et Mencius faisaient du consentement populaire le fondement de tout pouvoir légitime. Il attribue même à un auteur

1. Cité par Ernest YOUNG, «Ch'en T'ien-hua (1875-1905) : A Chinese Nationalist», *Papers on China*, vol. XIII, Center for East Asian Studies, Harvard University, Cambridge, Mass., décembre 1959, p. 124. Cette vision d'une modernité ramenée à ses aspects matériels les plus apparents rappelle étrangement celle des réformistes du début des années 1980, qui rêvaient d'un Pékin hérissé de gratte-ciel.

2. Cité par WONG Young-Tsu, *Search for Modern Nationalism, Zhang Binglin and Revolutionary China, 1869-1936*, Hong Kong, Oxford University Press, 1989, p. 59.

chinois du XVIIe siècle, Huang Zongxi, une théorie du pouvoir populaire préfigurant le *Contrat social*[1].

Il est frappant de constater que de cette première lecture de Rousseau les révolutionnaires chinois, tels Chen Tianhua et Wang Jingwei, retiennent non seulement le principe d'égalité et de liberté mais aussi l'idée que la volonté générale prime celle des individus et que, s'il le faut, ceux-ci doivent être contraints de se soumettre à la volonté du corps social. Cette contrainte n'implique aucune atteinte à la liberté individuelle, puisque la volonté générale naît de la libre expression des opinions individuelles et qu'en obéissant à cette volonté l'individu n'obéit en définitive qu'à lui-même. Nourris par une culture politique méfiante à l'égard de l'individu qu'elle considère comme porteur de tendances égoïstes, les révolutionnaires chinois louent Rousseau d'avoir substitué le collectivisme *(tuantizhuyi)* à l'individualisme *(gerenzhuyi)* (Wang Jingwei) et proclament qu'ils recherchent « la liberté du groupe et non celle de l'individu » (Chen Tianhua).

La pensée politique allemande a aussi beaucoup influencé les débats théoriques qui se déroulent alors dans l'intelligentsia chinoise. Wang Jingwei s'appuie sur Georg Jelléneck (1851-1911)[2] pour combattre l'idée, inspirée à Liang Qichao par d'autres penseurs allemands, que l'État s'identifie au monarque et que seul ce dernier peut arbitrer entre les intérêts divers des citoyens. Pour Wang Jingwei, l'État a une personnalité juridique distincte, issue de la volonté collective. Et le peuple n'est pas un objet de gouvernement : il possède à la fois des droits et des devoirs.

Contre Liang Qichao qui dénonce la toute-puissance du législatif et l'absolutisme parlementaire inhérents, selon lui, à la séparation des pouvoirs, Wang Jingwei invoque Montesquieu :

---

1. YOUNG, « Ch'en T'ien-hua », pp. 144-145. Le *Shijing* (Livre des Écrits) est un des six Classiques. C'est un recueil de pièces datant des IXe-Ve siècles et qui reflètent la tradition des scribes, analystes et devins de l'Antiquité. Mencius, philosophe du IVe siècle avant notre ère, considère que la vertu du prince est le fondement de son pouvoir, car elle lui attire l'adhésion du peuple sans laquelle il n'est pas de gouvernement légitime. Les écrits de Mencius servaient de référence à l'orthodoxie néoconfucéenne qui dominait la pensée politique à l'époque de la dynastie mandchoue.

2. Juriste allemand dont la réflexion s'est principalement attachée au rôle de l'État comme instrument de libération et d'unification nationale. Il a défendu l'idée que l'État devait volontairement se soumettre à la loi et s'imposer lui-même des limites à sa souveraineté.

loin de vouloir porter atteinte à l'unité de l'État, celui-ci au contraire cherche à la préserver en prévenant l'absolutisme et en attribuant aux pouvoirs législatif, exécutif, judiciaire des domaines autonomes dans lesquels ils fonctionnent en liaison les uns avec les autres. Enfin, Wang Jingwei maintient, toujours contre Liang Qichao, que le système représentatif est en pratique le seul réellement démocratique, bien qu'il reconnaisse avec Liang (et avec Rousseau) que théoriquement la démocratie suppose l'exercice direct de la souveraineté par tout le peuple. Mais le système représentatif n'arrache pas au peuple ses prérogatives pour les donner à ses mandataires. Le Parlement ne fait que « représenter le peuple dans l'exercice de ses droits ». Wang Jingwei insiste en outre sur l'importance de la loi et du droit. Les lois représentent la volonté générale du peuple. L'État doit être gouverné par les lois. Cet État de droit se distingue radicalement du gouvernement par la vertu que prône la tradition confucéenne, et seul, dit Wang, il a les moyens de contrôler les détenteurs du pouvoir.

A travers son débat avec Liang Qichao, Wang Jingwei initie donc ses lecteurs à une problématique depuis longtemps familière à l'Occident : expression et représentation de la volonté générale, responsabilité des mandataires devant leurs mandants, caractère impératif et impersonnel des lois. Sun Yat-sen n'intervient guère dans cet effort d'élaboration théorique. En revanche, il semble seul, ou presque, à se préoccuper de traduire ces principes généraux en institutions. En 1906, Sun Yat-sen propose une Constitution fondée sur la distinction entre cinq pouvoirs. Aux trois pouvoirs définis par Montesquieu, Sun ajoute le pouvoir de contrôle, qui doit empêcher l'assemblée législative de dominer les organes exécutifs, et le pouvoir d'examen, chargé d'organiser le recrutement des fonctionnaires afin d'éliminer les influences — patronage politique, clientélismes divers — risquant d'amener des hommes incompétents aux postes de responsabilité [1].

Le Journal du peuple ne donne pas d'autres précisions sur la future Constitution républicaine. En revanche, dès le Manifeste de la Ligue jurée de 1905, apparaît l'idée qu'après la vic-

1. « Zai Dongjing *Minbao* chuangkan zhounian qingzhudahui yanshuo » (Discours tenu lors de la réunion à Tokyo pour célébrer le premier anniversaire de la fondation du *Journal du peuple*), 2 décembre 1906, *O.C.*, t. I, p. 330.

toire de la révolution un ajournement de la démocratie et de la République sera nécessaire pour éviter le chaos et l'intervention étrangère. L'introduction du régime républicain se fera progressivement, au cours d'une période de transition de neuf ans, divisée en trois étapes : celle du gouvernement militaire qui éliminera les maux de l'ancien régime (l'opium, la corruption...), celle de la Constitution provisoire qui instituera l'élection des fonctionnaires locaux et régira les rapports entre le gouvernement militaire et les citoyens et, enfin, celle de la Constitution républicaine. Ce gouvernement militaire de transition se rapproche fort du despotisme éclairé *(kaiming zhuangzhi)* préconisé par Liang Qichao, mais il présente des risques propres de dérive dictatoriale que Liang Qichao ne se prive pas de dénoncer.

Tout ce débat sur la démocratie et la Constitution est dominé par les initiatives de Liang Qichao et, dans une moindre mesure, par celles de l'empire réformateur. C'est Liang qui lance le défi en argumentant que la Chine n'est pas prête à adopter un régime républicain ; que la population, trop peu familière avec les procédures démocratiques, se retournera inévitablement vers un homme fort ; que l'établissement d'une République enfin implique une révolution et que celle-ci ne manquera pas d'entraîner des violences, le chaos et finalement des interventions étrangères fatales à la Chine. Plus que le régime républicain en lui-même, Liang Qichao critique son éventuelle adoption par la Chine.

C'est donc sur ce terrain que les révolutionnaires concentrent leur riposte, en s'efforçant de montrer, d'une part, que bien des éléments de sa tradition préparent la Chine à embrasser le républicanisme et, d'autre part, que seule une révolution permettra de changer le régime.

De Sun Yat-sen à Wang Jingwei, de Chen Tianhua à Hu Hanmin, la plupart des dirigeants de la Ligue jurée se sont efforcés de trouver dans la tradition des antécédents démocratiques sur lesquels pourrait s'appuyer l'établissement de la République qu'ils appellent de leurs vœux. Dans l'article qu'il publie à Hawaii à l'hiver 1904 pour réfuter les thèses réformistes, Sun Yat-sen souligne que de tout temps les clans et les villages chinois ont joui d'une complète autonomie pour gérer eux-mêmes leurs affaires locales, dans le domaine de l'éducation, des travaux publics... L'adoption du parlementarisme républicain ne ferait qu'étendre à l'ensemble des instances politiques et administratives un système déjà très largement pratiqué au sein de la population. Pour Hu Hanmin, l'établissement d'une République devrait être facilité en Chine par le fait que le peuple n'aurait pas besoin de lutter à la fois contre la monarchie et contre la noblesse, cette dernière ayant disparu depuis longtemps. Quant à Wang Jingwei, il estime que l'esprit du système républicain convient au peuple chinois. Celui-ci, en effet, dans la période la plus ancienne de son histoire et jusqu'à l'époque des Royaumes combattants (403-211 avant J.-C.), a cultivé les principes d'égalité, de fraternité et de liberté, et a considéré le souverain et les citoyens comme liés par des droits et des devoirs réciproques. La présence latente de ces éléments démocratiques dans la culture chinoise ne peut que faciliter la greffe des idées et des institutions empruntées à l'Occident.

Inutile d'ouvrir ici un débat historique bien hasardeux. Ce que l'on peut retenir de ce retour aux sources, c'est la volonté d'intégrer une tradition culturelle, dont on s'enorgueillit, à un futur imaginé sous des couleurs empruntées à l'Occident. A cet égard, la génération du Manifeste de 1905 est bien une génération de transition. Quoique plus ouverte que celle des réformistes de 1898 aux concepts et aux systèmes étrangers, elle partage avec ses prédécesseurs immédiats le souci des formulations et des références traditionnelles. C'est seulement à partir du mouvement du 4-Mai 1919 qu'un certain nombre d'intellectuels chinois accueilleront les nouveautés venues d'Occident en tant que telles, et sans plus se soucier des précédents nationaux.

Quant à l'affirmation qu'une révolution est absolument indispensable pour briser le cycle dynastique et établir un régime démocratique, elle relève en bonne part de l'effort de propagande nationaliste antimandchoue. Pour le reste, l'argumentation des révolutionnaires repose sur une vision optimiste de l'avenir qui est typiquement celle de Sun Yat-sen. Il l'expose dans le discours qu'il prononce à Tokyo en 1906 pour célébrer le premier anniversaire de la fondation du *Journal du peuple* : les Mandchous tomberont sans grande résistance, les révolutionnaires resteront unis et s'opposeront à la montée du chaos. Les étrangers comprendront que leur intérêt, comme celui de la Chine, est de s'abstenir de toute intervention. En bref, la révolution est nécessaire, mais elle ne durera pas longtemps et n'entraînera qu'un minimum de désordres.

On est loin de l'exaltation de la violence révolutionnaire pour elle-même, telle que la célébrera le jeune Mao Zedong en 1927. En prônant la nécessité de détruire pour innover, les révolutionnaires de 1905 satisfont aux exigences de la lutte antimandchoue qui fonde leur stratégie ainsi qu'au besoin de se distinguer de leur principal concurrent, Liang Qichao. Mais ils partagent, en fait, avec ce dernier une préoccupation d'ordre et un désir d'État fort, qui se lisent à la fois dans leur plan d'introduction différée du régime républicain, dans les limites qu'ils espèrent imposer au processus révolutionnaire lui-même et dans la conception autoritaire qu'ils ont du changement social, troisième volet de leur programme.

Le principe du bien-être du peuple (minshengzhuyi)

Le terme de bien-être du peuple *(minsheng)* apparaît tout d'abord dans la déclaration, signée de Sun Yat-sen (mais rédigée par Hu Hanmin), qui ouvre le premier numéro du *Journal du peuple*, à l'automne 1905. Le terme est repris par Sun dans le grand discours qu'il prononce le 17 octobre 1906, lors de la célébration du premier anniversaire du journal, ainsi que par de nombreux articles dont les plus importants sont dus à Feng Ziyou et Zhu Zhixin.

Sun Yat-sen, cependant, n'a pas attendu la création de la Ligue jurée pour affirmer la nécessité du changement social. Jusqu'alors, il s'en était tenu au terme sino-japonais généralement admis pour désigner le socialisme, *shehuizhuyi*. Pourquoi lui préfère-t-il à partir de 1905 celui de « bien-être du peuple » ? Le sens de cette innovation n'apparaît pas clairement. Dans *Le Journal du peuple*, le principe du bien-être du peuple est employé comme synonyme de socialisme. L'application de ce principe doit préserver la Chine des maux qui, en Occident, ont accompagné le progrès matériel et lui permettre de « récolter d'un seul coup les fruits d'une révolution à la fois politique et sociale ».

De façon plus précise, le troisième article du programme de la Ligue jurée recouvre un projet de nationalisation de la terre ou d'égalisation des droits sur la terre que Sun Yat-sen a déjà évoqué à partir de 1902-1903 et qu'il va élaborer et expliciter en 1905-1906, avec le concours de Feng Ziyou et de Zhu Zhixin. L'objectif principal de ce projet n'est pas, comme on aurait pu s'y attendre, une réforme agraire procédant à la redistribution des terres pour remédier à la misère paysanne de l'immense Chine rurale. L'accent est mis au contraire sur une taxation de la plus-value foncière des terrains urbains ou périurbains, destinée à freiner la spéculation immobilière. Un parti pris aussi paradoxal s'explique par l'influence qu'exercent alors en Occident et au Japon les théories du réformateur américain Henry George (1839-1897) et l'adhésion enthousiaste qu'elles soulèvent chez Sun Yat-sen. Car c'est bien lui, personnellement, qui entraîne ou impose le ralliement aux thèses georgistes des membres de la Ligue jurée, y compris de ceux qui, comme Zhu Zhixin, avaient déjà commencé à découvrir le marxisme.

Henry George de nos jours est plutôt oublié. Mais dans les dernières décennies du XIXe siècle, il a été un auteur très lu qu'Engels lui-même s'est donné la peine de réfuter. La théorie qu'il présente dans son ouvrage *Progress and Poverty* (1879) lui a été inspirée par la situation de la Californie, où l'urbanisation a entraîné l'élévation rapide du prix des terrains à bâtir et provoqué de multiples spéculations. Pour lutter contre ces phénomènes qu'il juge malsains, Henry George propose l'établissement d'une taxe unique, qui frapperait les plus-values foncières nées des efforts d'équipement réalisés par la collectivité. L'appropriation de la rente foncière par l'État permettrait de supprimer tous les autres impôts et contribuerait donc à l'enrichissement du pays et des travailleurs, tout en développant l'égalité au sein de la société. Pour Henry George, en effet, l'accès inégal à la propriété de la terre est la grande source d'injustice dans la distribution des richesses.

Les théories de Henry George rencontrèrent un grand succès auprès des libéraux et des socialistes anglais, des fabiens en particulier. A l'époque où Sun séjournait à Londres le georgisme apparaissait déjà un peu dépassé. Il n'en demeurait pas moins populaire et la presse britannique couvrit en détail la campagne menée par Henry George en 1897 pour se faire élire à la mairie de New York[1].

En dépit des critiques d'Engels qui reprochait à Henry George l'accent exclusif mis sur les problèmes de la terre et l'étroitesse d'un programme bon tout au plus à susciter un réformisme local, les idées de George se répandirent aussi

1. Il mourra soudainement à quelques jours des élections.

en Allemagne. En 1898, il s'y créa une association en faveur de l'impôt unique. Devenu commissaire de l'urbanisme à Jiaozhou (Shandong), l'un des membres de cette association, le Dr Wilhelm Schrameier, applique le système de George dans le territoire à bail allemand à partir de 1906. Le système gagne aussi des adeptes aux États-Unis, au Canada, en Australie et jusqu'au Japon. Dans ce dernier pays, Henry George devient si populaire qu'en 1905-1906 ses œuvres paraissent en feuilleton dans plusieurs journaux. En 1906, le frère aîné de Miyazaki Torazô, qui est en contact avec les cercles socialistes japonais, publie une étude dans laquelle il développe les principaux thèmes georgistes.

Sun Yat-sen a donc eu de multiples occasions de s'initier aux théories de Henry George, tant au cours de son séjour à Londres, en 1896-1897, que pendant ses voyages au Canada et aux États-Unis et lors de ses discussions avec ses amis et conseillers japonais. Mais pourquoi Sun a-t-il été séduit par le georgisme au point d'en faire le fondement de tout son programme de changement social ? Certes, la spéculation immobilière existe à Shanghai ou à Hong Kong. Mais elle ne constitue qu'une plaie mineure par rapport à la misère d'une paysannerie accablée par la rente foncière et l'usure.

Faut-il donc penser que Sun Yat-sen, dans son long exil, a fini par perdre le contact avec les réalités sociales chinoises ? Rien n'est moins sûr. En fait, plus que l'émigré cosmopolite, c'est le visionnaire qui est séduit par les théories de Henry George. Si aux réformes qui pourraient apporter un soulagement immédiat à la paysannerie Sun préfère celles destinées à prévenir les maux d'une future urbanisation liée à une future industrialisation, c'est qu'il a une aptitude exceptionnelle à se projeter dans l'avenir. Il se situe déjà dans le cadre d'une République chinoise semblable à celle décrite par Chen Tianhua. Et à ses yeux le système de l'impôt unique sur la plus-value foncière présente divers avantages. Il permet, sous l'égide de l'État, d'assurer une plus grande égalité entre les citoyens en même temps que le développement économique, d'empêcher la révolution sociale tout en accroissant la richesse nationale. Ce système peut donc donner à la Chine la possibilité non seulement de rattraper mais de dépasser un Occident qui, lui, n'a pas su résoudre ses problèmes sociaux.

De 1906 à 1912, Sun revient fréquemment dans ses discours

sur le système de l'impôt unique et précise comment il en conçoit le fonctionnement. Les propriétaires apprécieront eux-mêmes la valeur de leurs terres, et l'État percevra un impôt de 1 % sur la valeur ainsi déclarée. Si le besoin s'en fait sentir pour la construction de chemins de fer, de routes, etc., l'État se réserve le droit de racheter ces terres à leur valeur déclarée. Sun Yat-sen n'envisage donc pas une nationalisation générale. Son plan apparaît même beaucoup plus modéré que celui de Henry George qui fixait l'impôt unique à un taux plus élevé, de manière à absorber toute la plus-value foncière. En fait, le projet de Sun rejoint le droit du domaine éminent et la pratique de l'expropriation pour cause d'utilité publique.

Le principe du bien-être du peuple et les théories de Henry George sont adoptés et défendus par des révolutionnaires qui, comme Wang Jingwei et Zhu Zhixin, connaissaient bien l'histoire de la pensée socialiste en Europe, du réformisme social bismarckien au *Manifeste communiste* de Karl Marx. Et ce fait seul en dit long sur le prestige et l'influence de Sun Yat-sen parmi les cercles intellectuels de Tokyo dans les années 1905-1906.

Dès l'hiver 1905, Feng Ziyou fait paraître dans la presse révolutionnaire de Hong Kong et de San Francisco un article intitulé «Le principe du bien-être du peuple et le futur de la révolution chinoise», qui est repris dans *Le Journal du peuple*. Feng y expose et y développe les idées de Sun Yat-sen. Le socialisme est né en Occident de la révolution industrielle qui a creusé le fossé entre riches et pauvres. L'exploitation de la majorité du peuple par une poignée de capitalistes, dont la fortune repose sur la monopolisation des richesses — à commencer par la terre —, est une forme de barbarie. Pour prévenir cette décadence, la révolution sociale doit donc commencer aussitôt que possible et se développer parallèlement à la révolution politique. Dans sa forme initiale, qui coïncidera avec l'établissement d'un gouvernement militaire, au lendemain de la révolution, le socialisme prendra la forme d'un socialisme d'État *(guojia minshengzhuyi)* inspiré par les expériences de Bismarck ou des réformateurs japonais de l'ère Meiji. Il aura pour fondement la nationalisation des terres, c'est-à-dire l'égalisation des droits selon la méthode de l'impôt unique, préconisée par Henry George. C'est plus tard, avec l'installation d'une véritable démocratie, qu'on passera à des formes de socialisme pur ou extrême, prônées par les nihilistes et par les anarchistes, mais qui pour l'instant sont indésirables. Naturellement, Feng Ziyou s'applique à trouver des antécédents chinois à la politique d'égalisation des droits sur la terre : depuis le système antique et semi-mythique de la propriété collective *(jingtian)* jusqu'à l'organisation des greniers publics par les rebelles Taiping dans la seconde moitié du XIXe siècle.

L'analyse de l'article de Feng Ziyou confirme donc les principaux caractères du socialisme selon Sun Yat-sen, qui sont ceux d'un réformisme modéré, géré de façon autoritaire par l'État, pour le plus grand bien de la société, pour la plus grande puissance de la nation.

Comme celui du nationalisme, ou celui de la démocratie, le principe du bien-être du peuple a alimenté la polémique avec Liang Qichao. A la lumière des critiques formulées par ce dernier se confirment et parfois s'affinent les positions de Sun Yat-sen et de son entourage. Liang Qichao condamne le projet socialiste de Sun Yat-sen dans une série d'articles publiés dans *La Revue du peuple nouveau* en 1906. L'un de ces articles, intitulé « La Révolution sociale est-elle nécessaire dans la Chine actuelle ? [1] », répond directement au grand discours programme prononcé par Sun le 17 octobre.

L'argumentation de Liang Qichao se développe selon deux directions contradictoires. D'une part, Liang y affirme que la révolution sociale, indispensable à un Occident en proie à tous les maux de l'industrialisation, n'a pas lieu d'être en Chine où, pour l'instant, le problème fondamental est la production et non la répartition. Et Liang de préconiser le développement d'un capitalisme chinois capable de résister à l'impérialisme, faute de quoi la Chine sombrera dans le chaos, succombera à l'agression... et ne comptera plus alors que « deux classes... les étrangers et les Chinois ». Outre le danger pour l'indépendance nationale, Liang dénonce dans le programme de Sun Yat-sen un frein pour le développement économique. L'accumulation des ressources aux mains des fonctionnaires chargés de gérer

1. *Xinmin congbao (La Revue du Peuple nouveau)*, 3 septembre 1906, n° 14 ; article résumé et partiellement traduit par Harold SCHIFFRIN et Robert A. SCALAPINO, « Early Socialist Currents in the Chinese Revolutionary Movement. Sun Yat-sen versus Liang Ch'i-Ch'ao », *The Journal of Asian Studies*, mai 1959, vol. XVIII, n° 3, p. 335.

le secteur public ne pouvant que conduire à la corruption et à la stagnation. Cédant à des préoccupations politiciennes et au souci de détourner de Sun Yat-sen les riches marchands d'outre-mer, dont réformistes et révolutionnaires se disputent le patronage, Liang Qichao prête à son rival un projet plus radical qu'il ne l'est en réalité. Il cherche à effrayer une certaine clientèle politique et à discréditer Sun Yat-sen auprès d'elle. Par ailleurs, Liang Qichao retourne contre Sun Yat-sen les arguments qui ont déjà servi contre Henry George. Il l'accuse d'accorder une attention exclusive au problème agraire et de méconnaître le rôle du capital, moteur essentiel du développement.

Si l'on en croit la réponse présentée par Zhu Zhixin [1], les révolutionnaires sont sensibles à la première catégorie de critiques, qui risquent de leur aliéner l'appui des riches Chinois d'outre-mer. Mais ces critiques, dit Zhu Zhixin, concernent le socialisme pur, celui qui préconise l'expropriation générale et l'avènement des classes inférieures. Ce que défend la Ligue jurée est bien différent : « c'est le socialisme d'État », qui s'appliquera de façon très progressive et ne s'attaquera qu'aux monopoles. La seconde critique présentée par Liang qui met en doute le caractère socialiste du principe du bien-être du peuple n'est guère réfutée. Mais l'on peut noter que, sur ce point, Liang Qichao est rejoint par de nombreux socialistes contemporains, notamment par des Japonais, pourtant favorables à Sun Yat-sen, et que les intellectuels chinois les plus préoccupés par les problèmes du changement social rejoindront les groupes anarchistes, alors en plein essor à Tokyo et à Paris. Pourtant, Sun Yat-sen lui-même ne cessera jamais de se considérer comme socialiste et maintiendra pendant toute cette période des contacts avec la IIe Internationale.

1. ZHU Zhixin, « Lun shehuigeming dang yu zhengzhigeming bing xing » (La révolution sociale doit aller de pair avec la révolution politique), *Minbao*, 30 juin 1906, n° 5.

CHAPITRE VI

Le conspirateur

La création d'un parti révolutionnaire pose de façon explicite le problème de la prise du pouvoir et de la stratégie qui y conduira. Après comme avant 1905, Sun Yat-sen compte sur la conspiration armée et sur des soulèvements dont la conduite sera confiée à des hommes de terrain. Les étudiants, les cadres de la Ligue jurée n'interviendront pas dans cette phase insurrectionnelle. On fera appel à eux plus tard, lorsqu'il faudra construire la République.

Cette exclusive naît sans aucun doute de la méfiance de Sun à l'égard des intellectuels, ainsi que du contrôle limité que le dirigeant cantonais exerce sur la Ligue jurée et des mauvaises relations qu'il entretient avec ses autres chefs à partir de 1907-1908. Il semble bien cependant que tous les révolutionnaires aient sur ce point partagé les conceptions de Sun, que comme lui ils aient espéré saisir le pouvoir et non pas songé à créer un contre-pouvoir en développant leurs organisations et en établissant leurs institutions, ce que feront les communistes dans les années 1920. Sun Yat-sen, ses camarades et ses rivaux de la Ligue espèrent surtout s'appuyer sur des groupes prémobilisés — sociétés secrètes, bandes de hors-la-loi — qu'ils ne cherchent guère à endoctriner et qu'ils se contentent de contrôler en faisant jouer des liens de loyauté personnelle ou, tout simplement, en leur versant de l'argent. Au service d'une révolution qu'ils veulent moderne, ils mettent une stratégie de conspiration armée fort traditionnelle.

Certains dirigeants de la Ligue jurée, cependant, insistent plus volontiers que Sun Yat-sen sur le travail de propagande à mener parmi les unités de la Nouvelle Armée ou bien dans les écoles et les diverses institutions locales. Et il se peut que vers la fin de la période, en 1910-1911, leur influence ait provoqué quelque infléchissement dans l'attitude de Sun Yat-sen : celui-ci accorde alors un rôle plus important aux cadres de la Ligue, chargés de rallier certains groupes urbains à l'insurrection. Ces divergences stratégiques, dont la signification nous paraît aujourd'hui si importante, ne semblent pas avoir entraîné de conflit entre Sun et les autres dirigeants de la Ligue.

En revanche, les dissensions, qui éclatent très vite, concernent la localisation des actions insurrectionnelles. Nombreux sont ceux qui veulent donner priorité au théâtre d'opérations du Yangzi. Sun Yat-sen ne rejette pas d'emblée ce projet. En 1906, il songe même à organiser dans ces régions toute une série d'insurrections auxquelles il voudrait associer des conseillers militaires français : dans le cadre de la mission Boucabeille, ces derniers vont prendre de nombreux contacts sur le terrain. Mais le désaveu de la mission Boucabeille par les autorités de Paris, à l'automne 1906, l'échec des graves soulèvements qui, à l'initiative des sociétés secrètes, éclatent dans les districts miniers du Jiangxi et du Hunan quelques mois plus tard, l'issue désastreuse du complot organisé en juillet 1907 au Anhui par l'un des chefs de la Société de la Restauration et la répression policière consécutive à tous ces événements persuadent Sun que les provinces méridionales offrent un terrain plus favorable. Son expulsion du Japon en mars 1907 l'éloigne encore géographiquement et politiquement de la Chine centrale. Désormais, et jusqu'en 1911, Sun s'en tient à la priorité stratégique des provinces du Sud. Il entraîne avec lui son entourage cantonais ainsi que Huang Xing, un des rares dirigeants originaires de Chine centrale à embrasser cette stratégie méridionale.

Aux yeux de Sun Yat-sen, l'avantage des provinces du Sud réside dans leur éloignement géographique qui rend plus difficile le contrôle de Pékin, dans la force de leur sentiment traditionnel antimandchou, dans la vitalité de leurs sociétés secrètes et, enfin, dans leur ouverture ancienne sur le monde extérieur, leur accès facile aux communautés émigrées et aux pays étrangers susceptibles de prêter leur soutien aux rébellions antigouvernementales. Ces provinces connaissent alors de nombreux troubles : au Yunnan et au Guangxi, atteints par une grave sécheresse en 1902, les sociétés secrètes lèvent de véritables armées paysannes qui, en 1904, rassemblent jusqu'à 20 000 hommes. Au Guangdong, l'agitation est devenue endémique. « Sun n'a jamais eu autant d'atouts en main. [...] Saura-t-il les utiliser ? » se demande le consul de France à Shanghai en février 1907.

De 1907 à 1911, l'histoire officielle dénombre dans la Chine du Sud et du Sud-Ouest huit rébellions organisées par Sun ou auxquelles son nom est associé. Toutes ces rébellions tendent à un même objectif : la création d'une base révolutionnaire centrée sur Canton où, avec l'aide étrangère, pourrait s'établir un gouvernement séparatiste, une République fédérée du Sud qui préparerait les voies à la fondation de la future République chinoise.

En 1907-1908, ces insurrections conservent un caractère local. Certaines se distinguent à peine des habituelles révoltes paysannes ou expéditions de bandits. Elles éclatent loin de Canton, aux marges du Guangdong oriental, ou bien aux confins entre Guangdong occidental et Guangxi, aux frontières entre l'empire chinois et l'Indochine française. La plupart d'entre elles sont organisées par Sun Yat-sen et son état-major à partir de Hanoi, avec l'aide plus ou moins ouverte de divers cercles politiques ou groupes d'intérêts français. La présence de ce « sanctuaire indochinois » et l'intervention, même discrète, des Français inquiètent le gouvernement de Pékin qui, en 1908, finit par obtenir des autorités coloniales le bannissement de Sun Yat-sen et de ses compagnons. L'éloignement de Sun et l'interruption de l'aide française amènent en 1909 un ralentissement de l'activité insurrectionnelle en Chine méridionale. Mais cette activité renaît bientôt avec la mutinerie de la Nouvelle Armée à Canton en février 1910, avec surtout le gros soulèvement d'avril 1911, à Canton également.

Ces deux dernières insurrections, qui éclatent dans la capitale provinciale, impliquent, outre les sociétés secrètes et les bandits, des groupes sociaux apparus avec les réformes — officiers et fonctionnaires modernes —, et elles réservent aussi un rôle plus important aux cadres de la Ligue jurée. Témoignent-elles d'un certain infléchissement de la stratégie de Sun ? Constituent-elles l'amorce d'une transition de la rébellion armée traditionnelle, expression sporadique du mécontentement dans le cadre du *statu quo*, vers le soulèvement révolutionnaire s'appuyant sur une mobilisation sociale plus large pour imposer le changement politique ?

LE SANCTUAIRE INDOCHINOIS ET LES RÉBELLIONS FRONTALIÈRES (1907-1908)

Les rébellions, qui éclatent en mai et juin 1907 dans le Guangdong oriental, sont de petits incidents réprimés en quelques jours et qui se rattachent au soulèvement de Huizhou (1900), tant par leur localisation géographique que par leur organisation (assurée par les sociétés secrètes en liaison fort lâche avec Sun Yat-sen) et les groupes sociaux concernés (marchands et contrebandiers de sel rejoints par des paysans). Les insurrections suivantes, numérotées dans l'histoire officielle « cinquième, sixième, septième et huitième tentatives révolutionnaires de Sun Yat-sen », se déroulent toutes à proximité de la frontière sino-indochinoise : au Guangdong occidental, au Guangxi, au Yunnan. Et toutes sont directement organisées ou appuyées par Sun Yat-sen et son état-major, installés à Hanoi.

Aux confins des provinces méridionales chinoises et du Tonkin s'étendent sur des centaines et des centaines de kilomètres des pays montagneux, coupés de gorges étroites et habités par une population clairsemée, souvent des tribus non Han. A tous les sens du terme, ce sont des pays de frontière. Soumise aux contraintes d'une nature sauvage, la vie y est rude, dominée par des rapports de forces brutaux. Les autorités politiques sont lointaines. La région est accueillante aux hors-la-loi, aux rebelles qui en Chine ont toujours cherché à se protéger en s'installant aux marges des provinces afin de profiter des défaillances de la répression qu'entraîne dans ces zones le manque de coordination entre les différentes autorités administratives. Ces confins méridionaux de l'empire bénéficient en outre de la proximité d'une frontière étrangère. En dépit du traité franco-chinois de 1885, qui sanctionne la souveraineté française sur le Tonkin, en dépit de l'action de pacification menée par les autorités coloniales dans les décennies suivantes, la frontière sino-indochinoise demeure très poreuse,

Les insurrections révolutionnaires aux confins Chine-Indochine (1907-1908)

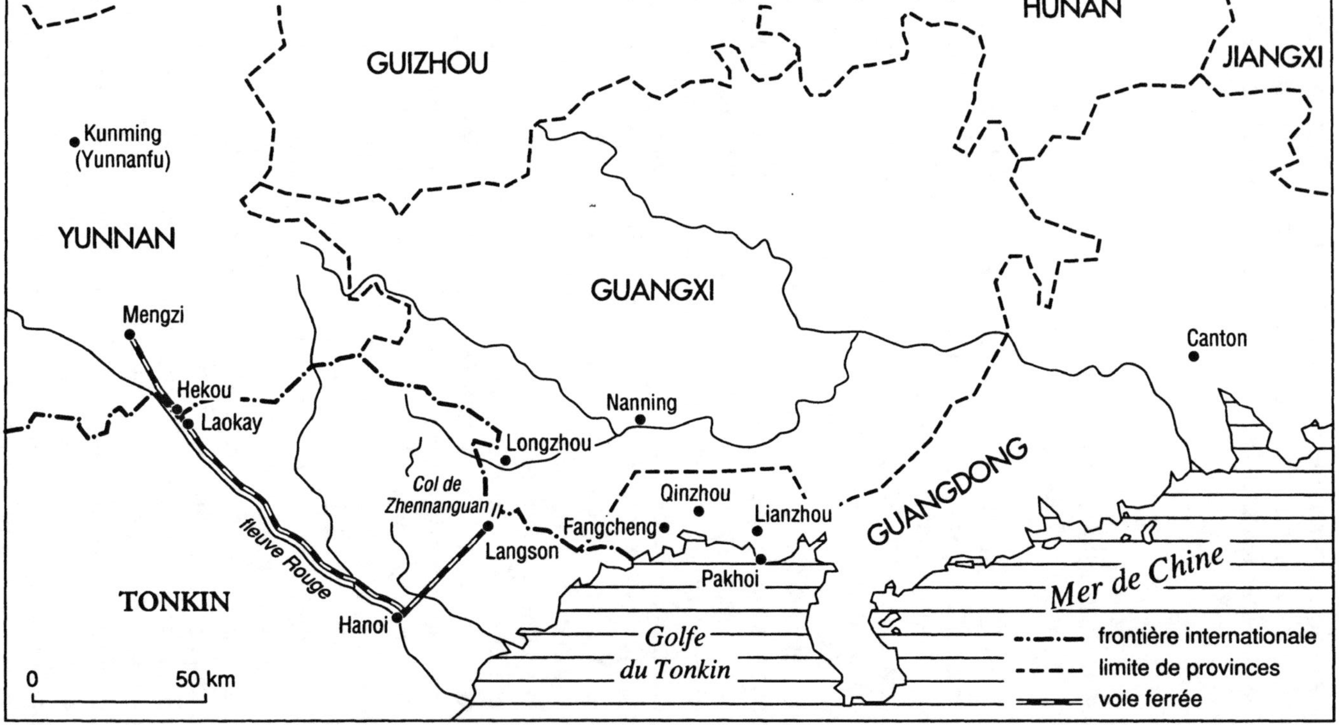

sans cesse franchie par des bandes de hors-la-loi, brigands en quête de pillages ou de refuges, déserteurs des armées impériales. L'insécurité est générale. Chaque village de ce Far West est un camp retranché. Le trafic de l'opium aiguise les appétits et alimente les violences. Principale culture des provinces enclavées de la Chine méridionale, l'opium trouve un débouché particulièrement profitable dans la colonie française. Depuis 1899, en effet, son commerce y est devenu le monopole d'un gouvernement général attentif à maintenir des cours officiels fort élevés... dont bénéficient les trafiquants du marché parallèle.

C'est parmi les chefs de bandes que Sun Yat-sen recrute ses alliés, auxquels il laisse la direction des opérations sur le terrain. Un des plus audacieux est Wang Heshun. Né dans une famille pauvre du Jiangxi, il a participé après 1885 aux combats d'arrière-garde que les débris des Pavillons noirs [1] continuent de mener contre la présence française aux confins du Tonkin, du Guangxi et du Guangdong. Passé de l'armée impériale aux Triades, Wang Heshun rencontre Sun, adhère à la Ligue jurée en 1906 et s'installe à Hanoi où il s'entend fort mal avec l'entourage du président. Peu importe, car, à l'exception de Huang Xing, les cadres de la Ligue jurée n'assurent aucune responsabilité opérationnelle dans les insurrections de 1907-1908.

Une région éloignée, sauvage, mal contrôlée par les autorités, livrée aux trafics et aux violences des sociétés secrètes : le décor est classique. Ce qui l'est moins, c'est la présence à proximité [2] d'un chef révolutionnaire profitant de la connivence d'autorités étrangères pour exciter et organiser la rébellion. Le sanctuaire indochinois, à partir duquel opèrent Sun Yat-sen et son état-major, trouve son origine dans des contacts et des accords vieux déjà de plusieurs années.

---

1. Ces bandes chinoises de pirates et de hors-la-loi s'étaient établies dans les zones montagneuses entourant la moyenne vallée du fleuve Rouge. Au début des années 1880, elles s'étaient opposées à la pénétration française. Après le traité de 1885 par lequel la Chine reconnaissait le protectorat français sur l'Annam et l'occupation militaire du Tonkin, les Pavillons noirs poursuivirent leur résistance qui fut réduite en 1896, après une série de campagnes dirigées par Gallieni et Lyautey.

2. Proximité pas tout à fait immédiate cependant, car il y a 750 kilomètres entre Haiphong et Kunming, desservis de façon encore incomplète par la voie ferrée Tonkin-Yunnan.

On se souvient que, pendant l'hiver 1902-1903, Sun Yat-sen s'est rendu à Hanoi où il a rencontré certaines personnalités du gouvernement colonial. Au cours des conversations qu'il a eues alors avec Hardouin, chef du cabinet du gouverneur général, Sun semble avoir obtenu l'assurance de pouvoir résider à Hanoi et même d'y poursuivre ses activités révolutionnaires, à condition de le faire assez discrètement. Et si les Français ont refusé d'autoriser les transports d'armes vers la frontière, du moins l'accès de celle-ci ne serait-il pas interdit aux révolutionnaires. Cette tolérance réticente reflète les divergences d'opinion parmi les cercles politiques français. Les partisans de l'expansion sont toujours prêts à utiliser les révolutionnaires chinois pour amener la chute du pouvoir mandchou, qu'ils espèrent mettre à profit, alors que la politique officielle, plus modérée, appelle à la coopération avec le gouvernement impérial.

Sur place, à Saigon, à Hanoi, parmi les officiers comme parmi les entrepreneurs, les affairistes et les aventuriers de la colonie, le parti de l'expansion l'emporte. Il s'efforce d'aider Sun Yat-sen en lui fournissant de l'argent, des conseillers militaires et sans doute des armes. L'argent parvient à Sun, entre autres voies, par l'intermédiaire du compradore de la Banque de France à Saigon. Les conseillers militaires seront des officiers en congé, « empruntés » à l'armée française. Les trafiquants négocieront pour Sun Yat-sen des achats d'armes... dont la livraison sera parfois arrêtée par les autorités coloniales. Bien qu'il puisse compter sur certaines sympathies dans le corps diplomatique — en particulier celles du consul de France à Mengzi (Yunnan), Raphaël Réau — et dans les milieux gouvernementaux de Paris où Paul Doumer continue de s'activer, le parti de l'expansion ne peut en effet contrecarrer trop ouvertement la politique officielle de modération et de prudence. Ce parti compte donc sur une insurrection victorieuse pour mettre le gouvernement de Paris devant le fait accompli, pour donner satisfaction à certains intérêts particuliers et pour imposer ses conceptions de la grandeur nationale.

La politique française à l'égard de Sun se ressent de ces contradictions : politique de compromis, instable, peu claire. Le gouvernement général de l'Indochine refuse de livrer Sun Yat-sen à la police impériale qui réclame son extradition. Mais le dirigeant cantonais est mis sous surveillance et sa liberté de manœuvre est réduite. Le sanctuaire indochinois n'en offre pas moins à Sun Yat-sen et à ses compagnons des atouts précieux : sécurité personnelle, assistance financière, conseillers techniques et, en cas de succès insurrectionnel, la perspective d'une aide diplomatique et militaire immédiate. A Sun Yat-sen de faire ses preuves.

La première des insurrections frontalières éclate le 1er septembre 1907 à Fangcheng, ville de marché du Guangdong occidental, à proximité du Guangxi et du Tonkin. Les révolutionnaires veulent profiter des troubles qui agitent la région où depuis plusieurs mois des planteurs de canne protestent contre l'impôt supplémentaire qui vient de les frapper. Les révolutionnaires comptent aussi sur la complicité de chefs militaires locaux : le général Guo Renzhang, en garnison dans la capitale du district, Qinzhou, et le colonel Zhao Sheng, stationné non loin. Le premier est un ami personnel de Huang Xing, le second, un membre de la Ligue jurée qui, chassé de la Nouvelle Armée du Jiangsu pour propagande révolutionnaire, s'est fait engager en 1906 par la Nouvelle Armée du Guangdong.

Sun Yat-sen envoie des émissaires pour prendre contact avec les deux officiers. Des instructeurs français (sans doute recrutés par le consul Raphaël Réau à Mengzi) sont chargés d'enseigner aux rebelles le maniement des fusils. Les insurgés sont conduits par le chef de sociétés secrètes Wang Heshun. Ils s'emparent de la ville de Fangcheng, massacrent le magistrat local. Mais en l'absence des renforts qu'on attendait des deux officiers Guo et Zhao, les rebelles se dispersent, et Wang Heshun retourne à Hanoi. L'intervention de Sun Yat-sen et de ses émissaires ne change rien au caractère traditionnel de la rébellion de Fangcheng, dominée par l'initiative des sociétés secrètes. Contrairement aux espoirs que Sun Yat-sen et Huang Xing ont placés en eux, les officiers « révolutionnaires » ne se rallient pas aux rebelles ; ils participent même activement aux opérations de rétablissement de l'ordre aux côtés de troupes spécialement envoyées de Canton.

La rébellion qui éclate trois mois plus tard, en décembre 1907, à Zhennanguan, s'intègre à un projet d'insurrection plus générale qui a pris comme objectifs trois places fortes défendant le passage entre le Tonkin d'une part, le Yunnan et le Guangxi de l'autre. La relative complexité de ce projet initial, le rôle qu'il réserve aux transports, le choix des places fortes à proximité des stations ferroviaires des lignes Tonkin-Guangxi et Tonkin-Yunnan laissent deviner la présence de conseillers français auprès de Sun. L'opération lancée en décembre 1907, cependant, ne concerne qu'une — mais la plus importante — des places fortes visées par le projet primitif.

Situé au sud-ouest du Guangxi, le col de Zhennanguan revêt une importance stratégique que souligne la présence d'une garnison de plusieurs centaines d'hommes et de quelques canons. Le col doit être franchi par la ligne de chemin de fer Tonkin-Guangxi, dont seul alors a été construit le tronçon français Hanoi-Langson. A la nouvelle que les rebelles locaux se sont emparés de Zhennanguan, Sun Yat-sen prend le train jusqu'à Langson, accompagné de Huang Xing, de Hu Hanmin, d'un capitaine de l'armée française (en permission) et de quelques autres personnes. Après une longue marche et une escalade nocturne, ils rejoignent le fort, le 4 décembre. Mais contrairement à leur attente, ils ne trouvent pas de stock d'armes, sinon un canon Krupp avec lequel le capitaine français réussit, non sans mal, à bombarder les positions des troupes impériales. Sun Yat-sen retourne donc à Hanoi, afin de négocier un emprunt pour acheter des armes. Une banque française lui promet de l'argent... à condition toutefois que les rebelles démontrent la viabilité de leur entreprise en capturant Longzhou, centre administratif le plus proche de Zhennanguan et première station importante sur la ligne appelée à prolonger en territoire chinois la voie ferrée de Hanoi à Langson. Mais, dès le 8 décembre, la reprise du fort de Zhennanguan par les forces régulières chinoises met fin à toute négociation.

Cette « sixième tentative révolutionnaire » est la seule à laquelle Sun Yat-sen a participé personnellement — encore que brièvement — en se rendant sur le terrain. La présence d'un officier français à ses côtés et la part active que celui-ci prend au combat témoignent de l'intérêt que portent à l'opération certains éléments — idéalistes ou aventuriers — de l'armée coloniale. La localisation de l'insurrection à proximité de la voie ferrée Hanoi-Langson, les offres conditionnelles de financement bancaire, le fait que la plupart des rebelles en fuite, arrêtés puis relâchés par les autorités françaises lors de leur retour à la frontière tonkinoise, ont été recrutés parmi les coolies travaillant pour la Compagnie du chemin de fer du Yunnan sont autant d'indices qui suggèrent l'implication active de certains milieux d'affaires dans le projet de rébellion.

Cette escalade de l'intervention française est d'ailleurs bien perçue par tous ceux qui redoutent ses conséquences, du côté français comme du côté chinois. A Longzhou, le consul Pelofi, résolument hostile aux expansionnistes et à leur protégé, aide le magistrat local à déjouer les plans des rebelles. A Pékin, le gouvernement impérial multiplie les protestations diplomatiques et, sous la pression du ministère français des Affaires étrangères, Sun Yat-sen est expulsé du Tonkin en mars 1908. Mais il laisse derrière lui Huang Xing et Hu Hanmin qui organiseront les deux dernières tentatives d'insurrection frontalière.

Celle de mars-avril 1908 se déroule à nouveau dans le Guangdong occidental, toujours en proie aux révoltes antifiscales et toujours policée par le général Guo Renzhang, qu'on ne désespère pas de rallier à la cause des rebelles. Ce qui fait l'originalité de cette nouvelle tentative d'insurrection, c'est le rôle joué par le corps expéditionnaire d'environ deux cents hommes, que Huang Xing amène avec lui du Tonkin. Encadrée par des Chinois d'outre-mer, grossie par plusieurs centaines de recrues paysannes locales, cette troupe tient la campagne pendant deux semaines, jusqu'à ce qu'un accrochage, peut-être accidentel, avec les soldats réguliers mette fin à tout espoir de ralliement de Guo Renzhang. Il semble bien que cet officier se soit en fait conduit en simple mercenaire et que ses décisions aient oscillé en fonction des récompenses financières, en définitive jugées insuffisantes, que lui offraient les envoyés de Sun.

La dernière insurrection frontalière a peut-être été la plus remarquable, celle qui aurait pu avoir quelque chance de succès. Elle éclate en avril 1908 au fort de Hekou, qui garde un des principaux passages entre le Tonkin et le Yunnan. Une garnison de 2 500 hommes y est stationnée. Du côté français s'élève la ville de Laokai, importante station sur la voie ferrée du Yunnan, qui pénètre alors en territoire chinois jusqu'à Mengzi, où Raphaël Réau est consul.

A bien des égards, l'insurrection de Hekou répète celle de Zhennanguan, avec laquelle elle devait à l'origine être coordonnée. Dans les deux cas, le rôle du consul Raphaël Réau et celui de la Compagnie du chemin de fer du Yunnan semblent avoir été très importants. La compagnie, qui est alors menacée de faillite, cherche à continuer la construction de la voie ferrée de manière à atteindre au cœur du Yunnan des régions plus riches, dont la desserte serait plus rentable. Le succès d'une insurrection, qui de Hekou pourrait s'étendre à Mengzi et à Kunming, lui donnerait les moyens de réaliser cette entreprise. La part que Paul Doumer et son parti ont prise au lancement de la compagnie et les visées qu'ils nourrissent sur le Yunnan associent à ces appétits économiques d'importants enjeux politiques.

Ce qui fait la singularité de ce dernier soulèvement frontalier, c'est, d'entrée de jeu, le ralliement de nombreux soldats réguliers, qui porte à plusieurs milliers d'hommes l'effectif des rebelles. Huang Xing est venu prendre leur tête. Il voudrait faire mouvement vers Mengzi, où l'attendent des stocks d'armes et où il compte bien recevoir l'aide de Raphaël Réau. La prise de Mengzi, en établissant la crédibilité des révolutionnaires, leur ouvrirait aussi les coffres de la Banque d'Annam. Et la Compagnie du chemin de fer du Yunnan a promis qu'en cas de succès les rebelles pourraient utiliser la voie ferrée pour leurs transports d'armes. Jamais la situation n'a semblé plus prometteuse. Las ! Les rebelles mercenaires refusent de bouger tant qu'ils n'auront pas été payés. L'arrestation de Huang Xing, reparti chercher des fonds à Hanoi, et son expulsion d'Indochine vouent l'insurrection à l'échec. Sur ce nouvel échec prend fin l'aide française à Sun Yat-sen et à ses tentatives d'insurrection.

La stratégie des insurrections frontalières, mise en œuvre par Sun Yat-sen en 1907-1908, avait-elle quelque chance de réussir ? Pour Lyon Sharman, un des premiers et des principaux biographes étrangers de Sun, elle représente « le comble de la futilité ». Quelle menace, en effet, pouvaient bien faire peser, sur un gouvernement impérial siégeant à plus de deux mille kilomètres, quelques centaines de hors-la-loi battant la campagne ou s'attaquant à un fort isolé ? Au sein même de la Ligue jurée, cette stratégie et les échecs successifs qu'elle entraîne soulèvent de vives critiques. Zhang Binglin reproche à Sun Yat-sen de « n'avoir porté aucun véritable coup aux Mandchous » et d'« avoir donné des révolutionnaires l'image de terroristes [1] ». A son avis, « les attaques sporadiques, menées dans les zones frontalières, ont gaspillé des ressources précieuses sans donner la moindre chance de succès à la révolution ».

1. Cité par WONG, *Search for Modern Nationalism*, p. 70, d'après l'*Autobiographie* de ZHANG Binglin.

Au-delà du conflit personnel qui oppose les deux hommes, on peut saisir dans leurs divergences stratégiques tout ce qui sépare un lettré d'un rebelle provincial. De par sa formation, Zhang Binglin raisonne spontanément dans un cadre national ; il ne conçoit d'action politique que menée au niveau du gouvernement central, et d'insurrection que directement orientée contre ce gouvernement. Sun Yat-sen, qui a grandi bien loin de Pékin, en demeurant étranger à l'idéologie comme à la bureaucratie confucéennes, préfère engager une action locale, limitée certes, mais plus facile à mener du fait même qu'elle est locale. Il fait confiance à une dynamique unitaire pour élargir les premiers succès et conduire, par ralliements successifs, la Chine entière à la révolution. De nos jours encore, la question de savoir s'il faut transformer la Chine en commençant par le haut ou par le bas, par le gouvernement de Pékin ou par les zones côtières, continue de diviser responsables et observateurs... En 1908, Zhang Binglin et ses camarades de Tokyo, prenant acte du refus de Sun d'abandonner sa stratégie méridionale, décident de mettre en œuvre leurs propres projets, dans la région du Yangzi.

La stratégie frontalière de Sun Yat-sen pose aussi le problème de sa collaboration avec les Français. La réalité matérielle de cette coopération demeure mal établie, même si les présomptions en sont très fortes. Officiellement, les autorités françaises s'en défendent, rejettent les accusations portées par le gouvernement impérial, en avançant que celui-ci se laisse égarer par les rapports antifrançais que lui adresse le vice-roi des provinces du Yunnan et du Guizhou.

Ces dénégations officielles reflètent non seulement l'irréductible hypocrisie dont s'accompagne toute diplomatie d'État, mais aussi la réprobation, assez large, que suscite dans les hautes sphères administratives et politiques françaises l'alliance avec les rebelles chinois. Ceux qui sur le terrain prêtent la main à la subversion et soutiennent Sun Yat-sen ont parfois des motivations politiques généreuses. Ils sont guidés par leur haine de l'absolutisme et de l'obscurantisme, par leur enthousiasme pour la République, symbole de tous les progrès. Ils veulent apporter à la Chine ce qu'ils estiment être les bienfaits de la Révolution française. On rencontre ce genre d'idéalistes parmi certains officiers comme Boucabeille ou Ozil. Mais les ambitions expansionnistes du parti regroupé sous la houlette de Paul

Doumer, les appétits des compagnies minières et ferroviaires d'Indochine, les ambitions politiques de ceux qui les soutiennent à Paris constituent les principaux ressorts de ces intrigues frontalières. En 1908, l'interruption brutale de l'aide française, qui sanctionne les échecs successifs de Sun Yat-sen, est aussi provoquée par la crainte de voir la subversion entretenue au sud de la Chine se propager rapidement au Tonkin, où divers incidents antifrançais ont fait naître l'alarme. A quoi bon développer la présence et les intérêts français au Yunnan et au Guangxi, si par là même on sape leur sécurité en Indochine ?

Comment Sun Yat-sen concilie-t-il l'idéal nationaliste dont il a fait le premier et principal article de son programme avec les visées impérialistes de ses amis français ? Nous avons déjà souligné la paradoxale stratégie de celui qu'on appellera plus tard « le Père de la nation » *(Guofu)* et qui, dans le feu de l'action, se montre disposé à aliéner les ressources et la souveraineté de la future République chinoise en échange de l'aide étrangère la moins désintéressée. Même si l'on fait la part des préoccupations tactiques, même si l'on prend en compte le pragmatisme, le volontarisme et l'optimisme de Sun Yat-sen, et qu'on s'en tienne au seul point de vue de l'efficacité immédiate, cette alliance avec les cercles expansionnistes et colonialistes français reste difficile à expliquer. Une telle alliance, en effet, empêche Sun Yat-sen de prendre appui sur le courant nationaliste vietnamien dont l'essor, à partir de 1907-1908, provoque de nombreux incidents antifrançais au Tonkin. Cette alliance contribue également à dresser contre Sun Yat-sen la plupart des dirigeants de la Ligue jurée, hostiles à toute aide étrangère et, de façon plus générale, elle isole le dirigeant cantonais d'une opinion publique chinoise de plus en plus consciente des dangers de l'impérialisme sous toutes ses formes, y compris ses formes économiques et financières.

Le recours à l'aide française confère à la stratégie de Sun un caractère opportuniste, aventuriste, qui se conjugue aisément avec la nature traditionnelle des rébellions frontalières : argent étranger et bandits mercenaires locaux. Non seulement cette stratégie ne conduit pas au succès de la révolution, mais elle apparaît comme une négation de l'esprit du Triple Démisme. L'interruption de l'aide française amène Sun Yat-sen à repenser son dispositif stratégique et à recentrer l'action insurrectionnelle sur Canton, en y associant plus étroitement des cadres de la Ligue jurée et des représentants de nouveaux groupes sociaux. La rébellion traditionnelle ferait-elle place à l'insurrection révolutionnaire ?

Les soulèvements cantonais (1910-1911). Vers un infléchissement de la stratégie de Sun Yat-sen ?

Après deux ans d'accalmie, l'activité insurrectionnelle renaît en Chine du Sud, lorsqu'en février 1910 éclate la mutinerie de la Nouvelle Armée cantonaise. Cette Nouvelle Armée se compose de deux régiments qui complètent les forces des unités traditionnelles de la réserve. De 1907 à 1909, le premier de ces régiments a été commandé par le colonel Zhao Sheng que nous avons rencontré lors de l'insurrection frontalière de Fangcheng, au Guangdong occidental. Transféré à Canton, Zhao Sheng a finalement été chassé de son régiment à cause de ses sympathies révolutionnaires. Mais son successeur est lui aussi acquis à l'opposition antimandchoue et membre de la Ligue jurée. Jusqu'à quel point a-t-il réussi à rallier à sa cause ses officiers subalternes et les hommes de son régiment ? Il est difficile de le préciser. Aux réactions indignées des notables locaux face à la répression qui suit la mutinerie, on devine cependant que les effectifs de ce Ier régiment étaient recrutés parmi des étudiants et des fils de famille, sans doute animés comme la plupart de leurs semblables d'ardeur nationaliste, antimandchoue, anti-impérialiste, et désireux d'être à l'avant-garde du changement.

Toujours est-il que le travail de propagande à l'intérieur de la Nouvelle Armée semble suffisamment avancé pour que les Cantonais de la Ligue jurée décident de jouer la carte de la révolte militaire. Afin de préparer et de superviser la révolte, la Ligue jurée ouvre à Hong Kong un Bureau pour la Chine méridionale, dirigé par Hu Hanmin. Le Bureau rassemble des fonds : 8 000 dollars de Hong Kong sont envoyés par Sun Yat-sen (alors en tournée aux États-Unis), 20 000 dollars sont donnés par des marchands de Hong Kong. Hu Hanmin est bientôt rejoint par Huang Xing et Zhao Sheng. Les chefs de la Ligue songent à gagner l'appui des bandits et des sociétés secrètes.

Mais des heurts se produisent entre la police et des soldats pendant les fêtes du nouvel an. La révolte éclate alors spontanément et prématurément. Et le Ier régiment de la Nouvelle Armée est dissous.

L'avortement de cette rébellion militaire, comptabilisée par l'historiographie officielle comme « la neuvième tentative insurrectionnelle de Sun Yat-sen », est une grosse déception pour les militants cantonais de la Ligue dont beaucoup se démobilisent. A Hong Kong, les effectifs tombent de 2 000 en 1909 à moins de 200 en 1910. Feng Ziyou, depuis des années le principal responsable de la Ligue à Hong Kong, part poursuivre ses activités de journaliste à Vancouver. Wang Jingwei opte pour le terrorisme individuel et se consacre à la préparation d'un attentat contre le prince régent, attentat qui sera perpétré sans succès en avril 1910.

Sun Yat-sen, lui, ne se décourage pas. Le succès qu'il rencontre dans sa tournée américaine l'incite à préparer une nouvelle insurrection, d'une ampleur sans précédent. Il veut frapper un grand coup pour mettre fin aux critiques dont il est l'objet. Afin d'assurer le succès, il est prêt à mobiliser toutes ses ressources financières, tous ses réseaux d'influence.

Le nouveau soulèvement nécessite une préparation plus systématique qu'aucune des tentatives précédentes. Celle-ci est assurée sur place par Huang Xing, en liaison avec Sun Yat-sen qui voyage aux États-Unis. On connaît la part que Huang Xing a prise aux précédentes insurrections. Soldat, homme de terrain, il a à maintes reprises conduit les troupes rebelles, négocié avec les sociétés secrètes, organisé la retraite. Mais ce meneur d'hommes a aussi des qualités de stratège et de chef politique. Tout en se ralliant au projet d'insurrection locale, il pense d'emblée l'insurrection dans le cadre d'une stratégie révolutionnaire plus large et cherche à intégrer une prise de pouvoir cantonaise dans un plan de soulèvement général. Pour ce Hunanais, Canton n'est qu'un point de départ auquel il convient de ne pas s'attarder. Toujours loyal à Sun Yat-sen, il donne de la stratégie méridionale de celui-ci une version épurée de tout régionalisme.

L'originalité de Huang Xing s'affirme dans une lettre qu'il rédige le 13 mai 1910 en réponse à une missive de Sun Yat-sen, dont le texte n'a pas été conservé. Sur trois problèmes essentiels — l'aide étrangère, le rôle de l'armée, la coordination de l'insurrection cantonaise avec l'action révolutionnaire menée dans le bassin du Yangzi —, Huang Xing formule des propositions un peu différentes de celles qui ont fondé la stratégie insurrectionnelle de Sun Yat-sen en 1907-1908.

L'aide étrangère apparaît toujours à Sun comme une condition essentielle du succès révolutionnaire. Privé du soutien français, il s'est tourné vers certains cercles financiers américains qui ont promis de lui fournir des armes et des instructeurs.

Huang Xing accepte de réceptionner et de stocker les armes, mais il s'insurge contre la venue de mercenaires étrangers. Pour lui, le succès de la révolution repose avant tout sur la mobilisation des forces nationales, en particulier sur le ralliement des unités de la Nouvelle Armée. En dépit de l'échec essuyé à Canton en février 1910, Huang Xing demeure persuadé qu'on peut faire fond sur le sentiment antimandchou qui anime la plupart de ces unités, comme sur leur solidarité de corps qui d'une province à l'autre favorisera l'extension du mouvement. La stratégie de Sun Yat-sen a trouvé ses limites géographiques et sociales dans la configuration des réseaux d'influence qu'il contrôle. Le plus étendu de ces réseaux — celui des sociétés secrètes — ne s'est finalement pas révélé aussi opérationnel que prévu, à cause de sa faible cohérence interne et de la fiabilité incertaine de ses chefs.

La Nouvelle Armée, dont l'implantation s'étend à l'ensemble du pays mais qui représente l'un des maillons les plus fragiles de l'institution impériale, offre aux yeux de Huang Xing un réseau autrement intéressant. Comme dans le cas des sociétés secrètes, il s'agit d'une organisation préexistante. Mais celle-ci a été installée et armée par le pouvoir lui-même : il suffit donc d'en inverser la loyauté. Or les jeunes officiers formés au Japon ne sont-ils pas plus réceptifs aux slogans patriotiques et révolutionnaires que les chefs des Triades, mus par des considérations d'intérêt immédiat ? Dans le projet de Huang Xing, la propagande retrouve son rôle et, avec elle, les cadres de la Ligue jurée. Et pas seulement les cadres cantonais, c'est-à-dire l'entourage immédiat de Sun, qui a dirigé les insurrections frontalières de 1907 à 1908, mais également les cadres des provinces du Yangzi. Certes, ces cadres ont rejeté l'autorité de Sun Yat-sen ; ils poursuivent leurs activités de façon autonome et préparent l'établissement de leur propre quartier général avec l'ouverture, prévue à Shanghai, du Bureau régional de la Ligue pour la Chine centrale. Mais, plaide Huang Xing auprès de

Sun, « si nous sommes modestes, si nous acceptons d'écouter sans préjugés les diverses opinions, tout le monde sera content de coopérer avec nous [1] ».

Grâce à cette coopération, Huang Xing espère obtenir, à défaut d'une centralisation, au moins une harmonisation des efforts révolutionnaires. Il propose donc l'envoi d'émissaires auprès des dirigeants du Yangzi, en particulier auprès de Song Jiaoren. Car s'il approuve le choix de la capitale provinciale comme site de la prochaine insurrection, de préférence à quelque fort isolé aux frontières, Huang Xing pense qu'immédiatement après la prise de ville, il faudra envoyer les armées révolutionnaires vers le nord : l'une vers le Hunan, l'autre vers les provinces du bas Yangzi.

Les propositions de Huang Xing ne contredisent pas les conceptions générales de Sun Yat-sen. Mais elles visent à redresser une pratique qui s'était enlisée dans le régionalisme, les particularismes et un certain isolationnisme. Elles réaffirment le contenu politique de l'insurrection armée ; elles redonnent leur rôle à la propagande et à l'idéologie et rétablissent un lien direct, concret, immédiat entre l'initiative locale et la révolution nationale. Ce que les manuels appellent « la dixième tentative d'insurrection révolutionnaire de Sun Yat-sen » est sans doute la seule qui mérite ce nom.

Les préparatifs se poursuivent donc sous la direction de Huang Xing avec l'aide de Sun Yat-sen qui, le 15 juin 1910, rencontre son adjoint à Yokohama pour lui remettre « une pleine valise » de billets de banque. A l'occasion de ces préparatifs, on voit fonctionner la mécanique du parti, ce qui n'était pas le cas lors des insurrections frontalières préparées par Sun Yat-sen et quelques membres de son entourage immédiat, de façon fort peu institutionnelle et sans aucune transparence financière. La conférence de Penang (Malaisie), en novembre 1910, ne réunit certes que les partisans les plus proches de Sun Yat-sen : son entourage cantonais et certaines sections malaises de la Ligue jurée. Les militants de Tokyo ne sont pas même informés. Mais la conférence sanctionne la stratégie méridionale de Sun Yat-sen. Elle prévoit un budget — 130 000 dollars de

1. Lettre de HUANG Xing, du 13 mai 1910, citée ici d'après HSÜEH, *Huang Hsing*, p. 81.

Hong Kong — et répartit les tâches. Au cours des tournées qu'ils effectueront les mois suivants parmi les communautés d'outre-mer, les dirigeants de la Ligue rassembleront en fait 187 000 dollars.

Au début de janvier 1911, Huang Xing installe son quartier général à Hong Kong. Le plan des opérations, tel qu'il a été fixé par la conférence de Penang, rappelle celui déjà utilisé lors du soulèvement de 1895. L'attaque menée par un corps franc, venu de Hong Kong, coïncidera avec des soulèvements simultanés de hors-la-loi, de sociétés secrètes et... d'unités militaires.

Huang Xing s'occupe de rassembler les 800 membres du corps franc. Ces « brave-la-mort » ne sont pas, comme en 1895, des bandits et des membres des sociétés secrètes, mais des Chinois d'outre-mer (marchands, coolies, intellectuels), auxquels se joignent des Cantonais et d'autres provinciaux. Huang Xing et l'officier Zhao Sheng doivent se partager leur commandement. Les armes achetées au Japon, à Saigon, au Siam sont livrées à Hong Kong et envoyées clandestinement à Canton. Pour faciliter le transfert, 40 cellules secrètes travaillant isolément les unes des autres sont établies dans la capitale provinciale. Deux boutiques de riz, ouvertes pour l'occasion, donnent les garanties nécessaires aux révolutionnaires en quête de locaux. Afin de ne pas éveiller les soupçons, les démarches en vue des locations sont souvent effectuées par de faux couples. Et grâce à de faux mariages, les transports d'armes s'effectuent discrètement, dans les chaises à porteur bien calfeutrées des fiancées.

Les membres de la Ligue jurée sortent de leur clandestinité pour participer au travail de propagande. Chen Jiongming, député de l'assemblée provinciale en même temps que membre de l'état-major de Huang Xing, lance un journal révolutionnaire, *Aye*, auquel collabore Zhu Zhixin, jusqu'alors connu à Canton comme professeur. La Nouvelle Armée est l'une des principales cibles de cette propagande dont les méthodes sont parfois rudimentaires : tout soldat ralliant la cause révolutionnaire reçoit un dollar. Des émissaires sont envoyés en Chine centrale pour avertir les révolutionnaires du Yangzi de se tenir prêts.

Le 23 avril, Huang Xing se rend à Canton pour prendre la tête du soulèvement alors imminent. La situation, cependant, n'est pas favorable. L'ampleur même des préparatifs, les rumeurs qui les accompagnent ont alerté les autorités impériales. De nouvelles troupes ont été appelées en renfort. L'initiative d'un révolutionnaire isolé, venu de Malaisie, qui le 8 avril a assassiné un général mandchou, ajoute à la confusion. Huang Xing, qui ne sait plus s'il doit ou non faire venir ses « brave-la-mort » de Hong Kong, multiplie ordres et contrordres. Finalement, il décide de passer à l'action le 27 avril, bien que les renforts attendus ne soient pas tous arrivés. Après un succès éphémère, qui lui livre les bureaux du gouvernement général, Huang Xing est blessé, et sa petite troupe écrasée par les soldats loyalistes. Quand en fin d'après-midi les derniers « brave-la-mort » débarquent à Canton, sous la conduite de Zhao Sheng et de Hu Hanmin, la rébellion a déjà été écrasée.

Ce nouvel échec représente pour Sun Yat-sen une très grosse défaite. Des fonds exceptionnellement importants ont été engagés, les membres du réseau révolutionnaire de Canton, Chen Jiongming, Zhu Zhixin et bien d'autres sont sortis de leur clandestinité. Le pouvoir a pris la menace très au sérieux et c'est sans doute ce qui explique l'ampleur de la répression : 86 exécutions. L'historiographie officielle n'a retenu le souvenir que de 72 victimes. En 1918, un mémorial leur a été dressé dans le faubourg nord de Canton, à Huanghuagang, devenu ainsi un des hauts lieux de la révolution et, selon les termes de Wu Zhihui, une « terre sacrée de la République de Chine [1] ».

Le nombre des victimes, la présence parmi elles d'étudiants récemment rentrés du Japon suffisent à expliquer le culte qui entoure les martyrs de Huanghuagang. Ce culte et la glorification du soulèvement d'avril (qui, dans les sources chinoises utilisant le calendrier lunaire, apparaît comme le soulèvement de mars) répondent aussi à une volonté politique précise : celle de transformer la défaite en succès, de faire apparaître le soulèvement de Canton comme le prélude à l'insurrection victorieuse de Wuhan quelques mois plus tard. L'histoire ayant donné raison aux rivaux de Sun Yat-sen et ayant couronné de succès leur stratégie fondée sur la mobilisation et le soulèvement des provinces du Yangzi, il importait de rattacher le triste épisode cantonais à la marche triomphante de la révolution et

1. Cité par HSÜEH, *Huang Hsing*, p. 93.

de réaffirmer le rôle de Sun Yat-sen et de son entourage dans la victoire finale. « Bien que la révolution du 29 mars ait échoué, ses conséquences ont été cent fois plus importantes que ne l'aurait été la prise de la cité », proclame Hu Hanmin dans son *Autobiographie* [1]. En fait, venant après tant d'autres, l'échec d'avril 1911 remet en cause la validité de la stratégie méridionale et porte un nouveau coup à l'autorité et au prestige de Sun.

SUN YAT-SEN ET L'ARGENT DE LA RÉVOLUTION

Bien que les tentatives insurrectionnelles des années 1907-1911 aient été lancées à l'initiative de Sun Yat-sen ou associées à son nom, Sun lui-même, à une exception près, n'est jamais présent sur le terrain et ne prend qu'épisodiquement une part directe aux préparatifs. Ce sont ses compagnons qui se chargent de la propagande, des contacts avec les sociétés secrètes et les officiers rebelles, des opérations armées. Pendant ce temps, Sun Yat-sen parcourt le monde, en quête de fonds, et se fait le commis voyageur de la révolution. Sa vie pendant les années 1905-1911 n'est qu'une longue errance. Souvent poursuivi par la police, le chef révolutionnaire passe d'un pays à l'autre et accomplit plusieurs tours du monde. Il n'a aucune résidence fixe, pas même un quartier général. Mais jusqu'en 1910 il retourne régulièrement à Singapour où siège le Bureau régional de la Ligue jurée pour l'Asie du Sud-Est.

Les comptes de la révolution ne sont guère transparents. Les informations sont fragmentaires, plus nombreuses à l'occasion de certaines campagnes — celle, par exemple, destinée à financer l'insurrection d'avril 1911 à Canton —, et souvent plus précises en ce qui concerne les rentrées d'argent que les sorties. Il faut bien, en effet, enregistrer les sommes dont un jour les prêteurs devront être remboursés et les donateurs récompensés. Mais l'argent qui sert à acheter les services des brigands et des sociétés secrètes, à corrompre militaires et fonctionnaires, à payer les agents secrets, cet argent-là ne laisse guère de trace. Contrairement aux accusations portées par Zhang Binglin et les dirigeants de Tokyo, Sun Yat-sen ne semble pas avoir

1. Citée ici d'après HSÜEH, *Huang Hsing*, p. 93.

détourné à des fins personnelles les fonds très importants qui sont passés entre ses mains. Il trouve naturel de subsister sur l'argent de la révolution, mais sa vie demeure simple et entièrement vouée à son activité politique.

On estime que de 1907 à 1911 Sun Yat-sen aurait levé 600 000 dollars de Hong Kong (soit environ 1,5 million de francs de l'époque). Cet argent vient de sources diverses, et tout d'abord des cotisations versées par les membres de la Ligue jurée. Mais à 1 dollar américain (5 francs de l'époque) par personne, pour un nombre d'adhérents sans doute inférieur à 10 000, les ressources propres de la Ligue demeurent limitées. Les principaux fonds proviennent donc de dons et de prêts. Les bailleurs de fonds appartiennent en majorité aux communautés émigrées. Ce sont souvent des gens modestes : commis, employés, boutiquiers d'origine cantonaise, auxquels se joignent des étudiants, rejetons de familles aisées, qui poursuivent leur formation au Japon ou en Occident ; ou bien encore des Chinois chrétiens, émigrés de la seconde génération, ayant fait carrière aux États-Unis. Sun Yat-sen fait appel à leur patriotisme et à leur racisme antimandchou. Il soulève leur enthousiasme en leur promettant de rénover la Chine, d'en faire une nation glorieuse, puissante, capable de protéger ses émigrés.

De façon plus inattendue, Sun Yat-sen fait aussi appel à leur sens commercial et à leur goût de la spéculation, en leur vendant des bons révolutionnaires. Ces bons sont des reconnaissances de dettes, portant de très gros intérêts. Le futur gouvernement républicain s'engage à rembourser plusieurs fois la somme investie. Dès 1895, les statuts de Renaissance chinoise proposaient la vente de bons de 10 dollars rachetables à 100 dollars par la République. En 1905, Sun Yat-sen fait imprimer au Japon des bons d'une valeur nominale de 1 000 dollars chinois qu'il essaie d'écouler à 250 dollars pièce. On sait que lors du séjour qu'il fait en Indochine française, d'octobre 1905 à février 1906, Sun Yat-sen tente de placer des bons patriotiques parmi les riches marchands chinois de la communauté locale. Un de ses amis français, Z. Léoni, de Saigon disent certaines sources, de Paris affirment d'autres, fait imprimer à l'intention d'éventuels donateurs étrangers des bons rédigés en français et en anglais, portant la signature du président du gouvernement révolutionnaire chinois : Sun Wen, à valoir après la révolution sur le Trésor de Canton.

L'opération la plus réussie est celle lancée à San Francisco au début de 1911 pour préparer le soulèvement d'avril à Canton. Les bons d'une valeur nominale de 10, 100, 1 000 dollars américains sont vendus à moitié prix et trouvent de nombreux acheteurs. Pour le seul Canada, le produit de la vente s'élève à environ 35 000 dollars américains.

Enfin, Sun Yat-sen peut aussi compter sur la générosité de quelques riches protecteurs : hommes d'affaires, financiers agissant à leur propre compte ou servant d'intermédiaires pour la remise de subsides versés par certains gouvernements étrangers. Le plus fidèle de ces riches patrons est Zhang Renjie (Zhang Jingjiang) [1877-1950] que Sun rencontre en 1906 à bord d'un paquebot français, au cours d'un de ses nombreux périples maritimes. Zhang Renjie est né dans une riche famille de négociants de soie, au Zhejiang. Cultivé et d'esprit ouvert, le jeune homme a obtenu un poste d'attaché à la légation chinoise de Paris. Il a profité de sa résidence dans la capitale et des relations que lui valent ses fonctions officielles pour se lancer, à titre privé, dans le commerce d'antiquités et de produits exotiques. De tendance progressiste, il recherche la compagnie des intellectuels chinois de Paris, parmi lesquels des anarchistes. Conquis par la personnalité et le programme politique de Sun Yat-sen, il adhère à la Ligue jurée à laquelle il verse de nombreux fonds entre 1907 et 1911. L'importance de certains de ces versements laisse supposer que Zhang Renjie, lié comme il est à la société parisienne, à ses cercles politiques et financiers, transmet et blanchit des fonds secrets avancés par le parti colonial qui compte utiliser Sun à ses fins.

Les motivations des bailleurs de fonds sont donc très diverses. Sun Yat-sen s'efforce de jouer au mieux des aspirations ou des appétits de ses interlocuteurs. Il poursuit la quête entreprise dès avant 1905. Mais celle-ci s'oriente de façon un peu différente. Les marchands chinois de Singapour, de Malaisie, du Canada et des États-Unis exercent désormais un rôle plus important que ceux d'Hawaii ou du Japon. Et les aventuriers américains prennent le relais des colonialistes et idéalistes français.

La base de Singapour et de la Malaisie (1906-1910)

A Singapour, les communautés chinoises, dominées par leurs grands marchands, ont d'abord été réformistes. Les révolutionnaires qui, en 1900, y ont trouvé refuge après l'échec du soulèvement de Huizhou, comme ce fut le cas de You Lie, n'ont guère réussi à s'y faire entendre. Pourtant, après 1901, un courant radical local émerge en réponse directe aux événements de Chine et en particulier à l'affaire du *Subao*. You Lie coopère avec ce courant qu'il cherche à renforcer et éventuellement à capter, en créant *Le Quotidien pour se rapprocher du Sud*. C'est You Lie qui fait parvenir à Sun Yat-sen, alors à San Francisco, les premiers exemplaires du journal et l'informe du tournant pris par les opposants de Singapour. Il ne reste plus à Sun Yat-sen qu'à rencontrer ces opposants lors de son voyage de retour vers le Japon, en juin 1905, pour obtenir leur allégeance. Cela lui permet, dès avril 1906, d'établir à Singapour le Bureau régional de la Ligue jurée pour l'Asie du Sud-Est. Pendant quatre ans, Singapour et la Malaisie vont devenir l'une des plaques tournantes de l'activité révolutionnaire de Sun.

Au début, Sun bénéficie de l'appui de certains grands marchands ou de leurs fils. Teo Eng-hock, le président du Bureau régional de la Ligue, appartient à une famille émigrée du Guangdong et a pour père un riche négociant en cotonnade. Tan Chor-nam, le vice-président, est le fils d'un grand marchand de bois, en relations commerciales avec Shanghai et les ports ouverts de la Chine méridionale. Goh Say-eng, qui animera en 1910-1911 à Penang le mouvement révolutionnaire malais, est le fils d'un fabricant d'allumettes. Ces recrutements ne sont pas dus au hasard. Sun Yat-sen a attribué des rôles spécifiques aux divers groupes sociaux. S'il compte sur les sociétés secrètes pour faire triompher le soulèvement armé et sur les intellectuels pour établir un régime républicain, c'est aux marchands d'outre-mer qu'il revient de fournir l'argent nécessaire à toutes ces entreprises. Mieux vaut donc s'adresser aux plus riches !

Mais, sur ce terrain, Sun Yat-sen se heurte toujours à la rude concurrence des réformistes. En 1906, le Parti de Protection de l'empereur revendique plusieurs centaines de milliers de membres et a un réseau d'organisations beaucoup plus dense et mieux structuré que celui de la Ligue jurée : 11 bureaux régionaux, 103 sections locales en Amérique du Nord et du Sud aussi bien qu'en Australie, aux Indes néerlandaises, en Malaisie et à Singapour. Comme Sun Yat-sen, les réformistes font appel aux sentiments patriotiques des communautés émigrées et ils se font souvent mieux écouter que lui des notables locaux.

A Singapour, une grande partie de l'activité de Sun et de son entourage cantonais est donc absorbée par la lutte contre les réformistes qui bénéficient, sur place, d'une implantation plus ancienne. La polémique engagée en 1905-1906 à Tokyo entre *Le Journal du peuple* et les organes contrôlés par Liang Qichao se poursuit en 1907-1910 à Singapour entre *Le Quotidien de la Renaissance* (révolutionnaire) et l'*Union Times* (réformiste). Le ton du débat a changé. Les préoccupations théoriques font place à des considérations pratiques ou personnelles. La diffamation tend à se substituer à l'argumentation : en Chine, la personnalité d'un dirigeant joue souvent un rôle plus important pour déterminer l'affiliation à un parti que les propositions idéologiques et les programmes politiques. La guerre des journaux se poursuit par le sabotage des réunions et parfois par des affrontements physiques comme ceux qui marquent la journée du 19 novembre 1908 : décidés à observer le deuil officiel en l'honneur de l'impératrice Cixi et de l'empereur Guangxu, les réformistes ce jour-là en viennent aux mains avec les révolutionnaires.

Sun Yat-sen et ses amis cantonais — Wang Jingwei et Hu Hanmin —, ne négligent rien pour gagner à leur cause les marchands de Singapour et de Malaisie. Sun Yat-sen multiplie les tournées. En 1906, il visite les centres miniers de Malaisie, procèdant par contacts personnels plutôt que par meetings de masse et s'aidant des solidarités régionales (beaucoup d'émigrés sont originaires du Guangdong), des affiliations dialectales, des relations familiales. A Singapour même, Wang Jingwei anime les réunions publiques organisées par *Le Quotidien de la renaissance*. En 1908-1909, il prononce huit discours, dont six consacrés au nationalisme et célébrant la résistance antimandchoue des provinces méridionales au XVIIe siècle ainsi que l'héroïsme des Taiping au XIXe siècle. De la démocratie ou du bien-être du peuple, point n'est question, car il ne faut pas effaroucher une clientèle constituée essentiellement de marchands.

Les résultats ne répondent pas aux espérances. Les grands négociants demeurent réticents. Pressé par les attaques réformistes, déconsidéré par ses échecs indochinois, Sun Yat-sen doit faire face à de graves difficultés financières en 1909. Il a beaucoup de mal à trouver les fonds nécessaires à la publication du *Quotidien de la renaissance* et même l'argent de son voyage lorsqu'il décide d'aller chercher de l'aide en Europe et en Amérique.

Pendant son absence, de mai 1909 à juin 1910, la situation de la Ligue jurée à Singapour continue à se dégrader. *Le Quotidien de la renaissance* cesse de paraître au début de 1910. Et après l'échec du soulèvement de la Nouvelle Armée à Canton, en février, les dirigeants locaux sont tentés d'abandonner toute activité politique. A son retour, quelques mois plus tard, Sun Yat-sen cherche à refonder le Bureau régional de la Ligue, selon les procédures déjà expérimentées en Californie : adoption d'un nouveau nom, celui de Parti révolutionnaire chinois *(Zhonghua gemingdang)*, et prestation d'un serment d'allégeance personnelle.

Mais cette tentative se heurte à l'opposition des révolutionnaires locaux. Le 20 juillet, Sun Yat-sen décide donc le transfert du Bureau régional de la Ligue à Penang, en Malaisie, qui devient pour quelques mois son nouveau quartier général. C'est à partir de Penang que Sun organise la stratégie et le financement du soulèvement d'avril 1911 à Canton. Il paie de sa personne et prononce des discours dont la violence effraie les autorités britanniques : en novembre, il est expulsé du territoire, mais il laisse derrière lui Huang Xing qui en quelques jours réussit à lever 50 000 dollars (de Singapour). Ce succès crée un précédent et stimule le zèle des communautés chinoises du Canada et des États-Unis, dont Sun reçoit alors 77 000 dollars (de Singapour).

Enfin débarrassé de la concurrence du parti réformiste (en déclin depuis 1909), Sun Yat-sen réussit donc à mobiliser d'importantes ressources financières parmi les communautés émigrées. C'est là un grand succès, mais il a été lent à venir. Entre-temps, Sun Yat-sen n'a pas manqué d'explorer d'autres voies, de solliciter d'autres aides.

L'appel aux financiers et aux mercenaires américains (1910-1911)

L'intermède américain de 1910-1911 semble sorti d'un médiocre feuilleton. Le scénario : entre la Californie et New York, des aventuriers rêvent de faire tomber un gouvernement du tiers monde et de se partager ses dépouilles. Ils conspirent pour trouver l'argent, les armes et les hommes indispensables à leur projet. Au centre de l'intrigue, un être difforme, nain et bossu, Homer Lea (1876-1912). Stratège amateur, il voudrait changer la carte du monde et offrir à ses concitoyens un nouveau champ d'expansion économique : la Chine. Homer Lea a d'abord misé sur le grand rival de Sun, Kang Youwei. Fort de la connaissance du chinois, qu'il a acquise à l'université de Stanford, Homer Lea a noué des liens avec le Parti de Protection de l'empereur à San Francisco et s'est introduit dans l'entourage de Kang. Il s'est décerné à lui-même le titre de général et a commencé à entraîner des corps de cadets recrutés parmi les jeunes Chinois d'Amérique. En 1905, il s'est fait accompagner de Kang Youwei pour passer en revue les cadets de New York et de Philadelphie. Mais, à partir de 1909, le déclin du Parti de Protection de l'empereur oblige Homer Lea à rechercher un autre partenaire. C'est alors qu'il coopte Sun Yat-sen. Pour une fois, donc, l'initiative n'appartient pas à Sun qui n'entre en scène que comme second couteau. Mais, bien vite, le personnage qu'il campe éclipse celui d'Homer Lea. Sun se donne comme le chef d'une Ligue jurée forte de l'adhésion de 30 000 intellectuels et étudiants en Chine et outre-mer, et qui peut en outre compter sur l'appui de 30 millions de membres des Triades. Aux côtés du général Homer Lea et du président Sun Yat-sen, Charles Boothe complète le trio. C'est un ancien banquier, retiré en Californie, mais qui a conservé des liens avec les milieux d'affaires new-yorkais et qui accepte de s'intéresser aux bénéfices que pourrait rapporter le renversement du gouvernement de Pékin.

Le plan des conspirateurs est simple. Des officiers mercenaires seront envoyés en Chine du Sud pour entraîner les forces révolutionnaires. Les armes achetées aux États-Unis seront stockées dans le Guangdong occidental en attendant le jour de l'insurrection. Homer Lea sera le général commandant en chef. Charles Boothe fournira l'argent. Le budget de l'opération est évalué à 3,5 millions de dollars (américains) et relevé par la suite à 10 millions, sur la demande de Sun. C'est à ce dernier que reviendra le contrôle des dépenses. Quant à Charles Boothe, nommé « agent financier exclusif pour l'étranger », il sera chargé de trouver des emprunts parmi les banquiers new-yorkais. Sous le futur régime républicain, les investisseurs seront récompensés par l'attribution de fonctions de commissaire des Douanes ou administrateur des Postes, par la concession de monopoles commerciaux, d'exploitations minières en Mandchourie, et un rôle privilégié leur sera réservé dans la reconstruction économique de la Chine.

Ce plan ne connaîtra pas le moindre début d'exécution. En effet, Charles Boothe ne trouve aucun fonds. Sun Yat-sen, qui a besoin d'argent à titre personnel, en est réduit à solliciter l'entremise d'Homer Lea, qu'il sait hostile au Japon, pour négocier auprès du War Department la vente de documents diplomatiques secrets concernant une éventuelle mobilisation nippone contre les États-Unis.

Que retenir de ce feuilleton ? L'empressement que met Sun Yat-sen à suivre toute piste, même la plus hasardeuse, qui semble s'offrir à lui ? L'approbation qu'il donne à toutes les conditions mises par ses partenaires à une aide éventuelle, même si ces conditions portent directement atteinte à la souveraineté et à l'indépendance de la future République chinoise ? A cet égard, l'intermède américain ne fait qu'approfondir les interrogations soulevées par la coopération de Sun avec les colonialistes français. Comment le dirigeant nationaliste peut-il accepter d'aliéner ainsi les droits d'une patrie qu'il prétend rétablir dans sa dignité et sa puissance originelles ?

Les thuriféraires invoquent les impératifs de la tactique et la priorité du court terme. Sun Yat-sen comme précurseur de Lénine... C'est faire la part belle à la maîtrise dialectique d'un homme de terrain et de contacts, habitué à réagir aux circonstances immédiates, sans trop se soucier des contradictions suscitées par ses choix successifs. Sun Yat-sen est prêt à vendre son pays aux étrangers... pour trouver l'argent qui lui permettra de mieux le sauver de ces mêmes étrangers. Est-ce donc trahison ? Non, car s'il est un trait constant dans la personnalité politique si mouvante de Sun Yat-sen, c'est bien l'amour qu'il porte à son pays. Cédant au besoin d'expliquer, on pourrait peut-être invoquer la naïveté ou la duplicité.

Mieux vaut sans doute ne pas substituer notre logique à celle de Sun. Acceptons l'idée que ses démarches sont celles d'un politicien toujours en alerte et, avant toute chose, attentif à résoudre les difficultés au fur et à mesure qu'elles se présentent à lui. Son projet est de faire la révolution. Il reviendra à la future République de s'occuper des problèmes républicains. Plus que d'un raisonnement dialectique ou qu'un calcul machiavélique, la connivence de Sun Yat-sen avec les étrangers semble relever de la courte philosophie d'un « à chaque jour suffit sa peine » et porter la marque du pragmatisme qui n'a cessé de caractériser la politique chinoise tout au cours du XXe siècle.

CHAPITRE VII

Le père... adoptif de la République chinoise

Celui que les historiens considèrent comme le père fondateur de la nation chinoise et dont ils associent le nom — avant tout autre — à la révolution de 1911 et à l'établissement de la République n'a joué aucun rôle direct dans l'enchaînement des événements qui, de l'insurrection de Wuchang, le 10 octobre 1911, à l'édit impérial d'abdication, le 12 février 1912, provoquent la chute de l'empire mandchou. Après avoir conduit ou inspiré toute une série de soulèvements antidynastiques, Sun Yat-sen manque son rendez-vous avec l'histoire et ne participe que de loin, *in absentia*, à la chute du régime impérial.

L'histoire cependant semble lui offrir une autre chance lorsque, à son retour des États-Unis et d'Europe, à la fin de décembre 1911, il est coopté par les principaux dirigeants de la révolution et élu président d'une République qu'il n'a cessé d'appeler de ses vœux, même s'il ne l'a pas fait naître de ses œuvres.

Quelques semaines plus tard, Sun Yat-sen abandonne son pouvoir à Yuan Shikai, haut mandarin et général de l'empire mandchou. Cette abdication s'accorde mal avec la puissance proclamée du mouvement révolutionnaire. Et cette contradiction, entre bien d'autres, amène à remettre en question les analyses d'une historiographie officielle plus soucieuse d'exalter la révolution de 1911, événement fondateur et source de légitimité, que d'éclairer le rapport des forces sociales et politico-militaires en présence.

Si ce rapport de forces peut expliquer la démission de Sun Yat-sen, il n'éclaire en rien l'attitude de celui-ci et son effacement presque total de la scène politique dans l'année qui suit, du printemps 1912 au printemps 1913. Alors que la jeune République chinoise tente de s'affirmer, qu'elle adopte les institutions parlementaires et démocratiques occidentales, Sun demeure à l'écart. Il prend peu de part aux grands débats qui animent la vie politique : fédéralisme contre centralisme, système présidentiel contre responsabilité ministérielle. Il laisse à d'autres le soin d'organiser la stratégie du parti révolutionnaire et de défendre l'idéal républicain contre les ambitions dictatoriales de Yuan Shikai. Quand, au printemps 1913, celles-ci s'affirment ouvertement, Sun Yat-sen rentre dans la mêlée politique : sursaut tardif qui ne peut prévenir l'échec de la seconde révolution, celle de l'été 1913.

Ainsi, alors qu'il touche au sommet de sa carrière politique (car jamais il ne retrouvera de fonctions dirigeantes à la tête de l'État chinois), alors que ses anciens rivaux du parti révolutionnaire s'effacent devant lui et que sa notoriété draine des milliers d'assistants dans les réunions publiques et les cérémonies officielles auxquelles il participe, Sun Yat-sen semble vouloir prendre du recul. Il n'est pourtant pas homme à être intimidé par le succès, ni à refuser d'endosser le mérite d'une victoire qui comble ses aspirations à défaut de couronner ses efforts.

Que s'est-il donc passé ? Selon l'explication le plus souvent avancée, le patriotisme de Sun Yat-sen, son sens de l'unité nationale et sa crainte d'une intervention étrangère l'auraient conduit à sacrifier ses ambitions personnelles et à s'effacer devant Yuan Shikai, jugé plus apte à assurer l'avenir de la jeune République. L'argument n'est pas entièrement satisfaisant, par ce qu'il implique de modestie et d'abnégation chez un personnage à l'*ego* exacerbé, par ce qu'il suppose aussi d'aveuglement chez un vieux lutteur, un professionnel de la politique qui connaît les hommes et leurs ambitions. L'éclipse de Sun Yat-sen au cours de cette période cruciale fait donc toujours naître de multiples interrogations.

Le conspirateur professionnel s'est-il senti désemparé, une fois appelé à exercer le pouvoir ? L'ancien aventurier des ports ouverts a-t-il été grisé par les pompes officielles, et le grand manipulateur, si habile à créer des images, à animer des visions, s'est-il lui-même laissé prendre aux promesses des apparences républicaines ? Ou bien Sun Yat-sen a-t-il considéré qu'avec le renversement des Mandchous il avait accompli sa mission et qu'il pouvait désormais déserter le combat politique pour se consacrer à un autre combat, à ses yeux plus important, celui de la modernisation économique ?

L'attitude paradoxale de Sun Yat-sen, ses erreurs de jugement et l'apparente défaillance de ses énergies ne renvoient pas seulement au caractère complexe du personnage et à son appréhension souvent déformée de la réalité ; elles reflètent aussi les ambiguïtés d'une révolution qui, sous le couvert d'un discours progressiste et occidentaliste, est, pour l'essentiel, l'œuvre de forces sociales conservatrices : gentry, notables, marchands, officiers, fonctionnaires locaux. Les deux ans ou presque qui séparent l'insurrection de Wuchang (en octobre 1911) de l'écrasement de la Seconde Révolution (en août 1913) représentent le moment de vérité où s'affrontent la vision utopique, nourrie et diffusée par les intellectuels révolutionnaires, d'une Chine républicaine, démocratique, riche et moderne, et la réalité d'un pays sous-développé, toujours dominé par ses élites traditionnelles. Comment la chute des Mandchous aurait-elle suffi, à elle seule, à réconcilier vision et réalité ? Le parti révolutionnaire paie alors le prix de ses errements idéologiques qui lui ont fait accorder une priorité absolue à la lutte antimandchoue, qui l'ont amené à considérer le renversement de la dynastie comme la condition à la fois nécessaire et suffisante de la rénovation nationale.

En tant que figure emblématique de l'opposition républicaine et principal responsable de ses options antimandchoues, Sun Yat-sen est aussi la principale victime des contradictions et des ambiguïtés d'une révolution qui n'en est pas une. La greffe du rêve sur la réalité, qui a entraîné la chute de l'empire et la fondation de la République, a confirmé le rôle symbolique de Sun Yat-sen, mais ne lui a pas donné les moyens d'approfondir et de développer la transformation amorcée. Éphémère triomphe du discours sur les faits, la révolution de 1911 n'a-t-elle pas encouragé Sun Yat-sen à cultiver l'utopie, à se détourner de la politique au quotidien pour s'absorber dans d'extraordinaires projets d'expansion ferroviaire et industrielle ?

Les coups de force perpétrés par Yuan Shikai au début de 1913 font sortir Sun de son rêve ou de sa torpeur. Il se pose alors en défenseur de la légitimité républicaine, mais n'apparaît déjà plus aux yeux de l'opinion que comme un conspirateur, un fauteur de troubles. Bien plus que les défaillances de Sun ou les manœuvres de l'aspirant dictateur Yuan Shikai, l'obstination des faits a eu raison de l'illusion révolutionnaire.

Souvent analysés en termes de révolution et contre-révolution, de républicanisme et de bonapartisme, les événements de 1911-1913 répondent bien mal à ces schémas classiques. La mêlée confuse où les aspirations et les expériences les plus hétérogènes se juxtaposent, décrites de façon souvent abusive par un vocabulaire et des concepts empruntés au répertoire occidental, offrait-elle véritablement une chance à la démocratie, sans même parler du socialisme ? Laissait-elle vraiment place à l'initiative d'un républicain sincère, eût-il été plus clairvoyant et énergique que Sun Yat-sen ?

UN RENDEZ-VOUS MANQUÉ : SUN YAT-SEN ET L'INSURRECTION D'OCTOBRE 1911

L'insurrection qui éclate le 10 octobre 1911 à Wuchang ou, selon la terminologie chinoise, l'insurrection du Double Dix (dixième jour du dixième mois) n'est pas, comme l'a suggéré Sun Yat-sen, « un pur accident [1] ». Elle est l'œuvre de groupes révolutionnaires locaux, recrutant dans la Nouvelle Armée et disposant de soutiens à la fois parmi les sociétés secrètes et les notables urbains. Les liens qui unissent ces organisations locales au mouvement animé par Sun Yat-sen et le groupe de Tokyo sont fort ténus. Dans la mesure où ils existent, ils passent d'un côté par la personne même de Huang Xing, de l'autre par le Bureau de la Ligue jurée pour la Chine centrale, fondé en juillet 1911 par Song Jiaoren. Mais ni Huang Xing ni Song Jiaoren ne croient au succès de l'insurrection. Et par la suite, lorsqu'ils rejoignent Wuchang, ni l'un ni l'autre ne réussissent à établir leur autorité sur le gouvernement militaire du Hubei, issu de l'insurrection. Alors qu'en octobre et novembre le mouvement révolutionnaire s'étend à tout le pays sous

1. Cité par HSÜEH, *Huang Hsing*, p. 108.

forme de sécessions provinciales, un second centre de direction se crée à Shanghai et Nankin, sous le contrôle de membres de la Ligue jurée, originaires pour la plupart de la région du Yangzi.

Sun Yat-sen, cependant, continue de voyager aux États-Unis et en Europe. Boude-t-il un mouvement dont l'initiative lui a échappé ? Partage-t-il la méfiance de son entourage cantonais, et en particulier celle de Hu Hanmin, sur le destin d'une révolution engagée par des notables et des militaires ? Ou cherche-t-il à l'étranger les appuis diplomatiques et financiers qui lui permettraient de prendre le contrôle de la situation ?

Un dragon sans tête : l'insurrection du Double Dix

L'échec du soulèvement d'avril 1911 à Canton a marqué la fin des tentatives insurrectionnelles menées par la Ligue jurée sous la direction de Sun Yat-sen. Désormais, l'initiative des opérations échappe aux Cantonais, et le centre de gravité révolutionnaire se déplace vers le bassin du Yangzi. Pendant l'été, la province du Sichuan est troublée par de violentes manifestations d'hostilité à la politique gouvernementale de nationalisation des chemins de fer, dont les patriotes craignent qu'elle n'ouvre la voie à de nouveaux empiétements étrangers.

Depuis une dizaine d'années les groupuscules révolutionnaires du Hubei n'ont cessé de s'activer. Pourchassés par la police, ils ont été maintes fois dissous, pour aussitôt renaître sous d'autres noms. A la veille de l'insurrection, ils se rassemblent au sein de deux sociétés principales : la Société de Littérature (Wenxueshe) et la Société du Progrès commun (Gongjinhui). La première recrute ses membres parmi les officiers et les soldats des unités de la Nouvelle Armée, stationnées à Wuchang. La seconde représente le prolongement provincial d'une organisation dissidente de la Ligue jurée, apparue à Tokyo en avril 1907, et collabore étroitement avec les sociétés secrètes tout en comptant parmi ses membres des notables et des intellectuels. Le fossé qui sépare les deux organisations est plus social qu'idéologique. En septembre 1911, cependant, à l'appel de leurs chefs, les révolutionnaires du Hubei surmontent leurs divergences et décident d'unir leurs efforts pour préparer le soulèvement.

Les liens que ces groupuscules maintiennent avec la Ligue

jurée ne sont pas d'ordre institutionnel, mais personnel. Leur collaboration est toujours demeurée épisodique, passant par les contacts que certains dirigeants locaux n'ont cessé d'entretenir avec les cercles non cantonais de la Ligue, en particulier avec Huang Xing et Song Jiaoren. C'est le cas de Sun Wu et de Ju Zheng, l'un et l'autre membres de la Société du Progrès commun et qui ont fait leurs études au Japon. Quelques révolutionnaires locaux se prévalent d'une double affiliation à la Société du Progrès commun et à la Ligue jurée. Le foisonnement des organisations, leur souplesse qui défie la répression policière, leur enracinement dans des milieux sociaux différents, qui n'empêche ni un certain regroupement de leur clientèle ni parfois la réunion des efforts en vue d'objectifs ponctuels, tous ces traits suggèrent la vitalité d'un mouvement en prise directe sur la société chinoise de l'époque. Si la Ligue jurée se définit essentiellement par ses ambitions idéologiques, le mouvement révolutionnaire du Hubei-Hunan est avant tout le fait d'activistes.

C'est cet activisme, ce dynamisme que Song Jiaoren cherche à canaliser avec la création du Bureau de la Ligue jurée pour la Chine centrale, en juillet 1911. Song voudrait imposer l'autorité de ce bureau aux multiples groupes révolutionnaires du Yangzi qui jusqu'ici n'ont tout au plus accordé à la Ligue jurée qu'une reconnaissance nominale. A travers les éditoriaux qu'il publie dans le *Peuple debout*, Song Jiaoren cherche aussi à élargir l'horizon politique de ces agitations locales, à assortir l'objectif immédiat — le renversement des Mandchous — d'un projet d'établissement d'un gouvernement démocratique et constitutionnel. Par réalisme politique, pour rallier à la cause antimandchoue les notables locaux constitutionnalistes et assurer ainsi le rapide succès de la révolution, Song Jiaoren fait silence sur le principe du bien-être du peuple. Désireux de limiter la durée et l'extension géographique des troubles révolutionnaires, il veut, en s'appuyant sur l'armée, créer un foyer insurrectionnel au Hubei et établir le plus rapidement possible la liaison avec les provinces du Nord. Ce projet, tout comme la création du Bureau de la Ligue jurée pour la Chine centrale, a reçu l'approbation de principe de Huang Xing, qui cependant conseille la prudence.

Prudent, Song Jiaoren l'est. En bon organisateur, il pense qu'il lui faudra encore de deux à trois ans pour compléter les préparatifs. Mais les révolutionnaires de Wuchang sont impatients de passer à l'action. Le 10 octobre, la garnison de Wuchang se soulève. Ni Huang Xing ni Song Jiaoren n'ont eu le temps de rallier Wuchang ; les chefs révolutionnaires locaux sont absents, en fuite ou blessés. Les troupes engagent seules le combat et triomphent en une nuit de la résistance des autorités. Mais les rebelles sans chef sont comme « un dragon sans tête ». Ils s'emparent d'un officier de la garnison, Li Yuanhong, qu'ils obligent à assumer les fonctions de gouverneur militaire du Hubei. Le chef du premier gouvernement révolutionnaire... n'est qu'un prisonnier politique !

Le gouvernement militaire du Hubei

Plus de deux semaines s'écoulent avant que Song Jiaoren et Huang Xing ne rejoignent Wuchang. Entre-temps, le gouvernement militaire s'est consolidé et son autorité s'est étendue à l'ensemble de la conurbation de Wuhan. Dès le 11 octobre, les insurgés de la Nouvelle Armée ont sollicité et obtenu l'appui de la gentry locale et de ses représentants à l'assemblée provinciale du Hubei [1]. Ces notables qui depuis des années assurent une part croissante de la gestion locale ont progressivement développé leur intérêt pour les problèmes d'importance nationale, en particulier dans le cadre de la Nouvelle Politique de l'empire réformateur. En octobre 1911, alors que l'insurrection prend de court militants républicains comme fonctionnaires impériaux, les députés provinciaux, forts de leur légitimité institutionnelle et d'une certaine représentativité sociale, sont prêts à s'emparer de l'initiative. Les circonstances aidant, ces notables constitutionnalistes qui appelaient à la défense des intérêts nationaux et à une participation politique élargie n'ont aucun mal à se transformer en républicains modérés.

Le président de l'assemblée provinciale du Hubei est donc devenu gouverneur civil aux côtés de Li Yuanhong. Une col-

1. Les assemblées provinciales avaient été instituées en juillet 1908 dans le cadre de la réforme constitutionnelle menée par l'empire réformateur. Un électorat restreint aux élites avait choisi comme représentants des lettrés, des marchands, des membres de la gentry ou des étudiants revenus de l'étranger.

La révolution de 1911
(Provinces indépendantes en décembre 1911)
RUSSIE
provinces ayant déclaré leur indépendance
MANDCHOURIE
Heilongjiang
MONGOLIE EXTÉRIEURE
MONGOLIE INTÉRIEURE
Jirin
Moukden
ZHILI
Pékin
Fengtian
Tianjin
Dairen
COREE
(japonaise)
Taiyuan
SHANXI
Jinan
SHANDONG
GANSU
QINGHAI
Lanzhou
Xi'an
Kaifeng
JIANGSU
SHAANXI
HENAN
ANHUI
Nankin
Shanghai
HUBEI
Wuchang
Anqing
Chengdu
Hankou
Hangzhou
SICHUAN
Zhongqing
ZHEJIANG
Changsha
Nanchang
HUNAN
JIANGXI
GUIYANG
FUJIAN
Fuzhou
Guizhou
Kunming
(Yunnanfu)
TAIWAN
(japonais)
YUNNAN
Guilin
GUANGXI
GUANGDONG
Canton
Hong Kong
(britannique)
INDOCHINE
(française)
0
500
1000 km

laboration étroite s'est aussi établie avec les marchands qui consentent des prêts et participent au maintien de l'ordre. Le gouvernement militaire a en outre obtenu des étrangers la promesse qu'ils n'interviendraient pas. Le 18 octobre, le corps consulaire a proclamé sa neutralité.

Lorsque les dirigeants de la Ligue arrivent à Wuchang, il ne leur reste plus qu'à s'intégrer aux structures gouvernementales existantes, cautionnant ainsi la coalition hétéroclite qui rassemble, autour de la garnison demeurée loyale à son chef Li Yuanhong, des activistes révolutionnaires et des notables locaux. Devenu commandant en chef de l'armée révolutionnaire sous l'autorité de Li Yuanhong, Huang Xing doit endosser la responsabilité de la défaite militaire, face aux troupes impériales qui reprennent Hankou le 1er novembre et Hanyang le 27. Quant à Song Jiaoren, il préfère retourner dans le bas Yangzi, afin d'aider à la création d'un deuxième foyer révolutionnaire. Comme souvent en Chine, la lutte pour le pouvoir trouve une expression géographique et se traduit par la multiplication et le déplacement des centres de gravité politique.

L'émergence d'un deuxième foyer révolutionnaire : l'axe Shanghai-Nankin

Dans les semaines qui suivent l'insurrection de Wuchang, la révolution se propage dans la Chine du Centre et du Sud, où elle prend la forme de sécessions provinciales. A Shanghai, c'est l'attaque menée par Chen Qimei (un des dirigeants du Bureau de la Ligue pour la Chine centrale) contre l'arsenal de Jiangnan qui au début de novembre donne le contrôle de la ville aux révolutionnaires. Ceux-ci sont soutenus par les notables : membres des sociétés d'éducation, des chambres de commerce, des commissions municipales de la cité chinoise, de l'assemblée provinciale. L'influence de ces mêmes notables amène les gouverneurs des provinces du bas Yangzi, Jiangsu et Zhejiang, à proclamer également leur indépendance.

Si la révolution du bas Yangzi, tout comme celle de Wuchang, est dominée par les notables locaux, il ne s'agit toutefois pas des mêmes notables. A Shanghai, et à un moindre degré dans les provinces du delta, les marchands, les compradores, les entrepreneurs modernes ou semi-modernes l'emportent sur la gentry et sur les lettrés. Dans une métropole qui représente à la fois la tête de pont de la pénétration économique étrangère et le bastion du capitalisme chinois, les élites traditionnelles sont en effet en train de faire place à une véritable bourgeoisie, laquelle est acquise au programme d'indépendance nationale, de démocratie républicaine et de développement économique qui est celui de la Ligue jurée. A l'alliance entre l'armée, la gentry et les sociétés secrètes sur laquelle repose le pouvoir de Li Yuanhong à Wuchang répond, à Shanghai, la coopération entre la Ligue jurée et cette bourgeoisie nouvelle. Avec l'insurrection du Double Dix, la faction de Wuchang a pris une longueur d'avance. Mais son autorité ne tarde pas à être contestée par les dirigeants de Shanghai.

Au début de novembre, en effet, alors que quatorze provinces ont déjà fait sécession, l'établissement d'un gouvernement central s'impose de façon urgente pour prévenir la naissance de rivalités régionales et maintenir une apparence d'unité nationale face aux étrangers. C'est sur l'organisation de ce gouvernement central provisoire que s'affrontent Shanghai et Wuchang.

Finalement, Nankin, qui vient d'être conquise par les forces révolutionnaires, est choisie comme siège du gouvernement provisoire. L'assemblée des délégués provinciaux s'y réunit le 14 décembre 1911. Elle compte alors 44 membres représentant 17 provinces.

En attendant qu'aboutissent les négociations engagées entre les révolutionnaires et les impériaux, l'assemblée de Nankin doit désigner un chef provisoire du gouvernement républicain. La faction de Wuchang soutient Li Yuanhong, celle de Shanghai Huang Xing, et l'assemblée est incapable de trancher, pas plus qu'elle ne parvient à déterminer les pouvoirs de ce futur chef : certains, entraînés par Song Jiaoren, réclament que ces pouvoirs soient limités par l'existence d'un cabinet responsable ; d'autres plaident pour un régime de type présidentiel. A la mi-décembre, la situation apparaît donc bloquée par la rivalité qui dresse le groupe de Shanghai contre celui de Wuchang et, à l'intérieur même du groupe de Shanghai, par le conflit qui oppose Song Jiaoren à des éléments plus modérés de la Ligue, tels que Zhang Binglin.

Dans cette mêlée confuse qui voit la fin d'un monde sans que se dessine l'ordre nouveau appelé à lui succéder, nulle part

— ni à Wuchang ni à Shanghai — il n'est question de Sun Yat-sen.

Mais où est donc passé Sun Yat-sen ?

Au début d'octobre, il voyage aux États-Unis, toujours en quête de fonds. Lorsque le 11 octobre il arrive à Denver, dans le Colorado, au pied des montagnes Rocheuses, Sun prend connaissance d'un télégramme de Huang Xing, vieux déjà de plus d'une semaine mais qu'il n'avait pas encore pu déchiffrer faute d'avoir gardé sur lui son code secret. Le télégramme lui apprend qu'un soulèvement se prépare à Wuchang, pour lequel il faudrait des fonds. Mais, fatigué par le voyage, Sun remet à plus tard la réponse. Il est donc complètement pris de surprise, le lendemain matin, quand au moment d'aller déjeuner il découvre le gros titre du journal : « Wuchang, occupé par les révolutionnaires ».

En 1917, Lénine recevant en Suisse la nouvelle de l'insurrection de février n'a de cesse qu'il ne regagne la Russie, serait-ce dans les fourgons de l'ennemi. En 1911, Sun Yat-sen, à Denver, se précipite pour acheter un billet... à destination de New York et de Londres. La réaction surprend. Sun Yat-sen s'en est expliqué lui-même dans son *Autobiographie* : « En vingt jours je pouvais débarquer à Shanghai et prendre part au combat révolutionnaire, mais le front diplomatique était alors pour nous plus important que la ligne de feu. Je résolus donc de faire porter mon effort sur les questions d'ordre diplomatique[1]... » Sun Yat-sen a le sentiment, justifié, que l'attitude des étrangers sera décisive. Leur neutralité peut assurer le succès de la révolution. Leur intervention active et leur soutien financier seraient des atouts essentiels dans la lutte pour le pouvoir. Sans doute Sun Yat-sen songe-t-il à renouveler l'opération qui lui avait si bien réussi lors de sa séquestration londonienne en 1897 et compte-t-il sur les éventuels succès et le prestige acquis dans les capitales étrangères pour imposer son autorité à ses compatriotes.

A Londres, où il arrive le 20 octobre, Sun Yat-sen retrouve ses vieux amis : le Dr Cantlie et son épouse. Il rencontre aussi

1. « Youzhi jingcheng » (L'ambition réalisée), *O.C.*, t. VI, p. 244.

Homer Lea. Nonobstant l'écroulement de son grand plan de subversion du régime impérial, l'aventurier américain a décidé de mettre ses qualités de stratège au service de Sun, qui trouve ainsi « son Lafayette [1] » ! Il semble en tout cas avoir activement participé aux démarches de Sun pour susciter des concours financiers et diplomatiques à la République chinoise alors en gestation.

C'est Homer Lea qui sert d'intermédiaire pour prendre contact avec les représentants du Consortium bancaire international [2] et leur suggérer d'affecter à la future République les fonds destinés à la dynastie mandchoue. C'est lui aussi qui, par l'intermédiaire de Sir Travor Dawson (de la compagnie Vickers, Sons and Maxim, laquelle espère obtenir des commandes d'armement... quand Sun sera devenu « président des États-Unis de Chine »), fait soumettre au Foreign Office un mémorandum proposant une alliance entre Sun Yat-sen d'une part, la Grande-Bretagne et les États-Unis de l'autre.

Cosigné par Sun et Homer Lea, le mémorandum déclare que Sun, une fois devenu président (« ce qui ne fait aucun doute »), accordera de nombreux privilèges à la Grande-Bretagne et aux États-Unis, en échange de leur amitié et de leur soutien : il placera la marine chinoise sous le commandement d'officiers britanniques, prendra comme conseiller politique un représentant du gouvernement de Londres... Ce « bluff » (Harold Schiffrin), bien dans la manière de Sun, n'en impose guère à ses interlocuteurs. Deux jours après avoir pris connaissance du mémorandum, le secrétaire du Foreign Office, Sir Edward Grey, télégraphie à Pékin que Yuan Shikai semble bien être l'homme de la situation ! Quant à la décision prise par la diplomatie britannique de rester neutre et de s'abstenir de tout prêt aux Mandchous comme aux révolutionnaires, elle résulte d'une évaluation des risques (y compris ceux d'un conflit entre les puissances présentes en Chine) et non de l'intervention de Sun. Tout ce que ce dernier obtient, c'est l'autorisation de s'arrêter quelques jours, lors de son voyage de retour, dans les colonies britanniques : Singapour, Hong Kong, dont il a été exclu par des mesures de bannissement...

---

1. SHARMAN, *Sun Yat-sen*, p. 127.
2. Formé en 1908, ce consortium se propose de financer les emprunts chinois destinés à assurer le développement ferroviaire et économique de l'empire aussi bien que son administration.

Le bref séjour qu'effectue Sun à Paris, à la fin de novembre, n'est guère plus fructueux. Le dirigeant révolutionnaire a des contacts avec d'importantes personnalités politiques, dont Georges Clemenceau, et le 24 novembre un de ses émissaires rencontre Philippe Berthelot, alors sous-directeur du département d'Asie au Quai d'Orsay. Mais Sun n'obtient rien de plus qu'une confirmation de la neutralité de la diplomatie française, acquise comme celle de la diplomatie britannique pour des raisons de politique générale. Dans le cadre du Quai d'Orsay, cependant, il se peut que des rapports du consul français de Hankou, Raphaël Réau, de longue date ami et protecteur de Sun, aient d'emblée fait pencher la balance vers la non-intervention. Ces rapports en effet présentent l'insurrection de Wuchang comme un véritable mouvement révolutionnaire, à ne pas confondre avec les manifestations éparses et renaissantes du boxeurisme.

A Paris, Sun Yat-sen tente également d'obtenir des prêts. Le 23 novembre, il rencontre Stanislas Simon, directeur de la Banque de l'Indochine. Mais celui-ci se contente de lui répéter qu'aucun emprunt ne sera accordé aux autorités chinoises tant que la situation politique n'aura pas été stabilisée. Le principe de cette non-intervention avait été approuvé lors d'une réunion du Consortium bancaire international à Paris, le 10 novembre précédent. Sun Yat-sen doit se satisfaire de cette assurance que les ennemis de la révolution ne seront pas soutenus.

C'est donc les mains vides que Sun Yat-sen prend le chemin du retour. Qu'importe ! La rumeur des contacts qu'il a pris avec les hautes personnalités et dirigeants occidentaux l'auréole de prestige. Et c'est en triomphateur que ses compatriotes l'accueillent.

SUN YAT-SEN ET LA FONDATION DE LA RÉPUBLIQUE CHINOISE

A son retour en Chine, Sun Yat-sen connaît l'apogée de sa carrière. Élu président, il proclame la fondation de la République le 1er janvier 1912 et dirige le gouvernement provisoire de Nankin jusqu'au mois de mars suivant. Pour l'unique fois de sa vie politique, Sun Yat-sen est appelé à exercer le pouvoir suprême à la tête d'un gouvernement qui s'affirme (et ne tardera pas à devenir) unitaire et national. Exercice difficile, périlleux, auquel les errances de Sun Yat-sen à l'étranger ne l'ont guère préparé. Sa compétence et son savoir-faire ne peuvent s'égaler à ceux de Yuan Shikai, général et haut mandarin de l'empire, devant lequel dès le début Sun semble bien décidé à s'incliner. Mais ce qu'auparavant il voudrait obtenir de son rival, c'est la garantie que les institutions républicaines seront maintenues. L'épreuve de forces qui se déroule alors entre les deux hommes s'achève par l'effacement de Sun. Cet effacement étrangement serein et consenti éclaire d'un jour nouveau la personnalité du dirigeant révolutionnaire en même temps qu'il laisse entrevoir un rapport de forces moins favorable à la révolution que ne pourraient le suggérer l'ampleur et la rapidité des bouleversements politiques intervenus en quelques mois.

Le retour de Sun Yat-sen

Profitant de la levée des mesures de bannissement accordée par les autorités de Londres, Sun Yat-sen regagne la Chine en faisant étape à Hong Kong où il arrive le 21 décembre 1911. Beaucoup de personnalités sont venues l'y accueillir. Parmi elles, un certain nombre de compagnons japonais de Sun, dont naturellement Miyazaki Torazô. En dépit de l'activisme qu'ils ont déployé depuis une décennie, les aventuriers conseillers japonais n'ont guère joué de rôle pendant les premières semaines de la révolution. Leurs initiatives ont été paralysées, d'un côté, par la politique confuse et contradictoire du gouvernement de Tokyo et, de l'autre, par l'absence de Sun Yat-sen. Ce dernier a absorbé toute leur attention et tous leurs soins, et ils n'ont guère développé de contacts avec les dirigeants des autres courants nationalistes et révolutionnaires. Le retour de Sun Yatsen leur offre donc l'espoir de reprendre pied dans la révolution. Mais la présence aux côtés de Sun de son conseiller militaire américain, Homer Lea, ne favorise pas leur démarche. Homer Lea, en effet, est animé d'une grande hostilité à l'égard du Japon dont il a dénoncé les ambitions expansionnistes dans un *best-seller, The Valor of Ignorance*, publié une dizaine d'années plus tôt. Il ne peut cependant empêcher les Japonais d'accompagner Sun pendant la dernière étape de son voyage jusqu'à Shanghai ni de s'intégrer à son entourage.

A Hong Kong, Sun Yat-sen rencontre aussi les représentants des guildes marchandes de Canton. Selon le témoignage d'Albert Maybon, il se vante même devant elles de pouvoir obtenir des emprunts étrangers sans hypothèque et à taux très modéré. Il se dit assuré que « les puissances ne refuseront rien à [notre République] [1] ». Comme Sun Yat-sen revient de loin et qu'il a eu des contacts avec de nombreuses personnalités étrangères, les marchands cantonais lui font confiance et le croient sur parole. Sun Yat-sen retrouve enfin son entourage cantonais de la Ligue jurée et en particulier Hu Hanmin, devenu gouverneur militaire du Guangdong après la sécession de la province en novembre.

La venue de Hu Hanmin à Hong Kong n'est pas un simple geste de courtoisie ou de loyauté. Elle répond à un souci politique précis : celui d'empêcher Sun Yat-sen de gagner les provinces du Yangzi et de se faire élire président par l'assemblée de Nankin. Le débat qui s'engage alors entre les deux dirigeants fait écho à certaines polémiques qui ont déjà opposé les Cantonais et le groupe de Song Jiaoren au sein de la Ligue jurée. Il soulève aussi des problèmes fondamentaux qui resteront au cœur de toutes les réflexions sur la stratégie révolutionnaire pendant les quinze ans à venir. Selon Hu Hanmin, l'ambition personnelle de Yuan Shikai et l'importance des forces armées dont il dispose ne peuvent manquer de réduire l'éventuelle présidence de Sun Yat-sen à une simple figuration. Mieux vaut donc établir un gouvernement provisoire à Canton et y réunir les troupes capables de défaire celles du Nord afin d'assurer la victoire réelle de la révolution. Hu Hanmin tient pour négligeable l'appui que la Ligue jurée pourrait fournir à Sun Yat-sen dans le combat parlementaire et institutionnel. Pour lui, la prise de pouvoir ne peut s'effectuer qu'à travers la conquête armée. Et il faut avant tout se donner les moyens de cette conquête.

Tout en reconnaissant le bien-fondé de cette analyse (que la suite des événements confirmera), Sun Yat-sen plaide pour la priorité de la lutte antimandchoue et met en avant l'impérieuse nécessité de préserver la neutralité des puissances étrangères. Lui non plus ne fait pas confiance à Yuan Shikai, mais il pense que, même peu sincère, le ralliement du haut manda-

1. Albert MAYBON, *La République chinoise*, Paris, A. Colin, 1914, pp. 166-167.

rin permettra le renversement immédiat de la dynastie mandchoue, objectif essentiel de la lutte révolutionnaire selon sa conception. Ce ralliement permettra également de mettre un terme à des troubles civils propices à de redoutables interventions étrangères. On reconnaît là l'opportunisme, l'impatience et l'optimisme historiques si caractéristiques de Sun Yat-sen. On peut mesurer aussi le chemin parcouru par l'aventurier qui jadis rêvait de prendre la tête d'une République sudiste et qui désormais ne conçoit plus son destin que comme celui de dirigeant national. Après un long débat, Hu Hanmin se rallie au plan de Sun Yat-sen. Et c'est ensemble que les deux hommes arrivent à Shanghai, le 25 décembre 1911.

Les révolutionnaires voient dans ce retour un moyen de débloquer la situation et de dénouer la crise ouverte par la rivalité entre Huang Xing et Li Yuanhong. Personne jusqu'alors n'a pensé faire de Sun Yat-sen un chef d'État. On songeait plutôt à lui comme à un ministre plénipotentiaire, un leveur de fonds, un spécialiste des affaires étrangères. Mais une présidence provisoire confiée à Sun permettra d'attendre le ralliement de Yuan Shikai, tout en affirmant solennellement l'identité politique du Sud et l'entrée de la Chine dans l'ère républicaine.

Il fait gris et froid à Shanghai en ce jour de Noël. Personne n'attend Sun au débarcadère du Huangpu balayé par un vent violent. Le premier rendez-vous est pris avec Wu Tingfang (1842-1922). Ce juriste réputé, ce notable réformiste, cet ancien secrétaire de Li Hongzhang, qui est rentré l'année précédente de son ambassade aux États-Unis, a en effet opté pour la révolution. C'est lui qui mène les négociations avec les nordistes. C'est chez lui que le téléphone sonne, apportant la nouvelle du retour de Sun. Wu Tingfang a alors à ses côtés un jeune journaliste australien, correspondant du *New York Herald*, William H. Donald (1875-1946), qui par la suite va devenir un des plus proches conseillers et amis de Sun Yat-sen.

Accompagnés d'un autre diplomate et révolutionnaire chinois, les deux hommes se rendent donc chez Sun qu'ils trouvent assis au coin d'un maigre feu, en compagnie d'un nain bossu : Homer Lea. Interprétée comme un mauvais présage, l'infirmité du « général américain » choque profondément les visiteurs chinois. L'entrevue est aussi glaciale que le temps. Malgré ses efforts, le jeune journaliste australien ne parvient pas à dissiper le malaise ni à animer la conversation : lorsqu'il demande à Sun Yat-sen comment il conçoit l'avenir politique de la Chine après la chute des Mandchous, il s'attire en réponse un simple : « Nous aurons une République », sans autre commentaire ni précision ! Au sortir de cette visite, alors que les révolutionnaires chinois donnent libre cours à leur indignation et se demandent comment cacher la malencontreuse présence du nain américain, William H. Donald, lui, s'interroge sur ce magnétisme que ses fidèles attribuent à Sun Yat-sen et dont le journaliste n'a pas perçu trace...

Deux jours plus tard, le 27 décembre, c'est l'ancien état-major de la Ligue jurée qui, toutes tendances confondues, se réunit autour de Sun. Les Cantonais (Hu Hanmin, Wang Jingwei) côtoient les dirigeants du Hubei-Hunan (Huang Xing, Song Jiaoren, Ju Zheng) et ceux du Jiangsu-Zhejiang (Chen Qimei, Zhang Renjie). Ce consensus n'a pas été obtenu sans difficulté Song Jiaoren craignait que ce rêveur de Sun n'engageât la révolution dans une impasse et, s'il n'avait tenu qu'à lui, il aurait interdit à Sun de mettre les pieds à Nankin. C'est ce qu'il confie à un conseiller et mémoraliste japonais, Kita Ikki. Mais il a fini par se rallier à la candidature de Sun. Il n'en va pas de même de Zhang Binglin dont l'hostilité ne désarme pas et qui serait prêt à décerner la présidence à Huang Xing (pour son mérite), à Song Jiaoren (pour son talent) ou à Wang Jingwei (pour sa vertu) plutôt qu'à Sun.

Approuvée avec plus ou moins d'enthousiasme par les dirigeants de la Ligue jurée, la candidature de Sun devrait rallier les suffrages des délégués provinciaux réunis en Parlement provisoire à Nankin. Un point cependant fait difficulté : quelle forme va prendre le nouveau régime républicain ? Les grandes lignes de l'Organisation du gouvernement provisoire de la République, Constitution hâtivement fabriquée à Wuchang au début de novembre, ne sont rien moins que précises. Song Jiaoren, qui invoque les principes démocratiques mais qui se méfie sans doute de Sun Yat-sen, ou peut-être déjà du président à venir, Yuan Shikai, plaide pour un régime parlementaire de responsabilité ministérielle. Il propose que le poste de Premier ministre soit confié à Huang Xing. Mais nombreux sont dans le parti ceux qui le soupçonnent de nourrir des ambitions personnelles. Sun Yat-sen, lui, est partisan d'un régime présidentiel. « Dans le système parlementaire, le chef d'État ne dispose pas d'un pouvoir réel [...]. En ces temps de crise, nous ne pouvons pas adopter un système politique qui limite le pouvoir de celui dans lequel nous mettons notre confiance [1]. »

Porteur d'un enjeu politique essentiel aussi bien que de violentes rivalités personnelles, le débat sur la responsabilité ministérielle et le pouvoir présidentiel va traverser les deux premières années de la République chinoise, cristalliser la réflexion et orienter les stratégies. En décembre 1911, il ne fait que s'amorcer, non sans confusion : après diverses prises de position contradictoires, les dirigeants de la Ligue jurée et les délégués provinciaux optent pour le régime présidentiel.

C'est donc un chef d'État, théoriquement doté de pouvoirs étendus, que, le 29 décembre 1911, le Parlement porte à la présidence, en élisant Sun Yat-sen par 16 voix sur 17. Le 1er janvier suivant, Sun arrive à Nankin pour inaugurer son mandat en même temps que l'an I de la République.

Sun Yat-sen, président de la République (1er janvier-15 février 1912)

Quarante-cinq jours, c'est ce que dure la présidence de Sun Yat-sen : le temps de faire aboutir les négociations entre le Nord et le Sud et d'obtenir l'abdication du jeune empereur mandchou Xuantong [2]. En dépit de son titre de président, Sun Yat-sen est loin de contrôler la situation. Son autorité nominale ne s'étend pas aux provinces du Nord; son autorité réelle ne s'exerce guère sur celles du Sud. Ce n'est pas lui qui conduit les pourparlers de paix et d'union entre Nord et Sud, engagés dès avant son retour sur la scène politique chinoise. Conformément au contrat implicite conclu par les négociateurs et auquel adhèrent les révolutionnaires, aussitôt que la nouvelle de l'abdication impériale du 12 février arrive à Nankin, Sun Yat-sen se déclare démissionnaire pour permettre à Yuan Shikai de se faire élire président de la République provisoire du Nord et du Sud unis. En dépit de son caractère intérimaire, la présidence de Sun n'en revêt pas moins une grande importance symbolique : elle coïncide avec l'introduction du régime républicain, l'adoption du calendrier solaire, le remplacement

1. Cité par HSÜEH, *Huang Hsing*, p. 127.
2. Connu plus tard sous le nom de Henry Puyi.

des dragons impériaux par le drapeau aux cinq couleurs horizontales : rouge, jaune, bleu, blanc, noir.

Sur le plan pratique, cette présidence n'a pas accompli grand-chose. Le temps et les moyens lui ont certes manqué. Peut-être aussi une direction plus ferme et plus éclairée que celle de Sun Yat-sen, pour la première fois confronté à l'épreuve du pouvoir. Et si cette épreuve confirme certaines qualités de l'homme, elle ne révèle guère celles d'un chef d'État.

Dans le succès, Sun Yat-sen apparaît égal à lui-même : modeste quand il s'agit de sa personne, et toujours animé de ferveur patriotique et civique. Sa prise de fonction s'effectue sans grande pompe. En dehors du serment d'investiture, la seule cérémonie officielle se déroule aux tombeaux des Ming, dans la campagne avoisinant Nankin. Les monuments sont en ruine : « Briques cassées et murs décrépis, voûtes ébréchées [...], la grandeur n'est plus que dans le souvenir et dans les lieux, au pied d'un haut tertre planté d'arbres, entouré de collines [1]. » Sun Yat-sen y rend hommage au fondateur de la dynastie Ming qui, au XIVe siècle, a arraché la Chine aux Mongols, et s'engage à chasser lui aussi la nouvelle dynastie étrangère, celle des Mandchous. On sait que Sun Yat-sen a travaillé sans relâche à enraciner l'enthousiasme révolutionnaire et républicain dans le loyalisme Ming. On ne saurait donc s'étonner de voir le premier président de la République chinoise se placer ainsi sous le patronage du vieil empereur Hongwu (1368-1398).

Sun Yat-sen s'installe dans le *yamen* [2] de l'ancien gouverneur général. Le président s'offre une automobile, la première, sans doute, à faire son apparition à Nankin. Mais son train de vie n'est pas fastueux. Sun demeure « accueillant, ouvert [...], disant oui à tout le monde, écoutant tous les conseils [3] ». Les portraits de l'époque nous le montrent dans le rayonnement de sa maturité et de son succès, alliant la dignité et la simplicité. Les journalistes qui l'approchent évoquent « son air grave et réfléchi [4] », « ses manières tranquilles et réservées ». Il semble

1. Edmond ROTTBACH, *La Chine en révolution*, Paris, Librairie académique Perrin, 1914, pp. 145-146.
2. Nom des bâtiments officiels abritant les fonctionnaires de l'empire.
3. ROTTBACH, *La Chine en révolution*, p. 151.
4. Fernand FARJENEL, *A travers la révolution chinoise*, Paris, Plon-Nourrit, 1914, p. 275.

porter en lui l'apaisement du devoir accompli, de la mission remplie. Et c'est d'ailleurs sur l'évocation de ce 1er janvier 1912 que s'achève l'*Autobiographie* rédigée en 1918 : « J'avais atteint mon but essentiel, celui de toute ma vie : la création de la République chinoise [1]. »

En réalité, tout est à faire et la République reste à construire. Sun Yat-sen se choisit donc des ministres. Son cabinet réunit un groupe de personnalités hors de pair. A côté du fidèle Huang Xing, auquel est confié le portefeuille de la Guerre et qui assume en fait les responsabilités d'un Premier ministre, on trouve des révolutionnaires : aux Affaires étrangères, Wang Zhonghui, « un homme très brillant, [...] aux accomplissements remarquables, docteur en droit, inscrit au barreau de Londres, auteur d'une traduction [anglaise] annotée du Code civil allemand [2] » et qui, outre le japonais, maîtrise l'anglais, le français et l'allemand ; à l'Éducation, le talentueux lettré Cai Yuanpei. D'anciens réformistes et constitutionnalistes ont rallié ce premier gouvernement républicain : Zhang Jian, un des pionniers du développement de l'industrie textile à Shanghai, est chargé de gérer l'Industrie ; Wu Tingfang, à qui l'empire réformateur avait confié la révision du Code pénal chinois, devient ministre de la Justice. Quelques administrateurs compétents — nommés à l'Intérieur ou aux Finances — complètent un ministère qui, par la qualité de ses membres, éclipse la plupart de ceux dont la République chinoise se dotera dans les années et les décennies suivantes.

Mais l'addition des talents ne réussit pas à faire une équipe. Les ministres ne collaborent pas les uns avec les autres. Certains ne prendront jamais réellement leurs fonctions. Sun ne gouverne pas avec eux et pas davantage avec le Parlement provisoire. Les délégués provinciaux lui reprocheront en particulier d'avoir émis de son propre chef et en l'absence de toute consultation ou concertation préalables des bons militaires représentant une valeur de 300 000 dollars et remboursables à trois mois, sans qu'aucune provision n'ait été prévue pour ce remboursement. Est-ce parce qu'il récuse la légitimité de

1. « Youzhi jingcheng » (L'ambition réalisée), *O.C.*, t. VI, p. 246.
2. Lo Hui-min (éd.), *The Correspondence of G.E. Morrison*, Cambridge, Cambridge University Press, 1976, 2 vol., t. I, p. 667.

ces délégués provinciaux désignés par des autorités locales au statut incertain ? Est-ce parce que la consolidation de la République lui semble appeler un gouvernement autoritaire ? Toujours est-il que Sun ne fait en tout que trois apparitions dans la salle élégante ornée d'arceaux en plâtre et illuminée de lustres électriques où se réunit le Parlement.

La méfiance est réciproque. On ignore ce que fait Sun. L'absence d'information, de communication alimente toutes les rumeurs, nourrit tous les soupçons. On s'irrite de la présence des Cantonais, trop vifs, trop jeunes, trop bien introduits, trop liés entre eux. On s'inquiète de l'afflux des quémandeurs, souvent des Chinois d'outre-mer, auxquels Sun Yat-sen avait promis emplois et récompenses du temps qu'il levait des fonds, et qui viennent réclamer leur dû. On s'inquiète plus encore de l'influence des conseillers étrangers : des Américains, avec Homer Lea, et surtout des Japonais. Ces derniers sont impopulaires dans le camp révolutionnaire et redoutés par les hommes d'affaires shanghaiens qui soutiennent le gouvernement de Nankin. Et leur présence indispose fort le journaliste australien William H. Donald, devenu le conseiller du président : « Tous les jours des trains amènent des foules de Japonais qui s'installent comme de droit dans le *yamen* de Sun, avec leurs *futons* [1], leurs instruments de cuisine [...] et qui errent dans les bureaux comme des troupeaux de moutons [2]. » Il faudra l'intervention de l'armée pour que tous les *squatters*, japonais et autres, soient jetés dehors. Mais l'affaire des emprunts japonais, qui éclate en janvier-février 1912, est autrement grave car elle isole Sun Yat-sen à la fois du Parlement, des notables shanghaiens et de la plupart des dirigeants révolutionnaires.

Depuis que Sun Yat-sen est arrivé au pouvoir, le cercle de ses conseillers japonais s'est élargi. Aux aventuriers idéalistes qui depuis de longues années accompagnent la carrière du dirigeant révolutionnaire, tel Miyazaki Torazô, sont venus se joindre des hommes d'affaires, en particulier des représentants de la compagnie Mitsui qui poursuit en Chine une active politique d'expansion économique. Mori Kaku (1883-1932), l'un des

1. Matelas légers que les Japonais installent sur le sol pour dormir.
2. Cité par Earl Albert SELLE, *Donald of China*, New York et Londres, Harper and Bros., 1948, p. 123.

principaux artisans de cette politique, se montre particulièrement empressé auprès de Sun Yat-sen.

Rentré les mains vides de sa tournée aux États-Unis et en Europe, Sun Yat-sen doit en effet trouver des fonds pour payer les troupes révolutionnaires concentrées dans le bas Yangzi. Les ressources du Jiangsu (dont Nankin est la capitale) et les contributions de la bourgeoisie shanghaienne ne sauraient suffire à l'entretien de ces contingents venus de diverses provinces. Dès janvier 1912, les Japonais ont procuré à Sun Yat-sen deux prêts de 150 000 yens et de 300 000 yens financés par Mitsui. C'est la négociation d'un troisième emprunt, beaucoup plus important, celui de Hanyeping, qui déclenche la crise.

Constituée en 1908 par la fusion de trois entreprises — l'arsenal de Hanyang, les mines de fer de Taye (Hubei) et les exploitations charbonnières de Pingxiang (Hubei) —, la compagnie Hanyeping a hérité d'une situation difficile, liée à l'ancienne gestion bureaucratique de ses diverses composantes. A la veille de la révolution de 1911, sous la direction du grand entrepreneur et ministre Sheng Xuanhuai, les affaires de la compagnie Hanyeping se sont quelque peu rétablies. Les crédits japonais — entre autres — y ont contribué : les aciéries impériales de Yawata à Kyushu (Japon) s'intéressent de près aux gisements de fer de Taye. La société Mitsui sert d'intermédiaire. En échange de livraisons garanties de fer et d'un droit de regard sur la gestion de la compagnie, les Japonais proposent un nouveau prêt de 12 millions de yens à Hanyeping. La révolution et la fuite de Sheng Xuanhuai ont suspendu l'opération. Mais les négociations reprennent avec Sun Yat-sen. Celui-ci est disposé à abandonner la gestion conjointe de Hanyeping aux Japonais qui, en retour, mettraient immédiatement à la disposition du gouvernement de Nankin un crédit de 3 millions de yens, prélevé sur les 12 millions destinés à la compagnie.

La résistance du conseil d'administration de Hanyeping, la discrète opposition de la diplomatie française désireuse de préserver l'unité d'action dans le cadre du Consortium international et la démission de Sun Yat-sen feront avorter le projet. Mais en dépit du secret dont se sont entourées les négociations menées personnellement par Sun Yat-sen et Huang Xing, ce projet a beaucoup inquiété les milieux politiques de Nankin et les cercles financiers et industriels de Shanghai. Le Parlement s'indigne de n'être pas consulté et dénonce la trahison des intérêts nationaux. Le ministre de l'Industrie, Zhang Jian, brandit sa démission, dans une lettre qu'il adresse au début de février à Sun Yat-sen et à Huang Xing. Et le ministre de l'Industrie en profite pour lancer une sévère mise en garde contre l'expansionnisme japonais :

> « De toutes nos usines, les aciéries sont plus particulièrement celles qu'il ne faut pas transformer en entreprises mixtes sino-étrangères. Et au cas où cela devrait tout de même se faire, il ne faudrait pas choisir les Japonais pour partenaires. Patiemment, consciencieusement, ils travaillent depuis des années à notre ruine. Le gouvernement de la République [...] doit veiller sur le peuple. Comment pourrait-il renoncer aux immenses richesses de l'avenir ? [1] »

Les autorités des provinces où se trouvent établies les entreprises appelées à être offertes en garantie font chorus. Face à cette levée de boucliers, Sun Yat-sen ne peut guère compter que sur l'appui de ses fidèles Cantonais. Et encore le plaidoyer de Hu Hanmin semble-t-il un peu court. Il invoque l'impérieuse pression des circonstances et se réfère à un code d'intégrité personnelle qui relève plus de la morale révolutionnaire que de la conduite des affaires publiques :

> « Huang Xing a cherché à entretenir l'armée avec ses mains vides [...]. Il n'ignore pas qu'il serait fâcheux de conclure un tel accord sur Hanyeping [...]. Mais il est dans une situation désespérée [...]. Le gouvernement provisoire n'est qu'une organisation révolutionnaire à grande échelle. Le critère de jugement est de savoir si une action répond au désir de gain personnel ou aux besoins de la cause [2]. »

L'argumentation manque de force, mais le diagnostic paraît juste. En dépit de l'ouverture pratiquée par Sun Yat-sen en direction des notables constitutionnalistes, des officiers transfuges et de la bourgeoisie d'affaires shanghaienne, la mutation du camp révolutionnaire en gouvernement national ne s'est pas opérée. Le gouvernement provisoire demeure le lieu de multiples oppositions personnelles, factionnelles et régionalistes. Ses divisions, sa faiblesse et son incapacité font le jeu d'un rival qu'une longue pratique des responsabilités publiques a autrement mieux préparé à l'exercice du pouvoir.

1. Cité par Samuel CHU, *Reformer in Modern China. Chang Chien (1853-1926)*, New York, Columbia University Press, 1965, p. 77.
2. Cité par HSÜEH, *Huang Hsing*, p. 132.

L'abdication de Sun Yat-sen et le passage du pouvoir à Yuan Shikai

Yuan Shikai (1859-1916) est l'une des principales figures politiques du gouvernement impérial sur le déclin. Associé à la Nouvelle Politique de l'empire réformateur, il a créé l'Armée moderne du Nord (l'armée Beiyang) et travaillé à la réforme de l'administration. La mort de l'impératrice Cixi et l'arrivée au pouvoir de princes mandchous hostiles aux réformes l'ont écarté des affaires. Appelé au secours par la Cour impériale après le soulèvement de Wuchang, Yuan Shikai n'a pas l'intention de sauver le régime. Son objectif est de trouver un compromis qui lui permettrait de rétablir la paix et l'unité et de saisir le pouvoir. Il attaque pour montrer sa force et reconquiert Hankou et Hanyang sur les forces révolutionnaires en novembre 1911. Après sa victoire, il suspend la progression des troupes impériales afin de permettre l'ouverture des négociations. Celles-ci débutent officiellement à Shanghai le 18 décembre.

Les révolutionnaires sont d'accord pour abandonner les fonctions présidentielles à Yuan Shikai dans l'éventualité où celui-ci accepterait de se retourner contre la dynastie. L'offre lui en a été faite par Li Yuanhong et confirmée par un télégramme de Sun Yat-sen le 13 novembre. L'établissement du gouvernement provisoire ne modifie pas la position des dirigeants révolutionnaires. Le 1er janvier 1912, jour de son investiture présidentielle, Sun Yat-sen câble à Yuan Shikai : « Bien que j'aie accepté d'occuper pour l'instant ce poste [de président], il n'attend en réalité que vous [...]. J'espère que vous accepterez bientôt cette offre [1]. » Une telle stratégie reflète la priorité absolue accordée par les révolutionnaires à la lutte antimandchoue. Elle constitue aussi la seule politique acceptable par toutes les parties prenantes — ô combien hétérogènes ! — de la rébellion.

L'ascension de Yuan Shikai, à l'origine, résulte donc d'un consensus, d'un choix délibéré, y compris de la part des sudistes. En effet, Yuan apparaît à tous comme l'homme capable de résoudre la crise déclenchée par le soulèvement de Wuchang,

1. LI Chien-Nung, *The Political History of China 1840-1928*, Princeton, N.J., D. Van Nostrand Company, 1956, p. 260.

d'obtenir l'abdication de la dynastie, d'éviter la guerre civile et de préserver l'unité nationale en empêchant l'intervention des puissances étrangères.

Pourtant, les négociations qui s'engagent à la mi-décembre progressent difficilement. Yuan Shikai, qui dispose de forces armées importantes, recourt à la menace et à l'intimidation. Il bénéficie en outre de l'appui de plus en plus ouvertement déclaré d'un certain nombre de grandes puissances étrangères (et en particulier de la Grande-Bretagne), désireuses de voir leurs intérêts protégés par un « homme fort ». Il est servi par l'absence de candidat dans le camp révolutionnaire, l'autorité du gouvernement provisoire ne s'étant pas imposée à l'ensemble des factions, ni à la masse des rebelles sudistes. Yuan Shikai a-t-il eu recours à la corruption ? A l'époque, des rumeurs insistantes dénoncent les pots-de-vin offerts aux délégués du Parlement provisoire de Nankin. Sun Yat-sen, lui-même, et d'autres dirigeants révolutionnaires auraient reçu d'énormes sommes d'argent. On peut supposer qu'une partie au moins de cet argent a servi à solder les dépenses du gouvernement provisoire et à payer les troupes sudistes. « L'argent [qui] a changé de main pendant cette période ne représente sans doute rien de plus qu'un lubrifiant et n'a pas joué de rôle déterminant [1]. »

Le 12 février 1912, un édit impérial annonce l'abdication du jeune empereur. Le texte même de l'édit a été préparé à Nankin et transmis à Yuan Shikai. Mais un paragraphe supplémentaire a été alors ajouté, confiant à Yuan la responsabilité d'opérer l'unification avec le Sud et d'établir une République. Ce texte, qui semble faire de Yuan Shikai l'héritier de l'empire, risque de l'investir d'une légitimité différente et concurrente de celle que les révolutionnaires projettent de lui conférer en le faisant élire par le Parlement provisoire. Yuan Shikai, cependant, ne cherche pas à se dispenser de cette élection parlementaire et les révolutionnaires, tout en se promettant de contrôler étroitement le futur président, se laissent aller aux joies de la victoire.

A Nankin, le 15 février, Sun Yat-sen se déclare démission-

1. Ernest P. YOUNG, « Yuan Shih-k'ai's Rise to Presidency », *in* Mary C. WRIGHT (éd.), *China in Revolution, The First Phase 1900-1913*, New Haven, Yale University Press, 1968, pp. 422-423.

naire. Toute la ville célèbre la fin de l'empire, l'avènement d'un régime républicain reconnu et l'unité retrouvée. « Des quarante-cinq journées que dura la présidence de Souen-Wen [Sun Yat-sen] à Nanking [Nankin], aucune ne fut plus représentative, plus joyeuse, plus grosse de passé et d'espoir... » On retourne sur les tombeaux des Ming où le personnel gouvernemental, le corps consulaire, les délégués du Parlement provisoire se mêlent à quelques milliers de soldats pour célébrer la patrie. Pétards, musiques, offrandes préludent à la proclamation solennelle de l'unité, lue « comme une prière du haut d'une terrasse ». L'après-midi, le président offre une grande réception dans son palais « et à tous, parmi le vin, il fai[sait] l'éloge de Yuan [...], l'ami de la République, le dévoué et précieux serviteur de la cause [1] ».

Selon le désir de Sun, le Parlement provisoire élit Yuan Shikai président. La bonne entente ainsi affichée cache cependant bien des méfiances réciproques. Les révolutionnaires ont voulu utiliser Yuan Shikai pour hâter et faciliter le renversement de la dynastie. C'est chose faite. Mais Yuan Shikai ne s'est-il pas également servi des révolutionnaires pour obtenir le ralliement des provinces du Sud sécessionnistes qui, en décembre, auraient opposé une résistance armée à toute tentative de reprise de contrôle par le gouvernement central ? Quel est donc le principal bénéficiaire de cette opération républicaine et unitaire ?

L'épreuve de vérité ne tarde guère. Démissionnaire, Sun Yat-sen est bien décidé à ne pas transmettre ses pouvoirs avant que toutes les précautions aient été prises pour garantir le maintien des institutions républicaines. Et il assortit sa démission de diverses conditions : Nankin restera capitale et c'est à Nankin qu'après son élection le nouveau président viendra prendre ses fonctions. Alors seulement la démission de Sun deviendra effective. Entre-temps, le Parlement promulguera la Constitution du gouvernement provisoire à laquelle le nouveau président devra jurer fidélité. Entre la déclaration de démission de Sun Yat-sen le 15 février et l'abandon de ses fonctions le 1er avril, six semaines vont donc s'écouler, marquées par les efforts des sudistes pour imposer leurs conditions, par les manœuvres de Yuan Shikai pour s'y soustraire. L'issue de ces débats va sceller à la fois l'échec de Sun Yat-sen et, à un peu plus long terme, celui de la République provisoire.

---

1. ROTTBACH, *La Chine en révolution*, pp. 144-147.

Le premier des garde-fous imaginés par Sun Yat-sen pour prévenir une éventuelle trahison de Yuan Shikai est l'installation à Nankin de la nouvelle capitale républicaine. Outre sa valeur symbolique, qu'ont explicitée les cérémonies organisées sur les tombeaux des Ming, un tel choix offrirait l'avantage de priver Yuan Shikai des réseaux militaires et bureaucratiques qui font sa force dans le Nord et d'installer la jeune République dans un environnement social et économique propice à son affermissement. Conscient du piège, Yuan Shikai plaide la difficulté du déménagement de l'administration centrale, les réticences des puissances peu désireuses de financer l'établissement de nouvelles légations à Nankin et, enfin, la nécessité de surveiller de près les régions mongole et mandchoue où pourraient se nouer des intrigues étrangères et s'amorcer une contre-révolution.

Le transfert de la capitale à Nankin est une idée personnelle de Sun Yat-sen. Et celui-ci dans un premier temps a eu du mal à l'imposer à certains dirigeants révolutionnaires comme au Parlement provisoire. Song Jiaoren, entre autres, qui connaît bien la situation difficile de la Mandchourie, craint que le transfert ne signe l'abandon des régions situées au-delà de la Grande Muraille. Outre ses implications politiques immédiates, la localisation de la capitale revêt en effet une profonde signification symbolique : opter pour Pékin, c'est vouloir perpétuer la politique impériale de conquête et d'hégémonie en Asie orientale ; choisir Nankin, c'est revenir à une tradition plus autocentrée ; c'est reconnaître formellement les origines révolutionnaires du régime. Le 15 février, en même temps qu'ils procèdent à l'élection de Yuan Shikai, les membres du Parlement votent contre le transfert. Et il faudra la menace, brandie par Huang Xing, d'envoyer la troupe convaincre les récalcitrants pour que le Parlement revienne sur son vote.

Reste à obtenir l'accord de Yuan Shikai. Une délégation lui est dépêchée, dont l'arrivée à Pékin coïncide avec une émeute populaire, la première à éclater dans cette ville depuis le début de la révolution. Le 28 février au soir, des coups de feu claquent dans la cité tartare [1] et le ciel s'embrase de la lumière des incendies. D'après le rédacteur en chef du *Journal de Pékin*,

1. Située au sud de la résidence impériale et des quartiers administratifs, c'est la ville des marchands et du petit peuple.

ce fut dans la capitale «le seul moment tragique de la révolution [1]». L'angoisse monte dans la communauté étrangère qui n'a pas oublié l'attaque des Boxeurs. Les troupes internationales sont envoyées au secours des résidents isolés et de la mission catholique de Beitang. On cherche abri dans le quartier des légations. Et la ville est abandonnée aux soldats mutins et aux pillards. Puis l'ordre revient aussi soudainement que l'émeute a éclaté. Yuan fait exécuter quelques misérables coolies et apaise ses troupes avec de bonnes paroles.

Le danger cependant a fait frémir Chinois et étrangers et a clairement démontré la nécessité de garder le président à Pékin. Beaucoup de gens soupçonnent Yuan Shikai d'avoir lui-même déclenché l'émeute. Aucune preuve n'est jamais venue étayer ces accusations. Sun Yat-sen et les dirigeants de Nankin n'en sont pas moins obligés de renoncer au projet de transfert. Et c'est à Pékin que le 10 mars Yuan Shikai est investi dans ses fonctions présidentielles.

Contre les ambitions de Yuan Shikai, il ne reste plus que la barrière des institutions. Les révolutionnaires sudistes s'emploient donc à la renforcer.

Le Parlement provisoire qui a rejeté jusqu'alors le principe de la responsabilité ministérielle, pour ne pas entraver le pouvoir de Sun, n'hésite pas à revenir sur sa décision dès lors qu'il s'agit de mieux contrôler le pouvoir de Yuan Shikai... Le 12 mars, le Parlement promulgue donc la Constitution provisoire qui distingue et définit le pouvoir législatif, le pouvoir judiciaire et le pouvoir exécutif. Ce dernier est exercé en commun par le président et le cabinet dont tous les membres doivent être approuvés par le Parlement. L'adhésion que dans un premier temps Yuan Shikai donne à cette Constitution permet au Parlement de voter son propre transfert à Pékin et à Sun Yat-sen d'abandonner officiellement ses fonctions le 1er avril.

Le fragile consensus édifié sur ces concessions réciproques ne met pas un terme au conflit qui dresse «l'homme fort» du Nord contre les républicains du Sud. Mais ce conflit prend désormais la forme d'une lutte institutionnelle — prérogatives présidentielles contre compétences ministérielles — compliquée par le jeu des partis. Du côté républicain, c'est Song Jiaoren qui, avec autant de courage que de talent, mène l'offensive,

1. Cité par FARJENEL, *A travers la révolution chinoise*, p. 194.

cependant que Sun Yat-sen disparaît presque complètement de la scène politique.

NOUVELLE ÉCLIPSE DE SUN YAT-SEN (PRINTEMPS 1912-PRINTEMPS 1913)

Cette nouvelle éclipse coïncide avec une des périodes les plus tourmentées, mais aussi les plus riches, les plus fertiles en expériences, de la République chinoise. Elle coïncide avec la mise à l'épreuve des nouvelles idées et institutions empruntées à l'Occident. La Chine tente alors de s'initier au jeu des partis, à la pratique parlementaire, à l'organisation des élections. En dépit des inévitables distorsions et confusions, cette première année de régime républicain marque une des plus fortes avancées de la démocratie qu'ait connues la Chine du XXe siècle.

Pendant cette période, Sun Yat-sen est absent de la scène politique. Il a perdu le pouvoir au profit de Yuan Shikai et il ne tarde pas à perdre l'initiative de l'opposition au profit de Song Jiaoren. Ce sont ces deux personnalités qui dominent le cours des événements. Yuan, le mandarin, est partisan d'une modernisation autoritaire au service de laquelle il met toutes les ruses politiques apprises au sérail en même temps qu'un solide talent d'administrateur et de chef militaire. Song, l'un des très rares révolutionnaires chinois à avoir pénétré le sens et la pratique des institutions parlementaires, est prêt à faire la démonstration qu'on peut s'en remettre à ces institutions pour mener la Chine sur la voie du nécessaire changement politique et socio-économique.

Sun s'efface de la vie et des débats politiques

Après la passation des pouvoirs à Yuan Shikai, l'opposition politique s'organise autour de la défense des institutions républicaines en vue de l'application rigoureuse de la Constitution. Le premier cabinet ministériel est un cabinet de coalition dans lequel ne figurent que quatre ministres issus de la Ligue jurée. Constitué par Tang Shaoyi (1860-1938) à la fin de mars 1912, ce cabinet ne dure que quelques semaines et tombe en juin, victime de ses dissensions internes ainsi que de ses conflits avec le président et avec le Parlement. Ce premier échec convainc Song Jiaoren de la nécessité d'un réalignement des forces politiques et le conduit à fonder le Guomindang (Parti nationaliste) en août 1912. L'objectif est de mobiliser l'opinion en vue des élections nationales prévues par la Constitution provisoire de mars 1912 afin de créer une majorité parlementaire capable de contrôler l'exécutif. Le succès remporté par le Guomindang lors du scrutin de l'hiver 1912 représente un triomphe personnel de Song Jiaoren et amène à la Chambre une majorité de 269 députés nationalistes (sur un effectif total de 423). Mais Sun Yat-sen ne s'associe que de loin à ce parcours sans faute accompli par Song Jiaoren, dont rien ne semble pouvoir arrêter l'élan et qui fait figure de chef incontesté de l'opposition... jusqu'à ce qu'il tombe sous les balles des assassins envoyés par Yuan Shikai, le 20 mars 1913.

Après l'abdication de Sun Yat-sen, les révolutionnaires ne tardent pas à perdre tout contrôle sur l'exécutif. L'homme de confiance désigné par Yuan Shikai pour former le cabinet est Tang Shaoyi, personnalité cantonaise, qui a contribué au succès des pourparlers entre Nord et Sud et qui est prêt à jouer loyalement la coopération avec les révolutionnaires. Lors de la mission qu'il effectue à Nankin, fin mars 1912, Tang Shaoyi négocie la formation d'un cabinet de coalition dans lequel entrent quatre membres de la Ligue jurée (dont Song Jiaoren). Mais la nature des ministères qu'ils occupent (Justice, Éducation, Agriculture, Industrie) confère à leur participation un caractère plutôt symbolique. Le portefeuille de la Guerre, d'importance décisive dans le contexte troublé de l'époque, n'a pas été accordé à Huang Xing. Les conflits qui très vite se multiplient entre le président et son Premier ministre entraînent le départ de celui-ci à la mi-juin et, bientôt après, la chute du gouvernement. Désormais les révolutionnaires refusent de participer à tout cabinet de coalition, cependant que Yuan Shikai s'oppose à la formation d'un ministère politiquement homogène et prône la compétence comme unique critère de sélection des ministres. Ainsi empêchée de s'exercer sur le pouvoir exécutif, l'influence des révolutionnaires, dans la mesure où elle se veut légale, ne peut donc plus se développer qu'à travers le Parlement.

Au printemps 1912, le paysage politique chinois tel que le reflète le Parlement provisoire est à la fois émietté et mouvant.

En vertu des dispositions de la Constitution de mars, l'effectif des parlementaires a été porté à plus de cent, et l'importance de la Ligue jurée s'en est trouvée affaiblie. L'assemblée est dominée par la présence des constitutionnalistes et des bureaucrates issus de l'ancienne Assemblée nationale consultative (établie en 1910 par l'empire réformateur), auxquels se sont joints certains dissidents de la Ligue jurée. D'abord rassemblés en multiples groupuscules aux frontières incertaines, ces parlementaires, au cours de l'année 1912, finissent par se réunir en deux partis principaux, le Parti républicain (Gonghedang) et le Parti démocratique (Minzhudang). L'un et l'autre sont radicalement hostiles aux révolutionnaires, pour des raisons d'anciennes rivalités personnelles plus que de divergences idéologiques, encore que l'attachement proclamé aux institutions républicaines se tempère d'une attirance vers le despotisme éclairé dont Yuan Shikai saura tirer profit. Dans une telle situation, c'est à Song Jiaoren qu'il va appartenir de réorganiser, puis de transformer la Ligue jurée pour en faire un parti majoritaire, capable d'imposer sa politique à travers le vote parlementaire.

La Ligue jurée, on l'a vu, après avoir éclaté en divers courants s'est à peu près complètement désintégrée en 1909-1910. La présence de la Ligue dans la révolution de 1911 ne s'est guère affirmée qu'à travers le rôle du Bureau régional pour la Chine centrale et grâce à l'intervention des activistes du Hubei-Hunan et du bas Yangzi. Les succès de l'insurrection, le retour de Sun Yat-sen et son élection à la présidence provisoire ont favorisé le rétablissement d'un certain consensus entre les factions et la réémergence de la Ligue en tant qu'organisation unifiée. Les deux mille délégués réunis en un véritable congrès de refondation à Nankin le 22 janvier 1912 renouvellent leur adhésion à la doctrine des Trois Principes du peuple, confient le pouvoir à une direction collective dominée par la personnalité de Song Jiaoren et posent le problème de la transformation de la Ligue d'organisation clandestine révolutionnaire en parti politique ouvert. Hu Hanmin qui, en décembre 1911, a vainement conseillé à Sun Yat-sen de s'installer à Canton, est convaincu que la révolution n'est pas terminée et que la Ligue doit demeurer un instrument de lutte et de subversion. Song Jiaoren pense au contraire que la phase militaire de la prise du pouvoir étant achevée, la Ligue jurée doit se faire reconnaître comme formation officielle et participer à la vie politique nationale selon les modalités prévues par la Constitution.

Song Jiaoren continue donc à jouer l'ouverture comme il n'a cessé de le faire à Shanghai depuis 1910 à la tête de son journal *Le Peuple debout* et à l'occasion des nombreuses médiations qu'il a opérées entre les assemblées provinciales (dominées par leur gentry et leurs notabilités locales) et les révolutionnaires, au cours des soulèvements de l'automne 1911. Mais la résistance à laquelle il se heurte est vive. L'entourage cantonais de Sun l'accuse d'être « un simple porte-parole de Yuan ». La Ligue jurée refondée reste attachée à ses objectifs initiaux, réaffirmés et même radicalisés lors d'un nouveau congrès tenu en mars 1912. Elle veut assurer l'unité nationale, développer le gouvernement local, appliquer un programme socialiste, rendre obligatoire l'éducation, installer l'égalité des sexes, lutter pour le statut international de la Chine...

A partir d'avril cependant, le transfert du gouvernement à Pékin et l'abdication de Sun affaiblissent la position de la Ligue jurée. Au Parlement, la majorité a passé au Parti républicain, dirigé par Li Yuanhong. Mais on ne peut compter sur ce parti pour contrôler les initiatives de Yuan Shikai, pour l'obliger « à se soumettre ou à se démettre ». Song Jiaoren reprend donc son projet d'ouverture, sous la forme d'une proposition d'amalgame entre la Ligue jurée et divers petits partis de républicains modérés. Le projet, cette fois-ci, obtient l'accord de Sun Yat-sen, de Huang Xing et d'autres dirigeants révolutionnaires qu'inquiètent les ambitions de plus en plus ouvertement manifestées de Yuan Shikai.

Le Guomindang tient son congrès de fondation le 25 août 1912. Sun Yat-sen préside le comité exécutif, avec à ses côtés Huang Xing. Mais le vrai chef du parti est son numéro trois, Song Jiaoren. Le ralliement des notables s'est traduit par la modération des programmes, dont Song a effacé le bien-être du peuple et l'égalité des sexes... En revanche, Song a réussi à élargir les bases sociales du parti en se conciliant l'appui d'une fraction des élites locales qui ont assuré le succès des rébellions et des sécessions à l'automne 1911. Et cependant que certains membres de l'ancienne Ligue jurée crient à la trahison, Song s'apprête à mobiliser le nouveau parti pour gagner les premières élections nationales.

La Constitution provisoire de mars 1912 a stipulé que des

élections devraient être organisées avant le 1er janvier 1913 pour désigner les membres de l'Assemblée nationale (formée d'un Sénat et d'une Chambre des députés) et renouveler ceux des assemblées provinciales. En dépit des restrictions qui limitent le droit de vote, ces élections constituent bien une véritable consultation nationale. Plus de trois cents partis et organisations politiques y participent. Les électeurs inscrits sont 40 millions, soit vingt fois plus nombreux que lors des élections des assemblées provinciales en 1909. Les débats sont libres et la presse s'en fait l'écho. A bien des égards, ce scrutin apparaît comme plus démocratique et plus significatif que tous ceux qui l'ont suivi.

La victoire éclatante remportée par le Guomindang n'en est que plus remarquable. L'architecte de cette victoire est Song Jiaoren. Pendant les mois où se déroulent les opérations de vote (décembre 1912-février 1913), Song se sert du Guomindang pour mobiliser les élites locales. Il participe lui-même à la campagne électorale, multipliant les réunions au Hunan (sa province d'origine), au Hubei et dans le bas Yangzi. Dans ses discours, il attaque la politique de Yuan Shikai, incapable de régler le problème financier comme d'empêcher le détachement et l'indépendance de la Mongolie (extérieure). Il plaide pour le système de responsabilité ministérielle, pour l'élection des gouverneurs de provinces ainsi que pour l'autonomie régionale. Ce message est bien reçu par des élites dont la perception politique s'enracine dans l'attachement aux intérêts communautaires.

Le succès électoral du Guomindang désigne Song Jiaoren pour occuper les fonctions de Premier ministre. C'est à ce titre et en s'appuyant sur le Parlement que Song compte exiger la soumission de Yuan et prendre en main la direction du pays.

Les assassins envoyés par Yuan à la gare de Shanghai le 19 mars 1913 mettent fin à l'irrésistible ascension de Song Jiaoren. Ils mettent fin aussi à la plus vigoureuse tentative de démocratie parlementaire que la Chine ait jamais connue. Cette tentative a été portée par l'énergie et l'intelligence politique d'un homme alors à peine âgé de trente ans, d'un dirigeant qui nous apparaît étrangement moderne dans la mesure où il préfère la direction collective au pouvoir personnel, où il fait confiance aux institutions et à la pratique parlementaire plutôt qu'aux réseaux de relations personnelles. Cette tentative s'enracine aussi dans les acquis de la décennie antérieure : dans la réflexion politique poursuivie par les intellectuels radicaux, comme dans le grand mouvement d'organisation sociale et politique animé par les élites locales. Elle coïncide enfin avec une exceptionnelle libération de la société chinoise. Répercutés par une presse proliférante, les débats sur les problèmes de société et sur les principes d'organisation politique débordent largement le cadre des partis et enflamment l'opinion. La contribution de Song Jiaoren à ces débats est essentielle, qu'il s'agisse du rôle du Parlement, de la responsabilité ministérielle, de l'équilibre à maintenir entre l'indispensable autorité du pouvoir central et la légitime aspiration des provinces à un gouvernement autonome.

Par la suite, les nationalistes reprocheront à Song Jiaoren sa modération, ses alliances avec les élites, son abandon des objectifs les plus radicaux de la Ligue jurée. A l'époque même, Hu Hanmin ne cesse de s'opposer à Song et à sa politique politicienne au nom d'un radicalisme utopique que les contraintes nées du succès révolutionnaire n'ont pas infléchi. Mais pourquoi la voix de Sun Yat-sen ne se fait-elle pas entendre ?

Loyauté envers Yuan Shikai et ajournement du socialisme

L'abdication de Sun Yat-sen au printemps 1912 répondait au désir de sauvegarder l'unité nationale et de prévenir une intervention étrangère. Peut-être aussi reflétait-elle la réalité du rapport des forces — et en particulier des forces armées — entre Nord et Sud [1]. Mais comment expliquer l'éclipse de Sun dans l'année qui suit ? Et l'adhésion renouvelée qu'il donne à la politique de Yuan Shikai au cours d'un voyage à Pékin à l'automne 1912 ? Pourquoi renonce-t-il à toute opposition ? Sans jamais désavouer ni même critiquer l'action de Song Jiaoren, il ne s'y associe pas. Est-ce par répugnance pour le partage du pouvoir et pour la direction collective, ou bien par fidélité à un idéal socialiste que son entourage continue de prôner haut et fort ? Le lutteur fatigué s'est-il laissé prendre au piège des fastes officiels ou a-t-il préféré fuir une situation qu'il ne contrôlait pas en se réfugiant dans l'utopie et dans l'élaboration de gigantesques plans de développement ?

1. Cette analyse qui a été celle de nombreux contemporains et historiens de la période a commencé à être contestée à partir des années 1960.

Après la chute du cabinet Tang Shaoyi, en juin 1912, les relations entre Yuan Shikai et le Parlement provisoire se sont tendues. Pour dissiper le malaise, Yuan Shikai invite les dirigeants du Sud à venir le rencontrer à Pékin. A son arrivée dans la capitale, le 24 août, Sun Yat-sen est l'objet d'une magnifique réception officielle. « Toutes les troupes [font] la haie sur son passage. Il [est] reçu comme un roi. On lui [donne] comme résidence un palais construit à l'européenne, destiné à recevoir les souverains ou les princes de passage. » Pendant deux semaines, Sun Yat-sen ne cesse de connaître « les joies du triomphe ». Il participe à de nombreuses réunions publiques « pour parler directement au peuple, pour lui dire ses droits, pour réchauffer son patriotisme ». Des milliers d'admirateurs viennent l'écouter. « Sa renommée [l'entoure] comme d'une auréole d'où [semble] rayonner sur la foule une influence magique[1]. » Sun Yat-sen et Huang Xing, venu le rejoindre à Pékin, offrent de grands banquets dont les mets exquis sont préparés par les cuisines présidentielles. On y invite les princes de la famille impériale, qui en profitent pour proclamer leur adhésion à la République.

En marge de ces festivités officielles, Sun Yat-sen poursuit ses entretiens avec Yuan Shikai. Au cours de son séjour à Pékin (du 24 août au 20 septembre), le dirigeant révolutionnaire a treize entrevues avec le président, dont certaines durent plusieurs heures. Les questions les plus variées y sont abordées : développement industriel, Défense, affaires étrangères et même réforme agraire. Sun Yat-sen découvre avec un certain étonnement que ses vues politiques semblent bien comprises par son interlocuteur et que leurs « idées sont plus ou moins les mêmes ». A son retour à Shanghai, il résumera ses impressions dans un discours adressé au bureau local du Guomindang : « Yuan Shikai est véritablement un homme compétent [...]. Je crois absolument dans sa sincérité. Je pense qu'il est capable d'assumer les responsabilités. C'est un esprit clair. Il comprend bien les problèmes mondiaux. Ses idées sont modernes bien qu'il gouverne à l'ancienne mode [...]. Le président Yuan est précisément l'homme qu'il nous faut[2]. »

1. FARJENEL, *A travers la révolution chinoise*, p. 274, p. 286.
2. « Zai Shanghai Guomindang huanyinghuide yanshuo » (Discours prononcé lors de la réunion de bienvenue organisée par le Guomindang de Shanghai), *O.C.*, t. II, pp. 484-485. Traduction partielle dans HSÜEH, *Huang Hsing*, pp. 141-142.

Le consensus est scellé par une déclaration commune publiée le 25 septembre 1912 et qui propose un programme en huit points : gouvernement centralisé, démilitarisation, porte ouverte aux capitaux étrangers, réconciliation entre les partis et stabilité politique... Certains observateurs pensent que la République entre dans une phase de consolidation. Est-ce l'avis de Sun Yat-sen ? La triomphale réception que lui a faite Pékin a-t-elle pansé les blessures ouvertes en 1894 par l'échec de son voyage à Tianjin et de l'entrevue projetée avec Li Hongzhang ? Toujours est-il que, reconnu et célébré par le nouvel *establishment*, il semble se détourner de la politique. Le travail de longue haleine qu'implique la consolidation du régime ne l'intéresse pas et il préfère en laisser la responsabilité à d'autres. Lui-même consacrera désormais ses efforts à un domaine qu'il juge autrement plus important : celui de la modernisation sociale et économique. « J'ai accompli ma mission qui était de faire la révolution politique ; je consacre désormais mes pensées et mon énergie à la reconstruction du pays, à son développement social, industriel et commercial[1]. » Mais cette révolution sociale qui reste à faire, Sun Yat-sen ne l'envisage plus exactement dans les mêmes termes qu'avant 1911.

En 1913, Yuan Shikai rejettera la responsabilité de la guerre civile renaissante sur Sun Yat-sen qu'il accusera d'avoir fomenté des troubles au nom du socialisme et de l'égalité. Mais à peu près à la même époque, les révolutionnaires d'Occident, par la voix du socialiste français Charles Albert, se demanderont « pourquoi les révolutionnaires chinois, du temps qu'ils tenaient le pouvoir, n'en ont pas profité pour accomplir quelques grandes réformes sociales[2] ».

Pourtant, le discours de Sun Yat-sen n'a pas changé : c'est celui d'un socialiste modéré qui cherche non à redistribuer les richesses ou à dresser les pauvres contre les possédants, mais à protéger la Chine contre les monopoles impérialistes et les spéculations capitalistes, à assurer un développement équilibré, bénéfique à toutes les classes sociales et à empêcher ainsi l'apparition d'un prolétariat industriel prêt à imposer ses revendications par la violence. Sun affirme toujours, lors de sa tour-

1. Interview citée dans SHERMAN, *Sun Yat-sen*, p. 150.
2. Charles ALBERT, « La révolution chinoise et le socialisme », *L'Effort libre*, 5e-6e-7e cahiers, février 1913, p. 165.

née dans le Guangdong au printemps 1912 : « Notre République est socialiste et nous avons l'intention de suivre les principes du socialisme. Tous ses dirigeants sont d'authentiques socialistes[1]. » Et le chef révolutionnaire continue de prôner la réforme agraire à la Henry George devant ses auditoires cantonais.

Dans la pratique cependant, il semble bien que Sun ait sacrifié la mise en œuvre immédiate des réformes sociales à l'unité et à la paix intérieure comme extérieure. En tout cas, à l'été 1912, il ne s'élève pas publiquement contre l'abandon par le Guomindang du principe du bien-être du peuple. Et, par son silence, il semble approuver la réduction du socialisme à un projet de développement industriel piloté par l'État, fondé sur la généralisation de l'éducation et sur la réforme du système fiscal, tel enfin qu'il a permis au nouveau parti Guomindang d'obtenir le concours des élites modernisatrices. Par la suite, les thuriféraires de Sun Yat-sen plaideront la contrainte des circonstances et mettront en doute la sincérité de son ralliement au programme étatiste modernisateur du Guomindang. Confuse ou ambiguë, la conduite de Sun Yat-sen peut donner des arguments aux tenants de l'une ou l'autre thèse.

Sun Yat-sen et Huang Xing, après avoir en vain cherché des solutions de rechange, ont donc donné leur accord au programme du Guomindang et ont même accepté de patronner le nouveau parti. Mais entraînés par Hu Hanmin, les militants du Guangdong refusent de se rallier. Ils demeurent fidèles à la Ligue jurée et à son programme, qu'ils tentent de mettre en pratique en profitant de la très large autonomie, de la quasi-indépendance, qui est alors celle des provinces méridionales. Hu Hanmin, en effet, ne fait pas confiance à Yuan Shikai, réprouve la formation du Guomindang et reste bien déterminé à consolider la révolution et le socialisme dans sa province où la Ligue jurée a pris le pouvoir, en attendant que les circonstances permettent d'étendre l'expérience au reste du pays. Pour Hu la chute du régime impérial ne signe pas le succès de la révolution et, en dépit du ralliement du Nord à la République, le gouverneur militaire du Guangdong demeure fidèle à la stratégie de la base méridionale, définie quelques années aupa-

1. Edward FRIEDMAN, *Backward Toward Revolution. The Chinese Revolutionary Party*, Berkeley, University of California Press, 1974, p. 17.

ravant par Sun Yat-sen, mais à laquelle ce dernier semble désormais préférer une politique d'intérêt national.

Entouré d'anciens étudiants de Tokyo, tels que Zhu Zhixin ou Liao Zhongkai (1878-1925), et d'activistes locaux comme Chen Jiongming, Hu Hanmin forme un gouvernement provincial dont le programme s'inspire directement des objectifs de la Ligue jurée : socialisme, réforme agraire selon Henry George, égalité internationale et lutte contre l'impérialisme, auxquels ont été jointes quelques prescriptions plus concrètes, nées du bouillonnement social de l'époque : éducation universelle, égalité des femmes, service militaire obligatoire, démocratisation de l'armée, etc. Cette Jeune Chine s'appuie sur le petit peuple des villes — commerçants, employés, enseignants, étudiants, journalistes, anciens fonctionnaires factieux — que la Ligue jurée s'emploie à mobiliser. La section cantonaise de la Ligue refuse en effet de se dissoudre pour se fondre dans le Guomindang et maintient une vie de parti très active, publiant son journal et multipliant les réunions.

Mettant leurs actes en accord avec leurs déclarations, les nouveaux dirigeants du Guangdong se lancent dans une politique de changement radical. Ils veulent faire table rase de la tradition. Ils souhaitent débarrasser l'individu de toute entrave pour le lancer « à la conquête de la richesse ». Ils font détruire les statues des temples, suppriment l'enseignement des Classiques confucéens dans les écoles, préconisent l'éducation mixte, ordonnent la désinfection des maisons après les décès, fixent en fin de trimestre la liquidation des comptes (traditionnellement opérée lors des grandes fêtes du calendrier lunaire) et songent à imposer l'adoption de la monogamie. « Il y a trop de passé entre ces murs [1] », gémissent ces amoureux du futur, impatients d'édifier un nouveau Chicago à la place de Canton. Ils préparent un programme de grands travaux publics : créations de routes, de lignes de tramways, construction d'égouts, de marchés couverts. Ils tentent même de mettre en application la réforme agraire inscrite au programme de la Ligue jurée.

En juillet 1912, le gouvernement provincial lance une grande opération d'échange des titres de propriété et de fixation de la valeur marchande des terres. Selon la procédure recommandée par Henry George, la détermination de cette valeur est

1. MAYBON, *La République chinoise*, p. 180.

laissée aux propriétaires eux-mêmes. L'objectif final est l'imposition d'une taxe foncière proportionnelle ou, le cas échéant, la préemption des terres par les autorités pour cause d'utilité publique. Mais l'absentéisme des propriétaires, dont beaucoup sont des Chinois d'outre-mer résidant à l'étranger, freine le déroulement de l'opération. Pressés par les nécessités financières, les utopistes se font sectaires. Après avoir aboli les taxes, ils rétablissent une fiscalité inquisitoriale et écrasante, confisquent les biens des guildes et des associations. Pris de panique, notables et grands négociants vont chercher refuge à Hong Kong ou Macao.

La Ligue jurée du Guangdong a-t-elle cherché à faire avaliser sa politique par Sun Yat-sen ? Cela est vraisemblable. Sun, en effet, se rend à Canton à la fin d'avril 1912. Il y reçoit un accueil très chaleureux des divers cercles sociaux qui, banquet après banquet, applaudissent ses discours. Les missionnaires catholiques eux-mêmes fêtent le chef révolutionnaire « au son des cloches et aux accents de la fanfare du Sacré-Cœur », et l'évêque de Canton, « mitre en tête et crosse en main », monte à l'autel de la cathédrale pour y entonner le *Te Deum*[1].

Sun se répand en discours. Lors d'un banquet que lui offrent les rédacteurs de dix-neuf journaux cantonais, il reprend le thème de la réforme agraire, dont depuis 1905 il a fait la pièce maîtresse de son système.

> « En premier lieu, il s'agit d'ouvrir des bureaux qui enregistreront tous les titres de propriété foncière et percevront les impôts fonciers [...]. En second lieu, le gouvernement se réservera le droit de prononcer l'expropriation, pour cause d'utilité publique, de tous les terrains nécessaires [...]. Il faut donc commencer par augmenter les impôts fonciers proportionnellement à la valeur déclarée par les propriétaires. On va m'objecter que j'alourdis les charges qui pèsent sur la population, mais je réponds que je supprime, d'un coup, tous les droits, taxes et impôts indirects. [...]
>
> « La plus grosse partie des recettes sera affectée au développement de l'instruction publique, tous les enfants seront obligés d'aller à l'école dès l'âge de huit ans ; on accordera généreusement des bourses. Ensuite, on constituera une caisse de retraite pour les vieillards qui, passé cinquante ans, devront

1. MAYBON, *La République chinoise*, p. 164.

se reposer. Recherchez en commun les idées d'œuvres humanitaires et nationales auxquelles l'État républicain devra s'attacher[1]. »

Hu Hanmin, qui sollicite le concours de Sun, est l'un de ses plus loyaux collaborateurs. De multiples liens familiaux, amicaux attachent Sun à sa province natale, comme aussi le souvenir des luttes politiques qu'il y a dirigées depuis 1895. Mais depuis le succès de la révolution, Sun Yat-sen ne conçoit plus son avenir qu'en termes de destin national et celui de la Chine qu'en termes d'unité nationale. Il ne s'intéresse pas à la base de pouvoir périphérique que représente le Guangdong et ne veut pas lier son sort à celui d'un groupe marginal de militants. La seule aide concrète qu'il apporte au gouvernement de Hu Hanmin est de le débarrasser de l'opposition de Sun Mei.

Le frère aîné de Sun Yat-sen est en effet entré en dissidence. Après tant d'années de loyaux services rendus à la cause révolutionnaire, il espérait accéder à de hautes fonctions dans le gouvernement provincial cantonais. Solidarité familiale oblige. Mais pour Sun, on l'a vu, cette solidarité fonctionne à sens unique et à son intérêt exclusif. Il a donc mis son veto à la nomination désirée. Depuis, Sun Mei réside à Macao où il dirige une branche dissidente de la Ligue jurée et où, avec l'appui financier des négociants cantonais réfugiés dans le port, il cherche à enrôler des chefs de bande que le succès de la révolution a mis en chômage. Les autorités de Canton craignent une collusion entre Sun Mei et le gouvernement de Pékin. Une visite de Sun Yat-sen à Macao le 22 juin suffit à remettre bon ordre à la situation.

Mis à part ce geste, familial autant que politique, la contribution de Sun Yat-sen au radicalisme cantonais demeure purement verbale. Faudrait-il y voir la raison qui a conduit ce radicalisme à l'échec ? L'hostilité résolue des grands négociants et des notables ruraux a sans doute joué un rôle plus déterminant dans l'effondrement de la Ligue jurée cantonaise et son ralliement au Guomindang au début de 1913.

On ne saurait cependant conclure de l'indifférence manifestée par Sun à l'égard de cette expérience provinciale à son désintérêt à l'égard du socialisme en action. La part qu'il prend aux débats du Parti socialiste chinois (Zhongguo shehuidang), en

1. MAYBON, *La République chinoise*, pp. 163, 165.

octobre 1912, révèle au contraire son souci persistant de donner une traduction politique à ses aspirations à l'égalité et à la justice.

Le Parti socialiste chinois est né en novembre 1911 d'un petit cercle d'étude créé à Shanghai, quelques mois auparavant. Son fondateur et dirigeant, Jiang Kanghu (1885-1945), est un jeune lettré qui connaît bien le Japon, qui a voyagé en Occident et qui défend un socialisme humaniste, généreux, faisant appel à la morale et à l'éducation plus qu'à la lutte des classes. L'influence anarchiste s'est exercée sur Jiang et demeure vive au sein du parti. Elle se traduit, entre autres, par les attaques portées contre la famille et l'insistance mise à revendiquer l'égalité entre les sexes. Le bouillonnement intellectuel et social qui accompagne les lendemains immédiats de la révolution stimule la croissance du nouveau parti qui se dit fort de 400 000 membres.

Sun Yat-sen n'a eu aucune part à la naissance du Parti socialiste, mais il semble l'avoir accueillie avec sympathie et lui avoir donné une aide financière au printemps 1912. Après son abdication, en avril, et alors que l'ancienne Ligue jurée s'apprête à faire place au Guomindang, Sun a peut-être même envisagé de prendre la tête du Parti socialiste. En tout cas, il est présent à Shanghai lorsque se réunit le deuxième congrès annuel du parti à la mi-octobre. Et les 15, 16 et 17 de ce mois, il s'adresse longuement aux congressistes dans trois interventions d'environ quatre heures chacune. Les textes de ces communications ont été publiés par la presse et rassemblés ensuite en un pamphlet intitulé *Conférences sur le socialisme*, dont les trente-trois pages représentent la profession de foi la plus explicite de Sun Yat-sen dans cette période.

Tenu à l'écart par un Guomindang dont il ne partage pas les préoccupations électoralistes, coupé des radicaux cantonais par sa collaboration avec Yuan Shikai, Sun Yat-sen espère-t-il faire du Parti socialiste un nouvel instrument d'influence et de pouvoir ? A s'en tenir à la première des trois interventions, on pourrait le penser. Sun, en effet, y exhorte les socialistes chinois à s'organiser en un véritable parti politique, à l'instar de leurs camarades européens ou américains. Le Parti socialiste qui « s'est formé sous un régime démocratique [...] ne doit pas avoir d'activités en dehors de la sphère politique et doit dès aujourd'hui s'organiser en puissant parti politique et à partir d'une position de force politique appliquer son programme socialiste [1]... ».

Quelle sera la position de cette formation sur l'échiquier chinois ? Viendra-t-elle se fondre dans le grand parti unique que Sun a parfois appelé de ses vœux ? Ou bien s'intégrera-t-elle au jeu du bipartisme, prôné en d'autres occasions par le versatile dirigeant ? Sun ne s'en explique pas. Dès sa deuxième intervention, il reprend le thème plus familier d'un processus pacifique de passage au socialisme sous la direction de l'État, et il achève sa réflexion par une série de considérations philosophiques, qu'on dirait inspirées de Rousseau, sur la terre « support de l'espèce humaine » et « propriété de la société » et sur les machines et les inventions, fruits d'un génie humain que nul n'est en droit de s'approprier à titre privé [2].

L'idéal socialiste reste donc vivant chez Sun Yat-sen, en cet automne 1912. Il revêt même dans son expression une qualité lyrique rarement rencontrée dans ses écrits antérieurs. Mais si manœuvre politique il y a eu, elle a fait long feu. Car les exhortations de Sun Yat-sen à la politisation du parti se heurtent à la résistance d'une clientèle composée de jeunes gens sensibles aux influences anarchistes, hostiles à toute hiérarchie, faisant passer la pratique de la vertu (régime végétarien, chasteté, sacrifice) avant la mobilisation politique. Le deuxième congrès s'achève par la scission de ces éléments anarchistes, prélude à un déclin rapide du parti, avant son interdiction par Yuan Shikai à l'été 1913.

Après son abdication, Sun Yat-sen paraît donc isolé, sans initiative. Il s'éloigne des courants modérés et électoralistes de l'ancienne Ligue jurée ainsi que de la gauche radicale cantonaise comme de la jeune intelligentsia progressiste. Il refuse de participer à l'expérience de socialisme réel, alors engagée par Hu Hanmin à Canton, et échoue à mobiliser autour de lui les membres épars du Parti socialiste, épris d'idéal et de sacrifice. Il semble paralysé par la loyauté délibérément promise à Yuan Shikai et qu'il juge indispensable à la construction de la République. Pourtant, si l'on en croit ses discours, il n'a pas renoncé au socialisme. Et le choix qu'il fait alors de l'utopie

1. « Zai Shanghai Zhongguo shehuidangde yanshuo » (Discours devant le Parti socialiste chinois à Shanghai), 14-16 octobre 1912, *O.C.*, t. II, p. 507.
2. *Ibid.*, p. 510.

n'est peut-être que l'aveu implicite de son incapacité de résoudre ses contradictions.

Sun-le-gros-canon (Sun dabao)

C'est le surnom donné à Sun Yat-sen qui rêve de construire des voies ferrées par centaines de milliers de kilomètres, à coups de dizaines de milliards de dollars. Beaucoup de bruit pour rien, pensent ses compatriotes. Folie des grandeurs, ironisent les étrangers.

Pour prévenir en Chine les conflits sociaux dont il a constaté les ravages en Occident, Sun Yat-sen veut promouvoir un développement industriel qui associerait travail et capital (au lieu de les dresser l'un contre l'autre). Mais l'industrialisation passe par l'établissement d'un réseau de transport moderne. C'est à cette tâche concrète que Sun Yat-sen désire désormais se consacrer. Yuan Shikai a tout intérêt à favoriser ce projet : le 9 septembre 1912, il nomme Sun Yat-sen directeur des Chemins de fer, avec des appointements de 30 000 yuans par mois et les pleins pouvoirs pour « dresser les plans d'un réseau ferré national » et en négocier le financement auprès des étrangers.

Une semaine plus tard, Sun Yat-sen quitte Pékin par train spécial, afin de visiter les provinces du Nord et commencer à dresser les plans des futures lignes de chemin de fer. Étrange équipée ! Le wagon qui emporte Sun est celui de l'ancienne impératrice Cixi. Les garnitures de velours bleu sont brodées de dragons et de pivoines d'or et assorties aux rideaux de soie jaune. Sun est accompagné d'une foule de solliciteurs et de fonctionnaires du nouveau gouvernement, parmi lesquels son vieil ami de Shanghai, l'ancien pasteur Charlie Soong, qu'il a fait nommer trésorier des Chemins de fer. La fille aînée de Charlie Soong, Ailing, est aussi du voyage. Elle assure le secrétariat anglais de Sun. Il ne faut pas la confondre avec d'autres jolies jeunes filles dont la seule fonction est de tenir compagnie aux passagers. Dans cet entourage très disparate, on retrouve le journaliste australien William H. Donald qui, depuis la révolution, s'est attaché au camp des sudistes.

Le convoi s'arrête souvent. A chaque station, Sun Yat-sen est accueilli en fanfare, prend le thé avec les dignitaires locaux et prononce des discours. Quand le train roule, Sun converse avec ses amis et conseillers ou bien il s'occupe du futur réseau ferré. Dans une lettre adressée à G.E. Morrison, autre journaliste australien, devenu conseiller de Yuan Shikai, Donald nous a laissé un tableau inoubliable de Sun absorbé dans ses visions ferroviaires.

« Une grande carte de Chine s'étalait sur le mur en face de lui. Sur une table à thé il y avait un bol d'eau, un paquet de coton, un pinceau et une tablette d'encre [...]. La carte était couverte de traits tracés à l'encre noire, joignant une ville à l'autre [...]. "Oh !, dit le Dr Sun [...]. J'ai l'intention de construire 200 000 *miles* de voies ferrées en dix ans [...]. J'indique leur tracé sur cette carte. Vous voyez les traits gras qui relient les capitales provinciales entre elles ? Eh bien ! ce seront les lignes principales. Les autres seront les lignes latérales et secondaires [...]." "Tsk, tsk", disait Sun et il prenait un morceau de coton, le plongeait dans l'eau, effaçait une ligne ondulée pour la remplacer par un trait droit [...]. Et cela continuait chaque matin, jour après jour, le petit constructeur de voies ferrées assis devant sa carte, faisant apparaître une nouvelle ligne ici, redressant celle-ci et cette autre... Finalement, toutes les capitales furent reliées par des lignes principales, toutes les préfectures par des lignes secondaires, et il y eut des embranchements dans toutes les directions. »

« "Docteur, cette ligne qui fait le tour du Tibet ne pourra jamais être construite. Vous pouvez la construire sur le papier avec un pinceau et de l'encre, mais c'est tout. Certains des cols où vos trains sont censés rouler atteignent 5 000 mètres d'altitude." Sun haussa ses sourcils. "Les routes y passent bien", dit-il, sur un ton plus affirmatif qu'interrogatif. "Ce ne sont pas des routes, docteur, seulement des pistes étroites, accidentées. De virage en virage elles escaladent le ciel. Elles montent en pente si rude qu'un yak vigoureux a de la peine à les escalader." "Là où passe une route, on peut construire une voie ferrée", répondit Sun d'une voix douce [1]. »

Pour financer son réseau, Sun Yat-sen compte sur les capitaux étrangers. Il ne lui faudrait pas moins de 16 milliards de francs, si l'on s'en fie au chiffre avancé lors d'une interview avec Fernand Farjenel. C'est pour rechercher les emprunts nécessaires à la réalisation de son programme que Sun Yat-sen

1. SELLE, *Donald of China*, pp. 135-137.

part pour le Japon, le 11 février 1913. Il s'y trouve encore quand, le 22 mars, lui parvient la nouvelle de l'assassinat de Song Jiaoren.

UN SURSAUT TARDIF : SUN YAT-SEN ET L'ÉCHEC DE LA SECONDE RÉVOLUTION DE 1913

La nouvelle de cet assassinat sort Sun Yat-sen de la passivité politique dans laquelle il s'est cantonné depuis le printemps précédent. La vigueur du réveil répond à l'énormité de la provocation et à l'indignation suscitée par le crime. Elle s'explique aussi, et peut-être surtout, par les influences qui s'exercent sur Sun Yat-sen au cours de son séjour au Japon. Sun y est reçu en chef d'État, en représentant de la République chinoise. Mais les personnalités japonaises avec lesquelles il a de nombreux entretiens travaillent à lui ôter les espoirs qu'il a mis dans la coopération avec Yuan Shikai, à lui faire partager leur hostilité grandissante à l'égard du président chinois et le poussent à faire montre d'une nouvelle intransigeance révolutionnaire.

Cette intransigeance qui, après la mort de Song Jiaoren, amène Sun Yat-sen à réclamer une intervention armée des forces sudistes contre Pékin contraste avec la modération des autres chefs révolutionnaires. La plupart d'entre eux, y compris les plus radicaux, tel le Cantonais Hu Hanmin, se rallient au point de vue de Huang Xing et prônent dans un premier temps une solution institutionnelle et légale à la crise. Ils craignent en effet le déséquilibre des forces militaires ; ils ne veulent pas apparaître comme des fauteurs de guerre civile et, surtout, ils rejettent toute idée de collusion avec le Japon. Les débats extrêmement vifs qui se poursuivent alors au sein du camp révolutionnaire mettent en lumière tous les enjeux politiques du conflit Nord/Sud ainsi que les contradictions entre un nationalisme révolutionnaire enfin dégagé de l'hypothèque antimandchoue et un panasiatisme célébré par Sun Yat-sen mais généralement perçu comme le cheval de Troie de l'impérialisme japonais.

La division des révolutionnaires donne à Yuan Shikai le temps de se préparer à l'affrontement. L'emprunt de Réorganisation qu'en avril 1913 le président obtient du Consortium international, sans même en avoir informé le Parlement, lui permet de renforcer son dispositif militaire. Lorsqu'en juillet 1913 éclate la Seconde Révolution, Yuan Shikai n'a guère de difficulté à écraser un mouvement mal dirigé, mal armé et ne disposant que d'un faible appui populaire. Le sursaut tardif de Sun n'a fait qu'accélérer l'installation de la dictature et rejeter les révolutionnaires sur les chemins de l'exil et de l'opposition impuissante.

Le voyage de Sun au Japon, prélude à la Seconde Révolution

Lorsqu'il arrive au Japon, le 13 février 1913, Sun Yat-sen reçoit un accueil particulièrement chaleureux. Le haut fonctionnaire de la République chinoise est traité en véritable chef d'État. Il voyage en wagon spécial, descend dans les meilleurs hôtels, rencontre les principaux banquiers, les dignitaires de la Cour, les ministres et anciens ministres. « Il est traité avec plus d'honneur que ne l'a jamais été aucun représentant d'un autre pays, à l'exception des personnalités de rang princier[1]. »

Les relations nouées au temps de l'exil, l'aide reçue dans les activités révolutionnaires ne suffisent pas à expliquer l'éclat de ces retrouvailles. D'ailleurs, parmi les Japonais qui entourent Sun Yat-sen au printemps 1913, les anciens frères de lutte tiennent une place discrète. Miyazaki Torazô est à peine mentionné. Les amis des mauvais jours s'effacent devant les bureaucrates, les financiers et les grands patrons d'industrie.

Bien que le gouvernement de Tokyo se soit aligné sur la politique de soutien à Yuan Shikai, politique adoptée par les grandes puissances occidentales, à l'initiative principalement de la Grande-Bretagne, de nombreux responsables politiques ou économiques nippons s'inquiètent du rôle déclinant de leur pays en Chine comme de l'hostilité déclarée du nouveau président et déplorent l'adhésion du Japon au Consortium (en juin 1912). La liberté d'action des entreprises nippones s'en trouve limitée. Les intérêts économiques nationaux seraient mieux servis par une intervention militaire ou diplomatique directe. L'objectif serait de renverser Yuan Shikai, par la force ou la subversion, et de substituer à son régime centralisateur et modernisateur des pouvoirs régionaux dont un Japon dégagé de l'alliance bri-

1. MORRISON, *Correspondence*, t. II, p. 101.

tannique et sorti du Consortium pourrait obtenir d'importantes concessions.

La visite de Sun Yat-sen arrive à point nommé pour donner corps à de tels projets. Comment la magnificence de la réception et la sollicitude de ses hôtes ne disposeraient-elles pas favorablement un homme qui déjà en janvier 1912, à l'époque où il présidait la République provisoire de Nankin, était prêt à accepter l'extension des intérêts japonais dans la Chine du Sud et du Centre ? Sun Yat-sen et ses hôtes n'ont donc pas de peine à trouver un langage commun. Les remerciements que Sun présente pour l'aide passée offrent l'occasion de tracer les perspectives de la collaboration à venir, fondée sur la solidarité panasiatique. « Le Japon est ma seconde patrie [...]. Je savais que le Japon empêcherait les puissances européennes et l'Amérique de procéder au dépècement de la Chine [...]. Les patriotes de votre pays m'ont guidé et m'ont instruit. Je considère [...] vos hommes d'État comme mes mentors. La Chine attend votre aide [1]. »

Aux yeux de Sun, le panasiatisme légitime les privilèges particuliers qui pourraient être accordés aux Japonais en Chine. Le dirigeant révolutionnaire dénonce « cet impérialisme que l'on peut appeler la civilisation barbare d'Europe et d'Amérique » et il souhaite que « l'Asie soit gouvernée par les Asiatiques [2] ».

De façon plus concrète, Sun Yat-sen négocie avec Shibusawa Eichi (1840-1931), l'un des principaux hommes d'affaires japonais, fondateur de nombreuses entreprises en Chine, qui quelque deux décennies plus tôt a financé l'invasion de la Corée et ouvert la voie à son annexion par le Japon. Ces négociations s'ouvrent le 24 février au siège de la compagnie Mitsui. Elles ont pour objet la création de la Compagnie industrielle de Chine (Zhongguo xingye gongsi), chargée d'exploiter les mines et les matières premières chinoises grâce à l'apport de compagnies japonaises telles que Mitsui, Mitsubishi, etc. La présidence de la compagnie reviendrait à Sun, la vice-présidence et la gestion effective à un ancien diplomate et entrepreneur japonais, Kurachi Tetsukichi (1870-1944). Les Japonais trouvent ici l'occasion de relancer l'opération de prise de contrôle des ressources minières chinoises, que l'opposi-

1. JANSEN, *The Japanese and Sun Yat-sen*, p. 160.
2. *Ibid.*

tion des actionnaires de la compagnie Hanyeping a fait échouer l'année précédente.

L'assassinat de Song Jiaoren va-t-il fournir à Sun l'occasion de ressaisir l'initiative politique et à ses interlocuteurs japonais de mettre en œuvre leurs plans d'expansion sur le continent ? Cela dépend de l'attitude des autres dirigeants révolutionnaires et des chefs militaires qui contrôlent les provinces du Sud et du Centre.

Le désaccord entre Sun Yat-sen et Huang Xing

L'assassinat de Song Jiaoren est le premier d'une série de coups de force par lesquels Yuan Shikai va réussir en quelques mois à imposer sa dictature. Une des principales raisons du succès de Yuan est l'appui que lui accordent les puissances étrangères. Cet appui, jusqu'alors resté discret, se déclare ouvertement avec la conclusion, le 26 avril 1913, d'un prêt de 25 millions de livres sterling, accordé par le Consortium international et destiné en principe à la réorganisation de l'administration chinoise. Violant l'article 19 de la Constitution provisoire de 1912, qui fait obligation au gouvernement de soumettre toutes les mesures financières à l'accord du Parlement, Yuan Shikai signe le contrat de sa propre autorité. Et il entend bien se réserver l'emploi des fonds pour consolider son pouvoir, au besoin par la force. Le nouveau Parlement (issu des élections de l'hiver précédent) manifeste son opposition par un vote massif qui n'arrête ni Yuan ni le Consortium. Le danger d'une dictature se profile clairement. Sun Yat-sen lance un avertissement solennel aux puissances : « Cette initiative despotique et inconstitutionnelle n'a fait qu'accroître la profonde indignation soulevée par l'assassinat de Song Jiaoren. Une terrible révolution semble inévitable [1]... »

Depuis son retour à Shanghai, le 25 mars, Sun Yat-sen ne cesse en effet de pousser à la rupture ouverte avec Pékin et à la confrontation armée avec Yuan Shikai. Il n'a aucune confiance dans l'efficacité d'une opposition parlementaire exposée aux pressions policières du gouvernement. Il prône la mobilisation politique et militaire des provinces du Centre et du Sud qu'il veut

1. TANG Leang-Li, *The Inner History of the Chinese Revolution*, Westport, Conn., Hyperion Press, 1977, p. 112.

appeler à déclarer leur indépendance, peut-être même à créer un gouvernement séparatiste.

Mais Sun Yat-sen ne dispose que d'un pouvoir d'influence. En dépit de son titre de président, il ne contrôle pas le Guomindang dont le réseau organisationnel demeure d'ailleurs fort lâche. La direction du parti est assurée à travers la coopération d'un groupe de personnalités parmi lesquelles Sun Yat-sen apparaît comme le *primus inter pares*. Certains de ces « barons », comme Sun lui-même ou Huang Xing, ne doivent leur autorité qu'à leur prestige et à leur passé révolutionnaire. D'autres fondent leur pouvoir sur le contrôle d'une base territoriale ou de forces armées régionales, tels Hu Hanmin, gouverneur militaire du Guangdong, ou Li Liejun (1882-1946), gouverneur militaire du Jiangxi. Pour lancer l'offensive contre Yuan, Sun Yat-sen doit donc obtenir l'assentiment et la collaboration active de tous ces dirigeants. Or ceux-ci, à l'exception de Li Liejun, se montrent fort réticents. Certes, ils ont conscience du péril que Yuan Shikai fait courir aux institutions républicaines, mais ils ne veulent pas — ou du moins pas tout de suite — recourir aux armes pour lui barrer le chemin. Ils mettent en avant le rapport de forces : les troupes du Sud sont mal préparées, inférieures en nombre et en qualité à celles du Nord. Ils invoquent aussi des raisons de principe. Déclarer l'indépendance des provinces du Sud, reprendre les combats contre les troupes de Pékin, ce serait attenter à l'unité nationale, à l'existence même de la République. Cette République a été enfantée dans la violence d'une révolution. Mais, en 1911, la violence était légitime car elle se fondait sur une aspiration unanime de la nation à retrouver son identité. En ce printemps 1913, la violence ne pourrait apparaître que comme partisane, mise au service d'une lutte pour le pouvoir et donc déshonorante pour ceux qui y auraient recours.

Ce débat fait resurgir le vieux problème des relations à la fois antinomiques et complémentaires entre une Chine du Sud, tournée vers la mer, dominée par les forces de changement, et une Chine du Nord, ouverte sur la steppe, symbole et refuge de l'idéologie impériale d'hégémonie et de centralisation. En 1913, si attachés qu'ils soient à l'idée républicaine, les démocrates du Sud hésitent à s'attaquer à « l'homme fort du Nord » dans lequel s'incarnent la continuité et l'unité de la nation. L'autre solution, face au régime de Pékin, c'est l'indépendance des provinces ou peut-être une République sudiste séparatiste, c'est-à-dire dans l'un et l'autre cas la division du pays. Comment des patriotes pourraient-ils s'en accommoder ? Et comment l'opinion publique, celle des notables qui ont fait la révolution de 1911, réagirait-elle ? Le renversement de la dynastie mandchoue a laissé intactes les puissantes assises idéologiques de l'ordre impérial. Les préceptes de la morale confucéenne continuent de gouverner les consciences, y compris celles des révolutionnaires. Les hommes vertueux qui se sont dressés contre l'envahisseur mandchou ne seraient plus que des factieux s'ils s'insurgeaient contre la République chinoise. Cette argumentation, développée par Yuan Shikai à des fins de propagande, est intériorisée par ses adversaires. Il est clair, en outre, qu'en cas de nouvelle guerre civile les puissances étrangères abandonneraient la neutralité observée en 1911. Elles souhaitent l'ordre et ont déjà choisi leur camp.

Sun Yat-sen se trouve donc isolé quand il préconise une politique d'intransigeance. Lui-même évoquera plus tard, dans une lettre adressée à Huang Xing, la réunion du 26 mars au cours de laquelle les principaux dirigeants du Guomindang accueillent leur président rentré du Japon et discutent des suites à donner à « l'affaire Song » *(Song'an)*.

> « Vous disiez que désormais nous étions en République et que les lois avaient leur efficacité. Vous recommandiez que nous adoptions une attitude calme et que nous nous en remettions à une solution juridique. [...] Vous pensiez que les forces du Sud n'étaient pas suffisantes et que la guerre, une fois déclarée, ne manquerait pas d'apporter de grandes calamités. Je n'étais pas d'accord avec vous alors, mais vous ne m'écoutiez pas [1]. »

La résolution de Sun Yat-sen lui vient-elle d'une plus grande clairvoyance politique, comme le suggère l'historiographie officielle ? Sun aurait enfin perdu ses illusions *(huan xiang)* et compris avant les autres que seule la force pourrait arrêter Yuan Shikai sur le chemin de la dictature. Peut-être aussi sa personnalité de Chinois d'outre-mer, étranger et hostile à un monde confucéen qui l'avait repoussé, lui facilite-t-elle le rejet d'une idéologie unitaire d'essence impériale, fondée sur la centrali-

---

1. « Zhi Huang Xing han » (Lettre à Huang Xing), mars 1915, *O.C.*, t. III, p. 165.

sation. La détermination de Sun Yat-sen s'explique également par l'aide qu'il compte trouver auprès des Japonais. Or cette confiance faite au Japon blesse le nationalisme des autres dirigeants révolutionnaires, portés à la considérer comme une véritable trahison. Le conflit n'est pas nouveau, mais, dans le contexte dramatique du printemps 1913, il revêt un caractère plus aigu.

Bien que le ministère des Affaires étrangères de Tokyo continue à aligner sa position sur celles de la Grande-Bretagne et du Consortium international et qu'un haut diplomate japonais en visite en Chine ait mis en garde Sun Yat-sen et Huang Xing, beaucoup de personnalités et d'aventuriers japonais sont prêts à soutenir toute opposition au régime de Pékin et poussent Sun Yat-sen à la rupture. A Tokyo, Ôkuma Shigenobu et Inukai Ki dénoncent Yuan Shikai et sa politique de centralisation, contraire, considèrent-ils, à la tradition de gestion autonome par les élites locales et plaident pour un fédéralisme lâche, favorable à la manifestation de la démocratie (et bien évidemment au développement des intérêts japonais).

Sur place, en Chine, les négociations se poursuivent entre Sun et ses conseillers japonais, au premier rang desquels Mori Kaku, un des principaux administrateurs de la compagnie Mitsui et de la Nouvelle Compagnie industrielle de Chine. Pour obtenir l'aide diplomatique ou militaire du Japon, Sun Yat-sen est prêt successivement à donner cours au yen sur le territoire chinois, à confier à une banque sino-japonaise la gestion des mines et des Chemins de fer dans les provinces du Centre et du Sud et même à abandonner la Mandchourie en échange de 20 millions de yens et de l'équipement de deux divisions en armes et fournitures militaires. En s'adressant à ses compatriotes, qu'il veut persuader de la nécessité d'une coopération avec le Japon, Sun inlassablement reprend le thème de la Grande Asie : « J'ai compris, leur dit-il, que les protestations d'amitié du Japon ne sont pas superficielles, mais qu'elles viennent du fond du cœur [1]. » Le plan de Sun Yat-sen comporte alors deux volets, étroitement solidaires : alliance avec le Japon, guerre contre Yuan. « Si le Japon nous aide, nous serons vainqueurs [2]. »

1. JANSEN, *The Japanese and Sun Yat-sen*, p. 161.
2. Lettre de Chen Qimei à Huang Xing, citée dans CHEN Xiqi, *Sun Zhongshan nianpu changpian* (Biographie chronologique de Sun Yat-sen), Pékin, Zhonghua shuju, 1991, 2 vol., t. I, p. 793.

Les provocations de Yuan Shikai, bien décidé à profiter de sa position de force et des largesses du Consortium, finissent par imposer aux révolutionnaires sudistes la politique de guerre prônée par Sun Yat-sen. Mais la plupart d'entre eux s'y engagent avec réticence. Et leurs divisions s'ajoutent à un rapport de forces peu favorable pour amener une prompte défaite.

L'échec de la Seconde Révolution et la fuite de Sun Yat-sen

Tout se passe en deux semaines, du 12 au 29 juillet. Jusqu'en juin, le Guomindang a essayé de temporiser. Il s'est même déclaré prêt à voter l'emprunt de Réorganisation si Yuan Shikai acceptait de le soumettre à l'approbation du Parlement. Mais Yuan, sûr de lui, ne veut plus négocier et engage l'épreuve de force en révoquant les gouverneurs militaires du Jiangxi, du Anhui et du Guangdong. Bien que nommés par Pékin, ces gouverneurs avaient en fait été installés par la révolution : élus par les notables locaux (des assemblées provinciales, des chambres de commerce...), ou confirmés par eux dans des fonctions conquises de haute lutte. La conclusion illégale de l'emprunt de Réorganisation avait sapé les bases d'une institution parlementaire qui, en dépit des efforts de Song Jiaoren, n'avait pas encore pu s'enraciner dans la pratique politique et à laquelle peu de Chinois, même parmi les révolutionnaires, faisaient confiance. Le combat pour la ratification parlementaire de l'emprunt avait donc revêtu un caractère surtout symbolique. En revanche, le contrôle du Centre sur les provinces représente un enjeu brûlant. En révoquant les gouverneurs Guomindang, Yuan Shikai menace la base territoriale sur laquelle se fonde le pouvoir du parti. Certes, le contrôle du Guomindang sur ces provinces ne s'exerce que grâce à la collaboration, souvent à renégocier, des gouverneurs eux-mêmes. Mais en l'absence de véritables structures organisationnelles, ce contrôle, tout indirect qu'il est, n'en représente pas moins le seul fondement matériel du pouvoir Guomindang.

La reprise en main par Pékin ne s'inscrit pas seulement dans le cadre des relations conflictuelles entre Yuan et les révolutionnaires : elle remet en cause l'autonomie conquise par les élites locales et à laquelle Song Jiaoren et le Guomindang avaient donné leur caution. Mais la défense du provincialisme comme vecteur de démocratie et de nationalisme, qui avait assuré le succès électoral du Guomindang en 1912, ne suffit plus l'année suivante à mobiliser des élites déçues par le fonctionnement des institutions représentatives locales aussi bien que centrales, inquiètes des difficultés financières rencontrées par les provinces, et chez lesquelles commence à pointer la nostalgie d'un pouvoir central unificateur, pourvoyeur de fonds et garant de l'ordre public. Le Guomindang ne peut plus compter en 1913 sur l'appui de tous ceux — mandarins factieux, marchands, militaires — qui s'étaient dressés contre la Cour mandchoue en 1911. Il est réduit à ses propres forces, c'est-à-dire aux troupes que contrôlent ses militants ou sympathisants.

Au début de juillet, les gouverneurs révoqués par Yuan Shikai déclarent l'indépendance de leurs provinces : Jiangxi, Anhui, Guangdong. D'autres provinces suivent, avec plus ou moins de réticences : Hunan, Fujian, Sichuan. Les hostilités débutent au Jiangxi le 12 juillet, s'étendent à Shanghai et au nord du Jiangsu où les troupes d'élite de Nankin, sous le commandement de Huang Xing, se font battre par les soldats de Yuan. Le 29 juillet, Huang Xing décide d'évacuer Nankin, clé de voûte du dispositif militaire des sudistes. Des combats sporadiques se poursuivent. Abandonnée à elle-même, Nankin résiste encore un mois aux assauts nordistes. Pendant ce temps, Sun Yat-sen s'embarque pour le Japon où il arrive le 8 août, bientôt rejoint par Huang Xing et les autres chefs révolutionnaires. Au début du mois de septembre, Yuan Shikai a réduit toutes les rébellions. Il couronne sa victoire en se faisant élire président pour cinq ans par le Parlement. Il inaugure son nouveau mandat par une brillante cérémonie, le 10 octobre 1913, jour anniversaire de la révolution de 1911. Sun Yat-sen, le fondateur de la République, n'est plus qu'un exilé.

A qui la faute ? se demandent les vaincus. Sun Yat-sen s'en prend aux hésitations de Huang Xing qui ont divisé le parti et retardé le lancement de l'offensive contre Yuan. Et il est bien vrai que Huang Xing n'a cessé de douter de l'issue d'un combat qu'il juge à la fois inégal et suicidaire pour la nation. Son abandon prématuré de Nankin reflète ce pessimisme. On pourrait continuer la lutte, « mais ce serait une lutte inutile et ruineuse. Et si nous la menions jusqu'à son terme, elle ne ferait que ravager et ruiner le pays [1] ».

1. HSÜEH, *Huang Hsing*, p. 156.

L'analyse de la situation justifie pleinement la réserve de Huang Xing. L'opinion publique, celle des élites locales, qui a soutenu les insurgés de 1911 réprouve ceux de 1913. Non qu'elle nourrisse beaucoup de sympathie à l'égard de Yuan Shikai, mais elle refuse les violences et l'anarchie. « Shanghai étant un port de commerce et non un champ de bataille [...], le parti, quel qu'il soit, qui ouvrira le premier les hostilités sera considéré comme ennemi du peuple[1]. » Voici comment, dès le 2 juin 1913, la chambre de commerce de Shanghai renvoie dos à dos nordistes et sudistes et met hors la loi toute rébellion.

Dans l'affrontement qui les oppose à Yuan Shikai, Sun Yat-sen et les autres dirigeants révolutionnaires sont généralement perçus comme les fauteurs de troubles. C'est l'idée de cette responsabilité qui paralyse Huang Xing. Mais Sun Yat-sen ne s'en inquiète pas. Il refuse de reconnaître qu'en 1913 la faiblesse de l'idéologie et de l'organisation révolutionnaires impose l'alternative : Yuan ou le chaos. Sun Yat-sen, qui ne fait aucune confiance au système parlementaire, se contente d'appeler à la lutte armée contre Yuan Shikai. « *Tao Yuan* » (A bas Yuan !) proclament les bannières des rebelles sudistes.

L'absence de toute perspective politique, de toute ambition idéologique, la personnalisation même du conflit et le rôle prédominant qu'y tiennent les affiliations individuelles, les solidarités géographiques, les allégeances ou animosités particulières ramènent cette Seconde Révolution à un affrontement armé entre factions rivales, prélude à l'ère des seigneurs de la guerre. Compte tenu de la complexité qu'introduit la vaste étendue du territoire chinois, le mouvement de 1913 s'apparente plus à un putsch qu'à une révolution. C'est aux gouverneurs militaires et aux généraux à la tête de leurs troupes que revient la décision. Le reste n'est qu'une question d'argent et de soldats.

Face à la menace de dictature que font peser les coups de force successifs de Yuan Shikai, Sun Yat-sen a donc fini par réagir. Méprisant les mécanismes d'une opposition institutionnelle à laquelle il n'a jamais cru, dépourvu du soutien d'un véritable parti révolutionnaire qu'il n'a pas tenté d'organiser, privé par la chute des Mandchous de son principal thème de

1. Marie-Claire BERGÈRE, *La Bourgeoisie chinoise et la Révolution de 1911*, Paris, Mouton, 1968, p. 114.

mobilisation populaire, Sun Yat-sen se contente de renouer avec la stratégie insurrectionnelle et la pratique aventuriste qui ont été les siennes avant 1911. Et comme alors, l'infériorité de ses ressources militaires et financières le conduit à l'échec et à l'exil.

Bien que son nom soit étroitement associé à la révolution de 1911, Sun Yat-sen n'a en réalité guère pesé sur l'enchaînement des événements qui conduisent la Chine de la monarchie impériale à la République. Et qui plus est, son expérience de chef d'État et les retrouvailles avec son pays et un peuple qui l'acclame ne semblent pas avoir modifié la nature de son engagement politique. Il apparaît toujours comme un aventurier, un rêveur, peu apte à exercer le pouvoir qu'il revendique. A travers l'échec d'une révolution avortée se dessine celui d'un dirigeant incapable de maîtriser ou même d'accompagner un changement qu'il a souhaité sans guère se soucier d'en définir les modalités et les orientations.

CHAPITRE VIII

La traversée du désert
(1913-1920)

L'échec de la révolution de 1911 laisse Sun Yat-sen seul et désemparé. Parmi toutes les crises qu'il a traversées, celle des années 1913-1920 est la plus profonde. Parmi tous les échecs qu'il a connus, celui de la Seconde Révolution de 1913 est le plus éprouvant. A cinquante ans, le voici de nouveau exilé au Japon, non pas en chef symbolique d'une opposition porteuse d'espoir, mais en réfugié sans plus de crédit ni d'autorité, manipulé par les agents japonais, ignoré par les forces montantes de la Jeune Chine — l'intelligentsia radicale et les masses nationalistes — et cherchant vainement dans son passé de conspirateur les recettes de nouveaux succès révolutionnaires.

Aux difficultés d'une carrière politique qui semble brisée se conjuguent celles d'une crise personnelle et familiale : Sun décide en effet de quitter son épouse pour se remarier avec une jeune femme, Song Qingling, qui pourrait être sa fille... et qui est celle de l'un de ses meilleurs amis. Pour affronter ce genre de crise, la société chinoise offre le recours du concubinage et la société occidentale celui du divorce. Mais Sun et sa nouvelle épouse, en tant que Chinois occidentalisés et chrétiens, se situent à mi-chemin entre les deux sociétés : ils ne peuvent se prévaloir ni des anciennes coutumes de l'une ni des pratiques juridiques de l'autre. Aussi le remariage de Sun fait-il scandale parmi l'*establishment* missionnaire étranger comme parmi les élites chinoises des ports ouverts.

Dans l'adversité, Sun se montre égal à lui-même, affirmant sa confiance dans le succès d'une nouvelle révolution qui débarrassera la Chine du dictateur Yuan Shikai. Mais quand, en 1916, cette révolution surgit et que les provinces du Sud se soulèvent pour la Protection du pays (Huguo), ce n'est pas Sun qui conduit le mouvement : à peine même s'il y participe. Jamais le divorce n'a été si grand entre un discours demeuré dynamique et optimiste et une action de plus en plus marginale et coupée du réel.

Après la mort de Yuan Shikai, en juin 1916, alors que la Chine commence à s'enfoncer dans le chaos des guerres intestines, Sun se lance dans la mêlée : seigneur de la guerre parmi d'autres, mais dépourvu de troupes et de base territoriale. La magie de son verbe, ses références à l'idéologie constitutionnelle et républicaine (dont il est loin d'avoir le monopole), les fonds étrangers (dont bénéficient beaucoup de ses rivaux) ne suffisent pas à imposer le gouvernement militaire dont il a pris la tête en tant que grand maréchal, à Canton, en 1917. Le mouvement de Protection de la Constitution (Hufa) auquel il tente alors de se raccrocher ne mobilise que des cliques et des factions, et ne suscite que des ambitions personnelles, rivales de celle de Sun et mieux armées qu'elle.

Pendant les années 1918-1920, Sun réside dans la concession française de Shanghai. Il vit dans une retraite studieuse, étranger aux débats sur la Nouvelle Culture, qui enflamment les cercles intellectuels, comme aux grandes manifestations nationalistes qui soulèvent la population urbaine lors du mouvement du 4-Mai 1919. Sun continue à réfléchir sur les causes qui ont empêché la révolution de 1911 de porter ses fruits et à imaginer un développement postrévolutionnaire, tout entier orienté vers la modernisation économique. Dans le *Plan de reconstruction nationale (Jianguo fanglüe)* qu'il rédige alors, il reprend certains des thèmes qui lui sont chers, évoquant par exemple la construction d'un immense réseau de voies ferrées. Mais l'utopie qui, en 1912-1913, égarait le directeur des Chemins de fer, revêt alors une dimension intellectuelle nouvelle. Écarté de la gestion du réel, Sun Yat-sen se hausse à une vision prophétique de l'avenir. Cet aventurier, ce conspirateur aurait-il trouvé sa vraie vocation dans le socialisme utopique et la philosophie en chambre ?

LE NOUVEL EXIL ET LA CRISE DE LA CINQUANTAINE

Lorsqu'il arrive au Japon, en août 1913, Sun se voit offrir une hospitalité réticente, bien différente de l'accueil triomphal qui a été réservé quelques mois plus tôt au directeur des Chemins de fer, représentant la jeune République. Ses contacts et ses appuis se font rares dans les cercles officiels comme dans les milieux d'affaires qui préfèrent alors miser sur Yuan Shikai.

Le bilan d'une défaite

Sun est accablé par ce qu'il estime être l'échec déshonorant de 1913. «Pas un membre de notre parti n'a trouvé la mort dans les batailles de la Seconde Révolution [1]», ce qui n'est pas exact mais reflète l'idée que se fait Sun de la révolution trahie. Les principaux responsables de la défaite sont les révolutionnaires eux-mêmes, coupables d'indiscipline et «qui ont agi indépendamment». Ils n'ont pas suivi les directives de Sun qui était le seul à voir clair. Et le dirigeant vaincu d'énumérer ses griefs dans une lettre qu'il adresse le 18 avril 1914 aux révolutionnaires d'Asie du Sud-Est : «Pendant la période du gouvernement provisoire de Nankin, bien que j'eusse l'honneur d'être président, je n'étais en fait qu'un fantoche. Je ne décidais de rien...» On ne saurait mieux dire. Dans la suite de la lettre, l'argumentation se fait plus spécieuse : si les révolutionnaires avaient écouté Sun, ils auraient refusé le maintien de la capitale à Pékin et, surtout, ils auraient déclenché les hostilités contre Yuan dès la mort de Song Jiaoren, en mars 1913, évitant ainsi un délai que Sun juge — à tort — être la principale cause d'échec de la Seconde Révolution [2].

Sun Yat-sen, qui mène une vie confortable à Tokyo, manque d'argent pour aider ses camarades en exil à se nourrir, à se vêtir, à se défendre contre le froid et à reprendre leur combat politique. Les quelques milliers de révolutionnaires chinois qui se retrouvent à Tokyo en 1913 forment une troupe désunie.

---

1. Cité par FRIEDMAN, *Backward toward Revolution*, p. 51.
2. «Zhi Nanyang gemingdangren han» (Lettre aux militants révolutionnaires d'Asie du Sud-Est), 18 avril 1914, *O.C.*, vol. III, pp. 81-82.

Beaucoup sont découragés et pensent que Yuan Shikai est désormais solidement installé au pouvoir. « Nous traversons une période de crise », constate Huang Xing. Certains décident de voyager : Li Liejun, l'ancien gouverneur Guomindang du Jiangxi, part pour Paris. Huang Xing lui-même ne tarde pas à quitter Tokyo pour les États-Unis.

Dès avant sa dissolution par Yuan Shikai, en novembre 1913, le Guomindang a cessé d'exister en tant que parti. Aucun dirigeant n'a pris à sa tête la succession de Song Jiaoren et les divergences se sont multipliées entre responsables du Nord et du Sud et à l'intérieur même des factions. Bien qu'il en soit le président en titre, Sun Yat-sen n'apparaît à personne, et surtout pas à ses ennemis, comme le chef du parti. Quand, avant d'interdire le Guomindang, Yuan Shikai réclame dans un premier temps que le parti expulse de ses rangs les militants compromis lors de la Seconde Révolution, Huang Xing, Li Liejun, Chen Jiongming et quelques autres sont désignés, mais le nom de Sun Yat-sen est passé sous silence. De même lorsque Yuan veut frapper l'opposition à la tête : il propose 10 000 dollars pour la capture de Huang Xing, mais n'évoque pas le cas de Sun.

Ignoré par ses adversaires, Sun Yat-sen est déserté par ses partisans. Aux désaccords qui l'ont opposé à Huang Xing sur l'urgence du soulèvement armé contre Yuan succède un nouveau conflit portant sur les principes de réorganisation du parti révolutionnaire. L'intransigeance de Sun fait échouer les solutions de compromis. Huang Xing part alors pour les États-Unis. Le fidèle Hu Hanmin lui-même doit essuyer les nombreuses colères de son patron et le loyal Miyazaki ne rend plus que de rares visites à son vieux camarade de lutte. Faut-il croire le diagnostic porté par le banquier et futur ministre des Finances Kong Xiangxi (H.H. Kung, 1881-1967) qui, à cette époque a pu observer Sun à Tokyo, d'autant plus facilement que l'un et l'autre fréquentent la même famille, celle des Song, dont ils s'apprêtent à épouser, l'un la fille aînée et l'autre la cadette ? « Certains pensent, écrit Kong Xiangxi, que les dangers que [Sun] a courus et tous ses soucis ont eu des répercussions sur son système nerveux [1]. » Certes, le témoignage est sujet à caution : il appa-

1. Lettre de KONG Xiangxi (H.H. Kung), 3 avril 1915, *in* MORRISON, *Correspondence*, vol. II, p. 391.

raît dans un mémorandum secret transmis à Morrison, conseiller de Yuan Shikai, et qui vise à laver Kong, rentré en Chine, de tout soupçon d'association avec les révolutionnaires. Mais l'existence d'une crise personnelle est confirmée par la tournure que prend alors la vie privée de Sun Yat-sen.

Sun Yat-sen et le démon de midi

Un homme de cinquante ans, ou presque, rencontre une belle jeune fille de vingt-trois ans et décide d'abandonner femme et enfants pour refaire sa vie avec elle. L'histoire est banale. Ce qui l'est moins ici, c'est la personnalité de l'héroïne, Song Qingling, ainsi que la notoriété de sa famille et le fait que cette dernière est depuis vingt ans étroitement liée à Sun. Un enlèvement prélude à un mariage clandestin que l'absence de divorce préalable condamne aux yeux de l'opinion occidentale, comme l'absence de consentement parental aux yeux de l'opinion chinoise. Le scandale braque soudain les projecteurs sur la vie intime d'un homme politique dont l'histoire jusqu'alors se confond avec la carrière publique.

On connaît la répugnance des biographes chinois à évoquer la vie privée des grands hommes. De celle de Sun nous ne savons pratiquement rien jusqu'à cet épisode romantique. D'un premier mariage, arrangé au village par ses parents, Sun Yat-sen a eu trois enfants, dont un fils, Sun Fo (Sun Ke). Mais c'est le frère aîné de Sun qui a veillé sur Lu Muzhen, l'épouse paysanne venue à Hawaii dès 1895, et sur ses enfants. Sun, cependant, a voyagé, résidé au Japon où il a eu diverses liaisons : de l'une d'entre elles serait née une fille non reconnue. Dans la Chine traditionnelle, le mariage est un contrat social. Sun a fait son devoir en assurant, par frère interposé, la subsistance de son épouse, comme cette dernière a fait le sien, en donnant naissance à un fils, continuateur de la lignée.

Après la révolution de 1911, Sun Yat-sen a fait venir sa famille à Shanghai et les époux se sont trouvés réunis. Exclue de la vie publique de Sun, comme il est d'usage dans la Chine traditionnelle, Lu Muzhen n'en fréquente pas moins certains amis du président, dont les Song qui l'estiment et la respectent, en dépit de son manque d'instruction. Après l'échec de 1913, Lu Muzhen suit Sun Yat-sen à Tokyo où se réfugient également les Song.

Les révolutionnaires du début du siècle connaissaient déjà les frustrations sentimentales dénoncées avec véhémence par leurs cadets qui, lors du mouvement du 4-Mai 1919, mettront en accusation le système du mariage arrangé et plaideront pour l'union librement consentie et fondée sur l'amour réciproque. Parmi la première génération révolutionnaire, certains ont tenté d'assouvir cette aspiration moderne à une union romantique en recourant au concubinage traditionnel. C'est ainsi que Huang Xing prend comme seconde épouse la jeune militante qui l'a recueilli et soigné après l'échec du soulèvement de Canton d'avril 1911. Celle-ci, désormais, l'accompagne et l'assiste dans toutes ses activités politiques, rejetant dans l'ombre la première épouse qui n'en conserve pas moins son statut et son rôle, et donne même naissance à un nouvel enfant. Mais pour Sun Yat-sen, la personnalité de l'élue, issue de la bourgeoisie moderne et occidentalisée de Shanghai, rend impossible une telle solution.

La famille Song appartient à la légende tout autant qu'à l'histoire. Selon le dernier en date de ses chroniqueurs, Sterling Seagrave, sa destinée ne peut se comparer... qu'à celle des Borgia[1] ! En son sein se retrouvent ceux qui façonnèrent le visage de la Chine dans la première moitié de ce siècle : Sun Yat-sen, époux de la fille cadette, Song Qingling ; Chiang Kai-shek, époux de la benjamine Song Meiling ; des ministres et des financiers comme le fils de la maison Song Ziwen (T.V. Soong) ou le gendre Kong Xiangxi, époux de l'aînée des filles Song Ailing, elle-même célèbre pour ses talents de spéculatrice et de manipulatrice et dans laquelle certains voient la cheville ouvrière de la réussite familiale.

Le père, Charlie Soong (Song Jiashu, 1866-1918), est un Cantonais, un homme qui s'est fait lui-même. Son apprentissage de fils de marchand l'a conduit de Hawaii à Java, puis à Boston où il s'est embarqué clandestinement à bord d'un vaisseau américain. Il a eu la chance d'être adopté et protégé par le capitaine qui l'a recommandé à ses amis de la communauté méthodiste du Sud. Avec l'aide financière et le patronage d'un grand capitaliste de Durham (Caroline du Nord), Julian Carr, Charlie Soong a alors entrepris de faire son éducation et d'étudier

1. Sterling SEAGRAVE, *The Soong Dynasty*, New York, Harper and Row, 1985, p. 8.

la théologie. De 1882 à 1885, il a fréquenté l'université Vanderbilt à Nashville (Tennessee). Mais à son retour à Shanghai, en 1886, sa vocation missionnaire l'a abandonné. Et il s'est tourné vers les affaires, tout en conservant sa foi chrétienne et ses protections dans le milieu des missionnaires. Il a acquis une petite imprimerie dans laquelle il a commencé par fabriquer des bibles chinoises à bon marché pour le compte de l'American Bible Society. Par la suite, ses affaires se sont diversifiées et il a épousé une jeune fille chrétienne liée aux meilleures familles shanghaiennes. En 1893-1894, il est un riche entrepreneur, respecté des cercles occidentaux et chinois de la ville.

Sa maison, dans le secteur résidentiel de Hongkou, ressemble aux résidences sudistes que Charlie Soong a pu admirer lors de son séjour aux États-Unis. Elle est dotée de vastes vérandas et de toutes les commodités de la civilisation moderne, de l'eau courante aux baignoires et aux pianos. Elle est alors peuplée de quatre enfants, trois filles et un garçon, nés entre 1890 et 1897, auxquels s'ajouteront plus tard deux autres fils. Leur mère veille de près à leur éducation religieuse.

Song Qingling, de son prénom occidental Rosamonde, est la deuxième, née en 1893. Comme sa sœur aînée Ailing, elle est envoyée très tôt à l'école étrangère la plus chic de la concession internationale, la McTyeire School for Girls, tenue par des missionnaires méthodistes. En 1907, Song Qingling part poursuivre ses études aux États-Unis. Elle y rejoint sa sœur aînée au Wesleyan College de Macon (Géorgie). Les photos de l'époque nous montrent un très beau visage, un front élevé, des traits délicats et réguliers, une expression pensive. Song Qingling n'a peut-être pas la vitalité de sa sœur aînée, mais sous sa grâce tranquille, sous son élégance faite de douceur et de réserve, se cachent un goût très vif des idées ainsi que d'intenses sentiments patriotiques. Lorsque, encore à Macon, elle apprend la nouvelle de la révolution, elle rédige pour la revue de son collège un article intitulé : « Le plus grand événement du XXe siècle », dans lequel elle célèbre la Chine, « vaste empire, ancienne culture », qui a trouvé « la liberté et l'égalité » et pourra désormais « jouer son rôle » dans les progrès de l'humanité [1]. De retour à Shanghai, au printemps 1913, c'est avec

1. Cité par Emily HAHN, *The Soong Sisters*, New York, Doubleday, Doran, 1941, p. 70.

émotion qu'elle s'apprête à rencontrer celui qui, à ses yeux, incarne la révolution et l'avenir de la Chine.

Ce sera chose facile, car l'ancien président de la République est un vieil ami de la famille que Song Qingling et ses frères et sœurs ont toujours considéré comme leur « oncle ». L'amitié qui lie Charlie Soong à Sun remonte à 1894, au séjour que le jeune rebelle cantonais effectue alors à Shanghai, avant de gagner Tianjin où il espère rencontrer Li Hongzhang. Tout prédispose les deux hommes à s'entendre : leur commune origine cantonaise, leur foi chrétienne, leur éducation étrangère, leur familiarité avec la langue anglaise et enfin un idéal politique commun. Quelques années plus tard, la villa de Charlie Soong à Hongkou ou les bureaux de son imprimerie dans la concession internationale accueillent les réunions des dirigeants révolutionnaires. En juillet 1905, Charlie Soong est à Tokyo. Il part ensuite solliciter aux États-Unis des fonds destinés à la Ligue jurée, auprès de son ancien protecteur, le millionnaire Julian Carr. Mission pleinement réussie. En 1906, Charlie Soong fait parvenir des fonds importants à Sun Yat-sen.

Tenues secrètes jusqu'en 1911, les relations politiques et amicales entre Sun et Song s'affichent ouvertement après la révolution. Devenu directeur des Chemins de fer, Sun Yat-sen appelle auprès de lui Charlie Soong comme trésorier, cependant qu'Ailing, la fille aînée des Song, lui sert de secrétaire pour sa correspondance anglaise.

Et déjà l'homme politique, déçu ou fatigué, cherche à se raccrocher à la présence d'une jeune femme. Sun tombe amoureux de Song Ailing ; il veut l'épouser. Son conseiller, le journaliste australien Donald, auquel il fait part de son projet, essaie en vain de l'en détourner. A toutes les objections, Sun répond : « Je sais, je sais, mais je veux l'épouser quand même. » Et Sun d'aller officiellement présenter sa demande à Charlie Soong qui le met dehors en invoquant leur commune foi chrétienne et les liens sacrés du mariage : il n'a pas élevé ses enfants pour les voir tomber dans une vie de licence [1]. Environ un an plus tard, à Tokyo, où la famille Song, compromise par sa collaboration avec Sun, a été obligée de se réfugier après la Seconde

1. Cité dans SELLE, *Donald of China*, pp. 139-140.

Révolution, Song Ailing épouse le jeune banquier Kong Xiangxi avec lequel elle partage le goût de l'argent et l'aptitude à en accumuler.

La passion qu'il a conçue pour Song Ailing, Sun Yat-sen la reporte sur Song Qingling. La jeune fille occupe auprès de lui les fonctions de secrétaire, abandonnées par sa sœur aînée après son mariage au printemps 1914. La liaison reste secrète, mais quand Charlie Soong annonce son intention de ramener sa famille à Shanghai, Song Qingling refuse de partir. On l'y contraint. A Shanghai, on l'enferme dans sa chambre. Elle s'évade par la fenêtre et part rejoindre Sun Yat-sen à Kobé. Les Song se lancent à sa poursuite mais arrivent trop tard : le mariage a déjà été célébré le 25 octobre 1915.

Le scandale éclate. Aucun divorce n'a été prononcé. Sun a simplement déclaré qu'il se considérait divorcé de sa première épouse. Pour les fervents chrétiens que sont les Song, ce mariage ne compte pas. Il insulte à leurs principes religieux comme à la tradition chinoise. Sun Yat-sen n'est qu'un adultère, un bigame, et Song Qingling a agi contre toute piété filiale et a bravé l'autorité parentale. La confrontation est violente, la rupture éclatante. La désapprobation se manifeste aussi dans la communauté missionnaire et parmi les chrétiens convertis. Sun Yat-sen n'est plus recherché comme orateur dans les églises, n'est plus cité en modèle. Son ancien réseau de relations en direction des sociétés anglaise et américaine s'en trouve affaibli. Sun est même obligé de plaider sa cause auprès de ses vieux amis, les Cantlie.

> « D'après votre dernière lettre, je m'aperçois que vous n'avez pas été informés de mon remariage qui a eu lieu à Tokyo, il y a trois ans. Mon épouse a reçu son éducation dans un collège américain et c'est la fille d'un de mes plus anciens collaborateurs et amis. Je vis une vie nouvelle et profite de ce qui m'a manqué auparavant : un véritable foyer et la présence d'une compagne et d'une collaboratrice.
>
> « Mon ex-épouse n'aimait pas voyager et ne m'accompagnait donc jamais à l'étranger à l'époque où j'étais un fugitif. Elle voulait vivre auprès de sa vieille mère et m'encourageait toujours à prendre une concubine, suivant l'antique coutume. Mais la jeune fille dont je suis tombé amoureux est une jeune fille moderne qui n'aurait pas accepté une telle situation, et moi-même

je ne pouvais pas renoncer à elle. Ainsi, il n'y a pas eu d'autre solution que de nous mettre d'accord avec mon ex-épouse pour divorcer [1]. »

Peu à peu cependant la tempête s'apaise. Song Qingling fait sa première apparition publique auprès de son mari à la fin de 1917, à Canton. Désormais, on la retrouve toujours aux côtés de Sun à qui elle sert de traductrice et de collaboratrice, et dont elle partage les épreuves et les succès. Elle devient une personnalité politique, la *first lady* d'une Chine moderne à la naissance de laquelle se consacrent les révolutionnaires. Militante... mais non suffragette, Song Qingling apparaît souvent en vêtements de style occidental d'une sobre élégance : tailleurs de couleur unie et chapeau cloche. Une photo de décembre 1924 nous la montre sur le pont du bateau qui la mène à Tianjin, en compagnie de Sun Yat-sen, déjà miné par le cancer qui l'emportera trois mois plus tard. Emmitouflée dans un splendide manteau de fourrure, chaussée d'escarpins à talon, une toque coquettement inclinée au bord du visage, la jeune femme rayonne d'une grâce qu'assombrit la tristesse de ses yeux. C'est la vision qu'en a gardée Deng Yingchao (l'épouse de Zhou Enlai), alors perdue dans la foule de ceux qui accueillent et acclament le couple présidentiel. Elle évoquera cette vision plus d'un demi-siècle après, sur le cercueil de Song Qingling : « Je vous ai aperçue droite, mince, gracieuse, jeune, belle, pleine de dignité, calme [2]... »

Pour honorer la mémoire de Sun, le régime communiste donnera à sa veuve le titre de vice-présidente de la République populaire de Chine, titre qu'elle gardera jusqu'à sa mort, en 1980. En 1981, on pouvait visiter la résidence privée de Song Qingling à Pékin, au nord-ouest de la Cité interdite. De hauts murs abritaient une vaste demeure, meublée en *modern style* et où traînaient encore quelques ouvrages de littérature anglaise. On imaginait avec un serrement de cœur la solitude de cette *lady* de culture et de goût cosmopolites, achevant sa vie dans

1. Lettre dactylographiée, adressée à Mme Cantlie et datée du 17 octobre 1918, « Letters and Telegrams to Sir James and Lady Cantlie, 1913-1921 » (collection de photocopies d'originaux manuscrits ou dactylographiés conservés à la bibliothèque de Hong Kong University).

2. Cité dans CHAN Jung et Jon HALLIDAY, *Madame Sun Yat-sen (Soong Ching-ling)*, Penguin Books Ltd, 1986, p. 33.

une Chine en proie aux aveuglements et aux convulsions de la Révolution culturelle...

L'approbation donnée ultérieurement par l'opinion publique et les historiens chinois à cette nouvelle union, qui sera même qualifiée de « mariage idéal [1] », ne doit pas faire oublier les circonstances mouvementées dans lesquelles elle est née, ni les difficultés auxquelles elle s'est heurtée. De ces difficultés, la force de la tradition n'est pas seule responsable. Sun et sa nouvelle épouse ont dû compter avec les ambiguïtés d'une modernisation façonnée par les préjugés du puritanisme missionnaire. Mais alors que Sun réussit assez vite à imposer son remariage à son entourage et à l'opinion, ses diverses initiatives politiques ne font qu'accentuer son isolement et sa marginalité.

LA LUTTE CONTRE YUAN SHIKAI (1913-1916) : SUN FAIT CAVALIER SEUL

Après la Seconde Révolution de 1913, Yuan Shikai, fort de l'appui des puissances occidentales et des généraux de l'armée du Nord (Beiyang), installe un régime autoritaire, de tendance dictatoriale, qui pratique une politique centralisatrice pour mener à bien la modernisation institutionnelle et économique du pays. En novembre 1913, ce qui reste du parti d'opposition Guomindang est dissous. Au début de l'année suivante, le Parlement est renvoyé ainsi que toutes les assemblées provinciales et locales. En mai 1914, la Constitution provisoire de 1912 est annulée et une nouvelle Constitution octroyée, qui supprime tout mécanisme de contrôle sur le pouvoir exécutif et étend indéfiniment la durée du mandat présidentiel. Après l'intermède révolutionnaire de 1911, qui a permis la prise du pouvoir par les élites locales et le triomphe de l'autogestion assimilée par ces élites à la démocratie et au nationalisme, Yuan Shikai renoue avec la politique de l'empire réformateur (1901-1911) et tente d'imposer le changement par le haut. Mais bientôt Yuan ne limite plus son ambition à l'accomplis-

1. TANG, *The Inner History*, p. 19.

sement de l'ancienne politique impériale : il rêve de monter lui-même sur le trône. Créée par ses soins au début de l'année 1915, une Société d'Organisation de la paix (Chou'anhui) lance une campagne en faveur de la restauration impériale. Le 12 décembre, Yuan proclame officiellement sa volonté de devenir empereur et fixe au 1er janvier suivant le début de son règne.

Face à ce qui apparaît, dans les premières années, comme l'irrésistible ascension de « l'homme fort », les opposants potentiels — notables locaux, généraux du Sud liés au Guomindang, révolutionnaires professionnels — réagissent dans le désordre et la confusion. Certains sont tentés par le ralliement, beaucoup optent pour l'attentisme. Seul ou presque, Sun Yat-sen appelle immédiatement à une nouvelle révolution, ce qui fait plus honneur à son zèle de conspirateur qu'à son sens politique. Il fonde le Parti révolutionnaire chinois (Zhonghua gemingdang) et multiplie les tentatives de soulèvement, toutes plus vaines les unes que les autres. L'aide financière qu'il cherche alors du côté japonais accroît encore son isolement. Au début de 1915, alors que toute la Chine s'enflamme contre le Japon et ses « vingt et une demandes » porteuses d'une ambition colonialiste déclarée, nombreux sont ceux, y compris parmi ses amis, qui considèrent Sun comme un traître.

Quelques mois plus tard, après la semi-capitulation de Yuan face au Japon et la proclamation de ses ambitions impériales qui ont retourné l'opinion chinoise contre le dictateur, Sun Yat-sen est trop isolé pour s'imposer à la tête du mouvement antimonarchique, baptisé mouvement de Protection du pays (Huguo), qui mobilise les élites provinciales et militaires du Sud et une partie des généraux de la clique Beiyang. Pendant toutes ces années, le fossé ne cesse de se creuser entre le discours volontariste et dominateur de Sun Yat-sen et une réalité qui lui échappe de plus en plus.

Entre blanquisme et léninisme : la fondation du Parti révolutionnaire chinois en 1914

L'organisation du parti s'esquisse dès la fin de 1913 et s'achève avec la publication d'un manifeste, le 1er septembre 1914. Après l'échec de la République, Sun semble avoir perdu confiance dans l'efficacité des institutions parlementaires occidentales et considérer que la Chine n'est pas préparée à les adopter. Sa critique porte en particulier sur le Guomindang, dont Song Jiaoren avait voulu faire un parti ouvert, démocratique, mais qui avait été subverti par l'adhésion d'une foule d'opportunistes et de bureaucrates conservateurs, et paralysé par le développement du factionnalisme. Après avoir abandonné le programme dressé par Sun (du Triple Démisme, de l'évolution en Trois Étapes et de l'organisation des Cinq Pouvoirs), le Guomindang livré à toutes les compromissions ne pouvait qu'échouer à gérer la postrévolution. Sun Yat-sen n'incrimine donc pas la faiblesse ou l'irréalisme du projet de gouvernement de la Ligue jurée, mais la politique d'ouverture pratiquée par Song Jiaoren. En prise sur les principales forces sociales, cette politique avait pourtant donné de bons résultats... tant qu'elle avait été gérée par le talent d'un grand homme politique.

Pour Sun, cependant, le salut consiste dans un retour à des formes plus traditionnelles d'organisation. Il veut recréer un parti révolutionnaire centralisé et discipliné. Il veut rétablir la loyauté, l'obéissance absolue au chef, telles qu'elles se pratiquent au sein des sociétés secrètes. C'est pourquoi il entend exiger des membres du nouveau parti un serment d'allégeance personnelle[1] : ils s'engageront à « suivre M. Sun et à lui obéir », en même temps qu'à « sacrifier leur vie et leur liberté au salut de la Chine et de son peuple ». Ils signeront le texte du serment et authentifieront leur signature par l'apposition de leurs empreintes digitales. Sun Yat-sen veut ainsi préserver son autorité contre les ambitions rivales qui avaient conduit à la décomposition de la Ligue jurée. Son souci de pouvoir personnel se justifie, à ses yeux, par le sentiment qu'il a d'avoir toujours eu raison, sans toujours pouvoir se faire entendre. « J'ose dire qu'à part moi il n'y a pas de guide pour la révolution. Il y a beaucoup de choses que vous ne comprenez pas [...], vous devez me suivre aveuglément[2]. » « A moins que les camarades s'unissent et m'obéissent à moi personnellement, la cause révolutionnaire est vouée à l'échec[3]. »

---

1. Pour le texte du serment, *cf.* ZOU Lu, *Zhongguo Guomindang shigao* (Projet d'histoire du Parti nationaliste chinois), Shanghai, 1929, vol. I, pp. 163-164.
2. Témoignage de JU Zheng, cité par FRIEDMAN, *Backward toward Revolution*, p. 57.
3. « Zhi Nanyang gemingdangren han » (Lettre aux militants révolutionnaires d'Asie du Sud-Est), 18 avril 1914, *O.C.*, vol. III, pp. 81-82.

Si la pratique du serment apparente le Parti révolutionnaire chinois aux sociétés secrètes, le monopole du pouvoir politique attribué au parti coïncide avec certains principes de l'organisation léniniste. Instruit par l'expérience de 1912, Sun Yat-sen s'attache à préciser les conditions d'exercice du pouvoir *après* la victoire de la révolution. Il conserve le schéma des Trois Étapes, conçu dès 1905, mais il en modifie le contenu. S'il maintient la première étape — celle d'un pouvoir militaire indispensable à la remise en ordre postrévolutionnaire —, il conçoit la deuxième comme celle d'une tutelle exercée par le parti. En fait, dans son nouveau plan, première et deuxième étapes se confondent en une période dite « révolutionnaire ». Alors que le projet de 1905 remettait la gestion des affaires après la révolution à un gouvernement militaire puis à des autorités définies par une Constitution provisoire, celui de 1914 donne au parti le monopole du pouvoir jusqu'à l'établissement du régime constitutionnel. En outre, le projet de 1905 limitait à trois ans la durée de chacune des deux premières étapes, alors que celui de 1914 ne fixe aucun terme chronologique à la période « révolutionnaire » de dictature du parti.

Pour éviter toute dérive comparable à celle qui, aux yeux de Sun, a causé la perte de la Ligue jurée après 1911, les membres du parti auront un statut déterminé par la date de leur adhésion. Ceux qui auront rejoint les rangs du parti avant le début de la révolution seront « membres d'origine » et, par la suite, ils deviendront « citoyens privilégiés ». Ceux qui se seront ralliés après le déclenchement de la révolution, mais avant l'établissement du nouveau pouvoir, seront « membres adjoints » et, par la suite, « citoyens militants ». Ceux qui auront attendu la victoire de la révolution pour entrer au parti seront « membres ordinaires » avec le statut de « citoyens progressistes ».

Cette classification, qui s'appliquera pendant toute la durée (indéterminée) de la période révolutionnaire, implique une gradation des droits politiques. Alors que les « citoyens privilégiés » seront dotés de « pouvoirs spéciaux », que les « citoyens méritants » auront la possibilité d'élire et d'être élus aux fonctions publiques et que les « citoyens progressistes » seront autorisés à participer aux élections sans toutefois pouvoir présenter leur candidature, les citoyens non membres du parti seront privés de tout droit et exclus de la vie publique.

Le programme du Parti révolutionnaire chinois reprend le

Triple Démisme de la Ligue jurée, amputé cependant de son premier principe, celui du nationalisme, car Sun juge qu'il a trouvé son accomplissement avec le renversement des Mandchous. Restent à mettre en œuvre la démocratie (dans une perspective à long terme) et le bien-être du peuple.

Dans l'immédiat, Sun Yat-sen compte opérer la prise du pouvoir par l'action directe d'un petit groupe de révolutionnaires purs et déterminés, financés par les fonds d'outre-mer. Il en revient donc à l'ancienne stratégie de ses débuts cantonais, avec toutefois une variante d'importance : l'exclusion des sociétés secrètes dont, avant 1911, Sun avait utilisé l'antimandchouisme et dont la collaboration avait assuré une certaine mesure de force militaire et de participation populaire aux premières insurrections révolutionnaires. Désormais, la conspiration devrait se suffire à elle-même : Sun apparaît ici plus blanquiste que léniniste.

Les propositions de Sun se heurtent à de vives résistances de la part des révolutionnaires et en particulier de Huang Xing. Ce dernier reconnaît bien la nécessité de réorganiser le parti, mais il conçoit sa réorganisation dans un esprit d'ouverture et de front uni contre Yuan Shikai. « C'est seulement en intégrant les diverses factions que nous pourrons apparemment faire échapper notre parti à l'écrasement [1]. » Huang ne refuse pas les principes d'unité, de discipline, d'obéissance au chef, mais il s'insurge contre le caractère personnel de l'allégeance réclamée par Sun Yat-sen. Beaucoup de camarades le rejoignent dans ses critiques. Ils s'élèvent contre les distinctions introduites entre les diverses catégories de militants et considèrent la promesse de statut privilégié faite aux plus anciens d'entre eux comme une insulte à leur zèle patriotique et démocratique. Ils désapprouvent aussi le pouvoir dictatorial que le projet de Sun confère au parti pendant la période révolutionnaire. Selon eux, le parti n'a pas à agir en tuteur du peuple : ce serait contraire à la démocratie et conduirait à rétablir la tyrannie du pouvoir absolu.

Sun Yat-sen se défend en invoquant les Classiques et l'apologue de l'empereur trop jeune pour gouverner, et que guide le ministre : l'empereur représente le peuple et le ministre le parti. Comment ne pas penser ici à un autre apologue, volon-

---

1. Cité par FRIEDMAN, *Backward toward Revolution*, p. 58.

Le Mausolée de Sun Yat-sen

Les partenaires et les adversaires

Huang xing (1874-1916). Chef militaire et politique du parti révolutionnaire. Son prestige est comparable à celui de Sun Yat-sen.

Kang Youwei (1858-1927). Lettré cantonais, dirigeant du parti réformiste et principal rival politique de Sun Yat-sen avant la révolution de 1911.

Chiang Kai-shek (1887-1975?). Jeune officier révolutionnaire proche de Sun Yat-sen qui lui confia la direction militaire de l'Académie de Huangpu.

Yuan Shikai (1859-1916). S'imposant comme président de la République face à Sun Yat-sen en 1912, cet ancien haut mandarin impérial ne tarde pas à établir sa dictature.

Les conseillers et amis étrangers

Docteur James Cantlie (1851-?). Missionnaire, professeur de Sun Yat-sen au Collège de médecine pour les Chinois de Hong Kong.

Homer Lea (1876-1912). Aventurier américain, "conseiller militaire" de Sun Yat-sen en 1908-1912.

Miyazaki Torazô (Tôten) (1870-1922). Aventurier et patriote japonais, très proche ami de Sun Yat-sen qu'il aida à organiser ses premières insurrections révolutionnaires.

Mikhail Markovitch Borodine (1884-1951). Agent de l'Internationale communiste. Conseiller de Sun Yat-sen à Canton, de 1923 à 1924.

Un couple présidentiel moderne. Song Qingling apparaît très souvent en public aux côtés de son époux, à Canton, au début des années 1920.

Song Qingling. Elle a toutes les qualités d'une "first lady" et devient la compagne et collaboratrice de Sun vieillissant.

Sun Yat-sen en uniforme de grand maréchal.
Le gouvernement militaire de Canton
qu'il établit en 1917 ne tarde
pas à s'effondrer.

Sun Yat-sen, en août 1912, à bord du wagon qui le conduit à Pékin. Sun, qui a abdiqué ses fonctions présidentielles, se consacre alors à des projets d'expansion ferroviaire.

Sun Yat-sen président de la République (printemps 1912).

Réfugié à Shanghai en 1918, Sun Yat-sen se consacre à l'écriture et revêt la robe traditionnelle des lettrés.

A Hong Kong, en 1888, les Quatre Grands Bandits discutent de la révolution. Assis au premier rang, de gauche à droite, Yang Heling, Sun Yat-sen, Chen Shaobai, You Lie.

Sun Yat-sen en 1883. Un collégien chinois à Hong Kong s'initie au savoir occidental et se convertit au christianisme.

Sun Yat-sen en 1889. Proscrit après sa première tentative d'insurrection révolutionnaire, Sun a adopté le "look" occidental pour mieux échapper aux agents de la police impériale.

LE MAUSOLÉE DE SUN YAT-SEN

Les partenaires et les adversaires

Huang Xing (1874-1916). Chef militaire et politique du parti révolutionnaire. Son prestige est comparable à celui de Sun Yat-sen.

Kang Youwei (1858-1927). Lettré cantonais, dirigeant du parti réformiste et principal rival politique de Sun Yat-sen avant la révolution de 1911.

Chiang Kai-shek (1887-1975?). Jeune officier révolutionnaire proche de Sun Yat-sen qui lui confia la direction militaire de l'Académie de Huangpu.

Yuan Shikai (1859-1916). S'imposant comme président de la République face à Sun Yat-sen en 1912, cet ancien haut mandarin impérial ne tarde pas à établir sa dictature.

LES CONSEILLERS ET AMIS ÉTRANGERS

DOCTEUR JAMES CANTLIE (1851-?). Missionnaire, professeur de Sun Yat-sen au Collège de médecine pour les Chinois de Hong Kong.

HOMER LEA (1876-1912). Aventurier américain, "conseiller militaire" de Sun Yat-sen en 1908-1911.

MIYAZAKI TORAZÔ (TÔTEN) (1870-1922). Aventurier et patriote japonais, très proche ami de Sun Yat-sen qu'il aida à organiser ses premières insurrections révolutionnaires.

MIKHAIL MARKOVITCH BORODINE (1884-1951). Agent de l'Internationale communiste. Conseiller de Sun Yat-sen à Canton, de 1923 à 1924.

Un couple présidentiel moderne. Song Qingling apparaît très souvent en public aux côtés de son époux, à Canton, au début des années 1920.

Song Qingling. Elle a toutes les qualités d'une "first lady" et devient la compagne et collaboratrice de Sun vieillissant.

Sun Yat-sen en uniforme de grand maréchal.
Le gouvernement militaire de Canton
qu'il établit en 1917 ne tarde
pas à s'effondrer.

Sun Yat-sen, en août 1912, à bord du wagon qui le conduit à Pékin. Sun, qui a abdiqué ses fonctions présidentielles, se consacre alors à des projets d'expansion ferroviaire.

Sun Yat-sen
président de la
République
(printemps 1912).

Réfugié à Shanghai
en 1918,
Sun Yat-sen se
consacre à l'écriture
et revêt la robe
traditionnelle des
lettrés.

A Hong Kong, en 1888, les Quatre Grands Bandits discutent de la révolution. Assis au premier rang, de gauche à droite, Yang Heling, Sun Yat-sen, Chen Shaobai, You Lie.

Sun Yat-sen en 1883. Un collégien chinois à Hong Kong s'initie au savoir occidental et se convertit au christianisme.

Sun Yat-sen en 1889. Proscrit après sa première tentative d'insurrection révolutionnaire, Sun a adopté le "look" occidental pour mieux échapper aux agents de la police impériale.

tiers cité par Mao Zedong, celui du buffle (le peuple) conduit par l'enfant (le parti) ? Sun Yat-sen en appelle aussi aux philosophes occidentaux et en particulier à Robert Michels et à son livre *Les Partis politiques* (dont la première édition a paru en allemand en 1911), qui souligne les devoirs d'obéissance du militant dans les formations démocratiques.

Le principal obstacle au ralliement des révolutionnaires demeure la prestation de serment à Sun, et c'est sur ce point que les négociations s'engagent. Les révolutionnaires seraient prêts à jurer fidélité au «président élu par le parti». Mais l'intransigeance de Sun — ou celle de son entourage immédiat — fait échouer le compromis. Huang Xing n'adhère donc pas au nouveau parti et son abstention entraîne celle de la plupart des principaux dirigeants révolutionnaires, qu'il s'agisse des idéologues prêts à payer de leur personne dans les entreprises les plus héroïques comme Wang Jingwei, ou des hommes de terrain tel Chen Jiongming, ou encore des anciens gouverneurs militaires du Sud, Li Liejun, Bo Wenwei. Tous ceux-là choisissent de continuer le combat en dehors du cadre du Parti révolutionnaire chinois. Sur plusieurs milliers d'activistes exilés au Japon, le nouveau parti n'en rassemble que quelques centaines. Lors de la réunion de fondation, le 8 juillet 1914, huit provinces seulement sont représentées et l'on ne trouve aucune personnalité assez prestigieuse pour occuper aux côtés du président Sun Yat-sen le poste de vice-président, originellement destiné à Huang Xing.

Déserté par ses anciens compagnons de lutte, Sun Yat-sen s'appuie sur une nouvelle équipe. Celle-ci est dominée par un groupe d'aventuriers et d'hommes de main bien différents des intellectuels qui formaient l'état-major de la Ligue jurée. Leur chef est Chen Qimei (1876-1916) qui s'impose par sa forte personnalité, son intelligence et son courage. De dix ans le cadet de Sun, cet homme plutôt frêle, d'allure encore adolescente, au visage chevauché de lunettes rondes est un organisateur né, un homme d'action, un conspirateur prêt à tout, même à assassiner. Originaire du Zhejiang, il se sent chez lui à Shanghai où beaucoup de ses compatriotes sont venus faire fortune. Chen compte parmi ses amis de riches banquiers et compradores, l'ancien président de la chambre de commerce de Shanghai, Li Houyu, sans oublier l'antiquaire millionnaire Zhang Jingjiang, jadis mêlé au groupe anarchiste de Paris et que Sun avait su rallier à sa cause lors d'une rencontre fortuite sur un paquebot. Ce n'est pas son infirmité de pied-bot ni ses lunettes à verres fumés qui font de Zhang « un personnage sinistre[1] », surnommé Quasimodo par les Français de Shanghai. Ce qui le rend redoutable, c'est le pouvoir qu'il tire de ses relations avec la pègre de Shanghai et avec Du Yuesheng, chef de la Bande verte (Qingbang), principale organisation de gangsters de la ville.

Dans les années 1905-1906, Chen Qimei a fait ses études à l'Académie de police de Tokyo et il a rejoint Sun et la Ligue jurée. A son retour en Chine, il a poursuivi ses activités révolutionnaires au Zhejiang et au Jiangsu. En novembre 1911, il a mené l'assaut contre l'arsenal de Jiangnan et réduit la garnison mandchoue de Shanghai. Devenu gouverneur militaire de la ville, il a recruté ses ministres parmi les principaux marchands et notables locaux. Mais, en juillet 1913, il a échoué dans ses attaques contre les troupes loyales à Yuan Shikai, retranchées dans l'arsenal. Revenu à Tokyo, il partage l'amertume de Sun et son analyse de la défaite dont il rejette la responsabilité sur les hésitations de Huang Xing[2]. Comme Sun, il est impatient de reprendre la lutte : « Invariablement, l'occasion naît quand on la crée, jamais quand on l'attend[3]. »

Sous l'influence de Chen Qimei, partisan d'une insurrection dans les provinces du Jiangsu et même plus au nord, au Shandong et en Mandchourie, Sun Yat-sen achève de se détourner de son ancienne stratégie centrée sur le Guangdong et les provinces méridionales. Shanghai devient la plaque tournante des partisans de Sun. Ils y trouvent le refuge des concessions étrangères, des complicités remontant à l'époque du gouvernement révolutionnaire de 1912 ou plus anciennes, la protection du consulat japonais et, selon toute vraisemblance, celle des puissantes sociétés mafieuses de la Bande rouge (Hongbang) et de la Bande verte. Sur place, le chef, c'est Chen Qimei. C'est lui qui connaît les hommes et le terrain. Et même s'il agit au nom de Sun, sa liberté de décision semble entière.

Dans son sillage, il entraîne un jeune lieutenant dont depuis 1906 il n'a cessé de protéger et d'orienter la carrière, Chiang

1. TANG, *The Inner History*, p. 252.
2. Lettre de Chen Qimei à Huang Xing, citée par HSÜEH, *Huang Hsing*, p. 160.
3. Cité par FRIEDMAN, *Backward toward Revolution*, p. 52.

Kai-shek, de dix ans son cadet et comme lui originaire du Zhejiang. Une profonde amitié lie les deux hommes, devenus frères jurés en 1913. Chiang Kai-shek est un officier d'artillerie qui, de 1908 à 1911, a poursuivi sa formation à la célèbre académie militaire japonaise Shimbu gakko. Sans doute amené à la Ligue jurée par Chen Qimei, Chiang Kai-shek fait ses premières armes sous la direction de son protecteur, à Hangzhou, qu'il conquiert à la révolution en novembre 1911, puis à Shanghai où il entraîne un régiment de l'armée révolutionnaire du Jiangsu. En juillet 1913, c'est lui qui mène l'attaque malheureuse contre l'arsenal. Mais cet officier n'hésite pas à participer à des expéditions plus proches du banditisme que de l'art militaire. Dans les archives de la police de la concession internationale, on retrouve plusieurs mandats d'arrêt lancés contre lui pour crimes et vols à main armée[1]. Ces affaires n'ont jamais été tirées au clair. En revanche, il semble assuré que Chiang Kai-shek a exécuté de sa propre main le dirigeant révolutionnaire Tao Chengzhang, le 15 février 1912, en tirant sur lui à bout portant, dans sa chambre de malade à l'hôpital Sainte-Marie[2]. Ce faisant, Chiang débarrassait Chen Qimei d'un de ses principaux rivaux, chef de la Société de la Restauration qui s'était ralliée à la Ligue jurée pour ensuite s'en séparer. Chiang a-t-il agi sur l'ordre de Chen, comme le suggère dans son rapport le consul général de France, Dejean de La Bâtie ? A-t-il pris lui-même l'initiative de liquider Tao Chengzhang, en cédant à un coup de colère ? Le jeune Chiang était célèbre pour ses crises de fureur incontrôlées et la vie de débauche qu'il menait dans les maisons de plaisir de Shanghai, en compagnie et sous la protection de Zhang Jingjiang et d'autres mafieux notoires.

Parmi les intellectuels restés fidèles à Sun, on ne trouve plus guère que Dai Jitao et Zhu Zhixin. L'un est son secrétaire personnel et son interprète de japonais, partisan d'un panasiatisme

1. Pichon LOH, *The Early Chiang Kai-shek. A Study of His Personality and Politics 1887-1924*, New York, Columbia University Press, 1971, p. 132, n. 77, donne le texte de la lettre confidentielle du consul général des États-Unis à Shanghai, datée du 29 novembre 1926, au sujet des « activités criminelles de Chiang Kai-shek ».

2. *Cf.* dépêche de Dejean de La Bâtie, consul général de France à Shanghai, datée du 17 janvier 1912 (Archives du Quai d'Orsay).

anti-Blancs et d'une alliance sino-japonaise dirigée contre l'Occident. L'autre a été l'un des protagonistes de la polémique contre Liang Qichao dans *Le Journal du peuple* et un héros du soulèvement de Canton en avril 1911. C'est un idéologue adonné à l'action, un «révolutionnaire modèle[1]» qui tombera en 1920 victime de son esprit de sacrifice, mais dont l'influence semble en recul face à l'impétuosité des nouveaux hommes de confiance de Sun, impatients de passer à l'action.

Parti minoritaire, le Parti révolutionnaire chinois ne se substitue donc pas aux structures ni au personnel de l'ancien Guomindang que celui-ci avait hérités de la Ligue jurée. Les cellules d'outre-mer, dont on connaît l'importance en matière de financement révolutionnaire, continuent de se réclamer du Guomindang, tout comme un certain nombre d'anciens dirigeants. En 1914, cependant, l'opposition entre ces courants et le nouveau parti demeure modérée. Tout change au début de 1915, avec la présentation des vingt et une demandes par le gouvernement de Tokyo. Alors que les courants du Guomindang réagissent violemment à cette agression contre la souveraineté nationale, Sun maintient sa politique de coopération avec le Japon, s'exposant ainsi à toutes les accusations de trahison, formulées par ses ennemis aussi bien que par ses anciens amis. Une attitude aussi suicidaire appelle un regard plus attentif sur les relations entre Sun et les Japonais après l'échec de la Seconde Révolution.

A contre-courant de la mobilisation nationaliste : les négociations de Sun avec les Japonais de 1914 à 1916

Face à Yuan Shikai, soutenu par les conseillers et l'argent du Consortium international, aucune opposition ne peut espérer l'emporter sans aide étrangère. Or, dans le front commun des puissances, le Japon pratique une politique vacillante, partagée entre l'appui officiellement accordé à Yuan et un discret soutien à ses adversaires. C'est donc vers les Japonais que se tourne à nouveau Sun. Encore faut-il les persuader qu'il est bien l'homme de la situation, celui sur lequel on peut parier pour renverser Yuan.

La Première Guerre mondiale apparaît à Sun comme une occasion favorable. «L'Europe n'aura plus le temps de s'occu-

1. FRIEDMAN, *Backward toward Revolution*, p. 208.

per de l'Est et le traître [Yuan] ne bénéficiera plus de prêts et d'équipements militaires étrangers. Voilà qui nous donne la possibilité de nous dresser[1]. » Le Japon, de son côté, voit dans cette guerre une chance de reprendre l'initiative en Extrême-Orient et de relancer une politique autonome d'expansion en Chine.

Le 29 novembre 1914, Uchida Ryôhei, chef de file du Dragon noir, adresse au gouvernement un mémorandum pour la solution de la question chinoise, dans lequel il esquisse un projet d'alliance avec une Chine débarrassée de Yuan Shikai et placée sous protection japonaise. Il recommande de soutenir les groupes rebelles susceptibles de contribuer au renversement de Yuan : d'une part, les monarchistes du Nord, regroupés autour du prince Su qu'on pourrait aider à établir un royaume séparatiste en Mandchourie et en Mongolie ; d'autre part, Sun Yat-sen et les révolutionnaires du Sud.

Sun Yat-sen a donc perdu la position d'interlocuteur exclusif qui était la sienne au regard des autorités japonaises. Pour regagner la faveur et l'appui du gouvernement de Tokyo, il est prêt à toutes les concessions comme en témoigne la lettre qu'en juin 1914 il adresse au Premier ministre japonais, Ôkuma Shigenobu[2]. Après avoir évoqué les thèmes familiers de la proximité géographique, raciale et culturelle, ainsi que l'aide apportée par le Japon à la révolution chinoise, Sun déclare qu'il est naturel que cette aide soit de nouveau sollicitée. En compensation, il offre d'assurer au Japon le quasi-monopole du marché chinois. La prospérité du Japon pourrait prendre appui sur ce vaste marché ainsi que sur les richesses naturelles de la Chine, comme au XIXe siècle l'expansion de la Grande-Bretagne a pris appui sur les ressources de l'Inde. « Et le Japon s'épargnerait même le souci et la dépense d'une occupation militaire ! » Tout cela n'est évidemment pas possible tant que Yuan

1. « Zhi Deng Zeru han » (Lettre à Deng Zeru), 1er septembre 1914, *O.C.*, vol. III, p. 114.

2. A l'époque, le texte de cette lettre a été connu grâce à des fuites dans la presse étrangère de Shanghai. Mais son authenticité a longtemps été controversée. Bien que l'original de la lettre ait été retrouvé dans les papiers d'Ôkuma Shigenobu en 1943 après la mort de ce dernier, les éditions des *Œuvres complètes* de Sun, y compris la plus récente publiée à Pékin dans les années 1980, continuent d'omettre ce texte.

détient le pouvoir. Mais les révolutionnaires sont maintenant en quête de soutien et le Japon tirerait d'énormes bénéfices d'un tel soutien s'il acceptait de l'accorder[1].

Sun se fait donc ici l'apologiste de l'expansion impérialiste japonaise et, dans une certaine mesure, il s'en fait l'instrument. L'énormité des concessions promises mesure l'urgence de l'aide espérée. Même si le gouvernement d'Ôkuma ne donne pas suite à cette lettre, les promesses de Sun encouragent les Japonais à formuler leurs vingt et une demandes, en même temps qu'elles leur fournissent un moyen de pression pour arracher à Yuan des concessions déjà offertes par son rival.

C'est le 18 janvier 1915 que ces demandes sont présentées au gouvernement de Pékin. Elles se répartissent en cinq groupes dont les quatre premiers portent sur des concessions territoriales au Shandong, dans le sud de la Mandchourie et la Mongolie intérieure orientale, et le cinquième prévoit la mise en place de conseillers militaires et politiques nippons auprès du gouvernement chinois, ainsi réduit au rôle de gouvernement fantoche.

Le caractère exorbitant de ces demandes provoque une violente réaction patriotique en Chine et l'urgence du péril rassemble les diverses forces politiques derrière Yuan Shikai. Les révolutionnaires eux-mêmes sont tentés de participer à ce front uni national. La dictature a cessé d'être le problème majeur, même pour ceux qui se proclament républicains. Par haine de l'agresseur, de nombreux exilés choisissent alors de rentrer. Ils y sont encouragés par la propagande de Yuan qui multiplie les offres d'amnistie et d'indemnisation. Seuls Sun Yat-sen, Chen Qimei et leur cercle immédiat restent fidèles à la coopération avec le Japon. Leurs adversaires ont beau jeu de crier à la trahison et Kong Xiangxi lui-même de suggérer que son presque beau-frère est manipulé par les Japonais.

> « La Chine peut refuser de signer les vingt et une demandes. Mais le grand projet continental nippon, qui englobe jusqu'à l'Inde, n'en sera que repoussé et non ruiné, si le Japon peut

1. Lettre partiellement citée et traduite dans JANSEN, *The Japanese and Sun Yat-sen*, pp. 192-193. Une copie de la lettre se trouve aussi dans la correspondance de Morrison à qui elle avait été transmise pour diffusion dans la presse étrangère. *Cf.* MORRISON, *Correspondence*, vol. II, pp. 323 et suiv.

> entretenir des insurrections locales ou en importer de toutes faites [...]. Pour le succès général de son plan, il lui est nécessaire d'avoir sous sa protection des révolutionnaires chinois éminents. Le nom et le prestige du Dr Sun Yat-sen sont plus précieux pour les Japonais que plusieurs divisions de soldats [1]. »

Emportés par le souci du salut national, les Chinois d'Asie du Sud-Est envoient leurs fonds aux anciens gouverneurs Guomindang, Li Liejun ou Chen Jiongming, jugés plus patriotes que Sun, et certains même directement à Yuan Shikai. Sun, totalement isolé, persiste dans ses positions. Le 14 mars 1915, il envoie au ministre des Affaires étrangères japonais une lettre dans laquelle il offre au gouvernement de Tokyo des concessions plus importantes encore que celles réclamées par les vingt et une demandes [2]. Les négociations en cours entre Yuan et les Japonais l'inquiètent. Il craint un compromis et s'emploie à faire monter les enchères en présentant de nouvelles propositions. La Chine subordonnera à l'assentiment du Japon tout accord diplomatique avec une tierce puissance, concernant l'Asie ; elle utilisera des armements japonais de manière à faciliter la coopération militaire ; elle donnera priorité aux conseillers nippons auprès du gouvernement central comme des gouvernements locaux ; enfin, elle établira une banque sino-japonaise dotée de multiples succursales pour financer la coopération économique, et les capitaux japonais recevront priorité dans les secteurs des mines, des chemins de fer et du commerce côtier. De son côté, le Japon aidera la Chine à se débarrasser de son mauvais gouvernement et à rétablir la nation sur des bases solides.

On n'imagine pas ce que les Japonais auraient pu désirer de plus. Mais conscients de la faiblesse et de l'isolement de Sun Yat-sen, ils lui refusent toujours leur aide. Cette lettre, cependant, permet de mesurer le fossé qui s'est alors creusé entre Sun Yat-sen et une opinion chinoise brûlant d'indignation patriotique.

---

1. Lettre de KONG Xiangxi (H.H. Kung), 3 avril 1915, *in* MORRISON, *Correspondence*, vol. II, p. 389.

2. Cette lettre, demeurée cachée dans les archives diplomatiques japonaises, a été ignorée jusqu'à l'ouverture forcée de ces archives, au lendemain de la Seconde Guerre mondiale. Elle est citée dans JANSEN, *The Japanese and Sun Yat-sen*, pp. 192-193.

En mai 1915, après plusieurs mois de négociation, Yuan Shikai cède à la pression japonaise et signe l'acceptation des vingt et une demandes dont il a cependant réussi à faire exclure le groupe V concernant l'appel aux conseillers militaires et diplomatiques nippons. Cette semi-capitulation condamne Yuan aux yeux des nationalistes chinois qui reportent dès lors leur espoir non pas sur Sun Yat-sen mais sur ses rivaux de la mouvance Guomindang.

Il faut attendre encore plus d'un an pour que le Japon se décide à changer de politique et à abandonner Yuan Shikai, jugé irrémédiablement compromis par sa tentative de restauration impériale. Sun Yat-sen, au printemps 1916, recevra enfin l'aide sollicitée depuis si longtemps. Mais cette aide ne sera pas exclusive et d'autres dirigeants de l'opposition en bénéficieront, par exemple les monarchistes de Mandchourie et certains généraux du Sud. Elle ne sera pas non plus inconditionnelle : l'accord du 26 février 1916, en échange des fonds (1,7 million de yens, soit 700 000 dollars américains), exige de rapides succès sur le terrain, faute desquels les versements seraient interrompus. Aux yeux des Japonais, Sun Yat-sen a donc perdu sa position de représentant privilégié de l'opposition. En même temps, sa persistance à solliciter l'aide japonaise a déconsidéré le chef du Parti révolutionnaire chinois, aussi bien en Chine que dans les communautés d'outre-mer. En 1916, d'autres membres de la coalition anti-Yuan partageront avec Sun les largesses japonaises, sans en porter l'opprobre. Dans le cas de Sun, le scandale s'attache sans doute moins à l'aide réellement reçue qu'à la coïncidence entre les démarches de Sun, ses propositions de concessions les plus extrêmes et la grave crise nationale qui, au début de 1915, dresse toute l'opinion chinoise contre l'agression japonaise.

Au-delà de ces données circonstancielles, on voit rejouer l'ancienne fracture qui oppose Sun aux courants révolutionnaires les plus anti-impérialistes. En 1907, la propagande contre les Mandchous pouvait servir de manteau de Noé patriotique. Après 1911, alors que Sun considère réglé le problème national, sa conception de la coopération sino-japonaise, fût-elle inspirée par la plus opportuniste ou la plus machiavélique des stratégies, apparaît au mieux comme une grave erreur politique et une singulière méconnaissance des courants profonds de l'opinion chinoise, au pire comme une trahison. Elle a certainement contribué à accroître l'isolement de Sun et à l'empêcher d'affirmer son autorité sur la vaste coalition qui, en 1916, réunit toutes les forces hostiles à Yuan Shikai dans le mouvement de Protection du pays (Huguo).

Le mouvement de Protection du pays (Huguo) (1916) et la marginalisation de Sun Yat-sen

Après l'échec de la Seconde Révolution de 1913, la dictature naissante de Yuan Shikai n'a plus rencontré d'obstacle en Chine même. Parmi les opposants exilés, seul Sun Yat-sen croit à la possibilité d'une contre-attaque immédiate. Et pendant plus de deux ans, jusqu'à la fin de 1915, il multiplie les tentatives de coups de main. Mais cette série erratique de complots avortés aussitôt que formés manifeste le désarroi plus que la combativité du vieux lutteur.

En janvier 1914, il patronne l'expédition de Chen Qimei en Mandchourie. Les détails en sont mal connus. Sans doute s'agit-il pour les révolutionnaires de prendre contact avec les monarchistes du prince Su et d'aider à l'établissement de ce royaume séparatiste de Mandchourie auquel rêvent déjà certains dirigeants japonais. On sait que, à la différence de Song Jiaoren et d'autres chefs révolutionnaires, Sun n'a jamais fait preuve d'un nationalisme bien vif à l'égard de ces régions du Nord-Est. Est-ce parce qu'il s'agit là d'anciennes zones de parcours des tribus barbares, annexées à la Chine au début du XXe siècle seulement ? Pour Sun, ces terres ne sont pas « toute la Chine » et si on venait à les perdre, il resterait toujours « la vraie Chine », celle des Han [1].

L'expédition de Chen Qimei ayant tourné court au bout de quelques semaines, Sun Yat-sen se rallie non sans réticence à un projet de soulèvement préparé dans la région de Huizhou, au Guangdong oriental, par Zhu Zhixin qui a fait alliance avec des bandes errantes de soldats démobilisés et de paysans sans terre. Il est intéressant de voir ici Zhu Zhixin mettre ses pas dans ceux de Sun qui avait tenté en 1900 de lancer une insurrection dans la même région en s'appuyant sur les Triades. Mais, en novembre 1914, Sun ne croit plus au rôle des socié-

1. Cité par FRIEDMAN, *Backward toward Revolution*, p. 54.

tés secrètes ni à celui des «rebelles primitifs», et il a cessé d'accorder priorité au front méridional. Sous l'influence de Chen Qimei, il s'est orienté vers une stratégie de conspiration, axée sur le bassin du bas Yangzi.

En novembre 1915, l'assassinat d'un amiral au passé contre-révolutionnaire et, au mois de décembre suivant, un coup de main manqué contre la flotte chinoise ancrée dans le Huangpu marquent la reprise des activités révolutionnaires de Chen Qimei à Shanghai. Après que les révoltés du cuirassé *Potemkine* ont préludé à la révolution russe et avant que les canons du croiseur *Aurore* n'en infléchissent le cours, Sun Yat-sen a pressenti le rôle de la marine — alors l'arme moderne par excellence — dans la prise du pouvoir. Son plan est de rallier la flotte et, à partir des vaisseaux, de bombarder les arsenaux et autres objectifs d'importance stratégique afin de s'emparer de Shanghai. Mais, ce 5 décembre 1915, l'opération est si mal préparée que, en dépit de la participation d'officiers japonais, le fiasco est total. La presse de la concession internationale ridiculise cette bataille d'opérette : les marins, au lieu de viser les objectifs indiqués, orientent leurs canons vers le ciel, et les rebelles isolés n'ont plus qu'à tourner les talons. Ce terrorisme futile achève de déconsidérer Sun Yat-sen aux yeux de l'opinion chinoise, alors même que l'annonce officielle du projet de restauration impériale, le 12 décembre, dresse contre Yuan Shikai la plupart des responsables politiques et militaires qui avaient jusqu'alors accepté sa dictature ou s'y étaient résignés.

L'âme de cette opposition, prête à devenir résistance armée, est le général Cai E (1882-1916). D'origine hunanaise, Cai E a suivi à Tokyo les cours de la célèbre académie militaire (Shikan Gakko). Il s'y est lié avec une quarantaine de cadets du Yunnan, animés comme lui d'un intense patriotisme. Bien que ce groupe ait été proche de la Ligue jurée, à laquelle ont adhéré une douzaine de ses membres, il s'en distingue par la priorité qu'il accorde au nationalisme sur la révolution et à la lutte anti-impérialiste sur la lutte antidynastique. Revenu en Chine, Cai E poursuit une brillante carrière militaire. Général à vingt-neuf ans, il commande les unités de la Nouvelle Armée, stationnées au Yunnan, lorsqu'éclate la révolution de 1911. C'est lui qui, avec ses officiers, déclare l'indépendance de la province et y établit un gouvernement autoritaire dont il prend la tête.

Souvent présenté comme un disciple de Sun Yat-sen, Cai E développe une pensée politique originale, marquée par l'influence de Liang Qichao, et qui cherche son inspiration dans l'histoire de l'Allemagne moderne. Cai E veut faire de l'armée l'instrument de la réforme. Il veut faire des Chinois « un peuple martial ». Pour développer son action, il a choisi le cadre provincial : il a même rêvé d'établir une nouvelle Prusse dans la Chine du Sud-Ouest. Mais, après la révolution de 1911, son ralliement à Yuan Shikai n'a pas été, comme celui des autres dirigeants révolutionnaires, une solution de pis-aller. Il a répondu à la conviction que la Chine avait besoin d'un gouvernement fort et d'un système politique centralisé. En 1912-1913, ce que déplorait Cai E, ce n'était pas les coups portés par Yuan à la démocratie mais l'instabilité des cabinets, la faiblesse de l'exécutif et les divisions du Parlement livré aux manœuvres partisanes.

Au-dessus de la mêlée politique, l'armée apparaît à Cai E comme garante d'unité, de force et de progrès. Cai E et ses officiers n'ont pas participé à la Seconde Révolution de 1913. Cette abstention, mise au compte de l'éloignement géographique par l'historiographie officielle, s'accorde tout à fait avec la logique politique de Cai E. Pourtant, à la fin de 1913, Yuan Shikai, qui craignait le caractère indépendant et la liberté de manœuvre de Cai E, a écarté ce dernier du Yunnan en lui confiant un poste honorifique à Pékin. Mais le nouveau gouverneur militaire de la province, Tang Jiyao (1881-1927), partage les idées de Cai E et l'influence de l'armée du Yunnan, en tant qu'institution, persiste donc.

C'est cette armée qui lance le mouvement antimonarchique animé par Tang Jiyao, bientôt rejoint par Cai E, échappé de Pékin, et par l'ancien gouverneur Guomindang, Li Liejun. A l'origine, le mouvement a un caractère essentiellement militaire ; il se nourrit du zèle patriotique et républicain des officiers. Le 25 décembre 1915, les rebelles lancent un appel solennel aux autres provinces, les invitant à se joindre à la lutte contre Yuan. Leur ultime objectif est le rétablissement d'une République forte et réunifiée. Dans l'immédiat, ils s'attachent surtout à la formation d'un front national et préfèrent se définir comme Armée de Protection de la nation (Huguo jun) plutôt que comme Armée républicaine. Ils cherchent donc à intégrer les diverses forces d'opposition.

Sun Yat-sen ne participe pas à cette coalition. Tirant la leçon des échecs de 1912, il refuse l'alliance avec des généraux et des bureaucrates au républicanisme douteux et qui surtout ne sont pas prêts à reconnaître son autorité. Il ne cesse de mettre en garde ses partisans contre l'apparition d'un « deuxième ou d'un troisième Yuan Shikai, si eux-mêmes ne prennent pas en main le contrôle de la situation [1] ». Mais sur le terrain l'initiative appartient bien aux généraux sudistes qui passent à l'offensive dans le Sichuan.

Au printemps 1916, cependant, grâce au prêt de Tokyo, Sun essaie d'organiser des insurrections à Shanghai et dans le Shandong, car ces deux régions intéressent directement les Japonais et Sun ne doute pas que leur capture lui vaudrait d'autres millions de yens. Mais à Shanghai l'assassinat de Chen Qimei par les tueurs de Yuan, le 18 mai 1916, coupe court à une entreprise qui s'était déjà révélée désespérée. Et au Shandong l'envoyé de Sun ne remporte que des succès éphémères. Sa mission est de progresser le long de la voie ferrée de Qingdao à Jinan et de là éventuellement rallier Pékin. A Qingdao même, il bénéficie d'un précieux appui logistique de la part des Japonais qui occupent l'ancien territoire à bail allemand. Lorsque l'expédition s'ébranle, les quartiers généraux rebelles sont systématiquement installés dans les gares de la voie ferrée Qingdao-Jinan, également contrôlée par les Japonais. Les liaisons entre Sun et ses troupes sont assurées grâce aux divers consulats japonais, et les transferts de fonds effectués par la Yokohama Specie Bank. En mars 1916, Sun Yat-sen n'hésite même pas à faire appel à des officiers japonais pour écarter du Shandong des opposants à Yuan, non soumis à son autorité, tel l'ancien gouverneur Guomindang, Bo Wenwei.

Sun est conscient des risques d'impopularité que comporte ce recours systématique à l'aide japonaise auprès d'une opinion dont le nationalisme reste toujours aussi vif depuis la crise des vingt et une demandes. Aussi recommande-t-il la discrétion au chef de l'expédition : « En apparence, nous devons cesser toute relation avec les Japonais [2]. » Pourtant, en dépit de

1. Cité par Albert ALTMAN et Harold Z. SCHIFFRIN, « Sun Yat-sen and the Japanese, 1914-1916 », *Modern Asian Studies*, 1972, vol. VI, n° 4, p. 396.
2. Cité par ALTMAN et SCHIFFRIN, « Sun Yat-sen and the Japanese », p. 398.

l'aide japonaise, les succès sur le terrain se font attendre. En mai 1916, Sun Yat-sen, qui vient d'arriver à Shanghai, décide donc de mettre fin à son splendide isolement et il rend officielle son adhésion à la coalition des forces anti-Yuan.

Est-ce le constat de sa faiblesse qui a amené Sun Yat-sen à reconnaître ainsi son échec stratégique ? Ou bien la disparition du conspirateur Chen Qimei permet-elle à Sun Yat-sen de retrouver un style politique plus personnel, fondé sur la négociation et l'entrisme, et propre à transformer les défaites en victoires ? On manque de recul historique pour en juger, car, le 6 juin 1916, la mort subite (quoique naturelle) de Yuan Shikai vient bouleverser l'échiquier politique chinois.

SUN, GRAND MARÉCHAL DE CANTON, OU LES AVATARS D'UN SEIGNEUR DE LA GUERRE SANS ARMÉE (1917-1918)

La mort de Yuan Shikai permet une éphémère restauration des institutions républicaines. Le vice-président Li Yuanhong assume les fonctions présidentielles ; il rappelle le Parlement chassé en 1913, remet en vigueur la Constitution de 1912. Mais le Premier ministre qu'il s'est choisi, le général Duan Qirui, est le représentant de la clique des militaristes du Nord (Beiyang) : il veut suivre l'exemple de Yuan Shikai et s'appuyer sur l'armée pour prendre le pouvoir. La confrontation entre le président et le Premier ministre se durcit lorsqu'en 1917 les deux hommes adoptent des positions divergentes sur le problème de la participation de la Chine au conflit mondial. La crise éclate à l'été 1917. Duan Qirui réussit alors à se débarrasser de Li Yuanhong et à renvoyer de nouveau le Parlement. Mais il a du mal à imposer son pouvoir au sein de sa propre clique et la confusion générale est aggravée par une tentative, rapidement avortée, de restauration mandchoue.

Alors que les coups de force se succèdent à Pékin, les généraux du Sud reprennent leur indépendance et tentent sans grand succès de se donner une organisation politique commune. Désormais, Chine du Nord et Chine du Sud évolueront séparément, entretenant l'une avec l'autre des rapports généralement conflictuels cependant qu'à l'intérieur de chaque camp les détenteurs d'un pouvoir de plus en plus émietté songent avant tout à leurs propres intérêts. L'ère des seigneurs de la guerre est bien commencée.

Quelle place un tel contexte politique peut-il réserver à un dirigeant dont la force réside essentiellement dans les idées et dans la capacité de mobiliser partisans et ressources financières au nom de ces idées ? Sans renoncer à ses convictions — son action sera menée au nom de la Protection de la Constitution (Hufa) —, Sun Yat-sen s'adapte aux contraintes de l'époque. Il croit à la force armée, négocie avec les militaristes et finit par ne plus guère se distinguer d'eux. Mais, général sans troupes, il ne tarde pas à être écarté des jeux de la guerre, auxquels se réduit de plus en plus la politique.

Sun et la Protection de la Constitution (Hufa)

En 1916, Sun pense que, avec l'arrivée de Li Yuanhong à la présidence et le rappel du Parlement, la Chine va pouvoir entrer directement dans l'ère constitutionnelle. Renonçant aux étapes de transition prévues par le programme du Parti révolutionnaire chinois (et que celui-ci, devenu quasi inexistant, serait bien en peine de mettre en œuvre), Sun préconise donc de « rétablir la Constitution provisoire de 1912 et [de] s'en remettre à l'assemblée représentative du peuple », c'est-à-dire au Parlement de 1913. Celui-ci est toujours dominé par l'ancienne majorité Guomindang sur laquelle Sun Yat-sen va chercher à s'appuyer, bien qu'il l'ait reniée après 1913.

C'est à l'occasion du débat national sur la participation de la Chine à la guerre mondiale que Sun effectue sa rentrée sur la scène politique, au printemps 1917. Ce débat, qui oppose le Premier ministre Duan Qirui et le président Li Yuanhong soutenu par la majorité parlementaire et une grande partie de la presse et de l'opinion, a des enjeux de politique intérieure plus importants sans doute que ses enjeux diplomatiques. En plaidant pour l'entrée en guerre de la Chine, Duan Qirui espère en effet obtenir une aide financière et militaire japonaise qui lui servirait, non pas à envoyer des renforts aux Alliés, mais à établir son pouvoir en Chine. A Tokyo, le nouveau cabinet de Terauchi Masatake soutient cette politique plus favorable, pense-t-il, aux intérêts japonais que l'agression brutale pratiquée en 1915-1916.

Le débat est lancé après que, en février 1917, les États-Unis ont rompu leurs relations avec l'Allemagne et ont invité les puissances neutres, dont la Chine, à les imiter. Au début de mars, Duan Qirui emploie l'intimidation pour faire approuver la rupture des relations diplomatiques par Li Yuanhong et le Parlement. C'est alors que Sun Yat-sen intervient pour recommander le maintien de la neutralité chinoise. « La capacité d'une nation à élever son statut dépend uniquement de sa propre force. Pour la Chine, se joindre [aux Alliés] aboutira seulement à des désordres internes [1]. » Les aspects proprement diplomatiques et internationaux du problème sont développés dans un pamphlet qu'une tradition historiographique relativement tardive attribue à Sun Yat-sen mais qui semble bien être l'œuvre de Zhu Zhixin. Intitulé *Un problème de vie et de mort pour la Chine (Zhongguo cunwang wenti)*, le texte a été rédigé vers avril ou mai 1917, sans doute en concertation avec Sun. Très hostile à la Grande-Bretagne, il dénonce la Russie comme l'ennemi potentiellement le plus dangereux, reprend le thème de la communauté de la culture et des intérêts sino-japonais, considère l'Allemagne comme moins agressive que la Russie à l'égard de la Chine et affirme que cette dernière aurait moins à perdre de la victoire de la Triple Alliance que de celle de l'Entente.

Pour imposer l'entrée en guerre de la Chine, Duan Qirui n'a d'autre recours que la force. En avril, il réunit à Tianjin les généraux et gouverneurs militaires de la clique Beiyang. Le 11 mai, il envoie des « pétitionnaires » à l'assaut du Parlement. Le 12 juin, sous la menace de cinq mille soldats, Li Yuanhong est obligé de dissoudre de nouveau le Parlement, avant d'abandonner lui-même ses fonctions présidentielles. Tout au long de la crise, Sun Yat-sen déploie ses efforts pour aller au secours des institutions républicaines : il réclame la punition des pétitionnaires émeutiers il demande aux généraux du Sud et du Sud-Ouest de lancer une expédition punitive contre les factieux de la clique Beiyang :

1. Cité dans LI Shou-kung, « Dr Sun Yat-sen's Constitution-Protection Campaign and the Establishment of the Military Government in Canton, 1917-1918 », *China Forum*, juillet 1977, vol. IV, n° 2, pp. 261-262.

« Les gouverneurs militaires des provinces [...] ne peuvent se réfugier dans la neutralité. Car la neutralité signifie qu'on se sépare du gouvernement central [...] et de quel pays, de quel maître, de quel régime les partisans de la neutralité essaient-ils de se séparer ? S'ils veulent se séparer de la République, ils seront dénoncés par 400 millions de personnes [1]. »

Sun prend contact avec le ministre de la Marine, Cheng Biguang, qui songe à faire intervenir la flotte contre le Nord, et il propose le transfert du gouvernement central à Shanghai. Finalement, il part pour Canton, escorté par deux vaisseaux de guerre. A son arrivée dans le port méridional, le 17 juillet, Sun est accueilli par des parlementaires venus de Pékin, des députés locaux et le gouverneur militaire du Guangdong. Le grand discours qu'il leur adresse reprend le thème du nécessaire recours à la force pour le salut des institutions républicaines et la sauvegarde de l'unité nationale. Canton servira de refuge au gouvernement légitime chassé par les militaristes du Nord, et de base militaire pour la reconquête du pouvoir et du pays.

« Pour rétablir une véritable République, nous devons disposer de deux forces : l'armée et la marine [...]. Il est impossible de rétablir une véritable République [...] sans le recours aux forces armées [...]. Ce qu'aujourd'hui j'attends de vous, Messieurs, c'est que vous invitiez toutes les unités de flottes à se rassembler ici, que vous demandiez au Parlement de venir siéger à Canton et au président Li Yuanhong de venir ici reprendre ses fonctions [2]. »

Face à des parlementaires en déroute et à des généraux préoccupés de défendre et d'accroître leur pouvoir, Sun Yat-sen joue la carte de la légitimité républicaine et de l'unité nationale. Non sans succès. Le 21 juillet, le ministre de la Marine ordonne à la flotte — une quinzaine de navires — de quitter Shanghai pour Canton, où se regroupent également cent trente parlementaires, environ le tiers des effectifs.

1. Télégramme du 6 juin 1917, *O.C.*, vol. IV, p. 101.
2. « Zai Guangzhou Huangpu huanyinghuishangde yanshuo » (Discours prononcé lors de la réunion de bienvenue à Huangpu [Canton]), 17 juillet 1917, *O.C.*, vol. IV, pp. 114-115.

Quels que soient le talent politique et la force de persuasion dont on crédite Sun, ces succès appellent d'autres explications. Sun en effet dispose alors de fonds qui rendent possible le départ de la flotte et permettent de financer l'invitation des parlementaires à Canton. D'où vient cet argent ? Un rapport secret émanant du consulat général allemand de Shanghai, retrouvé dans les archives de Potsdam après la Seconde Guerre mondiale, fait état de contacts entre ce consulat et Sun Yat-sen de mars à août 1917. L'intérêt des Allemands est de renverser ou de déstabiliser le gouvernement de Duan Qirui, prêt à s'engager dans la guerre mondiale aux côtés des Alliés. Ils connaissent l'hostilité de Sun à cette politique et n'ont sans doute pas laissé échapper l'opinion relativement favorable à l'Allemagne exprimée dans *Un problème de vie et de mort pour la Chine*. Un partisan et ami de Sun, Cao Yaobo, sert d'intermédiaire. Sun réclame deux millions de dollars chinois pour acheter l'armée et la marine. Rien ne prouve qu'il ait reçu cet argent, mais tout incite à le croire, y compris les confidences du gouverneur militaire du Guangdong, recueillies par le consul général des États-Unis.

La déclaration de guerre que le gouvernement de Canton (contrôlé par Sun Yat-sen) adresse dès le 13 septembre 1917 à l'Allemagne frustre sans doute les espoirs de ces diplomates allemands. Ils croyaient se servir de Sun... et Sun s'est servi d'eux. S'il est authentique — et pour notre part nous croyons qu'il l'est —, l'épisode des fonds allemands met en lumière le caractère éminemment opportuniste des démarches effectuées par Sun auprès des étrangers dont il recherche l'appui. Sans doute le dirigeant révolutionnaire ne se sent-il pas engagé par les promesses les plus exorbitantes faites pour obtenir de l'argent. Le mensonge pour la bonne cause ne serait ainsi qu'une marque d'habileté politique et d'ardeur patriotique. Mais, enclins à prendre textes et déclarations à la lettre, les observateurs étrangers ont du mal à concevoir cette géométrie variable de la vérité et crient à la trahison. Là réside peut-être une des sources du malentendu qui oppose Orient et Occident à propos de Sun. Toujours est-il que cette déclaration de guerre faite par le gouvernement de Canton confirme *a posteriori* qu'au printemps 1917 l'enjeu de politique intérieure était bien l'enjeu essentiel du débat sur l'intervention de la Chine dans le conflit mondial. Une fois levée l'hypothèque Duan Qirui, les considérations proprement diplomatiques ne semblent pas avoir arrêté Sun Yat-sen et les parlementaires réunis à Canton.

Ces parlementaires sont trop peu nombreux pour former le quorum requis par la Constitution. Leur groupe ne forme qu'un Parlement croupion, à l'autorité incertaine. C'est pourtant d'eux que Sun Yat-sen va chercher à tirer sa légitimité en se faisant élire, en l'absence de Li Yuanhong, chef d'un gouvernement militaire dont l'objectif est d'organiser l'expédition punitive contre les généraux du Nord et de restaurer la Constitution de 1912. Parti d'un projet qui visait à transférer dans le Sud le gouvernement légal de la République, Sun a finalement établi à Canton un gouvernement séparatiste, rival de celui de Pékin. Mais comment l'aura de légitimité, que lui confèrent son élection par le Parlement croupion et sa fidélité proclamée à la Constitution, suffirait-elle à Sun pour imposer son autorité à une Chine éclatée dont la vie politique se réduit de plus en plus aux rapports de forces militaires entre potentats locaux ?

Le grand maréchal de Canton

Avec son képi à plumet, ses épaulettes frangées, les cordons qui lui barrent la poitrine, ses revers galonnés et ses gants blancs, il a fière allure, Sun Yat-sen ! Le titre de grand maréchal *(Da Yuanshi)*, qu'il s'est fait décerner pour souligner le caractère militaire de sa mission et de son gouvernement, fait contraste avec la faiblesse de son pouvoir réel. Au début de septembre, le grand maréchal nomme ses ministres et les commandants des forces armées, dont la plupart ne se soucient pas de prendre leurs fonctions. Les ordres de la présidence ne franchissent pas l'enceinte de la fabrique de ciment dans laquelle Sun a installé ses bureaux et où des fonctionnaires désœuvrés jouent aux échecs. C'est que le gouvernement militaire de Sun est venu se greffer sur d'autres structures de pouvoir qu'il ne peut ni intégrer ni évincer.

Lorsque Sun arrive à Canton, en 1917, les provinces du Sud et du Sud-Ouest s'organisent autour de deux pôles : le grand Yunnan englobant le Guizhou et une partie du Sichuan, sous l'autorité de Tang Jiyao, et un axe Guangxi-Guangdong, sous le contrôle des militaristes du Guangxi dont le chef est

Lu Rongting. Ces généraux ont participé au mouvement de Protection du pays en 1916. C'est même à la faveur de ce mouvement qu'ils ont pu étendre leur domination sur les provinces voisines des leurs. En juin 1917, ils ont également pris position contre le coup de force de Duan Qirui à Pékin et ils ont menacé la clique Beiyang d'une expédition punitive. En attendant, Lu Rongting a proclamé l'indépendance militaire et administrative du Guangxi-Guangdong et en a immédiatement profité pour lever les interdictions qui pesaient sur le commerce de l'opium et les maisons de jeux, afin de mieux les taxer.

Si Lu Rongting songe à mettre en coupe réglée les deux provinces qu'il contrôle, Tang Jiyao est tenté par le « grand-yunnanisme » et l'expansion vers le Sichuan et la vallée du Yangzi. Les sympathies politiques de ces généraux les portent non vers Sun mais vers d'anciens gouverneurs Guomindang, tel Li Liejun, ou bien vers l'ex-général impérial Cen Chunxuan, avec lesquels ils ont étroitement collaboré lors du mouvement de Protection du pays, l'année précédente. En fait, les contacts établis entre ces diverses personnalités avant l'arrivée de Sun à Canton ont déjà conduit à un projet de Conseil uni des provinces du Sud-Ouest. L'entrée en scène de Sun et de son gouvernement militaire perturbe donc le jeu des forces politico-militaires régionales.

Les détenteurs du pouvoir ne sont pas prêts à se soumettre au grand maréchal, serait-ce au nom de l'idéal partagé de la Protection de la Constitution. Le 2 septembre, au lendemain de l'élection de Sun, Lu Rongting adresse un télégramme aux parlementaires et aux divers notables de Canton. « Alors qu'il y a toujours un président à Pékin[1], point n'est besoin d'établir un autre gouvernement. Le titre ambigu de grand maréchal fait particulièrement problème. En un mot, nous autres nous agissons en conscience, sans ambitionner le pouvoir. Et c'est pourquoi nous ne sommes pas d'accord avec l'initiative qui vient d'être prise[2]. »

1. Il s'agit du président par intérim, Feng Guochang, auquel Li Yuanhong a légalement transmis ses fonctions en se retirant.

2. Cité dans Li Shou-kung, « Dr Sun Yat-sen's Constitution-Protection Campaign », pp. 289-290.

Les généraux du Sud continuent donc à reconnaître le gouvernement de Pékin que Sun refuse de considérer comme constitutionnel après le renvoi du Parlement. Lu Rongting et Tang Jiyao se contentent de dénoncer le Premier ministre factieux, Duan Qirui. Pour eux, l'expédition punitive doit aider le gouvernement de Pékin à se dégager de l'influence de la clique Beiyang et à reprendre normalement ses fonctions. A leurs yeux, l'établissement du gouvernement militaire séparatiste de Canton sert moins la Protection de la Constitution que les ambitions personnelles de Sun Yat-sen.

L'abstention des principaux chefs militaires réduit le gouvernement du grand maréchal à une impuissance clairement perçue par Sun lui-même, qui se plaint de « la situation plutôt instable », et par les membres de son entourage. Parmi eux, Zhang Binglin (réconcilié avec Sun après une décennie de brouille) se propose d'aller à Kunming (Yunnan) pour faire une ultime tentative auprès de Tang Jiyao car, dit-il, « ceci ressemble au jeu d'échecs et pour se sauver de l'encerclement il faut intervenir en dehors de la zone encerclée[1] ». Mais la démarche de Zhang Binglin échoue.

Sun Yat-sen essaie donc de trouver des appuis ailleurs. Il se tourne vers le Parlement croupion. Mais la plus puissante de ses cliques, la Société des Études politiques, qui regroupe les anciens députés Guomindang, échappe à l'influence de Sun. D'ailleurs, les parlementaires ont commencé à se disperser et ceux qui restent « rêvent surtout de succès personnels ». Ils vivent dans les hôtels de Canton et passent leurs journées ensemble à échanger de bonnes adresses et à se donner des tuyaux[2].

Parmi les forces armées, Sun Yat-sen peut compter sur la garnison de Canton, commandée par Chen Jiongming. Mais que représentent une vingtaine de bataillons face aux cent mille soldats de Lu Rongting, stationnés au Guangdong et avec lesquels les accrochages sanglants se multiplient ? Sun Yat-sen choisit donc de mettre les troupes de la garnison à l'abri en

1. *Autobiographie* de ZHANG Binglin, citée dans LI Shou-kung, « Dr Sun Yat-sen's Constitution-Protection Campaign », p. 292.

2. Témoignage de WU Tiecheng, conseiller du gouvernement militaire, cité dans LI Shou-kung, « Dr Sun Yat-sen's Constitution-Protection Campaign », pp. 300-301.

les envoyant combattre au Fujian ! Les seuls militaires qui ont accueilli Sun Yat-sen avec enthousiasme à son arrivée à Canton sont des contingents yunnanais, environ vingt mille hommes abandonnés au Guangdong par le reflux du mouvement de Protection du pays, en 1916. Mais la base territoriale attribuée à ces troupes ne suffit pas à assurer leur existence qui dépend des subsides versés par Lu Rongting. Aussi, malgré leur sympathie pour Sun, les officiers yunnanais ne lui apportent pas leur soutien quand celui-ci, exaspéré par le manque de coopération des militaristes du Guangxi, fait bombarder leurs bureaux par une canonnière croisant sur la rivière des Perles.

Une canonnière ne fait pas une flotte. Les autres vaisseaux sont partis s'ancrer à une vingtaine de kilomètres en aval de Canton, à Huangpu, sur l'ordre du ministre de la Marine, Cheng Biguang, qui entend ainsi prendre ses distances avec Sun. L'isolement du gouvernement militaire ne fait que s'accroître. Les Chinois d'outre-mer refusent d'envoyer des fonds malgré les appels pressants de Sun. Selon l'analyse qu'en fait un haut responsable cantonais, « c'est un gouvernement vide, qui n'a ni soldat ni argent. Quand il ne pourra plus tenir, il tombera de lui-même [1] ».

L'échec de Sun est sanctionné en mai 1918 par la réorganisation du gouvernement militaire, à l'initiative des généraux du Sud-Ouest, appuyés par la marine et la majorité du Parlement croupion. Un directoire militaire de sept membres est substitué au grand maréchal pour prendre la tête d'une Confédération des provinces du Sud et du Sud-Ouest. Nommé l'un des sept directeurs, Sun refuse de prendre ses fonctions et part pour Shanghai, abandonnant le terrain à la clique du Guangxi. La greffe qu'il a tenté d'opérer sur les structures militaristes du Sud et du Sud-Ouest n'a pas pris. Ni le poids (déclinant) de sa personnalité politique, ni le recours à une idéologie constitutionnelle (dont il est loin d'avoir le monopole) n'ont suffi à imposer l'autorité de Sun dans une Chine où désormais le pouvoir passe par le canon du fusil. Réduit à une inaction temporaire, le vieux dirigeant se retire à Shanghai où il se donne le temps de réfléchir et d'écrire.

1. Cité dans LI Shou-kung, « Dr Sun Yat-sen's Constitution-Protection Campaign », p. 296.

En marge du mouvement du 4-Mai : la retraite shanghaienne de Sun et l'essor de sa pensée utopique

Les deux années passées à Shanghai, du printemps 1918 à l'automne 1920, donnent à Sun Yat-sen la possibilité de reprendre souffle, de profiter d'une vie conjugale harmonieuse, de lire et de mettre par écrit ses idées.

Une retraite studieuse

Sun s'installe dans un quartier tranquille de la concession française, au 26 de la rue Molière. Une photo de l'époque nous le montre, à cinquante-deux ans, le visage amaigri, le front dégarni, la moustache blanche et l'air serein. Il a quitté l'uniforme de grand maréchal pour la robe traditionnelle du lettré. Il feuillette des journaux.

Song Qingling travaille à ses côtés. Ensemble, ils révisent les notes retranscrites des discours de Sun, afin de les publier. La tâche est délicate, car lorsqu'il parle en public Sun se laisse aller à l'inspiration du moment. « Tout dépendait de la situation politique et de l'auditoire. Nerveuse comme un chat et assise à côté de lui à la tribune, je me demandais ce qu'il allait dire ensuite », se rappellera plus tard Song Qingling[1]. La mise en forme du texte définitif implique non seulement une restructuration rhétorique mais une clarification des options politiques, souvent laissées floues par l'orateur soucieux de ménager les diverses sensibilités de ses auditeurs. Et Sun de recommander à Qingling : « Nous devons être très prudents [...] ; il faut procéder à la chinoise, de façon détournée, jamais directement[2]. » Sun modère ses critiques à l'égard de ceux dont il veut obtenir l'aide et il établit le texte de ses manuscrits de manière à ne pas introduire de dissensions chez ses partisans.

Pour se délasser de leurs travaux, Sun Yat-sen et Song Qingling jouent au croquet sur la pelouse de la petite villa,

1. Cité d'après Chang Jung, *Madame Sun Yat-sen*, pp. 37-38.
2. *Ibid.*

accueillent amis et sympathisants. Ils semblent s'être réconciliés avec la famille Song. En tout cas, ils aident Charlie Soong à recevoir son ancien protecteur de Durham, Julian Carr, dont les fonds avaient contribué au financement de la Ligue jurée. Deux banquets sont organisés en son honneur dans la villa de la rue Molière.

Passivité de Sun à l'égard de la Nouvelle Culture et du nationalisme de masse

Cette vie de loisirs studieux pourrait annoncer une retraite politique. Étranger au développement de la Nouvelle Culture, qui mobilise alors la jeunesse radicale, Sun semble se tourner de plus en plus vers le passé, proche ou lointain. Non content d'avoir revêtu la robe du lettré, il s'élève contre les jeunes intellectuels, tels Hu Shi ou Chen Duxiu, qui veulent fonder la démocratie en ouvrant au peuple les voies de la culture. A une époque où la revue *La Jeunesse (Xin Qingnian)* prône la substitution de la langue parlée *(baihua)* à la langue littéraire *(wenyan)* dans l'expression écrite, Sun Yat-sen refuse une telle évolution, comparable à ce que fut chez nous le remplacement du latin par le français à partir de la Renaissance. A ses yeux, la langue littéraire classique fait partie intégrante de la culture chinoise ; elle en garantit la continuité ainsi que celle de la nation et de l'État.

L'indignation de Sun Yat-sen face aux iconoclastes de la nouvelle génération est peut-être sincère. Divers indices suggèrent chez lui cette réconciliation avec la tradition, si fréquente chez les notables qui ont passé la cinquantaine. Il se peut aussi que son discours orthodoxe ait surtout eu pour objectif d'assurer à Sun l'appui de certains politiciens conservateurs. Toujours est-il que ce discours situe Sun complètement en marge du développement social et de la révolution culturelle qui sont en train de bouleverser les données de la vie politique chinoise. Mais on sait que Sun Yat-sen n'a jamais eu beaucoup d'estime pour les petits cercles d'intellectuels radicaux. A Tokyo déjà, il les évitait avant que la formation de la Ligue jurée ne l'en rapprochât. On peut imaginer aussi que les jeunes intellectuels n'ont guère eu de sympathie active ni même de curiosité à l'égard du chef d'une révolution avortée, d'un politicien prisonnier d'une stratégie étroitement politicienne et qui continuait de raisonner en termes d'alliances militaires et d'offensive contre le Nord.

Malgré la présence à ses côtés de Song Qingling et de son fils Sun Fo, Sun n'a guère de contact avec la nouvelle jeunesse chinoise. Il assiste en spectateur au grand mouvement de mobilisation qui, en juin 1919, jette dans les rues de Shanghai des milliers d'étudiants, de boutiquiers, d'ouvriers solidaires des manifestants de Pékin et protestant comme eux contre l'humiliation infligée à la Chine par la conférence de paix de Versailles [1].

Lorsque, en octobre 1919, Sun s'adresse à cette jeunesse, c'est pour lui rappeler que les difficultés de la Chine exigent une solution avant tout politique : on ne peut se contenter de développer l'éducation, l'économie, l'autonomie régionale. Sans une révolution armée, on ne se débarrassera jamais des vieux bureaucrates, des rescapés de la Cour impériale, ni des politiciens « véreux ».

Plus tard, en octobre 1924, alors que se confirme son alliance avec la Russie soviétique, Sun dénoncera les excès de liberté dans les écoles et au sein du parti et soulignera une fois de plus « la nécessité du sacrifice individuel ». Certes, le contexte politique, celui d'un rapprochement avec les communistes, a pu inspirer cette sévérité rétrospective. Mais celle-ci s'inscrit aussi dans le prolongement idéologique et stratégique des choix opérés par Sun après la Seconde Révolution. Ce qui préoccupe Sun à l'automne 1919, c'est donc moins la Nouvelle Culture fondée sur la science et la démocratie que la réorganisation du parti révolutionnaire.

Le Parti révolutionnaire chinois a pratiquement cessé d'exister après le retour de Sun à Shanghai en mai 1916 et son ralliement au front uni antimonarchique. En Chine et outre-mer, en revanche, beaucoup de parlementaires et de militants continuent à se réclamer d'un Guomindang désormais dépourvu de toute structure juridique. Le 10 octobre 1919, Sun Yat-sen annonce donc la création du Parti nationaliste chinois (Zhongguo Guomindang). Ce n'est pas exactement une résurrection : l'ancien parti de 1912 s'appelait simplement Parti

1. La conférence de paix de Versailles prévoyait la transmission au Japon des territoires et intérêts allemands du Shandong, dont les Chinois réclamaient la restitution.

nationaliste (Guomindang). Mais cela y ressemble. Il s'agit en apparence de refermer une parenthèse malheureuse et d'abandonner une forme d'organisation sectaire, orientée vers la conspiration, pour revenir à une pratique plus ouverte du militantisme politique.

La libéralisation voulue par Sun entraîne la suppression du serment de loyauté personnelle ainsi que celle de la distinction entre les diverses catégories de militants, plus ou moins privilégiés selon l'époque de leur adhésion. On se souvient que ces dispositions avaient particulièrement indisposé les anciens compagnons de Sun. Les statuts promulgués le 9 novembre 1920 assignent au parti la tâche de mettre en œuvre le Triple Démisme et une Constitution fondée sur les Cinq Pouvoirs. On en revient donc au programme de la Ligue jurée. Mais cette libéralisation a ses limites. Et Sun Yat-sen nourrit toujours une conception étroitement personnelle du pouvoir. En tant que président *(zongli)*, il se réserve une pleine autorité sur le parti. En tant que théoricien et stratège, il veut être suivi aveuglément :

> «Mon Triple Démisme et la Constitution fondée sur les Cinq Pouvoirs peuvent aussi être désignés comme les principes révolutionnaires de Sun Yat-sen. Obéir à mes ordres, c'est donc s'engager dans la révolution que je prône et si l'on suit ma révolution, naturellement il faut aussi obéir à mes ordres [1]. »

La réorganisation du parti est donc plus formelle que réelle. Et elle ne remet pas en question le rôle d'un Sun toujours aussi épris de sa propre autorité.

Si cette perte de contact avec la réalité conduit Sun à une stratégie fort peu accordée aux grandes évolutions du temps, elle lui ouvre par ailleurs les voies d'une réflexion utopique où ses qualités d'imagination et ses dons de visionnaire se donnent libre cours.

---

1. Discours de Sun, 14 novembre 1920, cité dans George YU, *Party Politics in Republican China, The Kuomintang, 1912-1924*, Berkeley, University of California Press, 1966, pp. 156-157.

L'essor de la réflexion utopique et The International Development of China

Les écrits rédigés par Sun Yat-sen entre 1918 et 1920 paraissent sous forme d'articles, publiés pour la plupart dans la nouvelle revue du parti, *Construction (Jianshe)*, fondée en août 1919. Alors qu'à l'époque du *Journal du peuple* Sun Yat-sen laissait volontiers la plume aux intellectuels de son entourage, désormais il s'exprime lui-même et d'abondance. Par la suite, ses articles ont été rassemblés en un ouvrage intitulé *Plan de reconstruction nationale (Jianguo fanglüe)*.

Le problème qui obsède Sun Yat-sen est celui de l'échec républicain après le renversement de la dynastie mandchoue. Sun avait cru qu'il serait difficile de faire tomber l'empire et aisé de mettre en œuvre le programme révolutionnaire. La première partie du *Plan de reconstruction nationale*, intitulée « Reconstruction psychologique [1] », attribue l'impuissance des révolutionnaires à leur crainte du passage à l'acte. Ils ont été influencés par l'axiome ancestral selon lequel « la connaissance est facile et l'action difficile ». Et cela a tué en eux l'énergie et la volonté. Alors que le projet de Sun était parfaitement calculé pour mener la Chine sur la voie du progrès, les révolutionnaires eux-mêmes, « esclaves de la théorie de l'action difficile [...], se sont mis à considérer ce projet comme une utopie et un bavardage creux, et non pas à assumer la responsabilité qui était la leur dans la reconstruction de la Chine [2] ». Pour Sun, la raison de l'échec ne réside donc pas dans le contexte politico-social et encore moins dans l'excessive ambition ou l'inadaptation de son programme, mais dans la paralysie mentale des révolutionnaires. « En vérité, immense est la force de l'esprit. » Et c'est cette force que Sun veut transformer pour en faire non plus un frein mais un moteur de l'action. Pour cela, il suffit d'inverser les termes de la théorie traditionnelle et d'établir qu'il est facile d'agir, difficile de connaître. Une fois que les Chinois auront accepté cette vérité, « alors ils ne considéreront plus [son] programme

1. Avant d'être accolés au *Plan de reconstruction nationale*, les articles qui constituent la « Reconstruction psychologique » ont d'abord été publiés en décembre 1918 sous le titre *Philosophie de Sun Yat-sen (Sun Wen Xueshuo)*.
2. *Sun Wen Xueshuo* (Philosophie de Sun Yat-sen), *O.C.*, vol. VI, p. 159.

comme utopie et parole creuse. Par millions, d'un seul cœur, ils se dresseront pour combler leur retard [...] et construire une nation au gouvernement éclairé et dont le peuple aura la paix et le bonheur [1] ». Car s'il est difficile de connaître, cette difficulté a déjà été surmontée... par Sun Yat-sen lui-même, et les militants peuvent se fier à lui.

Voici donc Sun Yat-sen disculpé, par lui-même, de toute imputation d'incapacité gestionnaire et politique et, de plus, justifié dans ses aspirations à une autorité absolue comme dans ses penchants à l'élaboration de vastes programmes. Sa plus talentueuse biographe, Lyon Sharman, refuse à Sun les qualités de créateur ou de visionnaire. A ses yeux, Sun n'est qu'un « programmateur » *(programatist)* dont l'imagination ne s'applique ni aux hommes qui l'entourent ni aux forces qu'il met en mouvement, mais s'enferme dans une démarche purement rationnelle, orientée vers des objectifs idéaux. Or, cette démarche n'est-elle pas justement celle-là même des socialistes dits utopiques ? Par l'ampleur de ses visions, la justesse de certaines de ses intuitions ou prémonitions, Sun Yat-sen mérite de prendre place auprès d'un Saint-Simon ou d'un Fourier.

Dès 1912, le plan de construction de voies ferrées avait donné un premier aperçu des ambitions modernisatrices de Sun. A l'époque, ce plan avait paru d'autant plus ridicule qu'il était proposé par le directeur des Chemins de fer en charge de l'administration du réseau. En 1919, Sun Yat-sen, délivré de tout souci de gestion, se livre sans réserve à son ardeur créatrice. Avec la « Reconstruction matérielle », qui constitue le deuxième volet du *Plan de reconstruction nationale* et qui, dès 1920, fait l'objet d'une édition en anglais, publiée séparément sous le titre *The International Development of China*, Sun Yat-sen dresse le tableau grandiose de la modernisation chinoise [2].

C'est en véritable démiurge que Sun modèle la Chine à venir, recommandant des « travaux titanesques » *(gigantic methods)*, effaçant des villes entières de la carte (comme Xiaguan, un gros faubourg de Nankin) et coupant à travers des méandres de 100 kilomètres pour régulariser le cours du Yangzi, ou prévoyant « l'établissement d'une liaison ferrée directe entre le Zhili

1. *Sun Wen Xueshuo*, *op. cit.*.
2. SUN Yat-sen, *The International Development of China* (1re éd. 1921), rééd. Londres et New York, Hutchinson, 1928.

[province de Pékin] et la ville du Cap [en Afrique du Sud] ». Ces projets seront réalisés grâce à la reconversion industrielle des États-Unis et des puissances européennes qui, revenues à la paix, consacreront 25 % de leur ancien budget annuel de guerre au financement du développement chinois.

On comprend que ce romantisme économique ait soulevé les critiques des observateurs de l'époque, tel le ministre américain à Pékin, Charles R. Crane, qui dénonce « ces projets irréalisables et grandioses [1] ». Les visions de Sun Yat-sen méritent pourtant mieux que ce scepticisme. Elles s'ancrent dans une constatation d'évidence : la pauvreté de la Chine « où beaucoup de gens meurent de faim ». Cette pauvreté, Sun Yat-sen l'attribue « au non-développement, aux méthodes arriérées de production, au gaspillage du travail ». « Le remède radical à ces maux, c'est le développement industriel », sur le modèle de « l'Europe et de l'Amérique qui ont une avance d'un siècle ».

La prégnance du modèle occidental s'affirme à chaque page. Le grand port du Nord que Sun Yat-sen rêve de voir se dresser dans le golfe du Bohai doit devenir « aussi important que New York ». La régularisation du Yangzi stimulera les échanges autant et plus que la construction du canal de Suez, ou de celui de Panama. Cette vision euphorique, indifférente aux étapes et aux technologies intermédiaires, relève du désir d'aller vite et d'adopter directement les solutions les plus modernes, dont nous avons déjà rencontré maints exemples chez Sun Yat-sen.

Ce volontarisme, cet optimisme historique sont communs à beaucoup de révolutionnaires chinois de la première génération, et ils ne cesseront de resurgir dans la pensée politique du XXe siècle. Plus originale apparaît la confiance que Sun fait à l'Occident : c'est avec lui et non contre lui qu'il veut relever le défi de la modernisation. Il fait appel au capital et aux équipements étrangers. Il préconise ce que l'on n'appelait pas encore les transferts scientifiques et technologiques :

> « Durant leur construction et leur mise en service, tous les grands projets nationaux seront gérés par des experts occidentaux [...] qui, parmi leurs obligations, seront tenus de former les assistants chinois appelés à les remplacer par la suite. »

1. Cité par C. Martin WILBUR, *Sun Yat-sen : Frustrated Patriot*, New York, Columbia University Press, 1976, p. 324, n. 72.

Dans une époque caractérisée par l'explosion des mouvements nationalistes et la multiplication des luttes anti-impérialistes, cet appel à la coopération économique internationale revêt une grande hardiesse. L'idée de la contribution étrangère au développement chinois va à l'encontre des pratiques diplomatiques du XIXe siècle qui ont voulu faire de la Chine « une proie pour les puissances militaristes et impérialistes » et « le débouché des surplus de production des pays industrialisés ». De même, elle se distingue des politiques nationalistes mises en œuvre par les réformateurs du mouvement des Affaires occidentales, obsédés par le désir de renforcer la Chine pour mieux contenir et éventuellement dominer l'Europe et l'Amérique. Selon Sun, la coopération entre la Chine et l'étranger doit se fonder sur l'intérêt mutuel. Ce n'est pas une aide qu'il sollicite. « Les profits du développement industriel doivent servir en priorité à rembourser les intérêts et les capitaux des investissements étrangers. » Grâce à l'abondance de ses ressources naturelles et de ses matières premières, à sa main-d'œuvre bon marché, à l'apport de fonds étrangers, la Chine deviendra « un marché illimité pour le monde entier », « un Nouveau Monde, au sens économique », et elle prendra une part essentielle au commerce international. Ainsi, « les nations qui se seront associées à son développement en tireront d'immenses bénéfices ».

A l'époque où Sun Yat-sen formule ces propositions — aussi éloignées du sinocentrisme traditionnel que du nationalisme anti-impérialiste —, l'opinion n'est pas prête à les accueillir. Il faudra attendre la seconde moitié de ce siècle pour que le problème de la coopération économique internationale entre nations industrialisées et pays en voie de développement vienne prendre place au cœur du débat politique.

Ainsi la condamnation que Sun Yat-sen porte contre l'impérialisme n'entraîne pas dans son sillage un rejet simultané du capitalisme. Celui-ci est toujours considéré comme créateur de richesses et de progrès. Et c'est pourquoi Sun veut « mettre le capitalisme au service de la création du socialisme en Chine ». Cette formule sur laquelle s'achève l'essai de Sun peut se comprendre comme désignant la coopération entre un Occident capitaliste et une Chine socialiste. Mais, de façon plus large, elle renvoie aussi à la coexistence de secteurs socialistes et capitalistes en Chine même. Sun affirme d'emblée que « tout ce qui peut être et est mieux réalisé dans le cadre de l'entreprise privée doit être laissé au secteur privé». Lui-même, dans son essai, ne traite que des entreprises nationales. On peut en conclure que toutes les activités qui ne sont pas mentionnées par Sun — l'agriculture, le commerce et les services — continueront donc à relever du secteur privé.

Le secteur public, de son côté, comprendra le développement du réseau ferroviaire, la colonisation des terres vierges, la construction de canaux, l'aménagement des fleuves, l'établissement des ports. Et ce sont là les projets auxquels Sun Yat-sen s'attache. Dans un certain nombre de domaines, comme l'industrie cotonnière ou les petites industries minières, l'entreprise privée est déjà active : l'État continuera à développer ces branches sans chercher à éliminer la concurrence privée mais en l'encourageant, au contraire, par une législation et des mesures fiscales adaptées.

Cherchant à prendre en compte les forces d'un développement capitaliste spontané — qu'il appelle «le progrès inconscient» —, Sun aboutit donc à la définition ou plutôt à l'appréhension intuitive de ce que pourrait être un système d'économie mixte. Mais ses préférences vont à un secteur public planifié, de manière, pense-t-il, à atteindre de meilleurs résultats à moindres frais. L'objet de *The International Development of China* est précisément de présenter cette planification.

Celle-ci s'articule autour de six programmes et donne priorité au développement des transports et de l'énergie. Le premier et le troisième programmes, respectivement consacrés à la modernisation de la Chine du Nord et de la Chine du Sud, insistent particulièrement sur la construction ferroviaire. Ce qui n'empêche pas Sun de revenir sur ce sujet dans son quatrième programme, entièrement voué au développement du réseau ferré. De même, l'expansion de l'industrie minière du charbon et du fer, largement traitée dans le premier programme, est de nouveau abordée, de façon plus systématique, dans le sixième programme.

La priorité accordée aux industries lourdes, que Sun appelle les «industries clés et de base», n'est cependant pas une priorité absolue. Dans son cinquième programme, Sun préconise le développement de «ces industries qui fournissent à chaque individu et à chaque famille les nécessités et les commodités de la vie». Ces industries de consommation constituent «le principal groupe d'industries » et elles doivent commencer à se développer sans attendre que soit achevée la construction des infrastructures.

Sur la gestion de ce secteur public, Sun Yat-sen ne donne guère de précision. Il évoque « une autorité centrale », « un contrôle national ». Il ajoute que l'État devra veiller à subventionner ou à « maintenir à un niveau aussi bas que possible le prix du charbon afin de satisfaire les besoins d'expansion des diverses industries ». L'État aura le droit de racheter les terres à urbaniser à un prix fixe, selon le schéma imaginé par Henry George, dont on retrouve ici l'influence persistante.

Sun Yat-sen conçoit son grand projet de modernisation dans un cadre régional, ses trois premiers programmes étant consacrés respectivement au développement des provinces du Nord, du bassin du Yangzi et des provinces du Sud. Chacun de ces systèmes régionaux sera axé sur un « grand port » de mer qui le reliera au monde extérieur et au marché international. Dans le cadre de chaque système régional, un réseau de transports combinant voies ferrées, canaux, routes, rivières reliera l'*hinterland* au port principal. Par exemple, le « grand port » du Nord (qui sera bâti près de Tianjin) servira de débouché à une demi-douzaine de provinces ainsi qu'à la Mongolie et au Sinkiang.

Sun Yat-sen, qui a pris l'Occident pour modèle, voit donc dans les zones côtières et leurs grands ports les principaux pôles du futur développement. Il n'en néglige pas pour autant le devenir des régions intérieures qui ne devront pas seulement servir à alimenter l'activité des « grands ports » mais aussi tirer bénéfice elles-mêmes du développement côtier. C'est ainsi que le réseau ferré du Sud-Ouest, nécessaire à la croissance de Canton, « jouera un rôle essentiel dans la prospérité de toute la région ». Les transports représenteront donc l'instrument privilégié d'une intégration régionale qui répond à des critères de rationalité économique, tels que l'implantation des industries dans les zones de production de matière première, aussi bien qu'au désir de relever le niveau de vie de régions habitées par des centaines de millions d'hommes. La répartition planifiée des investissements devrait permettre d'harmoniser les impératifs de la croissance nationale avec ceux du développement régional.

Pour faciliter la coopération sino-étrangère, clé de la modernisation chinoise, Sun Yat-sen recommande enfin la création d'un organisme international qui servirait d'interlocuteur unique aux autorités chinoises. C'est avec cet organisme que seraient conclus les contrats propres à assurer la réalisation des Six Programmes établis par Sun. Ainsi l'on mettrait un terme aux rivalités économiques entre les puissances présentes en Chine et l'on assurerait le progrès du pays dans la paix et l'indépendance. Après avoir écarté la « guerre commerciale » entre les puissances, Sun Yat-sen s'en prend à la « lutte des classes » qu'il définit comme la « lutte entre le travail et le capital ». Grâce à son retard industriel, la Chine n'a pas encore abordé cette étape et cela représente pour elle un atout dont elle doit jouer en associant tous les producteurs, ouvriers comme entrepreneurs, à l'œuvre de construction nationale.

En conclusion, Sun appelle à la coopération comme « à la principale force motrice de l'évolution humaine ». Mais, arrivé au terme de son essai, il ne s'inspire plus du rêve wilsonien d'une Ligue des Nations, évoqué dans les premières pages, mais, se retournant vers les concepts traditionnels, il aspire à l'avènement du *Datong*, ou âge de la Grande Harmonie.

Pour autant qu'on ait quelque familiarité avec le développement de la Chine contemporaine, on aura reconnu dans les projets exposés ci-dessus bien des politiques mises en œuvre par Deng Xiaoping dans le cadre des Quatre Modernisations : ouverture sur l'Occident, transferts technologiques et financiers, rôle privilégié des pôles côtiers, coexistence d'un secteur public et d'entreprises privées, importance accordée au consensus et à la stabilité sociale... Sun Yat-sen apparaît ici comme un précurseur. En dépit de certaines outrances, sa pensée se développe avec force et originalité. Sa vision s'ancre dans une réalité chinoise qu'elle transcende au nom d'une logique et de normes empruntées à la réussite occidentale plus qu'à l'humanisme wilsonien ou confucéen, l'un et l'autre pourtant cités en référence.

Sun Yat-sen se voulait homme d'action mais son action s'est en général marginalisée dans l'utopie ou engluée dans l'intrigue. En tant que penseur de la modernisation, cependant, Sun semble avoir trouvé le miraculeux dosage entre pragmatisme et idéalisme qui autorise le progrès.

TROISIÈME PARTIE

Les dernières années de Sun : Révolution nationale et nationalisme révolutionnaire (1920-1925)

Dans les dernières années de sa carrière, Sun Yat-sen adopte une politique de coopération avec la Russie soviétique et les communistes chinois. Cette coopération, qu'un an avant sa mort Sun officialise par le congrès de Réorganisation du Guomindang, continue de donner lieu à des interprétations opposées. Pour les historiens communistes, il s'agit là d'un choix fondamental qui fait de Sun le précurseur de la révolution de 1949, qui légitime *a posteriori* tous les aléas de sa carrière et confère à celle-ci la grandeur d'un destin. Les nationalistes, en revanche, considèrent que la coopération avec les Soviétiques et les communistes chinois ne représente pour Sun qu'une tactique imposée par les circonstances, un simple épisode que la mort prématurée du dirigeant aurait figé en un arrêt sur image, mais auquel il faut se garder d'accorder une signification intrinsèque.

L'activité de Sun Yat-sen pendant ses dernières années peut conforter l'une et l'autre thèses. C'est une activité intense, riche d'initiatives, qui se développe dans des cadres multiples. Sun dirige le Guomindang dont il fixe les orientations idéologiques et les principes d'organisation. Il gère sa base provinciale du Guangdong. Il élabore et tente de mettre en œuvre une stratégie — essentiellement militaire — de prise du pouvoir à l'échelle nationale. Il mène une diplomatie des plus éclectiques, à la recherche des indispensables soutiens étrangers. Tant d'entreprises simultanées ne vont pas sans contradictions, parmi lesquelles communistes et nationalistes puisent leurs arguments respectifs.

Ces années chaotiques vécues sous le signe d'une double urgence — celle toujours pressante de la réunification et de l'émancipation nationales et celle d'une maladie incurable — sont aussi les années pendant lesquelles Sun Yat-sen donne du Triple Démisme une nouvelle et ultime interprétation que sa mort rendra définitive. Comme toujours, les élaborations théoriques de Sun s'enchevêtrent avec ses manœuvres politiciennes. Sa pensée semble osciller au gré des revirements factionnels, des alliances de circonstance, des contraintes financières ou diplomatiques. De contradiction en contradiction naît l'impression d'une certaine incohérence, si ce n'est le soupçon de duplicité. On touche là à ce qui sépare la pratique occidentale moderne, dans laquelle l'homme politique, responsable devant l'opinion, s'identifie (ou est supposé s'identifier) à sa parole et à ses actions, et une pratique chinoise dominée par la forte personnalité du dirigeant dont le rôle est avant tout symbolique. Quels que soient les détours qu'emprunte son action politique, quelles que soient les contradictions qui éclatent dans ses déclarations, Sun Yat-sen ne cesse d'incarner, à ses yeux comme à ceux de l'opinion chinoise, l'idéal de l'unification et de la libération nationales. Bien que lié à une longue carrière révolutionnaire et à d'incontestables talents de propagandiste et d'homme de communication, le rayonnement personnel de Sun semble désormais fonctionner de façon quasi autonome. Parler de charisme n'est qu'une manière de constater les limites de l'analyse.

La succession des événements retracés dans ces chapitres nous montre non pas un politicien au sommet de sa carrière mais un dirigeant isolé, parfois réduit aux abois, rusant avec un sort contraire, manipulé par ceux qu'il cherche à utiliser... et toujours prêt à dire aux interlocuteurs, dont il sollicite l'aide, les paroles que ceux-ci attendent de lui. Autrefois chrétien avec les missionnaires, confucéen avec les lettrés, compradore avec les hommes d'affaires, Sun devient anti-impérialiste et anti-militariste avec les agents de l'Internationale communiste (IC). Est-il alors plus sincère que par le passé ? Question déplacée. L'efficacité politique autorise tous les chemins de traverse. Quant à l'intégrité morale, elle se juge à l'aune de l'honnêteté personnelle et de la fidélité aux objectifs essentiels — démocratie, modernisation, justice et harmonie sociale — auxquels Sun n'a cessé de s'identifier et d'être identifié par ses concitoyens. Certes, les nombreux articles et traités que publie Sun pendant cette période sont généralement des écrits de circonstance (souvent des transcriptions hâtives de discours adressés aux membres du parti, aux militaires, aux ouvriers...) et ils s'insèrent dans un contexte politique, factionnel, diplomatique précis. Inutile donc, le plus souvent, de chercher dans ces écrits les preuves mettant en lumière telle ou telle orientation idéologique. Car ces preuves, on est sûr de les y trouver, les discours variant en fonction d'une stratégie oscillante, tantôt prosoviétique, tantôt pro-occidentale.

Au-delà de ces variations conjoncturelles se dégage cependant ce qu'il convient bien d'appeler une philosophie politique, fondée sur des objectifs à long terme. Bien que très directement influencée par les péripéties d'une carrière mouvementée, la pensée de Sun ne cesse en effet de s'organiser selon quelques grands axes qui structurent sa doctrine. Pour essayer de mieux saisir ces grands axes, de mieux faire la part de l'épisodique et du fondamental, nous avons choisi de prendre du recul et de renvoyer au chapitre X l'étude de cette doctrine. Dans le chapitre IX, consacré aux ultimes tentatives de Sun Yat-sen pour saisir le pouvoir et appliquer son programme, nous nous contenterons d'indiquer les circonstances qui ont présidé à la reformulation du Triple Démisme, sans perdre de vue que cette pensée ainsi mise au service de la politique, cette pensée servante, a par ailleurs gouverné Sun et son action, qu'elle a été en somme une servante maîtresse.

Du dernier acte politique de Sun Yat-sen — son voyage à Pékin pendant l'hiver 1924-1925 —, on pourrait presque dire qu'il ouvre un nouveau chapitre de sa carrière, si la mort n'était venue en suspendre l'exécution. Mais cette mort ne met pas fin au rôle de Sun. Au contraire. Elle ouvre la voie à une construction mythique dont l'influence sur la vie politique chinoise dépasse celle jamais exercée par Sun Yat-sen de son vivant. Aussi le chapitre XI, consacré à la mort et à la transfiguration de Sun, est-il, en un sens, le plus important de cette biographie.

CHAPITRE IX

Sun Yat-sen, les *sovietniki* et la base révolutionnaire de Canton (1920-1924)

De 1920 à 1925, Sun est habité par une ambition dominante : celle de reconquérir le pouvoir politique à Pékin, d'unifier et de pacifier la Chine sous sa présidence. Dans cette stratégie de reconquête, il cherche à s'appuyer sur une base territoriale, celle du Guangdong, dont il conserve le contrôle pendant ces cinq années, sauf au second semestre 1922. Cette base, il semble que Sun Yat-sen l'ait considérée comme un tremplin facilitant une prise de pouvoir immédiate dans le Nord : un territoire qui lui fournirait des soldats, de l'argent et où il pourrait implanter un gouvernement à prétention nationale, rival de celui de Pékin et susceptible de recevoir la reconnaissance et donc l'aide financière des puissances. Ce projet dresse contre Sun Yat-sen non seulement les puissances occidentales, hostiles à ce qu'elles considèrent comme une rébellion, mais aussi les Cantonais qui refusent d'assumer la charge militaire et financière d'une reconquête du Nord et chassent Sun de Canton en juin 1922.

Après la victoire de ses mercenaires, Sun peut se réinstaller dans la capitale provinciale en janvier 1923. Mais son pouvoir demeure précaire : négociations et guerres locales absorbent son temps et ses forces. C'est pour consolider sa base et par là renforcer ses chances de succès à Pékin que le dirigeant révolutionnaire accepte alors l'aide que lui offre la Russie soviétique.

Ce n'est pas la première fois que Sun recourt à l'aide étrangère. Mais cette fois-ci, il n'a plus affaire à des agents — cyniques ou illuminés — de l'impérialisme occidental et japonais, individus isolés, désavoués à la première alerte par les gouvernements qui les ont encouragés en sous-main. Le nouveau partenaire de Sun est un État révolutionnaire agissant par l'intermédiaire d'une organisation, l'Internationale communiste (IC), structurée, dotée d'une puissante force de frappe idéologique et servie par des hommes d'un talent exceptionnel. Aussi l'aide soviétique qui permet la consolidation de la base cantonaise en change-t-elle profondément le caractère. La base territoriale se transforme en base révolutionnaire. L'objectif n'est plus de pourvoir aux besoins d'une reconquête diplomatique et militaire du Nord, mais d'allumer un foyer dont plus tard les flammes embraseront tout le pays. A l'impatience historique de Sun, les *sovietniki* (conseillers soviétiques, agents de l'IC) opposent leur stratégie à long terme.

SUN ET LA BASE PROVINCIALE DE CANTON (NOVEMBRE 1920-OCTOBRE 1923)

De 1920 à 1923, Sun Yat-sen cherche à utiliser la base de Canton comme instrument d'un destin national. Ajournant la mise en œuvre de son programme démocratique et social, il donne priorité à la négociation avec les militaristes du Nord. Il s'implique dans le jeu des alliances entre seigneurs de la guerre, lance une éphémère expédition militaire vers les provinces du Yangzi.

Ses ambitions nationales précipitent le conflit entre Sun et les membres de son entourage, qui veulent appliquer le socialisme *hic et nunc*, comme avec les notables cantonais, peu soucieux de financer la reconquête diplomatique et militaire du Nord. L'alliance entre le régionalisme cantonais et un socialisme pragmatique trouve son champion en la personne de Chen Jiongming. Celui-ci prône la transformation du Guangdong en « province modèle », destinée à s'intégrer par la suite dans des structures fédéralistes. C'est Chen qui chasse Sun Yat-sen de Canton en juin 1922.

De nouveau réfugié à Shanghai, Sun continue à négocier avec le Nord et à rechercher des appuis diplomatiques en Occident, tout en examinant les possibilités d'un rapprochement avec les Soviétiques et en lançant une reconquête partielle du Guangdong, par mercenaires interposés. Pour Sun, gouverner n'est certes pas choisir. Mais toutes les voies qu'il explore doivent le mener... à Pékin.

Rentré à Canton en février 1923, Sun y installe le quartier général de sa future expédition vers le Nord, mais il demeure paralysé par l'hostilité du milieu local comme par les silences et les méfiances des pays occidentaux. C'est alors que se précise son projet de coopération avec les Soviétiques qui, espère-t-il, lui donneront les moyens de débloquer la situation.

Nationalisme de Sun Yat-sen contre provincialisme de Chen Jiongming

Les militaristes du Yunnan et du Guangxi, qui ont chassé Sun et pris le pouvoir au Guangdong en mai-juin 1918, ne tardent pas à se disputer entre eux. Lorsque leur régime s'écroule, les troupes cantonaises qui s'étaient réfugiées au Fujian méridional opèrent la reconquête de la province sous la conduite de Chen Jiongming.

Chen Jiongming a derrière lui une longue carrière révolutionnaire et ses rapports avec Sun Yat-sen sont anciens, sans jamais avoir été très bons. Originaire du Guangdong oriental où il est né en 1878, Chen Jiongming fait partie de ces élites provinciales éclairées dont le rôle a été déterminant dans la révolution de 1911. Issu d'une famille de grands propriétaires fonciers, il a passé les premiers examens mandarinaux avant de fréquenter, en 1906, la très élitiste Académie de droit et de sciences politiques de Canton. La plupart des professeurs qui enseignent à l'Académie ont été formés au Japon. C'est l'un d'eux qui introduit Chen Jiongming dans les cercles révolutionnaires locaux. Élu à l'assemblée provinciale de 1909, Chen Jiongming prend une part active à la politique de réformes et gagne une grande popularité en faisant interdire le jeu et l'opium. C'est alors qu'il s'ouvre aux idées anarchistes qui exerceront sur lui une influence durable.

En 1911, Chen Jiongming gagne la seule grande bataille de la révolution au Guangdong. Devenu vice-gouverneur de la province, Chen assure la sécurité militaire de Canton. En 1913, après l'échec de la Seconde Révolution, Chen Jiongming s'exile mais refuse d'adhérer au Parti révolutionnaire chinois et de prêter serment d'allégeance personnelle à Sun Yat-sen. Par la suite, il participe au mouvement de Protection de la Constitution et soutient le gouvernement militaire de Sun à Canton.

De 1918 à 1920, alors que Sun vit retiré à Shanghai, Chen, réfugié à Changzhou, en fait «le Moscou du Fujian méridional». Dans les vingt-six districts *(xian)* qu'il contrôle, il fait construire routes et écoles. Il invite les anarchistes à collaborer au programme d'éducation, encourage la liberté de la presse et ne dédaigne pas d'écrire lui-même des articles dans *l'Étoile du Fujian (Minxing bao)* pour propager les idées de Kropotkine. Lorsqu'en octobre 1920 Chen Jiongming reconquiert Canton sur les troupes du Guangxi, il projette d'y établir son propre gouvernement afin de mettre en œuvre une politique de développement économique, de démocratisation et de justice sociale à l'échelle provinciale. Le régionalisme de Chen se nourrit d'un profond attachement au Guangdong oriental, berceau de sa famille et terrain de ses premières expériences politiques et sociales. Mais il se veut le protecteur de l'ensemble de la province et son mot d'ordre — «Le Guangdong aux Cantonais» — lui rallie tous les suffrages. Cet idéal provincialiste n'est pas compatible avec l'idéologie constitutionnaliste qui a inspiré l'action de Sun et de son gouvernement militaire à Canton en 1917-1918. Aussi Chen Jiongming, après sa reconquête de Canton, conseille-t-il à Sun... de rester à Shanghai.

Grâce aux appuis qu'il obtient de la marine et de quelques troupes locales, grâce aussi aux bons offices des révolutionnaires cantonais Wang Jingwei et Liao Zhongkai, Sun Yat-sen réussit pourtant à revenir à Canton, le 28 novembre 1920. Mais le compromis passé avec Chen Jiongming n'aboutit qu'à une coexistence difficile entre les deux hommes qu'opposent des idées divergentes et des ambitions rivales.

A son retour, Sun Yat-sen songe d'abord à ressusciter le gouvernement militaire qu'il a présidé en 1917-1918, dans le cadre du mouvement pour la Protection de la Constitution. Mais devant le peu de soutien rencontré par ce projet, Sun abandonne le constitutionnalisme, sans renoncer pour autant à établir un gouvernement national. Il parvient à convaincre

225 membres de l'ancien Parlement (issu des élections de 1912) de se réunir à Canton pour procéder à une élection présidentielle, le 7 avril 1921. L'absence de quorum oblige Sun à prendre le titre de président extraordinaire. Ces initiatives soulèvent l'opposition de l'opinion cantonaise. Les syndicats locaux et les membres de l'assemblée provinciale joignent leurs protestations à celles de Chen Jiongming. Sun doit donc négocier, accepter le principe de l'autonomie du gouvernement provincial et reconnaître à Chen Jiongming le pouvoir que celui-ci exerce déjà sur la gestion des affaires locales en tant que gouverneur de la province et commandant en chef de l'armée cantonaise. A titre symbolique, Chen accepte deux portefeuilles ministériels dans le nouveau gouvernement national. De son côté, Sun Yat-sen obtient que son fils Sun Fo retrouve ses fonctions à la tête de la mairie de Canton.

Pendant environ un an, ce compromis permet aux deux dirigeants de poursuivre leurs propres objectifs, chacun de son côté. Chen Jiongming consolide la sécurité de la base cantonaise en pourchassant les troupes du Guangxi jusque dans leur province d'origine, dont il conquiert la partie orientale. En même temps, il s'emploie à moderniser et à démocratiser les institutions politiques de Canton. Il promulgue une Constitution provinciale qui limite les dépenses militaires à 30 % du budget et réserve 20 % des ressources à l'éducation. Il multiplie les créations d'écoles et de collèges, finance des programmes de formation continue et favorise le départ d'étudiants à l'étranger (en particulier à l'Institut franco-chinois de Lyon qu'animent d'anciens membres du groupe anarchiste de Paris). Chen Jiongming, enfin, encourage l'essor d'un syndicalisme cantonais largement dominé par ses amis anarchistes.

Sun demeure à l'écart de toutes ces entreprises. Il se consacre entièrement à son projet d'unification nationale, menant de front des négociations avec les militaristes du Nord et du Yangzi, des préparatifs d'expédition militaire ainsi que de multiples tentatives d'ouverture diplomatique. Les négociations de Sun avec les militaristes sont conditionnées d'un côté par la recrudescence des luttes entre cliques, de l'autre par la montée du mouvement autonomiste et fédéraliste qui, au début des années 1920, caractérise la vie politique nationale.

La clique Anfu, qui depuis 1918 a imposé un gouvernement brutal mais relativement efficace à Pékin, est renversée par la coalition de deux autres cliques, en juillet 1920. Dès lors, le pouvoir central que se disputent les anciens coalisés devient strictement nominal et les provinces sont, plus que jamais, livrées aux *condottieri* qui s'en sont rendus maîtres. Sun Yat-sen manœuvre pour s'imposer aussi bien parmi les grands seigneurs de la guerre, qui luttent pour contrôler Pékin, que parmi les chefs militaires de moindre importance qui, dans les provinces du Centre et du Sud, essaient de s'organiser pour protéger leur indépendance. Au Nord, Sun Yat-sen négocie avec les cliques du Zhili et du Fengtian [1], respectivement conduites par les généraux Wu Peifu et Zhang Zuolin. Il est prêt à s'allier avec celui des deux partis qui acceptera de lui réserver la présidence d'un nouveau gouvernement national. C'est ce que précise le ministre des Affaires étrangères de Canton dans une interview au *North China Herald* du 29 avril 1922 : « Quiconque veut passer un accord avec nous doit consentir à ce que Sun devienne le président provisoire, en attendant la convocation d'un Parlement et des élections régulières. Nous ne mettons pas d'autre condition à notre alliance [2]. » Wu Peifu caressant pour lui-même des ambitions présidentielles nationales analogues à celles de Sun, le marché est donc conclu avec Zhang Zuolin, en avril 1922. Choix malheureux, puisque la clique Fengtian est presque immédiatement défaite par la clique Zhili.

Wu Peifu, victorieux, appelle alors à la démission simultanée des deux présidents en fonction : Xu Shichang à Pékin et Sun Yat-sen à Canton. Wu Peifu prétend ainsi ouvrir la voie à une réunification pacifique. Mais si le 2 juin 1922, le président de Pékin obtempère, Sun Yat-sen, à Canton, refuse de s'effacer. « Pourquoi démissionnerais-je, alors que je suis le président constitutionnel de la Chine ? » confie-t-il au consul des États-Unis [3]. Lorsque Wu Peifu, cherchant à recréer l'unité et la légitimité constitutionnelle qui avaient brièvement triomphé après la mort de Yuan Shikai, rappelle à Pékin le président

1. Ces cliques tirent leur nom des provinces dans lesquelles étaient basées leurs principales forces militaires. Le Zhili est l'ancienne dénomination du Hebei, la province de Pékin, et le Fengtian désigne les provinces de Mandchourie.
2. Cité par WILBUR, *Frustrated Patriot*, p. 330, n. 2.
3. *Ibid.*, p. 126.

Li Yuanhong et le Parlement de 1917, Sun refuse de reconnaître le régime « fantoche » dont cinq ans auparavant il s'était fait l'ardent défenseur.

Si les négociations que Sun poursuit avec le Nord obéissent explicitement à des considérations tactiques, celles qu'il mène avec les militaristes du Centre-Sud progressent sous le couvert du mouvement autonomiste et fédéraliste. Ce mouvement mobilise alors une large partie de l'opinion. L'idéologie du *self-government* provincial, à laquelle bien des notables révolutionnaires ou progressistes de 1911 sont demeurés fidèles, a reçu une impulsion nouvelle avec le ralliement de nombreux intellectuels radicaux, déçus par l'échec du mouvement du 4-Mai 1919. Des modérés aux anarchistes, en passant par les libéraux, un consensus semble alors se dégager en faveur d'une solution fédérale qui permettrait le rétablissement de l'unité nationale, tout en laissant aux provinces la liberté de choisir les modalités et le rythme de leur développement. Le fédéralisme est même prôné par de nombreux seigneurs de la guerre, tout particulièrement par ceux d'entre eux qui contrôlent les provinces du Centre et du Sud. Pour ces derniers, le fédéralisme se présente à la fois comme un programme propre à consolider la base sociale de leur pouvoir (en leur assurant l'adhésion des notables locaux) et comme une stratégie politique leur permettant de garder à distance les puissants militaristes du Nord tentés par l'expansion vers le Yangzi.

Sun Yat-sen, qui a refusé de s'associer à la politique d'autonomie provinciale menée par Chen Jiongming au Guangdong, cherche en revanche à s'appuyer sur les mouvements autonomistes d'autres provinces pour affaiblir l'autorité de Pékin. C'est ainsi qu'à l'automne 1920 il tente de négocier une alliance avec le Hunan autonome de Zhao Hengti et, à travers le Hunan, avec le Sichuan et le Yunnan. Mais l'échec de ces intrigues rejette Sun vers une stratégie de conquête militaire.

En octobre 1921, le président extraordinaire fait approuver son projet d'expédition vers le Nord par le Parlement croupion de Canton. Il prend lui-même la tête des opérations et se dirige avec de faibles effectifs vers les frontières du Guangxi, d'où il projette d'attaquer les autonomistes hunanais. Cette initiative crée une vive tension entre Sun Yat-sen et Chen Jiongming, qui condamne tout recours à la force militaire et compte toujours sur le fédéralisme pour assurer l'unité. L'expédition vers le Nord, que Chen Jiongming refuse de financer sur les fonds provinciaux, ne tarde pas à s'enliser. A Guilin (Guangxi), où il a établi son quartier général pendant l'hiver 1921-1922, Sun Yat-sen attend impatiemment de pouvoir passer à l'action.

Et, comme toujours, il compte sur l'aide étrangère pour atteindre ses objectifs de politique intérieure. Dès sa prise de fonction comme président extraordinaire, le 5 mai 1921, Sun a fait paraître un *Manifeste aux puissances*, dans lequel il présente son opposition à Pékin comme « la lutte entre le militarisme et la démocratie, entre la trahison et le patriotisme », et réclame la reconnaissance de son gouvernement [1]. Sun se voit, et voudrait que les étrangers le voient, comme le seul président de la vraie République de Chine. L'enjeu d'une telle démarche, c'est évidemment la légitimité d'un gouvernement national que l'immense majorité des Chinois ignore et qu'une reconnaissance étrangère pourrait aider à leur imposer ; c'est aussi la manne financière que représentent les surplus douaniers contrôlés par les étrangers et jusqu'ici reversés au gouvernement de Pékin [2].

Mais le contexte international est alors peu favorable à Sun Yat-sen. Dans la perspective de la conférence de Washington (novembre 1921 - février 1922), les principales puissances, à l'exception de la Russie soviétique et de l'Allemagne, ont fixé une politique commune à l'égard de la Chine, dont elles réaffirment la souveraineté, l'indépendance, l'intégrité territoriale et administrative. Elles se sont mises d'accord sur un calendrier qui doit conduire à la révision du tarif douanier et, plus tard, à la suppression des privilèges d'exterritorialité. Pour faciliter ces évolutions, elles veulent contribuer à la stabilisation et au renforcement du gouvernement central. Or, à leurs yeux, ce gouvernement est celui de Pékin. Les puissances n'envisagent pas d'avoir d'autre interlocuteur. Sun Yat-sen leur appa-

1. « Jiuren dazongtong zhi dui wai xuanyan » (Adresse aux puissances à l'occasion de la prise de fonction comme président), 5 mai 1921, *O.C.*, t. V, pp. 532-533.

2. Placée sous juridiction chinoise, mais gérée par les étrangers, l'administration des Douanes maritimes perçoit les droits d'importation dont le produit sert en priorité à rembourser les dettes contractées auprès des puissances. Une fois ces paiements effectués, les fonds restants, les « surplus », sont remis au gouvernement chinois.

raît comme un rebelle et l'établissement de son gouvernement séparatiste à Canton, au printemps 1921, comme une initiative susceptible d'approfondir les divisions du pays et d'affaiblir encore le pouvoir central. Ainsi, les multiples démarches diplomatiques tentées par Sun Yat-sen se heurtent-elles à des fins de non-recevoir plus ou moins hostiles.

Depuis qu'il a milité contre l'entrée en guerre de la Chine aux côtés des Alliés en 1917, Sun Yat-sen a perdu la faveur dont il jouissait dans l'opinion américaine. La presse le juge sévèrement. Le *New York Times* ne voit en lui qu'« un politicien discrédité », « un opportuniste retors et sordide »[1]. Les diplomates disent la même chose, en termes plus euphémiques. Pour le ministre américain à Pékin, Charles R. Crane, Sun est l'homme des « projets grandioses et irréalistes » ; il fait montre d'« une grande vanité » ; c'est « un aventurier sans scrupule, tout à fait disposé [...] à sacrifier les intérêts de la nation à ses ambitions personnelles[2] ». Au State Department, le Bureau d'Extrême-Orient partage ces jugements critiques. Rien d'étonnant donc à ce que les lettres qu'en 1921 Sun Yat-sen adresse au Président Warren Harding demeurent sans réponse et que ses efforts pour obtenir l'aide financière des hommes d'affaires américains se heurtent au mauvais vouloir de l'administration de Washington. En janvier 1921, le State Department refuse d'approuver l'accord entre Sun et George H. Shrank (de Chicago), qui prévoit le placement sur le marché américain d'obligations émises par « la République de Chine » : un gouvernement non reconnu ne peut émettre d'obligations. Quelques mois plus tard, en septembre 1921, un marché passé par la municipalité de Canton avec la société Rabbit Engineering Corporation de New York ne peut aboutir, car la procédure s'est effectuée, du côté chinois, sous couvert du « gouvernement de la République de Chine » et que Washington refuse de garantir les transactions entre ses ressortissants et « le gouvernement de Canton

1. *New York Times*, 26 septembre 1920, cité ici d'après Sidney H. CHANG et Leonard H.D. GORDON, *All under Heaven... Sun Yat-sen and His Revolutionary Thought*, Stanford, Ca., Stanford University, Hoover Institution Press, 1991, p. 67.

2. Dépêche de Charles R. CRANE, Pékin, 28 février 1921, citée ici d'après WILBUR, *Frustrated Patriot*, p. 324, n. 74.

agissant comme une entité séparée du gouvernement central[1] ».

Sun Yat-sen se heurte à une intransigeance analogue du côté des Britanniques pour lesquels l'existence d'un gouvernement séparatiste à Canton menace non seulement le processus de l'unification chinoise mais la stabilité sociale et économique de la colonie de Hong Kong. Restent les Japonais, mais, depuis la mort de Yuan Shikai, Sun Yat-sen a cessé de représenter un atout politique pour Tokyo qui préfère traiter directement avec les militaristes du Nord. Quant à la France, dont l'influence décline en Chine après la Première Guerre mondiale, elle ne semble pas pouvoir apporter d'aide déterminante.

Sun Yat-sen songe alors à se tourner vers l'Allemagne et la Russie, qui ne sont pas parties prenantes à la conférence de Washington et se retrouvent, l'une comme l'autre, exclues du nouvel ordre mondial dominé par les nations anglo-saxonnes. En 1921, Sun privilégie des négociations avec l'Allemagne, qui prolongent et renouvellent les tentatives de coopération amorcées en 1917. La réouverture des missions diplomatiques allemandes en Chine facilite les contacts. Ceux-ci sont menés à Canton même avec le vice-consul Wagner, et en Allemagne par l'intermédiaire d'un émissaire de Sun. Les objectifs de Sun Yat-sen sont toujours les mêmes : obtenir la reconnaissance du gouvernement de Canton et des fonds. Au début de 1922, alors que les négociations secrètes progressent et qu'on parle d'une visite à Canton de l'amiral P. von Hintze, ancien ministre d'Allemagne en Chine, Sun Yat-sen décide d'englober la Russie soviétique dans les accords à venir et de travailler à une triple alliance sino-germano-russe.

A cette époque, fin 1921 - début 1922, Sun Yat-sen a déjà pris certains contacts avec des émissaires soviétiques. En décembre 1921, à Guilin, il a même reçu la visite de Hendricus Sneevliet, représentant officiel de l'IC, plus connu sous le nom de Maring. Nous reviendrons plus loin sur ces premiers contacts qui ouvrent la voie au rapprochement entre Sun Yat-sen et la Russie soviétique. Le projet de triple alliance caressé par Sun ne s'inscrit pas dans ce cadre de coopération révolutionnaire, mais obéit à des préoccupations essentiellement géostratégiques. Verrouillé dans sa base méridionale, Sun Yat-sen a besoin

1. Cité par WILBUR, *Frustrated Patriot*, p. 107.

d'alliés au Nord pour mener à bien la conquête militaire de Pékin. Le plan du Nord-Ouest, auquel il songe à partir de 1920, prévoit une offensive coordonnant l'attaque des forces révolutionnaires du Sud et une intervention soviétique au Sinkiang, en Mongolie extérieure ou en Mandchourie. La triple alliance offrirait à Sun des possibilités d'équipement en fournitures militaires du côté allemand et, du côté russe, le contrôle de régions clés à proximité de Pékin. Mais lorsqu'en septembre 1922 ces négociations secrètes sont découvertes et que le *Hong Kong Telegraph* titre : « Projet de triple alliance bolchevique », le gouvernement allemand désavoue immédiatement toute l'opération. Quant à Sun, s'il reconnaît bien l'existence du projet d'alliance, il nie que celle-ci ait jamais pu être fondée sur « un idéal bolchevique ».

Ainsi Sun Yat-sen, au début des années 1920, ne réussit-il pas à se construire un rôle international susceptible de compenser son isolement politique au Guangdong et sa marginalisation sur l'échiquier politique chinois. Lorsque, au printemps 1922, éclate l'inévitable crise avec Chen Jiongming, Sun se retrouve sans appui intérieur ni extérieur.

En avril, Sun Yat-sen, irrité de ne pas recevoir le soutien des autorités provinciales du Guangdong pour son expédition vers le Nord, décide de destituer Chen Jiongming de ses fonctions de gouverneur et de commandant des armées cantonaises. Cette destitution ne diminue en rien l'autorité de Chen qui atteint alors au zénith de sa carrière. Il est rentré à Canton auréolé par les victoires remportées au Guangxi. Il a l'appui des notables et des syndicats locaux. Il est courtisé par les militaristes du Nord, en particulier par Wu Peifu. Il est recherché par les émissaires soviétiques, Voitinski et Maring. Il leur apparaît « non seulement comme un général révolutionnaire [...] mais comme un brillant organisateur qui jouit de la sympathie des masses populaires [1] ». Enfin, ses troupes, ou plutôt celles de son lieutenant Ye Ju, tiennent la ville de Canton.

La rupture provoquée par la destitution symbolique de Chen Jiongming s'aggrave rapidement. Elle déborde le cadre des rap-

---

1. Cité par Allen S. WHITING, *Soviet Policies in China, 1917-1924*, New York, Columbia University Press, 1954, p. 305, n. 21. La bienveillance de l'IC à l'égard de Chen Jiongming est confirmée par ceux qui ont pu avoir accès aux archives du Komintern, tel le Pr Roland Felber.

ports de forces locaux pour se combiner à une autre crise, nationale celle-là. Wu Peifu, comme on l'a vu plus haut, a appelé à une double démission : du président Xu Shichang à Pékin, de Sun Yat-sen à Canton. Soutenu par des intellectuels prestigieux, Chen Jiongming se joint à tous ceux qui réclament le départ de Sun, au nom de l'unité nationale. Le refus obstiné de Sun le fait alors apparaître, aux yeux de l'opinion chinoise et internationale, comme un politicien assoiffé de pouvoir et, pour reprendre les termes du ministre américain à Pékin, comme « le principal obstacle à la réunification [1] ».

Sun Yat-sen, cependant, ne semble pas bien mesurer son isolement. A l'opposition, il répond par la provocation et l'intimidation. Il ordonne aux troupes de Ye Ju de quitter Canton dans les dix jours. Si elles n'obéissent pas, menace Sun, « j'ai des canons de 8 *inches*, chargés d'obus empoisonnés qui peuvent liquider entièrement leurs soixante bataillons en trois heures [2] ». Cette fois, le bluff ne réussit pas. Et le 16 juin, Ye Ju fait bombarder la résidence de Sun. Song Qingling a fait le récit de cet épisode dramatique.

> « Vers deux heures du matin, Sun Yat-sen m'éveilla [...], me disant que nous étions en danger et devions fuir. Je pensais qu'il ne serait pas commode pour lui d'être accompagné d'une femme et insistai pour qu'il ne m'emmenât pas avec lui [...]. Il laissa ses gardes du corps, cinquante au total, pour protéger la maison et partit seul. Une demi-heure plus tard, [...] des coups de feu résonnèrent [...]. Notre maison était à mi-côte, reliée à la résidence présidentielle par une passerelle [...] enjambant ruelles et maisons [...]. L'ennemi tirait [...] en criant : "A mort Sun Wen ! A mort Sun Wen !".
>
> « Quand le jour se leva, nos gardes commencèrent à répondre au tir avec leurs fusils et leurs mitrailleuses. Les ennemis, eux, tiraient au canon [...]. Le capitaine me conseilla de fuir. Nous partîmes à quatre [...] en rampant le long de la passerelle [...]. L'ennemi concentra son tir sur cette passerelle, les balles sifflaient autour de nous [...]. Nous restâmes plusieurs heures blo-

1. Dépêche du 25 juin 1922, citée par F. Gilbert CHAN, « Sun Yat-sen and the Origins of the Kuomintang Organization », *in* F. Gilbert CHAN *et al.* (éd.), *China in the 1920's, Nationalism and Revolution*, New York, Franklin Walls, 1976, pp. 24-25.

2. Cité par CHAN, « Sun Yat-sen and the Origins of the Kuomintang Organization », p. 24-25.

qués avant de pouvoir atteindre les jardins, à l'arrière de la résidence. »

Mais les fugitifs ne trouvèrent qu'un abri précaire dans les bâtiments de la résidence.

« Depuis huit heures du matin jusque dans l'après-midi, nous avons été ensevelis dans un enfer de coups de feu ininterrompus [...]. Les portails de fer [...] furent écrasés et nous dûmes affronter les baïonnettes et les revolvers de soldats assoiffés de sang, qui cependant s'intéressèrent plus à nos paquetages qu'à nos personnes. Je réussis à m'échapper [...] ; nous pûmes nous frayer un passage à travers la foule sauvage [...]. J'étais complètement épuisée. Je suppliais mes gardes du corps de m'abattre. Ils me traînèrent, en me soutenant chacun d'un côté. »

Song Qingling réussit ainsi à gagner une ferme, puis le lendemain, déguisée en vieille paysanne, une maison amie où elle passa une nouvelle nuit. « Les bombardements ne cessèrent point [...] et notre soulagement fut immense quand nous entendîmes enfin les coups tirés des canonnières : le Dr Sun était donc sauf[1]. »

Réfugié sur la canonnière où l'ont rejoint son épouse et quelques fidèles (dont Chiang Kai-shek), Sun Yat-sen pendant plusieurs semaines essaie de négocier. Mais il découvre que les Cantonais sont du côté de Chen Jiongming, qu'à l'échelle nationale sa crédibilité a été atteinte par son refus de démissionner et que son discours démocratique pâlit en comparaison de l'œuvre accomplie au Guangdong par son rival. Il sollicite une intervention étrangère. Mais la diplomatie américaine refuse une médiation qui, en elle-même, « renforcerait [l']importance [de Sun] et accroîtrait son prestige[2] ». Quant à la Grande-Bretagne, elle consent tout au plus à mettre une canonnière à la disposition de Sun, lui permettant ainsi de quitter la rivière des Perles le 9 août, afin de rallier Hong Kong, puis de là Shanghai.

Sun considère son expulsion de Canton comme « un malheur pour la République », qu'il attribue non pas à ses erreurs poli-

1. Cité par Emily HAHN, *The Soong Sisters*, pp. 94-97.
2. Cité par CHAN, « Sun Yat-sen and the Origins of the Kuomintang Organization », p. 25.

tiques mais à « la décadence morale » autorisant la rébellion de celui qui « pendant plus de dix ans fut son disciple[1] ». Ainsi, chez Sun, le sens de l'*ego* est toujours aussi fort, mais, avec l'âge, il se teinte de moralisme confucéen... Son échec et son retour à Shanghai n'entraînent donc aucune réorientation de sa politique.

La nouvelle retraite à Shanghai et l'amorce du rapprochement avec les Soviétiques

A la différence de la première retraite shanghaienne, de 1918 à 1920, essentiellement consacrée à la réflexion et à l'écriture, la seconde retraite shanghaienne de Sun est marquée par une intense activité politique : négociations, conférences, prises de contact, interviews se succèdent sans relâche. « Sa maison [de Sun] est devenue la Mecque de dirigeants politiques de tous poils et de toutes tendances et elle voit se dérouler de nombreux dîners dont la politique est le plat principal[2]. » Sun, en effet, continue simultanément à négocier son retour pacifique à Pékin, à explorer l'option de l'alliance soviétique, à solliciter l'aide des puissances occidentales et à acheter les généraux et les mercenaires qui pourraient reconquérir Canton pour lui.

Dès son retour à Shanghai, Sun Yat-sen publie deux manifestes dans lesquels il se défend contre les accusations portées contre lui par les militaristes du Nord tout comme par une partie de l'opinion chinoise et par certaines diplomaties occidentales. Le gouvernement séparatiste qu'il a établi dans le Sud n'a pas ajouté à la division de la Chine. C'était un régime constitutionnel qui aurait dû ouvrir la voie à l'unification. Sun rend Chen Jiongming responsable de l'échec et propose aux militaristes du Nord un nouveau plan de paix civile et de reconstruction. Il préconise la restauration de l'autorité parlementaire par la réunion à Pékin de tous les députés, y compris ceux du Parlement croupion de Canton. Il appelle aussi à la démilitarisation générale grâce au licenciement des troupes ou à leur reconversion en corps de travailleurs. Il propose enfin une réor-

1. Cité par CHAN, « Sun Yat-sen and the Origins of the Kuomintang Organization », p. 26.
2. *New York Times*, 19 août 1922, cité par WILBUR, *Frustrated Patriot*, p. 128.

ganisation du système politique, faisant une large part à l'autonomie locale.

Sun semble avoir alors l'appui de la clique Zhili et de son chef, le général Wu Peifu, personnalité politique dominante dont le contrôle s'étend sur la plupart des provinces du Nord et jusque vers le bassin du Yangzi. Wu Peifu jouit du soutien britannique et son libéralisme affiché lui vaut l'appui d'une importante partie de l'opinion publique chinoise. Pendant plusieurs mois, Sun Yat-sen négocie donc son retour à Pékin avec Wu, ce qui ne l'empêche pas de parlementer simultanément avec le rival de Wu, Zhang Zuolin, chef de la clique Fengtian, dont il semble avoir reçu des fonds.

A mesure que se profile l'échec de ces négociations, le projet de réunification pacifique de Sun Yat-sen s'infléchit pour ménager un rôle plus important à l'intervention occidentale. Dans le télégramme circulaire du 26 janvier 1923, adressé aux principaux militaristes, Sun Yat-sen reprend son projet de licenciement volontaire des troupes, mais l'assortit d'une mission de bons offices confiée à une puissance étrangère. Celle-ci serait chargée de superviser les opérations de démobilisation ainsi que la levée et l'utilisation de fonds internationaux destinés à la reconstruction économique et politique du pays. Ce thème de la démobilisation volontaire et de la participation étrangère à la remise en ordre de la Chine reviendra à diverses reprises dans les projets de Sun au cours des mois qui suivent. Il constitue un des leitmotive de sa philosophie politique dans la dernière période de sa vie, alors même que triomphe la stratégie de coopération entre le Guomindang et la Russie soviétique.

Une fois encore, Sun Yat-sen se montre ici contradictoire, utopique... et en avance sur son époque. Cette confiance faite à la communauté internationale pour aider à rétablir un ordre dont, en définitive, elle doit être elle-même une des principales bénéficiaires témoigne d'une conception étrangement moderne des relations diplomatiques. De la même manière que, à travers *The International Development of China*, Sun Yat-sen a pressenti le rôle de la coopération économique, avec son projet de réunification pacifique, il fait appel à une politique de médiation internationale active, telle qu'un demi-siècle plus tard la pratiquera couramment l'Organisation des Nations unies.

La «puissance amicale» dont Sun Yat-sen sollicite ainsi l'intervention, ce sont les États-Unis. Mais l'hostilité américaine ne désarme pas et Sun, de ce fait, est amené à examiner plus attentivement les offres soviétiques qui commencent alors à se préciser.

L'histoire du rapprochement entre Sun Yat-sen et la Russie soviétique est essentiellement celle d'initiatives soviétiques auxquelles Sun Yat-sen se montre de plus en plus réceptif. Alors que, dans ses contacts avec les diplomaties occidentales, Sun Yat-sen est le meneur de jeu, inventant des projets politiques et les soumettant aux partenaires qu'il désire s'associer, dans ses rapports avec la Russie soviétique son rôle est plus passif. Il se contente le plus souvent de réagir aux propositions qui lui sont faites. Pour comprendre l'attitude de Sun Yat-sen, il est donc nécessaire d'examiner brièvement les objectifs généraux de la politique soviétique en Chine au début des années 1920.

Ces objectifs sont doubles. En tant qu'État, la Russie soviétique a hérité des intérêts nationaux qui étaient ceux du régime tsariste. En dépit de la déclaration de Karakhan (25 juillet 1919) proposant une renonciation sans compensation à tous les privilèges accordés par les traités du XIXe siècle, la Russie entend bien consolider les positions géostratégiques qui, aux frontières septentrionales de la Chine, étaient celles de l'Empire russe. Elle veut assurer la sécurité de la province maritime et de la Sibérie en continuant à contrôler le chemin de fer de l'Est chinois [1] et en étendant son influence en Mandchourie septentrionale ainsi qu'en Mongolie extérieure. La réalisation de ces objectifs immédiats implique l'établissement de relations avec le gouvernement de Pékin, le seul à bénéficier de la reconnaissance diplomatique internationale. Verrouillé dans sa base méridionale ou réfugié à Shanghai, Sun Yat-sen n'est à cet égard d'aucune utilité pour Moscou.

Il peut en revanche favoriser les projets à plus long terme que nourrit la Russie soviétique. Déçus par les échecs du socialisme en Europe, les dirigeants de Moscou ont en effet décidé

1. Il s'agit du réseau ferré établi par la Russie à travers la Mandchourie à la fin du XIXe siècle. Après leur défaite dans la guerre contre le Japon (1905), les Russes ne contrôlaient plus que les tronçons septentrional et central de ce transmandchourien.

de promouvoir la révolution dans les pays coloniaux. C'est au IIe congrès de l'IC, en juillet 1920, que Lénine, dans ses *Thèses sur la question nationale et coloniale*, a souligné la nécessité pour les révolutionnaires d'Asie de collaborer avec les mouvements de libération nationale, y compris ceux de la bourgeoisie, sans toutefois complètement subordonner leur action à cette collaboration.

En fonction de ces objectifs immédiats et à long terme, la stratégie soviétique en Chine se développe donc en trois directions : négociations avec le gouvernement de Pékin, aide à l'organisation du Parti communiste chinois, recherche de partenaires « bourgeois » révolutionnaires pour la constitution d'un front uni. Cependant que les envoyés diplomatiques — Adolf Joffé, puis Lev M. Karakhan — se succèdent à Pékin, des agents du Parti communiste russe et de l'IC sillonnent la Chine. Au printemps 1920, Grigori Voitinski suscite la formation des premières cellules communistes. En juillet 1921, un autre agent de l'IC, Maring, aide à organiser le congrès de fondation du Parti communiste chinois, lequel ne compte alors qu'une soixantaine de membres. Une bien faible force de frappe révolutionnaire... Les émissaires soviétiques multiplient donc leurs contacts pour trouver des alliés. De Wu Peifu à Chen Jiongming, en passant par Zhang Zuolin et quelques autres, ils rencontrent tous ceux qui détiennent force militaire et influence politique. Et parmi eux, naturellement, Sun Yat-sen. Celui-ci, cependant, ne semble pas avoir bénéficié à leurs yeux d'un quelconque préjugé favorable.

Certes, dès juillet 1912, Lénine évoquait les mérites, et les limites, de Sun dans un article intitulé « Démocratie et populisme en Chine ». Il louait son « esprit sincère de démocratie », sa « chaleureuse sympathie pour les masses », mais dénonçait son ambition naïve et petite-bourgeoise de « prévenir l'apparition du capitalisme en Chine »[1]. Dans un autre article d'avril 1913, « La lutte des partis en Chine », Lénine attribuait la faiblesse du parti Guomindang au fait que celui-ci n'avait « pas encore réussi à suffisamment drainer les larges masses du peuple chinois dans le courant révolutionnaire »

1. Cité ici d'après LENG Shao-Chuan et Norman S. PALMER, *Sun Yat-sen and Communism*, New York, Praeger, 1960, p. 53.

et il critiquait les «faiblesses» de son dirigeant, «rêveur et indécis[1]». En 1921, Lénine, comme il l'indique lui-même, a complètement perdu de vue Sun Yat-sen. «Je ne connais rien des insurgés et des révolutionnaires de la Chine du Sud[2]...»

Ce sont donc les rapports envoyés de Chine par les émissaires soviétiques qui vont faire connaître Sun Yat-sen aux dirigeants de Moscou. De 1920 à 1922, une succession de représentants, plus ou moins autorisés, du nouveau pouvoir bolchevique rencontrent Sun, l'interrogent sur ses projets, l'informent sur l'évolution récente du socialisme en Russie et lui font miroiter l'espoir d'une aide financière et militaire soviétique. Parmi ces agents, Grigori Voitinski et Maring jouent un rôle déterminant.

Voitinsky, alors âgé de vingt-sept ans, est le responsable du Bureau d'Orient de l'IC. Longtemps émigré aux États-Unis, il parle couramment l'anglais, ce qui lui permet de communiquer directement avec Sun. Intelligent, séduisant et de manières modestes, Voitinski inspire généralement de la sympathie à ses interlocuteurs chinois. A l'automne 1920, Sun l'a très souvent reçu dans sa villa de Shanghai. Song Qingling venait prendre le thé avec les deux hommes et se joindre à la conversation. Un an plus tard, Maring a succédé à Voitinski dont il ne semble pas avoir eu l'urbanité. Les communistes chinois se plaindront des manières abruptes et de l'attitude méprisante de cet agent hollandais dont la carrière révolutionnaire s'est déroulée jusqu'alors en Indonésie. Au IIe congrès de l'IC, en juillet 1920, Maring a soutenu énergiquement les thèses de Lénine. Il croit à la politique de front uni et veut la faire appliquer en Chine. Après avoir préparé la fondation du Parti communiste chinois à Shanghai, il a entrepris un long voyage à l'intérieur de la Chine pour aller rencontrer Sun Yat-sen à Guilin, quartier général de l'expédition vers le Nord. En décembre 1921, les deux hommes purent ainsi avoir plusieurs entretiens.

Les premières conversations entre Sun et ces émissaires de

1. Cité d'après LENG et PALMER, *Sun Yat-sen and Communism*, p. 53.
2. Lydia HOLUBYNCHY, *Michael Borodin and the Chinese Revolution, 1923-1925*, Ann Arbor, University Microfilm International, 1979, pp. 139-140.

l'IC semblent avoir été dominées par des thèmes très généraux. Il n'est pas encore question d'alliance ni d'aide. Les Soviétiques cherchent à mieux connaître Sun Yat-sen et son action et, pour Sun, « ces contacts épars s'intégraient au contexte plus large des relations qu'il entretenait avec le monde extérieur [1] ». Sun affirme sa sympathie pour la révolution russe et la personne de Lénine ; il se montre curieux des accomplissements du nouveau régime et, en particulier, de sa Nouvelle Politique économique, la NEP. Il rêve d'une aide militaire propre à faciliter sa conquête de Pékin et d'une stratégie qui permettrait de prendre la capitale en tenaille entre les armées nationalistes du Sud et les unités soviétiques convergeant du Nord ou du Nord-Ouest.

Mais cette jonction des forces révolutionnaires est difficile à opérer entre des partenaires si éloignés par la géographie. Et, d'ailleurs, la prudence conseille à Sun de remettre la conclusion d'une alliance qui risque de susciter des mesures de rétorsion de la part des Britanniques. Hostile au régime soviétique et désireuse de protéger Hong Kong, la Grande-Bretagne pourrait en effet menacer la base de Canton et prendre à revers l'expédition vers le Nord. Si significatif que soit alors l'intérêt porté par Sun à la Russie soviétique, il ne semble donc pas qu'il faille y voir déjà une quelconque volonté de la part du dirigeant chinois d'opérer un rapprochement avec ses frères en révolution.

L'opinion que, de leur côté, se forment les émissaires soviétiques sur Sun Yat-sen évolue en fonction des personnalités et des rencontres. A la fin de 1919, l'un des premiers interlocuteurs de Sun, le colonel Popoff, considère le dirigeant chinois comme « un militariste à l'ancienne mode qui ne conçoit pas d'autre moyen de servir son pays que les armes [2] ». Mais, deux ans plus tard, Maring distingue Sun comme l'indispensable partenaire d'une collaboration avec les forces nationales révolutionnaires chinoises. L'opinion de Maring ne s'impose pas sans résistance à l'IC. L'un des principaux responsables de l'organisation, l'Indien N. N. Roy, hostile à l'idée même de front uni, traite Sun d'« intrigant [...], dépourvu d'esprit pratique [...], positivement réaction-

1. WILBUR, *Frustrated Patriot*, p. 112.
2. Cité par WILBUR, *Frustrated Patriot*, pp. 115-116.

naire [1]». Et devant le congrès des Travailleurs d'Extrême-Orient, réuni à Moscou en janvier 1922 pour faire pièce à la conférence de Washington, Grigori Zinoviev, le chef de l'IC, multiplie ses attaques contre le style bourgeois du Guomindang et l'obstination de Sun à rechercher l'aide américaine.

C'est dans le courant du second semestre 1922 et au tout début de l'année 1923 que le rapprochement entre Sun et les Soviétiques commence à se préciser. Maring reprend contact avec Sun Yat-sen en août 1922 et se sert du Parti communiste chinois pour promouvoir la politique de front uni. En dépit de leurs réticences, les militants communistes sont invités par Maring et par l'IC à adhérer individuellement au Guomindang. Leurs chefs, Li Dazhao et Chen Duxiu, paient d'exemple. Les relations entre Sun et les Soviétiques prennent, par ailleurs, un tour plus officiel dès lors que s'y implique le nouvel envoyé du gouvernement de Moscou à Pékin, Adolf Joffé. Une correspondance de plusieurs mois prélude au voyage que Joffé effectuera en janvier 1923 pour rencontrer Sun à Shanghai.

La multiplication de ces initiatives soviétiques, que certains historiens, tel Dov Bing, attribuent au rôle personnel de Maring, coïncide en fait avec l'élaboration théorique du concept et de la stratégie de front uni. Les *Thèses générales sur la question d'Orient*, votées par le IVe congrès de l'IC en novembre-décembre 1922, soulignent la faiblesse intrinsèque du Parti communiste chinois, plaident pour un compromis temporaire avec les nationalistes et certains dirigeants locaux, et recommandent la formation d'un front uni qui poursuivra en priorité la lutte anti-impérialiste, mais dont les communistes pourront aussi se servir pour véhiculer la révolution sociale. Une résolution du comité exécutif de l'IC, en date du 12 janvier 1923, désigne enfin le Guomindang comme le partenaire exclusif du Parti communiste chinois, qui reçoit consigne de travailler à l'intérieur du Parti nationaliste tout en conservant son autonomie d'organisation et d'action.

Les initiatives soviétiques trouvent chez Sun un accueil favorable mais prudent. Il reçoit les communistes dans le Guomin-

1. Cité par LENG et PALMER, *Sun Yat-sen and Communism*, p. 56.

dang, mais à titre individuel, car il refuse une alliance d'égal à égal avec un groupuscule qu'il juge incomparablement moins important que son propre parti. Sur les conseils de ses interlocuteurs bolcheviques qui critiquent l'incapacité du Guomindang de mobiliser les masses, Sun tente de revitaliser l'organisation du parti. En septembre 1922, il désigne une commission de 9 membres (dont le communiste Chen Duxiu) pour réviser les statuts du parti et préparer un nouveau programme. Adoptés en janvier 1923, ces nouveaux textes ne changent rien à la pratique.

Enfin, Sun Yat-sen entre en correspondance avec Adolf Joffé qui, à Pékin, négocie au nom du gouvernement soviétique la normalisation des relations diplomatiques entre Chine et Russie et le règlement du contentieux concernant le chemin de fer de l'Est chinois. Pendant l'automne 1922, une demi-douzaine de lettres sont échangées. Sun expose à Joffé ses plans militaires, demande l'envoi de conseillers à Shanghai et avance l'idée d'une mission de Chiang Kai-shek à Moscou pour négocier l'aide à la révolution chinoise. Mais il se montre irrité des conversations menées par Joffé avec le gouvernement de Pékin. Pourquoi les Soviétiques n'attendent-ils pas que Sun ait chassé les militaristes et établi sa présidence ? Sun s'inquiète aussi des rumeurs d'invasion russe en Mandchourie du Nord, d'un projet d'alliance entre Moscou et Wu Peifu...

Pour dissiper ces malentendus, Joffé vient lui-même rencontrer Sun à Shanghai. La série de leurs entretiens, du 17 au 26 janvier 1923, est couronnée par une déclaration commune qui, de façon significative, se présente comme un accord diplomatique passé entre un ambassadeur étranger et un haut responsable chinois. Sun se comporte comme un chef d'État et Joffé lui concède ce statut par la signature qu'il appose au bas de l'acte. Par cette déclaration, Sun accepte l'alliance de Moscou sous deux réserves : d'une part, il n'y aura pas de conversion de la Chine au communisme, la Russie se contentant de soutenir la Chine, c'est-à-dire Sun, dans sa lutte pour l'unification nationale et l'indépendance ; d'autre part, Joffé réitère la renonciation à tous les privilèges arrachés par les traités tsaristes (y compris ceux relatifs au chemin de fer de l'Est chinois). En revanche, Sun accepte, à titre provisoire, le *modus vivendi* qui laisse la gestion de ce chemin de fer aux Russes et autorise l'occupation de la Mongolie extérieure par les troupes soviétiques. On ne sait si ce document était assorti d'une promesse d'aide. Peut-être celle-ci a-t-elle été négociée un peu plus tard, par Liao Zhongkai, un proche collaborateur de Sun, que ce dernier dépêche à Joffé, alors en voyage au Japon. En tout cas, c'est après ce voyage qu'en mars 1923 Moscou prendra la décision d'envoyer des conseillers à Sun et de lui allouer deux millions de dollars chinois.

Cette déclaration commune va servir de fondement à la coopération entre Soviétiques et Guomindang. Pourtant, aux yeux de Sun, elle n'engage pas encore l'avenir. Car c'est le 26 janvier 1923, le jour même de la publication de cette déclaration, que Sun envoie son télégramme circulaire exposant son projet de réunification pacifique grâce aux bons offices d'« une puissance amicale », c'est-à-dire les États-Unis.

Sun a conscience que l'aide soviétique sera conditionnée par les services que lui-même pourra rendre à Moscou, autrement dit par la force politique qu'il représentera. Or, non sans raison, Sun considère que, dans la Chine de 1920, cette force politique se mesure d'abord en termes de territoires et de troupes. C'est pourquoi le développement de l'alliance soviétique lui paraît subordonné à une reconquête du Guangdong.

> « Désormais, nous pourrons développer des relations plus étroites avec eux [les Russes]. Mais il est fondamental que nous ayons une base sur laquelle nous appuyer avant de faire quoi que ce soit de sérieux. Sans un tel appui, même les jeunes communistes chinois qui partagent la doctrine [des Soviétiques], à quoi peuvent-ils être bons ? [...] Tout cela montre que nous devons d'abord nous assurer une base. Et pour cela nous devons reconquérir le Guangdong [1]. »

Mais la stratégie de la base territoriale a ses exigences. Pour ériger le Guangdong en point d'appui d'une grande politique nationale et internationale, Sun doit gagner la neutralité et si possible la coopération de la colonie de Hong Kong, toute proche. Si bien que, au moment même où il négocie avec les Soviétiques, Sun Yat-sen, qui vient de réussir à chasser Chen

1. « Zhi Jiang Zhongzheng han » (Lettre à Chiang Kai-shek), *O.C.*, t. VI, pp. 616-617 ; partiellement traduite dans LENG et PALMER, *Sun Yat-sen and Communism*, p. 60.

Jiongming de Canton, multiplie les ouvertures vers la Grande-Bretagne.

Le retour à Canton et les avances à la Grande-Bretagne

La défaite de Chen Jiongming, chassé du Guangdong central à la mi-janvier 1923, ouvre la voie au retour de Sun à Canton. Ce retour, Sun l'a acheté en finançant des mercenaires auxquels il a versé 400 000 dollars chinois [1]. Il s'est en particulier servi des Yunnanais. On se souvient qu'une armée du Yunnan s'est installée au Guangdong dès 1916, à la faveur du mouvement de Protection du pays, dirigé contre Yuan Shikai. D'abord bien organisée et bien encadrée, cette armée s'est progressivement désintégrée. Elle a rompu ses liens avec sa province d'origine qui a cessé de la financer. Elle doit elle-même assurer sa survie en exploitant les territoires qu'elle occupe et en négociant avec les pouvoirs environnants. Son commandement s'est fragmenté et son chef, le général Yang Ximin, jouit d'une autorité essentiellement morale. Pourtant, par ses effectifs, son équipement et sa très relative discipline, l'armée yunnanaise représente en 1922 la plus importante force militaire et donc politique du Guangdong. C'est autour d'elle que se forme la coalition qui abat le pouvoir de Chen Jiongming. C'est elle qui fournit à Sun sa principale force de frappe. Cette alliance entre Sun et les Yunnanais est l'une des causes déterminantes, souvent ignorée (ou passée sous silence), de la montée en puissance du Guomindang de 1922 à 1924. Mais cette alliance a son prix. Sun Yat-sen voudrait pouvoir compter sur Hong Kong pour l'acquitter. Dès la mi-janvier 1923, il multiplie les ouvertures à l'égard des Britanniques.

Il est encouragé dans cette démarche par certains membres de son proche entourage regroupés autour de son fils Sun Fo. Cette clique du prince *(Taizupai)* rassemble des jeunes diplômés formés en Occident, attachés à des objectifs de modernisation économique et administrative et partisans d'un certain pragmatisme. Leur souci d'efficacité les a fait apprécier de la bourgeoisie cantonaise qui, de 1920 à 1922, a entretenu de

1. *Cf.* Donald D. SUTTON, *Provincial Militarism and the Chinese Republic, the Yunnan Army, 1905-1925*, Ann Arbor, University of Michigan Press, 1980, pp. 274-275.

bonnes relations avec le gouvernement municipal de Canton dirigé par Sun Fo. Les notables chinois de Hong Kong partagent ces bons sentiments que viennent étayer des liens de famille. Deux des membres les plus en vue de la clique du prince, Wu Chaoshu (C.C. Wu, 1887-1934) et Fu Bingchang, ont en effet épousé des filles de Ho Kai, personnalité marquante de la Colonie au tournant du siècle, dont les idées réformistes ont inspiré Sun Yat-sen à ses débuts.

Par sa formation et ses orientations, la clique du prince est hostile au rapprochement avec les Soviétiques. Elle préférerait une alliance occidentale et travaille à établir la liaison entre Sun et les autorités de Hong Kong. En février 1923, à Shanghai même, Sun fait prendre divers contacts avec le consul général britannique et avec le ministre Sir Ronald Macleay, de passage dans la ville. Tout en répétant que Sun ne peut recevoir aucun appui officiel de la Grande-Bretagne, Sir Ronald Macleay recommande au Foreign Office de bien traiter le dirigeant révolutionnaire, compte tenu de l'influence exercée par celui-ci dans le sud de la Chine et parmi les résidents chinois de l'Asie du Sud-Est. La chute de Chen Jiongming et le prochain retour de Sun à Canton imposent une certaine souplesse à la diplomatie britannique.

Rien ne laisse prévoir, cependant, la réception enthousiaste dont Sun Yat-sen est l'objet pendant les quelques jours qu'il passe à Hong Kong, du 17 au 21 février 1923, avant de rejoindre Canton. Invité à déjeuner par le gouverneur de la Colonie, à boire le thé avec le directeur de la Hong Kong & Shanghai Bank, principal établissement financier de la place, fêté par les marchands chinois, acclamé par les étudiants, Sun Yat-sen a maintes occasions d'exposer ses plans de démobilisation et de modernisation économique du Guangdong, et toutes raisons d'espérer la coopération financière de ses interlocuteurs.

Sun s'est-il laissé emporter par l'ivresse qu'a dû faire naître en lui un tel triomphe ? A-t-il voulu complaire à ses auditeurs ? S'est-il laissé entraîner par le souvenir de ses débuts révolutionnaires dans la Colonie ? Toujours est-il que, le 19 février, il prononce le plus inattendu des discours à l'université de Hong Kong. L'homme qui, quatre semaines plus tôt, signait un accord avec la Russie soviétique, se lance dans l'apologie de l'administration coloniale de Hong Kong. Il évoque les jours anciens où, étudiant, il a découvert les bienfaits de cette administration et, par comparaison, toute la corruption de la bureaucratie chinoise. Il conclut par un éloge du parlementarisme anglais : « Nous devons prendre l'Angleterre en modèle et étendre à toute la Chine les bonnes méthodes de gouvernement qu'elle nous donne en exemple [1]. »

Cette euphorie se prolonge quelque temps après l'arrivée de Sun à Canton. La clique du prince a le vent en poupe : Sun Fo redevient maire de la ville, Fu Bingchang supervise les douanes et Wu Chaoshu les affaires étrangères. Sun évoque publiquement « les emprunts en train de se négocier [...] à Hong Kong et la prospérité que ces capitaux ne manqueront pas d'apporter à la province [2] ». Mais la détérioration rapide de la situation militaire et politique de la base cantonaise effraie les éventuels bailleurs de fonds et le mirage d'une coopération avec Hong Kong s'évanouit aussi brusquement qu'il était né.

Que conclure de ce retour de flamme pour l'Occident, aussi ardent qu'inattendu, alors que déjà s'est ouvert le prologue du rapprochement entre le Guomindang et la Russie soviétique ? Il est clair que par la déclaration commune, signée le 26 janvier 1923, Sun a ouvert une option mais n'a pas souscrit un engagement. Au printemps 1923, alors que mûrit lentement à Moscou la décision d'aider Sun, ce dernier se donne une entière liberté de manœuvre diplomatique qui le conduit à des initiatives en complète contradiction avec l'esprit de la déclaration. Nous retrouvons là une démarche familière de Sun, mais toujours aussi déroutante pour les observateurs et les historiens occidentaux, prompts à dénoncer l'incohérence ou la malhonnêteté. Cette exploration simultanée de voies contradictoires répond aux contraintes divergentes d'une stratégie d'intervention au Nord, fondée sur le contrôle d'une base territoriale au Sud. Elle reflète aussi, sans vraiment les dépasser, mais peut-être en cherchant à les user, les affrontements qui, dans l'entourage de Sun Yat-sen, opposent les partisans d'une coopération

1. « Zai Xianggang daxuede yanshuo » (Discours prononcé à l'université de Hong Kong), *O.C.*, t. VII, pp. 115-117 ; divers reportages sur la visite à Hong Kong sont cités dans WILBUR, *Frustrated Patriot*, p. 336, n. 59, et dans CHAN, Gilbert F., « An Alternative to Kuomintang-Communist Collaboration : Sun Yat-sen and Hong Kong, January-June 1923 », *Modern Asian Studies*, 1979, vol. XIII, n° 1, pp. 132-133.

2. *The North China Herald*, 24 mars 1923, cité par CHAN, « Sun Yat-sen and Hong Kong », p. 133.

avec Moscou et la clique du prince. Elle se présente en somme comme un style original de gestion des contradictions, aussi spécifique sans doute de la culture politique chinoise que du tempérament de Sun Yat-sen lui-même.

SUN ET BORODINE : L'ALLIANCE AVEC LA RUSSIE SOVIÉTIQUE ET LA COOPÉRATION AVEC LES COMMUNISTES CHINOIS

A l'automne 1923, Sun bascule dans le camp soviétique. Non sans réticence : certaines de ses démarches suggèrent qu'il n'a pas complètement renoncé à un arrangement avec les puissances occidentales. Mais son ralliement à l'alliance soviétique et à la stratégie du front uni s'exprime désormais avec suffisamment de détermination pour infléchir la politique du Guomindang et, à travers elle, le destin de la révolution et celui de la Chine.

Le choix de Sun semble lui avoir été dicté surtout par les circonstances. Certes, il admire Lénine et désire apprendre des Soviétiques les méthodes qui ont fait triompher la révolution russe. Mais, étant donné l'éclectisme de Sun et le large éventail de ses intérêts, on peut douter que sa curiosité et sa sympathie à l'égard de la Russie auraient suffi à le conduire à une véritable alliance si la précarité de sa position et l'absence d'autre solution ne lui avaient inspiré ce choix. A l'époque, Sun reste habité de la même ambition : opérer la reconquête militaire et politique du Nord, faire reconnaître son pouvoir à Pékin et unifier ainsi la Chine sous sa direction. La base territoriale de Canton n'est toujours qu'un instrument au service de cette politique nationale. Mais le contrôle de Sun sur cette base n'a jamais été plus précaire. Et cette précarité même a fait s'évanouir les espoirs qu'au printemps 1923 il a mis dans une aide venue de Hong Kong. C'est elle aussi qui pousse Sun à tenter d'augmenter ses ressources financières en mettant la main sur les revenus des douanes maritimes, démarche qui le met en conflit ouvert avec les puissances, gestionnaires de ces revenus, en vertu des traités et de pratiques diplomatiques remontant au XIXe siècle. En bref, à l'automne 1923, Sun Yat-sen se trouve contraint d'activer l'option soviétique et de s'engager dans une véritable coopération avec Moscou.

Lourde d'ambiguïté, cette coopération n'aurait sans doute jamais pris l'essor qui a été le sien si elle n'avait été servie, du côté soviétique, par un homme au talent exceptionnel, Mikhail Borodine (1884-1953), le conseiller politique envoyé par Moscou et que Sun appelle volontiers son La Fayette. La rencontre entre ces deux personnalités va modifier le cours de l'histoire chinoise contemporaine. Leurs rapports demeurent encore très énigmatiques, fort mal documentés du côté de l'historiographie chinoise, éclairés d'un jour partisan par des archives soviétiques tardivement entrouvertes. Ces rapports renvoient en effet à une controverse fondamentale, touchant la nature même de l'alliance entre Sun et les Soviétiques : ralliement enthousiaste de Sun à la cause de la révolution anti-impérialiste et antiféodale, ou tactique temporaire, simple mariage de convenance où chaque parti espère trouver son intérêt ?

Si, comme nous le pensons, la seconde hypothèse est la plus fondée, les relations entre Sun et Borodine peuvent servir de baromètre au degré de manipulations réciproques pratiquées par l'un et l'autre. Fin psychologue, doué d'une grande force de persuasion, organisateur infatigable appliquant strictement les directives de l'IC et disposant de l'atout décisif que représente l'aide militaire et financière soviétique, Borodine exerce sur Sun Yat-sen une profonde influence. Alors que Sun, jusque-là, a toujours su mettre les compétences, les capitaux, les appétits ou l'idéalisme des étrangers au service de ses propres objectifs, il semble que ses talents de manipulateur pâlissent face à ceux de Borodine. Lequel va utiliser l'autre ?

La rencontre entre Sun et Borodine (automne 1923)

Autant que la personnalité des protagonistes, les circonstances de leur rencontre orientent leurs relations. Au moment où Borodine arrive à Canton, au début d'octobre 1923, l'autorité de Sun sur sa base est des plus fragiles et son crédit à l'étranger est complètement érodé.

Étourdi par la mêlée, aussi violente que confuse, qui met aux prises des aventuriers militaires, des propriétaires terriens à la tête de leurs milices locales, des bandits intriguant avec des politiciens, des compradores cherchant des appuis à Hong Kong, Borodine, en arrivant à Canton, s'écrie : «C'est une véritable Babel où l'on se sent complètement perdu[1]. » Sun lui-même a bien du mal à y faire respecter un semblant d'autorité. Depuis son retour à Canton, à la fin de février, il a travaillé à la consolidation d'une base militaire dans la région du delta. La coalition sur laquelle il s'est appuyé pour la reconquête éclate très vite. Les unités du Guangxi, théoriquement alliées de Sun, se retournent contre lui et, à la mi-avril, elles tentent de s'emparer de Canton. Cette alerte est bientôt suivie d'une autre offensive, lancée celle-là par Chen Jiongming, qui occupe toujours la partie orientale du Guangdong. Au nord de la province, les confins frontaliers avec le Hunan et le Guangxi sont tenus par des armées hostiles à Sun et aidées en sous-main par le militariste du Nord Wu Peifu. Les forces du Guomindang (environ cent mille hommes) ne contrôlent que le Guangdong central. Les mercenaires yunnanais, qui constituent le noyau de ces forces, sans désobéir ouvertement à Sun, refusent d'appliquer ses ordres quand il s'agit de se mettre en campagne. Sun doit négocier chaque offensive avec leurs officiers et payer argent comptant.

Ces mercenaires, qui se disputent entre eux, songent avant tout à exploiter les régions qu'ils occupent. Installés dans les quartiers marchands de Canton ou dans les environs de la ville, ils accaparent les ressources locales, afferment les taxes sur l'opium et le jeu, multiplient les droits d'octroi, confisquent les revenus des voies ferrées... Sun ne peut ni discipliner ces troupes ni les éloigner de Canton, encore moins les licencier. Ces soldats constituent d'ailleurs la seule sauvegarde de son régime, car s'ils ne veulent pas prendre l'offensive, ils sont prêts à bien se battre pour préserver leur contrôle sur leur zone nourricière.

Pour garder une certaine autorité sur ces armées, Sun Yat-sen cherche à les diviser, à « jouer » les mercenaires yunnanais contre les contingents hunanais ou les unités cantonaises. C'est par le biais de l'attribution aux divers contingents de leurs zones respectives d'installation (et d'exploitation) que Sun Yat-sen peut exercer son arbitrage, réservant les régions les plus riches aux contingents qu'il veut favoriser. Cette manipulation réussit à créer un équilibre instable qui a surtout pour mérite,

1. Cité par A.I. CHEREPANOV, *Notes of a Military Adviser* (traduit du russe), Taibei (US Army), Office of Military History, 1970, p. 111.

aux yeux de Sun, d'éviter le retour d'un accident semblable à celui de l'été 1922, lorsque la rébellion du seul Chen Jiongming avait suffi à renverser le gouvernement de Canton.

Le Guangdong est donc livré à l'arbitraire et à la violence de la soldatesque, des brigands et des pirates. La presse occidentale dresse un tableau catastrophique de la situation. La vision qu'en a Borodine est tout aussi sombre : « N'importe quelle région du Guangdong, choisie au hasard, abrite le quartier général d'un seigneur de la guerre. Les troupes sont commandées par plusieurs douzaines de généraux, complètement autonomes ou gravitant autour du plus fort d'entre eux. Les bandits ont leurs organisations, en cheville avec les seigneurs de la guerre [1]... » Ces combats endémiques qui ravagent la province sont ceux du Moyen Age : pistes pavées sur lesquelles les officiers voyagent en palanquin, équipements transportés à dos d'homme, villes entourées de remparts, dont l'assaut est donné à l'escalade, avec des échelles [2].

Même primitive, la guerre coûte cher. Et si, grâce aux régions dont le contrôle leur est concédé, les mercenaires s'enrichissent, Sun Yat-sen, lui, ne sait plus où trouver l'argent nécessaire pour mettre en marche ses contingents hétérogènes, soit environ un million de dollars chinois par mois [3]. Le gouvernement de Canton multiplie les taxes, impose des contributions de guerre aux marchands, fait arrêter des notables accusés de « trahison », relâchés ensuite contre le paiement de grosses rançons (pudiquement appelées dépôts de garantie). Il confisque et vend les propriétés des clans et des organisations philanthropiques. Ces exactions font passer les revenus municipaux de Canton de trois millions de dollars en 1921 à neuf millions en 1923 [4]. Mais elles discréditent le gouvernement. Sun, cependant, n'a pas le choix : il doit trouver l'argent nécessaire pour conserver le contrôle des contingents relevant théoriquement de son autorité, et il consacre la plus grande partie de ses forces à tisser sans relâche le réseau des liens personnels avec les divers chefs militaires sur lesquels repose en fait tout

1. Cité par CHEREPANOV, *Military Adviser*, p. 111.
2. *Ibid.*, p. 117.
3. *Cf.* SUTTON, *Provincial Militarism*, p. 281.
4. *Cf.* WILBUR, *Frustrated Patriot*, pp. 168-169.

son pouvoir. C'est l'urgence de ses besoins financiers qui pousse Sun Yat-sen à tenter de mettre la main sur les revenus douaniers des ports du Guangdong : démarche qui l'entraîne à un conflit ouvert avec le corps diplomatique à l'automne 1923.

Gérée par une administration internationale, l'administration des Douanes maritimes consacre en priorité ses recettes au service des emprunts étrangers. Mais, après la Première Guerre mondiale, une forte hausse de ces recettes a permis de dégager un surplus que les banques étrangères reversent au gouvernement de Pékin. En 1919, cependant, les généraux sudistes avaient réclamé et obtenu le paiement à leur gouvernement séparatiste d'une partie (13,7 %) de ce surplus, proportionnelle à la contribution des ports du Guangdong. Disloqué en mars 1920, le gouvernement de Canton avait cessé de faire valoir ses droits. Par les mémorandums qu'il adresse au corps diplomatique, le 5 septembre et le 3 octobre 1923, Sun Yat-sen réclame la reprise des paiements et le versement des arriérés, soit, selon ses évaluations, 12,6 millions de dollars chinois. Sun avance des arguments juridiques et moraux. Comment accepter que des revenus cantonais soient livrés au gouvernement de Pékin afin de servir à financer la guerre contre le Sud ?

En l'absence de réponse de la part des puissances, Sun Yat-sen menace de saisir par la force les Douanes de Canton. En décembre, seize vaisseaux de guerre américains, anglais, français, etc., croisent dans les eaux de Canton, cependant que du côté nationaliste se multiplient manifestations, campagnes de presse, appels aux Chinois des États-Unis. La crise s'apaise tout soudain, sans que Sun ait obtenu satisfaction. Le rapport des forces, il est vrai, n'était pas en sa faveur. Aux yeux de l'opinion nationaliste, Sun Yat-sen en tire la gloire d'un David affrontant Goliath. Mais l'épisode met aussi en lumière la dégradation des rapports entre Sun et les puissances. Les silences de l'Occident se sont transformés en franche hostilité. Sans argent, sans alliés, Sun Yat-sen prête une oreille d'autant plus complaisante aux propositions soviétiques que celles-ci lui sont transmises par le plus convaincant, le plus séduisant des messagers.

Le nouvel émissaire soviétique arrive à Canton le 6 octobre 1923. C'est Borodine. « Il a la noble prestance d'un vieux clandestin bolchevique [...]. Ses moustaches retombantes ressemblent à celles que portaient les ouvriers russes avant la révolution

[...]. Ses traits expriment une franchise avenante [...]. Il est grand, porte tunique et pantalon sur des bottes montantes, et il parle d'une voix forte et très grave [1]. » Mikhaïl Borodine (de son vrai nom Grusenberg) est né en 1884 dans une famille de rabbins à Vitebsk (Biélorussie). Arrêté après la révolution de 1905, il s'exile aux États-Unis. La révolution d'Octobre le ramène en Russie. En 1919, il participe à la fondation de la IIIe Internationale dont il est un des agents les plus actifs au Mexique, aux États-Unis et en Europe. Tous ceux qui le rencontrent alors louent son « extraordinaire puissance intellectuelle, ses connaissances encyclopédiques », ses brillantes qualités de causeur et ses dons de persuasion, « sa capacité à gagner la confiance et le respect de ceux vers lesquels on l'envoyait [2] ».

Lorsque, en septembre 1923, le comité central du Parti communiste russe le désigne pour devenir le conseiller politique de Sun Yat-sen et mettre en œuvre la stratégie de front uni avec le Guomindang, Borodine n'a aucune connaissance de l'Asie. Mais il a une solide expérience de l'action clandestine et de l'organisation révolutionnaire, et sa maîtrise de la langue anglaise doit lui permettre de communiquer directement avec Sun. Ses lettres de créance se limitent à une note de Karakhan, annonçant à Sun qu'il lui envoie « son représentant personnel ». Arrivés presque ensemble en Chine à l'automne 1923, Karakhan et Borodine incarnent la double face de la politique soviétique. Cependant que le premier, dans le Nord, s'emploie à rétablir des relations diplomatiques avec le gouvernement de Pékin, le second, dans le Sud, travaille à préparer le renversement de ce même gouvernement. Les deux hommes agissent en étroite coopération, Borodine envoyant chaque semaine un rapport d'activité détaillé à Karakhan. En tant qu'agent de l'IC, désigné par le comité central et installé dans ses fonctions par un représentant du gouvernement de Moscou, Borodine jouit d'une représentativité et d'une autorité très supérieures à celles des précédents émissaires soviétiques.

Dès son arrivée à Canton, Borodine est accueilli personnellement par Sun. Accueil chaleureux, mais les deux hommes

1. Vera V. VISHNYAKOVA-AKIMOVA, *Two Years in Revolutionary China* (trad. du russe), Cambridge, Mass., Harvard University Press, 1971, p. 154.

2. Témoignages cités par HOLUBYNCHY, *Borodin*, p. 222.

ne parlent pas le même langage. Sun reprend son plan du Nord-Ouest. Il évoque le lancement d'une expédition punitive contre Wu Peifu, l'établissement d'une base révolutionnaire en Mongolie, appuyée sur ses arrières par la Russie soviétique, et, en attendant, il réclame l'aide militaire indispensable à la consolidation de son pouvoir au Guangdong. Borodine, de son côté, exhorte Sun à lutter contre l'impérialisme en alliance avec la Russie soviétique et les communistes chinois. Dans les jours qui suivent, lors de réceptions organisées en son honneur par les membres du gouvernement et par les dirigeants du Guomindang, Borodine développe les mêmes thèmes. Il le fait avec diplomatie, expliquant qu'il est venu « se placer à la disposition de la révolution nationale chinoise [1] », que les objectifs soviétiques coïncident — pour ce qui est du nationalisme et de la démocratie — avec les principes du Triple Démisme. Son discours n'en soulève pas moins de vives résistances dans l'entourage même de Sun comme parmi les dirigeants locaux du Parti communiste chinois, mal ralliés à la politique de front uni.

Face à ces résistances et dans la position précaire qui est alors la sienne, Borodine va fonder son influence et son pouvoir sur les liens d'amitié personnelle qu'il s'empresse de nouer avec Sun Yat-sen. Il comprend que c'est seulement à travers l'autorité de Sun Yat-sen qu'il pourra établir la sienne. Il adhère à l'analyse que lui présentent les communistes cantonais, selon laquelle « Sun Yat-sen [...] est l'âme du Guomindang, le centre autour duquel s'unissent divers courants, même ceux qui luttent les uns contre les autres [2] ». Et, dans un rapport adressé à Moscou, il explique : « Je ne peux envisager la réorganisation du parti [Guomindang] sans Sun. Il est indispensable de se servir de son radicalisme, de son autorité, de son désir de créer un parti [3]. »

Pour gagner la confiance du dirigeant chinois, Borodine se pose en admirateur inconditionnel de sa pensée et de son action politiques. « Dans tous mes discours, je soulignais l'extrême importance du rôle dirigeant de Sun dans le mouvement révolu-

1. D'après des rapports non officiels (chinois et soviétiques) mais concordants, cités par HOLUBYNCHY, *Borodin*, pp. 270-272.
2. Cité par HOLUBYNCHY, *Borodin*, p. 275.
3. Cité par HOLUBYNCHY, *Borodin*, p. 310.

tionnaire national en Chine et, ce faisant, je lui prouvais notre désir de renforcer sa position[1].» Borodine présente Sun comme un précurseur et il souligne que l'attention portée au socialisme par celui-ci dès l'époque de la Ligue jurée est un signe du destin préparant l'alliance avec une Russie devenue par la suite socialiste.

Dans les rapports confidentiels qu'il adresse à Moscou, Borodine se laisse aller à des jugements beaucoup plus critiques.

> «Sun Yat-sen est très arriéré. Il apprécie fort mal les situations politiques [...]. Il raisonne souvent de façon simpliste, comme l'homme de la rue. Il juge les politiciens chinois en fonction de ses sympathies ou antipathies personnelles [...]. Il se considère comme un héros, et les autres ne sont que populace. Mais en Chine il n'est qu'un petit satrape éclairé[2].»

L'attitude de Borodine à l'égard de Sun reflète une volonté certaine de manipulation psychologique. Sun Yat-sen, lui-même si fin négociateur, si habile à soumettre ses interlocuteurs à ses volontés, est-il véritablement tombé dans le piège? Ou s'est-il simplement prêté à un jeu dont il espère pouvoir tirer des avantages concrets : aide militaire, subsides financiers? Sun semble bien être fasciné par le personnage de Borodine, par la logique et la sincérité de son éloquence, l'ardeur de ses convictions. Il espère que Borodine pourra l'aider à devenir lui-même un autre Lénine, à faire triompher la révolution chinoise comme Lénine a su faire triompher la révolution russe. Très vite, Sun va avoir l'occasion d'apprécier les talents d'organisateur de Borodine. Très vite, il accorde sa confiance au conseiller soviétique dont il ne cesse de faire l'éloge et dont il impose la présence dans toutes les réunions du parti et du gouvernement, faisant de lui le conseiller tout-puissant du bureau politique du Comité exécutif central du Guomindang.

Si profonde qu'elle soit, l'influence exercée par Borodine sur Sun Yat-sen ne semble cependant jamais définitivement acquise. Sun est à la fois obstiné et changeant. L'influence de Borodine fait pâlir, mais n'élimine pas totalement celle d'autres

1. Cité par HOLUBYNCHY, *Borodin*, p. 311.
2. *Cf.* N. MITAREVSKY, *Worldwide Soviet Plots*, Tianjin, Tientsin Press, 1927, cité ici d'après HOLUBYNCHY, *Borodin*, p. 272.

membres de l'entourage présidentiel. Les promesses faites à Borodine un jour sont souvent remises en question dès le lendemain, car Sun se rallie au dernier avis entendu et cède aux dernières pressions exercées. Borodine doit alors revenir à la charge, monter une garde permanente autour de Sun, renouveler inlassablement ses démonstrations et obtenir de multiples confirmations des décisions déjà prises. Par ailleurs, la persistance avec laquelle Sun Yat-sen, pendant toute la période de coopération avec les Soviétiques, revient à certains projets étrangers ou contraires à cette coopération, tels que l'expédition vers le Nord, l'ouverture à l'Occident ou l'alliance avec le Japon et la solidarité panasiatique, suggère que le président du Guomindang conçoit peut-être cette coopération comme un moyen au service d'objectifs plus lointains qu'il se réserve le privilège de définir. A travers l'amitié personnelle qui très vite s'établit entre Sun et Borodine se développe l'interaction complexe entre deux hommes de caractère et d'expérience. La conséquence en sera un profond bouleversement des données de la vie politique chinoise.

Sun se rallie à la politique de front uni

L'importance que Borodine attache à la personnalité même de Sun est d'ordre tactique. Mais, pour ce bon léniniste, l'instrument par excellence de la lutte politique et de la révolution nationale ne peut être que le parti. Il ne se fait guère d'illusion sur le Guomindang et répète aux Soviétiques de son entourage qu'« on ne peut même pas appeler le Guomindang un parti. A quelque point de vue que l'on se place — politique, organisationnel, théorique —, le Guomindang n'est qu'une entité mal définie, insaisissable [1] ». Dès son arrivée à Canton, Borodine donne donc priorité à la réorganisation du parti. Il veut en consolider les structures, en transformer les méthodes pour en faire un outil efficace. En même temps, il veut l'amener à préciser de façon explicite ses objectifs anti-impérialistes et à rompre ainsi sans retour avec l'Occident. Ce souci de réorganisation est favorablement accueilli par Sun. On a vu que celui-ci, méditant sur les causes de l'échec républicain, a souvent dénoncé les compromis passés par le parti révolutionnaire et la présence

1. Cité par VISHNYAKOVA-AKIMOVA, *Two Years*, p. 158.

en son sein de nombreux opportunistes. Dès l'hiver 1922-1923, alors qu'il était encore à Shanghai, il a même tenté de procéder à une première réorganisation. Sans succès : Sun Yat-sen, on le sait, n'est pas un homme d'appareil.

Le 13 octobre, il approuve le plan soumis par Borodine : revoir le programme, établir de nouveaux statuts, implanter des noyaux durs à Canton et à Shanghai, puis créer des structures locales dans le reste du pays et enfin réunir un congrès pour faire approuver ces changements et élire un Comité exécutif central. Dans les jours qui suivent, la campagne pour la Réorganisation du parti est menée tambour battant par Borodine et Sun Yat-sen. Le 15 octobre, lors d'un rallye du Guomindang au Parc public de Canton, Sun prononce un grand discours. Reprenant un thème qui lui est familier, il critique ceux qui, ayant réussi à devenir fonctionnaires, considèrent leur tâche révolutionnaire comme terminée. Il fait ensuite écho aux idées de Borodine en prônant le gouvernement du pays par le parti, l'unification par la mobilisation populaire et le recours à la propagande plutôt qu'aux armes.

Présent aux mêmes meetings, Borodine associe étroitement l'éloge de Sun aux nouveaux objectifs proposés au parti. « Le Guomindang a un dirigeant national, le docteur Sun Yat-sen. Il est capable d'unir la Chine et, avec l'appui du peuple, de libérer le pays de l'oppression des impérialistes étrangers et des militaristes chinois [1]. » Les orateurs sont acclamés par la foule. Borodine mobilise aussi la presse et affirme dans une interview accordée au *Journal du commerce (Shangbao)* : « Je crois fermement [le Guomindang] capable de compléter son organisation. Quand je pense que ce parti a à sa tête un dirigeant aussi formidable que Sun Yat-sen, je sais [que cette Réorganisation] se fera [2]. » En même temps qu'il mène son offensive éclair du côté du Guomindang, Borodine s'emploie à rassurer les communistes cantonais, toujours très méfiants à l'égard du Guomindang et de la politique du front uni. Du 9 au 17 octobre, Borodine tient cinq réunions particulières avec eux, au cours desquelles il présente la politique de Réorganisation comme une politique d'infiltration. « Quand je parle du

1. Cité par CHEREPANOV, *Military Adviser*, p. 30.
2. Cité par HOLUBYNCHY, *Borodin*, pp. 283-284.

Guomindang, pour nous cela renvoie en dernière analyse à l'influence du Parti communiste [...]. Il ne faut jamais oublier que le travail [consacré à la stabilisation du Guomindang] vise en fait à la stabilisation du Parti communiste [1]. »

Le 25 octobre 1923, Sun nomme un Comité exécutif central provisoire de neuf membres, dont un communiste. La tâche de ce comité sera de préparer les statuts et le programme du parti, de veiller à la réorganisation des bureaux locaux et de réunir un congrès national. Tout au long des mois de novembre et décembre 1923 et jusqu'à la mi-janvier 1924, ce Comité exécutif provisoire va faire preuve d'une intense activité, multipliant les sessions, élaborant les textes et travaillant toujours en liaison étroite avec Borodine que Sun Yat-sen lui a assigné comme conseiller. Sun approuve cette activité. Il remercie Moscou de lui avoir adressé Borodine, dont il apprécie « l'aide chaleureuse et sincère [2] ». Mais, en privé, il évoque l'époque de la Ligue jurée, une époque où brûlait l'esprit révolutionnaire et où les camarades étaient étroitement liés. Depuis, les rangs du parti ont grossi. La réforme en cours devrait aider à préserver l'élan originel tout en procurant les avantages d'une organisation à la soviétique. Le Guomindang pourra emprunter à ce mode d'organisation ce qui lui est utile tout en en rejetant les aspects négatifs, « passer une bride à la Russie soviétique et enfourcher cette monture [3] ». La démarche est typique de l'attitude de Sun (et de beaucoup de ses contemporains ou successeurs) désireux d'imiter les modèles étrangers non pas pour leur valeur intrinsèque mais dans la mesure où ils peuvent améliorer la pratique chinoise.

Borodine, lui, se montre moins satisfait. Alors que le Guomindang se vante de compter trente mille membres dans la seule province du Guangdong, ils sont à peine trois mille à s'être fait immatriculer lors des opérations de réinscription. A Canton même, douze sections de quartier ont été créées autour de noyaux d'activistes, communistes pour la plupart. Mais Borodine s'inquiète de voir qu'il n'existe en fait aucune communi-

---

1. *Cf.* N. MITAREVSKY, *Worldwide Soviet Plots*, cité ici d'après WILBUR, *Frustrated Patriot*, pp. 173-174.
2. Cité par WILBUR, *Frustrated Patriot*, p. 175.
3. Lettre de Sun Yat-sen à Zou Lu, citée par WILBUR, *Frustrated Patriot*, p. 175, mais non incluse dans *O.C.*

cation entre la direction du parti et les militants de base, et que les objectifs de la lutte de Sun Yat-sen (en particulier contre Chen Jiongming) n'ont jamais été clairement expliqués à la population. La grave crise politique et militaire qui, à la mi-novembre 1923, menace l'existence même du gouvernement de Sun, vient confirmer les craintes de Borodine et mettre à l'épreuve la nouvelle coopération entre le Guomindang et le conseiller soviétique.

Depuis août, les contingents yunnanais et guangxites contrôlés par Sun assiègent Chen Jiongming dans sa base de Huizhou, à l'est de Canton. Mais fin octobre, ces contingents lâchent pied et se replient sur Canton, poursuivis par leur adversaire jusque dans les faubourgs de la ville. Le 10 novembre, la loi martiale est déclarée. La chute de la capitale et du gouvernement de Sun semble imminente.

Borodine abandonne alors sa prudence habituelle. Devant le Comité exécutif provisoire, réuni le 13 novembre, il reproche aux dirigeants du Guomindang de n'avoir pas mobilisé les masses. « La population essentiellement paysanne du Guangdong garde une attitude passive devant ce qui se passe au front. » Pour résister à l'offensive de Chen Jiongming, Borodine propose de prendre deux décrets : l'un qui prononcera la confiscation des biens des propriétaires fonciers et leur redistribution aux cultivateurs, et l'autre qui limitera à huit heures la journée de travail et augmentera les salaires ouvriers. « Des militants aussi nombreux que possible iront dans les campagnes à bicyclette, à motocyclette, en sampan ou en voiture », pour faire connaître la nouvelle politique à la population et la mobiliser. Borodine, entre-temps, a procédé à la formation de détachements de volontaires pour aller renforcer les défenses de la ville : ils sont un peu plus de cinq cents, entraînés surtout par des activistes communistes, à monter au front.

Effrayés par l'urgence du péril, entraînés par l'éloquence de Borodine, les membres du Comité exécutif provisoire approuvent toutes ces mesures. Encore faut-il qu'elles soient contresignées par Sun Yat-sen. Or celui-ci reste introuvable. Il fait simplement savoir à Borodine que ses partisans — en particulier ceux qui résident outre-mer — n'accepteront jamais la confiscation des terres. Quand Sun consent finalement à recevoir Borodine, c'est pour s'enquérir des possibilités d'asile politique en Russie et discuter les modalités de sa fuite.

Au soir du 18 novembre, la situation militaire se renverse et les troupes de Chen Jiongming battent en retraite. Dans quelle mesure ce succès est-il dû aux efforts d'organisation et de mobilisation déployés par Borodine ? Il est difficile d'en juger. Mais Sun Yat-sen, quant à lui, est persuadé qu'il a été sauvé par Borodine. Leur entente se resserre. Borodine réclame que désormais Sun Yat-sen s'implique personnellement dans la mise en œuvre du plan de Réorganisation. Il ne se contente plus du feu vert donné par un Sun demeuré jusque-là essentiellement absorbé par les affaires militaires et ne fréquentant guère les réunions des instances Guomindang. Instruit par l'échec des décrets sur la confiscation des terres et la limitation de la durée de la journée de travail, Borodine craint que certains dirigeants du Guomindang, hostiles à l'influence soviétique, ne bloquent la Réorganisation si Sun lui-même ne la leur impose pas. Toujours modeste, il ne revendique que le rôle d'exécutant : « Sans son *leadership* effectif [de Sun], les fautes seront inévitables[1]. » Il est donc décidé que, désormais, les réunions du Comité exécutif provisoire se dérouleront sous la présidence effective de Sun. Après la crise militaire du 12-18 novembre, le soutien de Sun à son conseiller soviétique se fait encore plus actif et chaleureux.

Tirant les leçons de la crise, Sun Yat-sen reconnaît la nécessité d'une politique fondée sur la mobilisation des masses et il défend le modèle soviétique contre ceux de ses partisans qui le trouvent trop radical : « Leur doctrine comme la nôtre, c'est le Triple Démisme. Les idéologies sont les mêmes, affirme-t-il, mais notre parti manque encore de bonnes méthodes [...]. Nous devons absolument étudier les leurs [celles des Soviétiques]. C'est pourquoi j'ai demandé à M. Borodine d'être le professeur de notre parti et de former nos camarades [...]. J'espère que ceux-ci abandonneront leurs préjugés[2]. » La gestion de la crise militaire par Borodine confirme aux yeux de Sun l'excellence des méthodes soviétiques. Le chef du Guo-

1. Cité par HOLUBYNCHY, *Borodin*, pp. 304-305.
2. « Zai Guangzhou dabenying Guomindang yuande yanshuo » (Discours aux membres du parti Guomindang au grand quartier général à Canton), 25 novembre 1923, *O.C.*, t. VIII, pp. 437-438. Traduction partielle dans WILBUR, *Frustrated Patriot*, pp. 177-178.

mindang croit-il aux promesses de son conseiller qui se fait fort de consolider la base de Canton en six mois et d'étendre la révolution à toute la Chine en un ou deux ans ? Toujours est-il que, à partir de la fin novembre, Sun use de toute son autorité pour assurer le succès de la politique de front uni et l'imposer à son parti. Borodine n'aura pas trop de cette aide pour vaincre l'opposition de plus en plus explicite de nombreux membres du Guomindang.

Sun impose la politique de front uni au Guomindang : le congrès de Réorganisation de janvier 1924

Le congrès de Réorganisation se tient du 20 au 30 janvier 1924 à Canton. Il vise à légitimer l'entreprise de Borodine en Chine du Sud et, à travers elle, la politique de l'IC. Le congrès est contrôlé par Sun Yat-sen. Mais Sun Yat-sen lui-même, dans une large mesure, se comporte comme le porte-parole de Borodine. L'influence de Sun sur les 196 délégués qui représentent les provinces, les grandes villes et les communautés d'outre-mer s'exerce avec d'autant plus de force que Sun en a nommé lui-même directement la moitié, les autres ayant été élus par les militants locaux.

Le respect qui entoure le fondateur et dirigeant historique du parti révolutionnaire s'exprime dans le rituel. Lors de la séance d'ouverture, les délégués, après avoir salué trois fois le drapeau Guomindang, s'inclinent devant Sun Yat-sen. Celui-ci, qui pourtant n'aime guère les discussions, marchandages et compromis inhérents à toute procédure d'assemblée, prend une part active au congrès. Il ne prononce pas moins de huit grands discours. D'entrée de jeu, son message est clair. Il faut suivre le modèle russe. « La révolution [russe] est en vérité un succès complet [...]. Il en va ainsi parce que les méthodes russes sont bonnes [1]. » Le 25 janvier, dans l'éloge funèbre qu'il prononce en l'honneur de Lénine disparu quatre jours plus tôt,

1. « Zhongguo xianzhuang ji Guomindang gaizu wenti » (La situation actuelle de la Chine et le problème de la Réorganisation du Guomindang), 24 janvier 1924, *O.C.*, t. IX, p. 100. Traduction partielle dans TSUI Shu-chin, « The Influence of the Canton-Moscow Entente upon Sun Yat-sen's Revolutionary Tactics », *The Chinese Social and Political Science Review*, janvier 1936, t. XX, n° 1, p. 106.

Sun reprend le même thème sur le mode lyrique : « Toi, Lénine, tu es exceptionnel. Non seulement tu parles et tu enseignes, mais tu convertis tes phrases en réalité. Tu as créé un nouveau pays, tu nous as montré la voie de la lutte commune [1]. » Hommage touchant, par la nuance d'autocritique qu'il implique chez un homme dont le discours est demeuré si souvent divorcé des faits.

Mais Sun Yat-sen ne se contente pas d'indiquer des orientations générales. Il assure vigoureusement le suivi de sa politique, intervenant, réintervenant, arbitrant, tranchant, emportant la décision, imposant les votes. Cet activisme, assez inhabituel chez Sun, reflète-t-il seulement la force des convictions ? Et ne faut-il pas, pour une part, l'attribuer aux sollicitations et pressions exercées par Borodine qui, pendant toute la période du congrès, talonne Sun ? Le président du Guomindang représente en effet le principal appui du conseiller soviétique face à une opposition qui se cristallise autour de trois problèmes essentiels : la politique paysanne, les rapports avec l'Occident, l'entrée des communistes dans le Guomindang.

Le congrès est précédé d'une série d'affrontements entre Borodine et les modérés du parti, soutenus par les communautés d'outre-mer. A la fin du mois de novembre, une dizaine de membres cantonais du Guomindang, conduits par Deng Zeru, présentent à Sun une *Mise en accusation du Parti communiste*. Les pétitionnaires dénoncent le complot qui consisterait à « emprunter le corps du Guomindang pour y loger l'âme du communisme » (Wilbur). Ils critiquent les nouveaux principes d'organisation inspirés du modèle soviétique. Selon eux, ces principes ont été en fait élaborés par Chen Duxiu, secrétaire général du Parti communiste chinois. Et faute, peut-être, de pouvoir s'en prendre à Borodine lui-même, si fort en faveur auprès de Sun, les pétitionnaires accablent Chen Duxiu, soulignant tout ce qui devrait le rendre suspect et haïssable au président du Guomindang. « Chen Duxiu a été étroitement lié avec Chen Jiongming [...]. Il a déclaré [...] que le Triple Démisme et l'organisation des Cinq Pouvoirs n'avaient aucun fondement

1. « Guan yu Liening shishide yanshuo » (Discours sur la mort de Lénine), *O.C.*, t. IX, pp. 136-137. Traduction partielle dans Dan N. JACOBS, *Borodin, Stalin's Man in China*, Cambridge, Mass., Harvard University Press, 1981, p. 132.

théorique [...] et que vous-même [Sun Yat-sen] n'étiez qu'un homme du passé [1]. » A travers la Réorganisation, les communistes chinois veulent subvertir le Guomindang et lui imposer leur propre direction et leurs propres dogmes. En inscrivant l'anti-impérialisme à son programme, le Guomindang va se priver de tout espoir d'aide étrangère (occidentale) et, en prônant la lutte contre le militarisme, il va s'isoler des généraux qui détiennent le pouvoir réel dans le pays.

L'importance d'un tel document vient de la personnalité de son signataire, Deng Zeru (1868-1934), vétéran du parti révolutionnaire au sein duquel il a assumé un rôle dirigeant dès 1907, levant des fonds en Malaisie et en Asie du Sud-Est et faisant preuve d'une inébranlable loyauté à l'égard de Sun Yat-sen pendant les années noires de l'après-1913, comme lors du coup de force de Chen Jiongming en juin 1922. La *Mise en accusation* est la première critique jamais formulée par ce fidèle collaborateur et ami de Sun.

De cette critique, Sun Yat-sen ne tient aucun compte. Il l'écarte en quelques annotations, inscrites en marge même du texte accusateur : Chen Duxiu n'a pris aucune part à l'élaboration des nouveaux statuts du parti. « Le projet [...] en a été préparé par Borodine à ma demande et examiné par moi », affirme Sun Yat-sen. Inutile de craindre la substitution de l'idéal communiste aux principes du Guomindang, ajoute Sun, car « en réalité, il n'y a pas de différence entre le principe du bien-être du peuple et le communisme ». Enfin, si les jeunes communistes se sont moqués du Guomindang, c'est qu'ils auraient voulu le déconsidérer pour monopoliser l'aide russe. Mais la Russie soviétique a préféré s'allier avec le Guomindang qui représente une force sociale et politique bien supérieure à celle d'un groupuscule de jeunes radicaux. « Si nous nous laissions aller à soupçonner la Russie à cause de la défiance que nous portons à Chen Duxiu, nous tomberions dans le piège qu'il nous tend et l'aiderions à réaliser son plan. » Quant aux « nations capitalistes », inutile d'attendre une aide quelconque de leur part. « Elles n'auront jamais aucune sympathie pour

1. *Tanhe Gongchandang liang da yao'an* (Deux importantes mises en accusation du Parti communiste chinois), traduction partielle dans TSUI, « Sun Yat-sen's Revolutionary Tactics », p. 127, n. 106.

le Guomindang. » Celui-ci ne peut compter que sur la Russie[1].

S'appuyant à la fois sur des arguments de doctrine et de stratégie, Sun Yat-sen cherche donc à rétablir la discipline dans les rangs. Mais il ne réussit pas à convaincre tous ses partisans. Est-il d'ailleurs lui-même totalement convaincu ? Alors qu'à la veille du congrès de Réorganisation le débat est toujours aussi vif, l'arbitrage de Sun Yat-sen se fait plus nuancé. La rédaction finale des projets, destinés à être présentés au congrès, a été confiée à un petit groupe de dirigeants du Guomindang, flanqués de Borodine. Si le conseiller soviétique trouve en Liao Zhongkai un allié inconditionnel, il se heurte aux critiques de Hu Hanmin comme à celles de Wang Jingwei (pourtant réputé de gauche). Les controverses portent sur deux points principaux : la politique paysanne et l'attitude à l'égard de l'Occident.

Borodine voudrait faire inscrire au programme du Guomindang la confiscation et la redistribution des terres aux paysans. Wang Jingwei s'oppose à la confiscation, véhicule de la lutte des classes dans les campagnes. Et le texte proposé au congrès, tout en évoquant la redistribution, restera silencieux sur l'origine des terres à redistribuer.

Borodine souhaiterait, par ailleurs, obtenir du Guomindang une déclaration explicite d'alliance avec la Russie soviétique dans la lutte commune anti-impérialiste, une déclaration de nature à empêcher tout retour en arrière et à écarter définitivement l'espoir d'une aide occidentale. A ceux qui lui représentent que la Chine, encerclée par des nations impérialistes hostiles, doit demeurer prudente, il réplique avec une éloquence passionnée : « Toutes les nations sont divisées entre oppresseurs et opprimés [...] ; avec qui voulez-vous marcher la main dans la main[2] ? » Finalement, Sun arbitre en faveur de la modération. Une déclaration anti-impérialiste serait « inopportune ». Quand le temps sera venu, Sun le premier se déclarera contre l'Occident. Au cours de ces débats préliminaires, Borodine

1. « Pi Deng Zeru dengde shangshu » (Commentaires sur le mémoire de Deng Zeru et autres), *O.C.*, t. VIII, pp. 458-459. Traduction partielle dans Conrad BRANDT, Benjamin SCHWARTZ et John K. FAIRBANK, *A Documentary History of Chinese Communism*, Cambridge, Mass., Harvard University Press, 1952, pp. 72-73.
2. Cité par CHEREPANOV, *Military Adviser*, p. 48.

n'emporte donc qu'un succès limité, mais il doit s'en contenter sous peine de s'aliéner l'appui de Sun. Et cet appui lui demeure absolument indispensable, comme en témoigne le tour pris par les débats pendant le congrès.

De l'ouverture du congrès, le 20 janvier, jusqu'à sa suspension, prononcée le 25 janvier pour observer le deuil de Lénine et honorer sa mémoire, les débats portent essentiellement sur l'adoption du Manifeste. Le document comporte trois parties : la première retrace l'histoire du mouvement révolutionnaire et de ses échecs après 1911 et conclut par un appel à la révolution nationale ; la deuxième expose les principes du Triple Démisme ; la troisième annonce le nouveau programme du parti [1]. L'exposé des nouvelles orientations ne peut qu'inquiéter les modérés du Guomindang, nombreux parmi les congressistes. Sun Yat-sen prend les devants. Dans son discours d'ouverture, le 20 janvier au matin, il insiste sur la nécessité de réorganiser le parti pour en faire l'outil de la révolution et de la reconstruction nationale. L'après-midi du même jour, Sun prononce un deuxième grand discours qui critique le laxisme dont a fait preuve le parti révolutionnaire après 1911 en accueillant dans ses rangs conservateurs et réactionnaires. Le Manifeste est ensuite lu devant les délégués du congrès. Après quoi Sun Yat-sen souligne encore une fois l'importance du document et, préalablement au vote, il le soumet à l'examen d'une commission *ad hoc*.

Au sein de cette commission, la polémique renaît, aussi violente qu'à la veille du congrès, Hu Hanmin se faisant le porte-parole des modérés. Le Manifeste, en effet, reflète les orientations de l'IC, telles que précisées dans la résolution de son Comité exécutif, le 23 novembre 1923. Comme la résolution de l'IC, le Manifeste attribue les maux de la Chine à l'impérialisme et au militarisme, redéfinit le nationalisme en termes de lutte anti-impérialiste et prône la mobilisation des masses paysannes et ouvrières. Bien que le Manifeste reprenne à son compte le Triple Démisme et l'organisation des Cinq Pouvoirs, l'interprétation qu'il en donne (en particulier en ce qui concerne le bien-être du peuple, présenté dans une version marxiste-

1. «Zhongguo Guomindang di yi ci quanguo daibiao dahui xuanyan» (Manifeste du 1er congrès national du Guomindang), 23 janvier 1924, *O.C.*, t. IX, pp. 114-125.

léniniste) apparaît aux modérés comme une trahison des principes originels. Sun Yat-sen, en ouvrant les débats de la commission, le 21 janvier, fait état de cette opposition qu'il essaie d'apaiser. « Récemment, j'ai reçu des télégrammes de membres du Guomindang résidant en Asie du Sud-Est. Ils demandent si notre programme s'est fait communiste [...] et, dans ce cas, ils menacent de quitter le parti. » Sun dénonce cette erreur de jugement (qu'il met au compte de la propagande impérialiste). Il réaffirme la fidélité du Guomindang à ses principes originels, lesquels ne sont d'ailleurs pas incompatibles avec le communisme, tel le bien-être du peuple, qui « embrasse à la fois le communisme, le socialisme et le collectivisme [1] ». En conclusion, il appelle à l'entente entre modérés et radicaux du parti, entre vieux et nouveaux camarades.

Ces paroles apaisantes ne désarment pas l'opposition dont la vigueur finit par ébranler Sun Yat-sen. Le président se met à déserter le congrès et à éviter Borodine. Finalement, les deux hommes se retrouvent en un face-à-face dramatique le 23 janvier, date même à laquelle le Manifeste doit être soumis au vote de la session plénière. Sun Yat-sen invoque la colère des vétérans du parti, les représailles éventuelles des puissances occidentales. Borodine répond en dénonçant « le culte des ancêtres » et les intérêts personnels liés aux levées de fonds parmi les communautés chinoises d'outre-mer. Sun propose d'abandonner le Manifeste pour un programme de gouvernement national, promettant de satisfaire les quatre besoins essentiels du peuple : nourriture, vêtement, logement, transport ! Pour Borodine, c'est un moment crucial. Le retrait du Manifeste signifierait la ruine de tous ses efforts et le retour à la « phraséologie creuse » du Guomindang. Il accepte cependant que le programme de gouvernement national soit publié en même temps que le Manifeste, mais sans lui être substitué. « Bien que le programme [...] fût inutile en lui-même, il ne pouvait absolument pas être nuisible [2]. » Finalement, Sun Yat-sen cède aux instances de son conseiller, retourne devant le congrès, prend la présidence de la séance, dirige les débats et fait voter le Manifeste.

1. « Guan yu minshengzhuyi zhi shuoming » (Explications sur le principe du bien-être du peuple), 21 janvier 1924, *O.C.*, t. IX, pp. 110-113.

2. Cité par CHEREPANOV, *Military Adviser*, pp. 56-57.

Borodine a remporté une grande victoire. Mais l'opposition modérée persiste et le 28 janvier, lorsque le congrès reprend ses travaux, cette opposition relance l'offensive, cette fois-ci à propos des statuts du Guomindang et de la place accordée aux communistes dans le parti. Soucieuse d'éviter la formation d'un parti à l'intérieur du parti, l'opposition veut faire interdire la double appartenance et obliger tout communiste à abandonner son parti d'origine au moment de son adhésion au Guomindang. Les délégués communistes au congrès ont confié à Li Dazhao le soin de plaider leur cause et le maintien de la double appartenance. Conformément aux recommandations de Borodine, Li Dazhao présente sa déclaration en séance plénière et en présence de Sun, à l'autorité duquel il fait de multiples références. C'est Sun qui a autorisé les communistes à rejoindre le Guomindang. Ils y demeureront tout en gardant leurs liens avec l'IC, comme Sun leur a permis de le faire. Li Dazhao parle avec modestie et courtoisie. Il reconnaît le rôle dirigeant du Guomindang dans le combat anti-impérialiste et antimilitariste. Il proclame sa loyauté et celle de ses camarades. « Aussi longtemps que nous appartiendrons au Guomindang, nous appliquerons son programme politique et observerons ses statuts et ses décrets [1]. » Dans les débats qui suivent, Sun Yat-sen engage son autorité : « Les communistes rejoignent notre parti afin de travailler à la révolution nationale. Nous devons donc les admettre [...]. S'ils trahissent le Guomindang, je serai le premier à proposer leur expulsion [2]. » Les délégués n'osent pas s'opposer à Sun et le principe de l'entrée des communistes dans le Guomindang *(ronggong)* et de leur double affiliation est voté à une forte majorité.

Le congrès approuve aussi les nouveaux statuts du parti, étroitement inspirés du modèle soviétique : même hiérarchie et même discipline fondée sur le centralisme démocratique. Sur un point capital, cependant, les statuts du Guomindang s'écartent de leur modèle. Ils prévoient en effet une présidence, dotée de pouvoirs très étendus, supérieurs à ceux du congrès national et du Comité exécutif central, et ils confient cette présidence à Sun Yat-sen pour toute la durée de sa vie. Cette

1. Cité par LENG et PALMER, *Sun Yat-sen and Communism*, pp. 70-71.
2. T'ANG Leang-li, *The Inner History*, p. 178.

prééminence conservée à Sun Yat-sen a peut-être été nécessaire pour obtenir le soutien actif de celui-ci à la Réorganisation ou pour rassurer les vétérans loyaux à leur chef. Aux yeux de Borodine, elle a sans doute l'avantage supplémentaire de renforcer son propre pouvoir à travers celui du dirigeant chinois.

La dernière tâche du congrès est de choisir l'équipe dirigeante à laquelle reviendra le soin de mettre en œuvre les nouvelles orientations du parti. Les vingt-quatre membres du Comité exécutif central (CEC) sont choisis par Sun et approuvés à main levée par le congrès. Ils comprennent trois communistes. On en compte sept autres parmi les suppléants. En accordant une place aussi importante aux communistes dans les organes centraux du Guomindang, Sun Yat-sen témoigne d'une belle confiance en ses alliés, ou peut-être en lui-même. On retrouve aussi des communistes à la tête des principaux bureaux du CEC (organisation, paysans, travail...), dont ils sont les directeurs ou plus souvent les directeurs adjoints. On peut compter sur eux pour orienter l'action du Guomindang vers les masses. Et eux-mêmes peuvent compter sur l'appui de l'aile gauche du parti qui, entraînée par Liao Zhongkai, a fait une remarquable percée lors du congrès. La droite, cependant, n'est pas éliminée. Elle fournit encore les deux tiers des hauts responsables du parti.

Le congrès de Réorganisation a substitué à « des groupes de disciples rassemblés autour d'un héros un parti organisé, de membres disciplinés, unis dans l'acceptation d'un programme révolutionnaire commun [1] ». Cette évolution a été voulue et conduite par Sun Yat-sen et, à travers lui, par Borodine. Le triomphe de Borodine ne peut que s'identifier à celui de Sun. Mais l'inverse est-il vrai ? Les hésitations de Sun au moment des choix décisifs ne reflètent-elles que les oppositions de son entourage ? Ne trahissent-elles pas des réticences personnelles ? Le ralliement de Sun à la politique de Borodine découle-t-il d'une réorientation fondamentale de ses choix politiques et philosophiques, ou ne correspond-il qu'à une nécessité stratégique ? Sun partage-t-il les convictions de son conseiller soviétique ou n'a-t-il cédé à ses exigences que pour mieux s'assurer l'aide financière et militaire de la Russie ? La décision la plus importante du congrès, aux yeux de Sun, pourrait bien être la créa-

1. LENG et PALMER, *Sun Yat-sen and Communism*, p. 76.

tion de cette Académie militaire à laquelle il songe depuis plusieurs années et qu'il a souvent réclamée à ses conseillers soviétiques. Pour s'assurer l'aide russe, Sun Yat-sen aurait fait preuve d'un opportunisme idéologique qui ne serait pas sans évoquer l'opportunisme des concessions proposées dans le passé à l'Occident ou au Japon.

Une telle interprétation devrait naturellement être étudiée à la lumière des textes fondamentaux publiés par Sun Yat-sen en 1924. C'est ce que nous tenterons de faire dans le chapitre X. Mais on peut essayer de vérifier la profondeur et la sincérité des nouveaux engagements de Sun en confrontant ses déclarations d'intention et l'action concrète qu'il poursuit après le congrès de Réorganisation. Sun va mourir en mars 1925. Dès le mois de janvier précédent, le cancer qui le ronge l'écarte de toute activité publique. On ne dispose donc que d'une brève période d'un an pour essayer de déchiffrer, dans un contexte événementiel foisonnant, les marques d'une réelle conversion ou, au contraire, celles d'un alignement essentiellement tactique dont la mort serait venue effacer le caractère éphémère.

SUN YAT-SEN ET LA TRANSFORMATION DE CANTON EN BASE RÉVOLUTIONNAIRE

Les votes du congrès qui ratifient la coopération avec la Russie et les communistes chinois manifestent la confiance et le respect des membres du Guomindang à l'égard de Sun plus que leurs intimes convictions politiques. Les oppositions à la coopération demeurent vives parmi les dirigeants nationalistes, et Sun Yat-sen aura bien du mal à gérer un front uni traversé de multiples crises et miné par un malaise latent. Nonobstant ces difficultés, l'existence même du front uni autorise une radicalisation extrême de la politique cantonaise, à laquelle Sun Yat-sen s'associe sans généralement en prendre l'initiative. Si les entreprises des activistes communistes ou nationalistes rencontrent le plus souvent l'approbation de Sun, il arrive aussi qu'elles soulèvent des réticences que Borodine s'emploie à surmonter par la persuasion ou la pression.

Sun apparaît donc absorbé par la mise en œuvre de la nouvelle ligne politique arrêtée au congrès et visant à transformer le Guangdong en une véritable base révolutionnaire, d'où par la suite partirait un vaste mouvement de mobilisation des masses à l'échelle nationale. Mais bien qu'il le proclame nécessaire, Sun ne considère-t-il pas ce recours à la propagande et à l'organisation comme un détour ? Il demeure toujours attaché, en effet, à son vieux rêve de reconquête du Nord. Quelques victoires militaires, quelques négociations bien menées lui apparaissent encore comme le chemin le plus court vers le pouvoir. Et, à la consternation de ses alliés communistes et de ses conseillers soviétiques, il tente, en septembre 1924, de relancer une nouvelle expédition vers le Nord, véritable pavé dans la mare du front uni, énorme couac dans le concert de la mobilisation révolutionnaire.

Sun Yat-sen et le difficile pilotage du front uni : la crise de juin 1924

Après le congrès de Réorganisation, Borodine s'éloigne de Canton pendant plusieurs mois et Sun Yat-sen reste seul pour assurer le bon fonctionnement du front uni. En l'absence de Borodine, l'influence soviétique continue à s'exercer à travers l'action des *sovietniki* et les initiatives des communistes désormais présents dans les nouvelles instances dirigeantes du Guomindang. Et l'opposition s'obstine à dénoncer à la fois l'infiltration de l'appareil par les communistes et les ambitions de grande puissance de la Russie soviétique. Laissé à ses propres forces, Sun se montre peu désireux ou peu capable de gérer ces contradictions. En juin 1924, lorsque la crise éclate, Sun presse le retour de Borodine sur lequel il s'appuie pour trancher en faveur du *statu quo*. Mais le malaise persiste dans le parti et les relations entre Sun et son « La Fayette » sont traversées par des orages dont, au niveau théorique, se ressentent les interprétations contradictoires données alors au principe du bien-être du peuple. L'histoire tourmentée de ces quelques mois met en lumière tout à la fois l'engagement de Sun et les restrictions que font peser sur cet engagement le poids des anciennes camaraderies, le souci de ménager certains intérêts et la fidélité à des choix de doctrine, mûris par l'expérience et la réflexion de toute une vie.

A Canton même, le groupe animé par Deng Zeru continue sa campagne contre l'infiltration du Guomindang par les communistes. Il trouve de nombreux appuis dans le gouvernement municipal : auprès du maire, Sun Fo, et de ses collègues, comme dans l'entourage immédiat de Sun Yat-sen. Rentré de Russie et appelé à organiser la nouvelle Académie militaire de Huangpu (Whampoa), Chiang Kai-shek joint sa voix à toutes celles qui dénoncent les arrière-pensées soviétiques. « D'après ce que j'ai pu observer, le Parti [communiste] russe n'est pas sincère [...]. En Chine, il a seulement pour objectif de transmettre le flambeau au Parti communiste chinois [1]. » Une circulaire de Sun Yat-sen en date du 18 mars 1924 rappelle les membres du parti à la discipline : ils n'ont pas de « liberté individuelle » et doivent « strictement observer la ligne du parti [2] ». L'argument d'autorité ne suffit pas à calmer les esprits que vient encore agiter la campagne lancée par les Soviétiques pour la signature du traité sino-russe. Fruit des négociations de Karakhan avec le gouvernement de Pékin, le traité prévoit l'établissement de liens diplomatiques entre la Chine et la Russie soviétique. Mais le ministre des Affaires étrangères, Wellington Koo (Gu Weijun), désire en renégocier les clauses pour obtenir une reconnaissance effective de la souveraineté de Pékin sur la Mongolie extérieure. En attendant, et malgré la colère des Russes, le gouvernement chinois a décidé de suspendre sa signature, soutenu dans sa résistance par l'opinion publique et même par certains membres du Guomindang. Sun Yat-sen, hostile, nous l'avons vu, au principe de ce traité, est cependant obligé de se joindre à la campagne de propagande en faveur de la ratification que mène Borodine avec l'aide des communistes chinois.

Mais le scandale qui précipite l'explosion de la crise est la découverte à Shanghai, par deux dirigeants nationalistes, Zhang Ji et Xie Chi, de documents communistes internes parus dans le *Journal de la Ligue des jeunesses communistes* et précisant les modalités de coopération avec le Guomindang : « Dans le domaine de la propagande, des publications, des organisations populaires [...], notre parti doit agir sous l'étiquette du Guomindang [...]. Pour les domaines que nous considérons comme

1. Lettre à Liao Zhongkai, 14 mars 1924. Traduction partielle dans LENG et PALMER, *Sun Yat-sen and Communism*, pp. 72-73.

2. « Guan yu shixing dangjide mingling » (Circulaire sur le respect de la discipline du parti), *O.C.*, t. IX, p. 618.

essentiels mais dans lesquels le Guomindang ne veut pas s'engager, nous devons agir au titre des activités particulières de notre parti[1]. » Les deux dirigeants nationalistes pensent tenir là la preuve du complot. Et comme il s'agit de très hauts dirigeants, vétérans du parti et membres de sa Commission centrale de contrôle, ils décident de se rendre à Canton au début de juin pour dresser l'acte d'accusation et le transmettre à Sun Yat-sen et au CEC.

Leurs critiques, qui rejoignent celles des modérés cantonais, soulignent l'opposition entre les déclarations d'allégeance des communistes et leurs pratiques réelles au sein du Guomindang. Ils en arrivent même à remettre en cause l'autorité et le rôle de Sun Yat-sen. Certes, ils n'osent pas s'en prendre directement au chef historique du parti, mais ils accusent les communistes de l'avoir trompé. On sait bien qu'en Chine les fautes de l'empereur sont toujours imputables à ses mauvais conseillers...

Pris entre deux feux, soumis aux pressions de ceux qui réclament l'expulsion des communistes et menacé par ces mêmes communistes d'une rupture avec la Russie en cas de rejet du front uni, Sun Yat-sen se refuse à trancher avant le retour de Borodine. Rappelé d'urgence par plusieurs télégrammes, le conseiller soviétique regagne Canton le 20 juin. On ne connaît pas la teneur précise de la conversation qui se déroule entre les deux hommes lors d'un dîner privé le 30 juin, mais la rumeur fait état d'un avertissement lancé par Borodine : si le Guomindang devait entraver le développement du Parti communiste chinois, la Russie soviétique serait obligée de chercher d'autres partenaires en Chine. Quelques jours plus tôt, le 25 juin, au cours d'une rencontre avec les dirigeants de l'opposition modérée, Borodine a reconnu que les communistes constituaient bien « un parti à l'intérieur du parti [Guomindang] », mais il a laissé entendre que l'aide russe était à ce prix :

> « Le Guomindang en tant que tel, leur a-t-il déclaré, est mort et enterré [...]. Des éléments nouveaux, tels les communistes, agissant en groupe, ont ressuscité un nouveau Guomindang en insufflant un esprit d'émulation aux vieux camarades [...]. Mais

1. Cité d'après WILBUR, *Frustrated Patriot*, p. 235.

l'organisation centrale du Guomindang manque encore de vigueur et ses ordres ne sont pas toujours obéis par l'ensemble des membres du parti. Dans ces conditions, on ne peut demander aux communistes de renoncer à leur propre organisation [1]. »

Est-ce le besoin impératif que Sun Yat-sen a de l'aide russe ou la confiance qu'il place en Borodine et dans le modèle soviétique ? Toujours est-il que le *statu quo* est maintenu. Selon une circulaire du bureau permanent du CEC, en date du 3 juillet, tous ceux qui adhèrent à l'idéal de la révolution et aux objectifs du Triple Démisme doivent être considérés comme membres du parti, quelle qu'ait été leur appartenance factionnelle antérieure.

Mais l'inquiétude reste vive au sein du Guomindang. De Shanghai, de Pékin affluent des lettres de protestation qui dénoncent les intrusions et les manipulations des communistes et, en particulier, leur propagande en faveur de la ratification du traité sino-russe. A Canton, Zhang Ji, Wang Jingwei se répandent en discours ouvertement anticommunistes et des pétitions circulent, réclamant l'expulsion des dangereux alliés. Sun Yat-sen lui-même semble se laisser gagner par le mouvement. Le 3 août, au cours d'une conférence sur le bien-être du peuple qu'il prononce à l'université du Guangdong, le président critique le marxisme, réfutant la théorie de la plus-value et rejetant le rôle central de la lutte des classes. Des témoins affirment qu'à l'issue de la conférence Borodine eut, avec Sun, une conversation animée et que les deux hommes se quittèrent d'un air irrité. Une semaine plus tard, cependant, dans une seconde conférence consacrée au bien-être du peuple, Sun revient sur ses affirmations et pose de nouveau l'équivalence entre ce principe et le socialisme. Il ouvre ainsi la voie à un dénouement rapide de la crise. Dans une résolution du 23 août, le plénum du CEC reconnaît aux communistes une responsabilité spéciale à l'intérieur du Guomindang et les absout des accusations d'activités factionnelles portées contre eux par Zhang Ji et Xie Chi. Ainsi Sun s'est-il encore une fois porté garant des communistes et des Soviétiques face à ses propres partisans.

---

1. Cité par FURUYA Keiji, *Chiang Kai-shek, His Life and Times* (trad. du japonais), Anapolis, Md., Saint-John's University Press, 1981, pp. 145-146.

Devant les hésitations et les revirements de Sun Yat-sen, on serait tenté de s'écrier, comme le cardinal de Retz, transporté par l'infinie complexité des intrigues de la Fronde : « Quelle foule de mouvements tous opposés ! Quelle contrariété ! Quelle confusion [1] ! » On pourrait même aller jusqu'à reconnaître avec lui « de bonne foi, qu'il y a des points inexplicables dans les histoires » ! Mais, en dépit de l'anathème lancé par le cardinal contre « l'insolence des historiens vulgaires qui croiraient se faire tort s'ils laissaient un seul événement [...] dont ils ne démêlassent pas les ressorts », comment ne pas essayer de cerner certaines des motivations de Sun ? Rien ne nous éclaire sur la ligne du raisonnement qu'il a tenu et nous ne pouvons guère que tenter de scruter avec ses yeux la situation à laquelle il est confronté. Périlleux exercice dont chacun peut apprécier les limites !

Une des principales, sinon la principale, contraintes que doit prendre en compte Sun Yat-sen, c'est l'impérieuse et urgente nécessité de l'aide financière et militaire soviétique qui est alors en train de se mettre en place et de porter ses premiers fruits. On a vu que les communistes cantonais, comme Borodine lui-même, ne se font pas faute de rappeler que cette aide est conditionnée par le bon fonctionnement du front uni.

Le plus récent et le plus érudit de ses biographes occidentaux, Martin Wilbur, suggère en outre que Sun Yat-sen trouvait satisfaction à conduire l'ensemble du mouvement national révolutionnaire et à faire profiter son parti de l'élan nouveau apporté par les militants communistes. Cette hypothèse, fort plausible, renvoie bien sûr à la haute idée que Sun Yat-sen se fait de lui-même et de son rôle, mais aussi à la stratégie qui fut celle du dirigeant révolutionnaire à Tokyo, au moment de la fondation de la Ligue jurée en 1905.

En 1924, les jeunes intellectuels qui forment le Parti communiste chinois nourrissent autant de réticences à l'égard de Sun Yat-sen, de sa pensée et de son style d'action que les jeunes lettrés exilés au Japon au début du siècle. Le fossé entre Sun et la nouvelle intelligentsia n'est plus celui d'une génération mais celui de deux générations. Au dédain du lettré envers celui qui n'a pas étudié les Classiques a succédé le mépris du

1. RETZ, *Mémoires*, Paris, Gallimard, collection « Pléiade », 1984, p. 677. Les citations qui suivent sont aux pages 729 et 630.

militant armé de la doctrine marxiste à l'égard du révolutionnaire romantique et du politicien brouillon. On sait que Sun Yat-sen n'avait guère de sympathie pour les étudiants qu'il côtoyait à Tokyo. Celle qu'il a exprimée à l'égard de la jeunesse du 4-Mai (au sein de laquelle se sont recrutés les premiers communistes) demeure mesurée. Dans un discours prononcé devant les cadets de Huangpu, le 3 novembre 1924, Sun Yat-sen dénonce l'indiscipline des étudiants protestataires : « Ils ne savent pas vraiment ce qu'est une révolution [1]. » Mais, dans les deux cas, le sens politique de Sun Yat-sen et son appréhension intuitive des évolutions sociales lui font pressentir l'importance potentielle de ces cénacles intellectuels et l'intérêt qu'il aurait à les contrôler.

On peut donc imaginer que, en faisant place aux communistes dans les rangs du Guomindang, Sun Yat-sen ne se contente pas d'obéir aux conditions imposées par l'IC, mais qu'il travaille à renforcer son pouvoir. Tout groupusculaire qu'il soit, le Parti communiste chinois représente cependant une noix plus dure à craquer que les cercles de jeunes réformistes influencés par Liang Qichao. Et puis, Sun Yat-sen ne dispose plus, en 1924, de l'atout majeur qui avait fait sa force en 1905 : à savoir le contrôle des fonds envoyés par les communautés d'outre-mer. Loin d'apparaître comme le pourvoyeur, il risque de passer pour l'usurpateur aux yeux des communistes (en particulier ceux de Shanghai) qui, nonobstant les consignes de l'IC, continuent à se considérer comme les alliés naturels et privilégiés de la Russie soviétique. La disproportion des forces en présence et le décompte des milliers de disciples nationalistes au regard des quelques centaines de militants communistes peuvent faire croire à Sun qu'une opération de mainmise sur l'intelligentsia radicale, analogue à celle qu'il a réussie en 1905, peut se renouveler en 1924. Mais c'est ne pas tenir compte de l'évolution du contexte international, du changement des références idéologiques et de la présence sur le terrain de Borodine, stratège aux nerfs d'acier qui travaille avec, mais non pour Sun Yat-sen.

Qu'elle soit l'effet de son impuissance ou d'une ambition mal

1. « Zai Huangpu junguan xuexiaode gaobie yanshuo » (Discours d'adieu aux cadets de l'Académie militaire de Huangpu), 3 novembre 1924, *O.C.*, t. XI, p. 270.

calculée, la bonne volonté réticente de Sun a permis le maintien du front uni et, par là même, la mise en œuvre d'une politique radicale qui vise à transformer le Guangdong en véritable base révolutionnaire.

« Red Sun over Canton ? »

Ce « soleil rouge » qui se lève sur Canton, faut-il vraiment l'identifier à Sun, comme le fait, en jouant sur les mots, la principale revue américaine de Shanghai, la *China Weekly Review*, le 1er novembre 1924 ?

S'il reconnaît la nécessité de mesures sociales radicales propres à mobiliser les masses au service de la révolution, s'il approuve ces mesures et s'efforce d'en faciliter l'application, Sun Yat-sen, en général, n'en prend pas l'initiative. Il se contente de réagir au coup par coup, donnant une adhésion plus ou moins entière aux dispositions prises par les communistes et la gauche du Guomindang. S'agissant de la mobilisation paysanne et ouvrière, Sun Yat-sen manifeste même une certaine prudence. Il refuse les slogans appelant à la lutte des classes, en particulier dans les campagnes. Il se contente de mettre en avant les mots d'ordre anti-impérialistes. En revanche, il est des domaines dans lesquels Sun Yat-sen est tout à fait prêt à suivre, sinon à précéder, ses mentors en révolution : l'inféodation de l'Université au parti, par exemple, ou l'endoctrinement politique des forces armées. A l'automne 1924, Sun Yat-sen s'associe pleinement à la mise au pas de la bourgeoisie cantonaise à travers la suppression brutale des milices marchandes, l'incendie et le pillage des quartiers commerçants de la capitale provinciale. Quelles que soient les réserves qu'il exprime à l'égard de la doctrine communiste, Sun Yat-sen fait alors de plus en plus figure de « rouge » aux yeux de l'opinion chinoise et internationale.

En 1930, Borodine se vantera d'avoir été le premier, avec les communistes cantonais, à défendre l'idée que la révolution chinoise devait s'appuyer sur la paysannerie et à avoir lancé une politique de mobilisation rurale. Il agit alors dans la droite ligne de la directive votée par l'IC lors de son IIIe congrès en mai 1923 : « Dans les zones occupées par les forces de Sun Yat-sen, il est absolument nécessaire d'insister pour que s'accomplisse la confiscation des terres [...] ; cela seul peut assurer la victoire de l'armée révolutionnaire de Sun[1]. » Mais, on l'a vu, Sun Yat-sen n'est pas partisan d'une politique d'expropriation des terres. Sur ce point-là, il n'a jamais cédé à Borodine, ni lors de la crise de novembre 1923, ni lors des affrontements qui ont précédé et accompagné la tenue du congrès de Réorganisation en janvier 1924. Le programme adopté par ce congrès prévoit donc la réforme de la rente foncière et la mise en œuvre d'une politique de crédit et de grands travaux. Il ajoute que l'État donnera des terres aux cultivateurs qui en sont dépourvus, mais laisse dans le vague l'origine de ces terres destinées à redistribution. De la modernisation économique et sociale des campagnes, souhaitée par le Guomindang, à la révolution paysanne prônée par les communistes, il y a un grand pas, qui sera franchi par les dérives successives des autorités locales et en dépit, semble-t-il, de l'opposition de Sun.

A partir du printemps 1924, deux institutions sont chargées de formuler et d'appliquer la politique du Guomindang dans les campagnes : le département des Affaires rurales du CEC et l'Institut de formation des cadres paysans, qui ouvre ses portes à Canton le 3 juillet. Bien que le département des Affaires rurales voit se succéder à sa tête plusieurs directeurs membres du Guomindang, il est en fait contrôlé par son secrétaire Peng Pai (1896-1929)[2] et, à travers lui, par le Comité paysan du Parti communiste chinois et par Borodine. C'est ce département qui, en juin, fait approuver par Sun et par le CEC un « Plan pour les premiers pas du mouvement paysan », prévoyant l'organisation d'associations paysannes (*nongming xiehui*). Ces dernières ont pour objectif proclamé de « libérer les classes travailleuses sur la base des Trois Principes du peuple, d'organiser les paysans pauvres et exploités ». En fait, elles ont pour vocation de devenir les instruments de la lutte de classes dans les campagnes. Ces associations excluront donc de leurs rangs

1. Traduit par Xenia JOUKOFF EUDEN et Robert C. NORTH, *Soviet Russia and the East, 1920-1927. A Documentary Survey*, Stanford, Ca., Stanford University Press, 1957, pp. 344-346.

2. Peng Pai est le premier dirigeant communiste chinois à avoir assigné un rôle essentiel à la paysannerie dans la révolution. Dès 1921, il a organisé des associations paysannes dans les districts de Haifeng et Lufeng (Guangdong oriental).

les grands propriétaires, les prêtres et les usuriers. Autonomes, elles échapperont au contrôle du Guomindang. Enfin, ce seront des organisations armées, capables d'affronter les milices villageoises *(mintuan)* des notables locaux. Ces associations vont être encadrées par des activistes issus de l'Institut de formation des cadres paysans. Recrutée au début de juillet, la première promotion compte 38 élèves, essentiellement de jeunes intellectuels désireux d'« aller au peuple », qui reçoivent une instruction politique. Enrôlée deux mois plus tard et forte de 225 élèves, la deuxième promotion recevra en outre des cours de préparation militaire.

Si, en juin, Sun Yat-sen a donné son assentiment à la création des associations paysannes et de l'Institut, dès août, il pressent les dangers d'une dérive radicale et met en garde les futurs cadres auxquels il est venu s'adresser dans leur institut. Il faut rallier les paysans à la révolution nationale. Mais étant donné les particularités de sa situation politique et de son organisation sociale, la Chine ne peut suivre la stratégie russe ni s'en remettre à la lutte des classes. Il faut au contraire utiliser des méthodes pacifiques et faire appel à la coopération. « Vous devez être prudents dans votre propagande... Vous devez persuader tous les paysans de coopérer avec le gouvernement et réfléchir soigneusement au moyen de résoudre le problème des relations entre exploitants agricoles et propriétaires fonciers, de telle sorte que les exploitants voient leur sort s'améliorer et que les propriétaires ne soient pas lésés [1]. »

En dépit de ces avertissements, les affrontements entre les associations paysannes et les milices villageoises tournent en batailles rangées pendant l'automne. Sun Yat-sen a-t-il pris conscience de la naissance de cette violence révolutionnaire dans les campagnes cantonaises livrées à bien d'autres violences ? A-t-il distingué ces luttes sociales des exactions ordinaires perpétrées par les troupes ou les bandits ? Rien ne l'indique. Absorbé par d'autres préoccupations, Sun n'intervient plus guère dans la politique rurale. Et quand, en février 1925,

1. « Zai Guangzhou nongming yundong jiangxisuo di yi jie biyeli yanshuo » (Discours à l'occasion de la cérémonie de remise des diplômes à la première promotion d'étudiants de l'Institut de formation [des cadres] du mouvement paysan de Canton), 21 (ou 23) août 1924, *O.C.*, t. X, p. 558. Traduction partielle dans WILBUR, *Frustrated Patriot*, p. 216.

Borodine décide l'envoi des troupes gouvernementales de Canton pour renforcer les associations paysannes dans leur combat contre les milices villageoises, Sun Yat-sen se trouve à Pékin, sur son lit d'agonie.

Si Sun ne s'est associé que de loin à la politique agraire menée par les communistes au nom du Guomindang, il a en revanche apporté son soutien actif à la mobilisation ouvrière. Sans abandonner toute précaution doctrinale, il s'est lui-même largement appuyé sur cette mobilisation pour se dresser contre un Occident hostile et conforter son image de grand patriote.

Le Guomindang s'est intéressé au mouvement ouvrier bien avant l'arrivée des Soviétiques à Canton. A l'image de l'industrie cantonaise, dont la production demeure très artisanale et qu'assurent de multiples petites entreprises, le mouvement ouvrier est fragmentaire, hétérogène. Les guildes, parfois regroupées en fédérations, y côtoient quelques syndicats plus modernes, tel celui des marins. Dans l'ensemble, il s'agit d'un syndicalisme modéré, marqué par les traditions corporatistes et, dans une moindre mesure, par les influences anarchistes qui se sont exercées sur lui du temps que Chen Jiongming contrôlait Canton, en 1920-1922. Sun Yat-sen entretient depuis longtemps des liens avec ce syndicalisme dont le principal dirigeant, Ma Chaojun (1885-1977), compte parmi ses disciples les plus fidèles. Cet ancien apprenti, devenu membre de la Ligue jurée dès 1905, a participé aux côtés de Sun à tous les grands combats révolutionnaires, de l'insurrection d'avril 1911 à Canton jusqu'à la lutte contre Chen Jiongming en 1922. La Fédération des mécaniciens, qu'il a fondée en 1917 et qu'il continue de diriger, est l'une des plus puissantes organisations ouvrières de Canton. La précocité et la belle vitalité d'un mouvement qui rayonne sur toute la région du delta et vers Hong Kong se sont déjà manifestées par l'organisation de grèves victorieuses en 1919, 1920 et 1922 et par la tenue à Canton, en mai 1922, du Ier congrès national du Travail.

Le Parti communiste chinois (fondé en 1921) et le secrétariat du Travail dont il s'est doté n'ont guère eu de part dans l'essor de ce mouvement. A partir de 1924, cependant, grâce à leur alliance avec le Guomindang et à leur participation aux instances dirigeantes du parti, les communistes vont pouvoir à la fois relancer à grande échelle la mobilisation ouvrière dans la Chine méridionale et travailler à prendre le contrôle des principales organisations syndicales.

Créé au lendemain du congrès de Réorganisation, le département du Travail du CEC est dirigé par Liao Zhongkai, qui combine loyauté à Sun et sympathies prosoviétiques. C'est à son initiative qu'est organisée la grande célébration du 1er mai 1924 à Canton. Cette manifestation, qui se veut unitaire, rassemble des milliers de participants. Dans le discours qu'il leur adresse, Sun Yat-sen, une fois encore, appelle au combat pour l'émancipation nationale et met en veilleuse le thème de la lutte des classes. Dans un pays colonial comme la Chine, les ouvriers sont opprimés et exploités non point par les capitalistes locaux, mais par les impérialistes étrangers qui contrôlent les Douanes, s'emparent du marché, empêchent l'essor des industries nationales. L'émancipation des ouvriers passe donc avant tout par la victoire sur l'impérialisme. Le principal point à l'ordre du jour n'est pas la lutte entre les travailleurs et les capitalistes chinois, mais « le problème politique qui ne pourra trouver sa solution que dans le Triple Démisme [1] ».

Quelques semaines plus tard, la grève de Shamen (15 juillet-20 août 1924) est l'occasion, pour Sun Yat-sen, d'entraîner les syndicats dans un grand mouvement patriotique et, pour les communistes, d'intensifier leur travail d'organisation. La grève éclate pour protester contre les mesures de sécurité imposées par les autorités britanniques et françaises à la suite de l'attentat perpétré dans la concession de Shamen, le 19 juin, contre M. Merlin, gouverneur général de l'Indochine, en visite à Canton. Pour pénétrer de nuit sur l'îlot de Shamen qui, sur les berges de la rivière des Perles et au cœur de Canton, abrite les concessions française et britannique, les Chinois devront désormais exhiber un passeport. Or les concessions mises, par les traités d'ouverture, à la disposition des étrangers pour qu'ils y établissent leurs résidences et leurs entreprises demeurent, juridiquement parlant, sous la souveraineté chinoise. Certes, les pratiques du XIXe siècle et des premières années du XXe siècle ont souvent abouti à une indépendance de fait de ces enclaves étrangères. Mais, désormais, la ferveur nationaliste née dans le sillage du mouvement du 4-Mai 1919

1. « Zai Guangzhou shi gongren daibiaohui yanshuo » (Discours devant le congrès des délégués ouvriers à Canton), *O.C.*, 1er mai 1924, t. X, p. 150.

rend de tels abus intolérables. Tous les travailleurs chinois de Shamen, des employés de consulat aux bonnes d'enfants et aux agents de police, se mettent en grève le 15 juillet. Ils sont soutenus par vingt-six syndicats dont un comité de grève coordonne l'action. Sun lui-même se réserve le rôle de médiateur. Pendant plus d'un mois, il négocie avec les autorités étrangères, les modérés du Guomindang, les communistes désireux de prolonger le mouvement pour le radicaliser, les travailleurs impatients de reprendre le travail et empêchés de le faire par les piquets du comité de grève. Finalement, les autorités françaises et britanniques acceptent de reporter les mesures de sécurité.

Sun Yat-sen a remporté là une grande victoire. Pour la première fois, il apparaît comme le porte-parole et l'inspirateur d'un nationalisme de masse. Non seulement il a rejoint le courant anti-impérialiste qui parcourt et galvanise la société (urbaine) chinoise, mais il en a pris la tête. Son prestige semble ne jamais avoir été plus grand, y compris parmi les communautés chinoises d'outre-mer.

Dans cette reconquête de l'opinion, menée au nom du patriotisme, Sun a largement bénéficié de l'effort de mobilisation déployé par les activistes communistes. Ceux-ci, de leur côté, ont profité du mouvement de grève pour commencer à rassembler sous leur contrôle les organisations ouvrières de Canton, conformément à la vocation prolétarienne qu'ils ont faite leur. A cet égard, le mouvement de l'été 1924 apparaît comme une répétition de la grande grève révolutionnaire qui, à partir de l'été 1925, mobilisera pendant seize mois les travailleurs de Canton et de Hong Kong contre les Britanniques, permettra aux communistes de considérablement renforcer leur position à Canton et au sein du Guomindang et provoquera, en réponse, de violentes réactions de la part des nationalistes modérés. Lors de la grève de Shamen, alors que Sun Yat-sen est encore aux affaires, les objectifs nationalistes et communistes semblent s'équilibrer. L'évolution de la situation vérifie le diagnostic porté quelques semaines plus tôt par Borodine, lequel avait rejeté les accusations d'infiltration et de noyautage du Guomindang et déclaré : « Étant donné les circonstances, les deux partis [nationaliste et communiste] s'appuient l'un sur l'autre en vue de leur intérêt mutuel [1]. »

1. Cité par FURUYA, *Chiang Kai-shek*, p. 145.

La principale caractéristique du système mis en place en Russie après la révolution de 1917 est le monopole absolu du pouvoir exercé par le Parti communiste, l'interpénétration du Parti et de l'État, la sujétion ou la suppression de toutes les formes d'organisation autonome. Sun Yat-sen ne peut pas se montrer insensible à l'efficacité d'un tel système que lui vante Borodine. Lui qui n'a cessé de dénoncer le laxisme de la Ligue jurée et du Guomindang, l'égoïsme et l'inconstance de leurs militants, l'individualisme des étudiants, l'indépendance des troupes théoriquement ralliées à la révolution, comment ne ferait-il pas sienne l'idée d'un parti discipliné au service de son idéologie et de son projet politique ? En 1914, déjà, la création du Parti révolutionnaire chinois a tenté de répondre au souci que nourrit Sun Yat-sen de se forger un instrument de pouvoir fiable et solide. Mais, à l'époque, Sun n'a trouvé à ancrer cette obéissance qu'il prétend exiger des militants que dans un serment d'obéissance personnelle, rejeté comme humiliant par la plupart de ses disciples. Désormais, placé à la tête d'un Guomindang rénové et régi (théoriquement) par le centralisme démocratique, Sun Yat-sen s'efforce d'étendre l'influence de ce parti sur deux institutions : l'éducation et l'armée, dont il juge le contrôle essentiel au succès de son projet révolutionnaire.

Les divergences doctrinales qui empêchent Sun d'adhérer totalement à la politique de mobilisation des masses, voulue par ses alliés communistes et soviétiques, ne jouent plus en ce qui concerne les problèmes d'organisation et d'exercice du pouvoir. Aux yeux de Sun, la discipline léniniste apparaît certainement comme un des points forts du modèle soviétique. Elle est même la cause principale à laquelle il attribue le succès de la révolution russe, qui contraste avec ses propres échecs. On voit s'esquisser chez Sun une conception instrumentale du front uni, qui prolonge la démarche des anciens réformistes du XIXe siècle, désireux d'emprunter « les méthodes occidentales » afin de les mettre au service de leurs propres fins, et préfigure le pragmatisme délibéré d'un Mao Zedong, rejetant le dogme « moins utile que la merde », pour ne retenir du marxisme-léninisme que son efficacité [1].

Sun Yat-sen, on le sait, n'a jamais eu beaucoup de sympathie pour ces cénacles étudiants qu'il se gardait bien de fré-

1. Cité par Lucien BIANCO, *Les Origines de la révolution chinoise, 1915-1949*, Paris, Gallimard, 2e éd. 1987, p. 138.

quenter vingt ans plus tôt à Tokyo, pour ces intellectuels changeants et peu aguerris, auxquels il hésitait à confier des responsabilités lorsqu'il préparait des soulèvements insurrectionnels en Chine méridionale au début du siècle. Par la suite, il s'est tenu à l'écart des manifestations de mai 1919. Et malgré l'approbation donnée aux étudiants, il continue de se méfier de ces mouvements spontanés qu'il attribue à un excès de liberté et soupçonne de conduire au chaos. Pour canaliser les forces vives de la jeunesse, porteuse de désordre autant que de révolution, il faut donc former les étudiants dans l'esprit du parti et leur inculquer l'idéal du Triple Démisme en même temps que le sens de la discipline. C'est à cette préoccupation que répond la création de l'université du Guangdong à partir de la fusion de trois établissements locaux d'enseignement supérieur [1]. La présidence de l'université est confiée à un cadre supérieur du parti, Zou Lu (1884-1954), qui cumule ces fonctions avec celles de membre du CEC et de directeur du département de la Jeunesse.

De façon symbolique, Sun Yat-sen choisit cette université pour présenter une importante série de conférences sur le Triple Démisme au printemps 1924. Bien d'autres orateurs — dirigeants nationalistes, conseillers soviétiques — prennent la parole à l'université dont les étudiants, soumis à ce feu roulant de propagande, vont connaître une rapide politisation. On voit là s'amorcer le processus d'inféodation au parti (*danghua*, c'est-à-dire littéralement « partification ») qui, à partir des années 1930, dominera le système éducatif du régime Guomindang et plus tard celui du régime communiste.

Avec l'établissement de l'Académie militaire de Huangpu, nous touchons au cœur même du dispositif mis en place par le front uni ou, à tout le moins, à ce que Sun Yat-sen considère comme la pièce essentielle de ce dispositif. On sait que Sun a toujours conçu la révolution comme une prise de pouvoir par les armes. Au cours de sa carrière, il s'est successivement adressé aux sociétés secrètes, à des bandes de hors-la-loi, à des officiers factieux, à des seigneurs de la guerre pour recruter les fusils de la révolution. Mais ces soldats mercenaires ne songent qu'à leurs propres intérêts et Sun rêve d'une armée révo-

1. Cette université prendra plus tard le nom de (Sun) Zhongshan. C'est sous ce nom qu'elle est aujourd'hui connue.

lutionnaire au service du Guomindang, d'une armée qu'il pourrait directement contrôler. C'est même l'une des premières demandes qu'il a présentées à ses interlocuteurs soviétiques. Il en a parlé dès décembre 1921 à Maring et est revenu à la charge auprès de Joffé puis de Borodine. Certes, dit-il, il existe au Guangdong de nombreuses armées qui combattent aux côtés du parti révolutionnaire, mais on ne peut dire qu'il s'agisse d'armées révolutionnaires. Elles n'ont aucun idéal et leurs chefs se laissent guider par l'intérêt personnel. Et Sun d'évoquer ce qu'il estime être la trahison de Chen Jiongming.

Pour établir l'Académie où sera formée l'armée révolutionnaire idéale *(lixiangshangde gemingjun)*, Sun Yat-sen compte sur l'argent et les conseillers soviétiques. Et de fait, l'Académie est financée à hauteur de 186 000 dollars chinois par le gouvernement de Canton et à hauteur de 3 millions de roubles (équivalent à 2,7 millions de dollars chinois) par les Soviétiques. Elle reçoit 30 fusils de l'arsenal de Canton... et 8 000 des Soviétiques. La création de cette académie représente le principal investissement en argent et en hommes réalisé par les Soviétiques en Chine du vivant de Sun. Un premier groupe de quatre experts militaires arrive à Canton en janvier 1924, sous la direction de Pavel A. Pavlov, officier du tsar devenu héros de l'Armée rouge. Une demi-douzaine d'autres officiers les rejoignent en octobre, conduits par Vassili K. Blücher, plus connu sous le nom d'emprunt de Galin. Ancien commandant en chef sur le front d'Extrême-Orient en 1921-1922, le général Galin est un homme d'expérience, énergique et intelligent dont Malraux a tracé l'inoubliable portrait dans son roman *Les Conquérants*. Après le décès accidentel de Pavlov, c'est lui qui devient le principal conseiller militaire du gouvernement de Canton, coordonnant étroitement son action avec celle de Borodine.

Le site choisi pour établir l'Académie est l'îlot de Huangpu, situé dans le delta, à 25 kilomètres en aval de Canton. Un fort y avait été construit en 1870, dont subsistent quelques pièces d'artillerie servies par une garnison d'époque. Devenus très âgés, les artilleurs sont aidés dans leur tâche militaire par leurs fils, petits-fils et arrière-petits-fils !

En janvier 1924, le congrès de Réorganisation a nommé Chiang Kai-shek président de la Commission préparatoire à l'établissement de l'Académie. Malgré les réticences de Chiang, hostile à l'influence grandissante des Soviétiques à Canton, les préparatifs suivent leur cours. Au début de mai, l'Académie ouvre ses portes aux cinq cents cadets de la première promotion. Modelée sur les institutions soviétiques, la nouvelle Académie accorde une place primordiale à la formation idéologique des futurs officiers. Sous l'autorité suprême de Sun Yat-sen, Chiang Kai-shek assure la direction militaire de l'établissement, cependant que Liao Zhongkai en assume la responsabilité politique. A côté des départements d'Éducation générale, d'Instruction militaire, etc., on trouve un département politique dirigé par Dai Jitao (un membre du Guomindang modéré) qu'assiste le communiste Zhou Enlai.

L'enseignement militaire est dispensé par des officiers chinois que conseillent des experts soviétiques. Les obstacles linguistiques ne sont pas les seuls responsables des nombreuses difficultés relationnelles entre les uns et les autres. S'y ajoutent les susceptibilités professionnelles et nationales, les problèmes de face... et la peur de la « fièvre rouge » *(chihuo)*. Aussi les *sovietniki* se contentent-ils d'entraîner les cadets au tir et de leur enseigner la tactique. En matière d'endoctrinement politique, explique Cherepanov, ils laissent faire Borodine qui, le cas échéant, intervient — par l'intermédiaire de Sun Yat-sen ou de Liao Zhongkai.

La plupart des cadets sont des jeunes gens tout juste sortis du collège et qui n'ont pas fait l'expérience débilitante des armées des seigneurs de la guerre. L'Académie travaille à leur inculquer le sens de leur mission et l'esprit de sacrifice. Dans les cours politiques, l'accent est mis sur le Triple Démisme, dont la présentation est confiée au vieux dirigeant Hu Hanmin, et sur l'histoire du parti révolutionnaire qu'enseigne Wang Jingwei.

Sun Yat-sen s'intéresse de près à la vie de l'Académie. Accompagné de Borodine et des principaux dirigeants du parti, il préside à l'inauguration officielle de l'établissement, le 16 juin 1924. Le discours qu'il prononce ce jour-là, devant un jeune public passionné, retrace l'histoire de la révolution chinoise et de ses échecs, fixe les objectifs de l'Académie chargée de créer le bras armé de la révolution, investit les cadets d'une responsabilité particulière dans la mise en œuvre du Triple Démisme et dans la victoire finale. Cette victoire, Sun la souhaite aussi « brillante que celle remportée en Russie ». Dans son introduction, il compare le sort des deux révolutions, mais ce sera sa seule allusion à la Russie. Cette discrétion confirme l'impression que, en dépit de la présence des *sovietniki* et de cadres tel Zhou Enlai, l'Académie militaire, à ses débuts, est relativement peu ouverte aux influences communistes et qu'à Huangpu Sun « roule pour lui ».

Dans l'historiographie marxiste, Sun Yat-sen apparaît comme le représentant d'une bourgeoisie chinoise luttant pour la révolution nationale. Mais s'il est vrai que les marchands des villes côtières et des communautés d'outre-mer lui ont fourni une aide précieuse du temps de la révolution de 1911, dix ans plus tard ils ne nourrissent plus que méfiance à son égard. La crise des Volontaires marchands, qui éclate au cœur de la capitale cantonaise à l'été 1924, conduit à un affrontement armé brutal. Cette véritable guerre civile revêt à bien des égards les caractères d'une lutte de classes, piquets ouvriers et détachements paysans venant renforcer les unités gouvernementales dans leur combat contre les milices marchandes. La radicalisation de la politique du Guomindang sous l'influence du front uni a certainement contribué à précipiter le conflit. Mais ses origines sont plus anciennes : depuis plusieurs années, l'insécurité généralisée et la multiplication des charges fiscales et des exactions ont amené les marchands à s'armer pour protéger leurs biens et leur vie.

Les mercenaires du Yunnan, du Guangxi et d'ailleurs, sur lesquels Sun s'appuie pour contrôler Canton, se livrent à une exploitation financière outrancière de la ville et de sa région. Alors même que son gouvernement est en pleine débâcle financière, Sun est obligé de couvrir ou à tout le moins de tolérer ces exactions. Abandonnés à leur propre force, les marchands recourent à la création de milices d'autodéfense. La démarche n'a rien d'exceptionnel. Les premiers Volontaires marchands ont été créés à Shanghai dès 1905 à l'imitation des unités organisées dans la concession internationale. A l'époque de la révolution de 1911, les corps de Volontaires marchands ont été étroitement associés à l'éveil du sentiment nationaliste dans les classes urbaines et à la défense de l'autonomie locale à laquelle se ramène généralement, aux yeux de l'opinion, la défense des libertés. Interdites par Yuan Shikai, ces milices renaissent avec les troubles des années 1920. Leurs objectifs immédiats d'autodéfense, pas plus que leur idéologie, n'ont varié, mais au Guangdong la radicalisation très rapide de la politique gouvernementale fait désormais apparaître la défense des intérêts locaux comme un réflexe réactionnaire de préservation des élites.

L'ampleur de la mobilisation répond à l'ubiquité et à l'urgence des périls. De 13 000 à l'automne 1923, le nombre des Volontaires marchands passe à plus de 50 000 à l'été 1924. La plupart d'entre eux sont des patrons de boutiques, des employés de commerce. Les entreprises se chargent de payer leurs frais d'équipement. Certaines entretiennent ainsi jusqu'à 30 miliciens chacune. L'organisation de ces milices s'étend à une centaine de villes du Guangdong. En juin 1924, ces Volontaires se fédèrent en un corps provincial. Selon le président de cette fédération, compradore de la Hong Kong and Shanghai Bank, le mouvement se situe dans le cadre strict de la défense des intérêts locaux : « Nous sommes fatigués [...] de voir que notre commerce décline, que nos matières premières ne peuvent atteindre leur marché, que nos investissements se perdent[1]. » Ce mécontentement de nature économique recouvre une violente hostilité politique à l'égard de Sun Yat-sen. Les marchands lui reprochent d'avoir fait appel à des mercenaires pour reconquérir le Guangdong et d'avoir ensuite laissé ces mercenaires s'engraisser sur les ressources locales. Ils lui reprochent ses guerres incessantes contre Chen Jiongming et ses autres rivaux, guerres pour le financement desquelles il faut chaque jour davantage d'argent. Ils s'inquiètent enfin de son alliance avec les communistes et des encouragements donnés aux syndicats ouvriers face aux guildes corporatistes.

Quant à Sun, il soupçonne les Volontaires marchands de chercher de l'aide auprès de son grand ennemi Chen Jiongming, toujours retranché dans le Guangdong oriental et dont les tendances autonomistes rejoignent celles des notables locaux, et surtout auprès des Britanniques, effrayés par le spectre d'un bolchevisme cantonais.

Le 9 août arrive à Canton un cargo norvégien, le *Hav*, chargé d'armes achetées en Europe grâce à des intermédiaires britanniques et destinées à renforcer l'équipement des Volontaires marchands. Bien que l'importation de ces armes soit couverte par une licence en bonne et due forme, Sun Yat-sen ordonne la saisie du chargement, qui est déposé et gardé à l'Académie de Huangpu. Les Volontaires multiplient les démarches auprès des communautés (cantonaises) d'outre-mer, auprès de l'ins-

1. Cité par Marie-Claire BERGÈRE, *L'Age d'or de la bourgeoisie chinoise*, Paris, Flammarion, 1986, p. 235.

pection générale des Douanes, du corps diplomatique à Pékin, des consulats étrangers à Canton. Le gouvernement de Canton lance un mandat d'arrêt contre le président de leur fédération. Les marchands ripostent par la grève générale des affaires. Sun Yat-sen envisage de faire bombarder le quartier commerçant de Canton. Le corps consulaire proteste et les Britanniques font peser la menace d'une intervention navale. Le 1er septembre, Sun publie l'un de ses plus violents manifestes anti-impérialistes. Mais il ne passe pas aux actes et, momentanément, la crise retombe. Sun, qui a désespérément besoin d'argent, négocie même avec les Volontaires la remise de leurs armes, moyennant finances.

Le 10 octobre, les armes commencent donc à être débarquées dans le port de Canton quand l'intervention d'une foule de manifestants célébrant l'anniversaire de la révolution de 1911 suspend la livraison et provoque un accrochage sanglant. Les marchands proclament de nouveau la grève générale, appellent au renversement de Sun Yat-sen et de son gouvernement et annoncent le prochain retour de Chen Jiongming.

Du côté nationaliste, on crée une cellule de crise sous forme d'un Comité révolutionnaire doté des pleins pouvoirs et à la disposition duquel sont placés des détachements d'ouvriers et de paysans ainsi que les brigades de gendarmerie, la garnison de l'arsenal, les cadets de Huangpu et d'autres unités relevant directement de l'autorité gouvernementale. La composition du comité a été encore une fois l'enjeu de vives discussions entre les modérés et Borodine qui veut exclure Hu Hanmin et Wang Jingwei. Sun Yat-sen arbitre en faveur de l'exclusion, car, dit-il, la révolution doit suivre le modèle soviétique auquel Hu Hanmin ne croit pas et que Wang Jingwei, par tempérament, ne saurait appliquer. Tous deux sont aptes à gérer le *statu quo* mais incapables de prendre les décisions énergiques qu'impose une situation de crise. En octobre 1924, comme en novembre 1923, la confiance de Sun Yat-sen en Borodine semble croître avec l'urgence du péril !

Le 14 octobre, l'ordre est donné d'attaquer le quartier commerçant de Xiguan. Le lendemain, à l'aube, les unités gouvernementales, qui cherchent à s'infiltrer, se heurtent aux tireurs postés dans les tours de pierre servant d'entrepôts aux monts-de-piété. Hérissées au-dessus des constructions de bois, ces tours aveugles sont autant de petites forteresses. Pour déloger les tireurs, on incendie le quartier qu'on livre ensuite au pillage. Mille immeubles sont en cendres. Les milices marchandes sont désarmées, leurs dirigeants sont en fuite. La victoire reste à Sun. Mais à Shanghai, dans les grandes villes côtières comme en Asie du Sud-Est et en Amérique, les puissantes communautés cantonaises qui, au tournant du siècle, furent les premières à accueillir et à soutenir leur jeune compatriote dénoncent avec virulence la tyrannie de Sun. Les communistes, eux, par la voix de leur organe officiel, *Le Guide (Xiangdao)*, rejettent la responsabilité du drame sur les compromis jadis passés avec l'impérialisme. Ils pressent Sun de déclarer la guerre à la Grande-Bretagne et de purger le Guomindang des contre-révolutionnaires de l'extrême droite.

Pris dans l'engrenage des crises et emporté par la vitesse acquise, Sun va-t-il devoir renoncer au difficile équilibre qu'il a jusqu'ici cherché et, dans une certaine mesure, réussi à maintenir entre les modérés de son parti et les radicaux alliés aux communistes ? Selon toute apparence, la répression des Volontaires marchands marque une dérive de Sun vers la gauche. Annonce-t-elle une reddition complète à Borodine ? En fait, à l'automne 1924, ce qui occupe l'esprit de Sun, alors que la maladie s'empare de son corps, ce n'est ni la base révolutionnaire ni les rapports entre la gauche et la droite ; c'est, toujours renaissante, la fascination du Nord.

La volte-face stratégique de Sun Yat-sen et le projet de nouvelle expédition vers le Nord

Tournée vers les steppes, engoncée dans le continent, l'ancienne capitale impériale demeure le lieu symbolique du pouvoir politique et de l'unité nationale. Depuis que, en 1911, son destin a failli prendre une dimension nationale, Sun Yat-sen n'a cessé de regarder vers Pékin. La création de gouvernements séparatistes au Guangdong — dans son esprit du moins — n'a visé que la réunification. La consolidation d'une base révolutionnaire à Canton peut très naturellement s'inscrire dans une telle logique et Borodine ne manque pas de faire reluire aux yeux de Sun la perspective prochaine d'une extension de la révolution à l'ensemble de la Chine. Pourtant, Sun, à la fin de l'été 1924, se dissocie de cette stratégie.

Dans la première semaine de septembre, il décide de lancer une nouvelle expédition vers le Nord. Il quitte Canton pour rejoindre, sur la frontière septentrionale de la province, la petite ville de Shaoguan où il établit son quartier général. Comment Sun peut-il ainsi, de façon délibérée, abandonner tout l'acquis de la construction politique et militaire entreprise à Canton depuis dix mois ? Il s'en explique lui-même dans une lettre adressée à Chiang Kai-shek : « Je suis venu à Shaoguan avec l'intention d'abandonner Canton, de couper les ponts, pour ainsi dire... » La consolidation de la base lui paraît impossible ou peut-être simplement trop lente à venir pour trois raisons qu'il énumère : « Tout d'abord la pression britannique [...], deuxièmement la contre-offensive de nos ennemis [Chen Jiongming] dans la région de la rivière de l'Est [...], enfin l'avidité et l'arrogance des armées hôtes [...]. Il est impératif que nous échappions à la mort en cherchant le moyen de survivre ailleurs [1]. »

Mais la démarche de Sun ne correspond pas seulement à un réflexe de fuite. Elle s'inscrit aussi dans une stratégie d'alliance avec certains militaristes, contre la clique Zhili et le général Wu Peifu qui contrôlent Pékin. Sun Yat-sen espère ainsi provoquer un réalignement général des forces politiques dans le Nord, qui lui permettrait éventuellement d'accéder à la présidence.

Cette décision prend l'entourage de Sun par surprise. Critiques et protestations se multiplient à l'intérieur même du Guomindang. Sun Fo démissionne de ses fonctions de maire ; Liao Zhongkai abandonne son poste de gouverneur civil provincial et Chiang Kai-shek refuse de laisser les cadets de Huangpu participer à l'expédition : seule une compagnie est envoyée à Shaoguan pour servir de garde personnelle à Sun Yat-sen. Les alliés communistes dénoncent cette expédition qui « n'a rien à voir avec la véritable révolution de libération nationale » et dans laquelle « ni les syndicats ni les associations paysannes ne doivent s'impliquer [2] ».

---

1. Cité par Jérôme CHEN, « Dr Sun Yat-sen's Trip to Peking, 1924-1925 », *Readings on Asian Topics*, Lund, Student Literature, 1970, p. 76 ; d'après MAO Sicheng, *Minguo shiwu nian yiqian zhi Jiang Jieshi xiansheng* (Chiang Kai-shek, avant 1926), s.l. 1re éd. 1936.

2. *Cf.* l'article de DENG Zhongxia, principal dirigeant ouvrier du jeune Parti communiste chinois, « Gongnongjun yu Beifa » (L'armée ouvrière et paysanne et l'expédition vers le Nord), *Zhongguo gongren* (L'ouvrier chinois), n° 1, cité d'après Jean CHESNEAUX, *Le Mouvement ouvrier chinois de 1919 à 1927*, Paris, La Haye, Mouton, 1962, p. 357.

Inconséquente, la conduite de Sun l'est certainement par rapport à la politique proclamée et appliquée depuis le congrès de Réorganisation. Mais cette expédition vers le Nord, la seconde du genre, s'inscrit dans la droite ligne des intentions et des ambitions caressées par Sun dans les années 1922-1923 et que son adhésion au front uni n'a visiblement pas effacées. Tout le travail de transformation révolutionnaire entrepris à Canton sous la conduite des Soviétiques et avec l'appui de Sun n'aurait-il donc eu pour objectif, dans l'esprit de ce dernier tout au moins, que de rendre enfin possible cette reconquête militaire projetée depuis si longtemps ? Au vu des grandes manifestations anti-impérialistes qui mobilisent Canton, des flots d'éloquence révolutionnaire qui se déversent sur la ville et des violentes revendications sociales qui se font jour dans ses faubourgs et dans les campagnes environnantes, on hésite à croire Sun désireux d'inverser les priorités et capable de lâcher ainsi la proie pour l'ombre. Mais rien ne peut le détourner de son projet d'expédition : ni l'abstention des conseillers militaires soviétiques, qui l'amène simplement à se retourner vers les mercenaires du Yunnan et du Guangxi, ni la crise des Volontaires marchands qu'il se contente de gérer de loin.

La priorité absolue ainsi accordée à la reconquête du Nord sur la mobilisation révolutionnaire du Sud peut-elle remettre en question la signification de la politique de front uni, pratiquée par Sun Yat-sen aux côtés des *sovietniki* et des communistes chinois depuis l'automne 1923 ? Certains l'ont pensé. Mais avant d'aborder les controverses dont s'entourent les derniers mois de Sun Yat-sen et sa destinée posthume, il nous faut considérer la nouvelle formulation des Trois Principes du peuple, telle qu'elle s'élabore au cours du printemps 1924.

La rédaction mouvementée de ce *credo* politique appartient à l'histoire de la base révolutionnaire de Canton et nous éclaire sur l'attitude de Sun Yat-sen à l'époque. L'importance de ces textes dépasse cependant les circonstances qui les ont vus naître. Rendus définitifs par la mort prématurée de leur auteur, ils ont pris valeur de référence et ont permis de transformer en doctrine la pensée politique si mouvante de Sun Yat-sen.

CHAPITRE X

Le Triple Démisme de Sun Yat-sen

Dans son acception étroite, le *Triple Démisme (Sanminzhuyi)* est le titre donné par Sun Yat-sen à son dernier ouvrage, publié en 1924. De façon plus générale, on entend par Triple Démisme la doctrine politique que Sun n'a cessé d'élaborer pendant les deux dernières décennies de sa vie politique. C'est en 1905 que Sun emploie pour la première fois le terme, cherchant ainsi à intégrer dans un même projet révolutionnaire ses vues sur le nationalisme *(minzuzhuyi)*, sur la démocratie *(minquanzhuyi)* et sur le bien-être du peuple *(minshengzhuyi)*. Pendant les années qui précèdent la révolution de 1911, la doctrine du Triple Démisme est diffusée par *Le Journal du peuple* et devient la charte de la Ligue jurée. Mais des trois principes, seul le premier, celui du nationalisme — entendu alors comme opposition à la dynastie mandchoue —, fait l'unanimité chez les révolutionnaires. Après une longue interruption, Sun Yat-sen commence de nouveau à réfléchir sur le concept à partir de 1919. Désormais, il ne cessera d'en réviser et d'en enrichir le contenu.

De 1905 à 1925, le Triple Démisme apparaît donc comme une doctrine en constant devenir, une idéologie qui ne cesse de se transformer pour répondre à des circonstances nouvelles. Au risque de figer la pensée si mouvante de Sun Yat-sen, nous avons opté pour un « arrêt sur image », le temps d'une exploration critique de l'œuvre publiée en 1924. Sans ignorer les influences contraignantes d'une conjoncture chaotique et d'une stratégie révolutionnaire qui se cherche, il nous a paru nécessaire, en effet, de dégager les grandes orientations susceptibles de fonder ce que certains n'hésitent pas à appeler le sunisme.

Si nous avons choisi pour fil directeur le *Triple Démisme* de 1924, ce n'est pas seulement à cause du caractère emblématique que lui confère son titre, mais aussi parce qu'il s'agit de la dernière œuvre majeure publiée par Sun Yat-sen et que lui-même, dans son *Testament politique*, la désigne comme fondamentale pour l'énoncé de son programme, à côté, il est vrai, de trois autres textes : *Le Plan de reconstruction nationale (Jianguo fanglüe)*, les *Fondements de la reconstruction nationale (Jianguo dagang)* et le *Manifeste du congrès* [du Guomindang en 1924]. Ces divers textes se recoupent très souvent. Mais, alors que *Le Plan de reconstruction nationale* rassemble des écrits disparates datant généralement de la fin des années 1910 et que les *Fondements de la reconstruction* et le *Manifeste* sont des textes brefs de caractère programmatique, le *Triple Démisme* est plus explicite. Il se présente comme une œuvre de réflexion et de synthèse, rédigée d'un seul élan, de janvier à août 1924. Sun Yat-sen y cherche à justifier ses choix idéologiques en se référant à la tradition philosophique et à l'expérience historique de la Chine et de l'Occident. Sans nous interdire les références à d'autres écrits de Sun, c'est donc essentiellement sur le *Triple Démisme* que nous fonderons notre analyse.

Texte parfois étrange, bien éloigné du traité philosophique et des considérations théoriques que l'on attendrait sous la plume d'un accoucheur de révolutions. En matière de spéculation intellectuelle et de qualités littéraires, Sun Yat-sen n'égale ni les maîtres de la génération précédente (Kang Youwei, Liang Qichao), ni les protagonistes du mouvement de mai 1919, sans même parler de Lénine. Mais pour rendre justice au *Triple Démisme*, il faut connaître les conditions qui ont présidé à sa rédaction. Sun Yat-sen s'en explique lui-même dans l'introduction. Alors qu'il préparait un traité sur les principes du peuple, il a perdu tous ses livres de référence et toutes ses notes dans le bombardement de sa résidence par les troupes de Chen Jiongming, en juin 1922. Absorbé ensuite par les luttes politiques, Sun Yat-sen n'a jamais trouvé le loisir de reprendre l'élaboration de son traité.

Le *Triple Démisme*, légué en testament au Guomindang, n'est que la transcription de seize conférences prononcées à l'université du Guangdong. Bien que Sun Yat-sen ait lui-même partiellement revu cette transcription, le *Triple Démisme* porte la marque de ses origines tribunitiennes : sous la vivacité et la simplification des formules, dans l'insistance dramatique des répétitions couve encore le feu du discours et de l'improvisation face à la foule. C'est une œuvre de propagande, un long tract politique destiné à emporter l'adhésion plutôt que la conviction, un appel à l'action plutôt qu'à la réflexion. Il s'agit de diffuser un certain nombre d'idées plus que d'en poursuivre l'analyse. Sun Yat-sen le proclame : un principe n'est pas pour lui qu'une idée; c'est «une foi *(xinying)*, une force *(liliang)* [1]».

L'éloquence dont il est né ne confère pas seulement au *Triple Démisme* chaleur et force d'entraînement : elle l'entache aussi d'un certain nombre d'approximations, d'incohérences et de contradictions, sans compter l'intrusion d'anecdotes triviales, histoires de crachats et de pets, destinées à illustrer les difficultés des Chinois à régler leur propre conduite et leurs relations avec les étrangers.

Selon l'humeur, on peut trouver l'ouvrage éclectique... ou bâtard. La fierté culturelle chinoise s'y mêle à l'anti-impérialisme léniniste, la loi de Montesquieu côtoie les préceptes de Lincoln et le socialisme à la Henry George s'allie au marxisme et à la pensée utopique chinoise traditionnelle. «Dans chaque cas, le docteur Sun fait référence de façon incidente à quelque théorie européenne ou américaine qu'il absorbe dans son propre schéma théorique sans que celui-ci s'en trouve affecté» (Jérôme Chen). Pour lui, comme pour bien d'autres Chinois pris dans l'étau de la modernisation, Mao Zedong inclus, les emprunts étrangers doivent servir les objectifs nationaux et l'importation de nouvelles méthodes, de nouveaux concepts, n'implique pas l'adoption des systèmes dont ils sont issus. Le critère ultime demeure celui de l'efficacité : «On ne peut pas dire d'une manière générale que les idées soient bonnes

1. Toutes les références au *Triple Démisme* renvoient à Pascal M. d'ÉLIA, (SJ), *Le Triple Démisme de Suen Wen*, Shanghai, Bureau sinologique de Zi-Ka-wei, 1929 pour la traduction française; et aux tomes IX et X de *O.C.* pour le texte original. *Cf.* ici ÉLIA, *Le Triple Démisme*, p. 7, et *O.C.*, t. IX, p. 184.

ou mauvaises. Il faut voir si elles nous sont utiles ou non. Si elles nous sont utiles, elles sont bonnes, si elles ne nous sont pas utiles, elles sont mauvaises[1]. » Ce pragmatisme à tous crins ouvre la voie à un syncrétisme qui dégénère parfois en incohérence. Seul le puissant, l'inébranlable optimisme de Sun Yat-sen sauve le texte, le porte au-dessus et au-delà de ses contradictions.

Ce que l'on saisit de Sun Yat-sen, à travers le *Triple Démisme*, c'est essentiellement la force d'un tempérament. L'ouvrage demeure fondamental ; en lui se cristallisent les interrogations, les ambitions, les idées, qui ont nourri les principaux débats du premier quart de ce siècle. C'est à travers ce texte, devenu par la suite texte canonique, que plusieurs générations de Chinois se familiariseront avec la pensée politique moderne de leur pays.

Le principe du nationalisme

Ce principe fait l'objet des six premières conférences prononcées par Sun Yat-sen de janvier à mars 1924 et occupe une place centrale dans la pensée de ce grand patriote qui ne se montre jamais plus ému et émouvant que lorsqu'il évoque la nation chinoise. Son discours sur le nationalisme demeure profondément marqué par les débats qui ont entouré la naissance même du concept de nation un quart de siècle plus tôt. Ce concept que les modernistes de mai 1919 considèrent désormais comme acquis, allant de soi, et que certains d'entre eux commencent même à critiquer, Sun Yat-sen éprouve toujours le besoin de le légitimer, comme les lettrés et mandarins de la réforme et de la prérévolution.

Universaliste, la tradition chinoise définit l'individu non pas par l'appartenance à un groupe ethnique ou social, ni par la pratique de tel ou tel culte religieux, mais par référence aux progrès accomplis dans la quête morale et spirituelle qui est le but de la vie et qui gouverne l'harmonie entre l'homme, la société et le cosmos. La Chine elle-même n'est pas un pays : c'est l'expression d'une culture, ou plutôt de la culture, l'État

1. ÉLIA, *Le Triple Démisme*, p. 73 ; *O.C.*, t. IX, p. 216.

chinois n'apparaissant que comme « la structure unitaire de l'intégration du monde civilisé, progressivement élargie à toute l'humanité » (Léon Vandermeersch). A la notion occidentale de « concert des nations », désignant les relations entre États souverains, indépendants et théoriquement égaux entre eux, la tradition oppose une organisation concentrique et hiérarchique du monde, occupé en son centre par un foyer de civilisation, la Chine, rayonnant vers une périphérie barbare : les autres peuples promis à l'assimilation ou à la disparition. Universalisme et culturalisme ethnocentrique conditionnent la vision que les anciens Chinois ont du monde.

L'irruption des Occidentaux a profondément ébranlé cette architecture conceptuelle. Les mandarins et les lettrés qui se sont alors mobilisés pour sauver la Chine se sont montrés également soucieux de redonner à l'ordre mondial son intelligibilité, d'en rendre à nouveau la lecture compréhensible en introduisant une conception linéaire de l'évolution historique et en substituant aux influences cosmiques les lois de la compétition darwinienne pour la survie. Le nationalisme qui a éclos au tournant du siècle participe de ce double effort patriotique et philosophique. A cette époque, la présence sur le trône impérial d'une dynastie étrangère a facilité et parfois égaré la quête de l'identité nationale. La priorité à donner à la lutte antidynastique sur la résistance antioccidentale est devenue le principal critère de distinction entre révolutionnaires et réformistes. En dehors de ses aspects très politiciens, la querelle qui oppose ces courants alimente un débat essentiel sur les fondements biologiques, sociaux et historiques de la nation, sur les rapports de la nation à l'État et à la communauté universelle. Conduite par des hommes de culture et de talent exceptionnels, de Kang Youwei à Liang Qichao, en passant par Zhang Binglin, cette réflexion, qui emprunte à l'Occident sans pour autant totalement répudier l'Orient, représente un des sommets de la pensée politique chinoise moderne en son premier âge d'or (1895-1911).

Dans ces débats, Sun Yat-sen n'a joué qu'un rôle latéral, pour ne pas dire marginal. Il intervenait de façon indirecte, par l'intermédiaire d'articles publiés dans *Le Journal du peuple*, sous la plume de brillants intellectuels, tel Zhu Zhixin, qui, tout en s'exprimant en leur propre nom, se réclamaient de leurs fréquents contacts avec le dirigeant de la Ligue Jurée et se présentaient (ou étaient présentés) comme son porte-parole.

Vingt ans plus tard, alors que l'hypothèque mandchoue a depuis longtemps été levée, on retrouve dans les écrits de Sun Yat-sen l'écho de ces anciens débats. Dégagés de leur contexte polémique, véhiculés par une prose élémentaire et vigoureuse, les concepts de race, de nation, d'État sont devenus la vulgate d'un nouveau nationalisme de masse. Entre-temps, cependant, Sun Yat-sen s'est ouvert à la théorie léniniste de l'impérialisme, à laquelle il emprunte l'idée de l'exploitation économique des pays moins développés et celle de l'inévitable affrontement entre puissances coloniales et nations opprimées.

Liées à des phases successives d'une carrière accidentée, ces différentes théories constituent comme autant de strates géologiques, encore distinctes dans l'empilement que représente la pensée politique de Sun Yat-sen. Le plus étonnant est sans doute que cet empilement même n'ait pas caché le socle de la tradition : celle-ci est à maintes reprises évoquée et invoquée. Et, paradoxalement, c'est peut-être elle qui confère une certaine cohésion au nationalisme, par ailleurs si moderne, de Sun Yat-sen.

La race et les fondements « naturels » de la nation

Pour Sun Yat-sen, seul l'appel au nationalisme peut sauver la Chine *(jiuguo)*, c'est-à-dire la race chinoise. La conscience raciale n'a jamais été complètement absente d'une tradition culturelle qui s'enorgueillit de sa vocation universaliste. Ce que Frank Dikötter appelle « le discours sur la race » — pour ne pas dire « le racisme » — a ses racines autochtones que nourrit la perception des différences physiques autant que socioculturelles. Mais c'est l'agression occidentale qui, à la fin du XIXe siècle, installe le problème de la race au centre du débat politique et philosophique. Reprenant la distinction, clairement établie par Zhu Zhixin dès 1908, entre la nation race *(minzu)* née des forces naturelles et de l'évolution historique, c'est-à-dire constituée spontanément selon la Voie royale *(wang dao)* [1], et la nation État *(guojia)*, produit de forces artificielles et de l'intervention militaire, c'est-à-dire constituée selon la

1. La Voie royale est celle empruntée par le souverain qui fonde son pouvoir sur l'exercice de la vertu. La Voie de la force est celle des usurpateurs ou dictateurs qui règnent par la contrainte.

Voie de la force *(badao)*, Sun Yat-sen définit le nationalisme chinois avant tout comme un nationalisme racial *(minzuzhuyi)*. Et il énumère les principales « forces naturelles » sur lesquelles se fonde un tel nationalisme.

Tout d'abord : le « sang », le sang des ancêtres qui « se transmet éternellement ». L'idée de race rejoint ici « l'idéologie patrilinéaire » (Joël Thoraval) qui fait de tous les Chinois les descendants d'un mythique empereur jaune. Viennent ensuite le genre de vie, la langue, la religion et les coutumes. A la différence de Staline et de Lénine, Sun Yat-sen n'inclut pas l'enracinement territorial parmi les facteurs conduisant à la formation de la nation[1]. Tout au plus le territoire lui apparaît-il comme un attribut de l'État et du nationalisme d'État. (Ainsi, et par la simple vertu d'une définition, Sun Yat-sen intègre ou réintègre à la communauté nationale les millions d'émigrés installés outre-mer.)

Partant de cette définition, Sun Yat-sen développe un discours très proche de celui des réformateurs de la période 1895-1905 qui, incorporant le darwinisme social importé d'Occident à l'ethnocentrisme traditionnel, appelaient à la défense et à la préservation de la race chinoise. La lutte pour la survie est ramenée à l'idée d'une guerre des races qui conditionne l'évolution historique. Comme les réformateurs, Sun Yat-sen craint et dénonce le péril blanc. Il veut insuffler à ses lecteurs le sentiment du danger imminent. Reprenant le vocabulaire de ses prédécesseurs, il évoque le spectre de l'extinction raciale *(miezhong)* et souligne avec force ce qu'il considère comme le déclin démographique de la Chine face au raz de marée des puissances américaines et européennes : « Si notre population n'augmente pas [...], eux [les autres peuples du monde] qui seront la majorité [...] avaleront la Chine [...]. Non seulement la Chine [...] sera une nation finie [...], mais de plus la race chinoise aussi sera éteinte[2]. »

Débordant les données biologiques, le concept de race, selon Sun Yat-sen, se fonde aussi sur un certain nombre de facteurs socioculturels et historiques propres à créer le sentiment d'appartenance (ce que Zhu Zhixin, dans son article de 1908, nommait le nationalisme du cœur *[xinlide guoajiazhuyi]*) : « Notre

1. *Cf. Le Marxisme et la Question nationale*, rédigé par Staline en 1913.
2. ÉLIA, *Le Triple Démisme*, p. 29; *O.C.*, t. IX, p. 196.

race chinoise est très ancienne. Elle a plus de quatre mille ans d'histoire avérée [...]. Depuis plus de quatre mille ans d'histoire, nous n'avons constaté que le progrès de la civilisation et jamais le déclin de la race. Celle-ci [...] est encore aujourd'hui la race du monde la plus cultivée[1].» Ce qui, pour Sun Yat-sen, fait le caractère unique de la Chine, c'est la coïncidence depuis la plus haute Antiquité entre la race et la nation État. Alors qu'à l'étranger une même race a donné naissance à plusieurs nations, ou inversement une même nation regroupe plusieurs races, en Chine, «une seule race a fondé une seule nation» (*yige minzu zaocheng yige guojia*[2]).

Certes, Sun n'ignore pas la présence en Chine de minorités ethniques : Mongols, Mandchous, Tibétains, etc. Car en même temps que les Chinois, en réponse à l'agression occidentale, repensaient leurs rapports avec le monde, ils ont pris conscience de la présence des diverses ethnies coexistant dans le cadre étatique impérial. Mais l'articulation entre ethnicité et identité nationale n'a pas été clairement explicitée. Arguant de la faible importance numérique des minorités (qu'il évalue à dix millions), Sun proclame la pureté d'une race de quatre cents millions de Chinois dont on peut dire qu'ils sont tous des Hans (ayant même sang, même langue parlée et écrite, même religion, mêmes coutumes[3]). Si, dès 1912, Sun Yat-sen a proclamé l'égalité des Cinq Races relevant de la souveraineté chinoise et si, dans le *Manifeste du congrès* de Réorganisation de 1924, il va jusqu'à reconnaître à ces races le droit de l'autodétermination, il semble bien compter sur le processus d'assimilation culturelle pour unifier la nation autour des Hans.

Le malheur de la Chine vient de ce qu'elle a perdu ce «trésor» *(baobei)* qu'est le sens national. La race survit, mais les Chinois ne nourrissent aucun sentiment de loyauté envers l'État nation ; ils ne se reconnaissent pas en lui, ne se sentent aucune obligation à son égard. Ce sont de piètres citoyens que Sun Yat-sen compare à du «sable dispersé» *(sansha)*. Cette perte de conscience nationale, Sun Yat-sen en rejette la responsabilité sur une tradition culturaliste et cosmopolite *(shijiezhuyi)* que la Chine a cultivée afin de mieux étendre son empire universel

1. ÉLIA, *Le Triple Démisme*, p. 32 ; *O.C.*, t. IX, p. 197.
2. ÉLIA, *Le Triple Démisme*, p. 9 ; *O.C.*, t. IX, p. 185.
3. ÉLIA, *Le Triple Démisme*, p. 14 ; *O.C.*, t. IX, p. 188.

(tianxiazhuyi). Sun dénonce la trahison des clercs, ralliés aux envahisseurs mandchous qui se présentaient comme les défenseurs de la culture et des valeurs confucéennes. Et en écho au combat mené vingt ans plus tôt contre les réformistes, il accuse «les savants et les lettrés» (entendre Kang Youwei et Liang Qichao) qui plaidaient pour la coopération avec la dynastie étrangère afin de moderniser et de sauver l'État *(guojia)*, sans prendre en compte l'asservissement de la race sous le joug étranger.

La renaissance nationale, dit-il, doit remettre à l'honneur les valeurs dont le respect à travers les siècles et les millénaires ont créé l'identité chinoise. Sun Yat-sen défend les vieilles vertus confucéennes de piété filiale, de loyauté, d'humanité : «C'est parce que la morale était élevée [...] que notre nation a pu subsister [...]. Nous devons faire revivre l'ancienne morale qui nous est propre [...]. Nous pourrons alors rendre à notre nation la place que nous avions [1].»

Le nationalisme racial doit en outre s'appuyer sur les traditionnelles solidarités familiales et claniques et les élargir à l'échelle du pays tout entier. «En Chine, on est habitué depuis longtemps, depuis des milliers d'années, à voir ce long courant des générations à l'intérieur d'un même clan [...]. Voici une chose ferme et indestructible.» En regroupant ces clans, on formera «l'association nationale de la Très Grande République chinoise [2]». Et la nation État *(guojia)* pourra se construire naturellement, du bas vers le haut, des citoyens vers les organisations centrales. C'est un mouvement qui ira *crescendo*. La race *(minzu)* trouvera son expression spontanée dans l'État *(guojia)*. A la différence de l'Occident, en effet, la Chine a pour cellule sociale de base non pas l'individu mais la famille. Cela constitue un grand avantage, car la cohésion même de la cellule familiale peut servir de modèle pour faire renaître la conscience nationale.

Sun Yat-sen introduit donc son principe du nationalisme par un discours sur la race, qui prolonge ses prises de position anciennes et intègre les emprunts faits à l'Occident par les grands intellectuels de la transition : conception linéaire de l'évolution historique commandée par le principe de la sélec-

1. ÉLIA, *Le Triple Démisme*, p. 129; *O.C.*, t. IX, p. 243.
2. ÉLIA, *Le Triple Démisme*, p. 119; *O.C.*, t. IX, p. 239.

tion naturelle et idée de la survie des races les plus aptes. Rien de bien original ni de très neuf dans ces développements qui reprennent en termes simples et forts les conclusions des débats qui ont enflammé la génération précédente. Seul le thème du salut de la patrie *(jiuguo)*, repris comme un leitmotiv par Sun Yat-sen, a gardé au début des années 1920 toute la force et la pertinence qui étaient déjà les siennes en 1898, au moment où planait sur la Chine le danger d'une véritable partition. Ce slogan patriotique, qui sert toujours de ralliement à ceux qu'inquiète la menace étrangère, permet aux agents soviétiques et aux communistes chinois d'introduire et de populariser une nouvelle analyse léniniste et anti-impérialiste des rapports de forces entre la Chine et les puissances. Les nombreux emprunts que fait Sun Yat-sen à cette analyse contribuent à moderniser, à remettre au goût du jour son discours nationaliste.

Nationalisme et anti-impérialisme

Au début de sa carrière révolutionnaire, Sun Yat-sen attribue les malheurs de la Chine à la conquête mandchoue et non à l'agression occidentale. Il dénonce la stupidité et la barbarie des Mandchous comme cause de l'arriération chinoise. Jusqu'à la révolution de 1911, il réserve ses coups à la dynastie usurpatrice, contre laquelle il recherche l'alliance des nations éclairées de l'Occident. Aussi le renversement de cette dynastie lui apparaît-il comme l'accomplissement même du principe nationaliste. La Chine est rendue aux Chinois. Dans la constitution du nouveau Parti révolutionnaire chinois qu'il établit en 1914, Sun Yat-sen ne mentionne plus que deux principes à mettre en œuvre : démocratie et bien-être du peuple. A ses yeux, le nationalisme a cessé d'être à l'ordre du jour.

Au début des années 1920, la position de Sun Yat-sen s'est complètement transformée. Le *Triple Démisme* dénonce avec une extrême violence le danger que fait courir à la Chine l'impérialisme occidental. Prononcée le 3 février 1924, la deuxième conférence sur le nationalisme est tout entière consacrée à décrire l'oppression politique et économique exercées par les puissances en Chine. Le 24 février, les mêmes thèmes sont repris et développés dans la quatrième conférence.

L'oppression politique s'est traduite par des amputations infligées au territoire national. Et Sun Yat-sen de dresser le bilan des spoliations. Il rappelle les concessions arrachées au moment du dépècement de la Chine à la fin des années 1890, énumère ensuite les pertes consécutives aux guerres sino-japonaise (1894-1895) et sino-française (1884-1885), puis remonte au XVIIe siècle et évoque la cession à la Russie des territoires situés au nord du fleuve Amour, sans oublier de mentionner au passage l'émancipation ou la colonisation par l'Occident des anciens territoires tributaires : du Siam à Java, de Ceylan à Bornéo et au Népal !

Depuis le début du XXe siècle, les puissances ont cessé leurs empiétements, car elles ont compris la difficulté qu'il y aurait à conquérir un territoire aussi vaste que le continent chinois et elles ont voulu éviter les rivalités qu'aurait pu faire naître entre elles le partage de cette conquête. Elles ont donc délaissé l'oppression politique pour l'oppression économique, que Sun juge plus redoutable dans la mesure où elle est plus difficile à identifier. Pour aider ses compatriotes à prendre conscience de l'exploitation dont ils sont victimes, Sun Yat-sen dresse un tableau détaillé de la pénétration économique étrangère en Chine : mainmise sur l'administration des Douanes maritimes, déficit provoqué de la balance commerciale, émission de billets bancaires, contrôle des changes, accaparement des transports maritimes et fluviaux, taxes abusives levées dans les concessions, statut privilégié des entreprises occidentales et japonaises. Tableau classique, encore que controversé. Sun Yat-sen évalue à 1,2 milliard de dollars chinois la perte annuelle subie par la Chine du fait de cette exploitation. On sait que Sun avait une conception émotionnelle des statistiques. Plus surprenant apparaît son refus de prendre en compte l'indemnité des Boxeurs (450 millions de taels, plus les intérêts) imposée à la Chine en 1900 et dont la dénonciation constitue un thème récurrent de l'historiographie nationaliste et communiste jusqu'à nos jours. Sun considère qu'il s'agit là d'une exaction ponctuelle et d'une somme «peu considérable» !

Parfois imprécise ou contestable, cette perception de la réalité chinoise n'en conduit pas moins Sun à un constat d'évidence : la Chine est une nation dominée. Certes, à la différence de beaucoup d'autres pays d'Asie ou d'Afrique, elle n'a pas été colonisée. Mais les Chinois ont tort de «se moquer des Coréens ou des Annamites en les appelant des esclaves sans patrie *(wangguonu)*» et de s'enorgueillir du fait que leur propre pays, n'étant asservi à aucune puissance particulière, n'est qu'une semi-colonie *(banzhimindi)*. C'est là une consolation illusoire. En fait, le statut de la Chine est non pas supérieur, mais inférieur à celui d'une colonie (à l'égard de laquelle du moins la métropole assume certaines responsabilités). La Chine « est la colonie de tous les pays avec lesquels elle a fait des traités », ce qui fait des Chinois « les esclaves de tous les pays ». Sun invente le terme d'« hypocolonie » *(cizhimindi)* pour désigner ce comble de la dégradation [1].

A partir de 1923-1924, l'anti-impérialisme devient donc un des ressorts essentiels du nationalisme de Sun Yat-sen et de toute sa pensée révolutionnaire. « Jadis le cri de bataille de la révolution était le renversement des Mandchous ; désormais ce sera le renversement de l'impérialisme étranger en Chine [2]. » Alors que dans les derniers mois de sa vie Sun Yat-sen multiplie les déclarations contradictoires, à l'égard de l'impérialisme il maintient une opposition aussi constante que violente. Le thème de l'impérialisme revient sans cesse, du *Manifeste sur l'expédition vers le Nord* (8 septembre 1924) jusqu'à la *Lettre d'adieu* aux Soviétiques, rédigée sur son lit de mort en mars 1925, et dans laquelle Sun évoque encore « la tâche historique de l'émancipation finale de la Chine et des autres nations opprimées ».

Ce virage anti-impérialiste de Sun Yat-sen est généralement attribué à l'influence des Soviétiques avec lesquels il a conclu alliance précisément en 1923-1924. On sait que la libération nationale est le grand principe fédérateur du front uni. Et l'on connaît tous les efforts déployés par Borodine pour arracher Sun Yat-sen à ses espoirs de coopération avec l'Occident. Dans la rhétorique de Sun, on perçoit souvent comme l'écho des leçons inlassablement répétées par son mentor. En particulier, dans les longs développements consacrés aux problèmes bancaires, commerciaux et industriels, et plus encore dans la dénonciation de la conférence de Washington (1921) dont les généreuses résolutions ont soulevé chez les libéraux et les modernistes chinois l'espoir, bien vite déçu il est vrai, d'une véritable coopération avec un Occident amendé. La violence avec laquelle Sun

1. ÉLIA, *Le Triple Démisme*, p. 40 ; *O.C.*, t. IX, p. 201.
2. *International Press Correspondence*, Vienne, 11 septembre 1924, cité ici d'après LENG et PALMER, *Sun Yat-sen and Communism*, p. 80.

dénonce ces accords diplomatiques qui, « en l'espace d'un matin et d'un trait de plume », peuvent anéantir l'existence d'une nation suggère davantage l'opposition irréductible de Borodine, porte-parole d'une Russie soviétique alors exclue de la communauté internationale et de la conférence de Washington, que la prudence et les nuances d'un Sun qui, en 1924, n'a pas encore tout à fait renoncé au projet caressé l'année précédente d'une médiation américaine dans la guerre civile chinoise !

Mais on sait que le ralliement de Sun aux vues soviétiques est toujours demeuré partiel, sélectif. Son adhésion enthousiaste à l'anti-impérialisme pourrait donc bien naître simplement de la coïncidence entre, d'une part, le discours soviétique et, d'autre part, l'expérience et la réflexion personnelles. L'expérience est celle des échecs auxquels se sont heurtées, depuis la Première Guerre mondiale, toutes les négociations de Sun avec les puissances, toutes ses tentatives pour obtenir de l'Occident et du Japon la reconnaissance de sa légitimité et l'aide matérielle indispensable. Rappelons le déclin de son crédit au Japon après 1916, la rancune soulevée au sein de l'opinion américaine par son opposition à l'entrée de la Chine dans le conflit mondial en 1917 et la méfiance que suscitent à Hong Kong et à Londres ses menées militaires et sa politique (jugée scissionniste) au Guangdong. A l'automne 1923, le conflit qui a éclaté à propos du contrôle des Douanes de Canton a fait paraître au grand jour l'hostilité dont Sun Yat-sen est devenu l'objet de la part des principales puissances.

Dans une Chine où politique rime avec militaire et où nul ne peut espérer soutenir son influence sans le secours des fonds et des armements étrangers, Sun Yat-sen n'a donc plus le choix de ses alliances. Mais en penchant du côté soviétique, Sun a-t-il eu vraiment l'intention de couper les ponts avec l'Occident ? Cela n'est pas sûr. De tempérament versatile, insensible aux rebuffades et ne faisant pas de ses échecs une affaire d'honneur personnel, Sun est capable de poursuivre simultanément les projets les plus contradictoires. En fait, son rapprochement avec la Russie soviétique n'a pas mis fin à tous ses contacts avec les représentants des puissances occidentales[1]. Sun,

1. *Cf.* l'interview qu'il donne à un journaliste américain le 13 janvier 1924 et dans laquelle il renouvelle la proposition de bons offices américains pour arrêter la guerre civile chinoise ; cité par LENG et PALMER, *Sun Yat-sen and Communism*, p. 139.

comme beaucoup de ses concitoyens de l'époque, éprouve à l'égard de l'Occident un sentiment ambivalent dans lequel la réaction de rejet n'exclut ni l'admiration, ni le désir d'imitation et de coopération. Mais Borodine est là pour rappeler à Sun que pencher du côté soviétique, c'est, selon la formule employée un quart de siècle plus tard par Mao Zedong, pencher d'un seul côté ; c'est choisir son camp.

Cet avertissement, Sun Yat-sen l'entend d'autant mieux que, doué d'une grande capacité de reconnaître et de formuler les aspirations de la société chinoise de son temps, il a saisi toute la portée du nationalisme de masse, né avec le mouvement de mai 1919. Grèves ouvrières et étudiantes, boycottages marchands : Sun Yat-sen n'a guère contribué à faire éclore ce nationalisme. Mais il a compris que l'anti-impérialisme était devenu la force majeure qui allait commander l'évolution du pays. Ce *surfer* de l'histoire sait choisir ses vagues. Il veut se faire porter par la déferlante du patriotisme, en devenir le symbole, mieux en apparaître comme le créateur. Plus que de la haine, la violence du discours semble naître du désir de rattraper le temps perdu et de capter l'élan des masses.

Le ralliement de Sun Yat-sen aux vues soviétiques n'entraîne pas cependant son adhésion à l'analyse léniniste de l'impérialisme. Il n'accepte pas l'équivalence posée en 1917 par Lénine entre impérialisme et capitalisme. Il ne reprend pas l'idée que les exportations de capitaux vers les pays sous-développés soient créatrices d'un capitalisme international, monopolistique, divisant le monde en zones d'influence, opposant un centre à des périphéries. A ses yeux, le critère de distinction entre les nations amicales et inamicales n'est pas leur position dans l'échelle du développement capitaliste... mais leur attitude à l'égard de la Chine, ou plutôt à l'égard de Sun lui-même qui, tel de Gaulle, identifie volontiers son pays à sa personne.

C'est ainsi qu'en novembre 1924, dans le grand discours qu'il prononce à Kobe, Sun Yat-sen sollicite l'aide du Japon pour lutter contre l'impérialisme européen et américain, au nom de la solidarité panasiatique. Or le panasiatisme a été formellement condamné par le IIe congrès de l'IC en 1920. Bien que orienté contre l'Occident capitaliste, le panasiatisme, s'il s'accomplissait, aurait pour résultat de fortifier l'impérialisme japonais : on ne peut donc le confondre avec un mouvement national révolutionnaire ni faire alliance avec lui. Sun Yat-sen n'a cure de ces interdits. Et si son projet d'alliance avec Tokyo ne se concrétise pas, c'est qu'il se heurte au scepticisme et à l'hostilité des dirigeants nippons eux-mêmes.

Pour Sun Yat-sen, l'impérialisme est de nature essentiellement politique et ne se confond pas avec l'oppression économique *(jingjilide yapo)* qui est l'une de ses principales manifestations. L'impérialisme naît de l'inégalité entre les nations. En Chine, il prend sa source dans les traités inégaux dont l'abolition représente aux yeux de Sun l'objectif prioritaire. Le Japon qui, dès la fin du XIXe siècle, a rejeté ces traités devrait maintenant aider ses frères asiatiques à en faire autant. Sun définit l'impérialisme autant et peut-être plus par référence au politique, à la race et à la culture qu'à l'économique. C'est sans doute la raison pour laquelle il a de la lutte anti-impérialiste une conception plus large, plus unitaire que celle de ses alliés soviétiques.

Lénine, dans les *Thèses sur la question nationale et coloniale*, a fixé les conditions du soutien au combat de libération dans ce qu'on n'appelait pas encore le tiers monde. « La bourgeoisie des pays opprimés, bien que soutenant le mouvement national, n'en travaille pas moins de concert avec la bourgeoisie des pays capitalistes. [...] En qualité de communistes, nous devrons soutenir les mouvements bourgeois pour l'émancipation des colonies seulement dans le cas où ces mouvements seront réellement révolutionnaires, c'est-à-dire [...] lorsqu'ils ne nous empêcheront pas de donner aux grandes masses exploitées une préparation révolutionnaire[1]. » Pour les Soviétiques et les communistes, il est donc essentiel que la lutte de classes coexiste avec la lutte anti-impérialiste dans le cadre même du front uni. Sun Yat-sen, en revanche, refuse de reconnaître les contradictions de classes au sein de la révolution nationale. Il appelle à l'union de tous les Chinois pour l'émancipation. « Pour relever la position des ouvriers, il faut d'abord relever la position de la nation. » En tant que groupe social organisé, les ouvriers ont « des responsabilités à l'égard de la nation plus importantes encore que leurs responsabilités à l'égard de leur propre groupe ».

En bref, l'ordre du jour n'est pas à la lutte contre la bour-

---

1. Cité par Pierre Broué (éd.), *La Question chinoise dans l'Internationale communiste*, EDI, 1976, pp. 92-93.

geoisie chinoise, mais au combat pour recouvrer l'autonomie douanière et abolir les traités inégaux [1]. La priorité de l'objectif national vient ici renforcer le besoin d'union, né d'une tradition qui vise au consensus et à l'harmonie sociale. Sous-jacente aux emprunts conceptuels et lexicaux faits au léninisme, cette tradition continue d'alimenter et d'orienter la réflexion de Sun.

Nationalisme et cosmopolitisme : le rapport à la tradition

A la différence des radicaux iconoclastes du mouvement de mai 1919, qui s'écrient avec Chen Duxiu : « Mieux vaut la ruine de notre quintessence nationale que l'extinction définitive de notre race », Sun Yat-sen adopte à l'égard de la tradition culturelle et de son rapport au nationalisme moderne une position très nuancée. La sévère critique qu'il fait des conceptions universalistes des anciens lettrés ne le conduit pas à un rejet mais seulement à un ajournement de l'aspiration à un monde unifié, pacifique et harmonieux. Dans l'immédiat, il compte sur un réveil de la culture chinoise et sur les valeurs morales confucéennes (loyauté, piété filiale...) pour aider à construire un nationalisme qu'il ne définit jamais comme une idéologie d'expansion, mais dans lequel il voit seulement un réflexe de défense et de survie. Il se veut donc un re-fondateur et non un fossoyeur de l'ordre ancien (Paul Linebarger), plus proche en cela des grands lettrés de la transition que des iconoclastes de la nouvelle génération.

Cet appel au passé, à la spécificité culturelle, à l'essence nationale *(guocui)* alors chère aux cercles intellectuels les plus conservateurs, fait-il de Sun Yat-sen le traditionaliste célébré par ses exégètes du Guomindang de droite, tels Dai Jitao et, dans son sillage, Chiang Kai-shek ? Question peu pertinente : dans la mesure où cette célébration s'intègre au combat pour l'héritage, elle intéresse plus l'histoire politique des années 1930 que l'histoire intellectuelle des années 1920.

L'attirance tardive de Sun pour les valeurs traditionnelles pourrait-elle n'être que le regard attendri jeté sur le passé, qui accompagne presque toutes les fins de vie ? Ou bien représente-t-elle un phénomène de génération, le parcours de

1. « Zai Guangzhou shi gongren daibiaohui yanshuo » (Discours devant le congrès des délégués ouvriers à Canton), 1er mai 1924, *O.C.*, t. X, p. 149.

Sun rappelant ici celui des réformistes et réformateurs de 1898, tel Liang Qichao, anxieux vingt ans plus tard de retourner aux sources de leur propre culture ? Si nostalgie il y a, celle-ci ne s'en allie pas moins chez Sun à une démarche intellectuelle qui cherche à dépasser les contradictions auxquelles se sont heurtés les anciens réformistes et les ruptures auxquelles se sont résignés les intellectuels de 1919. Il ne s'agit pas de sauver la tradition par le biais du nationalisme moderne, ni d'installer ce nationalisme à la place de la tradition, mais bien de construire une identité nationale qui utilise et transcende la tradition. Pour Sun Yat-sen, les courants qu'irradient les deux pôles antinomiques de la nation et de la culture traditionnelle ne sont pas étrangers ni toujours hostiles les uns aux autres. De leur interpénétration naît une dynamique sur laquelle peut et doit s'appuyer la formation de la conscience nationale.

Dans un premier temps, cependant, Sun Yat-sen s'en prend vivement à la conception traditionnelle qui fait de la Chine le centre du monde, l'empire du Milieu, dans lequel s'incarne la civilisation humaine. Ce cosmopolitisme qui exalte la norme culturelle et ignore les particularismes raciaux et ethniques a amené la Chine à perdre sa conscience nationale, « ce trésor [...] qui fait qu'une nation aspire à se développer et qu'une race aspire à subsister[1] ». C'est de l'empire mandchou (XVIIe-XXe siècle) que Sun date la destruction du nationalisme chinois. A partir du moment, en effet, où ils firent leurs les valeurs de la culture chinoise, les conquérants mandchous établirent leur légitimité aux yeux des lettrés qui se rallièrent à la dynastie étrangère. Le culturalisme traditionnel a paralysé toute possibilité de résistance nationale à l'invasion. « C'est parce que toute la société [chinoise] tenait pour cette théorie [le cosmopolitisme] que lorsque les Mandchous passèrent la Grande Muraille, il n'y eut personne qui veuille [*sic*] leur résister et sauver notre pays de la ruine. » Les Chinois alors « étaient prêts à recevoir n'importe qui comme empereur de Chine » parce qu'ils ne distinguaient pas entre les barbares et eux-mêmes[2].

Ce cosmopolitisme trouve sa source dans l'hégémonie que la Chine ancienne a exercée sur tous les pays qui l'environnaient. L'empire chinois s'est voulu universel pour préserver sa posi-

---

1. ÉLIA, *Le Triple Démisme*, p. 61 ; *O.C.*, t. IX, p. 210.
2. ÉLIA, *Le Triple Démisme*, pp. 73-74 ; *O.C.*, t. IX, p. 216.

tion privilégiée de nation du Milieu *(Zhongguo)* et établir parmi ses tributaires la « Grande Unité » *(Da Yitong)*. Une fois la Chine passée sous le joug mandchou, ce même cosmopolitisme n'a pas permis la survie de la conscience raciale et nationale, si vive chez d'autres peuples conquis, tels les Juifs ou les Polonais. Ainsi, « la Chine est devenue deux fois un pays subjugué [1] ».

Si la Chine veut survivre, il lui faut donc retrouver le trésor perdu et réveiller son nationalisme. Le culturalisme traditionnel pas plus que l'internationalisme prôné par la jeunesse chinoise ne sont à l'ordre du jour. Le cosmopolitisme ne peut être la doctrine des peuples faibles : c'est celle des puissances impérialistes qui veulent sauvegarder leur situation privilégiée d'arbitre du monde. Devenue nation dominée, la Chine n'a pas d'autre voie de salut que celle du réveil nationaliste.

Dans la mesure où le nationalisme prôné par Sun se présente comme une idéologie de développement faisant appel aux sentiments d'appartenance raciale et ethnique, il offre certaines ressemblances avec des doctrines nées à la même époque dans des circonstances plus ou moins analogues. Le socialiste indien M.N. Roy, par exemple, voit planer sur le discours de Sun « l'ombre menaçante du fascisme [2] ». En dépit des dérives que l'aile droite du Guomindang imprimera plus tard au Triple Démisme (telles que la création des milices fanatiques des Chemises bleues ou le mouvement de régénération morale de la Vie nouvelle), on ne trouve pas dans le discours de Sun cette célébration des vertus morales de la violence, ni ce culte du leader charismatique caractéristiques du fascisme. Mais on y retrouve bien les thèmes du nationalisme italien des années 1910, auxquels Mussolini se référera comme à une source doctrinale du fascisme : hostilité au cosmopolitisme, importance accordée aux facteurs raciaux et ethniques, volonté de combler le retard pris par rapport aux nations industrialisées, régénération spirituelle par le retour aux vertus traditionnelles qui ont fait la grandeur de l'ancien empire.

L'orgueil culturel sur lequel Sun veut fonder le nationalisme moderne s'attache non seulement aux valeurs morales des

1. ÉLIA, *Le Triple Démisme*, p. 71 ; *O.C.*, t. IX, p. 215.
2. Cité par A. James GREGOR et Maria Hsia CHANG, « Nazionalfascismo and the Revolutionary Nationalism of Sun Yat-sen », *The Journal of Asian Studies*, novembre 1979, vol. 39, n° 1, p. 22.

anciens Chinois mais aussi à leur philosophie politique. Celle-ci a déjà exploré tous les systèmes dont l'Occident fait aujourd'hui son miel. « L'anarchisme et le communisme dont on parle [tant], ce sont dans notre Chine des vieilleries qui datent de plusieurs millions [*sic*] d'années [...]. Le cosmopolitisme vient de naître en Europe tandis qu'en Chine on en a parlé de très bonne heure, il y a plus de deux mille ans [1]. » La civilisation spirituelle de l'Occident ne peut s'égaler à celle de l'ancienne Chine : en affirmant l'identité entre l'ordre naturel et l'ordre humain, en faisant reposer l'harmonie sociale, la régularité administrative et la bonne marche du cosmos sur l'accomplissement moral de l'individu, le confucianisme (dans la version néoconfucéenne qu'en donnent les XIe et XIIe siècles, et à laquelle Sun se réfère) fournit une explication globale de l'univers. Et Sun Yat-sen de citer et de commenter longuement un des passages les plus célèbres de la *Grande Étude (Daxue)* : « Sentir les choses, atteindre la plus haute connaissance, diriger son intention, régler son cœur, s'adonner à la culture personnelle, établir l'ordre dans la famille, bien administrer le pays, pacifier l'univers [2]. » Au cœur de ce paradigme se trouve le postulat humaniste et rationaliste qui considère l'ordre du monde comme un ordre moral fondé sur le perfectionnement de l'individu. Une pareille théorie « si subtile, si progressive », dit Sun Yat-sen, « est un trésor intellectuel que nous devons garder précieusement [3] ».

Le retour à l'ancienne moralité et à l'ancien savoir ne saurait cependant suffire à rendre à la Chine son rang prééminent. Il faut encore « apprendre ce qu'il y a de bon chez les étrangers », c'est-à-dire la science. « Car ce qui fait la supériorité de l'Europe sur notre Chine, ce n'est pas la philosophie politique mais uniquement la civilisation matérielle [4]. » Sun Yat-sen se montre ici plus proche des mandarins, qui à la fin du XIXe siècle préconisaient « la philosophie chinoise comme

1. ÉLIA, *Le Triple Démisme*, pp. 99, 101 ; *O.C.*, t. IX, p. 231.

2. ÉLIA, *Le Triple Démisme*, p. 137 ; *O.C.*, t. IX, p. 247. Ce texte, dont la rédaction remonte à la fin de l'Antiquité (IVe-IIIe siècle avant J.-C.), a pris rang, lors de la renaissance chinoise du XIIe siècle, parmi les Quatre Livres canoniques *(Sishu)*, plus importants aux yeux des néoconfucéens que les Classiques *(Jing)* hérités de la haute Antiquité (X[e]-VIe siècle avant J.-C.).

3. ÉLIA, *Le Triple Démisme*, p. 138 ; *O.C.*, t. IX, p. 247.

4. ÉLIA, *Le Triple Démisme*, p. 100 ; *O.C.*, t. IX, p. 230.

fondement et le savoir occidental pour la pratique», que des intellectuels de 1919 s'enthousiasmant pour le couple, à leurs yeux indissociable, de la Science et de la Démocratie. Dans la Chine moderne, les tentations d'une occidentalisation radicale, presque toujours suivies de reflux culturalistes, ont créé un ressac permanent dans lequel chaque génération de penseurs s'est laissée prendre tour à tour et où bien des destins individuels ont été piégés. Mais Sun ne s'arrête pas à cette contradiction que d'autres ont vécue comme une tragédie. L'enfant de la Chine Bleue reprend à son compte le discours de la Chine Jaune [1], non sans lui communiquer l'impétuosité et l'optimisme dont, l'âge venu, Sun ne s'est pas départi. Il faut apprendre des étrangers non pas en «les suivant par-derrière», mais «en marchant de front avec eux», c'est-à-dire en brûlant les étapes et en s'initiant d'emblée aux savoirs les plus avancés. En transformant son retard en atout, la Chine profitera de l'expérience acquise par d'autres pour faire mieux qu'eux. «Les derniers venus occupent les premières places [2].» Mao Zedong, animé du même sens de l'urgence historique et du même volontarisme, évoquera lui aussi les privilèges de l'arriération et vantera les avantages de «la page blanche».

Si la Chine suit la voie ainsi tracée par Sun Yat-sen, il lui suffira de quelques années pour reprendre son ancienne position, «la position première [3]». Mais cette primauté retrouvée ne devra pas être mise au service d'un impérialisme brutal, imité de celui des puissances occidentales. Elle permettra au contraire de secourir les nations les plus faibles et de faire régner la paix dans le monde, c'est-à-dire d'appliquer le vieux précepte : «Bien administrer le pays, pacifier l'univers.»

Bien que Sun Yat-sen fasse du nationalisme l'objectif prioritaire et l'instrument du salut immédiat, il ne semble pas lui accorder de valeur intrinsèque. Le nationalisme n'est pas un but en soi ; ce n'est qu'une étape. Une fois cette étape franchie et la Chine sauvée, le paradigme utopique devra reprendre toute

---

1. En 1988, une célèbre série télévisée, *L'Élégie du fleuve (He shang)*, opposait, dans un raccourci historique schématique mais frappant, la Chine côtière, ouverte au monde et progressiste, baptisée «Chine Bleue», à la Chine de l'intérieur, rurale, bureaucratique, repliée dans ses collines de lœss jaune.

2. ÉLIA, *Le Triple Démisme*, p. 148 ; *O.C.*, t. IX, p. 252.

3. ÉLIA, *Le Triple Démisme*, p. 149 ; *O.C.*, t. IX, p. 253.

sa force. Il appartiendra alors aux Chinois d'utiliser leur puissance retrouvée pour installer cette paix universelle, cette Grande Harmonie *(Datong)* à laquelle l'enseignement confucéen convie l'humanité. « Nous nous appuierons sur les valeurs morales et le désir de paix qui nous sont particuliers pour unifier le monde et fonder le gouvernement de la Grande Harmonie [1]. »

Du culturalisme au nationalisme, puis du nationalisme à l'universalisme, la boucle est-elle véritablement bouclée ? Cette aspiration à une unité — non plus de l'Asie orientale mais du monde entier — bâtie autour de valeurs confucéennes jugées supérieures, ce véritable magistère moral confié à la Chine ne constitueraient-ils pas le triomphe insidieux du nationalisme dont ils prétendent sceller le rejet ? Au début des années 1990, la Chine, dans son discours sur les droits de l'homme, a montré qu'elle ne saurait reconnaître d'autres valeurs universelles que celles dont elle aurait elle-même fixé la définition. A cet égard, la marche de notre siècle ne semble pas avoir beaucoup changé les mentalités. Car déjà l'universalisme auquel doit conduire le nationalisme prôné par Sun Yat-sen apparaît comme un universalisme... chinois ! Le monde de justice qu'il propose aurait pour centre la Chine et pour fondement la moralité confucéenne. La synthèse qu'après bien d'autres il tente d'opérer entre nationalisme moderne et humanisme traditionnel n'aboutirait ainsi qu'à un renouveau de l'ethnocentrisme culturel sur lequel s'est fondé l'empire. Mais l'objectif de Sun n'est pas de réconcilier deux conceptions du monde, deux visions philosophiques de l'univers. C'est de sauver la Chine, sans trahir un passé qui donne tout son sens à la quête identitaire. L'échelonnement des échéances — nationaliste puis communautaire — et l'ajournement *sine die* de la deuxième d'entre elles devraient permettre d'atteindre ce but.

LES DROITS DU PEUPLE *(MINQUAN)* : UNE DÉMOCRATIE INSTRUMENTALE

La confiance de Sun Yat-sen dans la démocratie s'est affirmée très tôt, à une époque où la plupart des grands penseurs

1. *O.C.*, t. IX, p. 253 (nous ne retenons pas ici la traduction d'ÉLIA, un peu éloignée du texte original).

qui renouvelaient la philosophie politique chinoise par l'importation de concepts occidentaux préconisaient le recours au moins provisoire à l'autoritarisme et au despotisme éclairé. Bien avant qu'en 1905 la Ligue jurée n'inscrive à son programme l'établissement d'une République, Sun Yat-sen plaide pour l'adoption de la démocratie constitutionnelle, la plus récemment apparue des institutions politiques occidentales et donc, à ses yeux, la meilleure. Qu'on se rappelle la métaphore développée par Sun dans la presse de Hawaii, en 1904 : pourquoi les Chinois importeraient-ils des locomotives démodées alors qu'ils peuvent se doter d'engins plus modernes et plus performants ? Et pourquoi importeraient-ils la monarchie constitutionnelle plutôt que la République ? Dans les années suivantes, la controverse sur la forme du régime reste au cœur de la polémique entre Sun et les réformistes.

Sun Yat-sen n'est peut-être pas insensible à certains arguments de ses adversaires qui mettent en avant le faible niveau culturel du peuple chinois pour justifier un processus de changement graduel, conditionné par le développement de l'éducation et la formation d'une conscience politique. Mais la générosité et l'impatience du dirigeant révolutionnaire ne sauraient s'accommoder de ces lenteurs de l'histoire. « Attendre que les eaux boueuses de la rivière s'éclaircissent d'elles-mêmes nous coûterait trop cher en vies humaines [...]. Je suis un homme d'action », confie-t-il à Yan Fu, rencontré à Londres en 1905 [1].

En 1924, l'échec de la République chinoise, les difficultés des démocraties occidentales et l'avènement du régime soviétique en Russie ont radicalement transformé le contexte historique. La pensée comme le programme politique de Sun Yat-sen ont subi bien des modifications. Le président, cependant, conserve toute sa confiance dans la démocratie : une confiance qui semble relever de la foi plus que du jugement et qui ne lui fait pas oublier les contraintes stratégiques auxquelles il demeure soumis en tant qu'« homme d'action ».

Dans des termes naïfs et forts, il célèbre la souveraineté popu-

1. A la fin du XIXe siècle, Yan Fu traduisit et fit connaître en Chine les œuvres de Montesquieu, Darwin, Stuart Mill, Spencer. La rencontre avec Sun Yat-sen est attestée dans WANG Shi, *Yan Fu zhuan* (Biograpie de Yan Fu), Shanghai, 1957, p. 64, cité d'après Roland FELBER, « Authoritarianism versus Premature Liberalism », communication présentée au 34e congrès international des études sur l'Asie et l'Afrique du Nord, Hong Kong, 1993.

laire. « C'est le peuple qui est empereur. Ce sont les quatre cents millions [de Chinois] qui sont empereurs [1]. » Encore qu'elle implique la liberté et l'égalité, la souveraineté populaire ne se fonde pas, pense-t-il, sur ces droits naturels dont Rousseau a fait la théorie dans le *Contrat social*. « Au contraire, [...] la démocratie n'est pas une chose naturelle ; [...] elle provient des circonstances et des courants de l'histoire [2]. » Elle est le produit d'une évolution qui emporte le monde vers le progrès. Elle est une des faces de la modernité et, en tant que telle, elle apparaît à la fois comme désirable et irrésistible : « Ce courant mondial ressemble au cours du fleuve Bleu ou du fleuve Jaune. La direction du courant peut être très sinueuse [...], rien n'est capable de l'empêcher [de rejoindre l'Océan]. De même, le courant mondial [...] va à la démocratie. Il n'y a plus moyen de s'y opposer [3]. » Mais le déterminisme ne saurait désarmer le militantisme : aux yeux de Sun, la démocratie est d'abord une expression du nationalisme qui doit sauver la Chine.

« Le sable dispersé » ou la démocratie comme expression du nationalisme

Sun Yat-sen aborde sa réflexion sur la démocratie par une méditation sur la liberté. Il constate qu'en Occident la lutte pour la liberté individuelle entraîne tout le mouvement révolutionnaire. Cela s'explique par des conditions historiques particulières. Les monarques européens sont, au fil des siècles, devenus si puissants qu'ils ont réussi à contrôler toute la vie de leurs sujets : opinions, croyances religieuses, pratiques familiales et sociales, activités économiques. « Le gouvernement absolu de l'Europe tyrannisait directement le peuple dans ses moindres détails [4]. » Aussi le peuple a-t-il combattu pour son émancipation. En Chine, les interférences de l'État avec la société sont demeurées beaucoup plus limitées. En dehors du prélèvement fiscal, les Chinois n'ont guère été soumis à contrainte : ils ont poursuivi à leur gré leurs relations intrafamiliales, leurs affaires, leurs pratiques religieuses... En tant qu'individus, les Chi-

1. ÉLIA, *Le Triple Démisme*, p. 187 ; *O.C.*, t. IX, p. 270.
2. ÉLIA, *Le Triple Démisme*, p. 176 ; *O.C.*, t. IX, p. 264.
3. ÉLIA, *Le Triple Démisme*, p. 180 ; *O.C.*, t. IX, p. 267.
4. ÉLIA, *Le Triple Démisme*, p. 197 ; *O.C.*, t. IX, p. 274.

nois ont tellement de liberté qu'ils n'y font pas plus attention qu'à l'air qu'ils respirent. Cette très large autonomie sociale a même conduit à une véritable anomie : chacun fait ce qui lui plaît sans se soucier de la communauté. Le problème n'est donc pas le manque, mais l'excès de liberté. « Pas de cohésion, pas de résistance [...], nous sommes devenus du "sable dispersé"[1]... » Cet agrégat d'individus sans conscience commune fait de la Chine une proie facile pour l'impérialisme étranger. Il en fait « l'esclave de tous les pays ». Et quand la nation est asservie, comment la liberté individuelle pourrait-elle exister ? Face aux impérialistes, c'est la liberté nationale qu'il faut défendre, au sacrifice, si besoin est, de la liberté individuelle. « Si nous voulons repousser l'oppression étrangère, il faudra battre en brèche la liberté d'un chacun. Il faudra former un groupement très solide, un peu comme si on ajoutait du ciment au "sable dispersé" pour en faire une pierre[2]. » La Chine a besoin avant tout d'unité et de discipline pour accomplir sa libération nationale.

Pourtant, les étudiants chinois ne cessent de prêcher la liberté. « Ils pensent que notre révolution actuelle doit imiter celle des Européens[3]. » Mais le peuple chinois ne s'intéresse pas à leurs discours. « Les étudiants qui ont des idées de liberté, n'ayant d'autre endroit où s'en servir, s'en servent dans les écoles où ils suscitent des troubles scolaires qu'ils revêtent du beau nom de "lutte pour la liberté"[4]. » Les étudiants qui ont lancé le mouvement du 4-Mai, les courants libéraux et occidentalistes issus de ce mouvement sont donc ici condamnés sans appel.

L'Europe a suivi sa voie. La Chine doit suivre la sienne. « Le but de la révolution chinoise et celui des révolutions étrangères n'est [*sic*] pas le même et donc les méthodes non plus ne sont pas les mêmes[5]. » Il faut lutter pour la liberté de la nation dont découlera la vraie liberté du peuple.

Sun Yat-sen choisit ainsi l'État contre l'individu. Il fait appel au patriotisme pour mieux convaincre un auditoire formé en

1. ÉLIA, *Le Triple Démisme*, p. 208 ; *O.C.*, t. IX, p. 281.
2. ÉLIA, *Le Triple Démisme*, p. 209 ; *O.C.*, t. IX, p. 281.
3. ÉLIA, *Le Triple Démisme*, p. 201 ; *O.C.*, t. IX, p. 277.
4. ÉLIA, *Le Triple Démisme*, p. 207 ; *O.C.*, t. IX, p. 280.
5. ÉLIA, *Le Triple Démisme*, p. 253 ; *O.C.*, t. IX, p. 304.

majorité d'étudiants appartenant à une génération avide d'émancipation. Plus conformistes, leurs aînés — cadres, activistes, sympathisants du Guomindang — sont mieux préparés à admettre l'effacement des droits et intérêts individuels, depuis toujours réprouvés par la morale confucéenne. Plus à gauche, l'appel à l'ordre et à la discipline ne peut que rencontrer les préoccupations des communistes et de leurs alliés radicaux convertis aux principes d'organisation léniniste.

Si l'anathème jeté sur les libertés individuelles va à contre-courant des aspirations de la jeune intelligentsia, la condamnation des libertés régionales et du fédéralisme risque de heurter les convictions de nombreux vétérans de la révolution. En Chine, la résistance aux abus, à la tyrannie du pouvoir, s'est en effet le plus souvent traduite par l'insoumission des bureaucraties et des élites locales. La dialectique gouvernement central/régions occupe le champ politique circonscrit en Occident par les rapports État/individus. Les partisans de la liberté pensent en termes d'autonomie, de sécession géographique. Inversement, pour les tenants de l'ordre, la rupture d'unité ne peut conduire qu'à la négation de toute norme et au chaos. La révolution de 1911 qui a vu se multiplier les déclarations d'indépendance provinciale s'inscrit dans cette logique. Pour conjurer la montée de l'anarchie qui depuis 1917 accompagne le règne des seigneurs de la guerre, une grande partie de l'opinion libérale urbaine préconise le fédéralisme. On a vu que Sun Yat-sen était hostile à une telle solution. Cette hostilité ne relève pas seulement de la lutte pour le pouvoir que Sun Yat-sen mène contre Chen Jiongming et la bourgeoisie cantonaise. Elle a des raisons plus fondamentales, exposées dans la quatrième conférence sur la démocratie.

Reprenant le discours officiel des élites mandarinales, Sun Yat-sen invoque la tradition d'unité. Il dénonce l'anarchie caractéristique des périodes d'émancipation régionale et de recul du pouvoir impérial. « Aux époques d'union, c'était l'ordre, et aux époques de séparation, le désordre. » A ses yeux, l'anarchie installée par le règne des seigneurs de la guerre n'est qu'un « désordre temporaire », une crise passagère qui ne saurait justifier le passage à une division permanente par le biais du fédéralisme. Sun Yat-sen réfute les arguments de ceux qui proposent les États-Unis en exemple. « Ce qui fait la richesse et la force de l'Amérique, ce n'est pas le gouvernement indépendant de chaque État, mais l'État unifié formé après l'union des États[1]. »

Pas plus que la liberté des individus n'est envisagée en termes de droits de l'homme, celle des régions n'est discutée en termes de droit des communautés, des collectivités. L'enjeu exclusif du débat est le renforcement national. Les arguments qu'avancent les tenants du fédéralisme touchent à la « richesse et [à] la force » de la nation. D'accord sur ces objectifs prioritaires, Sun Yat-sen soutient simplement qu'ils ne pourront être atteints par le recours au fédéralisme. Pour se libérer, pour se réaliser en tant que nation, la Chine a besoin d'un gouvernement fort, ce qui implique, à ses yeux comme à ceux des anciens mandarins, un gouvernement unifié et centralisé.

Dans le programme du Triple Démisme, la liberté n'est donc point à l'ordre du jour, qu'il s'agisse de la liberté individuelle si ardemment prônée par la jeune intelligentsia occidentalisée ou de la liberté des régions, cheval de bataille des élites locales. Seule compte la liberté — c'est-à-dire la puissance — de la nation.

Démocratie et élitisme : la souveraineté populaire et la puissance gouvernementale

Bien qu'il reconnaisse le principe de l'égalité, Sun Yat-sen admet et approuve l'existence d'une hiérarchie sociale fondée non sur l'accès à la propriété mais sur les différences d'aptitudes intellectuelles. « L'égalité du point de vue social est l'égalité du point de départ. Ensuite, chacun se forme suivant son intelligence et ses talents naturels[2]. » Sun Yat-sen rejette l'égalitarisme, qui serait forcément niveleur par le bas, non pas au nom d'un quelconque droit à l'épanouissement personnel, mais au nom de l'intérêt de la société en général : « Si on ne tient pas compte de l'intelligence et des talents naturels de chacun [...], le monde ne fera plus de progrès et l'humanité marchera à reculons[3]. » Le pragmatisme qui oriente les choix idéologiques de Sun Yat-sen implique donc la reconnaissance et l'utilisation des inégalités sociales.

1. ÉLIA, *Le Triple Démisme*, p. 219; *O.C.*, t. IX, p. 286.
2. ÉLIA, *Le Triple Démisme*, p. 219; *O.C.*, t. IX, p. 286.
3. ÉLIA, *Le Triple Démisme*, p. 219; *O.C.*, t. IX, p. 286.

Sur la base des capacités individuelles, Sun Yat-sen distingue trois catégories de citoyens : les «pré-voyants» *(xianzhi xianjuezhe)*, qui sont les premiers à discerner les causes profondes et les évolutions futures ; les «post-voyants» *(houzhi houjuezhe)*, qui mettent un peu plus longtemps à percevoir les réalités ; les «non-voyants» enfin *(buzhi bujuezhe)*, qui ne comprennent rien [1]. Le degré des capacités détermine le rôle social de chacun. «Les pré-voyants sont des inventeurs ; les post-voyants sont des propagateurs, les non-voyants des exécuteurs [2].» Cette répartition des fonctions ne doit pas cependant conduire à des relations de domination. En effet, chacun doit œuvrer solidairement en vue du bien commun et se sentir responsable à l'égard de la collectivité. «Bien que le ciel fasse les hommes inégaux [...], quand le moralisme de rendre service est en honneur, on peut arriver à les égaliser. Voilà l'esprit d'égalité [3].»

De par leurs talents exceptionnels, les pré-voyants sont investis de responsabilités particulières. C'est à eux de prendre en charge les masses ignorantes. «La grande majorité du peuple comprend des non-voyants. Nous autres, les pré-voyants, nous devons le guider et le conduire par le [droit] chemin [4].» Plus particulièrement, c'est à cette minorité éclairée qu'il incombe de «faire la démocratie» et de «la donner au peuple [5]». Derrière le pré-voyant, responsable du progrès matériel et politique de la société, se profile la silhouette du mandarin qui gouvernait par le rayonnement de sa vertu. Pour mieux répondre aux besoins des temps modernes, l'inventeur, le pionnier a été substitué au lettré, connaisseur des Classiques. Mais de l'un à l'autre la filiation est directe et le rôle dominant reconnu au pré-voyant apparaît bien comme la version modernisée du magistère exercé par les élites confucéennes.

Sun Yat-sen souhaite donc «confier les grandes affaires de l'État à des hommes de valeur [6]». Il souhaite un gouvernement fort, capable de faire progresser le pays, selon l'exemple donné par

1. En dépit de leur lourdeur, nous conservons les traductions proposées par Élia pour désigner les trois catégories de citoyens, parce qu'elles reflètent fidèlement les termes employés par Sun Yat-sen lui-même.
2. ÉLIA, *Le Triple Démisme*, p. 240 ; *O.C.*, t. IX, p. 298.
3. ÉLIA, *Le Triple Démisme*, p. 241 ; *O.C.*, t. IX, p. 299.
4. ÉLIA, *Le Triple Démisme*, p. 309 ; *O.C.*, t. IX, p. 333.
5. ÉLIA, *Le Triple Démisme*, p. 293 ; *O.C.*, t. IX, p. 324.
6. ÉLIA, *Le Triple Démisme*, p. 305 ; *O.C.*, t. IX, p. 330.

Bismarck en Allemagne. Il ne méconnaît pas cependant la contradiction latente entre le rôle des élites et la puissance gouvernementale d'une part, l'exercice de la souveraineté populaire d'autre part. Avec une intuition très fine, il pressent le danger de la technocratie. « A l'époque actuelle, on dépend des spécialistes sans pouvoir les contrôler [1]. » Il a observé que les démocraties occidentales redoutent et donc limitent le pouvoir de leur gouvernement. « Dans les nations où la démocratie est à l'honneur, la plupart des gouvernements sont impuissants [2]. »

Pour concilier le rôle privilégié des pré-voyants avec l'égalité démocratique, l'efficacité gouvernementale avec la souveraineté populaire, Sun Yat-sen propose de distinguer entre la puissance *(neng)* du peuple et le pouvoir *(quan)* du gouvernement. Les masses sont souveraines : elles règnent mais n'exercent pas le pouvoir. Les pré-voyants gouvernent mais, en dernier ressort, ils dépendent du peuple qui les choisit et peut les révoquer. Pour mieux faire comprendre à son auditoire le partage des prérogatives et la différence de nature entre puissance populaire et pouvoir gouvernemental, Sun Yat-sen évoque deux exemples, celui de l'entreprise gérée par un directeur, homme de compétence, sous le contrôle des actionnaires : « Le peuple d'une République représente les actionnaires ; le président de la République en est le directeur » ; et celui d'une automobile conduite par un chauffeur auquel le propriétaire du véhicule doit laisser toute liberté de manœuvre [3].

L'action du gouvernement s'exerce selon la Constitution fondée sur les Cinq Pouvoirs *(wuquan xianfa)* à laquelle Sun Yat-sen se réfère dans sa sixième conférence sur la démocratie, mais dont il a donné une description plus détaillée dans le discours prononcé au Bureau des affaires spéciales du Guomindang en juillet 1921. Reprenant la division classique entre l'exécutif, le législatif et le judiciaire, Sun Yat-sen la complète en distinguant un pouvoir d'examen et un pouvoir de censure, l'un et l'autre inspirés par l'ancien système de recrutement et de surveillance des mandarins impériaux [4]. Bien que Sun évoque

1. ÉLIA, *Le Triple Démisme*, p. 305 ; *O.C.*, t. IX, p. 331.
2. ÉLIA, *Le Triple Démisme*, p. 288 ; *O.C.*, t. IX, p. 321.
3. ÉLIA, *Le Triple Démisme*, pp. 305-306 ; *O.C.*, t. IX, pp. 330-331.
4. Il existe une traduction anglaise (avec texte bilingue) de ce discours dans *The Fundamentals of National Reconstruction*, Taipei, China Cultural Service, 1953, pp. 19-24.

explicitement *L'Esprit des lois*, ses préoccupations sont fort différentes de celles de Montesquieu. Il cherche moins en effet à équilibrer et donc à limiter ces divers pouvoirs qu'à introduire une répartition fonctionnelle des tâches en vue d'une plus grande efficacité. « La Constitution fondée sur les Cinq Pouvoirs [...] représente la base de l'organisation gouvernementale. Dans la ruche, le travail peut être divisé [1]. » « Le gouvernement [ainsi] organisé [...] est un gouvernement complet [...]. Quand on aura cette machine gouvernementale [...], on pourra faire du travail excellent et très complet [2]. »

Si puissant qu'il soit, le gouvernement n'en doit pas moins fonctionner sous le contrôle du peuple. L'exercice de la souveraineté populaire repose sur quatre droits : de suffrage, de révocation, d'initiative et de référendum. L'introduction du droit de révocation des fonctionnaires gouvernementaux et du droit de référendum reflète l'insatisfaction croissante éprouvée par Sun Yat-sen et son entourage à l'égard des systèmes représentatifs classiques ainsi que leur désir de perfectionner ces systèmes en leur adjoignant certaines procédures relevant de la démocratie directe. Cette critique du parlementarisme occidental n'a pu qu'être encouragée par le rapprochement avec la Russie soviétique. Mais elle lui est antérieure et trouve sa source dans le constat d'échec des institutions républicaines mises en place après la révolution de 1911. En 1919-1920, Sun Yat-sen et plusieurs de ses collaborateurs immédiats cherchent déjà à s'informer sur les mécanismes de la démocratie directe et font paraître dans la revue *Construction (Jianshe)* de nombreuses traductions d'articles et d'ouvrages concernant le sujet [3].

Dans la veine métaphorique si caractéristique de l'argumentation suniste, les quatre droits fondamentaux sont comparés « à quatre robinets, à quatre boutons électriques » dont le manie-

1. « Zai Guangzhou dui Guomindangyuande yanshuo » (Discours aux membres du Guomindang de Canton), 30 décembre 1924, *O.C.*, t. VIII, p. 573. Voir aussi CHEN Yuan-chyuan, « Elements of an East-West Synthesis in Dr Sun Yat-sen's Concept of the Five-Power Constitution », *in* Gottfried-Karl KINDERMANN (éd.), *Sun Yat-sen Founder and Symbol of China's Revolutionary Building*, Munich, Günter Olzog Verlag, 1982, pp. 143-172.

2. ÉLIA, *Le Triple Démisme*, p. 343 ; *O.C.*, t. IX, p. 351.

3. Corinna HANA, « The Development of the *San-min chu-i* during the May Fourth Movement », *in* KINDERMANN (éd.), *Sun Yat-sen Founder and Symbol*, p. 137.

ment permettra au peuple de gérer la politique de l'État[1]. Grâce à la distinction entre les Cinq Pouvoirs et les Quatre Droits, « les forces du peuple et du gouvernement pourront se contre-balancer » et le dilemme de l'incompatibilité entre démocratie et efficacité s'effacera[2]. Sun Yat-sen se félicite à maintes reprises de l'originalité de sa découverte : « J'ai trouvé une solution [...]. Ma solution apparaît pour la première fois dans le monde en formules scientifiques[3]. »

Doit-on partager l'ironie de Pascal M. d'Elia qui commente cette découverte d'un méchant Eurêka[4] ? Comment, en tout cas, s'associer au triomphalisme de Sun Yat-sen célébrant sa « machine politico-démocratique parfaite[5] » ? En dehors de l'énumération des droits et des pouvoirs, Sun Yat-sen ne donne pas de détail sur le fonctionnement de cette machine. Ses envolées métaphoriques ne nous renseignent guère sur la manière dont seront traités, au sein même du gouvernement, les déséquilibres entre les Cinq Pouvoirs, d'où nécessairement doivent naître toutes sortes de blocages. Si l'on en juge par les difficultés qu'ont la plupart des systèmes démocratiques à gérer trois pouvoirs indépendants, l'adjonction de deux autres pouvoirs devrait compliquer la tâche et conduire à la paralysie plutôt qu'à l'efficacité. (Un tel diagnostic trouve quelque confirmation dans la lourdeur de l'appareil gouvernemental de Taiwan, établi d'après les prescriptions de Sun Yat-sen.) Comment s'exercera dans la pratique le contrôle du Parlement ? Sun Yat-sen ne précise ni la périodicité de ses sessions ni les moyens d'information mis à sa disposition. Quels seront les rapports entre le Parlement et la Commission *(Yuan)* législative qui, au sein du gouvernement, a pour mission de faire les lois ? Les membres de cette commission sont élus. Devraient-ils être responsables devant un Parlement élu par les mêmes instances ?

L'accent mis sur la liberté de la nation au détriment de celle des individus ou des collectivités régionales, le privilège reconnu aux élites, la faiblesse des mécanismes de contrôle populaire, voilà d'étranges voies pour installer la démocratie. « Les droits

1. ÉLIA, *Le Triple Démisme*, p. 341 ; *O.C.*, t. IX, p. 350.
2. ÉLIA, *Le Triple Démisme*, p. 343 ; *O.C.*, t. IX, p. 352.
3. ÉLIA, *Le Triple Démisme*, p. 290 ; *O.C.*, t. IX, p. 322.
4. ÉLIA, *Le Triple Démisme*, p. 312.
5. ÉLIA, *Le Triple Démisme*, p. 343 ; *O.C.*, t. IX, p. 352.

civiques que nous prêchons ne ressemblent pas aux droits civiques [prêchés] en Europe et en Amérique», nous dit Sun Yat-sen [1]. Certes. Il est clair en effet que Sun Yat-sen songe à mettre en place un pouvoir fort, capable de conduire la Chine vers l'émancipation nationale et la modernisation et non à établir un dispositif susceptible de refléter les vues de la majorité. Mais cette démocratie à la chinoise peut-elle encore s'appeler démocratie ? Les circonstances mêmes de sa mise en place, conditionnée par une période préalable — à durée indéterminée — de contrôle militaire et de tutelle politique ne font qu'accroître le doute et qu'accentuer les ressemblances entre une telle démocratie... et une dictature.

Les problèmes de la transition : tutelle et dictature

L'idée d'une transition nécessaire entre la prise de pouvoir révolutionnaire et l'installation d'un gouvernement constitutionnel apparaît déjà en 1905 dans le *Manifeste* de la Ligue jurée. Sun Yat-sen prévoit alors que l'introduction du régime républicain s'effectuera en trois étapes, de trois ans chacune : un gouvernement militaire sera tout d'abord chargé d'éliminer les maux de l'ancien régime, puis une Constitution provisoire viendra régler les rapports entre le gouvernement militaire et les citoyens ; la transition s'achèvera avec l'adoption de la Constitution républicaine. En 1914, lors de la création du Parti révolutionnaire chinois, Sun Yat-sen conserve ce projet, mais il en modifie l'économie en fusionnant les deux premières étapes en une période dite révolutionnaire, à durée indéterminée, pendant laquelle le parti exercera le monopole du pouvoir.

En avril 1924, dans les *Fondements de la Reconstruction nationale*, Sun Yat-sen revient sur la définition des étapes transitoires. Il distingue de nouveau entre une période militaire *(junzheng)*, pendant laquelle le gouvernement aura recours à la loi martiale pour supprimer les forces contre-révolutionnaires, et une période préparatoire à l'adoption du régime constitutionnel, dite période de tutelle *(xunzheng)*, pendant laquelle le peuple, sous la direction du gouvernement révolutionnaire, élèvera son niveau de conscience civique. Sun Yat-sen justifie la nécessité de ces périodes transitoires en invoquant les déboires

1. ÉLIA, *Le Triple Démisme*, p. 271 ; *O.C.*, t. IX, p. 314.

qui ont suivi la révolution de 1911. A cette époque, l'adoption immédiate d'une Constitution provisoire (en 1912) n'a pas laissé le temps d'achever la démolition de l'ordre ancien et a conféré au peuple des responsabilités auxquelles il était incapable de faire face.

> « Le premier inconvénient qui en a résulté a été l'impossibilité de faire fonctionner le nouveau régime alors que les anciennes pratiques corrompues n'avaient pas été abolies. Le deuxième inconvénient est que ces pratiques ont été maquillées et se sont perpétuées sous le nouveau régime. Le troisième inconvénient est que le maintien de ces anciennes pratiques a provoqué le dépérissement du nouveau régime. En bref, on peut dire : *primo* que le régime démocratique n'a pu se réaliser ; *secondo* que sous la fausse apparence d'un régime démocratique s'est installée une véritable dictature ; *tertio* que les apparences mêmes de la démocratie ont fini par disparaître [1]. »

Pour ne pas retomber dans ces errements, Sun Yat-sen prévoit donc l'élimination par la force de toutes les survivances de l'ancien régime pendant la période de gouvernement militaire et, ensuite, la remise du pouvoir à une autorité tutélaire chargée d'assurer l'éducation politique de la population.

Sur la nature de cette tutelle, Sun Yat-sen donne des indications peu précises et contradictoires. En 1923, il évoque l'existence d'un gouvernement révolutionnaire dont les pouvoirs seraient fixés par une Constitution provisoire [2]. En 1924, il semble plutôt songer à placer ce gouvernement sous l'autorité du parti (Guomindang). Bien que ce point ne soit pas explicité dans le *Triple Démisme* ni dans les *Fondements de la reconstruction nationale*, il est suggéré dans le discours prononcé par Sun le 20 janvier 1924, devant le congrès de Réorganisation, dans lequel il célèbre le modèle soviétique : « Nous devons utiliser le parti pour construire l'État. On peut dire que le succès [de la révolution russe] est dû à la priorité qui a été donnée au parti sur l'État [...]. Nous devons nous réorganiser et placer le parti au-dessus de l'État [3]. »

En dépit du patronage ainsi revendiqué, la période de tutelle envisagée par Sun diffère nettement de la dictature du prolé-

1. « Zhongguo gemingshi » (Histoire de la révolution chinoise), 29 janvier 1923, *O.C.*, t. VII, pp. 66-67.
2. « Zhongguo gemingshi », *O.C.*, t. VII, p. 62.
3. « Guan yu zuzhi guominzhengfu an zhi shuoming » (Déclaration sur le projet d'organisation du gouvernement national), *O.C.*, t. IX, pp. 103-104.

tariat telle que Lénine la définit dans *L'État et la Révolution*. La suppression de la bourgeoisie et l'élimination des contre-révolutionnaires, par exemple, qui incombent à la dictature du prolétariat, ne figurent pas parmi les tâches assignées à la tutelle, la destruction de l'ancien régime par la force ayant déjà été accomplie par le gouvernement militaire. La tâche essentielle des autorités tutélaires sera l'éducation du peuple. Sun Yat-sen s'accorde avec les intellectuels de son époque pour dénoncer et déplorer l'absence de conscience politique dans la population chinoise ; mais, loin d'en conclure à la nécessité de la monarchie ou de la dictature, Sun en conclut à celle de l'éducation. On retrouve dans cette démarche l'optimisme confucéen envers la nature perfectible de l'homme, conjugué à la confiance républicaine dans les vertus de l'instruction universelle. « Même un bœuf peut apprendre à labourer un champ et un cheval à transporter des hommes. Les hommes ne seraient-ils pas capables de recevoir une formation [1] ? »

La formation aux pratiques de la démocratie doit se poursuivre à travers l'exercice des responsabilités locales, dans le cadre du district *(xian)*, qui représente l'échelon inférieur des instances politico-administratives en Chine. Sous la direction d'experts qualifiés envoyés par le gouvernement pour les assister, les Chinois s'initieront donc à leurs devoirs de citoyens en même temps qu'ils commenceront l'œuvre de développement économique et social. Lorsque tous les districts d'une province auront atteint le stade de l'autonomie, la Constitution sera promulguée, le Parlement national élu ; le gouvernement révolutionnaire devra s'effacer et l'on entrera dans la période finale du gouvernement constitutionnel *(xianzheng)*. Ce qui séduit Sun Yat-sen dans l'autonomie locale (au niveau du district), c'est qu'elle permet au peuple d'« exercer directement ses droits ». En ce sens, elle représente le véritable fondement de l'édifice démocratique et sert de garde-fou à toute dérive du système représentatif [2].

Cette priorité accordée à l'autonomie locale différencie le schéma suniste du modèle léniniste qui prône le centralisme

---

1. Cité par TSUI Shu-chin, « The influence of the Canton-Moscow entente upon Sun Yat-sen's Political Philosophy, II. The principle of Democracy », *The Chinese Social and Political Science Review*, juillet 1934, t. XVIII, n° 2, p. 190.

2. « Zhonghua minguo jianshezhi jichu » (Les bases de la construction nationale), cité dans *Fundamentals of National Reconstruction*, pp. 121, 123.

démocratique. Elle semble venir aussi en contradiction avec la condamnation portée par Sun Yat-sen lui-même contre le principe du fédéralisme. Mais, explique Sun avec cette clairvoyance qui traverse parfois ses écrits comme de grands éclairs, il ne faut pas confondre démocratisation avec décentralisation. Ce que réclament les partisans du fédéralisme, c'est la décentralisation, c'est-à-dire la déconcentration des pouvoirs politiques et administratifs au bénéfice de la bureaucratie provinciale. Or « si le pouvoir appartient aux fonctionnaires, il continue de leur appartenir, que l'on ait affaire à un système gouvernemental centralisé, décentralisé ou à une fédération de provinces autonomes [...]. Et le contrôle qu'une province exerce sur ses districts reproduit celui que le centre exerce sur les provinces [...]. Il est même plus lourd [1] ». Sur le plan de la théorie, le raisonnement de Sun Yat-sen se heurte à la définition viciée qu'il donne du fédéralisme. Mais dans la pratique chinoise des années 1920, le fédéralisme pouvait à juste titre inspirer de la méfiance dans la mesure où le plus souvent il servait à légitimer les manœuvres et les ambitions des seigneurs de la guerre, des potentats et des bureaucrates locaux. Sun Yat-sen recommande donc de construire la démocratie du bas vers le haut. « Ainsi c'est sur le peuple que s'appuiera la reconstruction nationale qu'aucun bureaucrate, aucun militariste ne pourra confisquer [2]. »

Si fondée qu'elle puisse apparaître, l'autonomie des districts n'en demeure pas moins difficile à concilier avec l'existence de l'État unitaire, du gouvernement centralisé et de la bureaucratie vertueuse que par ailleurs Sun Yat-sen appelle de ses vœux. Et comment cette autonomie se conciliera-t-elle avec une tutelle politique dont aucun dispositif ne vient limiter l'autorité ni surtout ne garantit l'effacement une fois la tâche remplie et le peuple éduqué ? Pour Sun Yat-sen, « la transition de la période de tutelle au gouvernement constitutionnel se fera aisément, sans danger [3] »... à condition, pourrait-on ajouter, que le pouvoir autoritaire ou dictatorial en place accepte d'œuvrer à sa propre disparition. La réserve est de taille ! Et l'on ne voit pas ce qui empêcherait le pouvoir de tutelle d'ajourner *sine die* le passage au gouvernement constitutionnel.

---

1. « Zhonghua minguo jianshezhi jichu », p. 118.
2. « Zhonghua minguo jianshezhi jichu », p. 124.
3. *Fundamentals of National Reconstruction*, p. 7.

Le projet de transition en trois étapes n'aboutirait-il donc qu'à l'installation de la dictature ? Les disciples de Sun ont plaidé l'objectif final, celui de la démocratie constitutionnelle, pour légitimer la tutelle préalable. Mais à ce compte, on pourrait aussi bien identifier le stalinisme au socialisme qu'il prétendait construire. La démarche de Sun Yat-sen n'est certes pas celle de Staline, mais sa conception de la démocratie semble surtout destinée à légitimer la mise en place d'un régime autoritaire, visant à assurer le développement national. « Comment pourrons-nous transformer la Chine en un pays riche et puissant *(fuqiang)* ? En adoptant la Constitution fondée sur les Cinq Pouvoirs [1]. » Ainsi la doctrine de la souveraineté populaire est-elle intégrée au programme de modernisation : elle semble n'en être que l'auxiliaire. Cette considération nous amène donc à examiner le troisième principe sur lequel repose essentiellement ce programme : le principe du bien-être du peuple *(minshengzhuyi)*, sans doute le plus important et certainement le plus original des trois principes de Sun Yat-sen.

LE PRINCIPE DU BIEN-ÊTRE DU PEUPLE, OU DÉMISME VITAL *(MINSHENGZHUYI)*

Le troisième principe de Sun Yat-sen, qui est au cœur de sa doctrine, n'est pas facile à saisir. L'absence même de traduction satisfaisante s'explique par la multiplicité et la complexité des notions que recouvre le terme *minshengzhuyi*. Sun Yat-sen emploie ce terme pour désigner à la fois sa philosophie de l'histoire, le but idéal qu'il assigne à l'évolution sociale et la stratégie qu'il recommande pour atteindre cet objectif. Le *minshengzhugi* revêt donc un triple sens — philosophique, normatif et programmatique — et Sun Yat-sen joue de ces divers niveaux de signification sans en avertir explicitement son public.

A cette confusion intellectuelle s'ajoutent les contradictions nées de nécessités politiques. Le hasard du calendrier a voulu en effet que les quatre conférences sur le *minshengzhuyi* (les dernières de la série sur le Triple Démisme) aient été présentées en août 1924, c'est-à-dire au plus fort de la crise suscitée par

1. *Fundamentals of National Reconstruction*, p. 30.

la fraction du Guomindang hostile à la collaboration avec les Soviétiques et les communistes. De ce fait, les conférences de Sun sont devenues un véritable enjeu politique. Au fil de la crise, elles ont servi à manifester des opinions alternativement critiques du marxisme et favorables au communisme. Comme toujours, chez Sun, formulation doctrinale et urgence pratique demeurent intimement liées. Si l'on ajoute encore que droite et gauche du Guomindang ont commenté le texte de Sun en sens opposé et en ont même produit des versions divergentes [1], on comprend que certaines précautions s'imposent pour l'étude du troisième principe du peuple.

Que veut dire «minshengzhuyi» ?

Littéralement, *min* signifie «peuple», *sheng* «vie», *zhuyi* «doctrine». Mot à mot, le *minshengzhuyi* veut donc dire «la doctrine de la vie du peuple». C'est bien ainsi que l'ont compris les premiers traducteurs — anglais — qui évoquent le *people's livelihood*, formule que les spécialistes actuels jugent «gauche», «plutôt vague» et «dépourvue de sens [2]». Les expressions françaises ne brillent pas non plus par leur légèreté («le principe du bien-être du peuple»), ni par leur clarté («le démisme vital»)! Nous retiendrons cependant ici le «démisme vital» parce que c'est l'expression utilisée par Pascal M. d'Élia dont nous avons choisi la traduction comme texte de référence [3].

Lorsque, en août 1924, Sun Yat-sen entreprend ses conférences sur le démisme vital, ce thème lui est depuis longtemps familier. Dès 1905-1906, dans le programme de la Ligue jurée, Sun Yat-sen présentait le *minshengzhuyi* comme un synonyme de socialisme *(shehuizhuyi)* et ramenait son application à l'adoption d'une politique foncière et fiscale, conforme aux prescriptions du réformateur américain Henry George. Par la suite, Sun Yat-sen complète le programme du démisme vital en lui adjoi-

1. *Cf.* Allen S. WHITING, «A New Version of the *San-min-chu-i*», *The Far Eastern Quarterly*, mai 1955, vol. XIV, p. 389 *sq.*

2. Ramon MYERS, «The Principle of People's Welfare. A Multidimensional Concept», *in* CHENG Chu-yuan (éd.), *Sun Yat-sen's Doctrine in the Modern World*, Boulder et Londres, Westview Press, p. 225.

3. L'embarras de Pascal M. d'ÉLIA se reflète dans une note liminaire (p. 354, n. 1), d'après laquelle il ne faut pas prendre ici le terme «vital» dans le sens biologique ou psychologique, mais dans le sens économique

gnant le socialisme d'État et un grand projet de modernisation économique décrit dans *The International Development of China*, en 1921. Mais c'est seulement en 1924 que Sun entreprend de donner une nouvelle définition, systématique et approfondie, de son troisième principe.

D'emblée, cette version 1924 du démisme vital marque sa différence. Alors que, à l'époque de la Ligue jurée, Sun Yat-sen identifiait le démisme vital au socialisme, désormais il l'assimile aussi au communisme. Il le dit : « Le démisme vital, c'est le socialisme, appelé aussi communisme » (première conférence) ; il le répète : « Le démisme vital, c'est le communisme, c'est le socialisme [1] » (deuxième conférence).

Sun Yat-sen a-t-il donc abandonné son credo pour celui de ses nouveaux alliés soviétiques et communistes ? Et le ralliement à la politique de front uni a-t-il entraîné sa conversion idéologique ? On l'a dit. Mais l'idée d'une telle conversion semble difficilement conciliable avec la réfutation systématique du marxisme qui apparaît dans la première conférence sur le démisme vital. Ces contradictions, qui ont parfois fait accuser Sun d'incohérence, trouvent sans doute leur principale explication dans les contraintes politiques du moment.

Soumis à une forte pression du Guomindang modéré, Sun Yat-sen dans sa première conférence, celle du 3 août, dénonce les erreurs de Marx. A la suite de cette conférence, il est pris à partie par Borodine et il est alors amené à modifier sa position pour sauver son alliance avec les Soviétiques. Dans sa deuxième conférence, prononcée le 10 août, il s'emploie donc à relancer la politique de front uni et pour cela il cherche à rassurer les modérés du Guomindang qui « se font beaucoup d'idées fausses en pensant que le Parti nationaliste avec le Triple Démisme est en désaccord avec le communisme [...]. [Ces] camarades ne comprennent rien au démisme vital [...]. Non seulement nous ne pouvons pas dire que le communisme est opposé au démisme vital, mais [nous devons dire] [...] qu'il en est un grand ami. Et si le communisme est un grand ami du démisme vital, pourquoi les membres du Parti nationaliste veulent-ils s'opposer au communisme [2] ? » Sun Yat-sen travaille donc à rapprocher les extrémistes des deux partis en pré-

1. ÉLIA, *Le Triple Démisme*, pp. 354, 415 ; *O.C.*, t. IX, pp. 355, 386.
2. ÉLIA, *Le Triple Démisme*, pp. 412, 415, 416 ; *O.C.*, t. IX, pp. 384, 386.

sentant une justification idéologique à leur collaboration, en postulant l'identité entre démisme vital et communisme. Il essaie aussi, sur le plan théorique, de trouver une certaine légitimation à ces paroles de circonstance par la distinction qu'il introduit entre le marxisme, rejeté comme défaillant, et le communisme compris dans un sens très vague, assimilé à l'idéal de la Grande Harmonie *(Datong)* et repoussé dans un futur utopique. Ce communisme flou peut s'accommoder de tous les greffons : « Le communisme est l'idéal du démisme vital, tandis que le démisme vital est la réalisation du communisme. Donc aucune différence entre ces deux "ismes", si ce n'est dans les méthodes [1]. »

Ce tour de magie verbale, qui a sans doute contribué à rétablir un calme provisoire au sein du front uni, n'en a pas pour autant métamorphosé les conceptions économiques et sociales de Sun Yat-sen. Et l'on retrouve dans ses conférences de 1924 les idées qu'il a mûries depuis de longues années, à l'écart de l'influence communiste.

Le démisme vital comme philosophie de l'histoire

La première conférence sur le démisme vital est consacrée à la « question sociale », dans laquelle viennent se fondre les interrogations sur le progrès et sur l'évolution de la société. Pour Sun Yat-sen, la force motrice de l'histoire est l'effort sans cesse renouvelé de l'homme pour assurer sa subsistance. « La recherche d'une solution au problème de la subsistance est la loi de l'évolution sociale et donc le centre de gravitation de l'histoire [2]. » Cette proclamation de foi s'accompagne d'une réfutation point par point des principaux postulats marxistes. Tout en reconnaissant l'importance de la révolution industrielle et de l'introduction du machinisme, Sun rejette le matérialisme historique. « Le matérialisme de Marx n'est pas le centre de gravitation de l'histoire [3]. » L'évolution de la civilisation ne peut se définir comme l'adaptation aux modes successifs de production par le biais de la lutte des classes. Contrairement à ce qu'affirme Marx, « la lutte de classes n'est pas la raison de l'évolution sociale [4] ». Certes, la

1. ÉLIA, *Le Triple Démisme*, p. 406 ; *O.C.*, t. IX, p. 381.
2. ÉLIA, *Le Triple Démisme*, p. 375 ; *O.C.*, t. IX, p. 365.
3. ÉLIA, *Le Triple Démisme*, p. 375 ; *O.C.*, t. IX, p. 365.
4. ÉLIA, *Le Triple Démisme*, p. 381 ; *O.C.*, t. IX, p. 369.

lutte de classes existe : elle éclate quand l'homme ne peut plus pourvoir à ses besoins. « C'est une sorte de maladie se déclarant dans la société. [...] Marx [...] s'est arrêté à la maladie de l'évolution sociale. » Il n'en a pas vu la cause. « On peut dire que Marx n'a été qu'un pathologiste et non un physiologiste de la société[1]. » La lutte de classes n'apparaît à Sun que comme une déviation fâcheuse de l'évolution sociale. Mais le ressort de cette évolution demeure l'harmonie. Ce thème a déjà été évoqué dans *The International Development of China* : « La principale force de l'évolution humaine est la coopération et non la lutte[2]. » Il revient avec une ampleur nouvelle, dans la première conférence, sur le démisme vital : « Si la société progresse, cela ne peut venir que de l'harmonie entre les intérêts économiques des multitudes de la société[3]... »

Les récents progrès réalisés par l'Europe et par l'Amérique sont évoqués par Sun à l'appui de sa thèse. L'augmentation des impôts sur le revenu, la nationalisation des moyens de transport, l'élévation du niveau d'éducation générale et bien d'autres réformes ont permis d'augmenter la production, d'améliorer la distribution, en bref d'enrichir à la fois les patrons et les travailleurs. « Aussi au lieu de l'opposition est réalisée l'harmonie entre les intérêts des capitalistes et des ouvriers. »

Sun Yat-sen critique également la notion marxiste de plus-value. Si l'on attribue au travail ouvrier un rôle exclusif dans le processus productif et qu'on néglige l'apport des autres facteurs sociaux, on ne peut que faire fausse route. Ainsi, les prédictions de Karl Marx sur l'allongement des horaires de travail, la réduction des salaires ouvriers, le renchérissement des produits fabriqués ne se sont pas réalisées. Et le fordisme, dont Sun retrace à grands traits les principales stratégies, contredit point par point les analyses de Marx. « Marx autrefois n'a pas vu clair et, par suite, les opinions qu'il a soutenues [...] sont grandement et particulièrement erronées [...]. [Il] a passé quelques dizaines d'années à étudier la question sociale ; ce qu'il a appris, ce sont les réalités du passé ; quant aux réalités de l'avenir, il a été absolument incapable de les prévoir[4]. »

1. Élia, *Le Triple Démisme*, pp. 381-382 ; *O.C.*, t. IX, p. 369.
2. *Cf.* chapitre VIII, p. 323.
3. Élia, *Le Triple Démisme*, p. 381 ; *O.C.*, t. IX, p. 369.
4. Élia, *Le Triple Démisme*, p. 391 ; *O.C.*, t. IX, p. 374.

Cette réfutation de la philosophie marxiste et cette interprétation de l'évolution en termes de recherche de la subsistance et d'harmonie sociale doivent beaucoup à un socialiste américain, Maurice William. La Première Guerre mondiale a provoqué chez ce socialiste une crise de conscience dont est né en 1920 le livre intitulé *The Social Interpretation of History*. Ce disciple déçu de Marx se livre à une critique du maître, dont Sun Yat-sen a repris non seulement les grandes idées mais les termes mêmes. On pourrait multiplier les exemples d'emprunts textuels. Le plus frappant est sans doute la métaphore citée plus haut qui fait apparaître Marx comme un « pathologiste » de la société et dont on retrouve la source dans la remarque de William : « Marx était un pathologiste de la société. Il a étudié la pathologie sociale et s'est trompé en prenant les phénomènes qu'il observait pour les lois de la biologie sociale. Les manifestations de la lutte des classes sont les symptômes d'une maladie sociale [1]. »

En dépit des nombreux cas de transposition mot à mot du texte de William dans la première conférence sur le démisme vital, on ne peut accuser Sun Yat-sen de plagiat, puisque, au passage, il reconnaît sa dette ou du moins mentionne le nom de William. Mais à la comparaison des deux ouvrages, il apparaît évident que Sun Yat-sen a puisé chez William la plus grande partie de son information (sur le fordisme, sur les divisions entre courants socialistes, etc.) et de son argumentation (sur la plus-value, sur la lutte des classes). Faut-il aller plus loin ? Selon William, c'est en lisant *The Social Interpretation of History* que Sun Yat-sen, précédemment converti au marxisme, aurait changé d'avis et se serait rallié à l'idée d'une évolution gouvernée par la quête universelle de la subsistance et conditionnée par l'harmonie sociale [2]. Cette thèse ne semble guère plausible. Nulle part, en effet, on ne trouve trace d'une conversion de Sun Yat-sen à la doctrine marxiste et il existe diverses déclarations de Sun Yat-sen, antérieures à 1924, sur la quête de subsistance et l'harmonie sociale.

Conservons donc à Sun Yat-sen la paternité des thèses phi-

1. Cité dans Maurice ZOLOTOW, *Maurice William and Sun Yat-sen*, Londres, Robert Hall Ltd, 1948, p. 98.

2. *Cf.* Maurice WILLIAM, *Sun Yat-sen versus Communism*, Baltimore, Williams & Wilkins C°, 1932.

losophiques qui fondent le démisme vital. Ajoutons simplement que la lecture de William a non seulement conforté Sun dans ses opinions (comme le reconnaissent les biographies officielles), mais lui a permis de préciser, d'articuler, d'étoffer et d'argumenter ses vues, demeurées jusqu'alors plutôt appréhensions intuitives que doctrines.

Le démisme vital comme objectif idéal et comme stratégie de développement

« Le grand but du démisme vital [...] est que la masse puisse posséder en commun. Seulement le communisme que nous préconisons est le communisme de l'avenir [1]... » Ce communisme utopique réalisera le rêve « que les habitants de tout le pays puissent vivre heureux et qu'aucun ne subisse les souffrances d'une répartition inégale des richesses [2] ». Sun Yat-sen assimile ce communisme à l'idéal confucéen d'harmonie universelle. C'est même sur cette évocation qu'il conclut sa deuxième conférence. « Quand le peuple aura tout en commun à l'égard de l'État, alors on aura vraiment atteint le but du démisme vital. On aura [aussi] le "monde de la grande entente" tant désiré par Confucius [3]. » Tel qu'il apparaît décrit dans les *Mémoires sur les rites* (*Liji*, IVe-IIIe siècle avant J.-C.), ce monde de la grande entente sera celui dans lequel chacun travaillera au bien commun *(tianxia weigong)* et où régnera l'amour universel. Les plus démunis seront pris en charge. Chacun accomplira son devoir et l'esprit de lucre disparaîtra. Ce monde ne sera pas seulement celui qui permettra à chacun de vivre « selon ses besoins » ; il consacrera aussi le règne de la vertu.

Pour préparer l'avènement de ce paradis communiste, Sun Yat-sen préconise une méthode adaptée à la réalité chinoise. « Cette méthode [de réalisation du démisme vital] ne [doit] pas être un idéal abstrus, une science creuse, mais un fait, et un fait chinois et pas seulement étranger [4]. » Or la réalité fondamentale de la société chinoise, c'est la pauvreté : « Les Chinois en général sont tous pauvres : il n'y a point [chez eux]

---

1. ÉLIA, *Le Triple Démisme*, p. 421 ; *O.C.*, t. IX, p. 388.
2. ÉLIA, *Le Triple Démisme*, p. 432 ; *O.C.*, t. IX, p. 394.
3. ÉLIA, *Le Triple Démisme*, p. 433 ; *O.C.*, t. IX, p. 394.
4. ÉLIA, *Le Triple Démisme*, p. 406 ; *O.C.*, t. IX, p. 381.

de classe privilégiée de grands riches. Mais seulement une généralité de pauvres ordinaires. Ce que les Chinois appellent l'inégalité entre les riches et les pauvres, c'est seulement une distinction qu'ils font à l'intérieur de la classe pauvre entre les grands pauvres et les petits pauvres [1]. »

La pauvreté de la Chine, son arriération économique s'opposent à l'adoption des méthodes marxistes. « Les jeunes étudiants croient au marxisme [...]. Ils ne savent pas que le malheur actuel de la Chine est la pauvreté et non l'inégalité [...]. Pendant que l'industrie n'est pas encore développée, la lutte des classes [...] et la dictature du prolétariat ne sont pas utilisables [2]. » Et Sun Yat-sen d'illustrer son propos par une parabole. Évoquant ces riches Cantonais qui endossent des fourrures dès que s'annonce l'hiver (un hiver tiède sous les tropiques) et dénoncent ensuite les dangers d'un climat trop doux, Sun conclut : inutile « de se vêtir d'abord d'habits chauds puis d'espérer que le vent tourne au nord [3] ». Quelle sera donc alors la marche à suivre ? « Le Parti nationaliste l'a, de bonne heure, précisé dans son programme [...] : a) égaliser la propriété ; b) restreindre le capital [4]. »

Le programme agraire de 1924 reprend en grande partie celui que Sun Yat-sen a déjà exposé en 1905-1906 et qui s'inspire des théories du réformateur américain Henry George. La question agraire est saisie à travers les hausses spéculatives qui ont fait s'envoler le prix des terrains à Canton et à Shanghai. Sun Yat-sen s'insurge contre l'appropriation privée d'une plus-value qui résulte des « efforts de tous ». Et il énumère les mesures destinées à prévenir un tel détournement : recensement des terres, déclaration de leur valeur, taxation proportionnelle à la valeur déclarée, possibilité de rachat par le gouvernement à cette même valeur, etc. C'est là tout ce que Sun Yat-sen a à dire sur la question agraire dans la deuxième conférence qui expose à grands traits le programme du démisme vital ! Mais il revient sur le sujet lors de sa troisième conférence, le 17 août sui-

1. ÉLIA, *Le Triple Démisme*, pp. 406-407 ; *O.C.*, t. IX, pp. 381-382.
2. ÉLIA, *Le Triple Démisme*, p. 428 ; *O.C.*, t. IX, p. 392.
3. ÉLIA, *Le Triple Démisme*, p. 428 ; *O.C.*, t. IX, p. 392.
4. ÉLIA, *Le Triple Démisme*, p. 399 ; *O.C.*, t. IX, p. 377. La traduction d'ÉLIA, « égaliser la propriété », s'éloigne ici du texte chinois qui porte *ping didequan*, c'est-à-dire « égaliser les droits sur la terre ».

vant. Et cette fois-ci, il aborde le problème de fond : celui de la propriété et de l'exploitation des terres agricoles. Que pèse, en effet, la spéculation immobilière déchaînée dans quelques villes côtières face à l'existence de la rente foncière qui, à travers toute la Chine, asservit des millions de paysans ?

Sun Yat-sen traite de ce problème en quelques phrases seulement (alors qu'il a consacré de longs paragraphes au programme de réforme d'inspiration georgiste). Mais son ton se fait véhément. Il dénonce la misère des paysans qui « par un travail très pénible [...] obtiennent des denrées alimentaires dont plus de la moitié leur est enlevée par les propriétaires fonciers. Ce qui leur reste suffit à grand-peine à l'entretien de leur vie. C'est tout à fait injuste ». A cette injustice, un seul remède : donner la terre à ceux qui la travaillent. « Pour que notre démisme vital atteigne vraiment son but et pour que la question agricole soit vraiment résolue, il faut que "les laboureurs possèdent leur terre" [1]. »

L'importance ainsi tardivement accordée par Sun à la question paysanne semble bien refléter l'influence de ses conseillers soviétiques et de ses alliés communistes dont on connaît le radicalisme agraire pendant cette période. Mais comme nous l'avons vu, si Sun Yat-sen approuve les objectifs de la révolution agraire, il n'en préconise pas l'application immédiate et intégrale. Hostile à une expropriation violente, il recommande une réforme progressive dont il tracera les grandes lignes quelques jours plus tard dans son intervention à l'Institut de formation des cadres paysans, le 21 (ou 23) août. Mais le 17 août, dans sa troisième conférence, Sun Yat-sen, tout en soulignant la nécessité de l'émancipation paysanne, ne s'attarde guère sur les voies de cette émancipation. En revanche, il s'étend très longuement sur un programme de modernisation technique dont il détaille toutes les facettes : mécanisation, engrais artificiels, électrification, assolement, etc. Sun, visiblement, place plus d'espoir dans l'accroissement de la production, obtenu grâce à la révolution technologique, que dans le partage des richesses. En tout cas, il semble vouloir ici ignorer les implications révolutionnaires du slogan qu'il met en avant : la terre à ceux qui la travaillent. Emprunté aux alliés soviétiques et communistes, ou imposé par eux, ce slogan définit moins une poli-

1. ÉLIA, *Le Triple Démisme*, p. 446; *O.C.*, t. IX, p. 399.

tique qu'il ne désigne un objectif final, indépendamment des voies qui y conduiront.

L'autre volet du programme suniste est la limitation du capital. Sun Yat-sen ne cherche pas à faire disparaître l'entreprise privée. Même s'il dénonce l'accaparement des moyens de production, il légitime l'existence du profit industriel par la contribution des entrepreneurs à la production. « Que les industriels et les commerçants monopolisent les valeurs des [biens] matériels pour gagner de l'argent, nous avons déjà senti là une injustice. » Mais ces industriels font « un travail acharné » et, s'ils perçoivent de gros bénéfices, c'est « après des achats à bon marché et des ventes avantageuses, après avoir fait nombre de projets et de combinaisons [1] ». On ne peut donc assimiler leurs gains à ceux du propriétaire spéculant sur la plus-value foncière.

Il n'en demeure pas moins qu'en Europe et en Amérique le développement du capitalisme privé a entraîné de violents conflits sociaux, apparemment insolubles. La Chine, de par son arriération, bénéficie d'un sursis. Elle doit donc s'efforcer de prévenir la crise. « Attendre que le commerce et l'industrie soient florissants, c'est [s'acculer] encore davantage à ne trouver aucun moyen de résoudre [le problème] [2]. » L'expérience de l'Occident et, plus particulièrement, celle de la Russie soviétique montrent que les « procédés tranchants » (c'est-à-dire les méthodes révolutionnaires et « la dictature du menu peuple et des producteurs », prônées par les marxistes) n'ont pas apporté de solution au problème économique. Mieux vaut donc s'en remettre aux « moyens pacifiques » qui ont permis à l'Amérique d'atténuer les difficultés, à défaut de les éliminer. Les quatre mesures pratiques que propose Sun Yat-sen — réformes sociales et industrielles, nationalisation des moyens de transport et de communication, impôt progressif sur le revenu et l'héritage, collectivisation des réseaux de distribution — sont directement inspirées de Maurice William. On comprend que Sun Yat-sen, dans son désir d'éviter la lutte des classes, ait été séduit par ce que William présente comme autant de méthodes d'« expropriation pacifique ». C'est à travers la législation que Sun Yat-sen cherche à limiter, mais non à renverser le capitalisme : pas de nationalisation forcée, pas de lutte

1. ÉLIA, *Le Triple Démisme*, p. 411 ; *O.C.*, t. IX, p. 384.
2. ÉLIA, *Le Triple Démisme*, p. 417 ; *O.C.*, t. IX, p. 387.

de classes. « Les industriels déjà établis ne subiront nulle perte », car ce que propose Sun est tout à fait différent de « ce qu'on appelle en Europe et en Amérique la nationalisation, qui consiste à arracher aux particuliers toutes les industries déjà existantes pour les attribuer au gouvernement [1] ».

En réalité, dans le domaine de l'économie urbaine, comme dans celui de l'agriculture, Sun Yat-sen croit moins en la redistribution des richesses qu'en l'augmentation de la production. Et dans un pays arriéré, comme la Chine, cette augmentation passe par l'intervention de l'État. « La Chine est pauvre [...], la Chine ne produit pas assez [...]. C'est pourquoi la Chine doit non seulement restreindre le capital des particuliers mais encore développer le capital de l'État [2]. » L'admiration que Sun Yat-sen nourrit pour Bismarck est ancienne. Déjà, *Le Journal du Peuple*, en 1905-1906, célébrait la pensée et l'œuvre du chancelier. Et dans la quatrième conférence sur la démocratie, Sun Yat-sen est de nouveau revenu sur la politique de Bismarck qui « pratiqua le socialisme d'État », qui « se servit de la force de l'État pour réaliser lui-même le programme des socialistes, et employa la méthode préventive et non la méthode combative et destructive ». Sun Yat-sen relève qu'il s'agit là d'une « manœuvre antidémocratique » mais n'en semble pas moins admiratif de « la méthode très rusée qui permit en moins de vingt ans [...] la transformation de la faible Allemagne en une nation très forte [3] ».

C'est donc à l'État qu'il revient de « promouvoir rapidement l'industrie [...], [de] produire à l'aide de machines ». Le secteur public coexistera avec les entreprises privées dont il freinera l'expansion ultérieure. « Si l'on ne se sert pas de l'État [pour assurer l'industrialisation et la modernisation] et si l'on en donne l'administration à des particuliers chinois ou à des marchands étrangers, voici quel sera le résultat : non seulement le capital des particuliers se développera, mais cela donnera naissance à l'inégalité de la classe des grands riches [4]. » Le socialisme d'État intéressera les secteurs fondamentaux des transports, des mines, des manufactures. Sun Yat-sen ne revient

1. ÉLIA, *Le Triple Démisme*, p. 421 ; *O.C.*, t. IX, p. 390.
2. ÉLIA, *Le Triple Démisme*, p. 425 ; *O.C.*, t. IX, p. 391.
3. ÉLIA, *Le Triple Démisme*, pp. 265-266 ; *O.C.*, t. IX, p. 310.
4. ÉLIA, *Le Triple Démisme*, pp. 425-426 ; *O.C.*, t. IX, p. 391.

pas en détail sur son programme de modernisation et d'industrialisation et renvoie aux descriptions qu'il en a précédemment donné dans *The International Development of China*. Mais il insiste de nouveau sur l'impérieuse nécessité de faire appel aux capitaux et aux experts étrangers. « Pour développer ces [...] grandes industries, il est absolument impossible d'y réussir avec notre capital, notre science et notre expérience chinoises[1]. »

Dans le contexte de l'époque, le recours aux capitaux et experts étrangers ne peut guère être que le recours aux capitaux et experts européens ou américains. La recommandation de Sun paraît donc mal accordée à ses violentes diatribes contre l'impérialisme occidental. Mais, dans ce domaine, la Russie soviétique a elle-même donné l'exemple avec la Nouvelle Politique économique. En outre, Sun Yat-sen prend bien soin de replacer ces emprunts étrangers dans le cadre de son propre programme, au service de ses propres objectifs. « Nous allons utiliser les capitaux étrangers déjà existants pour créer le monde communiste de la future Chine[2]. » Enfin, Sun a déjà expliqué dans *The International Development of China* que la coopération avec l'étranger ne pourrait s'établir que sur la base de rapports égalitaires entre puissances souveraines.

Dans l'immédiat, le plus urgent est donc de lutter en vue de l'établissement de tels rapports. Qu'il s'agisse du secteur public ou privé, le développement économique passe avant tout par la reconquête de l'indépendance et de la souveraineté. « Si nous voulons que "la vie du peuple" soit susceptible de solution, il faut travailler sur la politique, [c'est-à-dire] abolir tous les traités inégaux et reprendre les douanes maritimes. Alors [...] l'industrie nationale pourra naturellement se développer[3]. »

Tel Caton acharné à la perte de Carthage, Sun Yat-sen ne cesse de ramener son auditoire au problème qui lui tient le plus à cœur, au grand problème dont dépend, croit-il, la solution de tous les autres : celui de l'émancipation nationale. Loin d'adopter le point de vue marxiste selon lequel développement économique et mouvements sociaux ne connaissent pas de fron-

1. Élia, *Le Triple Démisme*, p. 431 ; *O.C.*, t. IX, p. 393.
2. Élia, *Le Triple Démisme*, p. 431 ; *O.C.*, t. IX, p. 393 (mais le texte d'*O.C.* diverge de celui traduit par Élia.)
3. Élia, *Le Triple Démisme*, p. 497 ; *O.C.*, t. IX, p. 424.

tières, Sun Yat-sen (rejoignant encore sur ce point Maurice William) pense que le niveau de vie, au sens très large où il l'entend, relève moins de la stratification sociale que de l'appartenance nationale. On est pauvre non parce qu'on est ouvrier... mais parce qu'on est chinois. Ainsi, la boucle se referme et la réflexion sur le démisme vital aboutit à la conclusion déjà suggérée par l'étude du nationalisme et de la démocratie.

LE TRIPLE DÉMISME : DE L'HISTOIRE INTELLECTUELLE AU PASSAGE CULTUREL

Le parti Guomindang a très vite transformé le *Triple Démisme* en texte canonique. L'Occident, en revanche, ne l'a jamais rangé parmi les grandes œuvres de la pensée chinoise contemporaine et, depuis un demi-siècle, ne lui a consacré presque aucune étude. Avant la Seconde Guerre mondiale, à l'époque où le Guomindang triomphant imposait à la Chine le culte de Sun, les commentateurs occidentaux se montraient déjà très critiques. Sun Yat-sen « n'a jamais atteint à la maturité intellectuelle et il était complètement dépourvu de la faculté de raison. Mentalement, il fonctionnait par intuitions sporadiques. Sa doctrine est un véritable "ragoût"[1] ». On reproche à Sun un éclectisme mal dominé qui juxtapose, sans toujours se soucier de les accorder, les concepts les plus divers. « Dans sa hâte, il ne prenait jamais la peine de réconcilier les théories précédemment empruntées à Henri George et à Karl Marx avec celles que par la suite il avait prises chez le docteur Maurice William ou au camarade Borodine[2]. » L'Occident ne se reconnaît pas dans les spéculations confuses de Sun et lui en veut d'avoir ainsi bouleversé l'ordonnancement de ses théories, de ses courants, de ses écoles. « Sun Yat-sen est un exemple typique de ce que peut produire l'influence des idées occidentales en Chine. Et il ne nous donne pas à admirer les effets de cette influence [...]. Il est aussi un

1. *London Times Literary Supplement*, 17 décembre 1931, cité par TSUI, « The Influence of the Canton-Moscow Entente, III. The Principle of Livelihood », *The Chinese Social and Political Science Review*, octobre 1934, t. XVIII, n° 3, pp. 345-346.
2. *The Nation*, 11 mai 1932, cité par TSUI, *ibid.*

exemple typique de cette demi-compréhension des idées occidentales, qui représente une phase inévitable et déplaisante de la transition [1]. »

Le lecteur occidental, il est vrai, se sent quelque peu désorienté par le kaléidoscope des références sunistes. En ouverture (deuxième conférence sur la démocratie) : la devise révolutionnaire, au moment de la Révolution française, était : « Liberté, Égalité, Fraternité », tout comme la devise de la révolution chinoise est le *Triple Démisme* [2]. En conclusion (deuxième conférence sur le démisme vital), le *Triple Démisme* est ramené à la célèbre formule de Lincoln : « [Gouvernement] du peuple, par le peuple, pour le peuple [3]. » Entre-temps, Marx et Bismarck, Henry George et Maurice William auront été appelés en renfort. Mais, plaident les exégètes (chinois) de la pensée suniste, il est normal que les concepts occidentaux aient quelque peu changé de nature au cours de leur transposition, puisque Sun Yat-sen a voulu les associer — d'aucuns disent les subordonner — à certains aspects de la pensée traditionnelle chinoise. Les références du *Triple Démisme* aux Classiques, à Confucius et à Mencius sont assez nombreuses pour étayer ce point de vue.

En fait, l'éclectisme du *Triple Démisme* est tel qu'il justifie les interprétations les plus divergentes. Et c'est bien là ce qui a rebuté les historiens occidentaux de la pensée politique. Leur tort a peut-être été de considérer l'œuvre de Sun Yat-sen comme une œuvre ordinaire, comme ils auraient considéré les écrits de Proudhon, Darwin ou Lénine. Or le *Triple Démisme* n'est pas une œuvre ordinaire, fruit d'une culture et d'un milieu donnés. Il est né à la frontière de deux traditions, chinoise et occidentale, et au carrefour de multiples cultures : russe, allemande, française, anglaise, américaine. Son étude exige sans doute une démarche particulière qui permettrait à l'histoire intellectuelle de s'enrichir des apports d'autres disciplines, telle l'anthropologie. Au lieu de faire la chasse aux influences, multiples, difficiles à localiser, impossibles à hiérarchiser, qui se sont exercées sur la pensée de Sun Yat-sen, mieux vaudrait peut-être partir des concepts qu'utilise ce dernier et en dresser la généalogie. On constaterait alors que la plupart des thèmes

1. SHARMAN, *Sun Yat-sen*, p. 328.
2. ÉLIA, *Le Triple Démisme*, p. 191 ; *O.C.*, t. IX, p. 271.
3. ÉLIA, *Le Triple Démisme*, p. 433 ; *O.C.*, t. IX, p. 394.

majeurs autour desquels s'organise — ou à tout le moins gravite — la pensée de Sun Yat-sen reprennent très fidèlement la réflexion engagée à la fin du XIXe siècle et dans la première décennie du XXe siècle par les intellectuels tels que Kang Youwei ou Liang Qichao. Quand Sun évoque la nécessaire subordination de l'individu aux besoins de l'État, quand il prône l'unité nationale et la centralisation gouvernementale, quand il plaide pour la croissance économique et contre la lutte des classes, quand il distingue entre souveraineté populaire et puissance gouvernementale, il ne fait que s'établir sur des positions déjà investies par les grands intellectuels de la transition.

Cette constatation qui, au vu des textes, semble d'évidence, a rarement été explicitée. Il fallait, pour des raisons politiques, préserver la frontière entre réformistes et révolutionnaires ; il fallait aussi préserver l'originalité de Sun aux yeux de la postérité. Mais l'intérêt de cette généalogie réside dans ce qu'elle nous apprend sur le mode de transmission des concepts. Ces concepts (en particulier de liberté, de souveraineté, de représentation constitutionnelle) que Sun Yat-sen a empruntés à des intellectuels, mieux préparés que lui au maniement des abstractions, sont des concepts occidentaux, mais vus et façonnés par des esprits chinois[1]. La connaissance intime que les grands intellectuels de la transition avaient des Classiques a évidemment influé sur la manière dont ils se sont approprié les nouvelles notions venues d'Occident. On pense, par exemple, à la combinaison, réalisée par Kang Youwei, entre la dynamique du darwinisme social et l'utopie de la Grande Harmonie. On peut donc se demander si les multiples références que fait le *Triple Dêmisme* aux Classiques chinois ne trouvent pas leur explication dans ces connotations qu'a créées autour des concepts occidentaux utilisés par Sun le filtrage à travers l'érudition chinoise de lettrés comme Kang ou Liang.

Si ce genre d'enquête permet d'ordonner un peu la confusion apparente du *Triple Dêmisme*, il n'en demeure pas moins que les qualités intrinsèques du texte ne peuvent guère justifier la place exceptionnelle que lui accordent la plupart des historiens chinois (et certains autres) dans l'histoire de la pensée

1. Pour simplifier, nous laissons ici de côté le fait, pourtant essentiel, que les intellectuels de la transition ont eux-mêmes été le plus souvent initiés aux concepts occidentaux par des traducteurs et penseurs japonais.

politique au XXe siècle. En réalité, l'importance du *Triple Démisme* se situe ailleurs : au niveau de la diffusion et non de l'élaboration des concepts. Elle relève non pas de l'histoire intellectuelle mais de l'histoire des «passages» culturels, de ces contacts multiformes, aléatoires, imparfaits, dont se tisse la communication d'une tradition à l'autre, d'une civilisation à l'autre.

Les grands intellectuels, les hommes de savoir et de réflexion qui font ici et ailleurs l'histoire de la pensée ne jouent souvent qu'un rôle limité dans ces contacts. Trop absorbés dans leur propre culture, ils n'ont aucune envie d'en sortir et, quand il s'agit d'une culture dominante, ils n'ont aucune raison de le faire. C'est le cas de Bergson, refusant de visiter la Chine où l'invitaient des intellectuels passionnés par son œuvre. Quand ces intellectuels appartiennent à une nation dominée, leur intérêt pour la culture étrangère naît d'un souci pragmatique. Il répond à une situation d'urgence historique plus qu'à un défi proprement intellectuel. Ce sont les canonnières occidentales qui ont obligé les lettrés confucéens à s'interroger sur le nationalisme, la démocratie, les droits de l'homme.

C'est donc parmi des personnages plus modestes que se recrutent les «passeurs» culturels dont Sun Yat-sen apparaît comme le type même : doué d'une extrême mobilité géographique, vivant de part et d'autre des frontières culturelles, de tempérament généreux, assoiffé d'action, animé d'une foi quasi religieuse en sa mission, ayant une grande curiosité d'esprit, autodidacte. Les missionnaires protestants lui ont inculqué sens du progrès, pragmatisme et optimisme. Le Ciel l'a doué d'éloquence et le *Triple Démisme* est son *gospel*.

Les Occidentaux qui l'ont influencé ne sont ni Marx ni Rousseau. Ce sont d'autres «passeurs», comme lui, et comme lui d'origine modeste, de conviction ardente, de formation autodidacte. C'est Henry George, New-Yorkais exilé dans la Californie des pionniers, petit employé du Gaz, qui se croit appelé par Dieu et dédie son livre *Progress and Poverty* «à ceux qui, voyant le vice et la misère provoqués par l'inégale distribution de la richesse et du privilège, croient en la possibilité d'une forme supérieure de la société et sont prêts à lutter pour sa réalisation». Marx dira de George que «sur le plan théorique, l'homme est incroyablement arriéré, [qu'il] ne comprend rien à la nature de la plus-value[1] ». Mais son livre a des milliers de lecteurs, séduits par la simplicité de sa prose. Sun Yat-sen est de ceux-là.

Le docteur Maurice William, de son vrai nom Ilyin, est lui aussi un migrant, fils d'un tailleur juif de Kharkov venu chercher refuge aux États-Unis, dentiste que l'indignation ressentie face aux malheurs de la Première Guerre mondiale transforme en écrivain. Rédigée en un style raide, direct et puissant dans sa maladresse, sa *Social Interpretation of History* sera publiée à compte d'auteur à quelques centaines d'exemplaires. Comment l'un d'entre eux viendra-t-il à tomber entre les mains de Sun Yat-sen qui réside alors en Chine ?

Les passages culturels sont faits d'aléas, d'accidents, de rencontres. Ils prospèrent sur les simplifications, les compréhensions hâtives, les faux sens et les malentendus. Pour les hommes généreux qui les animent, l'écriture n'est qu'une autre forme de l'action. Si le *Triple Dêmisme* n'a pas sa place dans l'histoire intellectuelle, il représente un jalon essentiel dans celle de ces passages. Et les défauts (simplisme, répétitions, ardeur naïve) qui le déconsidèrent aux yeux des lettrés de tout bord ont assuré son succès en Chine et dans le tiers monde.

---

1. Cité par A.M. WOODRUFF, « Progress and Poverty : a Hundred Years' Perspective » *in* Richard W. LINDON et Sein LIN (éd.), *Henry George and Sun Yat-sen. Application and Evolution of their Land use Doctrine*, Lincoln Institute of Land Policy, Cambridge, Mass., 1977, 141 pages dactylographiées.

CHAPITRE XI

Mort et transfiguration de Sun Yat-sen

Comme tous ceux qui aspirent au pouvoir, Sun Yat-sen a l'art d'écarter à temps certaines idées, de revenir sur certains engagements et d'abandonner le rôle de chef de parti afin de mieux endosser celui de chef d'État. Si, pour Henri IV, Paris valait bien une messe, pour Sun Yat-sen, Pékin vaut bien un détour idéologique, une volte-face stratégique.

A partir de l'été 1924, Sun Yat-sen se dissocie donc de la politique de la base révolutionnaire, qu'il a soutenue activement depuis l'automne précédent, pour lancer une nouvelle expédition militaire contre le Nord. Après l'avortement de cette expédition, Sun renonce à l'espoir d'une reconquête de Pékin par les armes. Mais il rêve encore d'obtenir par la diplomatie ce qu'il n'a pu arracher par la force. En novembre 1924, il quitte en effet Canton pour aller négocier avec les militaristes de Pékin son élection à la présidence de la République. Rien n'exprime mieux que ce dernier voyage de Sun l'importance que revêt Pékin aux yeux des Chinois, aux yeux mêmes de ceux qui, à l'autre bout du pays, s'affairent à créer un nouveau destin national. L'aventurier cantonais des premières années, celui qui rêvait de républiques scissionnaires dans le Sud, a définitivement fait place à un homme politique, hanté par l'idée de la réunification, qu'il ne conçoit évidemment que réalisée par ses soins et à son bénéfice.

Le départ de Sun Yat-sen vers le nord revient en fait à l'abandon à mi-parcours d'un plan en voie de réussite, d'une stratégie d'inspiration soviétique que le président du Guomindang a lui-même maintes fois approuvée et soutenue. En dépit des précautions prises par Borodine, Sun Yat-sen a-t-il craint que le pouvoir ne lui échappe à Canton ? S'est-il lassé des arbitrages incessants entre factions modérée et radicale ? A-t-il pressenti sa fin prochaine et voulu forcer le destin, gagner du temps en faisant l'économie d'une consolidation révolutionnaire au Guangdong ? Ce départ nous ramène au problème, si souvent rencontré, de la cohérence politique chez Sun et appelle le choix entre des réponses déjà énumérées : manque de clairvoyance, excessive confiance en soi, opportunisme naïf ou habileté tactique confinant au machiavélisme. Ou peut-être encore obstination d'un politicien vieilli qui ne peut plus sortir du cadre figé des analyses sur lesquelles s'est fondée sa carrière.

Dernier des innombrables périples de Sun Yat-sen, cette échappée vers le nord, ce voyage d'hiver à Pékin, garde son mystère. Au rendez-vous qu'il pensait avoir avec l'histoire, Sun n'a trouvé que la mort. Une mort aussi ambiguë que le fut sa vie et qui déjà met aux prises ceux qui vont devenir les gardiens du culte, ou plutôt des cultes. Car même l'éternité ne pourra cimenter en destin la carrière mouvante de Sun. Nationalistes et communistes continueront à se disputer l'héritage de celui qui est devenu le symbole de la révolution chinoise. Et l'histoire ne servira qu'à fournir les matériaux de construction des mythes. Le destin *post mortem* de Sun Yat-sen reflète avant tout les aléas de la politique chinoise contemporaine. Investi d'une fonction quasi autonome, ce destin ne représente qu'un écran supplémentaire dérobant à notre vue la personnalité et le rôle historiques de Sun Yat-sen.

LE VOYAGE D'HIVER ET LA MORT A PÉKIN

La nouvelle expédition vers le Nord annoncée par Sun Yat-sen au début de septembre 1924 avorte avant même de s'ébranler. Le 23 octobre, en effet, le général Feng Yuxiang se retourne contre son chef, Wu Peifu, personnalité dominante de la clique Zhili et principal soutien des autorités alors en place à Pékin. Feng Yuxiang s'empare de la capitale et en chasse le gouvernement. Ce coup d'État bouleverse le rapport des forces politico-militaires dans le Nord, en même temps qu'il rend caduque la campagne que Sun s'apprête à lancer contre les alliés méridionaux d'une clique Zhili désormais en déconfiture. Le 30 octobre, Sun Yat-sen abandonne donc le quartier général qu'il avait établi à Shaoguan et regagne Canton. Mais ce n'est pas pour s'y réinstaller. Il compte profiter des réalignements politiques et des réaménagements institutionnels qu'appelle le coup d'État de Feng Yuxiang pour aller à Pékin faire accepter sa candidature à la présidence d'une Chine réunifiée. La parole n'est plus aux armes. Mais elle ne revient pas à la révolution : elle passe à la négociation.

Vers la reprise du dialogue Sud/Nord

C'est d'abord à Canton même que Sun Yat-sen doit négocier pour faire accepter ce voyage à son entourage, à son parti, à ses alliés soviétiques et communistes. Comment, en effet, légitimer l'idée d'un compromis avec ces militaristes que depuis des mois la propagande du Guomindang dénonce, au même titre que les impérialistes, comme les principaux ennemis de la révolution et de la Chine ?

L'idée d'aller à Pékin pour tenter sa chance dans la course à la présidence est née dans l'esprit de Sun Yat-sen lui-même. L'invitation formelle qu'il reçoit le 1er novembre de la part de Feng Yuxiang à venir participer à une conférence de réunification nationale ne fait que répondre aux sollicitations formulées par le président du Guomindang. Dès le 27 octobre, Sun a pris l'initiative de télégraphier aux généraux nordistes, sans aucune consultation préalable de son entourage. Cette initiative est d'autant plus étonnante que la situation dans le Nord ne semble guère favorable à un retour de Sun sur la scène politique nationale.

Certes, le coup d'État de Feng Yuxiang a créé le vide à Pékin et reposé le problème du pouvoir central. Il a écarté Wu Peifu, seule personnalité d'envergure nationale, qui depuis le printemps 1922 dominait militairement la Chine du Nord et travaillait non sans succès à étendre son influence dans les provinces du Yangzi. Par ses appels à la réunification nationale, ses condamnations des ingérences japonaises, par la protection accordée à certains politiciens et intellectuels libéraux et la tolérance manifestée épisodiquement à l'égard des syndicats ouvriers, Wu Peifu avait même réussi un certain temps à se forger une image d'homme d'État, dévoué aux intérêts publics, et à s'établir en rival de Sun Yat-sen aux yeux de l'opinion chinoise et internationale. Après son départ, la scène politique est occupée par un groupe de grands barons, tels Zhang Zuolin en Mandchourie, Feng Yuxiang dans le Nord-Ouest, dont aucun n'a l'envergure nécessaire pour prétendre à la présidence.

Sun Yat-sen pense donc être l'homme de la situation : il est le seul à avoir un programme politique et à bénéficier d'une notoriété nationale. La décision cependant appartient aux détenteurs de la force militaire. Et leur candidat n'est pas Sun Yat-sen, mais Duan Qirui. Cet ancien officier de Yuan Shikai, issu comme tous les généraux nordistes de l'armée Beiyang, a été Premier ministre en 1917 et en a profité pour installer au pouvoir la clique Anfu. Depuis la défaite de cette clique en 1920, Duan Qirui ne dispose plus d'aucune force militaire, ce qui aux yeux des généraux, ses protecteurs, le désigne pour assumer une présidence symbolique. Certes, il s'agit là d'une personnalité aux traits un peu archaïques, dans laquelle ne se retrouve pas la Jeune Chine en train de s'éveiller. Mais Duan Qirui possède un puissant atout : le patronage des Japonais auxquels il a déjà donné maints gages de docilité.

Le voyage de Sun constitue donc une démarche hasardeuse. Si l'organe officiel des communistes, l'hebdomadaire *Le Guide (Xiangdao zhoukan)*, s'inquiète de voir « Sun tomber dans le piège politique que lui tendent les impérialistes et les militaristes [1] », les modérés, tel Hu Hanmin, craignent pour la sécurité même de leur président.

En dépit de ces multiples oppositions, Sun Yat-sen réussit à faire approuver son départ en le présentant comme indispensable au triomphe d'une révolution centrale *(zhongyang geming)*, prioritaire par rapport à la base révolutionnaire.

Lors de la réception d'adieux qu'il offre à ses officiers le 4 novembre, Sun se défend d'aller à Pékin pour prendre le pou-

1. *Xiangdao zhoukan* (Le guide hebdomadaire), n° 89, p. 786, traduction anglaise de Jérôme CHEN, « Dr Sun Yat-sen's Trip to Peking, 1924-1925 », p. 85.

voir. C'est là, dit-il, l'opinion « de gens qui ne comprennent pas la situation [1] ». En réalité, son objectif, en allant à Pékin, est de « développer la propagande, d'organiser des groupes, de créer un mouvement en faveur de l'application du Triple Démisme ». Et c'est en messager de la révolution que, la veille, le président s'est présenté aux cadets de Huangpu et aux étudiants de l'université du Guangdong, auxquels il adressait aussi ses adieux. Il veut, leur a-t-il dit, lancer « une grande révolution centrale » *(Yi ge hongdade zhongyang geming)*. Depuis un quart de siècle, en effet, « la révolution s'est confinée aux provinces et c'est pourquoi elle n'a eu qu'une très faible influence [...]. Mais si elle s'enracine dans la capitale, alors son influence sera très grande [2] ». Accommodée à la rhétorique révolutionnaire, c'est bien l'idée du rôle central de Pékin dans la vie politique chinoise qui réapparaît là, en opposition avec la stratégie de la base révolutionnaire cantonaise. Selon Sun, le coup d'État militaire de Feng Yuxiang ouvre la voie à cette « grande révolution centrale ». Il suffit de porter au Nord l'action militante pour enlever le pouvoir des mains des généraux et des bureaucrates et le donner au Guomindang. Ce projet, affirme Sun dans le même discours, bénéficie de l'appui non seulement du Parti nationaliste, mais des forces anti-impérialistes dans toutes les provinces.

La préparation d'une « révolution centrale » exige en effet des soutiens à l'échelle nationale. Sun recherche donc l'ouverture. Il modère, efface même partiellement les revendications sociales et politiques formulées lors du congrès de Réorganisation, tout en dénonçant avec plus de force que jamais l'oppression étrangère. Démocratie tempérée et anti-impérialisme forcené sont les mots d'ordre sur lesquels il compte pour s'ouvrir la route du pouvoir, une route qu'il présente à ses auditeurs, et sans doute à lui-même, comme la voie de la révolution.

Dans son *Manifeste sur le voyage au Nord (Beishang xuanyan)*, publié le 10 novembre, Sun Yat-sen explique que le programme

1. Paroles rapportées par le *Guangzhou guomin ribao (Quotidien nationaliste de Canton)*, citées ici d'après CHEN Xiqi, *Sun Zhongshan nianpu changpian* (Biographie chronologique de Sun Yat-sen), Pékin, Zhonghua Shuju, 1991, vol. II, p. 2050.

2. « Zai Huangpu junguan xuexiaode gaobie yanshuo » (Discours d'adieu à l'Académie militaire de Huangpu), 3 novembre 1924, *O.C.*, vol. XI, pp. 264-265.

de la révolution nationale, fondé sur le Triple Démisme, a déjà été explicité par le *Manifeste du congrès* en janvier 1924. Mais étant donné les circonstances, Sun propose de lui substituer un programme minimal appelant à l'abrogation des traités inégaux et à une claire répartition du pouvoir entre le centre et les provinces, propre à assurer à la fois l'unité nationale et l'autonomie provinciale. Non seulement il rejoint sur ce dernier point les aspirations des élites locales (qu'il avait si violemment combattues à Canton en 1922, quand Chen Jiongming s'en était fait le porte-parole), mais il va plus loin que la plupart des partisans de l'autonomie, puisqu'il propose que l'unité de *self-government* soit non pas la province mais le district *(xian)*, unité de base de l'administration chinoise, grossièrement équivalente à notre département.

Le *Manifeste sur le voyage au Nord* reprend aussi un projet très en vogue quelques années plus tôt dans les milieux libéraux des grandes villes : celui d'une convention nationale *(guomin huiyi)*. L'idée en avait été lancée par Wu Peifu en 1920, et reprise en octobre 1921 par la Fédération des chambres de commerce, qui avait proposé de réunir à Shanghai les représentants des associations professionnelles et éducatives ainsi que ceux des assemblées provinciales afin de reconstruire les institutions politiques, d'assurer la réunification, le licenciement des troupes et la réorganisation financière. Projet mort-né, car la réunion de ladite convention, en mars-septembre 1922, n'avait donné aucun résultat.

Sun Yat-sen revient à cette idée d'une convention dont la tâche serait d'unifier, de pacifier et de reconstruire le pays. Elle serait précédée d'une assemblée préparatoire, dont les membres seraient désignés par les groupements patronaux des entreprises modernes, les chambres de commerce, les sociétés d'éducation, les universités, les organisations étudiantes, les syndicats ouvriers, les associations paysannes, les militaires... hostiles à Wu Peifu (!) et les partis politiques. L'éventail de la représentation populaire s'ouvre plus largement dans le projet de Sun en 1924 que dans celui des chambres de commerce en 1921. Mais le principe retenu est le même : celui d'une représentation par groupes d'intérêt et par groupes professionnels, plus compatible sans doute avec l'état d'une société chinoise semi-modernisée que la représentation parlementaire expérimentée en 1913 et en 1917. On est donc très loin du Triple

Démisme et de ses étapes successives de contrôle militaire et de tutelle politique. Le projet a de quoi séduire les élites locales et la bourgeoisie des ports ouverts, habituées depuis plusieurs décennies à se regrouper en associations pour défendre leurs intérêts et promouvoir leurs idées. Il semble bien accueilli par le Guomindang, dont les modérés ne peuvent que souhaiter l'ouverture et la fin du tête-à-tête avec les alliés communistes, et dont les radicaux espèrent sans doute contrôler une telle assemblée.

Le pragmatisme de Sun a-t-il véritablement suscité l'espoir d'une extension rapide du pouvoir révolutionnaire ? Certains ont sans doute aperçu dans le voyage au Nord l'occasion de tempérer et de ressourcer le pouvoir révolutionnaire en le faisant légitimer par de larges segments de l'opinion publique chinoise ; d'autres ont pu y voir la possibilité d'implanter leur influence dans des régions et au sein de groupes sociaux jusque-là peu accueillants. Aux yeux d'autres encore, le départ de Sun revêtait peut-être l'avantage de lever une hypothèque pesant sur la vie politique cantonaise et freinant la mobilisation des masses. Toujours est-il que ce départ s'effectue dans le consensus.

Ce n'est pas une fuite ; au contraire, c'est un départ triomphal. Le 12 novembre, jour anniversaire de la naissance de Sun qui fête ses cinquante-huit ans, les diverses associations ouvrières et étudiantes organisent une grande parade aux lanternes : 20 000 manifestants défilent pour rendre hommage au président. Ce n'est pas non plus une rupture avec la politique de front uni. Le 7 novembre, à Canton, la commémoration de la révolution d'Octobre revêt un éclat particulier. Dans les rues, les marins du cargo russe *Voroski*, qui ont convoyé les armes destinées à Huangpu, paradent aux côtés des ouvriers et des soldats cantonais. Et Sun Yat-sen mêle sa voix à celles des diplomates et conseillers soviétiques pour célébrer le succès d'une révolution présentée comme un modèle.

Sun Yat-sen laisse derrière lui un parti réorganisé, dominé par ses éléments les plus radicaux et, pour la première fois de son histoire, bénéficiant d'un large soutien populaire, en dépit de l'hostilité impuissante que lui vouent les marchands. Il laisse un gouvernement en voie de consolidation, contrôlé par les modérés, sous la direction de Hu Hanmin. En l'absence de Sun, la transformation révolutionnaire et l'intégration politique et militaire du Guangdong vont se poursuivre. Le voyage vers le Nord n'annule donc pas la stratégie de la base révolutionnaire, qui triomphera en 1926 avec le lancement d'une nouvelle expédition militaire, victorieuse celle-là, sous la conduite de Chiang Kai-shek.

Le voyage de Sun, qui ne s'inscrit pas dans cette stratégie et n'en constitue pas même une alternative plausible, n'en est pas moins avalisé par le Guomindang, les communistes et les Soviétiques. Et c'est accompagné d'une suite de dix-huit personnes que, le 13 novembre 1924, Sun Yat-sen s'embarque avec Song Qingling, à destination de Hong Kong, et de là vers Shanghai et le nord. Parmi ceux qui l'accompagnent, il y a de hauts dirigeants du Guomindang, tels Wang Jingwei et Eugene Chen ; il y a aussi Borodine. Tous ceux-là croient-ils vraiment au succès de la reprise du dialogue entre Nord et Sud, interrompu depuis 1917 ? Ne songent-ils pas plutôt à entourer Sun Yat-sen, à assurer sa sécurité, à surveiller le cours des négociations et les éventuelles concessions accordées aux généraux nordistes, et aussi peut-être à se surveiller entre eux ? La santé chancelante du président laisse prévoir l'ouverture prochaine d'une succession dont il n'est pas question d'abandonner le bénéfice à la faction rivale. Sun Yat-sen est encore obéi. Mais comme tous les grands hommes sur leur fin, il va bientôt être utilisé.

Sun lève l'étendard de la résistance à l'impérialisme occidental

C'est à petites étapes que Sun Yat-sen gagne le Nord : en s'arrêtant d'abord à Shanghai, du 17 au 21 novembre, puis à Kobé, au Japon, du 24 au 30 novembre. Lorsqu'il arrive à Tianjin, le 4 décembre, il est si affaibli par la maladie qu'il doit s'aliter, pour ne plus se relever.

Les négociations avec les généraux nordistes et ceux du Yangzi se poursuivent pendant toutes ces semaines. Duan Qirui, qui a pris la tête d'un gouvernement provisoire à Pékin, dit avoir l'intention de convoquer une conférence de représentants provinciaux pour la Reconstruction. Un tel projet est-il compatible avec celui d'une convention nationale, déjà avancé par Sun ? Pendant que les conciliabules se succèdent, Sun exalte le patriotisme anti-impérialiste qu'il perçoit à juste titre comme le thème le plus populaire parmi les foules qui l'acclament. En même temps, il y voit sans doute le meilleur alibi révolutionnaire de son voyage aux yeux des membres radicaux de sa suite. Sun appelle en particulier à l'abolition immédiate de l'exterritorialité et à la répudiation des traités inégaux.

Ce sont les Occidentaux eux-mêmes qui, par leurs provocations, aident Sun à franchir ce nouveau degré dans l'escalade du discours anti-étranger (c'est-à-dire anti-occidental), entretenue depuis 1923 par toute une série d'incidents et d'affrontements, et attisée par les Soviétiques. Dès qu'elle est connue, l'arrivée de Sun à Shanghai déclenche des réactions hostiles. D'après le principal journal britannique local, le *North China Daily News*, « le Dr Sun est une personnalité politique indésirable, dont le séjour à Shanghai ne peut que nuire au statut de neutralité du port [...]. Il est temps de fermer la porte au Dr Sun[1] ». Sun réplique de façon cinglante en disant que les Chinois sont les hôtes et les étrangers les invités. « En tant que citoyen chinois, j'ai tout droit de résider sur mon territoire et les étrangers qui vivent en Chine à titre d'invités n'ont aucune autorité pour s'opposer à la présence de leur hôte dans quelque partie que ce soit de la terre chinoise. Si donc les étrangers ont l'audace d'interdire ou de gêner mon séjour à Shanghai, je suis déterminé, avec l'aide de mes compatriotes, à prendre des mesures radicales à leur encontre[2]. » Dans un télégramme adressé au consul général des États-Unis à Shanghai, Sun explicite sa pensée : « Aimerais rappeler aux étrangers que Shanghai est la Chine [...]. Les Chinois sont résolus à ce que les concessions leur soient rendues[3]. »

A ces déclarations brûlantes du feu de la colère et de l'indignation succède une série d'attaques anti-occidentales et particulièrement antibritanniques, d'une très grande violence, que Sun lance lors de son séjour à Kobé et qui, elles, semblent répondre moins à un mouvement de l'âme qu'à un souci stratégique majeur : celui d'obtenir l'appui du Japon dans la négociation avec les généraux nordistes.

Depuis la mort de Yuan Shikai en 1916 et alors que se suc-

1. *North China Herald*, 8 novembre 1924, p. 224; cité d'après « SAGGITARIUS » (pseud. de H.G.W. Woodhead), *The Strange Apotheosis of Sun Yatsen*, Londres, Heath, Cranton Ltd, 1939, p. 116.

2. « Zai Shanghai yu huanyingzhede tanhua » (Conversation à Shanghai avec ceux venus accueillir [Sun]), 17 novembre 1924, *O.C.*, vol. XI, p. 319.

3. Cité par CHANG et GORDON, *All under Heaven...*, p. 85.

cèdent à Pékin des gouvernements centraux de plus en plus faibles, les Japonais ont coupé toute relation avec Sun. Ils estiment plus commode et plus avantageux de traiter avec les gouvernements de Pékin, qu'ils financent et menacent alternativement. Pour essayer de retrouver le soutien japonais, Sun a envoyé en éclaireur Li Liejun, l'ancien général Guomindang du Jiangxi, avec pour tâche de tester les réactions nippones au vieux thème panasiatique. On aurait pu croire le thème de la solidarité raciale effacé par celui de l'internationalisme révolutionnaire et prolétarien. Et voici qu'il resurgit, ressuscité pour les besoins de l'heure. A moins qu'il n'ait jamais cessé de hanter secrètement l'âme de Sun ?

C'est ce que pourrait laisser penser l'élan lyrique du discours que, le 28 novembre, le président prononce à Kobé sur la « doctrine de la Grande Asie » *(Da Yazhouzhuyi)* et qui sera le dernier de ses grands discours. Il rappelle l'ancienneté et la supériorité de la civilisation asiatique, son déclin à l'époque moderne ; il célèbre l'émancipation du Japon qui a répudié les traités inégaux, suscitant ainsi un grand espoir de régénération parmi toutes les nations et tous les peuples d'Asie. La victoire du Japon sur la Russie en 1905 a été ressentie comme celle des peuples d'Orient sur les peuples d'Occident. La civilisation occidentale, civilisation matérialiste, a établi le règne de la force *(Badao)*. Mais, devenu désormais une grande puissance à part entière, le Japon n'en continue pas moins de relever du règne de la vertu et de la justice, de la Voie royale *(Wangdao)* qui est celle de la civilisation asiatique. Il revient donc au Japon d'être le rempart de l'Orient et d'aider la Chine à se libérer des traités inégaux [1].

Cet anathème lancé contre l'Occident s'accompagne d'accusations plus précises, portées contre les Britanniques dans une interview de Sun au journal *Mainichi*. « Aux yeux du Dr Sun, les Britanniques sont les pires [...]. Ce sont eux qui ont toujours créé des difficultés en Chine [...]. Le Dr Sun a dit [...] que les Britanniques étaient le fléau de la Chine [...]. Ils haïssent Sun et Sun les hait encore plus [2]. » Seule parmi les

1. « Dui Shenhu shangye huiyisuo deng tuantide yanshuo » (Discours prononcé devant les membres de la chambre de commerce [chinoise] de Kobé et d'autres groupes), 28 novembre 1924, *O.C.*, vol. XI, pp. 401-409.
2. Cité par JANSEN, *The Japanese and Sun Yat-sen*, p. 264, n. 1.

nations blanches, la nouvelle Russie a renoncé à la politique d'agression coloniale pratiquée jadis par les tsars et s'est ralliée à la Voie royale de l'Orient. C'est pourquoi aujourd'hui l'Europe la rejette et Sun Yat-sen lui ouvre les bras.

Si la presse japonaise se délecte de ces attaques contre la Grande-Bretagne, si le public de Kobé fait un triomphe à Sun, les autorités de Tokyo demeurent réservées. Elles refusent d'accorder au président l'invitation officielle qu'il a sollicitée pour se rendre dans la capitale et elles limitent ses contacts. Le Japon n'est pas prêt à sacrifier son expansion en Mandchourie sur l'autel du panasiatisme, ni à abattre le système de traités inégaux, sur lequel lui-même s'appuie pour développer ses intérêts en Chine. Il a déjà fait son choix. Et cependant que Sun Yat-sen est maintenu à l'écart, les envoyés de Duan Qirui négocient à Tokyo avec le Premier ministre et le ministre des Affaires étrangères. Les imprécations anti-impérialistes et anti-occidentales, qui valent à Sun l'accueil enthousiaste des foules et l'acclamation de ses auditoires, ne lui ont pas rallié les dirigeants japonais et ont avivé la méfiance des généraux nordistes.

On s'est beaucoup interrogé sur la sincérité d'un discours aussi violent. Quelques semaines plus tard, à Pékin, l'entourage de Sun suggérera que la traduction avait trahi la pensée du président... Si arrière-pensées tactiques il y a eu, elles n'ont pas porté de fruits et c'est les mains vides que Sun aborde à Tianjin, le 4 décembre 1924.

Une agonie sous surveillance

A son entrée dans le port de Tianjin, Sun Yat-sen connaît un nouveau et dernier triomphe. La foule des étudiants et des ouvriers venus l'accueillir l'acclame lorsqu'il paraît sur le pont du navire au côté de sa jeune épouse. Mais le cliché qui immortalise cet instant nous montre un homme aux traits creusés, un homme déjà guetté par la mort. Dès le lendemain de son arrivée, Sun est obligé de s'aliter. Il ne renonce pourtant pas à négocier et reçoit la visite des généraux nordistes ou de leurs représentants.

Les discussions sont orageuses. D'emblée, Duan Qirui marque la distance par rapport à la Russie soviétique, refuse d'inscrire à son programme l'abrogation des traités inégaux, tout comme l'élargissement du cercle des décideurs politiques par l'inclusion des représentants d'organisations populaires dans la conférence de Reconstruction dont il prépare la convocation. Dans une interview du 7 décembre recueillie par l'agence de presse Eastern News, Duan Qirui dénonce l'« idéalisme » de Sun Yat-sen, affirme que l'abrogation des traités inégaux ne pourrait que nuire au crédit international de la Chine et rappelle à Sun qu'il y a « des différences entre Pékin et Canton [1] ». Joignant le geste à la parole, Duan Qirui, en tant que chef de l'exécutif provisoire, accepte de confirmer la validité des traités en vigueur en échange de la reconnaissance de son gouvernement par les puissances étrangères. Le voyage vers le Nord est donc pour Sun Yat-sen un échec complet : c'est en vaincu que le président va mourir.

Son état de santé s'aggravant, Sun Yat-sen, le 31 décembre, est transporté par train spécial à Pékin où il est hospitalisé dans le Peking Union Medical College. Fondé par des missionnaires, financé par la Fondation Rockfeller, c'est l'établissement de soins le plus moderne de la capitale. La présence de Sun, de ses compagnons de révolution et de ses conseillers soviétiques dans ce lieu symbolique d'un impérialisme occidental si violemment dénoncé résume à elle seule la bâtardise de la modernisation chinoise, nourrie aux sources les plus contradictoires. L'opération chirurgicale pratiquée le 26 janvier ayant permis d'établir le diagnostic d'un cancer du foie dans sa phase terminale, le malade est transféré dans une maison amie. Et c'est là que se joue le dernier acte de sa vie publique : la rédaction d'un testament politique sous le contrôle jaloux de son entourage.

Dès qu'ils ont eu pris connaissance de l'état de Sun, beaucoup de ses anciens compagnons sont venus le rejoindre à Pékin et autour de Wang Jingwei s'est constitué un Conseil politique extraordinaire dans lequel est entré Borodine. On ne connaît guère l'emploi du temps du conseiller soviétique après le départ de Canton. On sait simplement qu'il n'a pas accompagné Sun Yat-sen au Japon. Sans doute l'a-t-il précédé à Pékin. Par la suite, il est resté constamment au côté du malade. Il semble même avoir été, avec Wang Jingwei, le seul étranger à la famille à avoir eu accès à la chambre du malade [2].

1. Interview de Duan Qirui du 7 décembre 1924 à l'Eastern News Agency, citée d'après « SAGGITARIUS », *The Strange Apotheosis of Sun Yat-sen*, p. 119.
2. WILBUR, *Frustrated Patriot*, pp. 276, 369, n. 29.

Les conditions dans lesquelles a été rédigé et signé le testament de Sun restent mal connues. Dans la tradition chinoise, comme dans bien d'autres, tout ce qui évoque la mort est supposé la faire surgir. Il est donc difficile de parler de testament au chevet d'un agonisant. Le 24 février, cependant, Wang Jingwei, entouré de Song Qingling, de Sun Fo et des deux beaux-frères de Sun, Song Ziwen et Kong Xiangxi, demande au président de faire connaître ses intentions. Mais Sun Yat-sen se contente d'écouter et d'approuver un texte rédigé à l'avance par Wang Jingwei, en accord avec les membres du Conseil politique extraordinaire. (Par la suite, les autorités du Guomindang accréditeront une autre version, selon laquelle le testament aurait été écrit par Wang Jingwei, sous la dictée de Sun Yat-sen.) Mais, sur l'intervention de Song Qingling, et comme pour suspendre encore l'arrivée du moment fatal, la signature du testament est repoussée. C'est le 11 mars, veille de sa mort, qu'avec l'aide de son épouse Sun appose sa signature sur le texte rédigé par Wang Jingwei. Contresigné et authentifié par neuf personnes, membres de la famille et vieux compagnons de Sun, ce *Testament politique* revêtira désormais un caractère quasi sacré et servira de charte au Parti nationaliste :

> «Pendant quarante ans, je me suis consacré à la cause de la révolution nationale dont l'objectif est de rendre à la Chine sa liberté et un rang égal [à celui des autres nations]. L'expérience de ces quarante ans m'a convaincu que si nous désirons atteindre cet objectif, il nous faut soulever les masses populaires et nous unir avec les peuples du monde qui nous traitent sur un pied d'égalité afin de mener le combat commun. Aujourd'hui, la révolution n'a pas encore triomphé. Que tous nos camarades, en se guidant sur mes écrits, le *Plan de reconstruction nationale*, les *Fondements de la reconstruction nationale*, le *Triple Démisme*, le *Manifeste du congrès*, continuent à lutter pour remporter cette victoire. Et surtout, il faut aussitôt que possible mettre en œuvre les projets de réunion d'une convention nationale et d'abrogation des traités inégaux que j'ai récemment soutenus. Telles sont mes instructions [1].»

Ce *Testament politique* s'accompagne d'un testament privé par lequel Sun Yat-sen lègue toutes ses possessions — livres, objets

1. «Guoshi yizhu» (Testament politique), 11 mars 1924, *O.C.*, t. XI, pp. 639-640.

personnels, villa — à son épouse Song Qingling. Également rédigé par Wang Jingwei, ce testament privé a été présenté à Sun et approuvé par lui en même temps que le testament public, le 24 février, et signé le 11 mars. Il témoigne de l'honnêteté du dirigeant qui, après avoir levé et contrôlé tant de fonds destinés à la révolution, meurt sans aucune fortune personnelle. A une époque de corruption généralisée, cette intégrité grandit Sun et l'élève au-dessus de ses rivaux, les seigneurs de la guerre dont par ailleurs il a souvent emprunté les méthodes d'action et le style politique.

Mais, le 11 mars, un troisième texte est soumis à la signature de Sun Yat-sen, qui n'avait pas été proposé à son approbation le 24 février. Il s'agit d'une *Lettre d'adieu*, adressée au Comité central de l'Union soviétique.

> « Je laisse derrière moi un parti qui, je l'espère, travaillera de concert avec vous à la tâche historique de complètement libérer du système impérialiste la Chine et les autres pays exploités [...]. J'ai enjoint au Guomindang de continuer à œuvrer au mouvement national-révolutionnaire [...]. J'ai exhorté le parti à rester constamment en contact avec vous. J'envisage avec confiance la poursuite de l'aide que vous avez jusqu'ici accordée à mon pays.
>
> « En vous disant adieu, chers camarades, je désire exprimer l'espoir fervent que bientôt se lèvera le jour où l'URSS saluera, comme alliée et amie, une Chine forte et indépendante, le jour où les deux alliés avanceront ensemble vers la victoire dans la grande lutte pour la libération des peuples opprimés du monde [1]. »

Préparé en accord avec Borodine par un représentant de la faction la plus radicale du Guomindang, le texte est lu par Song Ziwen à Sun Yat-sen mourant. Si celui-ci l'a bien signé, aucun assistant ne l'a cosigné et les principaux dirigeants du Parti nationaliste ne lui accorderont jamais le même respect qu'au *Testament politique*.

L'entourage qui se dispute la signature du mourant s'affronte bientôt sur sa dépouille. Sun Yat-sen, qui reconnaît dans Lénine son modèle et dans le communisme russe son meilleur allié, meurt, le 12 mars, en chrétien. Certains, parmi lesquels son

---

1. Le texte, qui a été rédigé en anglais, est cité par WILBUR, *Frustrated Patriot*, pp. 279-280.

épouse, Song Qingling, et son fils, Sun Fo, désirent donc des funérailles religieuses. D'autres, qui identifient la révolution et la lutte contre l'impérialisme avec le rejet du christianisme, s'insurgent à cette idée et songent à faire du deuil une manifestation politique. Deux cérémonies sont finalement organisées le 19 mars 1925.

Un service protestant est célébré au Peking Union Medical College, en présence de la famille et de ses invités. Après les cantiques et la lecture des versets bibliques, Kong Xiangxi, le beau-frère de Sun Yat-sen, prend la parole pour évoquer la foi profonde du défunt : « La veille de sa mort, M. Sounn-Wenn [Sun Yat-sen] déclarait qu'il était chrétien protestant et qu'il était venu en ce monde pour y combattre le génie du mal en proclamant la révolution, comme le fit jadis Jésus [1]. » Rapportées en style direct par un témoin, les paroles de Sun auraient été : « Tout comme le Christ fut envoyé par Dieu au monde, ainsi ai-je été moi aussi envoyé par Dieu [2]. » Est-ce vraiment là l'image du « chrétien humble et repentant » que les membres les plus radicaux du Guomindang s'indignent de voir substituer à celle du « formidable dirigeant d'un mouvement révolutionnaire qui doit rendre à la Chine sa force et son indépendance [3] » ? Jusqu'à la fin, Sun Yat-sen conserve l'extraordinaire confiance qu'il avait en lui et dans sa mission : une mission qu'il s'était lui-même assignée et qui en faisait, à ses yeux et parfois à ceux des autres, un protagoniste de l'histoire, un prophète de la révolution.

Mais la lutte factionnelle a ses impératifs et la seconde cérémonie funèbre qui se déroule devant le palais impérial, en présence d'une foule de militants et de sympathisants, est destinée à honorer le révolutionnaire et à faire oublier le prophète. Le ministre soviétique à Pékin, Lev M. Karakhan, est parmi ceux qui mènent le deuil et le personnel de son ambassade entoure le cercueil tandis que résonne dans les haut-parleurs la voix de Sun Yat-sen célébrant le principe du nationalisme.

---

1. *Peking Press*, 20 mars 1925, cité d'après Léon WIEGER, *La Chine moderne*, t. VI : *Le Feu aux poudres*, Hien-Hien, 1925, p. 171.

2. Témoignage de L. Carrington Goodrich, cité par WILBUR, *Frustrated Patriot*, p. 281.

3. Commentaire d'Eugene CHEN, cité d'après « SAGGITARIUS », *The Strange Apotheosis of Sun Yat-sen*, pp. 125-126.

Après être resté trois semaines exposé aux hommages de la foule, le cercueil est transporté dans la banlieue de Pékin. Sun Yat-sen reçoit une sépulture provisoire au temple des Nuages d'azur, au milieu des pins des collines de l'Ouest, en attendant que les circonstances permettent de l'inhumer à Nankin, comme il en a exprimé le désir.

Alors que la présence de Sun Yat-sen, même agonisant, même mort, a réussi à imposer compromis et apparence d'unité aux troupes hétérogènes de ses partisans, sa disparition laisse libre cours aux luttes entre communistes, nationalistes radicaux et modérés qui se disputent le contrôle du parti et de la révolution nationale.

A peine plus de deux ans après la mort de Sun Yat-sen, en avril 1927, ces luttes culminent dans le sanglant coup de Shanghai. Chiang Kai-shek élimine alors les communistes par la violence et le front uni fait place à une guerre civile qui, non sans rémission, durera jusqu'en 1949. Vaincus par la révolution communiste, Chiang Kai-shek et le Guomindang trouveront refuge dans la province insulaire de Taiwan où, à la faveur de la guerre froide et grâce au succès de leur politique économique, ils parviendront à consolider leur pouvoir. Les héritiers de celui qui rêvait d'unifier son pays perpétuent ainsi depuis un demi-siècle l'existence de deux Chines.

Le Guomindang comme le Parti communiste se sont également servis de Sun Yat-sen, dont ils ont fait le symbole de la révolution, de l'émancipation nationale, de la modernisation et du socialisme. A cet effet, ils ont créé toute une série d'images conventionnelles du personnage : patriote, clairvoyant, progressiste, héroïque. Les faits ont été adaptés aux exigences de l'idéologie et de la propagande. Et lorsque, selon le mot de Lénine, ils se sont montrés trop résistants, ils ont simplement été occultés.

SUN YAT-SEN SUPERSTAR : LE MYTHE DE SUN ET SES ENJEUX POLITIQUES

Venue du fond de la tradition, la subordination de l'histoire au politique s'adapte avec une merveilleuse facilité aux besoins des régimes autoritaires et totalitaires des temps modernes.

L'utilisation du passé historique pour étayer l'idéologie officielle et, à travers elle, le pouvoir politique est une démarche que l'on retrouve, avant 1949, aussi bien à Nankin (capitale de Chiang Kai-shek) qu'à Yan'an (refuge de Mao Zedong) et, après 1949, aussi bien à Pékin qu'à Taiwan.

L'orthodoxie du Guomindang

Pendant la décennie de Nankin (1927-1937), Sun Yat-sen devient « le roi sans couronne de la Jeune Chine » (Lyon Sharman). L'interprétation canonique de son rôle et de sa pensée se fixe alors à partir de textes autobiographiques ou de récits rédigés antérieurement par de fervents admirateurs et partisans : son compagnon de jeunesse et lieutenant Chen Shaobai, les militants de ses premières organisations révolutionnaires, Feng Ziyou et Zou Lu. Déjà, ces textes faisaient apparaître Sun Yat-sen comme un révolutionnaire né et passaient sous silence ses tentations réformistes et ses relations étroites avec les élites anglicisées de Hong Kong dans les années 1890. Déjà, ils attribuaient à Sun le mérite d'avoir seul guidé et inspiré le mouvement révolutionnaire, déclenché la révolution de 1911, abattu le régime impérial, fondé la République. Occultés les rivalités de personnes, les conflits d'idées ou d'intérêts ! Dès les premières années de la République, Sun Yat-sen et son entourage ont fabriqué et imposé une histoire monolithique de la révolution.

Cette volonté d'autoglorification, ce souci d'apparaître comme le pionnier et l'unique dirigeant du mouvement révolutionnaire ne reflétaient pas seulement la haute opinion que Sun a toujours eue de lui-même, mais répondaient aussi à une préoccupation politique : il s'agissait de réaffirmer une légitimité et une autorité fortement ébranlées après la victoire en 1913 de la dictature militaire de Yuan Shikai. Confondant sa cause et celle de la révolution, Sun Yat-sen avait cherché alors à redorer le blason de l'une et de l'autre.

Après la mort de Sun en 1925 et l'établissement du régime nationaliste en 1927, la construction du mythe va se poursuivre avec une nouvelle vigueur, servie désormais par tout l'appareil de propagande du Guomindang. Il faut alors arracher aux rivaux communistes l'héritage de la révolution chinoise et donc celui de Sun. La politique de front uni et de rapprochement avec l'Union soviétique, poursuivie de 1923 à 1925, pouvait, en effet, prêter une certaine crédibilité aux prétentions des communistes qui se réclamaient du prestigieux précurseur. Aussi cherche-t-on à bien établir que l'histoire de la révolution chinoise est exclusivement celle du Guomindang conduit par son fondateur et son chef historique, Sun Yat-sen. De même l'idéologie révolutionnaire se résume-t-elle exclusivement à celle du Triple Démisme dans sa formulation de 1924. Alors que Sun est arrivé à ses conclusions par une série d'approximations, qu'il a été tenté par des solutions multiples et souvent divergentes et qu'il n'a cessé de moduler les thèmes fondamentaux de sa réflexion au gré d'une inspiration empruntée aux circonstances, sa pensée est présentée comme figée, débarrassée de ses hésitations et de ses contradictions, nette et froide comme le dogme. Toutes les prises de position de Sun, antérieures à 1924, sont examinées à la lumière de ce dogme dont on recherche (ou fabrique) les manifestations les plus embryonnaires.

Pour faciliter sa prise de pouvoir et légitimer son régime, Chiang Kai-shek qui, du vivant de Sun Yat-sen, s'était beaucoup plus intéressé à l'action qu'à la théorie se présente en disciple zélé et en gardien fidèle de la pensée du maître. Afin de priver les communistes ou l'aile la plus radicale du Guomindang du bénéfice politique qu'eux aussi pourraient tirer de la référence au Triple Démisme, Chiang Kai-shek donne de celuici une interprétation très conservatrice, déclarant à maintes reprises : « La pensée de notre président se situe dans la tradition non interrompue du système confucéen [1]. » Ce faisant, Chiang Kai-shek s'appuie sur les analyses d'un des plus brillants idéologues du Guomindang, Dai Jitao. Hostile à une alliance qu'il juge beaucoup trop étroite avec les communistes, Dai Jitao, dès juin 1925, a publié *Les Fondements philosophiques du sunyatsenisme (Sun Wenzhuyi zhi zhexue jichu)*. Son exégèse fait de Sun Yat-sen le continuateur de la pensée confucéenne traditionnelle : elle rattache le Triple Démisme au classique de l'*Invariable Milieu (Zhongyong)* et l'assimile au principe de sincérité *(cheng)*. En 1933, cette exégèse est reprise et développée par Chen Lifu, haut dirigeant du Guomindang et proche collaborateur de Chiang Kai-shek, dans son ouvrage *Le Vitalisme (Weisheng lun)*. Sun Yat-sen y est présenté comme

1. Cité d'après Pichon P.Y. LOH, « The Ideological Persuasion of Chiang Kai-shek », *Modern Asian Studies*, 1970, vol. IV, n° 3, p. 216.

un spiritualiste, un révolutionnaire moderne, fidèle à la tradition culturelle chinoise. Le grand mouvement de mobilisation et de contrôle social lancé en 1934, sous le nom de Vie nouvelle, est placé sous le double patronage de Sun Yat-sen et des anciens sages chinois.

En même temps, le gouvernement nationaliste organise le culte de Sun Yat-sen. Le 1er juin 1929, le cercueil de l'ancien président est transporté dans le mausolée des Montagnes pourpres, aux environs de Nankin. Conduites par Chiang Kai-shek et par les principaux dirigeants nationalistes, surveillées par l'armée, ponctuées par le son des canons, accompagnées par le corps diplomatique et des milliers de simples citoyens, les funérailles nationales installent Sun Yat-sen dans sa dernière demeure. Le caractère monumental du tombeau précédé d'un immense escalier, la beauté des collines boisées environnantes, la proximité des sépultures des anciens empereurs Ming dont Sun Yat-sen était venu invoquer les mânes lors de la fondation de la République en 1912, tout concourt à la solennité du lieu et incite au recueillement. Les Montagnes pourpres dominent au loin Nankin, capitale du nouveau gouvernement. Intronisé comme « le saint patron du nationalisme chinois », Sun Yat-sen pourra « exercer plus d'influence du haut de son majestueux tombeau qu'il n'en a jamais exercé alors qu'il s'activait en bas, dans la vallée [1] ».

Dans les bureaux, cependant, dans les écoles, dans les casernes, dans tout local relevant de près ou de loin des autorités nationalistes, veille le portrait de Sun Yat-sen. C'est devant lui que chaque lundi se déroule une cérémonie dont un décret fixe le rituel. Après s'être inclinés trois fois devant l'effigie du président, les assistants écoutent la lecture du *Testament politique* devenu texte canonique, puis observent un silence de trois minutes. L'étude du Triple Démisme est devenue matière obligatoire dans tous les établissements d'enseignement. « C'est le code des nouvelles générations [...] ; il est devenu manuel de classe [...]. Dans les concours, [...] le candidat doit, avant tout, bien posséder la doctrine démiste [2]. » Les jours anniversaires de la naissance et de la mort de Sun Yat-sen sont célébrés comme autant de fêtes nationales, à l'occasion desquelles les services publics reçoivent congé.

1. JANSEN, *The Japanese and Sun Yat-sen*, p. 1.
2. ÉLIA, *Le Triple Démisme de Suen Wen* [Sun Yat-sen], introduction, p. XC.

En 1940, le fondateur du parti, auquel jusque-là on donnait le titre de président *(zongli)*, devient par décret le « Père de la nation » *(Guofu)*. Pendant la guerre sino-japonaise (1937-1945), l'ardeur patriotique amène les responsables du Guomindang à occulter les rapports étroits qui pendant de très longues années ont lié Sun Yat-sen à ses amis et conseillers nippons. Inversement, les envahisseurs japonais et les gouvernements fantoches qu'ils protègent invoquent ces mêmes relations pour légitimer la collaboration et cherchent à faire apparaître la politique impérialiste de « coprospérité » orientale pratiquée par Tokyo comme une manifestation du panasiatisme prôné par Sun Yat-sen. Wang Jingwei, devenu président du gouvernement collaborateur de Nankin, publie en 1941 un recueil de textes projaponais de Sun Yat-sen, qu'il intitule *China and Japan : Natural Friends - Unnatural Ennemies*.

Lorsqu'en 1949 le gouvernement de Chiang Kai-shek trouve refuge à Taiwan, le culte de Sun Yat-sen devient un des éléments essentiels de restauration de la légitimité après la défaite. L'omniprésence des portraits de Sun et de ces citations dont les calligraphies géantes ornent places et avenues a été notée par tous ceux qui ont visité Taiwan dans les années 1950 et 1960. Souvent réduit à des formules de catéchisme, le Triple Démisme sert toujours à l'endoctrinement des jeunes générations. Il sert aussi à justifier une politique économique et sociale qui, dans une large mesure, a été imposée par le tout-puissant allié et protecteur américain. C'est ainsi que la réforme agraire poursuivie de 1949 à 1955 est présentée par Chiang Kai-shek comme la mise en œuvre du principe du bien-être du peuple [1]. L'ouverture au marché international à partir de 1960 et la part croissante faite depuis à l'entreprise privée — l'une et l'autre à l'origine du miracle économique — relèveraient de la stratégie de modernisation préconisée par Sun [2].

1. CHIANG Kai-shek, discours du 21 avril 1952 « Tudi guoyoude yaoyi » (Condition et signification de la nationalisation des terres).

2. *Cf.* A. James GREGOR *et alii*, *Ideology and Development : Sun Yat-sen and the Economic History of Taiwan*, Berkeley, Center for Chinese Studies, 1981. On trouve chez CHENG Chu-yuan, « The Doctrine of People's Welfare : The Taiwan Experiment and its Implication for the Third World », in CHENG Chu-yuan (éd.), *Sun Yat-sen's Doctrine in the Modern World*, Boulder et Londres, Westview Press, 1989, la même interprétation « suniste » des succès économiques taiwanais.

On peut estimer que l'aide américaine, l'évolution de la conjoncture internationale, l'esprit d'entreprise de la population locale, la compétence des administrateurs économiques ont joué un rôle plus déterminant dans le succès taiwanais que la doctrine de Sun Yat-sen. Il n'en demeure pas moins que la référence à cette doctrine a été systématiquement cultivée par les dirigeants de la République de Chine à Taiwan. En 1953, Chiang Kai-shek lui-même a pris la peine de compléter l'exposé sur le bien-être du peuple (laissé inachevé par Sun Yat-sen en août 1924) dans sa *Description supplémentaire de deux aspects du principe du bien-être du peuple, portant sur l'éducation et les loisirs*. Interprétant toujours la pensée de Sun en termes confucéens, Chiang Kai-shek souligne l'importance d'une période transitoire de Petite Tranquillité *(Xiaokang)*, caractérisée par le développement de la libre entreprise et du capitalisme privé, avant d'aborder au but final de la Grande Harmonie *(Datong)*, exclusivement fondée sur la coopération et la satisfaction des besoins du peuple [1].

La néo-orthodoxie communiste

Entre-temps, cependant, une nouvelle orthodoxie est née en Chine populaire, où Sun Yat-sen, tout en occupant une place plus modeste que Marx, Lénine ou Mao, n'en figure pas moins au panthéon du régime en tant que « pionnier de la révolution » *(Xianxingzhe)*. Le rôle essentiel dévolu au culte de Sun semble bien être ici de rattacher la révolution de 1949, d'inspiration marxiste-léniniste et donc étrangère, à la tradition nationale et à l'histoire d'une Chine qui, dès la fin du XIXe siècle, s'était déjà engagée sur la voie de la modernisation et du socialisme.

Dans une telle perspective, les communistes sont amenés à reprendre de nombreux points du credo de leurs rivaux. Comme eux, ils mettent l'accent sur le rôle quasi exclusif de Sun Yat-sen dans la direction du mouvement révolutionnaire et la fixation de la doctrine... du moins avant l'apparition du Parti communiste en 1921, ainsi que sur sa contribution jugée décisive à la révolution de 1911 : abdication des Mandchous, chute du régime impérial. Marxisme-léninisme obligeant, Sun Yat-sen, dans la version communiste de l'orthodoxie, apparaît moins

1. Arlen V. MELIKSETOV, « La modernisation de la Chine et le confucianisme », *Cahiers d'études chinoises*, Paris, INALCO, 1992, n° 10.

comme l'homme de ses œuvres, porté au premier plan par son mérite personnel, que comme le représentant de forces sociales en plein essor, celle du jeune capitalisme et de la bourgeoisie d'entreprise, dite bourgeoisie nationale. L'échec de la République en 1913 ne reflète pas les défaillances des partisans et disciples de Sun, comme le maintiennent les nationalistes, mais l'inachèvement d'une révolution économique qui ne permet pas aux nouvelles formations sociales d'affirmer leur pouvoir et condamne la « vieille révolution démocratique ».

D'autres nuances séparent ou opposent les deux orthodoxies. Celle du Guomindang met en sourdine l'expression des sentiments antioccidentaux exprimés par Sun à de nombreuses reprises ; celle des communistes, en revanche, met en relief ses thèmes anti-impérialistes. L'orthodoxie du Guomindang insiste sur le souci que manifeste Sun de préserver l'originalité de son parti et de ses doctrines alors même qu'il collabore avec les communistes chinois et la Russie soviétique en 1923-1925. A Pékin, au contraire, on souligne la confiance des rapports entre Sun et ses alliés au sein de ce premier front uni, et l'alignement non seulement de la stratégie, mais de la pensée de Sun sur le modèle socialiste que lui proposent ses conseillers soviétiques. Enfin, plutôt qu'au Triple Démisme les historiens communistes s'attachent aux Trois Grandes Politiques — alliance avec l'URSS, collaboration avec le communisme chinois, soutien au mouvement paysan et ouvrier — adoptées par Sun à la fin de sa vie.

Si ces politiques sont bien celles que le président a fait prévaloir lors du congrès de Réorganisation en janvier 1924, le concept même des Trois Grandes Politiques, qui cristallise et systématise ces orientations, est plus tardif. Il semble avoir été introduit par les communistes et la gauche du Guomindang pendant l'hiver 1926-1927, à une époque où les uns et les autres essaient de maintenir en vie un front uni déjà condamné par Chiang Kai-shek. Le débat ne porte pas alors sur la réalité des choix politiques opérés par Sun Yat-sen, mais sur leur validité à long terme. Les Trois Grandes Politiques sont destinées à conférer durée et stabilité à des orientations qui, pour les modérés du Guomindang, ne relèvent que d'une tactique éphémère. Forgé pour les besoins du combat politique, le concept a été intégré par les communistes à l'interprétation de la doctrine de Sun Yat-sen. Il est même devenu leur principale grille de lecture d'un Triple Démisme auquel il s'est en fait largement substitué.

La réforme de Deng Xiaoping et la nouvelle fièvre suniste

La mort de Mao Zedong et l'avènement de Deng Xiaoping en 1978 ont entraîné de multiples ruptures au sein du système communiste chinois, mais n'ont pas bouleversé les fondements de la pratique historique. La vogue dont jouit actuellement Sun Yat-sen en Chine n'a guère d'autre explication que l'utilité du mythe suniste, rénové pour répondre aux besoins de la politique des Quatre Modernisations [1].

Cette politique donne une priorité absolue au développement de la production économique et au rattrapage du retard accumulé en ce domaine par la Chine. La réalisation des objectifs proprement socialistes (justice sociale, égalisation des conditions) est ajournée jusqu'à l'accomplissement de la modernisation. Pour favoriser le développement, les réformateurs adoptent une stratégie qui rompt complètement avec la politique économique appliquée depuis 1949 et prend à contre-pied des théories et des pratiques jusqu'alors considérées comme inhérentes à la nature même du régime. A la priorité d'un secteur public protégé succèdent les encouragements donnés à l'entreprise individuelle et collective régie par les lois du marché. L'idéal autarcique, véhiculé par le slogan : « Compter sur ses propres forces », s'efface au profit d'une politique d'ouverture et de coopération financière et technique avec l'étranger, dont les lieux privilégiés sont les zones économiques spéciales créées dans les provinces méridionales à partir de 1979. Ce renversement de stratégie économique s'accompagne d'une véritable mutation des valeurs et d'un bouleversement des références historiques. En 1988, la célèbre série télévisée, *He shang* (l'*Élégie du fleuve*) pourfend la Chine Jaune, couleur de lœss, qui à l'abri de sa Grande Muraille perpétue une tradition rurale et bureaucratique, et exalte la Chine Bleue, couleur de l'Océan, ouverte, cosmopolite, entreprenante, riche de l'énergie de son immense population.

---

1. Sur les multiples publications et colloques consacrés à Sun Yat-sen dans les années 1980, *cf.* Marie-Claire BERGÈRE, « L'effet Sun Yat-sen : quand Orient et Occident se tournent le dos », *Études chinoises*, printemps 1992, vol. XI, n° 1, pp. 87-108.

Une rupture aussi radicale ne peut que soulever de violentes résistances. Nombreux sont alors ceux qui crient au rétablissement du capitalisme, au retour de l'impérialisme occidental et japonais. Les réformistes sont accusés non seulement d'abandonner le socialisme mais de trahir la Chine, sa souveraineté, ses intérêts fondamentaux. La célébration par le pouvoir du patriote modèle et du modernisateur cosmopolite que fut Sun a donc pour objet de fournir une caution historique à Deng Xioaping et à ses collaborateurs. Le prestige de ce glorieux précurseur doit les protéger contre toutes les accusations de complaisance à l'égard des étrangers et légitimer leur politique d'ouverture, d'appel aux capitaux privés, de développement prioritaire des zones côtières. A plus long terme, l'exaltation de Sun Yat-sen doit créer un terrain d'entente avec les autorités de Taiwan et éventuellement préparer le retour de l'île dans le giron de la mère patrie. La réunification de la Chine ne représenterait-elle pas l'accomplissement patriotique par excellence, propre à fermer la bouche à tous les nationalistes ombrageux ?

C'est donc en fonction des impératifs de la stratégie réformiste que se développe le nouvel intérêt porté à Sun Yat-sen. Contrairement à ce qui se passait dans les années 1950-1960, l'accent n'est plus mis sur l'alliance conclue par Sun avec les communistes chinois à partir de 1923, mais sur la carrière antérieure de Sun, sur son rôle d'éveilleur de la conscience nationale à une époque où la Chine vivait encore sous le joug de la dynastie mandchoue et de l'impérialisme étranger. On salue en lui le promoteur de gigantesques plans de développement économique, faisant appel à l'aide étrangère. C'est ainsi, par exemple, que l'aménagement du nouveau quartier portuaire et financier de Pudong, à Shanghai, pour lequel le gouvernement de Pékin a sollicité les capitaux occidentaux et chinois d'outre-mer, est régulièrement présenté comme la réalisation d'un projet décrit par Sun Yat-sen dans *The International Development of China*.

Les réformistes s'abritent derrière le patriotisme optimiste d'un Sun Yat-sen persuadé que son pays gagnerait beaucoup de temps en sollicitant l'aide des puissances étrangères et que celles-ci auraient tout intérêt, de leur côté, à favoriser une modernisation bénéfique non seulement à la Chine mais à la paix mondiale. Ce retour de Sun sous les traits d'un nationa-

traits d'un nationaliste des ports ouverts et d'un modernisateur cosmopolite signale de façon plus générale le poids croissant des provinces côtières et méridionales sur la scène politique chinoise. Après l'ère des idéologues et des bureaucrates de Pékin, du Hunan ou du Sichuan, voici venue la revanche des entrepreneurs et des aventuriers du Sud, des Shanghaiens et des Cantonais.

Nous ne tenterons pas d'évaluer ici l'utilité qu'a pu avoir pour la politique des Quatre Modernisations la référence à Sun Yat-sen. Mais on ne saurait s'empêcher de sourire à l'ironie de l'histoire qui a retourné le fantôme de Sun contre ceux qui avaient voulu l'exorciser. Après la répression de mai-juin 1989, les dissidents, en effet, tout aussi prêts que leurs adversaires à mettre l'histoire à leur service, ont eux-mêmes évoqué Sun Yat-sen et son action de propagande et de mobilisation révolutionnaire dans les communautés d'outre-mer pour justifier leur propre départ pour l'étranger où ils espéraient poursuivre leur combat.

La démolition de l'image héroïque et ses enjeux intellectuels

Le mythe héroïque créé par l'historiographie chinoise n'a pas résisté à l'analyse critique systématique menée par des auteurs occidentaux et bien servie par l'abondance dans les bibliothèques étrangères des archives (diplomatiques, coloniales) et des matériaux retraçant les multiples activités cosmopolites de Sun Yat-sen. Deux ouvrages ont joué un rôle majeur dans la destruction du mythe : celui de Harold Z. Schiffrin, paru en 1968, qui couvre les débuts de la vie et de la carrière de Sun jusqu'en 1905, et celui de Martin C. Wilbur, publié en 1976, mais fondé sur toute une série de travaux antérieurs [1]. Le premier de ces ouvrages met en lumière le handicap que constituent pour le jeune Sun, désireux de se lancer dans l'action politique, ses origines paysannes, son éducation poursuivie outre-mer, son adhésion au christianisme. Il montre les défaillances et les

1. *Cf.* SCHIFFRIN, *Sun Yat-sen and the Origins of the Chinese Revolution*; WILBUR, *Frustrated Patriot.*

contradictions d'une réflexion politique oscillant à ses débuts entre réformisme et révolution, essayant de couler un programme révolutionnaire moderne dans le moule des slogans traditionnels anti-Mandchous. L'habileté de manipulateur, l'extraordinaire confiance en soi dont fait montre le jeune Sun ne suffisent pas à l'imposer comme dirigeant révolutionnaire, sinon aux yeux d'un groupe de fidèles compagnons et de quelques amis étrangers. Pour les autres, il n'est et ne sera jusqu'en 1903-1904 qu'un obscur aventurier cantonais.

Son destin politique commence à s'affirmer lors de la fondation de la Ligue jurée en 1905. Mais, au sein même de la Ligue, il doit compter avec l'autorité d'autres dirigeants aussi (ou plus) prestigieux et avec l'influence de penseurs plus brillants. Loin d'avoir été le principal instigateur de la révolution de 1911, il réussit tout au plus à en être le principal bénéficiaire... et encore ne sait-il préserver ni ses fonctions de président, ni la République qu'il a fondée en 1912. L'ardeur de son nationalisme s'accommode des transactions les plus troubles avec les puissances étrangères et leurs représentants autorisés ou non. Martin C. Wilbur a bien montré que Sun Yat-sen, en 1923-1924, alors même qu'il a fait alliance avec les communistes chinois, n'a toujours pas renoncé à l'espoir d'une coopération avec la Grande-Bretagne ou les États-Unis. Derrière la figure du héros transparaît ainsi celle d'un politicien brouillon et vantard, qui court d'un échec à l'autre, celle d'un opportuniste dont la pensée oscille au gré des circonstances les plus immédiates, produit hybride né du croisement malheureux de deux cultures qu'il n'a dominées ni l'une ni l'autre.

De telles monographies ont donc efficacement balayé le mythe, mais la place laissée vide n'a pas été comblée. Aucune biographie générale n'est venue redéfinir le rôle de Sun dans le mouvement et la pensée révolutionnaires. Et si la plupart des historiens occidentaux n'admettent plus que Sun Yat-sen ait été le guide exclusif ni même le dirigeant prédominant de la révolution chinoise, aucun ne se hasarde non plus à lui refuser explicitement toute importance. Avec ce ralliement à un positivisme sans horizon que certains vont jusqu'à considérer comme « une forme avilie de l'histoire » (John Fitzgerald), les études occidentales sur Sun Yat-sen semblent donc être entrées dans une impasse.

Une fois décapé de sa légende, le personnage ne soulève plus guère d'intérêt. Les multiples colloques qui lui ont été consacrés ces dernières années en Chine, à Taiwan et au Japon, n'ont pratiquement pas eu d'écho en Occident. Ce désintérêt qui, à l'origine, a pu exprimer des réactions de lassitude et de rejet face aux excès du mythe, a été encore renforcé par les conclusions auxquelles ont conduit les récents travaux des historiens de la société chinoise du XVIIIe et du XIXe siècle. Désormais, ce n'est plus seulement l'individu Sun Yat-sen qui est critiqué, mais tout ce que, à tort ou à raison, symbolise cet individu : le rôle des influences occidentales dans l'essor des zones côtières aux XIXe et XXe siècles, l'élaboration dans ces zones d'une nouvelle culture, à la fois cosmopolite et nationaliste, qui a nourri le projet modernisateur et l'idéal révolutionnaire ; toute la stratégie, enfin, d'investissement de la Chine intérieure, rurale, bureaucratique, despotique par une Chine périphérique, celle des ports ouverts et des communautés émigrées porteuses de nouvelles valeurs. L'accent au contraire est mis sur la vitalité de la tradition. C'est à l'intérieur même du cadre traditionnel que se dessineraient dès le début ou le milieu du XIXe siècle la rationalisation du système de production et de distribution, la diversification des groupes sociaux, la diffusion des responsabilités et des initiatives politiques. Ces diverses évolutions auraient abouti à l'émergence d'une « sphère des intérêts communautaires » *(gong she)* pour la défense desquels se seraient mobilisés les notables locaux. La présence de cette « sphère publique » (selon la terminologie de Jürgen Habermas) aurait facilité le passage de ces notables du philanthropique au politique, et du local au national, au moment même où, à la fin du siècle dernier, s'approfondissait la crise chinoise. C'est dans ce processus qu'il faudrait rechercher l'origine *directe* de la révolution de 1911 [1].

Une telle lecture de l'histoire, qui relègue à l'arrière-plan le rôle de la Chine côtière, renvoie Sun Yat-sen à un complet néant. Il est normal que les nouvelles générations critiquent les thèmes développés par leurs prédécesseurs et remettent en question l'originalité et la fertilité de la rencontre sino-étrangère

1. *Cf.* plus particulièrement William ROWE, *Hankow*, vol. I, *Commerce and Society in a Chinese City, 1796-1889*, Stanford, Stanford University Press, 1984, p. 13, « The gradual change that those [traditional social and economic] structures underwent in the course of the 19th century led directly... into the political revolution of 1911 ».

dans les ports ouverts. Il est plus paradoxal de voir ces historiens occidentaux, si désireux d'aider la Chine profonde à se réapproprier les ressorts de son histoire, prendre également le contre-pied des thèses défendues en République populaire de Chine et à Taiwan à travers le personnage symbolique de Sun Yat-sen. Qu'on la juge en termes de coopération ou d'exploitation impérialiste, la présence étrangère en Chine de 1842 à 1949 demeure un fait historique essentiel. La réponse au culte qui ne saurait se limiter à une simple démolition de l'image héroïque ne peut pas non plus se transformer en rejet radical de tout ce que ce culte véhicule. A quoi servirait d'opposer à l'histoire mythique créée par les Chinois une contre-histoire, tout aussi mythique, d'une Chine contemporaine (XIXe-XXe siècle) où l'influence étrangère n'aurait joué qu'un rôle secondaire ? Pour que les cultures puissent dialoguer, il importe qu'elles aient des terrains de rencontre où confronter leurs démarches cognitives. L'étude de Sun Yat-sen, actuellement source d'incompréhension réciproque, pourrait devenir pour l'histoire contemporaine l'un de ces terrains privilégiés.

REPÈRES BIOGRAPHIQUES*

BORODINE (pseud. de GRUZENBERG), Mikhail Markovitch (1884-1951)

Né dans la province de Vitebsk, Borodine semble avoir été mis très jeune au travail comme docker à Riga et avoir acquis l'essentiel de sa formation par ses efforts d'autodidacte. En 1900, il adhère au Bund (Union générale des travailleurs juifs), puis rejoint la faction bolchevique de Lénine en 1903. Il prend part aux événements révolutionnaires de 1905, à la suite desquels il est obligé de s'exiler aux États-Unis.

La révolution de 1917 le rappelle en Russie. Il devient un agent de l'Internationale communiste et accomplit diverses missions aux États-Unis, au Mexique et en Europe avant d'être désigné par le Comité central en février 1923 pour servir de conseiller à Sun Yat-sen. Arrivé à Canton en octobre 1923, il travaille à renforcer le front uni et use de l'influence acquise sur Sun pour imposer ses vues. Le congrès de Réorganisation du Guomindang en janvier 1924 consacre le succès de sa politique. Mais la mort de Sun Yat-sen l'année suivante le prive d'un allié précieux encore que difficile. Il n'en continue pas moins à jouer un rôle essentiel dans le déroulement de la révolution chinoise jusqu'à l'été 1927. Revenu à Moscou, il mène une carrière sans gloire jusqu'à ce qu'en 1949 Staline le fasse envoyer dans un camp, où il meurt deux ans plus tard.

CANTLIE, Dr James (né en 1851)

Né dans une modeste famille écossaise, James Cantlie fait ses études de lettres et de médecine à l'université d'Aberdeen, puis à Londres. Il poursuit ensuite une carrière de missionnaire et de médecin et voyage en Extrême-Orient, en Asie méridionale, au Proche-Orient, etc. D'esprit ouvert et libéral, il s'attache à Sun Yat-sen quand celui-ci est son étudiant au Collège de Médecine pour les Chinois

* Les notices qui suivent visent à faciliter la lecture du texte. Pour des informations plus détaillées, on pourra se reporter à BIANCO, Lucien et CHEVRIER, Yves (éd.), *Dictionnaire biographique du Mouvement ouvrier international, La Chine*, Paris, Éditions ouvrières et Presses de la Fondation nationale des sciences politiques, 1985 ; ainsi qu'à BOORMAN, Howard L. *et alii*, (éd.), *Biographical Dictionary of Republican China*, New York et Londres, Columbia University Press, 1967-1971, 4 vol.

à Hong Kong de 1887 à 1892. Le Dr Cantlie accueille Sun Yat-sen à Londres en 1896 et joue un rôle déterminant dans la libération du jeune révolutionnaire enlevé et enfermé à la légation chinoise.

Par la suite, Sun Yat-sen continuera de correspondre régulièrement avec le Dr Cantlie et son épouse. Après la révolution de 1911, le Dr Cantlie fera paraître (en collaboration) un ouvrage intitulé *Sun Yat-sen and the Awakening of China* dans lequel il exalte la personnalité et le rôle du dirigeant chinois.

CHEN Jiongming (1878-1933)

Cantonais, né dans une famille de lettrés, il prend part au mouvement des réformes locales, est élu député à l'Assemblée provinciale du Guangdong (1909), se rallie à la Ligue jurée en 1910 et participe à la révolution de 1911. Au début de la République, il est gouverneur du Guangdong. Mais en 1913 Yuan Shikai le démet de ses fonctions. Chen Jiongming fait alors campagne contre Yuan et adhère au mouvement de Protection de la Constitution, conduit par Sun Yat-sen. Il conquiert Canton en 1920 et travaille aux côtés de Sun Yat-sen à l'établissement d'une base provinciale. En juin 1922, Chen Jiongming chasse Sun Yat-sen de Canton. Il en sera lui-même chassé en janvier 1923 par les mercenaires de Sun. Après deux ans de résistance dans le Guangdong oriental, Chen Jiongming sera définitivement vaincu par les forces du Guomindang à l'été 1925. Influencé par les anarchistes, Chen Jiongming était partisan de l'autonomie régionale et voulait faire du Guangdong une province modèle.

CHEN Qimei (1876-1916)

Originaire du Zhejiang, ce révolutionnaire antimandchou a suivi des études militaires au Japon où, dès 1906, il a adhéré à la Ligue jurée. En novembre 1911, il conquiert Shanghai et devient gouverneur militaire de la ville. Après l'échec de la Seconde Révolution, il s'enfuit au Japon où il aide Sun Yat-sen à organiser le Parti révolutionnaire chinois. Chen Qimei regagne ensuite la Chine, où il poursuit une opposition clandestine et organise des actions terroristes. Yuan Shikai le fait assassiner à Shanghai en mai 1916.

Ardent partisan de Sun Yat-sen, Chen Qimei a également été le protecteur et l'ami de Chiang Kai-shek dont il a orienté et favorisé la carrière. Chiang Kai-shek restera fidèle à la mémoire de son patron et fera des deux neveux de Chen, Chen Guofu et Chen Lifu, ses proches collaborateurs et de hauts responsables du régime nationaliste.

CHEN Shaobai (1869-1934)

Chrétien cantonais et très bon lettré, ce révolutionnaire antimandchou a été étroitement associé aux premières activités politiques de Sun Yat-sen dont il fut le condisciple au Collège de Médecine pour les Chinois de Hong Kong. Il était l'un des « Quatre Grands Bandits » qui discutaient révolution avec Sun Yat-sen. Il a été l'un des principaux lieutenants de Sun à l'époque de Renaissance chinoise, participant activement à l'organisation des soulèvements de Canton en 1895, de Huizhou en 1900 et publiant à Hong Kong le journal révolutionnaire *Zhongguo ribao* (le *Quotidien de la Chine*). Après 1905, son activité politique décline, pour s'arrêter complètement au lendemain de la révolution de 1911.

CHEN Tianhua (1875-1905)

D'origine hunanaise, il arrive au Japon en 1903 et participe à la mobilisation patriotique antirusse. De retour au Hunan, il aide Huang Xing et Song Jiaoren à établir la Société pour le Renouveau de la Chine, à Changsha, en 1904, et fait paraître deux pamphlets antimandchous, *Réveil brutal* et *Tocsin pour alerter notre époque*, qui connaissent un grand succès.

Revenu au Japon, il participe à la fondation de la Ligue jurée en 1905 et à la définition de son programme. Mais en décembre de la même année, il se suicide pour protester contre la politique répressive adoptée par le gouvernement japonais à l'égard des étudiants chinois et de leurs activités militantes.

CHIANG Kai-shek (1887-1975)

Originaire du Zhejiang, Chiang Kai-shek suit des études militaires au Japon où il rencontre Chen Qimei. Celui-ci l'encourage à adhérer à la Ligue jurée. En 1911, Chiang Kai-shek, aux côtés de Chen Qimei, participe aux combats révolutionnaires de Shanghai. Réfugié à Tokyo après l'échec de la Seconde Révolution de 1913, il entre au Parti révolutionnaire chinois, puis retourne en Chine pour poursuivre la résistance contre Yuan Shikai. L'assassinat de Chen Qimei en mai 1916 laisse Chiang Kai-shek désemparé. Il se livre alors à des spéculations financières et resserre ses relations avec la société secrète de la Bande verte.

En juin 1922, il rejoint Sun Yat-sen chassé de Canton par Chen Jiongming et réfugié sur une canonnière au milieu de la rivière des Perles. Lorsqu'au printemps 1923 Sun Yat-sen reprend possession de Canton, il fait de Chiang Kai-shek son chef d'état-major, puis l'envoie négocier une aide militaire et financière à Moscou (septembre-novembre 1923) avant de lui confier le soin d'organiser puis de diriger l'Académie militaire de Huangpu (en 1924).

Après la mort de Sun Yat-sen, Chiang Kai-shek s'appuie sur l'armée pour triompher de ses rivaux au sein du Guomindang, puis pour se retourner contre ses alliés communistes en 1927. A la tête du gouvernement de Nankin (1927-1937), il travaille à l'unification et à la modernisation de la Chine. L'agression japonaise l'oblige à conclure un nouveau front uni avec les communistes. Mais après la victoire alliée de 1945, la guerre civile renaît. Vaincu, Chiang Kai-shek se réfugie à Taiwan. Jusqu'à sa mort en 1975, il continue d'y diriger la République de Chine dont la souveraineté effective ne s'étend plus que sur le territoire insulaire.

DUAN Qirui (1865-1930)

C'est l'un des principaux chefs militaires de l'armée Beiyang et le dirigeant d'une des factions qui, après la mort de Yuan Shikai, en 1916, se disputent le contrôle du gouvernement de Pékin.

Cet ancien officier des armées impériales s'est montré moins loyal à la dynastie qu'à Yuan Shikai, son patron et son protecteur dont il a suivi la fortune politique. Devenu Premier ministre à la mort de Yuan Shikai, il essaie d'imposer son autorité et s'appuie sur l'aide japonaise et sur les généraux nordistes pour briser l'opposition du Parlement. Écarté du pouvoir par la faction du Zhili en 1920, il fait son retour sur la scène politique à l'automne 1924 comme chef provisoire du gouvernement de Pékin. Mais désormais privé de puissance militaire, il ne joue qu'un rôle secondaire dans les affrontements opposant entre eux les militaristes du Nord et se retire complètement de la vie politique en 1926.

FENG Ziyou (1881-1958)

Dès l'âge de quatorze ans, Feng Ziyou adhère à Renaissance chinoise à l'exemple de son père, Feng Jingru, libraire cantonais, établi à Yokohama et qui fonde la branche japonaise du parti. Étudiant à l'université Waseda, il participe aux activités patriotiques des étudiants chinois de Tokyo. Dès sa création en 1905, il adhère à la Ligue jurée, dont Sun Yat-sen le désigne représentant à Hong Kong et en Chine du Sud. Lorsqu'au début de 1912 Sun Yat-sen est porté à la présidence de la République, Feng Ziyou devient son secrétaire particulier. Par la suite il s'éloigne de la vie politique et l'abandonne complètement après la formation du front uni de 1924 avec les communistes auxquels il est hostile.

Son intérêt se tourne alors vers l'histoire. Se fondant sur les nombreux matériaux (rapports, correspondances) qu'il a en main ainsi que sur ses propres souvenirs, il fait paraître de 1928 à 1944 les trois volumes de l'*Histoire de la révolution avant la fondation de la République*, auxquels s'ajouteront les *Anecdotes sur la révolution* (cinq volumes publiés de 1939 à 1945).

GEORGE, Henry (1839-1897)

Réformateur américain d'origine modeste et autodidacte, il pratique de nombreux métiers y compris ceux de journaliste au *San Francisco Time* et d'employé du Gaz. Ému par la détresse sociale qui l'entoure, il rédige avec « un enthousiasme évangélique » un projet de réforme qu'il intitule *Progress and Poverty* (1879). Pour lutter contre la spéculation, il propose l'appropriation de la rente foncière par l'État, grâce à un système de taxe unique pesant sur les plus-values. En dépit des critiques des économistes professionnels, les idées de George connaissent une grande vogue en Angleterre et en Allemagne. Sun Yat-sen en subit l'influence lors de son séjour à Londres en 1896-1897, ainsi que par l'intermédiaire du frère de Miyazaki, devenu l'un des principaux disciples japonais de George.

Le succès de son livre incite Henry George à se lancer dans la politique et à poser sa candidature à la mairie de New York. Il meurt en 1897 au cours de sa seconde campagne électorale.

HO Kai (HE Qi) (1859-1917)

Fils d'un pasteur et homme d'affaires cantonais établi à Hong Kong, Ho Kai fait ses études de droit et de médecine en Grande-Bretagne. A son retour à Hong Kong, il embrasse la profession d'avocat et devient l'un des principaux notables chinois de la colonie.

Membre du Conseil législatif, il est aussi un grand philanthrope. Il fonde l'Alice Memorial Hospital et le Collège de Médecine pour les Chinois dont Sun Yat-sen va suivre l'enseignement. Ho Kai est partisan de l'adoption par la Chine des institutions occidentales. Ses vues réformistes qu'il présente dans des essais en chinois et expose aussi dans la presse britannique de la colonie, en particulier dans le *China Mail*, ont beaucoup influencé Sun Yat-sen à l'époque de Renaissance chinoise.

HU Hanmin (1879-1936)

Né à Canton, dans une famille venue du Jiangxi, Hu Hanmin suit des études classiques et obtient le grade de licencié avant d'aller au Japon poursuivre sa formation. Il adhère à la Ligue jurée dès sa fondation et met son brillant talent d'essayiste au service du *Journal du peuple*, organe du nouveau parti. Dans les années suivantes, il est étroitement associé à l'activité de Sun Yat-sen, qu'il accompagne à Hanoi en 1907, à Singapour en 1908, qu'il représente à Hong Kong en 1909, levant des fonds, lançant des publications, organisant des insurrections. Après la révolution de 1911, il devient le premier gouverneur républicain du Guangdong.

L'échec de la Seconde Révolution l'oblige à fuir au Japon, avec Sun Yat-sen qu'il continue à seconder dans sa lutte contre Yuan Shikai, puis dans ses tentatives de contrôle de la base cantonaise. Hu Hanmin occupe divers postes de responsabilité dans les gouvernements successifs que Sun Yat-sen établit à Canton de 1917 à 1924. Élu au comité exécutif central du Guomindang par le congrès de Réorganisation de 1924, il est hostile à l'influence grandissante des communistes dans le parti. Après la mort de Sun Yat-sen, il tente sans succès de s'imposer comme successeur. En 1931, il entre en conflit ouvert avec Chiang Kai-shek. Il meurt cinq ans plus tard sans avoir repris de rôle politique à l'échelle nationale.

HUANG Xing (1874-1916)

Originaire du Hunan, il obtient le premier grade des examens mandarinaux avant de partir en 1902 poursuivre ses études au Japon où il participe à l'agitation patriotique et antimandchoue. A son retour au Hunan en 1903, il fonde la Société pour le Renouveau de la Chine. Après l'échec d'un projet de soulèvement à Changsha (1904), Huang Xing regagne le Japon. Il est avec Sun Yat-sen le cofondateur de la Ligue jurée en 1905 et devient son vice-président. De 1905 à 1911, il organise et dirige sur le terrain les insurrections révolutionnaires des provinces méridionales.

Après le soulèvement de Wuchang, en octobre 1911, il rejoint les forces insurgées dont il prend le commandement. Devenu président de la République en janvier 1912, Sun Yat-sen confie à Huang Xing les responsabilités d'un Premier ministre au sein du gouvernement provisoire. Lors de la crise ouverte par l'assassinat de Song Jiaoren, le 20 mars 1913, Huang Xing, contrairement à Sun Yat-sen, préconise le recours à des solutions légales non violentes et c'est avec réticence qu'il s'engage dans les combats militaires de la Seconde Révolution. Après l'échec de cette révolution, il se réfugie au Japon où il ne tarde pas à rompre avec Sun Yat-sen à propos de la réorganisation du parti et de la prestation d'un serment d'allégeance personnelle.

KANG Youwei (1858-1927)

Ce lettré cantonais a été l'inspirateur et le principal dirigeant du mouvement réformiste qui culmine dans les Cent Jours en 1898. Obligé de s'exiler, Kang Youwei visite de nombreuses communautés d'outre-mer qu'il tente non sans succès de mobiliser pour la défense de l'empereur Guangxu (alors emprisonné par l'impératrice douairière) et en faveur d'une monarchie constitutionnelle. Fondé en 1899, son Parti de Protection de l'empereur connaît un grand succès. Ce succès porte ombrage à Sun Yat-sen. La rivalité entre réformistes et révolutionnaires se fait extrêmement violente au lendemain de la création de la Ligue jurée en 1905.

La révolution de 1911 ne réconcilie par Kang Youwei avec la République. Mais, désormais considéré comme un monarchiste attardé et un confucéen réactionnaire, il n'exerce plus guère d'influence politique. En revanche, son œuvre philosophique, la réinterprétation radicale qu'il a donnée du confucianisme pour l'adapter aux contraintes de la modernisation et ses réflexions sur le communisme mondial de la Grande Harmonie ont continué d'inspirer de nombreux intellectuels chinois.

KONG Xiangxi (H.H. KUNG) (1881-1967)

Né dans une riche famille de banquiers du Shanxi, Kong Xiangxi a commencé ses études dans une école missionnaire locale et, après sa conversion au christianisme, il est parti les achever aux États-Unis où il fréquente entre autres établissements l'université de Yale. Il ne semble pas avoir activement participé au mouvement ni aux événements révolutionnaires. Au début de la République, on le retrouve à Tokyo où, secrétaire de la Young Man's Christian Association (YMCA) chinoise, il fréquente la famille Song. En 1914, il épouse l'aînée des filles, Song Ailing, mariage qui va en faire le beau-frère de Sun Yat-sen. Tout en se consacrant à la gestion des banques familiales et de l'école moderne qu'il a fondée dans sa province d'origine, Kong Xiangxi collabore avec Sun Yat-sen, servant d'intermédiaire entre le dirigeant cantonais et les généraux nordistes. En 1924, il rejoint Canton. Il accompagne Sun dans son voyage à Pékin et l'assiste dans ses derniers moments. Après la mort de Sun (1925), Kong Xiangxi se rallie à Chiang Kai-shek qui devient également son beau-frère par son mariage avec la plus jeune des sœurs Song. Sous le régime nationaliste, Kong Xiangxi devient ministre (de l'Industrie et du Commerce, des Finances). Après la révolution de 1949, il émigre avec sa famille aux États-Unis.

LEA, Homer (1876-1912)

Aventurier américain qui, après des études de chinois à Stanford, noue des liens avec Kang Youwei et ses partisans de San Francisco, membres du Parti de Protection de l'empereur.

Passionné de stratégie, il s'attribue le titre de général pour dispenser une formation militaire à des milices chinoises à New York et à Philadelphie. Il rencontre Sun Yat-sen en 1904 et renoue le contact en 1910 après avoir rompu avec Kang Youwei. Les deux hommes s'entendent alors sur un grand projet de renversement de la dynastie mandchoue qui devait être financé par des banquiers de New York et mené à bien avec l'aide de mercenaires américains.

Malgré l'échec du projet qui ne connaît pas l'ombre d'un début de réalisation, Sun Yat-sen garde sa confiance à Homer Lea qu'on retrouve à ses côtés lors de l'établissement de la République en 1912. La mort de Lea, emporté par la maladie cette même année, a été vivement ressentie par Sun Yat-sen.

LI Liejun (1882-1946)

Né dans une riche famille de marchands de thé du Jiangxi, Li Liejun poursuit sa formation militaire au Japon où il fréquente des militants révolutionnaires et adhère à la Ligue jurée en 1906. Il prend une part active aux combats révolutionnaires dans le Jiangxi et dans le bassin du Yangzi en 1911-1912. Devenu gouverneur militaire du Jiangxi, il prend la tête de la Seconde Révolution en 1913. En 1915-1916, il se joint aux généraux du Yunnan pour lancer la campagne antimonarchique contre Yuan Shikai. Il rejoint Sun Yat-sen à Canton en 1917 quand celui-ci forme son gouvernement militaire. Dans les années qui suivent, il devient l'un des principaux chefs militaires du Guomindang et demeure constant dans sa loyauté à l'égard de Sun Yat-sen. En janvier 1924, le congrès de Réorganisation l'élit au comité exécutif central du parti. Après la mort de Sun Yat-sen, il se rallie à Chiang Kai-shek et occupe des postes importants sous le régime nationaliste.

LI Yuanhong (1864-1928)

Cet officier impérial a reçu la tâche de moderniser les unités militaires du Hubei. Lorsque éclate le soulèvement du 10 octobre 1911, les rebelles privés de chef obligent leur officier à prendre la tête du mouvement et à devenir gouverneur militaire du Hubei. Avec le succès de la révolution, l'engagement politique de Li Yuanhong se confirme. Il est élu vice-président de la République sous Sun Yat-sen, poste qu'il conserve sous Yuan Shikai. A la mort de ce dernier, Li Yuanhong prend la présidence, conformément aux dispositions constitutionnelles. Mais en conflit avec les généraux nordistes, Li Yuanhong ne peut imposer son autorité et doit démissionner en juillet 1917. Malgré son retour à la présidence en 1922-1923, Li Yuanhong ne jouera plus de rôle politique important.

LIANG Qichao (1873-1929)

Lettré cantonais, ce disciple de Kang Youwei participe à la tentative réformiste des Cent Jours en 1898. Réfugié au Japon après l'échec de la réforme, il s'affirme comme le chef de file des patriotes anti-impérialistes et de la jeune intelligentsia radicale. Nonobstant un bref rapprochement avec Sun Yat-sen au début de 1899, Liang Qichao rejoint Kang Youwei et son Parti de Protection de l'empereur. De 1905 à 1907, il défend la cause des constitutionnalistes dans sa *Revue du peuple nouveau* et conduit avec talent et vigueur la polémique contre le *Journal du peuple* de la Ligue jurée.

Rompant avec Kang Youwei, Liang Qichao se rallie au nouveau régime républicain installé en 1912. Il participe au jeu parlementaire, anime un Parti progressiste, accepte divers postes de responsabilité sous Yuan Shikai, mais soutient le mouvement antimonarchiste de 1916. Découragé par le déclin des institutions, il se retire de la vie politique en 1918 pour se consacrer à l'étude, aux voyages, à l'écriture et à l'enseignement. Il demeure le penseur chinois le plus pénétrant et le plus influent du début de ce siècle.

LIAO Zhongkai (1878-1925)

Né dans une famille cantonaise de San Francisco, Liao Zhongkai commence ses études aux États-Unis et les poursuit au Japon où il rencontre Sun Yat-sen en 1903, s'intéresse aux idées socialistes et écrit pour le *Journal du peuple*. Après la révolution de 1911, le gouverneur militaire du Guangdong, Hu Hanmin, lui confie l'administration financière de la province. Après la Seconde Révolution de 1913, il accompagne Sun Yat-sen dans son exil à Tokyo et revient avec lui en Chine en 1916. Il participe aux divers gouvernements que Sun établit à Canton à partir de 1917. Il a pour responsabilité particulière de trouver les fonds nécessaires au financement des activités militaires du Guomindang. Au printemps 1923, il participe aux négociations avec le ministre Adolf Joffé en vue de la conclusion du premier front uni entre le Guomindang, la Russie soviétique et le Parti communiste chinois. En mai 1923, Liao Zhongkai est nommé ministre des Finances du gouvernement de Canton et gouverneur du Guangdong. Il joue alors un rôle politique important en tant que principal dirigeant du Guomindang de gauche, favorable à la politique de front uni.

Après la mort de Sun Yat-sen, Liao Zhongkai revendique sa succession et veut poursuivre sa politique d'alliance avec la Russie et les communistes. Mais il est assassiné en août 1925.

LU Haodong (1872-1895)

Fils d'un marchand cantonais établi à Shanghai, Lu Haodong est le camarade d'adolescence de Sun Yat-sen dont il partage la vie villageoise et qu'il accompagne dans son expédition contre les idoles du temple de Cuiheng en 1883.

Après plusieurs années passées à Shanghai, Lu Haodong retrouve Sun Yat-sen en 1894 pour ne plus le quitter. Il fait avec lui le voyage de Tianjin dans l'espoir de rencontrer Li Hongzhang, participe à la fondation de Renaissance chinoise à Hong Kong au début de 1895 et dessine l'emblème révolutionnaire : soleil blanc sur fond bleu. Sur le terrain, à Canton, il aide Sun à préparer le soulèvement d'octobre 1895 dont il va devenir le héros et le martyr lorsque, arrêté et torturé par la police impériale, il meurt en proclamant sa foi révolutionnaire.

MARING, Hans (pseud. de SNEEVLIET Hendricus) (1883-1942)

Ce militant d'origine hollandaise fait en Indonésie sa première expérience d'alliance entre la bourgeoisie nationaliste et le mouvement radical révolutionnaire : stratégie de front uni dont il est, avec Lénine, l'ardent défenseur devant le IIe congrès de l'Internationale communiste en 1920.

Envoyé en Chine par l'Internationale pour explorer la possibilité de mettre en œuvre cette stratégie et en identifier les éventuels partenaires, Maring y accomplit plusieurs missions de 1921 à 1923. Après avoir participé au congrès de fondation du Parti communiste chinois en juillet 1921, il se rend à Guilin au mois de décembre suivant pour rencontrer Sun Yat-sen. Les conversations qu'il a avec Sun le persuadent que celui-ci serait bien l'allié convenable. Pendant les dix-huit mois qui suivent, Maring travaille à imposer le front uni à un jeune Parti communiste chinois (plus tenté par la voie prolétarienne) et la candidature de Sun Yat-sen à une Internationale encore hésitante. Ses efforts trouvent leur aboutissement dans la déclaration Sun-Joffé (janvier 1923) qui scelle l'alliance du Guomindang avec les Soviétiques et dans le IIe congrès du PCC (à Canton en juin 1923) qui brise l'opposition interne au front uni. L'« entremetteur » de ce premier front uni chinois poursuivra ses activités révolutionnaires en Hollande où il retourne en 1924. Rompant avec le communisme et Staline, il fondera en 1929 un parti trotskiste. Devenu l'un des premiers résistants hollandais, il sera fusillé par les nazis en 1942.

MIYAZAKI Torazô (Tôten) (1870-1922)

Issu d'une famille de samurai, cet aventurier et militant japonais a reçu une éducation libérale, marquée par une fervente mais éphémère conversion au christianisme. Son désir de sauver l'Asie et la Chine de l'impérialisme occidental le rapproche de Sun Yat-sen qu'il rencontre pour la première fois à Yokohama en 1897 et dont il devient le conseiller et l'ami très proche et au service duquel il met ses relations avec la haute bureaucratie japonaise.

Miyazaki participe à la préparation du soulèvement de Huizhou en 1900, puis aide Sun Yat-sen à fonder la Ligue jurée à Tokyo en 1905. Il est lui-même l'un des premiers membres de la Ligue et participe activement à son organisation et à son action.

En décembre 1911, il accompagne le retour triomphal de Sun Yat-sen en Chine. Mais son influence semble alors partiellement supplantée par celle d'autres Japonais : affairistes et bureaucrates. Après l'échec de la révolution, alors que Sun vit de nouveau en exil au Japon, Miyazaki est toujours à ses côtés. Mais si la vieille amitié subsiste, elle ne revêt plus guère de signification politique. Dans ses Mémoires rédigés en 1902, *Un rêve de trente-trois ans*, Miyazaki a retracé ses jeunes années et ses premières aventures aux côtés de Sun Yat-sen dont il brosse un portrait empreint d'amitié et d'admiration.

SONG Jiaoren (1882-1913)

Né au Hunan, il s'enrôle en 1904 dans la Société pour le Renouveau de la Chine, fondée par Huang Xing. Obligé de s'exiler au Japon, il participe en 1905 à l'établissement de la Ligue jurée. En 1910, après l'achèvement de ses études de droit, il regagne Shanghai où il publie le journal *Le Peuple debout* et établit le Bureau de la Ligue jurée pour la Chine centrale.

Pendant la révolution de 1911, il est député du Hunan au Parlement provisoire qui élit Sun Yat-sen président de la République. Partisan du système de la responsabilité ministérielle, Song Jiaoren pense que le meilleur moyen de limiter les ambitions de Yuan Shikai est d'installer au Parlement une majorité puissante et unie. A cet effet, il crée un nouveau parti, le Guomindang, qui se substitue à la Ligue jurée et que Song Jiaoren emmène à la victoire lors des élections législatives de l'hiver 1912-1913. Song Jiaoren, que tout le monde s'attend à voir devenir Premier ministre, est assassiné à la gare de Shanghai le 20 mars 1913, vraisemblablement à l'instigation de Yuan Shikai.

SONG Qingling (1892-1981)

Seconde fille de Charlie Soong, Song Qingling est née à Shanghai. Elle a commencé son éducation dans une école méthodiste de la Concession internationale. A seize ans, elle rejoint sa sœur aînée au Wesleyan College de Macon (Géorgie).

Lorsqu'elle rentre des États-Unis, la Seconde Révolution de 1913 est en train d'échouer et Song Qingling prend avec sa famille le chemin du Japon et de l'exil. A Tokyo, elle devient la collaboratrice de Sun Yat-sen dont elle assure la correspondance en anglais. En dépit de l'opposition de ses parents, elle l'épouse le 25 octobre 1914. Désormais elle se tiendra constamment aux côtés de son mari dont elle partage les activités et les voyages, les honneurs et les dangers sans toutefois exercer d'influence proprement politique.

Après la mort de Sun Yat-sen, Song Qingling s'identifie au Guomindang de gauche. Mais son rôle demeure surtout symbolique, comme l'est le titre de vice-présidente de la République populaire de Chine dont l'honorera le régime communiste en 1949.

SUN FO (SUN Ke) (1891-1973)

Né au Guangdong, élevé au foyer de son oncle à Hawaii, Sun Fo a poursuivi sa formation aux États-Unis de 1911 à 1917. A la mairie de Canton, qu'il occupe presque sans interruption de 1921 à 1925, il s'efforce de mettre en œuvre une politique de modernisation et de rénovation urbaine. Quelque peu réticent à l'égard de la politique de front uni, il n'en participe pas moins à la préparation du congrès de Réorganisation de janvier 1924.

Après la mort de Sun Yat-sen, Sun Fo occupe de hauts postes de responsabilité dans le gouvernement nationaliste — présidant le Yuan législatif de 1932 à 1948 — sans pourtant être toujours d'accord avec Chiang Kai-shek. Après la victoire communiste de 1949, il se retire de la vie politique.

TAO Chengzhang (1878-1912)

Originaire du Zhejiang, Tao Chengzhang a poursuivi sa formation militaire au Japon de 1902 à 1904. A son retour en Chine, il organise la Société pour la Restauration dont l'objectif est de développer l'action révolutionnaire dans les provinces du bas Yangzi. En fait, cette organisation qui est très liée aux sociétés secrètes est surtout active au Zhejiang. A la fin de 1906 ou au début de 1907, elle s'intègre à la Ligue jurée. Mais à partir de l'automne 1907, Tao Chengzhang prend parti pour Zhang Binglin dans le conflit qui oppose celui-ci à Sun Yat-sen. Pendant l'hiver 1907-1908, Tao Chengzhang fait une grande tournée en Asie du Sud-Est, concurrençant Sun Yat-sen auprès des bailleurs de fonds. En novembre 1909, il dénonce le style dictatorial et les agissements financiers de Sun dans une *Lettre ouverte* qui connaît une grande circulation. En 1910, la Société pour la Restauration se sépare de la Ligue jurée et concentre ses attaques sur Sun Yat-sen. Dès l'annonce du soulèvement de Wuchang (10 octobre 1911), Tao Chengzhang regagne la Chine et joue un rôle actif dans la mobilisation révolutionnaire du Jiangsu et du Zhejiang. Le 14 janvier 1912, il est assassiné dans sa chambre de malade, à l'hôpital Sainte-Marie, dans la concession française de Shanghai. L'assassinat a été commandité par Chen Qimei et organisé par Chiang Kai-shek.

WANG Jingwei (1883-1944)

Né à Canton, Wang Jingwei commence par recevoir une éducation classique au sein de sa famille. En 1903, il reçoit une bourse du gouvernement provincial pour aller continuer ses études au Japon où, en 1906, il obtient un diplôme de droit constitutionnel et de science politique. Entre-temps, il adhère à la Ligue jurée. Brillant polémiste, il argumente contre Liang Qichao et les réformistes dans *Le Journal du peuple*. Influencé par les idées anarchistes, il organise, à Pékin, en 1910, un attentat contre le prince régent, qui échoue mais à la suite duquel il est jeté en prison.

Libéré par la révolution de 1911, il voyage et se fixe en France pendant la Première Guerre mondiale. Il se consacre alors essentiellement à la littérature.

De retour en Chine à la fin de 1917, il rejoint l'entourage de Sun Yat-sen et joue un rôle très important au sein du Guomindang. Le congrès de Réorganisation de 1924 l'élit au Comité exécutif central du parti. L'hiver suivant, il accompagne Sun Yat-sen dans le Nord, l'assiste dans ses derniers moments, l'aide à rédiger (ou rédige) son testament politique.

Considéré comme le leader de l'aile gauche du Guomindang, il apparaît en 1925-1926 comme l'héritier de Sun à la tête du parti. Mais il est supplanté par Chiang Kai-shek avec lequel il gardera des relations conflictuelles pendant toute la décennie de Nankin, sans cesser de participer à l'activité du parti et du gouvernement nationalistes. En 1940, il opte pour la collaboration avec les Japonais et établit à Nankin un gouvernement rival de celui de Chiang Kai-shek, réfugié à Zhongqing (Sichuan).

WU Peifu (1874-1939)

Cet officier de l'armée Beiyang devient au début des années 1920 l'un des principaux seigneurs de la guerre. A la tête de la faction Zhili, il contrôle le gouvernement de Pékin de 1922 à 1924 et étend sa base territoriale vers la Chine centrale jusqu'au Hubei. Les idées libérales et l'objectif de réunification pacifique qu'il affiche alors le rendent populaire dans les cercles intellectuels et en font un redoutable rival pour Sun Yat-sen. Mais en octobre 1924, il est trahi par un de ses subordonnés. Sa chute bouleverse complètement les rapports de forces politiques dans le Nord et détermine Sun Yat-sen à entreprendre le voyage de Pékin pour tenter de se faire reconnaître comme président d'une Chine réunifiée. Jusqu'en 1926, Wu Peifu tentera à partir des provinces centrales de reconquérir le pouvoir dans le Nord. Mais en 1927 il est définitivement vaincu par les troupes du Guomindang de l'expédition vers le Nord. Il se retire alors de la vie militaire et politique.

YANG Quyun (1861-1901)

Né à Hong Kong, il a fait ses études dans une école anglaise de la colonie et travaillé pour diverses compagnies de commerce locales. Il maîtrise bien l'anglais et la littérature occidentale. Son nationalisme s'exprime dans l'hostilité qu'il nourrit à l'égard de la dynastie mandchoue. En 1892, il crée la Société littéraire pour le développement de la bienveillance dont le nom tout confucéen recouvre des activités d'opposition politique. En 1895, cette société fusionne avec le groupe de Sun Yat-sen pour former la branche de Hong Kong de Renaissance chinoise dont Yang Quyun prend la présidence en dépit de l'ambition rivale de Sun. Quelques mois plus tard, les deux hommes s'accuseront mutuellement de porter la responsabilité de l'échec du soulèvement cantonais lancé par Renaissance chinoise.

Après cet échec, Yang Quyun cherche d'abord refuge à Johannesburg puis, en 1898, il rejoint au Japon Sun Yat-sen auquel il accepte finalement d'abandonner la présidence de Renaissance chinoise. Revenu à Hong Kong, Yang Quyun s'active à préparer le soulèvement de Huizhou (1900). Lors de la répression qui suit cette nouvelle tentative révolutionnaire, la tête de Yang Quyun est mise à prix par les autorités cantonaises et il est assassiné dans sa salle de classe, à Hong Kong, le 16 janvier 1901.

YUAN Shikai (1859-1916)

Avant la révolution, cet officier et haut mandarin impérial a assumé des responsabilités très diverses : une longue mission diplomatique en Corée de 1882 à 1894 pour y défendre les droits et intérêts chinois face aux ambitions japonaises, la modernisation des forces militaires chinoises et la création d'une Nouvelle Armée dont Yuan fera l'armée Beiyang, principal instrument de son pouvoir. Après l'échec de la réforme des Cent Jours, il est devenu un favori de l'impératrice douairière Cixi et a pris une part active à la Nouvelle Politique de réformes lancée par le gouvernement impérial.

En 1908, la mort de l'impératrice jette Yuan Shikai en disgrâce et le prive de ses fonctions. Pourtant, à l'automne 1911, la Cour menacée par la révolution se tourne vers lui. Mais Yuan songe plus à établir son pouvoir qu'à sauver la dynastie. Après avoir obtenu de la Cour un édit impérial d'abdication (le 12 février 1912), il se fait élire président de la République, succédant ainsi à Sun Yat-sen qui s'efface volontairement. Par la suite, Yuan Shikai travaille à éliminer toute influence du parti révolutionnaire et à établir sa dictature. Mais son rêve de restauration monarchique lui aliène une opinion publique qui par désir d'ordre et de paix s'était résignée à accepter son pouvoir. Confronté à la révolte des provinces méridionales, à l'opposition des puissances étrangères et de nombreux officiers de l'armée Beiyang, il meurt avant d'être chassé du pouvoir.

ZHANG Binglin (1868-1936)

Originaire du Zhejiang, Zhang Binglin fait preuve de dons philologiques et littéraires aussi précoces qu'éclatants. En 1895, la défaite de la Chine face au Japon l'arrache à sa tour d'ivoire. Il se rapproche des réformistes : Kang Youwei et Liang Qichao. Après l'échec des Cent Jours, il cherche refuge au Japon. Il entre alors en contact avec Sun Yat-sen dont il partage les sentiments antimandchous.

Revenu à Shanghai en 1902, il y organise une École patriotique destinée à accueillir les étudiants révolutionnaires. Rédacteur en chef du *Subao* (*Journal de Shanghai*), il ouvre ses colonnes au tract incendiaire de Zou Rong, *L'Armée révolutionnaire*, ce qui fait de lui le héros d'une cause célèbre et le conduit en prison pendant trois ans.

Libéré en 1906, il rejoint Sun Yat-sen et la Ligue jurée à Tokyo où il prend la direction du *Journal du peuple*. Mais, en 1907, il accuse Sun Yat-sen d'incompétence et de malversations et s'associe aux campagnes que Tao Chengzhang mène alors en Asie du Sud-Est pour chasser le président de la Ligue jurée de ses fonctions.

Après la révolution de 1911, Zhang Binglin abandonne la Ligue jurée pour fonder son propre parti, plus modéré. Mais il se rapproche de Sun Yat-sen avec lequel il collaborera de façon épisodique jusqu'à sa retraite politique en 1918. En dépit du rôle important qu'il a joué comme publiciste et dirigeant révolutionnaire, Zhang Binglin demeure surtout célèbre pour ses talents et sa culture de lettré philosophe.

ZHENG Shiliang (mort en 1901)

Ce chrétien cantonais, condisciple et ami de Sun Yat-sen qu'il rencontre à l'École médicale de l'hôpital de Canton en 1886, devient l'un de ses principaux lieutenants à l'époque de Renaissance chinoise. Très lié aux Triades du Guangdong oriental, c'est lui qui aide Sun à recruter des hommes de main pour participer au soulèvement de Canton en 1895. Réfugié au Japon avec Sun Yat-sen après l'échec du soulèvement, il ne tarde pas à retourner à Hong Kong où il continue de s'activer auprès des sociétés secrètes.

En 1900, lors du soulèvement de Huizhou dont il est le « véritable héros » (Schiffrin), Zheng Shiliang assure de nouveau la liaison entre Sun Yat-sen et les Triades et il prend la direction des opérations sur le terrain, dans le Guangdong oriental dont il est originaire. Après l'échec du soulèvement, il s'enfuit à Hong Kong où il meurt subitement en août 1901, sans doute empoisonné par un agent des Mandchous.

ZHU Zhixin (1885-1920)

Né au Guangdong, formé aux Classiques et aux mathématiques, Zhu Zhixin obtient en 1904 une bourse du gouvernement provincial pour aller poursuivre sa formation à Tokyo. Au Japon, il se mêle au groupe des étudiants patriotes cantonais et adhère à la Ligue jurée dès sa fondation. Il écrit de nombreux articles pour le *Journal du peuple*, polémiquant avec Liang Qichao et initiant ses lecteurs à la philosophie de Marx.

De retour à Canton à la fin de 1907, il devient professeur, ce qui ne l'empêche pas de poursuivre la résistance clandestine aux Mandchous et de participer à l'insurrection d'avril 1911. Après la révolution, il entre dans l'administration provinciale sous Hu Hanmin. L'échec de la Seconde Révolution de 1913 le renvoie au Japon. Il est alors proche de Sun Yat-sen qu'il aide à organiser le Parti révolutionnaire de Chine. De 1914 à 1916, il mène au Guangdong une série d'actions armées contre le régime de Yuan Shikai. En 1917, il rejoint le gouvernement militaire de Sun Yat-sen à Canton. L'année suivante, on le retrouve à Shanghai où il crée et prend en charge la revue théorique du Guomindang, *Construction*, dans laquelle il expose et défend le programme de Sun. Lors de sa mort, survenue au Guangdong au cours d'un accrochage local entre militaristes, Sun Yat-sen déplore cette « perte brutale qui est comme la perte de [ses] deux mains ».

CHRONOLOGIE

Chronologie générale

1839 Début des guerres de l'Opium.
1842 Traité de Nankin.
1858 Traité de Tianjin.
1860-1861 Traités de Pékin.
1860 Début du mouvement des Affaires occidentales (Yangwu yundong).
1871-1908 Règne de l'empereur Guangxu et sous son nom règne de l'impératrice douairière Cixi.
1884-1885 Guerre franco-chinoise et défaite de la Chine.

Vie de Sun Yat-sen

1866 **12 novembre** : Naissance de Sun Yat-sen dans le village de Cuiheng (district de Xiangshan, province du Guangdong).
1879 Sun Yat-sen rejoint son frère aîné Sun Mei à Hawaii.
1880-1882 Sun Yat-sen fréquente l'école Iolani.
1883 **Juillet** : Sun Mei renvoie Sun Yat-sen au village de Cuiheng.
Automne : En compagnie de Lu Haodong, Sun Yat-sen mutile les statues du temple local.
1884 **Printemps** : Sun Yat-sen entre à la Government Central School de Hong Kong. Il se convertit au christianisme.
1886 Sun Yat-sen entre à l'école médicale de l'hôpital de Canton.

		1887	**Octobre** : Sun Yat-sen entre au Collège de médecine pour les Chinois de Hong Kong.
		1892	**Automne** : Sun pratique la médecine à Macao.
1893	Parution de l'ouvrage de Zheng Guanying, *Avertissement à un âge apparemment prospère (Shengshi wei yuan)*.	**1893**	**Printemps** : Sun Yat-sen, interdit de pratique médicale à Macao, ouvre une pharmacie sino-occidentale et un dispensaire à Canton.
1894-1895	Guerre sino-japonaise.	**1894**	**Printemps** : Sun Yat-sen, accompagné de Lu Haodong, quitte le Guangdong pour aller à Tianjin présenter une pétition à Li Hongzhang. **Automne** : Sun Yat-sen part pour Hawaii. **24 novembre** : Fondation de Renaissance chinoise (Xingzhonghui) à Hawaii.
1895	**17 avril** : signature du traité de Shimonoseki. **Mai et juin** : Pétitions de Kang Youwei à l'empereur, protestant contre la ratification du traité de Shimonoseki et réclamant des réformes.	**1895**	**Janvier** : Voyage de Sun Yat-sen de Hawaii à Hong Kong, via Yokohama. **18 février** : Fondation d'une nouvelle branche de Renaissance chinoise à Hong Kong. **Mars-mai** : Le *China Mail* de Hong Kong publie une série d'articles favorables à Renaissance chinoise et à son programme. **28 octobre** : Échec du coup de main armé lancé par Sun Yat-sen et Renaissance chinoise contre Canton. **30 octobre** : Sun Yat-sen quitte Hong Kong pour le Japon afin d'échapper à une mesure d'extradition.
		1896	**Janvier à juin** : Sun Yat-sen réside à Hawaii. **30 septembre** : Arrivée de Sun Yat-sen à Londres. **11 octobre** : Disparition de Sun, séquestré à la légation chinoise. **23 octobre** : Libération de Sun Yat-sen.
1897-1898	Établissement des sphères d'influence étrangères en Chine.	**1897**	**Début** : Publication du pamphlet *Kidnapped in London*, par Sun Yat-sen. **1er mars** : Sun Yat-sen publie, en anglais, un article intitulé «China's Present and Future.

The Reform Party Plea for British Benevolent Neutrality ».
Juillet : Publication, en anglais, d'un autre article de Sun Yat-sen intitulé « Judicial Reform in China ».
10 août : Sun Yat-sen arrive à Yokohama et s'installe au Japon pour presque trois ans.

1898 **Printemps** : Les États-Unis recherchent l'alliance du rebelle philippin Emilio Aguinaldo contre l'Espagne.
6 mars : L'Allemagne obtient le territoire à bail de Jiaozhou dans le Shandong.
27 mars : La Russie se fait céder les ports de Dairen (Dalian) et Port-Arthur (Lüshun) en Mandchourie.
Avril : Le gouvernement chinois reconnaît le Yunnan comme zone d'influence française.
27 mai : La France obtient la cession du territoire à bail de Guangzhouwan (fort Bayard) dans le Guangdong occidental.
11 juin : Début de l'expérience réformiste des Cent Jours. Kang Youwei devient conseiller de l'empereur Guangxu.
Emilio Aguinaldo se retourne contre les Américains qui ont décidé de prendre la suite de la domination espagnole aux Philippines et il fait appel à l'aide japonaise.
21 septembre : Coup d'État de l'impératrice Cixi qui met fin aux Cent Jours. Les chefs réformistes Kang Youwei et Liang Qichao s'exilent au Japon.
Novembre : Création de la Société de la culture commune de l'Asie orientale (Tôa Dôbunkai).

1898 **Novembre** : Sun Yat-sen n'est pas admis à rencontrer Kang Youwei à Tokyo. Grâce aux bons offices japonais, il réussit à rencontrer Liang Qichao.

1899 **Été** : Extension des troubles des Boxeurs dans les provinces du Nord.

1899 **Juillet** : Organisation par Sun Yat-sen et ses conseillers japonais d'un envoi d'armes et de

Kang Youwei quitte le Japon pour se rendre au Canada où il fonde le Parti de Protection de l'empereur (Baohuanghui).
6 septembre : Première affirmation par les États-Unis de la doctrine de la Porte ouverte.

1900 **Janvier** : Deux édits impériaux ordonnent de ne pas réprimer les Boxeurs.
Mai-juin : Tension sur la frontière Tonkin/Yunnan et siège du consulat français à Kunming (Yunnanfu).
Juin : Arrivée de Sun à Saigon. L'entrevue projetée avec Doumer n'a pas lieu.
13 juin : Les Boxeurs investissent Pékin.
20 juin : Début du siège des légations.
21 juin : La Cour de Pékin déclare la guerre aux puissances.
14 août : Le corps expéditionnaire international délivre les légations de Pékin. L'impératrice Cixi et la Cour s'enfuient à Xi'an.

1901 **29 janvier** : Édit impérial annonçant les réformes et ouvrant l'ère de la Nouvelle Politique.

combattants aux insurgés philippins.
Été-automne : Coopération entre Sun Yat-sen et Liang Qichao.
Novembre : Rassemblement de chefs des Triades cantonaises et de la Société des Frères aînés à Hong Kong. Ils font allégeance provisoire à Sun Yat-sen.
19 décembre : Liang Qichao quitte Tokyo pour Hawaii, en emportant des lettres de recommandation de Sun Yat-sen.

1900 **Janvier** : Yang Quyun abandonne officiellement ses fonctions de président de Renaissance chinoise à Sun Yat-sen.
17 juin : Arrivée de Sun Yat-sen dans le port de Hong Kong. Ses représentants vont négocier l'établissement d'un gouvernement autonome du Guangdong.
21 juin : Arrivée de Sun Yat-sen à Saigon.
9 juillet : Arrivée à Singapour de Sun Yat-sen qui tente sans succès de rencontrer Kang Youwei.
12 juillet : Sun Yat-sen et Miyazaki quittent Singapour afin de regagner le Japon, via Hong Kong.
17 ou 18 juillet : Le départ de Li Hongzhang à Pékin met fin aux négociations entamées avec Sun Yat-sen pour l'établissement d'un gouvernement autonome dans le Guangdong.
6 octobre : Début du soulèvement de Huizhou (Waichow) au Guangdong oriental.
23 octobre : Les Japonais annulent l'aide promise. Échec du soulèvement de Huizhou.

		1902	**1900-1902** : Sun réside à Yokohama. **13 décembre 1902** : Départ de Sun pour Hanoi.
1903	**Printemps** : Les étudiants chinois du Japon organisent un mouvement de Résistance antirusse. **Avril** : Parution du pamphlet antimandchou de Zou Rong l'*Armée révolutionnaire*. **Mai-juin** : Affaire du *Subao* à Shanghai. **Fin de l'année** : Parution des pamphlets antimandchous de Chen Tianhua. **Décembre** : Création à Changsha de la Société pour le Renouveau de la Chine par Huang Xing.	1903	**Juin** : Retour de Sun à Yokohama. **Été** : Création de l'Académie militaire secrète d'Aoyama. **26 septembre** : Départ de Sun pour Hawaii. **Novembre** : Parution de l'article de Sun « Sur la préservation ou le démembrement de la Chine », dans le journal étudiant *Jiangsu* à Tokyo. **29 décembre** : Sun publie son article « Réfutation des journaux du Parti de Protection de l'empereur », à Hawaii
1904	**Fin de l'année** : Création à Shanghai de la Société pour la Restauration de la Chine.	1904	**31 mars** : Sun quitte Hawaii à destination des États-Unis. **Hiver** : Sun publie *The True Solution of the Chinese Question* à New York.
1905	**27 mai** : Défaite de la flotte russe à Tsushima. **5 septembre** : Traité de Portsmouth, qui transfère au Japon les droits acquis par la Russie en Mandchourie méridionale. **Septembre** : Suppression des examens mandarinaux. **Automne** : Rédaction par un auteur anonyme (Chen Tianhua ?) du *Manifeste de la Ligue jurée (Geming fanglüe)*. **Novembre** : Parution du premier numéro du *Journal du peuple (Minbao)*. **11 décembre** : Envoi par le gouvernement impérial d'une mission officielle d'enquête sur les systèmes politiques européens.	1905	**Printemps** : Sun se rend en Europe et rencontre des étudiants radicaux à Bruxelles, Berlin, Paris. **Février** : Entrevues de Sun avec le diplomate Réau à Paris. **19 juillet** : Retour de Sun à Yokohama. **20 août** : Fondation officielle de la Ligue jurée. **11 octobre** : Entrevue de Sun avec le capitaine Boucabeille. **Octobre** : Sun Yat-sen arrive à Saigon pour un séjour de quatre mois en Indochine.
1906	**Juin** : Zhang Binglin sort de sa prison de Shanghai et prend la direction du *Journal du peuple* à Tokyo. **Septembre** : Le gouvernement impérial annonce sa décision d'adopter une Constitution.	1906	**Avril** : Sun Yat-sen fonde, à Singapour, le Bureau régional de la Ligue jurée pour l'Asie du Sud-Est, qui devient la plaque tournante des activités révolutionnaires. **Juillet** : Sun Yat-sen fait une tournée en Malaisie où il ouvre

1907 **8 août** : Début de parution à Singapour du journal révolutionnaire *Le Quotidien de la Renaissance*, sous la direction de Hu Hanmin.
5 septembre : Insurrection de Fangcheng (Guangdong occidental).
2 décembre : Insurrection de Zhennanguan (Guangxi).

1908 **27 mars** : Insurrection de Qinzhou (Guangdong occidental).
30 avril : Insurrection de Hekou (Yunnan).
Octobre : Interdiction du *Journal du peuple* par les autorités japonaises.

1909 **Octobre** : Le gouvernement impérial décrète l'établissement des assemblées provinciales et d'une Assemblée nationale.
Novembre : Lancement par les notables de Shanghai d'une campagne réclamant l'adoption d'une Constitution.

1910 **12 février** : Mutinerie d'un régiment de la Nouvelle Armée à Canton.
Octobre : Début de parution du journal Révolutionnaire *Le Peuple debout (Minlibao)* sous

plusieurs bureaux locaux de la Ligue jurée.
17 octobre : Grand discours programme de Sun Yat-sen à Tokyo pour célébrer le premier anniversaire de la fondation du *Journal du peuple* : « Le Triple Démisme et l'avenir du peuple chinois ».
Automne : Avec l'aide de Huang Xing et de Zhang Binglin, Sun Yat-sen révise le *Manifeste de la Ligue jurée* et précise le programme révolutionnaire.

1907 **Février** : Conflit entre Sun Yat-sen et Huang Xing, en désaccord sur le modèle du drapeau révolutionnaire.
Mars : Sun Yat-sen quitte Tokyo sous la pression des autorités japonaises et se dispute avec Zhang Binglin qui lui réclame des fonds pour le financement du *Journal du peuple*. Sun s'installe à Hanoi.
Décembre : Sun Yat-sen participe à l'insurrection du Zhennanguan (Guangxi).

1908 **Mars** : Sun Yat-sen, expulsé d'Indochine, se rend à Singapour et en Malaisie où il réside pendant quatorze mois.

1909 **Mai** : Sun Yat-sen quitte Singapour et commence un voyage autour du monde pour lever des fonds.
Août : Arrivée de Sun Yat-sen à Londres.
8 novembre : Arrivée de Sun Yat-sen à New York où il réside pendant deux mois.
Rupture ouverte avec Tao Chengzhang et Zhang Binglin qui demandent que Sun soit expulsé de la Ligue jurée.

1910 **10 février** : Arrivée de Sun Yat-sen à San Francisco.
14 mars : Rencontre de Sun avec Homer Lea et Charles Boothe.
Novembre : Sun Yat-sen convo-

la direction de Song Jiaoren, à Shanghai.

1911 **27 avril** : Insurrection manquée de Canton.
Juillet : Ouverture du Bureau régional de la Ligue jurée pour la Chine centrale à Shanghai.
10 octobre : Insurrection de Wuchang.
12 octobre : Prise de Hankou et Hanyang par les révolutionnaires.
17 octobre : Établissement du gouvernement militaire du Hubei.
18 octobre : Le corps consulaire de Hankou proclame sa neutralité.
29 octobre : Arrivée de Huang Xing et Song Jiaoren à Wuchang.
1er novembre : Reprise de Hankou par les troupes impériales.
4 novembre : Insurrection victorieuse à Shanghai.
27 novembre : Reprise de Hanyang par les troupes impériales.
30 novembre : Réunion des délégués des provinces sécessionnistes du Sud à Wuchang.
1er décembre : Capture de Nankin par les révolutionnaires.
14 décembre : L'Assemblée des délégués provinciaux est transférée à Nankin.
20 décembre : Début des négociations entre les révolutionnaires et les représentants de Yuan Shikai à Shanghai.
29 décembre : Élection de Sun Yat-sen à la présidence.

1912 **1er janvier** : Fondation de la République chinoise à Nankin.
22 janvier : Congrès de refondation de la Ligue jurée.
12 février : Édit d'abdication impériale.

que une conférence à Penang pour préparer une nouvelle insurrection à Canton. Il est expulsé de Malaisie et Singapour par les autorités britanniques.

1911 **Janvier** : Arrivée de Sun Yat-sen à New York où il entreprend une campagne à travers les États-Unis et le Canada pour lever les fonds destinés à financer le soulèvement de Canton.
Avril : Sun Yat-sen apprend l'échec du soulèvement de Canton alors qu'il se trouve à Chicago.
Septembre : Sun Yat-sen quitte San Francisco pour faire une nouvelle tournée de propagande dans les grandes villes américaines.
11 octobre : Sun Yat-sen arrive à Denver (Colorado).
12 octobre : Sun apprend la nouvelle de l'insurrection de Wuchang.
20 octobre : Sun arrive à New York.
11 novembre : Sun arrive à Londres.
21 novembre : Sun arrive à Paris.
23 novembre : Sun rencontre Stanislas Simon, directeur de la Banque de l'Indochine.
21 décembre : Sun fait étape à Hong Kong.
25 décembre : Sun arrive à Shanghai.
29 décembre : Élection de Sun à la présidence par l'Assemblée des délégués provinciaux de Nankin.

1912 **1er janvier** : Sun Yat-sen inaugure son mandat de président de la République à Nankin.
13 février : Sun Yat-sen se déclare démissionnaire.
15 février : Yuan Shikai est élu

	28 février : Mutinerie militaire à Pékin. **10 mars** : Yuan Shikai inaugure son mandat présidentiel à Pékin. **12 mars** : Adoption d'une Constitution provisoire par l'Assemblée nationale provisoire (ex. Assemblée des délégués provinciaux) de Nankin. **25 août** : Congrès de fondation du Guomindang. **Décembre** : Début des élections des députés à l'Assemblée nationale et aux assemblées provinciales.		président provisoire par l'assemblée de Nankin. **1er avril** : Sun Yat-sen abandonne ses fonctions présidentielles. **25 avril** : Début de la visite de Sun Yat-sen dans le Guangdong. **24 août** : Début de la visite de Sun Yat-sen à Pékin. **9 septembre** : Yuan Shikai nomme Sun Yat-sen directeur des Chemins de fer. **17 septembre** : Sun Yat-sen quitte Pékin pour une inspection ferroviaire dans les provinces du Nord d'une dizaine de jours. **25 septembre** : Publication d'une Déclaration commune en huit points souscrite par Yuan Shikai et Sun Yat-sen. **15, 16, 17 octobre** : Participation de Sun Yat-sen au congrès du Parti socialiste chinois à Shanghai.
1913	**19 mars** : Attentat contre Song Jiaoren à la gare de Shanghai. **26 avril** : Conclusion illégale de l'emprunt de Réorganisation par Yuan Shikai auprès du Consortium international. **Juin** : Yuan Shikai révoque les gouverneurs militaires du Jiangxi, du Anhui, du Guangdong. **12 juillet** : Début de la Seconde Révolution et des affrontements armés entre nordistes et sudistes au Jiangxi. **21 juillet** : Établissement de la loi martiale par Yuan Shikai. **29 juillet** : Huang Xing abandonne Nankin. **13 août** : Défaite des insurgés à Shanghai. **1er septembre** : Capitulation de Nankin. **7 octobre** : Yuan Shikai est élu président pour cinq ans. **4 novembre** : Dissolution du Guomindang.	**1913**	**13 février** : Sun Yat-sen arrive en visite au Japon. **24 février** : Ouverture de négociations entre Sun et des hommes d'affaires nippons pour la création de la Compagnie industrielle de Chine (Zhongguo xingye gongsi). **22 mars** : Sun Yat-sen, toujours en visite au Japon, reçoit la nouvelle de l'attentat contre Song Jiaoren. **25 mars** : Retour de Sun à Shanghai. **26 mars** : Les dirigeants du Guomindang, réunis à Shanghai, s'affrontent sur les suites à donner à l'affaire Song Jiaoren. **2 août** : Sun quitte Shanghai. **8 août** : Sun arrive au Japon.
1914	**10 janvier** : Renvoi du Parlement. **2 février** : Dissolution des assemblées régionales.	**1914**	**19 janvier** : Sun envoie Chen Qimei préparer une insurrection en Mandchourie. **Début juin** : Lettre de Sun au

28 juillet : Début de la Première Guerre mondiale.
7 novembre : Le Japon s'empare des territoires allemands du Shandong.

1915 **18 janvier** : Présentation des vingt et une demandes par le gouvernement de Tokyo.
Mars : Lancement d'un grand mouvement de boycottage anti-japonais.
25 mai : Acceptation des vingt et une demandes par Yuan Shikai.
Août : Début de la campagne de la Société d'Organisation de la paix (Chou'anhui) en faveur de la restauration impériale.
Septembre : Création par Chen Duxiu de la revue *La Jeunesse (Xin qingnian)*, organe de la Nouvelle Culture.
12 décembre : Yuan Shikai proclame officiellement sa volonté de devenir empereur.
25 décembre : Appel de Cai E et des chefs militaires yunnanais à la rébellion contre Yuan et à la Protection de la nation (Huguo).

1916 **6 juin** : Mort de Yuan Shikai. Début de l'ère des seigneurs de la guerre.
7 juin : Le vice-président Li Yuanhong prend les fonctions présidentielles.
1er août : Rappel du Parlement de 1913.

1917 **6 avril** : Les États-Unis déclarent la guerre aux Empires centraux.
1er mai : Le gouvernement de Duan Qirui décide l'intervention de la Chine dans le conflit mondial.
10 mai : Émeute des « pétitionnaires » devant le Parlement.
Juin : Début du mouvement pour la Protection de la Constitution (Hufa).
12 juin : Li Yuanhong est

Premier ministre Ôkuma Shigenobu, offrant multiples concessions au Japon en échange d'un éventuel soutien.
28 juillet : Réunion pour la fondation officielle du Parti révolutionnaire chinois (Zhonghua Gemindang).

1915 **14 mars** : Lettre de Sun au ministre des Affaires étrangères nippon, offrant des concessions accrues au Japon.
25 octobre : Mariage de Sun avec Song Qingling.

1916 **9 mai** : Retour de Sun à Shanghai.
18 mai : Assassinat de Chen Qimei.
23 mai : Sun se rallie à la coalition des forces anti-monarchiques.

1917 **Fin mars-début avril** : Contacts de Sun avec le consulat général allemand à Shanghai.
Avril-mai : Rédaction du pamphlet *Un problème de vie et de mort pour la Chine (Zongguo cunwang wenti)*.
6 juin : Sun appelle les généraux du Sud à la résistance contre les militaristes factieux de Pékin.
6 juillet : Sun quitte Shanghai pour Canton.
17 juillet : Arrivée de Sun à

contraint de dissoudre à nouveau le Parlement.
1er juillet : Tentative avortée de restauration mandchoue par le général Zhang Xun.
21 juillet : La flotte ancrée à Shanghai rallie Canton.
1er août : Le vice-président Feng Guozhang devient président par intérim.
14 août : Le gouvernement de Duan Qirui, passant outre aux procédures légales, entre dans la guerre mondiale aux côtés des Alliés.
1er septembre : Établissement du gouvernement militaire de Canton et début de la séparation entre Chine du Nord et Chine du Sud.
13 septembre : Le gouvernement de Canton déclare la guerre à l'Allemagne.

Canton et grand discours programme sur la Protection de la Constitution (Hufa).
1er septembre : Sun est élu grand maréchal *(Da Yuanshi)* du gouvernement militaire de Canton.

1918 **18 mai** : Réorganisation du gouvernement militaire de Canton qui passe sous le contrôle de la clique du Guangxi.

1918 **20 mai** : Sun est élu l'un des sept directeurs du gouvernement militaire de Canton.
1er juin : Sun quitte Canton pour Shanghai.
Novembre : Début de rédaction de *The International Development of China*.
Décembre : Achèvement de *La Philosophie de Sun Yat-sen (Sun Wen xueshuo)*.

1919 **2-4 mai** : Manifestation des étudiants de Pékin contre le transfert des droits allemands du Shandong au Japon, décidé par la conférence de paix de Versailles. Arrestations massives d'étudiants.
5 juin : Appel des marchands et ouvriers de Shanghai à la grève pour soutenir les manifestants de Pékin. Lancement d'un nouveau boycottage antijaponais.

1919 **Février** : Début de la publication (en anglais) de *The International Development of China* dans la *Far Eastern Review*.
Août : Début de parution de la revue *Construction (Jianshe)*. Publication d'une version chinoise de *The International Development of China* dans la revue *Construction*.
9 octobre : Discours de Sun à la section shanghaienne de l'Association de la jeunesse chinoise (Shanghai qingnianhui).

1920 **Mars** : Le manifeste de Karakhan est connu en Chine.
18 mars : Défaite de la clique Anfu et de Duan Qirui qui contrôlaient le gouvernement de Pékin.

1920 **8 juillet** : Réunion de fondation du Parti nationaliste chinois (Zhongguo Guomindang).
29 octobre : Les troupes de Chen Jiongming reconquièrent Canton.

Juillet-août : IIe congrès de l'IC et présentation des *Thèses sur la question nationale et coloniale* de Lénine.
29 octobre : Les troupes de Chen Jiongming reconquièrent Canton.

1921 **Avril** : Maring (Sneevliet) est envoyé en Chine par l'IC.
1er juillet : Fondation du Parti communiste chinois (PCC) à Shanghai.
12 novembre : Ouverture de la conférence de Washington.

1922 **Janvier** : Réunion de la conférence des Travailleurs d'Extrême-Orient à Moscou et Petrograd.
5 mai : Défaite de Zhang Zuolin dans la première guerre entre les cliques Zhili et Fengtian.
2 juin : Démission du président Xu Shichang à Pékin.
Novembre-décembre : Réunion du IVe congrès de l'IC. Les *Thèses générales sur la question d'Orient* préconisent la formation de fronts unis anti-impérialistes.

1923 **10-12 janvier** : Réunion à Moscou du Comité exécutif de l'IC qui désigne le Guomindang comme partenaire exclusif dans la formation du front uni en Chine.

9 novembre : Promulgation des statuts du nouveau Guomindang.
24 novembre : Sun quitte Shanghai à destination de Canton.

1921 **7 avril** : Sun est élu président extraordinaire par un Parlement croupion.
5 mai : Sun prend officiellement ses fonctions de président. Il lance son *Manifeste aux puissances* et réclame la reconnaissance de son gouvernement.
Septembre : Arrivée du vice-consul Wagner à Canton et début des négociations de Sun avec l'Allemagne en vue d'une triple alliance.
15 novembre : Sun lance sa première expédition vers le Nord.
Décembre : Sun établit son quartier général à Guilin (Guangxi).
Première entrevue de Sun avec Maring, émissaire de l'IC.

1922 **26 mars** : Sun retourne à Canton.
Avril : Sun destitue Chen Jiongming de ses fonctions de gouverneur du Guangdong et de chef des armées cantonaises.
2 juin : Crise présidentielle dans le Nord. Sun refuse d'abandonner ses fonctions de président extraordinaire.
16 juin : Coup d'État de Chen Jiongming. Sun, chassé de Canton, se réfugie à bord d'une canonnière, sur la rivière des Perles.
14 août : Sun gagne Shanghai.
15 août : Manifeste de Sun sur l'unification et la démobilisation.

1923 **15 janvier** : Les mercenaires du Yunnan et du Guangxi à la solde de Sun reconquièrent le Guangdong sur Chen Jiongming.
26 janvier : Déclaration com-

17 janvier : Arrivée de Joffé à Shanghai.
10-19 juin : IIIe congrès du PCC à Canton. Sous la pression de l'IC et de Maring, le congrès adopte la politique de front uni avec le Guomindang.
Septembre : Changement de l'équipe soviétique en Chine. Arrivée de Karakhan et de Borodine.

1924 **20 janvier** : Ouverture du congrès de Réorganisation du Guomindang à Canton.
21 janvier : Mort de Lénine.
25 janvier : Arrivée d'experts militaires soviétiques à Canton.
30 janvier : Fin des travaux du congrès de Réorganisation.
4 février : Fondation de l'université du Guangdong.
24 mai : Signature de l'accord de reconnaissance réciproque entre Pékin et Moscou.
3 juillet : Ouverture de l'Institut de formation des cadres paysans.
15 juillet : Début de la grève de Shamen à Canton.
9 août : Les armes destinées aux Volontaires marchands sont saisies par les autorités de Canton.

mune Sun-Joffé scellant l'alliance du Guomindang avec Moscou et avec les communistes chinois.
15 février : Sun quitte Shanghai pour se rendre dans le Sud.
19 février : Discours de Sun à l'université de Hong Kong.
21 février : Sun retourne à Canton.
16 août : Départ pour Moscou d'une délégation dirigée par Chiang Kai-shek, qui doit négocier l'aide russe au gouvernement de Sun.
Débâcle financière du gouvernement de Sun.
5 octobre : Premier mémorandum de Sun sur les surplus douaniers.
6 octobre : Arrivée de Borodine à Canton.
23 octobre : Second mémorandum de Sun sur les surplus douaniers.
10 novembre : Canton est menacée par les troupes de Chen Jiongming. La loi martiale est proclamée.
13 novembre : Borodine organise la défense de Canton.

1924 **20 janvier** : Ouverture du congrès de Réorganisation.
27 janvier : Début des conférences de Sun sur le principe du nationalisme.
30 janvier : Fin du congrès de Réorganisation.
9 mars : Début des conférences de Sun sur le principe de la démocratie.
1er mai : Grande manifestation des syndicats ouvriers de Canton auxquels Sun adresse un discours programme.
16 juin : Sun préside à l'inauguration de l'Académie militaire de Huangpu.
L'opposition conduite par Zhang Ji et Xie Chi dénonce le rôle des communistes au sein du Guomindang.
3 juillet : Sun opte pour la

Septembre : Guerre entre les provinces du Jiangsu et du Zhejiang. Dans le Nord, nouvel affrontement entre les cliques Zhili et Fengtian.
Octobre : Arrivée de Galin (Vassili K. Blücher) à Canton, accompagné d'un nouveau groupe d'experts militaires soviétiques.
10-16 octobre : Soulèvement et répression des Volontaires marchands.
23 octobre : Coup d'État de Feng Yuxiang à Pékin, fuite de Wu Peifu et défaite de la clique Zhili.

poursuite de la politique de front uni avec les communistes.
3 août : Début des conférences de Sun sur le principe du bien-être du peuple.
21 ou 23 août : Discours de Sun devant les élèves de l'Institut de formation des cadres paysans.
12 septembre : Sun s'installe à Shaoguan pour lancer sa nouvelle expédition vers le Nord.
15 octobre : Assaut contre le quartier commerçant de Canton et répression du soulèvement des Volontaires marchands.
30 octobre : Sun Yat-sen abandonne le projet de nouvelle expédition vers le Nord et retourne à Canton.
3 novembre : Sun Yat-sen se rend à Huangpu et y prononce un grand discours d'adieu aux cadets de l'Académie militaire ainsi qu'aux étudiants de l'université du Guangdong.
13 novembre : Sun Yat-sen quitte Canton.
17-21 novembre : Séjour de Sun à Shanghai.
24 novembre : Arrivée de Sun à Kobe (Japon).
28 novembre : Grand discours de Sun à Kobe sur « la doctrine de la Grande Asie ».
4 décembre : Sun Yat-sen est accueilli triomphalement à Tianjin.

1925 **Juin** : Dai Jitao publie les *Fondements philosophiques du sunyatsenisme (Sun Wenzhuyi zhi zhexue jichu).*

1925 **26 janvier** : Sun Yat-sen subit une opération chirurgicale qui permet de confirmer le diagnostic de cancer terminal.
24 février : Sun approuve le texte du *Testament politique*.
11 mars : Sun signe le *Testament politique* et la *Lettre d'adieu* adressée au Comité central du Parti communiste de l'URSS.
12 mars : Mort de Sun Yat-sen.
19 mars : Double cérémonie de funérailles : religieuse et politique.
2 avril : Le cercueil de Sun est

1926 **Hiver** : Les communistes forgent le concept des Trois Grandes Politiques.

1927 **12 avril** : Coup de Chiang Kai-shek qui, à Shanghai, se retourne contre les communistes.

1933 Chen Lifu publie le *Vitalisme (Weisheng lun)*.

1934 Lancement du mouvement de la Vie nouvelle.

1937-1945 Guerre sino-japonaise.

1949 Victoire des communistes dans la guerre civile. Chiang Kai-shek et le Guomindang se replient à Taiwan.

1953 Chiang Kai-shek complète l'exposé de Sun Yat-sen sur le principe du bien-être du peuple.

1979-1980 Relance des études sunistes en Chine.

déposé provisoirement dans un temple de la banlieue de Pékin.

1929 **1er juin** : Funérailles nationales de Sun Yat-sen à Nankin et transfert de sa dépouille dans le mausolée des Montagnes pourpres.

1940 **29 mars** : Une proclamation du gouvernement nationaliste confère à Sun Yat-sen le titre de « Père de la nation » (Guofu).

BIBLIOGRAPHIE

Bibliographie générale

Études en langues occidentales (anglais-français)

AUXION DE RUFFÉ, R. d', *Chine et Chinois d'aujourd'hui*, Paris, 1926.

BARLOW, Jeffrey G., *Sun Yat-sen and the French. 1900-1908*, Berkeley, Institute of East Asian Studies, Center for Chinese Studies, China Research Monograph., n° 14, 1979.

BING, Dov, « Chang Chi and Ma-lin's First Visit to Dr Sun Yat-sen », *Issues and Studies*, mars 1973, vol. IX, n° 6, pp. 57-62.

CANTLIE, James et JONES, C. Sheridan, *Sun Yat-sen and the Awakening of China*, New York, Fleming H. Revell Cie, 1912.

CHANG Jung (avec HALLIDAY Jon), *Mme Sun Yat-sen (Soong Ching-lin)*, Londres, Penguin Books, 1986.

CHANG, Sidney et GORDON, Leonard H.D., *All under Heaven... Sun Yat-sen and His Revolutionary Thought*, Stanford Ca., Stanford University, Hoover Institution Press, 1991.

CHENG Chu-yuan, *Sun Yat-sen's Doctrine in the Modern World*, Boulder et Londres, Westview Press, 1989.

CHENG, Shelley H., « The T'ung-meng-hui : Its Organization, Leadership and Finances : 1905-1912 », Ph. D. Dissertation, University of Washington, 1962.

CHESNEAUX, Jean, *Sun Yat-sen*, Paris, Le Club français du livre, 1959

CHOA, Gerald Hugh, *The Life and Times of Sir Kai Ho Kai. A Prominent Figure in Nineteenth Century Hong Kong*, Hong Kong, The Chinese University Press, 1981.

CHONG, Key Ray, « The Abortive American-Chinese Project for Chinese Revolution 1908-1911 », *Pacific Historical Review*, 1972, vol. XLI, pp. 54-70.

ELIA, Pascal M. D' (S.J.), *Le Triple Démisme de Suen Wen*, Shanghai, Bureau sinologique de Zi-ka-wei, 1930.

ESHERICK, Joseph W., *Reform and Revolution in China : The 1911 Revolution in Hunan and Hubei*, Berkeley, University of California Press, 1976.

ETO Shinkichi et SCHIFFRIN Harold Z. (éd.), *The 1911 Revolution in China : Interpretive* [sic] *Essays*, Tokyo, University of Tokyo Press, 1984.

FAIRBANK, John K. (éd.), *The Cambridge History of China*, vol. XII : *Republican China, 1912-1949*, Cambridge, Cambridge University Press, t. II, 1983.

FAIRBANK, John K. et LIU Kwang-ching (éd.), *The Cambridge History of China*, vol. XI : *Late Ch'ing 1800-1911*, Cambridge, Cambridge University Press, t. II, 1980.

FRIEDMAN, Edward, *Backward toward Revolution : The Chinese Revolutionary Party*, Berkeley, University of California Press, 1974.

GASSTER, Michael, *Chinese Intellectuals and the Revolution of 1911 : the Birth of Modern Chinese Radicalism*, Seattle, University of Washington Press, 1969.

HSÜEH Chün-tu, *Huang Hsing and the Chinese Revolution*, Stanford, Stanford University Press, 1961.

JANSEN, Marius, *The Japanese and Sun Yat-sen*, Cambridge, Mass., Harvard University Press, 1967.

JEN Yu-wen, « The Youth of Sun Yat-sen », *in* JEN Yu-wen et RIDE, Lindsay, *Sun Yat-sen. Two Commemorative Essays*, Hong Kong, University of Hong Kong, Center of Asian Studies, 1970, pp. 1-22.

KINDERMANN, Gottfried-Karl (éd.), *East-West Syntheses*, vol. I : *Sun Yat-sen : Founder and Symbol of China's Revolutionary Nation-Building*, München, Günter Olzog, 1982.

LAM Man-sun, « Hong Kong and China's Reform and Revolutionary Movements : an Analytical Study of the Reports of Four Hong Kong English Newspapers (1895-1912) », Ph. D. Dissertation, University of Hong Kong, 1984.

LENG Shao-chuan et PALMER, Norman D., *Sun Yat-sen and Communism*, New York, Praeger, 1960.

LIEW Kit-siong, *Struggle for Democracy. Sung Chiao-jen and the 1911 Revolution*, Berkeley et Los Angeles, University of California Press, 1971.

LINEBARGER, Paul, *Sun Yat-sen and the Chinese Republic*, New York, Century C°, 1925.

LO Chia-lun (LUO Jialun), *The Pictorial Biography of Dr Sun Yat-sen*, Taipei, Historical Archives Commission of the Kuomintang, 1955.

LOH, Pichon P.Y., *The Early Chiang Kai-shek. A Study of His Personality and Politics 1887-1924*, New York, Columbia University Press, 1971.

MIN Tu-ki « An Inquiry into the Nature of 1923 Renovation of the KMT », *Proceedings of the Conference on the Early History of the Republic of China 1912-1927*, Taipei, Academia Sinica, The Institute of Modern History, 20-22 août 1983, t. II, pp. 787-795.

MIYAZAKI Tôten (Torazô), *My Thirty-Three Years'Dream. The Autobiography of Miyazaki Tôten.* Traduction du japonais et introduction de ETO Shinkichi et Marius B. JANSEN, Princeton, Princeton University Press, 1982.

MUNHOLLAND, J. Kim, « The French Connection that Failed : France and Sun Yat-sen 1900-1908 », *The Journal of Asian Studies*, novembre 1972, vol. XXXII, n° 1, pp. 177-195.

MUNTJEWERF, A.C., « Was there a 'Sneevlietian Strategy' ? », *The China Quarterly*, janvier-mars 1973, n° 53, pp. 159-168.

PRICE, Don, « Sung Chiao-jen's Political Strategy, 1912-1913 », *Proceedings of the Conference of the Early History of the Republic of China 1912-1927*, Taipei, Academia Sinica, The Institute of Modern History, 20-22 août 1983, t. II, pp. 33-51.

RANKIN, Mary Backus, *Early Chinese Revolutionaries : Radical Intellectuals in Shanghai and Chekiang, 1902-1911*, Cambridge, Mass., Harvard University Press, 1971.

—, *Elite Activism and Political Transformation in China. Zhejiang Province, 1865-1911*, Stanford, Stanford University Press, 1986.

RESTARICK, Henry Bond, *Sun Yat-sen, Liberator of China*, New Haven, Yale University Press, 1931.

RHOADS, Edward J.M., *China's Republican Revolution. The Case of Kwangtung, 1895-1913*, Cambridge, Mass., Harvard University Press, 1975.
«SAGGITARIUS» (pseud. de WOODHEAD, H.G.W.), *The Strange Apotheosis of Sun Yat-sen*, Londres, Heath, Cranton Ltd, 1939.
SCALAPINO, Robert et SCHIFFRIN, Harold Z., «Early Socialist Currents in the Chinese Revolutionary Movement : Sun Yat-sen versus Liang Ch'i-Ch'ao», *The Journal of Asian Studies*, mai 1959, vol. XVIII, n° 3, pp. 321-342.
SCHIFFRIN, Harold Z., *Sun Yat-sen and the Origins of the Chinese Revolution*, Berkeley, University of California Press, 1968.
—, «The Enigma of Sun Yat-sen», *in* Mary C. WRIGHT (éd.), *China in Revolution : The First Phase 1900-1913*, New Haven, Yale University Press, 1968, pp. 462-474.
—, «Sun-Yat-sen's Early Land Policy : The Origin and Meaning of 'Equalizalism of Land Rights'», *The Journal of Asian Studies*, août 1957, vol. XVI, n° 4, pp. 549-564.
—, *Sun-Yat-sen : Reluctant Revolutionary*, Boston-Toronto, Little Brown and C°, 1980.
SCHWARTZ, Benjamin, *In Search of Wealth and Power : Yen Fu and the West*, Cambridge, Harvard University Press, 1964.
SEAGRAVE, Sterling, *The Soong Dynasty*, New York, Harper and Row, 1985.
SHARMAN, Lyon, *Sun Yat-sen : his Life and his Meaning*, New York, John Day Co, 1934.
SHIEH, Milton J., *The Kuomintang. Selected Historical Documents, 1894-1969*, New York, St John's University Press, 1970.
SOULIÉ DE MORANT, Georges, *Soun Iat-senn*, Paris, Gallimard, 1932.
SUN Yat-sen, *Kidnapped in London*, Bristol, Arrowsmith, 1897 (rééd. Londres, 1969).
—, *The International Development of China*, Londres et New York, Hutchinson and Co., 1re éd. 1921, rééd. 1928.
—, *Fundamentals of National Reconstruction*, Taipei, China Cultural Service, 1953.
—, *Le Triple Démisme*, traduit du chinois, *cf.* ÉLIA, Pascal M. D'
TCHANG Fou-jouei, «L'opinion publique française et la révolution de 1911», thèse de doctorat, Paris, faculté des lettres, s.d.
TENG Ssu-yü, *Dr Sun Yat-sen and Chinese Secret Societies*, (extrait de *Studies on Asia*), Lincoln, University of Nebraska Press, 1963.
TENG Ssu-yü et FAIRBANK, John K., *China's Response to the West : A Documentary Survey 1839-1923*, Cambridge, Mass., Harvard, University Press, 1954.
TSAI Jung-fang, «Comprador Ideologists in Modern China : Ho Kai and Hu Li-Yuan», Ph. D. Dissertation, University of California, 1975.
TSE Tsan Tai (XIE Zuantai), *The Chinese Republic : Secret History of the Revolution*, Hong Kong, South China Post, 1924.
WANG Gungwu, «Sun Yatsen and Singapore», *Journal of the South Seas Society (Nanyang Hsueh Pao)*, décembre 1959, vol. XV, t. I, pp. 55-68.
WANG, Y.C., *Chinese Intellectuals and the West, 1872-1949*, Chapel Hill, University of North Carolina Press, 1966.
WILBUR, C. Martin, *Sun Yat-sen : Frustrated Patriot*, New York, Columbia University Press, 1976.
WILBUR, C. Martin et HOW Lien-ying, Julie, *Missionaries of Revolution : Soviet Advisers and Nationalist China*, Cambridge, Mass., Harvard University Press, 1989.
WONG, John Y., *The Origins of an Heroic Image. Sun Yat-sen in London, 1896-1897*, Hong Kong-Oxford, Oxford University Press, 1986.
— (éd.), *Sun Yat-sen. His International Ideas and International Connections*, Broadway N.S.W., Wild Peony, 1987.

WRIGHT, Mary Clabaugh, *China in Revolution. The First Phase, 1900-1913*, New Haven, Yale University Press, 1968.
YEN Ching Hwang, *The Overseas Chinese and the 1911 Revolution*, Londres, New York et Melbourne, Oxford University Press, 1976.
YU, George T., *Party Politics in Republican China : The Kuomintang 1912-1924*, Berkeley et Los Angeles, University Press of California, 1966.

Ouvrages en langue chinoise

Les études chinoises sur Sun Yat-sen sont extrêmement nombreuses et souvent répétitives. Par souci de limiter l'appareil critique d'un ouvrage qui ne s'adresse pas principalement aux spécialistes, nous n'avons retenu ici que quelques titres fondamentaux. Dans le même souci d'allégement, nous avons écarté les références à la bibliographie japonaise pourtant très riche ainsi qu'à la bibliographie en langue russe, elle aussi abondante mais souvent dominée par les préoccupations idéologiques.

CAO Yabo, *Wuchang geming zhenshi* (Histoire véridique du soulèvement de Wuchang), Shanghai, 1930, 3 vol.
CHAI Degeng *et alii*, comp., *Xinhai geming* (La révolution de 1911), Shanghai, 1957, 8 vol.
CHEN Shaobai, *Xingzhonghui geming shiyao* (Histoire révolutionnaire de Renaissance chinoise), Shanghai, 1929-1930.
CHEN Xiqi, *Tongmenghui chengliqiande Sun Zhongshan* (Sun Yat-sen avant la fondation du Tongmenghui), Canton, 1957.
—, *Sun Zhongshan nianpu changpian* (Biographie chronologique de Sun Yat-sen), Pékin, Zhonghua shuju, 1991, 2 vol.
FENG Ziyou, *Geming yishi* (Anecdotes sur la Révolution), Shanghai-Zhongqing, 1939-1945, 5 vol.
—, *Zhonghua minguo kaiguoqian gemingshi* (Histoire de la révolution avant la fondation de la République), Shanghai, 1928.
Guangdongsheng Sun Zhongshan yanjiuhui (éd.), *Sun Zhongshan yanjiu* (Recherches sur Sun Yat-sen), Canton, 1986, vol. I.
LUO Jialun, *Guofuzhi daxue shidai* (Les universités de Sun Yat-sen), Zhongqing, 1945.
—, *Zhongshan xiansheng Lundun beinan shiliao kaoding* (Analyse critique des sources sur l'enlèvement de Sun Yat-sen à Londres), Shanghai, 1930.
LUO Xianglin, *Guofu yu Ou-Mei zhi youhao* (Sun Yat-sen et ses amis européens et américains), Taibei, 1951.
—, *Guofu zhi daxue shidai* (Les universités de Sun Yat-sen), Zhongqing, 1945.
SONG Jiaoren, *Wo zhi lishi* (Ma vie), Taoyuan (Hunan), 1920, rééd. Taibei, 1962.
SUN Yat-sen, « Youzhi jingcheng » (L'ambition réalisée), écrit en 1918, publié ensuite sous divers titres : « Geming yuanqi » (Les origines de la révolution), et *Sun Zhongshan xiansheng zizhuan* (Autobiographie de Sun Yat-sen), *in Sun Zhongshan quanji* (Œuvres complètes de Sun Yat-sen), Pékin, Zhonghua Shuju, 1981-1986, vol. VI, pp. 228-246.
—, *Zhongguo gemingshi* (Histoire de la Révolution chinoise), Canton, 1923.
—, *Guofu quanji* (Œuvres complètes de Sun Yat-sen), éd. par les Archives du Guomindang, Taibei, 1957, 3 vol. ; éd. révisée, 6 vol., 1965.

—, *Sun Zhongshan quanji* (Œuvres complètes de Sun Yat-sen) comp. par Zhongshan daxue lishixi, Guangdongsheng shehuikexueyuan lishi yanjiusuo, Zhongguo shehuikexueyuan jindaishi yanjiusuo, Pékin, Zhonghua Shuju, 1981-1986, 11 vol.
WU Xiangxiang, *Sun Yixian xiansheng zhuan* (La vie de Sun Yat-sen), Taibei, 1984, 2 vol.
Zhongguo Guomindang, Zhongyang dangshi shiliao bianzuan weiyuanhui (éd.), comp., *Geming wenxian* (Documents sur la Révolution), Taibei, depuis 1953, 61 vol.
Zhongguo Guomindang, Zhongyang dangshi shiliao bianzuan, weiyuanhui (éd.), *Guofu nianpu* (Biographie chronologique de Sun Yat-sen), Taibei, 1958 ; 2e éd. rev., 1969, 2 vol.
Zhongguo renmin zhengzhi xieshang huiyi, Quanguo weiyuanhui, Wenshi ziliao yanjiu weiyuanhui (éd.), *Xinhai geming huiyilu* (Souvenirs sur la révolution de 1911), Pékin, 1961-1963, 5 vol.
Zhongguo shehuikexueyuan jindai yanjiusuo (éd.), *Huigu yu zhanwang. Guo nei wai Sun Zhongshan yanjiu shuping* (Rétrospectives et perspectives. Évaluation des recherches menées en Chine et à l'étranger au sujet de Sun Yat-sen), Pékin, Zhonghua Shuju, 1986.
Zhongguo Sun Zhongshan yanjiuhui (éd.), *Sun Zhongshan he tade shidai (Sun Zhongshan yanjiuhui guoji xueshu taolunhui wen ji)* (Sun Yat-sen et son époque. Recueil de communications à la conférence internationale sur Sun Yat-sen), Pékin, Zhonghua Shuju, 1989, 3 vol.
Zhonghua minguo kaiguo wushinian wenxian bianzuan weiyuanhui, comp., *Zhonghua minguo kaiguo wushinian wenxian* (Collection de documents en commémoration du 50e anniversaire de la fondation de la République chinoise), Taibei, à partir de 1961.
ZOU Lu, *Zhongguo Guomindang shikao* (Projet d'histoire du Parti nationaliste chinois), Shanghai, 1929.

CHAPITRE PREMIER : Les années de formation

BERGÈRE, Marie-Claire, « Modernisation économique et société urbaine », *in* Marie-Claire BERGÈRE, Lucien BIANCO, Jürgen DOMES (éd.), *La Chine au XXe siècle*, t. I : *D'une révolution à l'autre, 1895-1949*, Paris, Fayard, 1990, chap. X.
BOROKH, Lilian, « Les débuts du mouvement républicain de Sun Yat-sen et les sociétés secrètes », *in* Jean CHESNEAUX (éd.), *Mouvements populaires et sociétés secrètes en Chine aux XIXe et XXe siècles*, Paris, Maspéro, 1970, pp. 344-359.
CANTLIE, Neil et SEAVER, George, *Sir James Cantlie : a Romance in Medecine*, Londres, John Murray, 1939.
CHEN Xiqi, *Tongmenghui chengliqiande Sun Zhongshan* (Sun Yat-sen avant la fondation du Tongmenghui), B.G.*
CHOA, Gerald Hugh, *The Life and Times of Sir Kai Ho Kai. A Prominent Figure in Nineteenth-Century Hong Kong*, B.G.
FAIRBANK, John K. et LIU Kwang-ching (éd.), *The Cambridge History of China*, vol. XI : *Late Ching 1800-1911*, B.G.

* La mention B.G. renvoie à la bibliographie générale.

FENG Ziyou, *Geming yishi* (Anecdotes sur la Révolution), B.G.
LAM Man-Sun, «Hong Kong and China's Reform and Revolutionary Movements», B.G.
LINEBARGER, Paul, *Sun Yat-sen and the Chinese Republic*, B.G.
LUO Xianglin, *Guofu yu Ou-Mei zhi youhao* (Sun Yat-sen et ses amis occidentaux), B.G.
NG LUN Ngai-ha, *Historical Traces of Sun Yat-sen's Activities in Hong Kong, Macao and Overseas*, The Chinese University of Hong Kong, 1986.
SCHIFFRIN, Harold Z., *Sun Yat-sen and the Origins of the Chinese Revolution*, B.G.
SCHWARTZ, Benjamin, *In Search of Wealth and Power : Yen Fu and the West*, B.G.
SHARMAN, Lyon, *Sun Yat-sen : his Life and his Meaning*, B.G.
SUN Yat-sen, «Youzhi jingeheng» (L'ambition réalisée), B.G.
TENG Ssu-yü, *Dr Sun Yat-sen and Chinese Secret Societies*, B.G.
TENG Ssu-yü et FAIRBANK, John K., *China's Response to the West. A Documentary Survey*, B.G.
TSAI Jung-fang, «Comprador Ideologists in Modern China : Ho Kai and Hu Li-yuan», B.G.
WILL, Pierre-Étienne, «L'ère des rébellions et de la modernisation avortée», *in* Marie-Claire BERGÈRE, Lucien BIANCO et Jürgen DOMES (éd.), *La Chine au XXe siècle*, t. I : *D'une révolution à l'autre, 1895-1949*, Paris, Fayard, 1990, chap. II.
WU Xiangxiang, *Sun Yixian xiansheng zhuan* (Biographie de Sun Yat-sen), vol. I, B.G.

CHAPITRE II : La création symbolique d'un chef révolutionnaire (1894-1897)

CANTLIE, James et JONES, C. Sheridan, *Sun Yat-sen and the Awakening of China*, B.G.
CHEN Shaobai, *Xingzhonghui geming shiyao* (Histoire révolutionnaire de Renaissance chinoise), B.G.
CHEN Xiqi, *Tongmenghui chengliqiande Sun Zhongshan* (Sun Yat-sen avant la fondation du Tongmenghui), B.G.
CHESNEAUX, Jean (éd.), *Mouvements populaires et sociétés secrètes en Chine aux XIXe et XXe siècles*, Paris, Maspéro, 1970.
FENG Ziyou, *Geming yishi* (Anecdotes sur la Révolution), B.G.
HSÜEH Chün-tu, «Sun Yat-sen, Yang Ch'u-yun and the Early Revolutionary Movement in China», *The Journal of Asian Studies*, mai 1960, vol. XIX, n° 3, pp. 307-318.
JEN Yu-wen, «The Youth of Sun Yat-sen», *in* JEN Yu-wen et Lindsay RIDE, *Sun Yat-sen. Two Commemorative Essays*, B.G.
LAM Man-Sun, «Hong Kong and China's Reform and Revolutionary Movements», B.G.
LUO Jialun, *Zhongshan xiansheng Lundun beinan shiliao kaoding* (Analyse critique des sources sur l'enlèvement de Sun Yat-sen), B.G.
LUST, John, «Sociétés secrètes, mouvements populaires et la révolution de 1911», *in* Jean CHESNEAUX (éd.), *Mouvements populaires et sociétés secrètes en Chine aux XIXe et XXe siècles*, Paris, Maspéro, 1970, pp. 360-392.
MIYAZAKI, Tôten (Torazô), *My Thirty-Three Years Dream. The Autobiography of Miyazaki Tôten*, B.G.
RHOADS, Edward J.M., *China's Republican Revolution. The Case of Guangdong, 1895-1913*, B.G.

SCHIFFRIN, Harold Z., *Sun Yat-sen and The Origins of the Chinese Revolution*, B.G.
SCHWARTZ, Benjamin, *In Search of Wealth and Power : Yen Fu and the West*, B.G.
SHARMAN, Lyon, *Sun Yat-sen : his life and his Meaning*, B.G.
SUN Yat-sen, *Kidnapped in London*, B.G.
TENG Ssu-yü, *Dr Sun Yat-sen and Chinese Secret Societies*, B.G.
—, et FAIRBANK, John K., *China's Response to the West : A Documentary Survey*, B.G.
TSAI Jung-fang, « Comprador Ideologists in Modern China : Ho Kai and Hu Li-yuan », B.G.
TSE Tsan Tai, *The Chinese Republic : Secret History of the Revolution*, B.G.
WU Xiangxiang, *Sun Yixian xiansheng zhuan* (Biographie de Sun Yat-sen), B.G., vol. I.
WONG, John Y., *The Origins of an Heroïc Image. Sun Yat-sen in London*, B.G.
ZOU Lu, *Zhongguo Guomindang shigao* (Projet d'histoire du Parti nationaliste chinois), B.G.

CHAPITRE III : La création symbolique d'un mouvement révolutionnaire (1897-1900)

BOROKH, Lilian, « Les débuts du mouvement républicain de Sun Yat-sen et les sociétés secrètes », *in* Jean CHESNEAUX (éd.), *Mouvements populaires et sociétés secrètes en Chine aux XIXe et XXe siècles*, Paris, Maspéro, 1970, pp. 344-359.
CHAN Lau Kit-ching, *China, Britain and Hong Kong, 1895-1945*, Hong Kong, The Chinese University Press, 1990, chap. I : « The Hsing Chung Hui Period, 1895-1905 ».
CHEN Shaobai, *Xingzhonghui geming shiyao* (Histoire révolutionnaire de Renaissance chinoise), B.G.
CHEN Xiqi, *Tongmenghui chengliqiande Sun Zhongshan* (Sun Yat-sen avant la fondation du Tongmenghui), B.G.
HAO Yen-p'ing, « The Abortive Cooperation between Reformers and Revolutionaries », *Papers on China*, Harvard University, East Asian Research Center, 1961, vol. XV, pp. 91-114.
HSIEH, Winston, « Salt Smugglers and Local Uprisings : Observations on the Social and Economic Background of the Waichow Revolution of 1911 », *in* Jean CHESNEAUX (éd.), *Popular Movement and Secret Societies in China 1840-1950*, Stanford, Stanford University Press, 1973, pp. 154-164.
JANSEN, Marius, *The Japanese and Sun Yat-sen*, B.G.
—, « Japan and the Chinese Revolution of 1911 », *in* John K. FAIRBANK et LIU Kwang-ching (éd.), *The Cambridge History of China*, vol. XI : *Late Ch'ing 1800-1911*, B.G., t. II, chap. VI.
LEVENSON, Joseph R., *Liang Ch'i-Ch'ao and the Mind of Modern China*, Londres, Thames and Hudson, 1953.
LUST, John, « Les sociétés secrètes, les mouvements populaires et la révolution de 1911 », *in* Jean CHESNEAUX (éd.), *Mouvements populaires et sociétés secrètes en Chine aux XIXe et XXe siècles*, Paris, Maspéro, 1970, pp. 360-392.
MIN Tu-ki, « Daitô Gappon Ron and the Chinese Response : An Inquiry into Chinese Attitudes toward Early Japanese Pan-Asianism », *in* ETO Shinkichi et SCHIFFRIN Harold Z. (éd.), *The 1911 Revolution in China : Interpretive* [sic] *Essays*, B.G., pp. 83-94.
MIYAZAKI Tôten (Torazô), *My Thirty-Three Years' Dream. The Autobiography of Miyazaki Tôten*, B.G.

RHOADS, Edwards, J.M., *China's Republican Revolution. The Case of Kwangtung, 1895-1913*, B.G.
SCHIFFRIN, Harold Z., *Sun Yat-sen and the Origins of the Chinese Revolution*, B.G.

CHAPITRE IV : L'éveil du nationalisme chinois et la fondation de la Ligue jurée (1905)

BARLOW, Jeffrey G., *Sun Yat-sen and the French 1900-1908*, B.G.
BERGÈRE, Marie-Claire, « A French Follower of Dr Sun Yat-sen : Captain Boucabeille », communication présentée à la conférence internationale sur « Le 120e anniversaire du Dr Sun Yat-sen », Canton-Cuiheng, octobre 1986.
BRUGUIÈRE, Michel, « Le chemin de fer du Yunnan. Paul Doumer et la politique d'intervention française en Chine, 1889-1902 », *Revue d'histoire diplomatique*, 1963, pp. 23-61, 129-162, 252-278.
DOUMER, Paul, *L'Indochine française (Souvenirs)*, Paris, Vuibert et Nony, 1905.
FOGEL, Joshua, « Race and Class in Chinese Historiography. Divergent Interpretations of Zhang Binglin and Antimanchuism in the 1911 Revolution », *Modern China*, juillet 1977, vol. III, n° 3.
FRANÇOIS, Auguste, *Le Mandarin blanc. Souvenirs d'un consul en Extrême-Orient, 1886-1904*, Paris, Calmann-Lévy, 1990.
GASSTER, Michael, *Chinese Intellectuals and the Revolution of 1911*, B.G.
—, « The Republican Revolutionary Movement », *in* John K. FAIRBANK et LIU Kwang-ching (éd.), *The Cambridge History of China*, vol. XI : *Late Ch'ing 1900-1911*, B.G., t. II, chap. IX.
LIEW Kit-siong, *Struggle for Democracy, Sung Chiao-jen and the 1911 Chinese Revolution*, B.G.
MUNHOLLAND, J.Kim, « The French Connection that Failed, France and Sun Yat-sen, 1900-1908 », B.G.
RANKIN, Mary Backus, *Elite Activism and Political Transformation in China. Zhejiang Province 1865-1911*, B.G.
ROWE, William T., « The Public Sphere in Modern China », *Modern China*, juillet 1990, vol. XVI, n° 3, pp. 309-329.
SCHIFFRIN, Harold Z., *Sun Yat-sen and the Origins of the Chinese Revolution*, B.G.
SHIMADA Kenji, *Pioneer of the Chinese Revolution. Zhang Binglin and Confucianism*, trad. du japonais par Joshua A. Fogel, Stanford, Stanford University Press, 1990.
TSOU Jung (ZOU Rong), *The Revolutionary Army. A Chinese Nationalist Tract of 1903*, introduction, traduction et notes de John LUST, Paris-La Haye, Mouton, 1968, p. 60.
WONG Young-tsu, *Search for Modern Nationalism. Zhang Binglin and Revolutionary China, 1869-1936*, Hong Kong, Oxford University Press, 1989.
YEN Ching Hwang, *The Overseas Chinese and the 1911 Revolution*, B.G.
YOUNG, P. Ernest, « Ch'en T'ien-hua (1875-1905) : A Chinese Nationalist », *Papers on China*, Center for East Asian Studies, Harvard University, Cambridge, Mass., décembre 1959, vol. XIII, pp. 113-163.
YU, George T., *Party Politics in Republican China*, B.G.

CHAPITRE V : Sun et la Ligue jurée (1905-1911)

BASTID, Marianne, « L'ouverture aux idées d'Occident : quelle influence de la Révolution française sur la révolution républicaine de 1911 ? », *Extrême-Orient - Extrême-Occident*, Paris, Presses et Publications de l'université de Paris VIII, 1983, vol. II, pp. 21-40.
FOGEL, Joshua, « Race and Class in Chinese Historiography : Divergent Interpretations of Zhang Binglin and Antimanchuism in the 1911 Revolution », *Modern China*, juillet 1977, vol. III, n° 3.
FURTH, Charlotte, « The Sage as Rebel : the Inner World of Chang Ping-lin », *in* Charlotte FURTH (éd.), *The Limits of Change. Essays on Conservative Alternatives in Republican China*, Cambridge, Mass., Harvard University Press, 1976, pp. 113-150.
GASSTER, Michael, *Chinese Intellectuals and the Revolution of 1911*, B.G.
HSÜEH Chün-tu, *Huang Hsing and the Chinese Revolution*, B.G.
LEVENSON, Joseph R., *Liang Ch'i-Ch'ao and the Mind of Modern China*, Londres, Thames et Hudson, 1953.
—, « The Province, the Nation and the World », *in* Albert FEURWERKER *et alii* (éd.), *Approaches to Modern Chinese History*, Berkeley, University of California Press, 1967, pp. 268-288.
LIEW Kit-siong, *Struggle for Democracy. Sung Chiao-jen and the 1911 Revolution*, B.G.
RHOADS, Edward, *China's Republican Revolution. The Case of Kwangtung, 1895-1913*, B.G.
SCALAPINO, Robert, et SCHIFFRIN, Harold Z., « Early Socialist Currents in the Chinese Revolutionary Movement : Sun Yat-sen versus Liang Ch'i-Ch'ao », B.G.
SCHIFFRIN, Harold Z., « Sun Yat-sen's Early Land Policy : The Origin and Meaning of Equalization of Land Rights », B.G.
TAMADA Kamachi Noriko, « Sung Chiao-jen and the 1911Revolution », *Papers on China*, Center for East Asian Studies, Harvard University, Cambridge, Mass., février 1968, vol. XXI, pp. 184-229.
WONG Young-tsu, *Search for Modern Nationalism. Zhang Binglin and Revolutionary China, 1889-1936*, Hong Kong, Oxford University Press, 1989.
YOUNG, Ernest P., « C'hen T'ien-hua (1875-1905) : A Chinese Nationalist », *Papers on China*, Center for East Asian Studies, Harvard University, Cambridge, Mass., décembre 1959, vol. XIII, pp. 113-163.

CHAPITRE VI : Le conspirateur

BARLOW, Jeffrey G., *Sun Yat-sen and the French*, B.G.
CHONG, Key Ray, « The Abortive American-Chinese Project for Chinese Revolution, 1908-1911 », B.G.
HSÜEH, Chün-tu, *Huang-Hsing and the Chinese Revolution*, B.G.
MUNHOLLAND, J. Kim, « The French Connection that Failed : France and Sun Yat-sen, 1900-1908 », B.G.
WANG Gungwu, « Sun Yat-sen and Singapore », B.G.
WILBUR, Martin C., *Sun Yat-sen : Frustrated Patriot*, B.G.
WONG Young-tsu, *Search for Modern Nationalism. Zhang Binglin and Revolutionary China, 1889-1936*, Hong Kong, Oxford University Press, 1989.
YEN Ching Hwang, *The Overseas Chinese and the 1911 Revolution*, B.G.

CHAPITRE VII : Le père... adoptif de la République chinoise

ALBERT, Charles, « La révolution chinoise et le socialisme », *L'Effort libre*, 5e-6e-7e cahiers, février 1913.

ANSCHEL, Eugène, *Homer Lea. Sun Yat-sen and the Chinese Revolution*, New York, Praeger, 1986.

BASTID, Marianne, « La diplomatie française et la Révolution chinoise », *Revue d'histoire moderne et contemporaine*, 1969, pp. 221-245.

BERGÈRE, Marie-Claire, *La Bourgeoisie chinoise et la Révolution de 1911*, Paris, Mouton, 1968.

CHONG, Key Ray, *Americans and Chinese Reform and Revolution, 1898-1922 : The Role of Private Citizens in Diplomacy*, Lanham, Md., University Press of America, 1984.

CHU, Samuel, *Reformer in Modern China. Chang Chien, 1853-1926*, New York, Columbia University Press, 1965.

FARJENEL, Fernand, *A travers la révolution chinoise*, Paris, Plon-Nourrit, 1914.

FINCHER, John, *Chinese Democracy, Statist Reform, the Self Government Movement and Republican Revolution*, Tokyo, Institute for the Study of Languages and Cultures of Asia and Africa, 1989.

FRIEDMAN, Edward, *Backward toward Revolution. The Chinese Revolutionary Party*, B.G.

FUNG, Edmund S.K., « The T'ung-meng-hui Central China Bureau and the Wuchang uprising », *Zhongguo wenhua yanjiusuo xuebao* (The Bulletin of the Institute of Chinese Culture), The Chinese University of Hong Kong, 1974, vol. VII, n° 2, pp. 477-496.

HSÜEH Chün-tu, « Un démocrate chinois : la vie de Song Jiaoren », *in* HSÜEH Chün-tu (éd.), *Les Dirigeants de la Chine révolutionnaire, 1850-1972* (trad. de l'américain), Paris, Calmann-Lévy, 1973, pp. 183-200.

LIEW Kit-siong, *The Struggle for Democracy. Sun Chiao-jen and the 1911 Revolution*, B.G.

LO Hui-min (éd.), *The Correspondence of G.E. Morrison*, Cambridge, Cambridge University Press, 1976, 2 vol.

MAYBON, Albert, *La République chinoise*, Paris, Colin, 1914.

MORRISON, George E., *Correspondence* : voir LO Hui-min.

PEARL, Cyril, *Morrison of China*, Sydney, Angus et Robertson, 1967.

ROTTBACH, Edmond, *La Chine en révolution*, Paris, Perrin, 1914.

« SAGGITARIUS » (pseud. de H.G.W. WOODHEAD), *The Strange Apotheosis of Sun Yat-sen*, B.G.

SELLE, Earl Albert, *Donald of China*, New York et Londres, Harper and Brothers, 1948.

TAMADA Kamachi Noriko, « Sung Chiao-jen and the 1911 Revolution », *Papers on China*, Center for East Asian Studies, Harvard University, Cambridge, Mass., 1968, vol. XXI, pp. 184-229.

TCHANG Fou-jouei, « L'opinion publique française et la révolution de 1911 », B.G.

WU Xiangxiang, *Song Jiaoren, Zhongguo minzhu xianzhengde xianqu* (Song Jiaoren, précurseur du gouvernement démocratique constitutionnel chinois), Taibei, 1964.

YOUNG, Ernest P., « Yuan Shih-k'ai's Rise to Presidency », *in* Mary C. WRIGHT (éd.), *China in Revolution. The First Phase 1900-1913*, B.G., pp. 420-442.

—, *The Presidency of Yuan Shih-k'ai. Liberalism and Dictatorship in Early Republican China*, Anna Arbor, The University of Michigan Press, 1977.

CHAPITRE VIII : La traversée du désert (1913-1920)

ALTMAN, Albert A., et SCHIFFRIN, Harold Z., « Sun Yat-sen and the Japanese, 1914-1916 », *Modern Asian Studies*, 1972, vol. VI, n° 4, pp. 385-400.

CHAN, Gilbert F., « Sun Yat-sen and the Origins of the Kuomintang Organization », *in* CHAN, Gilbert F. *et alii* (éd.), *China in the 1920's, Nationalism and Revolution*, New York, Franklin Walls, 1976.

CHANG Jung et HALLIDAY, Jon, *Madame Sun Yat-sen (Soong Ching-ling)*, B.G.

CHEN, Jerome, *Yuan Shih-k'ai, 1859-1916*, Stanford, Stanford University Press, 1961.

CH'I Hsi-sheng, *Warlord Politics in China, 1916-1928*, Stanford, Stanford University Press, 1976.

FASS, Josef, « Sun Yat-sen and the World War I », *Archiv Orientalni*, 1967, vol. XXXV, n° 1, pp. 111-120.

—, « Sun Yat-sen and the May-4th Movement », *Archiv Orientalni*, 1968, vol. XXXVI, n° 4, pp. 577-584.

FRIEDMAN, Edward, *Backward toward Revolution. The Chinese Revolutionary Party*, B.G.

FURUYA Keiji, *Chiang Kai-shek : His Life and Times*, version anglaise traduite du japonais et abrégée par CHANG Chun-ming, Anapolis, Md., Saint-John's University Press, 1981.

HAHN, Emily, *The Soong Sisters*, New York, Doubleday, Doran, 1941.

HSIEH, Winston, « The Ideas and Ideals of a Warlord : Ch'en Chiung-ming, 1878-1933 », *Papers on China*, Center for East Asian Studies, Harvard University, Cambridge, Mass., décembre 1962, vol. XVI, pp. 198-252.

HSÜEH Chün-tu, *Huang Hsing and the Chinese Revolution*, B.G.

JANSEN, Marius, *The Japanese and Sun Yat-sen*, B.G.

—, « Yawata, Hanyehping and the Twenty-one Demands », *Pacific Historical Review*, février 1954, vol. XXIII, n° 1, pp. 31-48.

« Letters and Telegrams to Sir James and Lady Cantlie, 1913-1921 », coll. des photocopies d'originaux manuscrits ou dactylographiés, conservées à la bibliothèque de Hong Kong University.

LI Shou-kung, « Dr Sun Yat-sen's Constitution-Protection Campaign and the Establishment of the Military Government in Canton, 1917-1918 », *China Forum*, juillet 1977, vol. IV, n° 2.

LO Hui-min (éd.), *The Correspondence of G.E. Morrison*, Cambridge, Cambridge University Press, 1976, 2 vol.

LOH, Pichon, *The Early Chiang Kai-shek*, B.G.

NATHAN, Andrew J., « A Constitutional Republic : The Peking government, 1916-1928 », *in* John K. FAIRBANK (éd.), *The Cambridge History of China*, vol. XII : *Republican China, 1912-1949*, t. I, pp. 259-283.

« SAGGITARIUS », (pseud. de H.G.W. WOODHEAD), *The Strange Apotheosis of Dr Sun Yat-sen*, B.G.

SELLE, Earl Albert, *Donald of China*, New York et Londres, Harper & Bros, 1948.

SHERIDAN, James E., *China in Desintegration : the Republican Era*, New York, Free Press, 1975.

—, « The Warlord Era : Politics and Militarism under the Peking Government, 1916-1928 », *in* John K. FAIRBANK (éd.), *The Cambridge History of China*, vol. XII : *Republican China, 1912-1949*, B.G., t. I, pp. 284-321.

SNOW, Edgar, *Journey to the Beginning*, Londres, Gollanz, 1960.

SUTTON, Donald S., *Provincial Militarism and the Chinese Republic. The Yunnan Army, 1905-1925*, Ann Arbor, University of Michigan Press, 1980.

T'ANG Leang-li, *The Inner History of the Chinese Revolution* (1re éd. 1930), rééd., Westport, Conn., Hyperion Press, 1977.
WEALE, B.C. Putnam (pseud. de LENOX, Simpson), *The Fight for the Republic of China*, New York, Dodd, Mead and Co, 1917.
YOUNG, Ernest P., « Politics in the Aftermath of Revolution. The Era of Yuan Shikai 1912-1916 », *in* John K. FAIRBANK (éd.), *The Cambridge History of China*, vol. XII : *Republican China, 1912-1949*, B.G., t. I, pp. 209-258.
—, *The Presidency of Yuan Shi-k'ai. Liberalism and Dictatorship in Early Republican China*, Ann Arbor, The University of Michigan Press, 1977.
YU, George T., *Party Politics in Republican China : the Kuomintang 1912-1924*, B.G.

CHAPITRE IX : Sun Yat-sen, les *Sovietniki* et la base révolutionnaire de Canton (1920-1924)

BERGÈRE, Marie-Claire, *L'Age d'or de la bourgeoisie chinoise*, Paris, Flammarion, 1986.
BIANCO, Lucien, *Les Origines de la révolution chinoise*, Paris, Gallimard, 2e éd., 1987.
BRANDT, Conrad, SCHWARTZ, Benjamin et FAIRBANK, John K., *A Documentary History of Chinese Communism*, Cambridge, Mass., Harvard University Press, 1952.
CHAN, Gilbert F., « Sun Yat-sen and the Origins of the Kuomintang Organization », *in* CHAN, Gilbert F. *et alii* (éd.), *China in the 1920's, Nationalism and Revolution*, New York, Franklin Walls, 1976, pp. 15-37.
—, « An alternative to Kuomintang-Communist Collaboration : Sun Yat-sen and Hong Kong, January-June 1923 », *Modern Asian Studies*, 1979, vol. XIII, n° 1, pp. 127-139.
CHANG Jung et HALLIDAY, Jon, *Madame Sun Yat-sen (Soong Ching-ling)*, B.G.
CHANG, Sidney H. et GORDON, Leonard H.D., *All under Heaven... Sun Yat-sen and His Revolutionary Thought*, B.G.
CHEN, Jerome, « Dr Sun Yat-sen's Trip to Peking, 1924-1925 », *Readings on Asian Topics*, Scandinavian Institute of Asian Studies. Monograph Series, Lund, Student Literature, 1970.
CHEREPANOV, A.I., *Zapiski voennogo sovetnika v Kitae* (Notes d'un conseiller militaire en Chine), Moscou, Académie des Sciences de l'URSS, Nauka, 1964. Consulté ici dans la traduction anglaise d'Alexandra O. SMITH, *Notes of a Military Adviser in China*, Taibei (US Army), Office of Military History, 1970.
CHESNEAUX, Jean, *Le Mouvement ouvrier chinois de 1919 à 1927*, Paris-La Haye, Mouton, 1962.
—, « Le mouvement fédéraliste en Chine, 1920-1923 », *Revue historique*, octobre-décembre 1966, n° 480, pp. 347-384.
EUDIN, Xenia Joukoff et NORTH, Robert C., *Soviet Russia and the East 1920-1927. A Documentary Survey*, Stanford, Ca., Stanford University Press, 1957.
FASS, Josef, « Sun Yat-sen and Germany in 1921-1924 », *Archiv Orientalni*, 1968, n° 36, pp. 134-148.
FURUYA Keiji, *Chiang Kai-shek : His Life and Times*, version anglaise traduite du japonais et abrégée par CHANG Chun-ming, Anapolis, Md, Saint-John's University Press, 1981.
HOLUBYNCHY, Lydia, *Michael Borodin and the Chinese Revolution, 1923-1925*, Ann Arbor, University Microfilm International, 1979.

JACOBS, Dan N., *Borodin, Stalin's Man in China*, Cambridge, Mass., Harvard University Press, 1981.
LENG Shao-chuan et PALMER, Norman D., *Sun Yat-sen and Communism*, B.G.
MAO Sicheng (éd.), *Minguo shiwunian yiqian zhi Jiang Jieshi xiansheng* (M. Chiang Kai-shek, avant 1926), 1re éd. 1936, rééd., 2 vol.
MITAREVSKY, N., *Worldwide Soviet Plots*, Tianjin, Tientsin Press, n.d., [1927]. Fondé sur des documents saisis lors d'un raid des autorités chinoises contre l'ambassade soviétique de Pékin, le 6 avril 1927, cet ouvrage donne des informations inédites, mais l'auteur omet souvent d'indiquer précisément ses sources. L'ouvrage est cependant considéré comme fiable par la plupart des spécialistes, y compris C. Martin Wilbur.
SUTTON, Donald D., *Provincial Militarism and the Chinese Republic. The Yunnan Army, 1905-1925*, Ann Arbor, University of Michigan Press, 1980.
Tanhe Gongchandang liang da yao'an (Deux importants cas de mise en accusation du Parti communiste), n.p., Commission centrale de contrôle du Guomindang, septembre 1927. Réédité dans *Geming wenxian* (Documents sur la Révolution), B.G., vol. IX, pp. 1278-1286.
TENG Ssu-yü et FAIRBANK, John K., *China's Response to the West. A Documentary Survey 1839-1923*, B.G.
TSUI Shu-chin, «The Influence of the Canton-Moscow Entente upon Sun Yat-sen's Revolutionary Tactics», *The Chinese Social and Political Science Review*, janvier 1936, t. XX, n° 1, pp. 101-139.
VISHNYAKOVA-AKIMOVA, Vera V., *Two Years in Revolutionary China*, traduit du russe par Steven I. Levine, Cambridge, Mass., Harvard University Press, 1971.
WHITING, Allen S., *Soviet Policies in China, 1917-1924*, New York, Columbia University Press, 1954.
WILBUR, C. Martin, «Forging the Weapons : Sun Yat-sen and the Kuomintang in Canton, 1924», polycopié, New York, Columbia University, East Asia Institute, 1966.
—, «Problems of Starting a Revolutionary Base : Sun Yat-sen and Canton, 1923», *Bulletin of the Institute of Modern History*, Academia Sinica (Taibei), 1975, t. II, n° 4, pp. 1-63.
—, *Sun Yat-sen, Frustrated Patriot*, B.G.
— et HOW Lien-ying Julie, *Missionaries of Revolution. Soviet Advisers and Nationalist China 1920-1927*, B.G.

CHAPITRE X : Le Triple Démisme de Sun Yat-sen

CHANG Hao, *Chinese Intellectuals in Crisis. Search for Order and Meaning, 1890-1911*, Berkeley et Los Angeles, University of California Press, 1987.
CHANG, Sidney H. et GORDON, Leonard H.D., *All under Heaven : Sun Yat-sen and his Revolutionary Thought*, B.G.
CHEN, Jerome, «The Left Wing Kuomintang. A Definition», *Bulletin of the School of Oriental and African Studies*, vol. XXV, n° 3, pp. 557-576.
CHEN Yuan-chyuan, «Elements of an East-West Synthesis in Dr Sun Yat-sen's Concept of the "Five-Power Constitution" and in the Chinese Constitution of 1946», *in* KINDERMANN, G.K. (éd.), *East-West Syntheses*, vol. I *: Sun Yat-sen Founder and Symbol of China Revolutionary Nation-Building*, B.G., pp. 143-172.
CHENG Chu-yuan, *Sun Yat-sen's Doctrine in the Modern World*, B.G.
DIKÖTTER, Frank, *The Discourse of Race in Modern China*, Hong Kong, Hong Kong University Press, 1992.

ÉLIA, Pascal M. D' (S.J.), *Le Triple Démisme de Suen Wen*, B.G.
FELBER, Roland, « Authoritarism versus Premature Liberalism : Controversies among Chinese Intellectuals at the Beginning of the Twentieth Century on China's Political Prospects », Communication présentée à la 34e Conférence internationale des Études sur l'Asie et l'Afrique du Nord, Hong Kong, 26-28 août 1993.
HANA, Corinna, « The Development of the San-min chu-i during the May Fourth Movement », *in* KINDERMANN, G.K. (éd.), *East-West Syntheses*, vol. I *: Sun Yat-sen : Founder and Symbol of China's Revolutionary Nation-Building*, B.G., pp. 128-142.
LENG Shao-chuan et PALMER, Norman D., *Sun Yat-sen and Communism*, B.G.
LINEBARGER, Paul Myron A., *The Political Doctrines of Sun Yat-sen*, Baltimore, The John Hopkins Press, 1937.
MAO Yu-kang, « Dr Sun Yat-sen and Mr. Henry George : Their Thoughts and Policies on Land Problems », *in* LINDON, Richard W. et LIN Sein (éd.), *Henry George and Sun Yat-sen. Application and Evolution of their Land Use Doctrine*, Cambridge, Mass., Lincoln Institute of Land Policy, 1977.
MYERS, Ramon, « The Principle of People's Welfare. A Multidimensional Concept », *in* CHENG Chu-yuan (éd.), *Sun Yat-sen's Doctrine in the Modern World*, Boulder et Londres, Westview Press.
NATHAN, Andrew J., « The Place of Values in Cross-Cultural Studies : the Example of Democracy and China », *in* COHEN, Paul A. et GOLDMAN, Merle, *Ideas across Cultures*, Cambridge, Mass., Harvard University, 1990, pp. 293-316.
TREADGOLD, Donald W., « Sun Yat-sen and Modern Christianity », *in* BUXBAUM, David C. et MOTE, Frederick W., *Transition and Permanence : Chinese History and Culture*, Hong Kong, Cathay Press Ltd, 1972, pp. 123-154.
TSUI Shu-chin, « The Influence of the Canton-Moscow Entente upon Sun Yat-sen's Political Philosophy. I : The Principle of Nationalism ; II : The principle of Democracy ; III : The Principle of Livelihood », *The Chinese Social and Political Review*, vol. XVIII, avril 1934, n° 1, pp. 96-145 ; juillet 1934, n° 2, pp. 177-209 ; octobre 1934, n° 3, pp. 341-388.
WHITING, Allen S., « A New Version of the San-min-chu-i », *The Far East Quarterly*, mai 1955, vol. XIV, pp. 389-391.
ZOLOTOW, Maurice, *Maurice William and Sun Yat-sen*, Londres, Robert Hall Ltd, 1948.

CHAPITRE XI : Mort et transfiguration de Sun Yat-sen

BERGÈRE, Marie-Claire, « L'effet Sun Yat-sen : quand Orient et Occident se tournent le dos », *Études chinoises*, printemps 1992, vol. XI, n° 1, pp. 87-108.
CHANG, Sidney H. et GORDON, Leonard H.D., *All under Heaven... Sun Yat-sen and his Revolutionary Thought*, B.G.
CHEN, Jerome, « Dr Sun Yat-sen's trip to Peking, 1924-1925 », *Readings on Asian Topics*, Asian Studies Monograph Series, Lund, Student Literature, 1970, pp. 75-99.
CHEN Xiqi, *Sun Zhongshan nianpu changbian*, B.G.
CHENG Chu-yuan, « The Doctrine of People's Welfare : The Taiwan Experiment and its Implication for the Third World », *in* CHENG Chu-yuan (éd.), *Sun Yat-sen's Doctrine in the Modern World*, B.G.
CHIANG Kai-shek, *Tudi guoyoude yaoyi* (Condition et signification de la nationalisation des terres), *Jiang Zongtong sixiang yanlunji* (Recueil d'essais et de

discours sur la pensée du président Chiang), Taibei, Zhongyang wenwu gongyingshe, 1966.

ÉLIA, Pascal M. D', *Le Triple Démisme de Suen Wen*, B.G.

GREGOR, James A. et HSIA CHANG, Maria, « Chiang Kai-shek, China and the Concept of Economic Development », *Proceedings of Conference on Chiang Kai-shek and Modern China*, Taipei, Taiwan, 1987, 5 vol., vol. III : *Chiang Kai-shek and China's Modernization*, pp. 616-635.

GREGOR, James A., HSIA CHANG, Maria et ZIMMERMAN, Andrew, *Ideology and Development. Sun Yat-sen and the Economic History of Taiwan*, Berkeley, Center for Chinese Studies, 1981.

HSIEH, Winston, *Chinese Historiography on the Chinese Revolution of 1911 : a Critical Survey and Selected Bibliography*, Stanford, Ca., Stanford University Press, 1975.

JANSEN, Marius, *The Japanese and Sun Yat-sen*, B.G.

LOH, Pichon P.Y., « The Ideological Persuasion of Chiang Kai-shek », *Modern Asian Studies*, 1970, vol. IV, n° 3, pp. 211-230.

MELIKSETOV, Arlen, V., « La modernisation de la Chine et le confucianisme », *Cahiers d'études chinoises*, Paris, INALCO, 1992, n° 10, pp. 71-80.

ROWE, William T., *Hankow* ; vol. I : *Commerce and Society in a Chinese City, 1796-1889*, Stanford, Stanford University Press, 1984.

« SAGGITARIUS » (pseudonyme de H.G.H. WOODHEAD), *The Strange Apotheosis of Sun Yat-sen*, B.G.

SCHIFFRIN, Harold Z., *Sun Yat-sen and the Origins of the Chinese Revolution*, B.G.

WANG Ching-wei (éd.), *China and Japan. Natural Friends-Unnatural Ennemies*, Shanghai, 1941.

WIEGER, Leon (S.J.), *La Chine moderne*, t. VI : *Le Feu aux poudres*, Hien-hien (Hubei), 1926.

WILBUR, C. Martin, *Sun Yat-sen. Frustrated Patriot*, B.G.

INDEX DES NOMS DE PERSONNES, DES ORGANISATIONS ET DES MOUVEMENTS POLITIQUES

Table des cartes

Table des illustrations

Page 1, Sun Yat-sen à Hong Kong en 1888 ; page 6 : Dr Cantlie, Homer Lea, Miyazaki Torazo ; page 7 : Huang Xing. © United College, the Chinese University of Hong Kong, Sun Yat-sen Research Institute, The Zhongshan University, *Historical Traces of Sun Yat-sen's Activities in Hong Kong, Macao and Overseas*, Hong Kong, s.d. [1986].

Page 1 : Sun Yat-sen en 1883, Sun Yat-sen en 1889 ; page 2 : Sun Yat-sen président de la République ; page 5 : un couple présidentiel moderne. © The Research Committee of the Historical Accounts of Past Events under the National Committee of the Chinese People's Political Consultative Conference and the Museum of the Chinese Revolution, *Dr Sun Yat-sen : a Photo Album*, Pékin, 1986.

Page 2 : Réfugié en 1918... ; page 5 : Song Qingling. © The Far East Book Company, Wu Xiangxiang, *Biographie de Sun Yat-sen*, Taiwan, 1984.

Page 3 : Sun Yat-sen, en août 1912. © Keystone.

Page 4 : Sun Yat-sen en uniforme de grand maréchal. © Editions populaires du Guangxi, Mo Shixiang, *Hufa yundong shi*, 1991.

Page 6 : Mikhail Borodine. © Harvard University Press, Dan D. Jacobs, *Stalin's Man in China*, Londres, 1981.

Page 7 : Kang Youwei. © Compagnie générale de presse de Kobé, Sun Wen et Kobé, 1989.

Page 7 : Chiang Kai-shek, Yuan Shikai ; page 8 : mausolée de Sun Yat-sen. © Roger-Viollet.

Table des matières

DEUXIÈME PARTIE
Le père fondateur ?
(1905-1920)

TROISIÈME PARTIE
Les dernières années de Sun :
Révolution nationale et nationalisme révolutionnaire
(1920-1925)

Dans la même collection

Michel ANTOINE	*Louis XV*
Smaïl AOULI, Randane REDJALA et Philippe ZOUMMEROFF	*Abd el-Kader*
Pierre AUBÉ	*Godefroy de Bouillon*
	Thomas Becket
Françoise AUTRAND	*Charles VI*
Jean-Pierre BABELON	*Henri IV*
John BALDWIN	*Philippe Auguste*
Michel BAR-ZOHAR	*Ben Gourion*
Marie-Françoise BASLEZ	*Saint Paul*
Guy BECHTEL	*Gutenberg*
Jean BÉRENGER	*Turenne*
Jean-François BERGIER	*Guillaume Tell*
Guillaume DE BERTIER DE SAUVIGNY	*Metternich*
Jean-Paul BLED	*François-Joseph*
François BLUCHE	*Louis XIV*
Jean-Pierre BOIS	*Maurice de Saxe*
Michel de BOÜARD	*Guillaume le Conquérant*
Pierre BROUÉ	*Trotsky*
Pierre CARLIER	*Démosthène*
Michel CARMONA	*Marie de Médicis*
	Richelieu
Duc de CASTRIES	*Mirabeau*
Pierre CHEVALLIER	*Louis XIII*

	Henri III
Eugen CIZEK	*Néron*
Ronald W. CLARK	*Benjamin Franklin*
André CLOT	*Soliman le Magnifique*
	Haroun al-Rachid
Ivan CLOULAS	*Les Borgia*
	Catherine de Médicis
	Laurent le Magnifique
	Henri II
	Jules II
	Philippe II
Jean-Paul COINTET	*Pierre Laval*
Olivier COQUARD	*Marat*
André CORVISIER	*Louvois*
Bernard COTTRET	*Cromwell*
Hervé COUTAU BÉGARIE et Claude HUAN	*Darlan*
Liliane CRÉTÉ	*Coligny*
Michel de ENDEN	*Raspoutine*
Daniel DESSERT	*Fouquet*
Jean DEVIOSSE	*Jean le Bon*
Michel DUCHEIN	*Marie Stuart*
	Élisabeth Ire d'Angleterre
Jacqueline DUCHÈNE	*Bussy-Ralutin*
Georges-Henri DUMONT	*Marie de Bourgogne*
	Léopold II
Jacques DUQUESNE	*Saint Éloi*
Jean-Baptiste DUROSELLE	*Clemenceau*
Danielle ELISSEEFF	*Hideyoshi*
Jean ELLEINSTEIN	*Staline*
Paul FAURE	*Ulysse le Crétois*
	Alexandre
Jean FAVIER	*Philippe le Bel*
	François Villon
	La Guerre de Cent Ans
	Les grandes découvertes
Marc FERRO	*Pétain*

Jean-Michel GAILLARD	*Jules Ferry*
Lothar GALL	*Bismarck*
Max GALLO	*Garibaldi*
Janine GARRISSON	*Marguerite de Valois*
Louis GIRARD	*Napoléon III*
Pierre GOUBERT	*Mazarin*
Pauline GREGG	*Charles Ier*
	Cicéron
	Tacite
	Marc Aurèle
	Sénèque
Pierre GUIRAL	*Adolphe Thiers*
Mireille HADAS-LEBEL	*Flavius Josèphe. Le Juif de Rome*
Léon E. HALKIN	*Érasme*
Brigitte HAMANN	*Élisabeth d'Autriche*
Jacques HARMAND	*Vercingétorix*
Jacques HEERS	*Marco Polo*
	Machiavel
François HINARD	*Sylla*
Michel HOANG	*Gengis Khan*
Heberhard HORST	*César*
Gérard ISRAËL	*Cyrus le Grand*
Jean JACQUART	*François Ier*
	Bayard
Jacques JOUANNA	*Hippocrate*
André KASPI	*Franklin Roosevelt*
Paul Murray KENDALL	*Louis XI*
	Richard III
	Warwick, le Faiseur de Rois
Ruth KLEINMAN	*Anne d'Autriche*
Yvonne LABANDE-MAILFERT	*Charles VIII*
Claire LALOUETTE	*L'Empire des Ramsès*
	Au royaume d'Égypte
	Thèbes ou la naissance d'un empire

	Thèbes
Nicole LEMAITRE	*Saint Pie V*
André LE RÉVÉREND	*Lyautey*
Évelyne LEVER	*Louis XVI*
	Louis XVIII
Robert K. MASSIE	*Pierre le Grand*
Marc MICHEL	*Gallieni*
Georges MINOIS	*Henri VIII*
	Du Guesclin
Pierre MIQUEL	*La Grande Guerre*
	Poincaré
	La Seconde Guerre mondiale
	Les Guerres de religion
	La Troisième République
	Histoire du monde contemporain
Inès MURAT	*Colbert*
	La IIe République
	Gabrielle d'Estrées
Daniel NONY	*Caligula*
Stephen B. OATES	*Lincoln*
Marcel PACAUT	*Frédéric Barberousse*
Joseph PÉREZ	*Isabelle et Ferdinand, Rois Catholiques d'Espagne*
Régine PERNOUD	*Jeanne d'Arc*
	Les Hommes de la Croisade
	Richard Cœur de Lion
Jean-Christian PETITFILS	*Le Régent*
Pierre PLUCHON	*Toussaint Louverture*
Claude POULAIN	*Jacques Cœur*
Bernard QUILLIET	*Louis XII*
François RENAULT	*Le cardinal Lavigerie*
Jean RICHARD	*Saint Louis*
Pierre RICHÉ	*Gerbert d'Aurillac, pape de l'an mil*
Jacques ROGER	*Buffon*
François ROTH	*La Guerre de 70*

Jean-Paul ROUX	*Babur*
	Jésus
	Tamerlan
Yves SASSIER	*Hugues Capet*
	Louis VII
Klaus SCHELLE	*Charles le Téméraire*
Nelly SCHMIDT	*Victor Schœlcher*
William SERMAN	*La Commune de Paris*
Daniel Jeremy SILVER	*Moïse*
Jean-Charles SOURNIA	*Blaise de Monluc*
Marlis STEINERT	*Hitler*
Étienne TAILLEMITE	*La Fayette*
Laurent THÉIS	*Dagobert*
Jean TULARD	*Napoléon II*
Marc VIGIÉ	*Dupleix*
Bernard VINOT	*Saint-Just*

Achevé d'imprimer en juillet 2011
par la société Dupli-print sur presse numérique
www.dupli-print.fr

Edition exclusivement réservée aux adhérents du Club
Le Grand Livre du Mois
réalisée avec l'aimable autorisation des Editions Fayard

N° d'impression : 179779
Dépôt légal : avril 1994
Imprimé en France
35-65-9150-0/02